普通高等教育"十一五"国家级规划教材
国家工科基础课程教学基地教材

基础化学

（第二版）

李保山　主编

科学出版社
北京

内 容 简 介

本书是普通高等教育"十一五"国家级规划教材，是北京市普通高等教育精品课程配套教材及北京市普通高等教育精品教材。全书共13章。主要内容包括化学文献及查阅方法，实验数据的处理与评价，化学热力学、化学动力学及化学平衡基础，四大化学平衡（酸碱平衡，沉淀-溶解平衡，氧化还原平衡及配位平衡）原理，滴定分析及重量分析方法，原子结构与元素周期律、分子结构、晶体结构及现代分析表征技术，元素及其化合物的组成、结构、性质、变化规律及应用等。本书保证了基础化学知识体系的系统性、完整性、新颖性和实用性，深入浅出地引领读者畅游化学知识的海洋。

本书可作为工科院校化学、化工、环境、冶金、材料、高分子、制药、生物工程等专业本科生的基础化学或基础无机化学教材，也可以作为综合性大学、高等师范、农、林、医等院校相关专业学生的基础课教材，还可供化学、化工类各专业工程师参考。

图书在版编目(CIP)数据

基础化学/李保山主编. —2版. —北京：科学出版社，2009

普通高等教育"十一五"国家级规划教材·国家工科基础课程教学基地教材

ISBN 978-7-03-025536-5

Ⅰ.基… Ⅱ.李… Ⅲ.化学-高等学校-教材 Ⅳ.O6

中国版本图书馆CIP数据核字(2009)第161099号

责任编辑：陈雅娴 杨向萍 刘俊来 / 责任校对：郑金红

责任印制：吴兆东 / 封面设计：耕者设计工作室

科学出版社出版

北京东黄城根北街16号

邮政编码：100717

http://www.sciencep.com

天津市新科印刷有限公司印刷

科学出版社发行 各地新华书店经销

*

2003年9月第 一 版 开本：787×1092 1/16

2009年9月第 二 版 印张：30 3/4 插页：1

2025年8月第二十二次印刷 字数：702 000

定价：69.00元

（如有印装质量问题，我社负责调换）

第二版前言

本书第一版于2003年9月面世，历时六载，得到了同行专家及读者的好评，被国内多所院校选为本科生基础化学课程的教材，有一批院校将其作为研究生入学考试的指定参考书。本书第一版为北京市普通高等教育精品教材，第二版被评为普通高等教育“十一五”国家级规划教材。六年来，北京化工大学化学工程与工艺、制药工程、生物工程、环境科学与工程、材料科学与工程、高分子材料等专业一直采用本书第一版为基础化学课程教材，教学质量逐步提高。2007年，北京化工大学的基础化学课程被评为“北京市普通高等教育精品课程”。

在教学实践过程中，我们不断总结经验，参加全国性的有关化学教学会议，认真听取兄弟院校的意见和建议，探索基础化学课程的教学内容，参考国内外出版的同类及相关类别的教材和专业书籍，不断汲取营养，逐步孕育了编写第二版教材的思想。

化学是研究物质组成、结构、性质、变化规律及其应用的科学。由于科学技术的飞速发展，化学已发展成为一门综合性的、庞大的科学知识体系，与生命、能源、材料、信息和环境等各重要领域交叉、渗透，形成了当今世界最受关注的、最活跃的研究领域之一。应该说化学一直是也永远是人类认识、改造和保护物质世界、解决人类面临的问题、满足人类的社会需求，并引领人类社会走向文明的强有力的工具学科，永远是一门中心性、实用性和创造性的科学。如今，化学的成就已成为社会文明发展的重要标志之一。因此，本次修订力求保持基础化学知识的系统性、完整性、传承性和先进性，力求引领学生畅游化学知识的海洋，启迪学生学习化学的兴趣，提高学生的化学素养和知识水平，促进化学与其他学科的交叉发展，激励学生深入学习化学知识和探索化学奥秘，帮助学生建立辩证唯物主义的自然观，培养学生查阅、记忆、思考、想象、洞察、创造、应用化学知识分析和解决实际问题的能力。

本书修订再版主要体现了以下几点精神：

(1) 注重与高中化学课程内容的衔接，力求不出现大的知识跨度和知识断层，便于一年级学生学习和接受；

(2) 尽量保持第一版教材的风格，系统、完整、新颖、实用，深入浅出，便于学生对化学知识的理解和对部分内容的自学；

(3) 调整了部分章节的内容，对部分内容进行了删改，增加了化学信息资源的检索内容，融入了一些化学的新知识、新成就，便于学生对学科前沿知识的了解和索取。

本次修订，主要是在“绪论”中增加了化学学科发展概况和现代化学前沿、化学文献的检索方法、绿色化学概述等；将“气体和溶液”一章修改为“物质的聚集状态和溶液”，增加了超临界流体、等离子体及离子液体等概念；在“酸碱平衡”一章增加了软、硬酸碱理论，超强酸，固体酸及非水溶剂等内容；在“沉淀-溶解平衡”一章增加了沉淀分离及超细粉体的制备方法；在“氧化还原反应”一章增加了金属材料的腐蚀与防护、化学电源等内容；在“原子结构”一章融入了原子发射及原子吸收光谱分析技术；在“化学键与分子结构”一章融入了超分子化学及分子结构的表征方法；将“晶体结构”一章融进了“物质的聚集状态和溶液”及“分子结构”中；在“配位化合物及配位平衡”一章加入了原子簇、金属有机配合物简介；将“主族元素”一章修改为“主族元素及其化合物概述”。对其他部分章节的内容也进行了删改或重写，使全书内容更加丰富、新颖，结构更加严谨，叙述更富有条理性。书中标“*”号的章节为阅读材料，可供读者选学。另外，各章还增设了中、英文思考题及习题，方便学生理解和掌握教材内容。

参加本书修订与编写工作的主要有李保山（第 2、6、7、8、10、11、12 章，第 1、3、9 章部分内容）、王勇（1.5 节）、李亚平（1.6 节）、靳兰（第 3 章部分内容）、韩春英（第 4、5 章）、金鑫（第 9 章部分内容）、周旭光（第 13 章）。全书由李保山策划、绘制插图并统编定稿。

在修订及编写过程中，周云山、李增和、楚进峰等提供了大量素材和宝贵意见，为本书的出版做出了贡献，在此一并表示感谢！

限于学识和水平，书中定有不妥、甚至错误之处，敬请读者提出宝贵的批评和指正意见，编者将不胜感激。

编　者

2009 年 6 月于北京

第一版前言

化学是一门具有实用性和创造性的科学，是一门中心性的学科，是其他学科的基础。目前，科学技术的迅猛发展正日新月异地刷新着人类社会的面貌，它不仅带来了物质财富的丰富，而且深刻影响着人们的生产方式、生活方式、行为方式和思维方式，而这一切都离不开化学科学的贡献。反过来，其他学科的发展又大大推动了化学学科的发展。几十年来，化学学科的面貌已经发生了很大的变化，出现了许多新概念、新理论、新反应和新物质，在面向21世纪的化学教学工作中，如何更好地反映化学学科的新成就，使化学教学的内容适应化学学科的发展以培养新世纪的建设人才，是化学教学工作者必须研究的课题。我们研究了国内外著名大学的化学教学内容、特点，比较了中外化学教学的成就，在北京化工大学国家工科基础化学教学基地总体教学改革思路的框架内，以既要适合国情，又要与世界接轨为宗旨，总结了我们多年的教学改革经验，编写了这本《基础化学》教材。完成本教材教学内容大约需要72学时。

在教材编写过程中，我们结合多年的教学实践经验，从化学实验数据及数据处理方法开始，深入浅出地介绍了化学的基本定律，热力学及化学平衡，四大平衡(酸碱平衡、沉淀与溶解平衡、氧化还原平衡、配位平衡)原理，元素周期律、原子和分子结构理论，并在此基础上讨论了重要元素及其化合物的结构、组成、性质、变化规律及其含量测定的一般方法。其特点是：一开始就让学生树立严格、准确的量的概念，培养学生科学处理实验数据的态度；将原无机化学的基本原理与化学分析的基本内容有机地融合起来，保证了知识的完整性和系统性，提高了基础化学的起点；拓宽了知识范畴，充分反映了学科发展的新成就。

在教材编写时，我们注重理论联系实际，力争使学生在“理论—实践—再理论—再实践”的过程中学会分析、判断、归纳、总结问题，学会用化学的方式、方法去分析、思考和解决问题，培养学生的学习能力和独立解决问题的能力。使学生学会用辩证唯物主义观点分析学科中的问题，坚持“实践是检验真理的惟一标准”，树立“实践第一”的观念和“实事求是”的科学态度。

各章都安排了大量的习题，辅助学生掌握基本原理、基础知识、基本内容。另外，每章还都安排了一些知识面较宽、难度较大、综合性较强的内容，以便引导学生自学和因材施教。

参加本书编写的有北京化工大学李保山(第1章，第6～13章的部分内容)、王桂花(第2章、第7章的部分内容)、靳兰(第3章)、韩春英(第4、5章)、王利人(第6章的部分内容)、王金玲(第8章的部分内容)、金鑫(第9～11章的部分内容)，天津工业大学的于洺(第12章的部分内容)、周旭光(第13章和第14章)。全书由李保山策划、统稿、修改和定稿，并绘制部分插图。

本书在北京化工大学2002年级学生中进行了试用，广大师生提出了许多有益的建议和修改意见，并得到了北京化工大学化新教材建设基金的资助，在此一并表示感谢。

限于水平，书中难免有不妥之处，欢迎读者批评指正。

编　者

2003年4月

目　录

1 绪 论

1.1 化学是一门实用的、创造性的中心科学

化学是最古老的科学之一。在改善人类物质和文化生活方面,它是最有成效的科学之一。人类已跨入21世纪,科学技术的迅猛发展已经创造出无数奇迹和巨大的物质、精神财富,并正在使人类文明进步的脚步不断加快。化学作为一门研究物质组成、结构及其变化规律的基础自然科学,在人类文明与进步和现代化科技发展进步中发挥了巨大的作用。

化学是一门实用的和创造性的科学。在形成、发展的整个过程中都是以实用为目的,在这一过程中,无不具有一定的创造性。

化学科学起源于几个古代科学文化发达的国家。在这些国家里,早在公元前就发展了金属冶炼、陶瓷、染色等实用技术。在中国,很早就有了炼金术。公元8世纪末,中国炼金术通过与海外通商而传到波斯,再传入欧洲,成为近代化学的前驱。

炼丹和炼金术是古代化学的特色,主要用各种手段来分解复杂的天然物质,以获得简单、实用的物质,如各种金属和非金属等。在这些活动中,中国炼丹家创造了蒸馏、升华、热分解、置换等实验技术和仪器装置,为古代化学技术的发展做出了巨大贡献。中国古代的一些实用化学技术,由于同生产实践和人民的生活需要紧密联系,获得了辉煌的成就。汉代的造纸术、隋唐的火药、汉唐以来的陶瓷等,都是中国人民在世界科学史上的巨大贡献。中国不仅很早就会冶炼铜、金、银、铅、锡、铁等重要金属,也是认识汞、镍、锌、锑等金属最早的国家。炼丹术传入欧洲之后,最初是被神秘荒诞的学说所统治,这种情况到了16世纪初才发生了根本的改变。首先向有实用意义的医药化学方面发展,在中国,炼丹术也逐渐被本草学所取代。李时珍的《本草纲目》、宋应星的《天工开物》等都记录了当时手工业和化学生产过程,使化学在实践过程中获得了发展的推动力。

17世纪中叶以后,中欧、西欧各国的生产开始扩大,冶金工业有了很大的发展,积累了物质变化的新知识。从燃烧过程的"燃素学说"的建立到质量守恒定律的发现,再到"燃素学说"的推翻,开始形成以"燃烧的氧化学说"为基础的近代化学体系。

19世纪是近代化学基本理论奠基的时期。随着化学研究工作的发展,1803年道尔顿(Dalton)提出了原子学说,为物质结构价键理论的研究奠定了基础;1840年发展了原子-分子学说;1869年门捷列夫(Mendeleev)建立了元素周期律和周期系。周期律的建立不仅使无机化学形成了一个完整的体系,而且与原子-分子学说相结合,形成了化学的理论体系。在研究物质的结构和性质的同时,常常离不开周期律。同时利用周期系,借助于化学分析又发现了许多新的元素。在这一过程中,经典的分析方法得到了很大的发展,逐渐形成了分析化学。与此同时,苯的六元环结构及碳的四面体结构的建立,使有机化学得以发展。19世纪下半叶,物理学中的热力学理论引入化学后,从

宏观角度解决了许多有关化学平衡的问题，这也推动了物理化学的诞生。社会的需要、生产技术的发展也推动了化学工业的发展。大规模的制酸、制碱、合成氨工业、燃料工业及一些有机合成工业接踵而至。在解决生产过程中出现的一些问题的同时，也促进了无机化学和有机化学的发展。相对原子质量的测定和物质成分分析促进了分析化学的发展，逐渐建立了容量分析法、重量分析法及一些系统分析、分离方法。在物理化学领域里，化学热力学、化学动力学、电化学、胶体化学、溶液理论及催化剂的研究等都有了很大的发展。至此化学真正确立为一门独立的学科，并出现了许多分支。

19世纪末，X射线、放射性和电子三项重大发现动摇了物理学的传统观念，也猛烈冲击了道尔顿的原子不可再分的原子论观念。这三项重大发现打开了原子与原子核内部结构的大门，孕育了科学上的新概念和新理论，相继产生了量子论、相对论和量子力学新理论，建立了原子结构和分子结构新学说，创立了量子化学。化学也由此进入了现代化学的发展时期。

目前，化学已经渗透到现代生活的各个方面。人们的衣、食、住、行已经越来越离不开化学。衣着上，大量的化学合成纤维替代了绝大多数天然纤维，传统的棉、麻、丝、毛等产品经化学处理具有更优良的性能；各种化工颜料用于印染，使现代服装更加绚丽多彩。饮食中各种添加剂、甜味剂、防腐剂、色素、香料、调味剂等的使用，使食品的色、香、味更加诱人。同时，由于在食品中强化了维生素和多种微量元素，食品营养更丰富。化学诊断和药物的开发、生产，使过去被认为是不治之症的病痛得以治愈，为人类战胜疾病提供了可靠保证。含有各种元素的复合肥、高效低毒的杀虫剂、除草剂、抑菌剂等已成为现代农业不可缺少的化学产品。现代建筑离不开水泥、钢筋、玻璃、涂料和一些合成高分子材料，人们出行的交通工具如汽车、火车、飞机、轮船等，更离不开化学材料和燃料。

因此，化学是由实用开始的，并在实用中得到发展，在发展中充满发明、创造，是一门具有实用性和创造性的科学。

1993年，国际纯粹化学与应用化学联合会在北京召开了第34届学术大会，其中心议题就是“化学——21世纪的中心科学”。当今科技发展的突出特点是各学科之间的高水平渗透。化学科学所研究的是物质在原子和分子层次的组成与变化，因而成为各学科的中心科学。化学与其他学科交叉形成的边缘学科层出不穷。国际关心的重大问题如能源开发、材料研制、环境保护及生命科学等，在化学科学的推动下获得了丰硕的成果。

由于化学的介入，生物科学的研究发展到了分子水平，建立了生物化学和分子生物学，使人类对生命活动本质的认识前进了一大步。在这一领域，小到血红蛋白功能与结构的关系，大到基因的改造，转基因动植物的产生，人类基因组计划的完成，没有化学将寸步难行。

为解决能源危机，化学家在提高现有燃料热效率和开发新能源方面进行了积极探索。例如，煤的汽化、液化，石油的分馏与催化裂化和重整，新型燃料的化学合成，核燃料的分离纯化，以及核电站的各种功能材料，能实现太阳能利用的光电转换材料，高效储氢的合金材料等。化学家在这些能源开发和利用所需材料的研制方面，取得了卓越的成绩。

信息时代的高速发展，为科技进步和社会发展提供了广阔的空间，但它同样得益于化学的发展。高纯硅及其他半导体材料的研制为计算机的发展打下了基础，高透明度光导纤维的生产是实现远距离信息传导的前提。

化学对农学、电子学、生物学、药学、环境科学、计算机科学、工程学、地质学、物理学、冶金学及其他众多学科领域都有重大贡献。无数事实表明，化学学科的发展，使人类认识自然和改造自然的能力大大加强，也带来了相关学科和工业的飞速发展，人类利用自然资源的水平极大地提高，生产的产品种类和数量大幅度增加。因此，可以说化学在人类由古代穴居人的野蛮生活进化到现在这样一个世界的变化中起到了“中心”的作用。毋庸置疑，21 世纪化学依然是“中心科学”。

1.2 化学变化的特征

化学是在分子、原子(或离子)层次上研究物质的组成、结构、性质、变化规律及其应用的科学。化学变化的特征如下：

1.2.1 化学变化是质变

化学变化是新物质生成的变化，在变化过程中伴随着旧化学键的破裂和新化学键的形成，是化学键的重新改组。例如，H_2 和 O_2 生成水的反应，过程中伴随 H—H 键和 O═O键的断裂而形成 H—O 键，生成新的物质 H_2O，这就是化学变化。水、氢气、氧气是三种性质完全不同的物质，因此化学变化是质变。

1.2.2 化学变化服从质量守恒定律

化学变化是原子核外电子的运动状态发生的变化，在此过程中原子核不发生任何变动，变化过程中只有旧物质的消失和新物质的生成，没有元素的消失和生成。化学反应过程中各元素的原子数和核外电子的总数没有变化，因此化学变化前后物质的总质量不变，服从质量守恒定律，并且参与反应的各种物质之间有确定的计量关系。反应物之间、反应物与生成物之间，以及生成物之间的定量关系都可以定量计算。

1.2.3 化学变化伴随着能量变化

由于各种化学键的键能不同，因此当化学键发生改组时，必然伴随着能量的变化，伴随体系与环境的能量交换；旧化学键的破坏需要吸收能量，而新化学键的形成则将放出能量。在一个化学变化的历程中，如果放出的能量大于吸收的能量，则将向环境释放能量。反之，如果放出的能量低于吸收的能量，则需要从环境中吸收能量，才能维持化学变化的顺利进行。

在基础化学课程中，将遇到大量类型不同的化学变化，但这些化学变化无一例外地都具有上述三个方面的基本特征。因此，了解并掌握这些特征，将有助于加深对各种化学变化实质的理解。

1.3　化学的学科分类

化学研究的范围极其广泛。为了反映化学科学发展的特点和趋势、制定科研规划、教育和培养人才及推动化学前沿的开展，对化学学科进行分类是必要的。

化学的学科分类方法很多，各国的分类方法不尽相同，而且各个时期的分类也有不同。

按研究的对象不同，可将化学分为无机化学、分析化学、物理化学、有机化学、高分子化学、核化学和放射化学、生物化学等分支学科。每一分支学科又可分成若干个细的分支。

无机化学是以元素周期系和物质结构理论为基础来研究元素及其化合物（除了碳氢化合物及其衍生物）的学科，仅无机化学就有稀土元素化学、配位化学、无机合成化学、生物无机化学、固体无机化学、物理无机化学、金属有机化学、无机材料化学等分支学科。

分析化学是研究物质化学组成及结构的鉴定方法、测定方法、测定步骤及有关原理的学科。在分析化学领域，各种分析方法的建立，如化学容量分析、重量分析、光学分析、电化学分析、色谱分析、各种波谱分析、结构分析、表面分析等，都已成为分析化学的分支学科。

物理化学主要内容包括化学热力学、化学动力学和结构化学三个方面。化学热力学的基本原理是化学各分支学科的普遍基础，用于研究化学反应的方向和限度，热化学、电化学、溶液化学、胶体化学等都是化学热力学的组成部分。化学动力学研究化学反应的速率和机理，包括催化剂及催化动力学研究。结构化学研究原子、分子水平的微观结构及这种结构和物质宏观性质之间的关系。量子化学、分子设计学、表面结构化学等都是结构化学的重要组成部分。

有机化学是研究碳氢化合物及其衍生物的化学分支。有机化合物都含有 C 及 H 元素，有的还含有 O、S、As、N、P、Cl 等非金属元素或 Zn、Fe、Cu 等金属元素。有机化学是化学科学研究最多的领域，与农药、医药、燃料、日用化学品、食品等人类生活用品密切相关，有机化合物更是组成生命体的重要部分。有关有机化合物分子的结构设计、合成、功能研究等都具有非常重要的意义。

高分子化学、核化学和放射化学、生物化学等都是化学科学发展到一定阶段派生出的分支学科，在化学科学的发展中起到了非常重要的作用，对科学技术的进步发挥了巨大的促进作用。

在这种传统的分类方法中，新兴化学分支学科或领域的诞生主要来自两个方面：一是由于客观需要，研究对象的增加，如新的特殊功能材料的研究；二是由于研究内容的补充，如极端条件下的化学，包括强电、强磁、高温、高压化学等。

这种传统的分类便于研究学科领域与发展目标之间及学科领域之间的相互关系。但是按照这种分类，许多科学和社会问题的解决均需要众多的化学分支学科的贡献。又由于传统分类运用了多种标准，使部分学科的研究内容存在着重叠。因此，在传统的学科分类基础上研究学科布局和资源分配存在着不便和困难。事实上，目前还未发现绝对方便和最优的学科分类，世界上还未有通用和一致的分类标准，各国根据需要均有各自的学科分类方法，且在不同时期，各国的分类也有所变化。中国国家标准局提出了新的学科分类，其中将化学分成七类。

(1) 基础化学。研究化学物质组成、结构、性能及其相互关系，以及合成路线、合成方法和合成战略等的化学。

(2) 生命化学。研究生命物质的化学行为与特性，并旨在裨益人类健康、增产和改善人类赖以生存的食物的化学。

(3) 材料化学。研究材料的结构、性能、合成及制备方法与战略，旨在改善人类的生活品质，提高人类改造自然能力的化学。

(4) 环境化学。研究环境的污染来源、分析方法和控制手段，并旨在改善人类生存环境的化学。

(5) 国防化学。旨在增强国防能力的化学问题研究。

(6) 能源化学。研究人类生存和社会发展所必需的"地壳能源"的高效和清洁利用，以及新能源的发展途径、方法和战略的化学。

(7) 化学工程和工业化学。

这种新的分类，其内涵与传统分类一致，只不过分类体系发生了变化。基础化学包括物理化学、合成化学和分析化学。物理化学除包括原有分类的内容以外，还包括物理无机化学、物理有机化学、高分子物理化学、高分子物理、高分子理论化学，它的任务是研究化学物质的结构及其变化、性能、化学反应的机理及它们之间的相互关系。合成化学包括无机化合物、有机化合物、金属和元素有机化合物、高分子化合物等一切天然和人工化合物合成的途径、方法和理论的研究。分析化学除包括原有分类的内容外，还包括分离化学、分离技术和设备，它的任务是研究和为物理化学及合成化学提供分析理论、方法和工具。基础化学的三类学科构成了完成自身历史使命的全部，且缺一不可。

化学不仅具有自身的历史使命，还担负着对其他科学做出不可缺少贡献的重任。这一重任很大一部分落在生物化学和材料化学上。

化学除对科学的发展做出贡献以外，还必须为社会经济的发展做出不可缺少的贡献，而这一重任将主要由生物化学、材料化学、能源化学、环境化学、化学工程和工业化学来完成。

生命化学包括生物无机化学、生物有机化学、药物化学的全部内容和配位化学、同位素化学、金属有机及元素有机化学、天然有机化学、应用有机化学、功能高分子、高分子应用的部分内容。

材料化学包括丰产元素化学、固体无机化学的全部内容和功能高分子化学、配位化学、金属有机及元素有机化学、应用有机化学、天然高分子化学、高分子应用的部分内容。

能源化学包括核化学、放射化学、生物无机化学、生物有机化学、应用有机化学、化学动力学、胶体与界面化学、电化学与磁化学、光化学、热化学、高能化学、高分子应用、天然高分子化学的部分内容。

环境化学包括原有的环境化学及分析化学的部分内容。

国防化学包括放射化学、核化学、同位素化学、固体无机化学、高能化学等有关学科的部分内容。

化学工程和工业化学包括一切工业中与化学有关的部分。

该分类体系目前还没有得到普及使用。这种以研究目的为分类标准进行的分类可能更便于学科布局和科学规划的制定。

1.4 现代化学的特点、任务及前沿领域

自19世纪中叶到现在的一个多世纪内，各种不同类型的物质成千上万地被人工合成出来，各种化学反应相继被发现，人们积累了丰富的实践经验和大量的实验数据。与此同时，规模庞大的现代化工业体系逐渐建成，为工业、农业、国防建设提供了大量新材料。各发达国家对化学的基础研究、应用研究和开发研究的投入得到了巨大回报，这使得人们更支持与投入化学的研究，使化学蓬勃发展，从原来的有机化学、无机化学、物理化学三个分支学科发展到今天的有机化学、无机化学、高分子化学、分析化学、物理化学、环境化学和化学工程等分支学科，并且在这些分支学科之间还出现了一些边缘学科，如生物无机化学、生物有机化学、物理有机化学、金属有机化学等，呈现出一派生机盎然的局面。特别是近30年来，化学的发展更加迅速和深入，化学自身结构及它与相邻科学间的关系都起了根本变化。物理学提供了全面的、强有力的诊断工具，使化学的实验领域大为扩展。化学理论在计算机科学革命性突破的帮助下，已成为学科的中坚。分子生物学在解释生命过程方面的辉煌进展，向化学提出了许多挑战性的问题，要求化学在分子水平上加以解释。材料科学的发展需要化学弄清物质的结构、性能及其关系，并能实现分子剪裁、设计与分子工程。

化学在成长的过程中，一方面通过记录物质的特性，叙述物质相互作用的条件及概括物质的特性与用途之间的关系，积累了大量感性认识；另一方面，以此为基础，将存在于各化学事实中的共同问题，予以归纳、概括，并从物质的微观结构上解释其发生的原因，逐渐形成自己的理论体系，反过来又在实践中指导化学研究，二者密切结合，相互促进与发展，使化学逐渐从描述性的学科过渡到推理性的学科，从定性阶段走向定量阶段，从宏观走向微观，发展成为今天的庞大的学科体系。

1.4.1 现代化学的几个突出的特点

(1) 实验设备的现代化。化学在某种意义上是一门以实验为基础的科学，化学实验是化学科学赖以建立、生存和发展的直接基础。因而实验技术的提高对化学的发展具有重要的意义，实验设备的现代化是化学科学发展的直接推动力。化学家常用的仪器主要可分为六大类，即加热器(如炉具、灯具)、容器(如试剂瓶、滴瓶等)、量器(如量筒、移液管、滴定管等)、反应器(如烧杯、烧瓶、试管等)、分离器(如漏斗、蒸馏器等)和衡器(如天平等)。现代化学的发展离不开先进的分析测试设备，化学家常用的分析设备主要有各种色谱分析仪、电泳、元素分析仪、红外光谱、紫外光谱、核磁共振谱、顺磁共振谱、质谱、拉曼光谱、光电子能谱、穆斯堡尔谱、X射线衍射仪、分子束技术仪、低能电子衍射仪、外延X射

线吸收精细结构谱仪、皮秒激光光谱仪等。现代实验技术越来越灵敏、快速、精确、方便，现代化程度越来越高，化学家可以利用这些仪器来分析分子组成、分子结构、晶体结构、表面化学结构等。尤其是显微技术的发展，科学家发明了各种电子显微镜，如扫描电子显微镜（SEM）、原子力显微镜（AFM）、透射电子显微镜（TEM）等，使化学家可以直接在分子、原子层次上观察和研究化学体系，跟踪化学反应过程，诱导局域表面化学反应，甚至可以直接操纵原子。

(2) 计算机在化学各领域的广泛应用。目前，计算机已经是日常生活中不可或缺的工具，在化学、化工领域的应用非常广泛，而且扮演着越来越重要的角色。计算机检索系统和各种数据库的建立，使化学工作者获得化学文献的途径发生了根本性的变化，可以通过 Internet 等实时、快速地查阅和了解世界范围内的化学文献信息，"秀才不出门，便知天下事"，大大缩短了研究工作的准备时间，可以毫不夸张地说"计算机延长了化学家的寿命"。

计算机在化学中的应用促成了"化学计量学"的诞生。目前，计算机能在很短的时间内非常精确地计算出分子的电子构型、几何形状，从而得到电子能级、结合能、解离能等一系列分子性质，这些计算结果可以与各种光谱、波谱实验结果相媲美，从而使化学家深信化学由纯粹的实验科学已经和正在走向理论科学。

应用计算机可以模拟化学及化工过程。化工开发过程中通常涉及实验研究、小试、中试、设计、评价及试生产等许多内容，利用逐步放大法完成这样一个过程大约需要7～10年的时间。对于突飞猛进发展的现代社会来说，这简直是不可接受的。而利用计算机模拟放大设计，则可以大大缩短开发时间。例如，美国开发丙烯共聚制橡胶的工业过程，根据每天 1kg 的小试结果，利用计算机模拟放大为年产 4.5 万吨的工艺流程，一次试车成功。德国鲁奇年产 4000 吨甲醇的工厂，从计算机模拟放大到设计、建厂、投产，仅仅用了 1 年的时间。计算机还可以用于反应器的模拟、反应过程的优化、化工自动化等，可以大大节省研究、开发、生产过程的人力、物力和财力。由于计算机的应用，化学教育方式及手段也发生了根本性的变化，在化学教学中可以利用多媒体计算机的图、文、声、像、动画等并茂，把微观化学宏观化，把抽象的问题简单化，对学生理解微观化学问题具有极大的帮助。

(3) 化学已从宏观现象认识深入到微观理论理解。探讨宏观化学现象的微观本质一直是化学工作者努力的目标，但直到 20 世纪 60 年代以前，尽管化学键理论已经建立，但有关物质结构的理论主要还是从反应性能的宏观现象来推导，观察静态和动态中分子的微观结构是很困难的。例如，在液相中的化学反应，旧化学键的断裂和新化学键的形成往往只有 10^{-13} s 数量级的时间，要跟踪这种反应的微观变化必须要有分辨能力为 10^{-14}～10^{-15} s 的观察手段，而最先进的红外激光的分辨力也仅能达到 10^{-12} s 数量级。20 世纪 60 年代后，在量子化学、结构化学的理论发展基础上，借助各种物理手段，逐步实现了对分子行为的微观观测——飞秒化学 10^{-15} s（哈迈德-泽维尔 1999 年获得诺贝尔化学奖），更多的从微观结构上解释了分子的性能，将对宏观的化学现象的阐述与认识建立在了微观结构的理论基础上，为化学理论的发展奠定了现代基础。

(4) 化学理论正在从定性描述进入到定量描述层次，从基本上是描述性的经验科学向推理性的理论科学过渡。化学变化是分子、原子层次上的变化，难于观测，因此经典的化学理论都是以实验室为基础，多为定性的描述，多采用的是归纳法对物质的组成、性质、变化规律进行的研究。近年来，随着数学方法的不断引入，化学的数学化速度正在加快，现代化学的定量内容不断增加。除微积分、线性代数、数学物理方法、群论之外，图论、矢量分析、不可约张量法、拓扑学等高等数学知识不断进入到化学的研究领域，在大型计算机的帮助下，已经可以用从头法计算已知化合物的电子结构及其性能的关系，价键理论、分子轨道理论、配位场理论已经成为现代化学键的三大理论支柱。另外，现代精密化学仪器设备的普遍应用，积累了大量精确可靠的数据，使得对分子结构、性能、活性等方面的定量处理成为可能，而量子化学的扩展及应用则赋予了化学理论的推理性，这一切都预示着对化学理论的描述将由定性阶段进入定量阶段，并进一步上升为推理性的科学层次。

(5) 化学已从对物质的静态认识深入到反应过程的动态研究。化学反应由反应物到产物可以认为"由始态到终态"，始态和终态可以看作不同的平衡态——静态，则由始态到终态的过程就是动态。化学反应的动态实质是"破旧(旧化学键断裂)立新(新化学键形成)"的过程。静态的研究可以用已经建立起来的热力学第一定律(能量转化和守恒定律)、热力学第二定律(反应的方向和限度)来进行，而现代动态过程的研究需要用先进的飞秒技术来实现。飞秒化学就是以飞秒为时间标度来研究化学反应过程，再利用交叉分子束技术，则可以实时地观察分子的解离过程。交叉分子束技术应用于研究化学反应，使得化学工作者能从分子反应层次上以一次具体的碰撞行为来观察化学过程的动态行为，现代激光技术的应用又使研究深入到不同能量状态(如平动、转动、振动或电子的运动等)的反应物转化为不同能量状态的产物的态-态反应层次，催生了"分子反应动态学"或称为"微观反应动力学"这一化学新学科分支。

(6) 化学已从单一学科发展到边缘学科与综合性学科。在19世纪末，化学已经形成了无机化学、分析化学、有机化学与物理化学四个二级学科，到了20世纪，化学在二级学科的基础上进一步分化，产生了数十个三级分支学科。这些三级学科往往是二级学科相互渗透、交叉的产物。例如，有机定量分析、有机波谱分析就是有机化学与分析化学结合的产物，物理无机化学就是无机化学与物理化学结合而产生的，配位化学、金属有机化学则是由无机化学与有机化学相互交叉应运而生的新学科。这些新学科消除了化学分支学科的界限，充分体现了化学是一个高度整合的整体。

另一方面，化学与其他学科结合，产生了生物化学、计算化学、化学物理(或物理化学)、地球化学、海洋化学、材料化学、冶金化学、环境化学、能源化学、土壤化学、社会化学、刑侦化学、国防化学等交叉学科。这要求应用多学科理论、方法、手段和知识进行综合性的研究。近30年来新兴的材料科学、环境科学、能源科学、生命科学等，都是以化学为基础形成的综合性的学科。

1.4.2 21世纪化学的四大难题

我国著名化学家、中国科学院院士、2008年中国科学技术最高奖获得者徐光宪教授提出了21世纪化学应解决的四大难题。

1. 化学反应理论(化学的第一根本定律)——建立精确有效而又普遍适用的化学反应的含时多体量子理论和统计理论

化学是研究化学变化的科学,因此化学反应理论和定律是化学的第一根本定律。19世纪古尔德贝格和瓦格提出的质量作用定律,是最重要的化学定律之一,但它是经验的、宏观的定律。艾林的绝对反应速率理论是建立在过渡态、活化能和统计热力学基础上的半经验理论。过渡态、活化能和势能面等都是根据不含时间的薛定谔第一方程计算的,所谓的反应途径是按照势能面的最低点来描绘的。近年来发展了含时的哈特里-福克方法、含时密度泛函理论方法、以西群相干态为基础的电子-原子核运动方程理论、波包动力学理论等,但目前这些理论方法对描述复杂化学体系还有困难。所以建立彻底严格的微观化学反应理论,既要从初始理论出发,又要巧妙地采用近似方法,使之能解决实际问题,包括决定某两个或几个分子之间能否发生化学反应,能否生成预期的分子,需要什么催化剂才能在温和的条件下进行反应,如何在理论指导下控制化学反应,如何计算化学反应速率,如何确定化学反应途径等,是21世纪应该解决的第一化学难题。

2. 结构和性能的定量关系(化学的第二根本定律)

"结构"是指包括构型、构象、手性、粒度、形状和形貌等宏观性质;"性能"是指包括物理、化学和功能性质,以及生物和生理活性等。虽然库恩(Kuhn)从理论上证明了一个分子的电子云密度可以决定它的所有性质,但实际计算电子云密度困难很多,现在人们对结构与性能关系的了解还远远不够。因此这是21世纪化学应该解决的第二个重大理论难题。

3. 生命现象的化学机理——生命化学难题

生命活动的过程,必然要用化学过程来理解。虽然生命过程不能简单地还原为化学过程和物理过程的加和,但研究生命过程的化学机理,就是从分子水平上了解生命,可以为从生物大分子、亚细胞、细胞、组织、器官等层次了解生命提供基础。充分认识和彻底了解生物和人类生命运动的化学机理,无疑是21世纪化学亟待解决的又一重大难题。

4. 纳米尺度难题

现在世界上许多国家都把纳米科学技术定为国家优先发展的目标。在复杂性科学和物质多样性的研究中,尺度效应至关重要。尺度的不同,往往引起主要相互作用力的不同,导致物质性能及其运动规律和原理的质的区别。纳米粒子体系的热力学性质,包括相变和"集体现象"(如铁磁性、铁电性、超导性和熔点等)与宏观聚集态都有很大的差异。当尺度在十分之几到10nm的数量级时,正处于量子尺度与经典尺度的模糊边界区,此时热运动的涨落和布朗运动将起重要作用。例如,金的熔点是1063℃,而纳米金(5～10nm)的熔化温度仅有330℃;银的熔点为960.3℃,而纳米银(5～10nm)的熔化温度只有

100℃。再如，由几十到几百个原子组成的分子磁体表现出了许多特性，如量子隧道效应、量子相干效应。纳米粒子具有很大的比表面积，由此引起了很多性质上的不同。例如，纳米铂黑催化剂可使乙烯催化反应的温度由 600℃降至室温。又如，电子或声子的特征散射长度(平均自由程)在纳米量级，当纳米粒子的尺度小于此平均自由程时，电流或热的传递方式就会发生质的改变。因此，纳米分子和材料的结构与性能关系的基本规律是 21 世纪化学和物理需要解决的第四大难题。

解决了以上四大难题，化学家将为人类世界做出巨大的贡献。不难想象，在解决了第一和第三难题后，人们充分了解了光合作用、固氮作用和催化作用的机理，可以期望实现农业的工业化，人们可以在工厂中生产粮食和蛋白质，不用再担心耕地问题。第三问题的解决，还可以为医学家提供基础，避免人类的疾病和痛苦，安享 150 岁天年。第二和第四问题的解决，可以为人类提供比现在性能最好的合金钢强度大几十倍、但质量要轻几倍的材料，使城市建筑、交通工具和桥梁等更加安全可靠。未来的太阳能转换材料、器件将使人们更多、更有效地利用太阳能，能源将不再成为问题，未来的化工生产将是绿色的、零排放的原子经济性生产过程，海水的淡化将变得经济实惠，人们将穿上空调衣服等。可以想象，这四大难题的解决将为人类提供一个美好的生活远景。

要解决这四大难题，不言而喻，21 世纪化学科学的任务仍然是认识世界、改造世界和保护世界。

1.4.3 现代化学的新领域

化学的研究对象随着时代的前进而不断更新。在 19 世纪和 20 世纪上半叶，发现新元素及其化合物是化学研究的前沿领域之一，元素周期表是化学的一个重要规律。从 20 世纪下半叶起，化学的主要任务已不再是发现新元素，而是合成新分子。

在过去的几十年中，化学家已经合成了几千万种新的分子和新的化合物，其中有许多是人们感兴趣的“明星分子”。例如，诺贝尔(Noble)在 1864 年用硝酸甘油制造出安全炸药，使硝酸甘油成为了 19 世纪 60 年代的明星分子。硝酸甘油能缓解心绞痛的机理困扰了医学家、药理学家 100 多年，直到 20 世纪 80 年代才得以解决，原来硝酸甘油能缓慢释放出 NO，而 NO 能使血管扩张，是一种传输神经信息的“信使分子”(EDRF)，解决这一问题的三位药理学家在 1998 年获得了诺贝尔生理学和医学奖，而 NO 也成为了明星分子。美国辉瑞制药公司根据这一原理研究出了一种新药伟哥(viagra)，它也成为了明星分子。此外，如 1985 年合成的 C_{60}、1991 年合成的碳纳米管、最近的抗癌药物埃坡霉素(epothilones)等都是明星分子。

进入了 21 世纪，科学技术的发展突飞猛进，这种飞速发展在研究对象的更新方面具有以下几个特征：①在数量上，新分子和新化合物将以指数函数的速度迅速增加，大约每 10 年翻一番；②在质量上，将更加重视人类需要的功能分子和功能材料；③不再满足于合成新分子，而要把分子扩展组装为分子材料、分子器件、分子机器等，如分子导线、分子开关、分子磁体、分子电路、分子计算机等。因此，21 世纪的化学研究对象非常丰富。可以说，21 世纪的化学是主要研究原子、分子片、分子，原子分子团簇，原子分子的激发态、过渡态、吸附态，超分子，生物大分子，分子和原子的各种不同尺度和不同复杂程度的聚集态和组装态，分子材料，分子器件和分子机器的合成和反应，分离和分析，结构和形态，物理性能和生物活性及其规律和应用的自然科学。除这些主要研究对象以外，化学也和其他一级学科交叉，研究分子聚集态以后的层次，如研究生物层次的生命化学、脑化学、神经化学，研究宇宙层次的天体化学，研究地质层次的地球化学等。无论研究对象如何变化，现代化学研究的鲜明的特点都是以实用为背景。

根据化学研究对象的不同可把化学划分为八个层次。

(1) 原子层次的化学。其中包括核化学、放射化学、同位素化学，s 区、p 区元素化学，d 区元素化学，4f 区元素化学、5f 区元素化学，超 5f 区元素化学，单电子操纵和检测化学等。

(2) 分子片层次化学。元素只有 110 多种，但分子数却超过了 2000 万种。分子片概念是由霍夫曼(Hofmann)首先提出的，卢嘉锡教授提出的“活性元件”、“元件组装”理论，柯瑞(Corey)提出的“合成子”概念等都属于分子片的一种形式，高分子化学中的单体、蛋白质中的氨基酸、DNA 中的碱基等也可以认为是一种分子片。有关分子片的定义，分子片的价，分子片的电负性、酸碱性、亲电性和亲核性、氧化还原性，分子片的周期律，分子片的实验组装方法，分子片试剂，分子片的自组装，功能分子片的发现和基本规律的研究等，对研究分子设计具有很大的帮助。

(3) 分子层次的化学。分子是可以独立存在的、具有特定化学性质的物质微粒。除稀有气体是以单原子存在外，其他元素的分子多以 2 个或 2 个以上原子通过共价键或共价配位键连接起来的双原子或多原子分子存在。高分子、生物大分子、自由基、准分子(分子激发态、过渡态、吸附态等)和带电荷的分子离子等都属于分子化学的范畴。现在已合成了 2000 多万种分子和化合物，通常把它们分为无机化合物、有机化合物和高分子化合物。但近几十年来合成的众多化合物，如金属有机化合物、元素有机化合物、原子簇化合物、金属酶、金属硫蛋白、富勒烯，团簇、配位高分子等很难适用原来的分类方法。因此出现了分子的多元分类方法，如可以根据分子片结合方式和生成的分子结构类型分类，先分为 0 维、1 维、2 维、3 维分子。0 维分子再用($nxc\pi$)来分类，其中 n 表示分子片数，x 与价电子数有关，c 是分子内成环的数目，π 是 π 键的数目。

(4) 超分子层次的化学。超分子是两个或两个以上分子通过非共价键的分子间作用力结合起来的物质微粒。这些分子间力包括范德华力和各种类型的氢键，疏水-疏水基团相互作用，疏水-亲水基团相互作用，亲水-亲水基团相互作用，静电引力，极化作用，电荷迁移，分子的堆积和组装，位阻和空间效应等。生命科学中非常重要的受体和给体化学、抗体和抗原化学、锁和钥匙化学等都属于超分子范畴。例如，液态水$(H_2O)_n$是 H_2O 分子的聚集体，是一个简单的超分子；环糊精与 C_{60}、艾滋病毒(HIVP)与 C_{60} 形成的超分子等。

(5) 生物分子层次化学。包括生物化学、分子生物学、化学生物学、酶化学、环境化学、生命起源化学、认知化学、从生物分子到分子生物(make life)的飞跃等。

(6) 宏观聚集态化学。包括固体化学、晶体化学、非晶态化学、流体和溶液化学、等离子体化学、胶体化学、界面化学等。

(7) 介观聚集态化学。包括纳米化学、微乳液化学、溶胶凝胶化学、软物质化学、胶团胶束化学、气溶胶化学等。

(8) 复杂分子体系化学。包括分子材料、分子器件、分子芯片、分子机器等。

现代化学已经发展成为一门综合性的学科，与其他学科的相互渗透、相互交叉形成了门类繁多的交叉学科、边缘学科，这些都是有希望取得更多成果的领域。这些前沿性研究领域的突破，必将导致再一次的“化学革命”。

1.5 绿色化学概述

20 世纪是化学工业蓬勃发展的世纪，也是人们逐步认识化学工业对人类健康、社区安全、生态环境产生危害的世纪。在过去的 100 多年里，化学作为一门核心、实用、创造性科学，已经为人类认识物质世界和人类的文明进步做出了巨大的贡献。人类的衣、食、住、行，科技和社会的发展等已经越来越离不开化学。然而，在化学品制造和使用过程中，对人类健康及生态环境也造成了负面的影响，主要表现为资源的浪费和环境的污染。建立在征服自然、统治自然和掠夺自然基础上的传统化学工业，已经导致人类与自然的矛盾日趋激化，产生了一系列严重的全球环境危机，人类的生存环境日益恶化。人类正面临着资源短缺、能源危机、大气污染(温室效应、臭氧层破坏、酸雨等)、海洋污染、淡水资源短缺和水污染、土地沙漠化、森林锐减、生物多样性减少、有毒化学品和危险品事故等多个重大环境问题。其中的大部分问题直接或间接来源于化学工业和化学产品的应用。当然，在人类社会向现代文明发展的过程中，产生这种情况是可以理解的，但这绝对不是化学学科本身的罪责。然而，解决这些问题确实又是化学家、化学学科的责任。人们早已意识到存在这些问题，提出了一些相应的措施，然而要从根本上治理环境问题，就必须走绿色化学之路。

1.5.1 绿色化学的概念

绿色化学(green chemistry)又称无害化学(environmentally benign chemistry)、环境友好化学(environmentally friendly chemistry)、清洁化学(clean chemistry)。

绿色化学提出了一些新的观念，其基本点主要是把化学知识、化学技术和化学方法应用于所有的化学品和化学过程，以减少甚至消除对人类健康和对环境有害的反应原料的使用、减少有害反应过程的进行、减少有害产物的生产和使用、减少有害反应溶剂的使用等。反应中尽可能不产生副产物，更加充分地利用资源，以适应人类可持续发展的需要。

绿色化学的基本思想可应用于化学化工的所有领域，既可对一个总过程进行全面的绿色化学设计，也可以对一系列过程中的某些单元操作进行绿色化学设计、对化学品进行绿色化学设计。通过研究和改进化学化工反应及相关的工艺，从根本上减少甚至消除一些副产物的生成，从源头上解决环境污染的问题。在绿色化学基础上发展起来的技术称为绿色技术，环境友好技术或清洁生产技术，也可以认为是“原子经济”技术。其核心是利用化学原理从源头上减少或消除化学工业对环境的污染。

绿色化学是一门具有新时代特点和明确社会要求及科学目标的新兴交叉学科。一方面，绿色化学是对传统化学思维方式的更新和发展，另一方面，绿色化学通过精心规划，整体设计，从反应源头上消除污染。此外，绿色化学在合理、有效利用资源，降低能耗和生产成本，使化工生产实现可持续发展要求方面具有更突出的体现。可以说：绿色化学与传统化学观念最大的不同是由原来技术的“末端治理”改变为绿色技术下的“从源头或生产过程根除污染”。

绿色化学是与环境治理或环境防治不尽相同的两个概念。环境治理或环境防治是指对已经被污染的环境进行治理，使之尽可能恢复到被污染前的面貌；而绿色化学则是从源头上阻止污染物的生成，是指在化工生产实践过程中尽可能没有污染物的使用、生成和排放，有效利用原料和资源，实现化学工业的原子经济，充分体现可持续发展的思想。

绿色化学的研究主要是围绕化学反应、原料、催化剂、溶剂和产品的绿色化发展的，涉及化学反应(化工生产)过程的四个基本要素：

(1) 淘汰有毒的化学反应起始物(原料)。

(2) 选择最佳的反应(生产)条件，包括温度、压力、时间、介质、物料平衡等，以实现最大限度的节能与零排放。

(3) 研究最佳的转换反应和良性循环(含催化剂)。

(4) 设计对人类健康和环境更加安全的目标化合物(最终产品)。

1.5.2 绿色化学的特点

绿色化学主要有以下五个特点：

(1) 化学反应的清洁性。化学反应中应用的原料、催化剂、化工技术、主要化学产物都应对环境和人类无害，与生态系统相容。

(2) 化学反应的原子经济性。“原子经济性”是绿色化学的核心内容之一。所谓的原子经济性是指在制备新物质的过程中应充分有效利用反应物中的各个原子，最大限度地利用原料分子的每一个原子，使之结合到目标分子中，真正实现零排放的目的。原子利用率越高，反应产生的废弃物越少，对环境造成的污染也越少。从制备过程的总体来讲，既充分利用了资源又大大减少了污染，甚至不产生污染，实现从“粗放型”的传统化学到“集约型、精致型、经济型”的绿色化学的转变。现代化学人必须要树立“只有资源，没有废物”的思想观念，尽可能地研究开发能将原料中的所有成分转化为既能为人们所用又不对环境产生污染的、可以循环利用的产品和技术，理想的原子经济性反应的合成效率应该是100%。

例如，碳酸二甲酯以前是用光气合成的，而现在也可以用一氧化碳合成，即所谓氧化羰基化：

$$2CH_3OH+\frac{1}{2}O_2+CO\longrightarrow(CH_3O)_2CO+H_2O$$

这一生产工艺不用有毒的光气，也没有其他的副产物，是一个典型的绿色化工艺。

再如，在精细化学品的合成过程中，传统的芳烃硝化是一个非常重要但又造成严重污染的过程。常采用的方法是用大大过量的硝酸和硫酸的混合物(也有的用硝酸-乙酸混合物、硝酸盐-硫酸混合物、硝酸-发烟硫酸混合物等)来进行硝化，生产过程严重污染环境。

近年来，化学科研工作者发表了若干原子经济性的硝化反应报道，用三氟磺酸稀土为催化剂的芳烃硝化反应就是一例，在这种催化剂存在下，ArH 与 HNO_3 1∶1 反应得到 $ArNO_2$。

$$ArH + HNO_3 \xrightarrow{\text{催化剂 }10\%} ArNO_2$$

目前，真正能够实现原子经济性的生产过程还不多，实现原子经济的目标是一个长期的过程，应自觉坚持原子经济性原则，努力开发符合原子经济性的新反应。

(3) 化学反应技术的可持续性。利用高新技术开发科技含量更高的新的化学反应、更合理和环保的新的合成路线、新的目标化学产物。

(4) 化学生产的可持续性。在化工生产中充分利用自然界可再生的资源、能源，替代不可再生的资源、能源。

(5) 化学工艺的循环性和封闭性。通过研究，将反应原料、副产物、催化剂、能源等均处于闭路循环当中，使得整个系统只有原料、能量的输入和产品的输出。

1.5.3 绿色化学的核心内容

绿色化学的核心问题是研究新反应体系，包括针对一些污染比较严重的反应，研究新的合成方法和路线，探求新的反应原料，探究新的更为便捷、环保、高产率的反应途径和条件等。

从理论上讲，绿色化学要求通过加强对一些化学反应的热力学和动力学机理的研究，探究化学键形成和断裂的可能性及微观领域的选择性调节和控制，发现新型化学反应方法，推动化学学科的绿色化发展，更好地为人类服务。

有人将绿色化学的核心内容一分为二。一是原子经济性，前面已经详细介绍。二是其内涵主要体现在五个"R"上：①Reduction——减量，即减少"三废"排放；②Reuse——重复使用，如化学工业过程中的催化剂、载体等，这是降低成本和减废的需要；③Recycling——回收利用，可以有效实现省资源、少污染、减成本；④Regeneration——再生，即变废为宝，节省资源、能源，减少污染的有效途径；⑤Rejection——拒用，指对一些无法替代，又无法回收、再生和重复使用的化学品，有毒副作用及污染作用明显的原料，拒绝在化学过程中使用，这是杜绝污染的最根本方法。

1.5.4 绿色化学的原则

1996 年由美国环境保护署阿纳斯塔斯(Anastase)等编写的《绿色化学》丛书陆续出版，1998 年又出版了《绿色化学——理论与实践》一书，书中详细阐述了绿色化学的定义、原则、评估方法及发展趋势，所提出的绿色化学的 12 条基本原则也逐渐被广泛接受。其中绿色有机合成工艺是绿色化学关注的焦点。绿色化学的 12 条原则具体内容如下：

(1) 防止废物的生成比在其生成后再处理更好。

(2) 设计的合成方法应使生产过程中所采用的原料最大量地进入产品之中，最大限度利用资源。

(3) 设计合成方法时,只要可能,原料、中间产物和最终产品均应对人体健康和环境无毒、无害。

(4) 设计化工产品时,要尽量保持其功能,降低其毒性。

(5) 应尽可能避免使用溶剂、分离试剂等助剂,如不可避免,也要选用无毒无害的助剂。

(6) 合成方法必须考虑过程中能耗对成本与环境的影响,应设法降低能耗,最好采用在常温常压下的合成方法。

(7) 在技术可行和经济合理的前提下,原料要采用可再生资源代替消耗性资源。

(8) 在可能的条件下,尽量避免不必要的衍生步骤,尽量不使用衍生物。

(9) 合成方法中采用高选择性、高活性的催化剂比使用化学计量助剂更优越。

(10) 化工产品要设计成在其使用功能终结后,不会永存于环境中,要能分解成可降解的无害产物。

(11) 进一步发展分析方法,对危险物质在生成前实行在线监测和控制。

(12) 选择化学生产过程的物质,使化学意外事故(包括渗透、爆炸、火灾等)的危险性降到最低程度。

这是目前国际化学界公认的 12 条绿色化学原则,它反映了近年来在绿色化学领域中所开展的多方面研究工作内容,同时也指明了未来发展绿色化学的研究方向。

*1.6 化学信息资源及化学文献的查阅方法

1.6.1 化学文献索引

化学因与其他众多学科交叉而成为中心学科,化学文献数量在 20 世纪下半叶迅速增加,如美国的《化学文摘》(*Chemical Abstracts*,简称 CA)每卷收录文摘已达到 37 万多条。要从如此庞大的化学信息资源中获取所需信息,必须借助适当的工具才有可能实现。计算机和网络的普及,特别是自 20 世纪 90 年代以来,Internet 的迅猛发展,使化学信息的查阅日益快捷。尤其是一些重要的检索系统,如《科学引文索引》(SCI)、《工程索引》(EI)、《科技会议录索引》(ISTP)、《科学评论索引》(ISR)及《化学文摘》等,都即时提供世界范围内在化学、化工等领域的研究成就,使人们能够迅速查阅和了解该领域的前沿进展。

《科学引文索引》(*Science Citation Index*,简称 SCI)创刊于 1961 年,是美国科学信息研究所(ISI)出版的一部世界著名的期刊文献检索工具。SCI 收录全世界出版的数、理、化、农、林、医、生命科学、天文、地理、环境、材料、工程技术等自然科学各学科的核心期刊约 3700 种;扩展版收录期刊 5800 余种。ISI 每年还出版“期刊引用报告”(Journal Citation Reports,JCR),对 SCI 收录的期刊之间的引用和被引用数据进行统计、运算,定义了影响因子(impact factor)并加以报道。一种期刊的影响因子是指该刊前两年发表的文献在当年的平均被引用次数。影响因子越高,其刊载的文献被引用率越高,说明这些文献报道的研究成果影响力较大,反映该刊物的学术水平较高。

《工程索引》(*Engineering Index*,简称 EI),于 1884 年由美国工程信息公司(Engineering Information Inc.)创办,是一个主要收录工程技术期刊文献和会议文献的大型检索系统,也是美国工程信息公司出版的著名工程技术类综合性检索工具。EI 收录世界上工程技术类期刊 2000 余种,收录文献几乎涉及工程技术各个领域,如动力、电工、电子、自动控制、矿冶、金属工艺、机械制造、土建、水利等。它具有综合性强、资料来源广、地理覆盖面广、报道量大、报道质量高、权威性强等特点。

《科技会议录索引》(*Index to Scientific & Technical Proceedings*,简称 ISTP)创刊于 1978 年,由美国科学情报学会编辑出版,收录生命科学、物理与化学科学、农业、生物和环境科学、工程技术和应用科学等学科,其中工程技术与应用科学类文献约占 35%。ISTP 是美国科学情报研究所的网络数据库 Web of Science Proceedings 中两个数据库(ISTP 和 ISSHP)之一。专门收录世界各种重要的自然科学及技术方面的会议,包括一般性会议、座谈会、研究会、讨论会、发表会等的会议文献,涉及学科基本与 SCI 相同。ISTP 收录论文的多少与科技人员参加的重要国际学术会议多少或提交、发表论文的多少有关。

《科学评论索引》(*Index to Scientific Reviews*,简称 ISR)创刊于 1974 年,由美国科学情报研究所编辑出版,收录世界各国 2700 余种科技期刊及 300 余种专著丛刊中有价值的评述论文。高质量的评述文章能够提供本学科或某个领域的研究发展概况、研究热点、主攻方向等重要信息,是极为珍贵的参考资料。

《化学文摘》(*Chemical Abstracts*,简称 CA)由美国化学学会化学文摘服务社(CAS)编辑出版的,是享誉世界的一种化学、化工专业性文摘期刊。CA 创始于 1907 年,其前身是美国在 1885～1901 年出版的《美国化学研究评论》(*Review of American Chemical Research*)和 1897～1906 年间出版的《美国化学会杂志》(*Journal of the American Chemical Society*)中的文摘部分。1956 年由美国化学会《化学文摘》社编辑出版,是目前世界上发行量最大的化学、化工专业性检索工具,是化学工作者了解化学发展的重要途径之一。

1.6.2 CA on CD 使用方法

1. 基本检索

(1) 索引浏览式检索(index browse)。在检索菜单窗口点击“Browse”,即可进入索引浏览。窗口中 Index 字段的缺省值为“Word”,可点击索引框中的箭头拉出索引菜单,选择所需索引字段。索引字段包括 Word:自由词,CAS RN:CAS 登记号,Author:作者及发明者,General Subject:普通主题,Patent Number:专利号,Formula:化学式等。

(2) 词条检索(word search)。用逻辑组配方式将检索词、词组、专利号等结合起来进行检索;在屏幕中部输入检索词;在右边字段下拉菜单中选定相应检索词的字段;左边选项下拉菜单中选择词间的关系组配符,此处缺省值为“AND”,点击“Search”键,开始检索。

(3) 化合物等级名称检索(substance hierarchy)。与印刷版的化学物质索引基本相同。在检索窗口中,点击 Subs 系统即进入化学物质等级名称检索,屏幕显示物质第一层次名即母体化合物名称索引正文;然后双击选中索引,将等级索引表逐层打开,双击该物质条目即可检索。

(4) 分子式检索(formula hierarchy)。数据库提供与印刷版 CA 的分子式索引结构相似的分子式及物质名称等级索引。文献量较大的物质名称被细分为一组子标题。不带有“+”号的标引词为终极索引词;带有“+”号的标引词包括二级或多级扩展索引词,可以双击进行显示。

2. 检索举例

(1) 作者检索。例如,检索段雪的文章,打开“Browse”,在检索字段中选择“Author”,输入“Duan, X”,便可以找到“Duan Xue”和“Duan, X.”,标记这两个作者,按“Search”即可得到相关的记录。

(2) 关键词检索。检索氮氧化物选择催化还原方面的资料,而不要出现氨的文献,检索式为(NO_x or nitrogen oxide) and (SCR or selective catalytic reduction) not NH_3。打开对话窗,在第一条内输入“NO_x or nitrogen oxide”,在右侧下拉菜单中选“Word”,在第二条内输入“SCR or selective catalytic

reduction”,右侧下拉菜单中选“Word”,左侧下拉菜单中选择“and”,在第三条内输入 NH_3,右侧下拉菜单中选择“Word”,左侧下拉菜单中选择“not”,检索即可。

(3) 化学物质检索。例如,检索母体为乙酸乙烯酯的化合物的资料,单击“Subst”,打开化学物质索引,在“find”条框中输入“acetic acid ethenyl ester”,屏幕自动滚动到位,如前面有“+”,双击可打开,再根据自己的需要选择。

(4) 分子式检索。例如,检索 4,4′-二乙酰胺基-2,2′-二苯乙烯二磺酸的制备,已知分子式为 $C_{18}H_{18}N_2O_8S_2$,则单击“Form”,在“find”条框中按照分子式字母及数字按顺序输入,光标自动滚动到位,如前面有“+”,双击打开,再选择其制备方面的文献。

在浏览过程可对感兴趣的文献用“Mark”进行标注,或用“Unmark”取消标注。需要保存或打印全部检中结果时,在题目浏览状态下点击“Mark All”全部标注即可。

1.6.3 期刊文献检索

期刊又称杂志(journal),是指有固定名称,用卷、期或者年、季、月顺序编号,按照一定周期出版的成册连续出版物。科技期刊是检索的最终目标之一,随着计算机和 Internet 的飞速发展,期刊的载体形式也发生了变化。传统印刷版期刊有逐渐被网络版所取代的趋势,故必须学会从网上搜索、下载摘要或全文。

科技期刊的特点是报道及时、内容广泛、连续出版。在检索工具的文摘中,科技期刊往往有年、卷(期)、页的标志。许多新的成果、新的观点、新的方法往往首先在期刊上刊登。期刊出版的周期可有定期和不定期之分。定期期刊有周刊、双周刊、月刊、双月刊、季刊、半年刊以及年刊等。

科技期刊的类型比较多,一般按照性质和内容主要分为以下几种类型:①原始论文期刊:刊载的原始论文包括研究论文、实验报告、学术论文等,属于一次文献,如 *Journal of American Chemical Society*、化学学报、高等学校化学学报等;②快报、简报类期刊:由于原始研究论文在期刊上发表常常要推迟一定时间,为了使紧迫的问题及新开拓领域的研究论文迅速与读者见面,出现了如“快报”和“简报”之类的期刊;③文摘和检索性期刊:用来报道、累积和查找文献线索的工具,是在原始文献的基础上编辑出版的二次文献;④综述性期刊:专门刊载综述性文章的期刊,是针对某一学科、专业收集某一特定时期内有关的原始文献再加以分析、综合,属于二次文献;⑤新闻性期刊:主要报道有关工业、金融及商业方面的技术新闻和经济新闻等。

1. 电子期刊检索

经过将近 30 年的发展,电子期刊从最初的软盘期刊、第二代的 CD-ROM 期刊、联机期刊,发展到现在的网络版电子期刊。网络电子期刊是指从投稿、编辑出版、发行、订购、阅读乃至读者意见反馈的全过程都是在网络环境下进行,任何阶段都不用纸。这使得电子期刊具有传递迅速、获取信息快、检索方便、成本低、发行广泛简便、周期短等特点。

电子期刊获取的途径如下:①Internet 上的电子期刊,它是在网络上编辑和发行的电子杂志,没有与之相对应的印刷本,属纯电子期刊;②电子图书馆,现在大部分高校与出版商联合,共同制作期刊全文数据库,称之为电子图书馆,我国的许多高校购买了 Elsevier Science、Springer Link 系统等著名出版商的电子期刊全文数据库,可以检索、阅览和下载全文;③商用数据库,著名的期刊中间商 Faxon 公司从 1990 年开始建立电子期刊数据库,收录 1.2 万种期刊;④光盘,具有代表性的光盘有通用期刊光盘、商务期刊光盘、社会科学光盘、IEEE/IEE 出版物光盘等。

2. 论文摘要及全文检索

由于国内外大多数期刊都有网络版,这就为科技人员提供了一种快速的检索途径。大多数科技人员都是通过各个出版社或者编辑部公开的网站或者期刊论文数据库网站下载。常用的网站如下：

(1) 美国化学会(American Chemical Society)。出版物的主页为 http://pubs.acs.org，公开化学会出版的刊物，印刷版会滞后，它涵盖了几乎所有的与化学学科相关的及其交叉领域的内容，有 34 种期刊，其中 30 种有电子版。

(2) 英国皇家化学会(Royal Society of Chemistry)。网址为 http://www.rsc.org。它是欧洲最大的化学科学组织，提供知名的化学出版物网络版。

(3) ScienceDirect 全文数据库。它由世界著名学术期刊出版公司 Elsevier 公司出版，网址为 http://www.sciencedirect.com。Elsevier 是全球最大的出版商。ScienceDirect 是它的网络全文期刊数据库平台系统，收录了 1800 余种电子期刊，内容涉及数学、物理、化学、生物等十多个学科。

(4) SpringerLink 全文数据库。它由 Springer 出版公司出版(http://www.springerlink.com)，收录 500 余种全文电子学术期刊。德国 Springer-Verlag 是世界上著名的科技出版集团，通过 Springer-Link 系统发行电子图书并提供学术期刊的检索服务。

(5) Wiley InterScience 全文数据库(http://www.interscience.wiley.com)。它是由 John Wiley & Son, Inc. 提供的，内容涉及数学、物理、化学、生物等领域。

3. 中国知网中文文献检索

中国知网(CNKI)中文文献检索由中国学术期刊(光盘版)电子杂志社、清华同方知网(北京)技术有限公司主办，是基于《中国知识资源总库》(简称《总库》)的全球最大的中文知识门户网站，具有知识的整合、集散、出版和传播功能。CNKI 也可解读为“中国知网”(China National Knowledge Internet)的英文简称。《总库》是中国知网的核心资源，是由杨振宁先生担任顾问委员会名誉主任，众多院士、科学家、专家学者参与策划、编纂的我国知识信息资源的大规模集成体。目前，中国知网已实现了国内 25%的知识资源的数字化和网络化共享。

CNKI 是全球信息量最大、最具价值的中文网站。CNKI 的信息内容是经过深度加工、编辑、整合、以数据库形式进行有序管理的，内容有明确的来源、出处，内容可信可靠，如期刊杂志、报纸、博士和硕士论文、会议论文、图书、专利等。因此，CNKI 的内容有极高的文献收藏价值和使用价值，可以作为学术研究、科学决策的依据。

CNKI 中国知网包括以下 8 种数据库：①中国期刊全文数据库；②中国优秀博士学位论文全文数据库；③中国优秀硕士学位论文全文数据库；④中国重要会议论文全文数据库；⑤中国重要报纸全文数据库；⑥中国图书全文数据库；⑦中国引文数据库；⑧中国专利数据库。

中国知网可以免费检索得到文献的摘要、标题、作者等主要信息。若下载全文，需要付费授权，也可以进入 CNKI 在各个学校或科研单位的镜像站点(单位付费)，进入全文数据库后便可获得全文。

4. 国际期刊文献检索

国际期刊文献检索(Scopus)(http://www.scopus.com)是 Elsevier 与 21 家研究机构合作设计开发而成，于 2004 年推出的多学科文摘索引数据库。它被认为是全球最大的摘要和引文数据库，为读者提供最新、快捷而方便的搜索平台。用户通过 Scopus 简洁而直观的界面可以检索到来自全球 4000 家科学出版公司的 14500 多种科学期刊，其中 88%的期刊是经过业内专家审校的专业期刊。Scopus目前提供自 1966 年以来的 2700 万篇文摘以及自 1996 年以后的 23000 万篇参考文献，每日更新。Scopus 还有引文追踪功能，该功能可以让用户快速查找、追踪文献的引文信息，随时了解文献逐年的被引数据。Scopus 的特点在于：

(1) 内容资源丰富。Scopus 数据库收录了 14000 多种同行评审刊，其中包括 750 种会议录，600 种商业出版物，531 份 OA 期刊；这些期刊覆盖了化学、物理、数学、工程学、生命科学及医学、生物学、农业及环境科学、社会科学、心理学以及经济学等学科门类；数据库中包含的文摘可回溯到 1966 年，目前拥有 2700 多万条记录，每年新增 110 多万条。

(2) 检索功能强大。Scopus 数据库的检索功能强大，具备以下特征：①一站式检索功能，它整合了数量众多的期刊、专业网站，使读者可以利用多种链接途径，方便的链接到所需要的网络资源、专利资源以及馆藏资源；②提供基本检索、高级检索、作者检索、浏览等多种功能，可以进行精炼检索结果，并且可以浏览参考文献和被引情况；③多种全文链接途径，包括 View at Publisher 全文链接、Full Text 全文链接等。

(3) 提供个性化服务。为了充分享用 Scopus 的个性化服务，用户需要注册一个用户名和密码。通过注册，用户可以建立个人配置文件，从而保留检索记录、设立检索提示和文献引文提示以及保存列表。其中检索提示可以帮助研究人员跟踪学科最新动态，而引文提示则能使研究人员对本研究领域的同行有更多的了解，提供更多的互相学习交流的机会。

1.6.4 专利文献检索

1. 专利

专利(patent)是指一个国家授予创造发明人在一定时间内对该发明创造的独占实施权，包括专利产品的生产、使用和销售，专利通常包括三个涵义：①专利权(patent right)，以法律的形式保护发明人在一定期限内享有对其发明的专有权；②获得专利权的发明创造(patent technology)；③专利文献(patent document/literature)。

在科学技术发展突飞猛进的今天，专利文献有极为重要的作用。这主要是因为当今每一项新的发明创造或技术改进，通常都首先反映在专利文献上，而且每件专利都是第一手资料。在研究国内外科技水平的发展趋势、制定科研生产计划、评价采用新的科技成就的经济价值，以及组织商品出口、研究销售市场等工作时，都越来越明显地反映出使用专利情报的重要性。目前，世界上约有 160 多个国家和地区实施专利制度，有将近 100 个国家公布专利申请说明书和正式批准的专利说明书。每年公布约 100 万件专利，其中很多都是同一项发明创造向不同国家重复申请的专利。

2. 专利文献

专利文献是指实行专利制度的国家及国际性专利组织在审批专利过程中产生的官方文件及其出版物的总称。通常所说的专利文献，主要指发明人提出的发明创造的说明书，这种说明书对人们来说就是专利的原始资料(相当于论文)。专利文献从狭义上讲是指与专利有关的专利文件，包括专利申请说明书、专利说明书、专利证明书以及申请、批准专利的其他文件等。从广义上讲还包括专利局和有关机构出版的各种专利文献检索工具，如专利公报、专利索引、专利分类表等，专利文献的核心是专利说明书。专利文献占全世界每年各种图书期刊总出版量四分之一的出版物。

作为公开出版物的专利文献主要有专利申请说明书、专利说明书、实用新型说明书、工业品外观设计说明书、专利公报、专利索引等。

例如，中国专利文献有以下几种形式：①专利说明书(纸件)；②专利说明书(缩微制品)，其中，胶卷型(microfilm)依文献顺序号排列，平片型(microfiche)按国际专利分类号排列；③中国专利文献光盘；④中国专利英文文摘(计算机磁盘)；⑤专利公报；⑥专利索引：《中国专利索引》等。

所有专利文献都有一个编号，现以中国专利文献编号为例做简要说明。

(1) 申请号：为中国专利局受理某件专利申请的同时给以该专利申请的编号，均采用八位数编码，前两位数代表申请的年代，第三位数代表不同的专利类型，“1”表示发明专利，“2”表示实用新型，“3”表示外观设计专利，后五位为当年各项专利申请的流水号，最后加小数点及一位计算机校验码。例如，99104538.6代表1999年申请的发明专利。

(2) 专利号：我国的专利编号与申请号相同，仅在前面加“ZL”，如ZL99104538.6。

(3) 公开/公告号：按文献流水号排序，均采用七位数编号，前面加国际通用的我国国别代码(CN)，第一位数字用来区分3种不同专利。“1”表示发明专利，“2”表示实用新型，“3”表示外观设计专利。后六位数字表示当年的各种专利文献的流水号，流水号后标的英文字母表示各种专利说明书的类别或该专利的法律状态。例如：

A——发明专利申请公开号，CN 1348826A；

C——发明专利授权公告号，CN 1084638C；

Y——实用新型专利授权号，CN 2475414Y；

D——外观设计专利授权公告号，CN 3100661D。

3. 中国专利文摘数据库

1986年，北京市经济信息中心与北京市专利局合作在“北京经济信息网”推出了《中国专利文摘数据库》(http://www.cnpat.com.cn)查询服务，供网上用户免费查询中国专利文献。该数据库收录了自1985年以来中国专利局公布的所有发明专利和实用新型专利，总数逾100万件，内容有题录、文摘、权利要求等。每一件专利均有发明名称、摘要、申请人、申请人地址、发明人、代理人、专利代理机构、申请号、申请日、公开号、公开日、分类号、主分类号、法律状态、主权项、说明书光盘号、优先权等21个描述字段，用户可以根据需要选择其中某一个描述字段，输入关键词进行单项全文检索；也可选择两个以上描述字段进行与(AND)、或(OR)布尔检索。该系统提供分类检索和高级检索。

(1) 分类检索。按国际分类法分为八个部分，逐层点击即可得到所需专利文摘。

(2) 高级检索。点击“进入专利文献检索”，即可进入高级检索界面，在检索框里填写所需要的检索表达式，单击“开始检索”。检索表达式由检索词和检索运算符组成，检索运算符“+、*、—和()”分别代表“或、与、非和优先”。申请号只需要八位，如查找申请号为92229052.0的专利，应该输入92229052。申请日为6位数字类型“YYMMDD”。不确定检索时可用“!”或“?”代表一个字或没有字。

中国专利信息检索系统(http://www.patent.com.cn)提供专利申请号、申请日、公开号、公开日、IPC分类号、文摘、国省代码、发明人、专利人/申请人、发明名称、申请人地址11个检索入口，供选择其中一个或多个填写相应的检索式，并允许对各个检索式的检索结果进行复杂的逻辑运算。

4. 国外专利文献的网络检索

1) 美国专利和商标局专利数据库

美国专利和商标局专利数据库(http://patft.uspto.gov)是由美国专利和商标局提供的网上免费的专利全文数据库，收录了1976年1月1日至今的美国专利授予及2001年3月15日以后的美国专利申请，数据库每周更新一次。专利授予数据库和专利申请数据库的检索方式基本相同，均包括快速检索、高级检索和专利号检索，检索结果以“专利号+发明名称”形式显示。

快速检索是以设计好的提问框形式要求用户输入或选择，其中可选择数据库(select years)、检索字段(field)、组配方式(布氏符)；允许在检索词的两个框(term)中输入两个检索词。

高级检索则要求用户在检索提问框中(Query)输入字段限制的检索关键词并以布尔逻辑运算符组配，可用的逻辑组配符有“AND、OR、ANDNOT、XOP、<>”即与、或、非、异或、优先。例如，检索所有“数据库”、“摘要”中含“异丙酚”且“申请号”为“616511”的专利，检索式为“abst/propofol and apn/616511”，并在“select years”中选中“all years”，检索式中的“abst”表示在摘要中检索，“apn”表示在申请号中检索，点击“Search”即可获得相应的信息。

专利号检索是指依据专利号检索特定专利。检索结果先以“申请号＋发明名称”形式显示；点击任意记录后，可见其文摘格式，其中也提供了参考专利及引用者的链接，全文库中检索时可见专利的全文及图形。

2) 欧洲专利、PCT及世界各国专利数据库

网址为 http://ep. espacenet. com/。从1998年开始欧洲专利局EPO开始向Internet用户提供免费的专利服务，服务的具体内容包括检索最近两年内由欧洲专利局和欧洲专利组织成员国出版的专利、世界知识产权组织WIPO出版的PCT专利的著录信息以及专利的全文扫描图像、1920年以来的世界各国专利的信息检索，其中1970年以后所收集的专利都有英文的标题和摘要可供检索。

检索专利信息可以从欧洲专利局的站点进行，也可以从欧洲专利组织各成员国的站点进行，各成员国的站点可支持本国的官方语种。欧洲专利局的英语站点还支持法语和德语。主页提供Worldwide数据库快速检索，也可进入欧洲专利局编制的4种检索专利的入口，包括欧洲专利(EP)、世界知识产权组织专利(PCT)、Worldwide数据库(Worldwide-30 million documents)和日本专利(Japanese patents)。

5. 网络导航

Internet拥有世界上最大的信息资源库，已成为人们生活、学习和工作中不可缺少的工具，在信息的海洋中，人们能够快速地在网上索取所需要的信息和知识。获取Internet信息资源的工具大体上有两类。一类是Internet搜索引擎(search engine)，另一类是针对某一专门领域或主题、进行系统收集、组织而形成的资源导航系统。常用的搜索引擎网址如下：

搜狐(Sohu)：http://www. sohu. com

新浪(Sina)：http://www. sina. com

雅虎(Yahoo)：http://yahoo. com(英文版)，http://cn. yahoo. com(中文版)

谷歌(Google)：http://www. google. cn

百度(Baidu)：http://www. baidu. com

例如，在Yahoo网站搜索框内输入关键词“chemistry”，其主页上将会出现28000多万个链接，信息量太大，为了快速到达指定的网站，可以使用分类搜索或高级搜索。搜索引擎的主页上将网上信息分成若干类，当要查找化学化工信息时，可以选择点击“science”(科学)，在这一层次中给出“chemistry”，即可大大减少链接数，也可以直接输入网址 http://dir. yahoo. com/science/chemistry。高级搜索(advanced search)能进一步缩小检索范围，在“Advanced Search”中可以通过地区、关键词、时间、类别等加以限制，快速到达要检索的网站，得到要查找的信息。

Internet载有大量的化学数据库，按其承载的化学信息内容可以划分为化学文献资料数据库、化学结构信息数据库、物理化学参数数据库、机构数据库、科学家数据库、化工产品及其来源数据库等。例如，美国国家标准与技术研究院(National Institute of Standards and Technology，NIST)的物性数据库(网址：http://webbook. nist. gov/chemistry)，可以查得物质的化学数据。输入上述网址后，可以看到“Search Options”(检索途径)有“Formula”(化学式)、“Name”(英文名)、“Molecular Weight”(相对分子质量)等。点击其中任何一种检索方式，按照要求输入具体物质、确定热力学单位(selected the desired units for thermodynamic data)和需要查阅的数据类型(select the desired type of data)后，点击“Search”即可得到“Gas phase thermochemistry data”(气相热化学数据)、“Condensed phase thermochemistry data”(凝聚相热化学数据)、“Phase change data”(相变数据)、“Reaction thermochemistry data”(反应热化学数据)等一系列数据。如果输入的是化学式或相对分子质量，系统会给出相应的同分异构体，在此基础上选择要查的物质，点击即可给出相应的数据。

Cambridgesoft 公司的网站 chemfinder(http://chemfinder. camsoft. com)也有大量的化学数据库。输入“Formula”、“Name”、“Molecular Weight”等，可以查得“Melting point”(熔点)、“Boiling point”(沸点)、“Density”(密度)、“Refractive index”(折射率)、“Flash point”(闪点)、“Vapor pressure”(蒸汽压)、“Vapor density”(蒸汽密度)、“Water solubility”(水溶性)等物理化学数据。

Internet 上还有一些专业化学网站，如

化学科学信息门户 ChIN 网页 http://www. chinweb. com. cn(中英文版)

英国利物浦大学的 Linksys for Chemists: http://www. liv. ac. uk/chemistry/

化学超媒体网站 http://www. chem. vt. edu/chem-ed

……

还有一些与化学课程教学有关的网站，如

中华人民共和国教育部网站 http://www. moe. gov. cn 或国家精品课程资料网 http://www. jingpinke. com/

美国德克萨斯大学的 World Lecture Hall，网址 http://www. utexas. edu/world/lecture

美国的化学个案教学网站 http://chemcases. com

……

Internet 上提供了丰富的化学、化工、生物化学资源，包括化学教学资源等，在学习过程中可以根据需要检索或查阅，将对学习提供极大地帮助。

2 实验数据的误差与结果处理

化学实验数据(experimental datum)是定量描述物质组成及其变化过程某些物理量变化的直观表示，是由实验测定得到的结果或由测定结果通过一定的计算规则得到的计算值，它对认识物质及其变化规律、指导工农业生产、科学研究等具有重要的意义，实验结果的准确与否，直接决定着生产及科学研究的成败。如果实验结果不准确，在生产上会导致产品报废、资源浪费、停工停产，甚至危及生命安全等严重的后果；在科学研究中会得出错误的结论。因此，要求实验结果一定要尽可能准确、可靠。不仅在实验技术上要做到精益求精，还要了解产生误差(error)的根源，将误差减少到最小。另外，要掌握实验数据的科学处理方法，以便正确地表达和评价分析结果。

2.1 实验误差及其表示方法

任何实验中都不可避免地产生误差。这是因为实验所用的试剂(reagent)、仪器(apparatus)、测定方法(analysis method)和操作技术(operating technology) 等都不可能达到绝对准确和完美无缺。即使是技术熟练的实验人员，选择最精密的仪器和最纯的试剂，采用最可靠的实验方法，进行多次平行实验(parallel experiment)，也不可能得到完全相同的实验结果(result)。这就表明，在实验过程中，误差是不可避免的，是客观存在(impersonality presence)的。但是，如果掌握了误差产生的原因和规律，就可以减小误差，提高实验结果的准确度(accuracy)。

2.1.1 误差的产生

在实验过程中，产生误差的原因很多。例如，万分之一的天平称量只能准确到0.1mg，滴定管(buret)的读数误差为0.01mL，试剂及蒸馏水(distilled water)中杂质引起的误差等。因此测定结果总是存在或多或少的不可靠性或不确定性(uncertainty)，即实验误差(experiment error)。通常根据误差的性质可将误差分为两大类——系统误差(systematic errors)和随机误差[或称偶然误差(random error)]。

1. *系统误差*

系统误差是由某种固定的原因造成的。其大小、正负都具有一定的规律，在重复测定中会重复出现。若能找出产生的原因，即可对其进行校正或设法加以消除。因此，又称为可测误差(determinate error)。产生系统误差的原因如下：

1) 仪器误差

仪器误差(instrumental error)是由于仪器本身不够精密而引起的误差。例如，天平的砝码长期使用后其质量会有所改变，容量仪器刻度不准等。

2) 试剂误差

试剂误差(reagent error)是由于试剂不纯和蒸馏水中含有微量杂质所引起的误差。

3) 方法误差

方法误差(error of method)是由于方法本身不完善而引起的误差。例如,在重量分析中,沉淀的溶解、共沉淀或后沉淀现象;滴定分析中,选择的指示剂的变色点与化学计量点不一致等,都会使测定结果产生误差。

4) 主观误差

主观误差(subjective error)是由于操作人员的主观原因引起的误差。例如,对指示剂终点颜色的敏感程度不同,有的人偏深,有的人偏浅。

2. 随机误差

随机误差是由某些难以控制、无法避免的偶然因素造成的,其大小、正负都不固定。其特点是时大、时小、时正、时负,具有偶然性。因而又称偶然误差(accident error, indeterminate error)。例如,在分析过程中,温度、湿度、气压等的微小变化都会引起测量结果的波动。正是由于随机误差的偶然性,因此不能通过校正而减小或消除随机误差。表面看来,随机误差似乎难以掌握,但是经过大量实验发现,当系统误差消除后,在进行多次测定时,随机误差遵从一般的统计分布规律,即小误差出现的概率大,大误差出现的概率小,大小相等的正、负误差出现的概率均等。这一规律可以用正态分布曲线(图 2.1)表示,图 2.1 中横坐标为误差的大小,以总体标准偏差 σ 为单位,纵坐标为误差出现的概率。

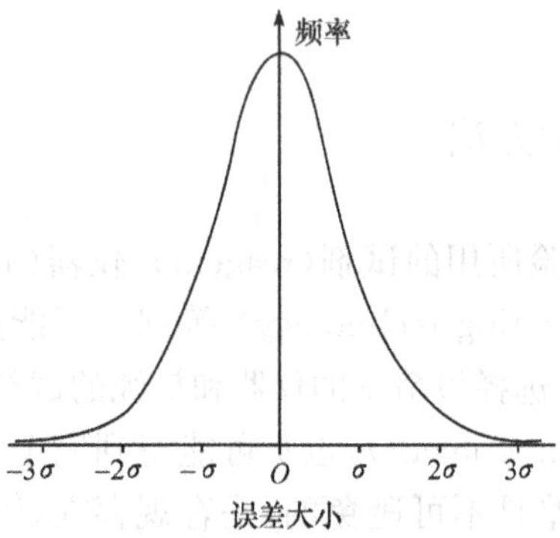

图 2.1 误差的正态分布曲线

根据随机误差的分布规律及特点可以看出,如增加平行测定次数,取其平均值,则可以减小随机误差。

应该指出,系统误差与随机误差的划分并非绝对,有时很难区分是哪种误差造成的。例如,观察指示剂终点颜色的深浅,总有偶然性。但是随机误差要比系统误差更具有普遍性。

除上述两类误差之外,还有一种称为过失误差(gross mistake)。所谓过失误差,顾名思义就是由操作者粗心大意或违反操作规程所引起的误差。例如,蒸发时溶液溅出、过滤时沉淀穿滤、读错数据等,都会造成较大的误差。只要操作者增强责任心,这类误差是可以避免的。在处理数据时,如果确认某一数据存在着过失误差,应将其弃去。

2.1.2 误差的表示方法

1. 准确度与误差

准确度表示实验结果与真实值(true value)接近的程度,可用误差来衡量。误差表示测量结果(x)与真实值(T)的差异。误差越小,表示测定结果与真实值越接近,准确度越高;反之,误差越大,准确度越低。当实验结果大于真实值时,误差为正值,表示测定结果偏高;反之,误差为负值,表示测定结果偏低。

误差可用绝对误差(absolute error,E)和相对误差(relative error,E_r)表示。

1) 绝对误差

绝对误差表示测量值(x_i)与真实值(T)之差,常用 E_i 表示,即

$$E_i = x_i - T$$

但通常情况下,对一个样品要进行多次平行测定,用各次测定结果的平均值 $\bar{x}$ 来表示测定结果,因此实验结果的绝对误差常表示为

$$E = \bar{x} - T \tag{2.1}$$

2) 相对误差

相对误差表示绝对误差在真实值中所占的百分率,即

$$E_r = \frac{E}{T} \times 100\% \tag{2.2}$$

【例题 2.1】 试样 1 的真实值为 2.17%,试样 2 的真实值为 21.73%。实验员甲测定试样 1,其结果的平均值为 2.18%;实验员乙测定试样 2,其结果的平均值为 21.74%。试比较两个实验员测定结果的准确度。

解 用测定结果误差的大小来比较准确度,由式(2.1)和式(2.2)可得

实验员甲

$$E = 2.18 - 2.17 = 0.01(\%)$$

$$E_r = \frac{0.01}{2.17} \times 100\% = 0.5\%$$

实验员乙

$$E = 21.74 - 21.73 = 0.01(\%)$$

$$E_r = \frac{0.01}{21.73} \times 100\% = 0.05\%$$

由此看出,两个实验员测定的绝对误差相同,无法比较其准确度,而乙的相对误差比甲小,说明乙的准确度高,故在定量实验中,用相对误差来表示测定结果的准确度更为确切。

在实际工作中,由于真实值往往是未知的,因此无法确定实验结果的误差,但是通常把多种方法多次测定的误差较小的平均值作为“真值”。例如,标准局所规定的标准是经过许多有经验的工作人员精心、多次重复实验所得的平均结果,可以把这样的测定值当作真值。另外,国际上公认的测定结果,如相对原子质量及其他一些理化常数等都可当作真值使用,这样,就可以把测量值与公认的真值之差,作为定量实验的误差,用来衡量其准确度。

2. 精密度与偏差

实验结果的精密度(precision)表示平行实验测定结果之间相互接近的程度,可用偏差(deviation)来衡量。在实际工作中,因为不知道真值,所以对于待测组分,通常进行多次平行测定,求其算术平均值(arithmetic average),用测量值与平均值进行比较,计算偏差。偏差越小,表示测定结果的精密度越高,偏差越大,精密度越低。

偏差可用绝对偏差(absolute deviation,d_i)和相对偏差(relative deviation,d_r)表示。

1) 绝对偏差

各次测定结果的绝对偏差 d_i 表示个别测定值与测定平均值之差，即

$$d_i = x_i - \bar{x} \tag{2.3}$$

2) 相对偏差

相对偏差是绝对偏差在测定平均值中所占的百分率，即

$$d_r = \frac{d_i}{\bar{x}} \times 100\% \tag{2.4}$$

3. 准确度与精密度的关系

实验结果的精密度是指多次平行测量值之间相互吻合的程度，是由随机误差所决定的；准确度是指测量值与真实值之间相互接近的程度，主要由系统误差所决定。两者的含义不同，不可混淆，但它们之间有一定的关系。

图 2.2 表示甲、乙、丙、丁四人测定同一试样中铁含量的结果。由图 2.2 可见：甲所得结果的准确度和精密度均好，结果可靠；乙的精密度虽较高，但准确度较低，可能测量中存在着系统误差；丙的精密度和准确度均较差；丁的平均值虽也接近于真实值，但几个数值彼此相差很远，而仅是由于大的正、负误差相互抵消才使平均值接近真实值，这种结果是不可靠的。

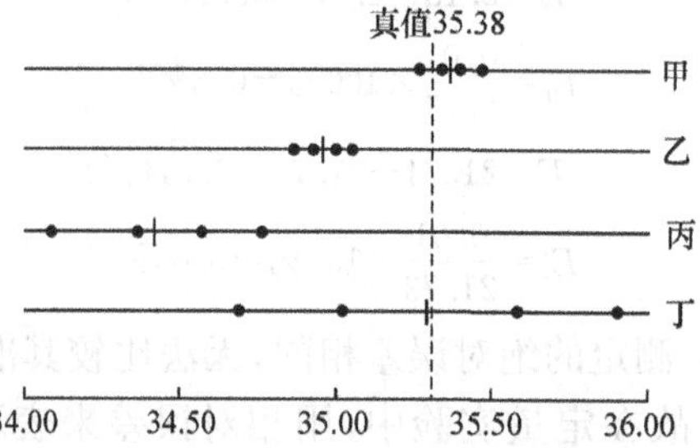

图 2.2　不同人员测定同一试样中铁含量的结果

•表示测定值；+表示平均值

综上所述，可以得出结论：①精密度是保证准确度的先决条件，准确度高一定要求精密度也高，精密度差，就失去了衡量准确度的前提，所得结果不可靠；②高的精密度不一定能保证高的准确度(如乙)；③对于一个好的实验结果，既要求精密度高又要求准确度好，2.3 节将进一步说明这种关系。

2.2　提高实验结果准确度的方法

根据误差产生的原因，可以采用相应的措施来减免实验的误差，以得到更准确的、符合要求的实验结果。

2.2.1　系统误差的减免方法

1. 选择合适的实验方法——减免方法误差

首先，根据实验所要求的准确度选择合适的实验方法。重量分析法和容量分析法准确度高，但灵敏度(sensitivity)低，适用于被测组分质量分数在1%以上物质的常量分析。对于被测组分的质量分数在1%以下物质的分析，用重量分析法和容量分析法就不合适，可以采用灵敏度较高的仪器分析方法。例如，用分光光度法测定某物质中铁的质量分数，若铁的质量分数为0.02%，按相对误差10%计算，可测得铁的质量分数的范围为0.018%～0.022%，尽管相对误差较大，但因其质量分数较小，绝对误差小，这样的分析结果仍可以满足要求。

其次，从实验方法本身来考虑，对于系统误差中的方法误差，可以选择更好的分析方法或者找出引起误差的原因，以将其减少到最小。例如，重量分析法中，如果沉淀不完全，可以增加沉淀剂的用量或改用其他沉淀剂，以增加沉淀的完全程度，提高测定的准确度。

为了保证实验结果的准确度，必须尽量减小每一步的测量误差。例如，在重量分析中，称量是其中一个很重要的步骤。通常万分之一天平的称量误差为±0.0001g，若用减量法称量，可能引起的最大误差为±0.0002g。为了保证称量的相对误差小于0.1%，则称取试样的质量最少应为

$$试样质量=\frac{绝对误差}{相对误差}=\frac{0.0002}{0.1\%}=0.2(\mathrm{g})$$

同样，在容量分析中，滴定管的读数误差为±0.01mL，滴定前后读数两次，则可能引入的最大读数误差为±0.02mL，为使滴定体积的相对误差小于0.1%，则消耗滴定剂的体积应在20mL以上。

对于不同的测定方法，测量的准确度与方法的准确度应相适应。例如，分光光度法测铁，方法的相对误差为2%，若称取试样0.5g，则称量试样的绝对误差只要不大于0.5g×2%=0.01g即可，因此可选用百分之一的天平称量，不必采用万分之一的分析天平称准至0.0001g。

应该指出，不同的分析工作要求不同的准确度，所以应根据具体要求，控制各测量步骤的误差，使之能适应各种不同的要求。

2. 仪器校准——减免仪器误差

校准仪器以消除仪器不准所引起的系统误差。在精确的分析中，必须进行校准，并在计算结果时采用校正值。例如，对天平的砝码和滴定管进行校准，对容量瓶和吸量管进行相对校准等。

3. 空白实验——减免试剂误差

空白实验(blank experiment)是不加试样时，按照与试样分析同样的步骤所做的平行实验。空白实验的目的是检查、消除试剂、蒸馏水、实验器皿和环境等带入杂质所引起的误差。空白实验所得的结果称为空白值(blank value)。将被测组分的分析结果减去空白

值，即可得到比较准确的结果。空白值一般不应太大，否则扣除空白值时将会引入较大的误差。当空白值较大时，可以从提纯试剂和改用其他适当的器皿来解决问题。

4. 对照实验

对照实验(comparison experiment)是检验系统误差的有效方法。

方法 1，选用已知含量的标准试样(standard sample)在相同条件下测定，将测定结果与标准值比较，用统计检验方法确定是否存在系统误差。

方法 2，采用标准方法和所选用的方法同时测定某一试样，由测定结果作统计检验，确定是否存在系统误差。

方法 3，采用标准加入法作对照实验。例如，称取两份等量试样，在一份中加入已知量的被测组分，另一份不加，平行测定两份试样，检验分析结果的差值与加入量之间是否存在系统误差。

在许多生产单位中，为了检验分析人员之间是否存在系统误差和其他问题，常在安排试样分析任务时，将一部分试样重复安排在不同分析人员之间，互相进行对照实验，这种方法称为“内检”。有时又将部分试样送交其他单位进行对照分析，这种方法则称为“外检”。这些都是检验系统误差的有效方法，是保证实验准确度的有效措施。

5. 测定结果的校正

分析过程中的系统误差有时可采用各种方法进行校正。例如，用硫氰酸盐光度法测定试样中的钨时，钒的存在会引起正的系统误差。为消除钒的影响，可以采用校正系数法。根据实验结果，1%钒相当于0.2%钨，即钒的校正系数为0.2(校正系数随实验条件略有改变)。因此，在测得试样中的钒含量后，利用校正系数就可以由钨的测定结果中扣除钒的结果，从而得到钨的正确含量。

2.2.2 随机误差的减免方法

平行测定次数越多，其算术平均值越接近真实值。因此增加平行测定次数，可以减少随机误差。这一点将在2.3节中定量描述。

2.3 实验数据处理及结果评价

系统误差可以找出原因，采取措施加以校正，在消除或校正了系统误差之后，就可以用精密度来评价分析结果的可靠程度。精密度越高，平均值越可靠，若进行无限次测定，则其平均值将接近真实值。根据多次测定的数据，应用数理统计的方法可以进行精密度的计算。

数理统计又称统计分析，是以概率论为理论基础，运用统计方法，对数据进行整理分析并做出判断的一门学科。可以根据少量实验数据，运用统计学的方法，对测定结果的可靠性做出判断。并且可以确定各种方法的误差，对比不同实验方法，不同仪器的精度和检验分析人员的操作技术，同时也可决定一组测量值中离群值的取舍等。本节简单介绍如何用数理统计的方法进行实验数据的处理，更详细的内容可参阅有关论著。

2.3.1　数理统计的几个基本概念

实际测定所得到的数据往往是有限的。例如，矿石中某种组分的测定，人们不可能也没必要将所有的矿石进行测定，只可能按照有关部门的规定对样品进行粉碎(crushing)、过筛(sifting out)、混匀(mixing)、缩分后，得到一定数量(如 500g)的具有代表性的样品(representative sample)，然后进行分析测试。在统计学中，将所要分析研究的对象的某种特征值的全体，称为**总体**(universe)(或母体)。在分析化学实验中，总体是指在一定条件下对分析试样进行无限多次的测量所得到的数据的集合。从总体中随机抽取的一组测定值，称为**样本**(swatch)(或子样)。总体或样本中的每个测定值称为**个体**(individual)。样本中所含个体的数目，称为**样本容量**(capacity of sample)(或样本大小)，用 N 表示。在处理分析数据时，一般先对所得的一组数据进行整理，应用数理统计的方法决定异常值的取舍，剔除有明显过失的测定值后，报告测定结果。

2.3.2　少量数据的统计处理

为了确定试样中某组分含量，通常是在尽可能消除系统误差的前提下，重复测定若干次，用统计的方法进行处理，找出真值可能存在的范围。同时，可以根据多次测定的数据的集中趋势，判断平均值的可靠性。若数据的集中趋势越高(或数据的分散程度越小)，则分析结果的精密度就越高。

1. 数据集中趋势的表示方法

对无限次测量而言，可以用总体平均值 μ 来表示数据的集中趋势。对于有限次的测定结果，数据的集中趋势通常用**算术平均值** $\bar{x}$(简称平均值)(arithmetic average)来表示

$$\bar{x} = \frac{x_1 + x_2 + \cdots + x_n}{n} = \frac{1}{n}\sum_{i=1}^{n} x_i \tag{2.5}$$

对于有限次测定，测定值是围绕平均值集中的，当 $n \to \infty$ 时，$\bar{x} \to \mu$，因此，$\bar{x}$ 是总体平均值 μ 的最佳估计值。

2. 数据分散程度的表示

有限次测定结果(样本)的精密度也可用分散程度表示，通常有以下表示方法。

1) 极差

极差(又称全距，R)是指一组平行测定值中最大值与最小值之差，即

$$R = x_{\max} - x_{\min} \tag{2.6}$$

极差取决于最大值和最小值，与其他多数的测量值无关，因而没有充分利用测量值。但这种表示方法比较简单，适用于少量测定数据的精密度的表示。

2) 偏差

偏差(d_i)是指各次测定值与样本平均值之差。各次测定值的偏差可表示为

$$d_i = x_i - \bar{x} \tag{2.7}$$

平均偏差($\bar{d}$)为各次测定结果偏差绝对值的平均值,即

$$\bar{d} = \frac{|d_1| + |d_2| + \cdots + |d_n|}{n} = \frac{1}{n}\sum_{i=1}^{n} |d_i| \tag{2.8}$$

相对平均偏差($\bar{d}_r$)为平均偏差在平均值中所占的百分数,即

$$\bar{d}_r = \frac{\bar{d}}{\bar{x}} \times 100\% \tag{2.9}$$

3) 标准偏差(或称均方根偏差,s)(standard deviation)

$$s = \sqrt{\frac{\sum_{i=1}^{n}(x_i - \bar{x})^2}{n-1}} = \sqrt{\frac{\sum_{i=1}^{n} d_i^2}{n-1}} \tag{2.10}$$

式中,$n-1$ 称为自由度(degree of freedom),用 f 表示。

相对标准偏差(或称变异系数,CV)是标准偏差在平均值中所占的百分数,计算式为

$$CV(\%) = \frac{s}{\bar{x}} \times 100 \tag{2.11}$$

标准偏差比平均偏差更能反映出较大偏差的存在,而且充分地运用了全部的数据,因此标准偏差能更好地反映测定结果的精密度。

【例题 2.2】 测定煤的灰分,甲、乙两人的测定结果(单位:%)分别为

甲:15.2、14.8、15.7、15.3、15.0

乙:15.1、15.5、15.0、15.5、14.9

试比较哪一个精密度高。

解 分别计算甲、乙两人的平均偏差。

甲的平均值和绝对偏差如下:

x_i/%	$\bar{x}$/%	d_i/%
15.2		0.0
14.8		−0.4
15.7	15.2	0.5
15.3		0.1
15.0		−0.2

平均偏差 $\bar{d}_甲 = \frac{1}{5}(0 + 0.4 + 0.5 + 0.1 + 0.2) = 0.24(\%)$

乙的平均值和绝对偏差如下:

x_i/%	$\bar{x}$/%	d_i/%
15.1		−0.1
15.5		0.3
15.0	15.2	−0.2
15.5		0.3
14.9		−0.3

平均偏差 $\bar{d}_{乙}=\frac{1}{5}(0.1+0.3+0.2+0.3+0.3)=0.24(\%)$

甲、乙两人测定结果的平均偏差相同，但是实际上甲的数据中出现两个大偏差−0.4和0.5，明显比乙的数据分散，精密度差。因此，用平均偏差反映不出甲、乙两人数据精密度的好坏。

两人测定数据的标准偏差分别为

$$s_{甲}=\sqrt{\frac{\sum d_i^2}{n-1}}=\sqrt{\frac{(0)^2+(-0.4)^2+(0.5)^2+(0.1)^2+(0.2)^2}{5-1}}=0.34(\%)$$

$$s_{乙}=\sqrt{\frac{\sum d_i^2}{n-1}}=\sqrt{\frac{(-0.1)^2+(0.3)^2+(0.2)^2+(0.3)^2+(-0.3)^2}{5-1}}=0.28(\%)$$

乙的标准偏差比甲的小，很明显乙的精密度高。所以用标准偏差表示测定结果的精密度比用其他参数表示更优越。但是在要求不高的分析工作中，采用计算简便的平均偏差也可满足要求。

4) 平均值的标准偏差

一系列测定（n组，每组做m个平行实验）的平均值$\bar{x}_1,\bar{x}_2,\cdots,\bar{x}_n$，其波动情况也遵从正态分布。这时应当用平均值的标准偏差来表示这些平均值的精密度。因为所有样本均来自同一个总体，因此各样本的标准偏差s应相同。统计学已证明，对于有限次测定，平均值的标准偏差（$s_{\bar{x}}$）为

$$s_{\bar{x}}=\frac{s}{\sqrt{n}} \tag{2.12}$$

显然，平均值的精密度比样本的精密度更好。平均值的标准偏差与测定次数的平方根成反比，增加平行测定次数可以提高测定的精密度。将$s_{\bar{x}}/s$对实验次数n作图可得图2.3。从图2.3可见，当$n<5$时，随着n的增加，$s_{\bar{x}}/s$很快减小，当$n>5$时，$s_{\bar{x}}/s$的变化缓慢，而当$n>10$后，$s_{\bar{x}}/s$的变化已经很小了。因此实际工作中测定次数无需太多，通常4～6次已足够。

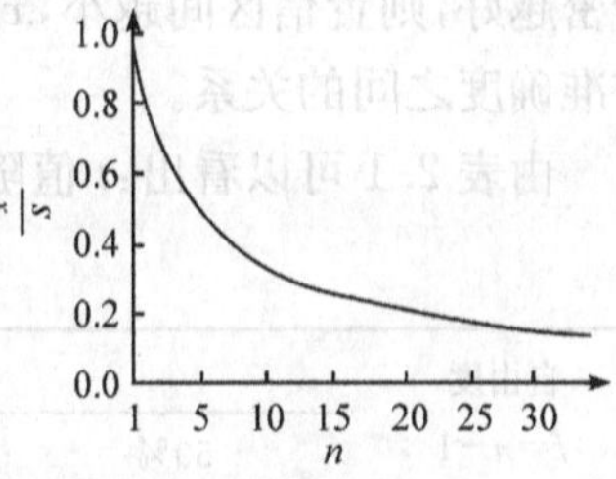

图2.3 平均值的标准偏差与测定次数的关系

【例题2.3】 用丁二酮肟重量法测定钢铁中Ni的百分含量，得到如下数据（单位：%）：10.48、10.37、10.47、10.43、10.40，计算此结果的平均值、极差、平均偏差、标准偏差、变异系数和平均值的标准偏差。

解 $\bar{x}=\frac{1}{n}\sum x_i=\frac{10.48+10.37+10.47+10.43+10.40}{5}=10.43(\%)$

$$R=x_{\max}-x_{\min}=10.48-10.37=0.11(\%)$$

各次测定的偏差d_i(%)分别为+0.05、−0.06、+0.04、0.00、−0.03，则

$$\bar{d}=\frac{\sum|d_i|}{n}=\frac{0.05+0.06+0.04+0.00+0.03}{5}=0.036(\%)$$

$$s=\sqrt{\frac{\sum d_i^2}{n-1}}=\sqrt{\frac{(0.05)^2+(0.06)^2+(0.04)^2+(0.00)^2+(0.03)^2}{5-1}}=0.046(\%)$$

$$CV(\%)=\frac{s}{\bar{x}}\times 100=\frac{0.046}{10.43}\times 100=0.44$$

$$s_{\bar{x}} = \frac{s}{\sqrt{n}} = \frac{0.046}{\sqrt{5}} = 0.02(\%)$$

2.3.3 置信度和置信区间

置信度(confidence level)是测定结果的可靠程度。在实际工作中,通常把测定数据的平均值作为测定的结果,它带有一定的不确定性,不能明确说明测定结果的可靠程度。英国化学家古塞特(Gosset)用统计方法推导出无限次测定结果的平均值μ(总体平均值,在消除了系统误差的情况下,可以认为是真值)与有限次测定结果的平均值之间的关系

$$\mu = \bar{x} \pm \frac{ts}{\sqrt{n}} \tag{2.13}$$

式中,s为标准偏差;n为平行测定次数;t为选定置信度下的概率系数,各置信度下的概率系数值可从表2.1中查得。表中自由度$f=n-1$,n为测定次数。置信度常用p表示,如$p=95\%$。有时也用α表示置信度,称为置信水平,$\alpha=1-p$,表示落在置信区间之外的概率。

式2.13表示总体平均值所在的范围,称为**置信区间**(confidence interval)。置信区间的大小与置信度有直接的关系,置信度可以认为是真实值落在置信区间内的概率。因此,在提到置信区间时,必须指明所对应的置信度。可以看出,置信度越小,测定次数n越大,精密越好,则置信区间越小,$\bar{x}$与μ越接近,即测定结果的准确度越高,这也反映了精密度与准确度之间的关系。

由表2.1可以看出:t值随着测定次数的增加而减小,随着置信度的提高而增大。

表2.1 t分布值

自由度 $f=n-1$	置信度				
	50%	90%	95%	99%	99.5%
1	1.000	6.314	12.706	63.657	127.32
2	0.816	2.920	4.303	9.925	14.089
3	0.765	2.353	3.182	5.841	7.453
4	0.741	2.132	2.776	4.604	5.598
5	0.727	2.015	2.571	4.032	4.773
6	0.718	1.943	2.447	3.707	4.317
7	0.711	1.895	2.365	3.500	4.029
8	0.706	1.860	2.306	3.355	3.832
9	0.703	1.833	2.262	3.250	3.690
10	0.700	1.812	2.228	3.169	3.581
20	0.687	1.725	2.086	2.845	3.153
∞	0.674	1.645	1.960	2.576	2.807

【例题2.4】 有一组测量值,其四次测量结果的平均值为26.74%,标准偏差为0.09%,求置信度分别为90%和95%时的置信区间。

解　查表 2.1，置信度为 90%，$n=4$ 时，$t=2.353$

$$\mu = 26.74\% \pm \frac{2.353 \times 0.09}{\sqrt{4}} = 26.74\% \pm 0.11\%$$

即置信区间为 26.63%～26.85%，真值在此范围内出现的概率为 90%。或者有 90%的把握说真值落在该区间内。

同理，置信度为 95%，$n=4$ 时，$t=3.182$

$$\mu = 26.74\% \pm \frac{3.182 \times 0.09}{\sqrt{4}} = 26.74\% \pm 0.14\%$$

即置信区间为 26.60%～26.88%，真值在该范围内出现的概率为 95%。

可以看出置信度越高，真值所在的范围越大，就越有把握说真值落在该范围内。

2.3.4　显著性检验

在实验工作中，经常需要检验仪器或实验方法的准确性。例如，某一实验人员对标准试样进行测试，得到的平均值与标准值不完全一致；或者用两种不同的方法测定同一试样，得到的两组数据的平均结果不完全相符；或者不同的分析人员、不同的实验室测定同一试样，得到两组数据的平均结果存在着差异。这种差异可能完全是由随机误差引起的，也可能还包含系统误差。如果分析结果之间存在明显的系统误差，就认为它们之间有显著性差异。否则，就认为无显著性差异，即实验结果之间的差异纯属随机误差引起的，是正常的。下面分别介绍准确度和精密度的显著性检验方法。

1. *t* 检验法——准确度的显著性检验

此方法用于检验测量的平均值与标准值或两种分析方法的平均值之间是否有显著性差异，主要检验有无系统误差。

1) 测量值与标准值比较

在实际工作中，为了检验实验的仪器或分析方法是否存在较大的系统误差，可测定一个标准试样，利用 *t* 检验法(*t*-test)检验分析结果的平均值与标准试样的标准值之间是否存在显著性差异。检验方法是将式(2.13)重排，得

$$t = \frac{|\bar{x} - \mu|}{s}\sqrt{n} \tag{2.14}$$

按式(2.14)计算出一定置信度下的 *t* 值，将计算的 *t* 值与表 2.1 中查到的 *t* 值比较，若 $t_{计算} \geqslant t_{表}$，则存在显著性差异，说明测量仪器或分析方法存在问题，具有系统误差；若 $t_{计算} < t_{表}$，则不存在显著性差异，说明实验的仪器或分析方法准确可靠。

【例题 2.5】　用一种新方法测定基准纯明矾中的铝的百分含量。测量 9 次，其结果(单位：%)分别为 10.74，10.77，10.77，10.77，10.81，10.82，10.83，10.86，10.81。已知标准值为 10.77%，试判断此新方法是否存在系统误差(置信度为 95%)。

解　$n=9$，查表 $t_{表}=2.306$

$$\bar{x} = \frac{1}{9}(10.74 + 10.77 + \cdots + 10.81) = 10.80(\%)$$

$$s = \sqrt{\frac{\sum (x_i - \bar{x})^2}{n-1}}$$

$$=\sqrt{\frac{(10.74-10.80)^2+(10.77-10.80)^2+\cdots+(10.81-10.80)^2}{9-1}}$$

$$=0.038(\%)$$

$$t_{计算}=\frac{|\bar{x}-\mu|}{s}\sqrt{n}=\frac{|10.80-10.77|}{0.038}\sqrt{9}=2.368$$

所以，$t_{计算}>t_{表}$，说明测定值与标准值之间具有显著性差异，即新方法存在系统误差。

【例题 2.6】 化工厂生产一种化学试剂，要求杂质的含量不得超过 24.00 mg · L^{-1}，现抽取五个样品进行测定，结果(单位：mg · L^{-1})分别为 23.72，24.09，23.95，24.11，23.99。此产品是否合格？

解 $\bar{x}=\frac{1}{5}(23.72+24.09+23.95+24.11+23.99)=23.97(\text{mg}\cdot\text{L}^{-1})$

$x_i/(\text{mg}\cdot\text{L}^{-1})$	23.72	24.09	23.95	24.11	23.99
$x_i-\bar{x}$	−0.25	0.12	−0.02	0.14	0.02
$(x_i-\bar{x})^2$	0.0625	0.0144	0.0004	0.0196	0.0004

$$s=\sqrt{\frac{0.0625+0.0144+0.0004+0.0196+0.0004}{5-1}}=0.16(\text{mg}\cdot\text{L}^{-1})$$

已知 $\mu=24.00\text{mg}\cdot\text{L}^{-1}$，则

$$t_{计算}=\frac{|\bar{x}-\mu|}{s}\sqrt{n}=\frac{|23.97-24.00|}{0.16}\sqrt{5}=0.419$$

当置信度为 95%时，$t_{表}=2.776$，$t_{计算}<t_{表}$，所以样品测定结果与要求标准之间无显著性差异，产品合格。

2）两组平均值的比较

不同实验人员或同一实验人员采用不同的实验方法测定同一试样，得到两组测定结果的平均值，这两组平均值一般是不相等的。要判断这两组数据之间是否存在系统误差，即两个平均值之间是否有显著性差异，也可采用 t 检验法。方法步骤如下：

设第一组测定次数为 n_1，平均值为 $\bar{x}_1$，标准偏差为 s_1；第二组测定次数为 n_2，平均值为 $\bar{x}_2$，标准偏差为 s_2。t 值计算公式为

$$t_{计算}=\frac{|\bar{x}_1-\bar{x}_2|}{s}\sqrt{\frac{n_1n_2}{n_1+n_2}} \tag{2.15}$$

式中，s 称为合并标准偏差，其计算式为

$$s=\sqrt{\frac{(n_1-1)s_1^2+(n_2-1)s_2^2}{n_1+n_2-2}} \tag{2.16}$$

计算所得 t 值与表 2.1 中列出的 t 值比较，若 $t_{计算}>t_{表}$，则两组分析数据存在显著性差异。若 $t_{计算}<t_{表}$，则两组分析数据不存在显著性差异。注意：查 t 值表时所用自由度 $f=n_1+n_2-2$。

【例题 2.7】 某实验人员用两种方法测定某矿物中的铜含量。第一种方法测定了四次，结果(单位：%)为 4.68，4.64，4.69，4.55。第二种方法测定了三次，结果(单位：%)为 4.81，4.70，4.74。试比较两种方法是否有显著性差异(置信度为 95%)。

解

$$n_1=4,\quad \bar{x}_1=4.64,\quad s_1=0.064$$

$$n_2=3,\quad \bar{x}_2=4.75,\quad s_2=0.056$$

$$s=\sqrt{\frac{(4-1)\times(0.064)^2+(3-1)(0.056)^2}{4+3-2}}=0.061(\%)$$

$$t_{计算}=\frac{|4.64-4.75|}{0.061}\sqrt{\frac{4\times3}{4+3}}=2.36$$

查 t 值表，自由度 $f=n_1+n_2-2=5$，置信度为 95%时，$t_{表}=2.571$。

$t_{计算}<t_{表}$，两种方法不存在显著性差异。

2. *F* 检验法——精密度的显著性检验

F 检验法是对两组数据的方差(s^2)进行比较，以确定它们的精密度是否有显著性差异，主要用于检验偶然误差的大小。若要判断两组数据之间是否存在系统误差，通常在进行 *F* 检验并确定它们的精密度无显著性差异后，再进行 *t* 检验。*F* 检验法的方法步骤如下：

1) 计算 *F* 值

$$F_{计算}=\frac{s_{大}^2}{s_{小}^2}\tag{2.17}$$

2) 查表比较

表 2.2 是置信度为 95%的 $F(f_{大},f_{小})$值表，其他置信度下的 *F* 值表可在其他手册中查得。表中 $f_{大}$、$f_{小}$分别对应于 $s_{大}$、$s_{小}$的自由度。若 $F_{计算}\geqslant F_{表}$，则两者精密度具有显著性差异。反之，无显著性差异。

表 2.2　置信度为 95%时 *F* 值

$f_{小}$ \ $f_{大}$	2	3	4	5	6	7	8	9	10	∞
2	19.00	19.16	19.25	19.30	19.33	19.36	19.37	19.38	19.39	19.50
3	9.55	9.28	9.12	9.01	8.94	8.88	8.84	8.81	8.78	8.53
4	6.94	6.59	6.39	6.26	6.16	6.09	6.04	6.00	5.96	5.63
5	5.79	5.41	5.19	5.05	4.95	4.88	4.82	4.78	4.74	4.36
6	5.14	4.76	4.53	4.39	4.28	4.21	4.15	4.10	4.06	3.67
7	4.74	4.35	4.12	3.97	3.87	3.79	3.73	3.68	3.63	3.23
8	4.46	4.07	3.84	3.69	3.58	3.50	3.44	3.39	3.34	2.93
9	4.26	3.86	3.63	3.48	3.37	3.29	3.23	3.18	3.13	2.71
10	4.10	3.71	3.48	3.33	3.22	3.14	3.07	3.02	2.97	2.54
∞	3.00	2.60	2.37	2.21	2.10	2.01	1.94	1.88	1.83	1.00

注：$f_{大}$ 为大方差数据的自由度；$f_{小}$ 为小方差数据的自由度。

【例题 2.8】 采用两种不同的方法测定某种试样，用第一种方法测定 6 次，得标准偏差 $s_1=0.05\%$，用第二种方法测定 4 次，得标准偏差 $s_2=0.02\%$，判断两种方法的精密度之间是否有显著性差异。

解

$$F=\frac{s_{大}^2}{s_{小}^2}=\frac{0.05^2}{0.02^2}=6.25$$

查 *F* 值表得 $F_{表}(5,3)=9.01$，显然，$F_{计算}<F_{表}$，因此两种方法的精密度之间无显著性差异。

2.3.5 可疑值的取舍

在一组平行测定数据中，有时会出现一两个与其他数据相差较大的数据，此数值称为离群值或可疑值(questionable value)。如果这个离群值是由明显过失引起的(如操作不当，滴定过量等)，则不论这个值与其他值是近是远，都应该将其舍弃。否则，就必须对离群值进行合理的取舍，不可为了单纯追求实验结果的“一致性”，而把这些数据舍弃，尤其是在实验数据较少时更不可随意舍弃。

这里介绍一种离群值的取舍方法——Q 检验法(Q-test)。其步骤如下：①将数据按从小到大的顺序排列；②计算最大值与最小值之差(极差)R；③计算离群值与其相邻值之差(应取绝对值)D；④计算舍弃商 Q：$Q=D/R$；⑤根据测定次数和要求的置信度，查舍弃商 Q 值表(表 2.3)，得到 $Q_{表}$；⑥将 $Q_{计算}$ 与 $Q_{表}$ 比较，若 $Q_{计算} \geqslant Q_{表}$，则弃去离群值，否则应予保留。

表 2.3 舍弃商 Q 值表

测定次数	3	4	5	6	7	8	9	10
$Q_{0.90}$	0.94	0.76	0.64	0.56	0.51	0.47	0.44	0.41
$Q_{0.95}$	0.97	0.84	0.73	0.64	0.59	0.54	0.51	0.49

【例题 2.9】 测定某溶液的浓度($mol \cdot L^{-1}$)得如下结果：0.1020，0.1022，0.1023，0.1025，0.1026，0.1029。试检验说明 0.1029 是否应当舍弃(置信度 90%)。

解

$$Q=\frac{0.1029-0.1026}{0.1029-0.1020}=0.33$$

查表 2.3，置信度 90%，$n=6$ 时，$Q_{0.90}=0.56$。

$Q<Q_{0.90}$，则 0.1029 应当保留。

最后应该指出，离群值的取舍是一项十分重要的工作。在实验过程中得到一组数据后，如果不能确定个别离群值确系由于“过失”引起的，则不能轻易地舍弃这些数据，而要用上述统计检验方法进行判断之后，才能确定其取舍。如果测定次数比较少，如 $n=3$，而且 $Q_{计算}$ 值与 $Q_{表}$ 值相近，这时为了慎重起见，最好再补做一两个数据，然后确定离群值的取舍。在这一步工作完成后，就可以计算该组数据的平均值、标准偏差及进行其他有关的数理处理工作。

2.4 有效数字的修约及其运算规则

2.4.1 有效数字及其位数

为了得到准确的实验结果，不仅要准确地测量，而且还要正确地记录和计算实验数据，因为测定的数字不仅表示数量的大小，还反映测量的精确程度。所谓有效数字(significant figure)，就是实验中测得的数据或由这些数据计算而得到的数据。因此，有效数字与实验过程所使用的仪器精度有关，有效数字的位数取决于仪器的准确度，有效数字只有最后一位是可疑的。例如，用万分之一分析天平称取某试样的质量为 0.5100g，数字的最后一位是估读出来的，是可疑数字，可能有上、下一个单位的误差，即实际质量为(0.5100±0.0001)g，其相对误差为

$$\frac{\pm 0.0001}{0.5100} \times 100\% = \pm 0.02\%$$

若将上述称量结果写成 0.510g，则表明试样的实际质量为(0.510±0.001)g，其相对误差为

$$\frac{\pm 0.001}{0.510} \times 100\% = \pm 0.2\%$$

可见，在记录测定数据时，数字最后的"0"写与不写，所表示的测量精确度是不同的。又如，量取溶液的体积记录为 25mL 和 25.00mL，意义完全不同。前者表示的是用一般量筒量取的，而后者则表示的是用移液管量取的，前者的误差为±1mL，而后者的误差为±0.01mL。因此，实验数据的记录必须注意，要根据所用仪器的精度来决定保留实验数据的位数，尤其要注意最后一位的"0"。

有效数字的位数取决于最左边非零数字以后的数字位数。这个数字有几位，有效数字的位数就是几位，如

1.0001	5 位
0.1000	4 位
0.0123	3 位
0.0040	2 位
1.330×10^4	4 位

注意：以"0"结尾的整数，如 1200，其有效数字位数是含糊不清的，最好采用指数形式表示有效数字的位数。若为 2 位有效数字，可写成 1.2×10^3；若为 3 位有效数字，可写成 1.20×10^3；若为 4 位有效数字，可写成 1.200×10^3。

在化学实验的计算中常遇到分数、倍数等关系，这些数不是测量得到的，其位数需要几位就写几位。而对 pH、pM、lg*K* 等对数值，其有效数字的位数取决于小数部分数字的位数，因其整数部分只代表科学记数法中 10 的方次。例如，pH=12.20，有效数字的位数为二位，而 pH=12.020，其有效数字的位数为三位。如将 pH 换算成 H^+ 浓度，应分别写为 $6.3\times10^{-13}\text{mol}\cdot\text{L}^{-1}$ 和 $9.55\times10^{-13}\text{mol}\cdot\text{L}^{-1}$。

2.4.2 有效数字的运算规则

1. 有效数字的修约

在有效数字的运算过程中，必须根据各步的测量精度及有效数字的计算规则，对有效数字的位数进行合理的取舍，这个过程称为有效数字的**修约**(rounding)。有效数字的修约规则多采用"四舍六入五留双"，即当要修约的数字≤4 时，该数字舍去；当要修约的数字≥6 时，进位；当要修约的数字等于 5，且其后面的数字均为 0，若其前一位数字为偶数，则将其舍去，否则进位；若要修约的 5 后面还有不为零的任何数，无论 5 前面的数是奇数还是偶数，皆进位。

根据上述规则，将下列数据修约为四位有效数字：

0.727646→0.7276

0.47366→0.4737

11.2350→11.24

11.2450→11.24

11.34501→11.35(+)

11.3541→11.35(−)

−12.2355→−12.24

注意：在进行数字的修约时，必须一次修约到所需要的位数，不能分次修约。例如，将3.5481修约为2位有效数字，不能先修约为3.55，再修约为3.6，而应该一次修约为3.5。需要说明的是①负数的修约只需要对其绝对值进行修约，仍采用“四舍六入五留双”及“一次性修约”原则进行；②如果修约后最后一位数字为5，则需要用(+)或(−)标明是进位后的5，还是舍位后的5，在进一步修约时，进位后的5(+)应该舍去，而舍位后的5(−)应该进位，这样可以避免在进一步修约时误差积累；③对标准偏差进行修约时，“只进不舍”，如计算得到 $s=0.0234$，只能修约为 $s=0.024$ 或 $s=0.03$；④对于有边界的数值，不可修约，例如，质量指标界限不大于0.04，而实际数据为0.042，不可以修约为0.04，认为质量合格，而实际质量是不合格。

2. 有效数字的运算规则

1) 加减法

几个数据相加或相减时，它们的和或差的有效数字的位数，应以小数点后位数最少的数字为依据，即取决于绝对误差最大的那个数字。例如，将0.0221、1.05766、25.63三个数字相加时，先确定有效数字保留的位数，按“四舍六入五留双”的原则修约各有效数字，然后进行加减计算。其运算结果为

$$0.0221+1.05766+25.63\approx0.02+1.06+25.63=26.71$$

2) 乘除法

几个数据相乘除时，它们的积或商的有效数字位数，通常可以按有效数字位数最少的那个数字为基准，即结果的有效数字位数取决于相对误差最大的那个数字，如

$$0.0221\times1.05766\times25.63$$

设三个数的最后一位数字都有±1的绝对误差，则它们的相对误差分别为

$$\frac{\pm0.0001}{0.0221}\times100\%=\pm0.5\%$$

$$\frac{\pm0.00001}{1.05766}\times100\%=\pm0.0009\%$$

$$\frac{\pm0.01}{25.63}\times100\%=\pm0.04\%$$

其中0.0221的相对误差最大，有效数字的位数最少，为三位。应以此为准，用“四舍六入五留双”的原则修约其他两个数值，然后相乘，即

$$0.0221\times1.05766\times25.63=0.0221\times1.06\times25.6=0.600$$

在有效数据的乘除运算中，常遇到首位数≥8的数据，在修约这些数据时，可多算一位有效数字。例如，0.0885、9.01等在计算过程中可认为是四位有效数字。

在化学实验中，常涉及大量数据的处理及计算工作。记录与计算的基本规则如下：

(1) 记录测定结果时，只应保留一位可疑数字。几个重要物理量的测量误差一般为质量，±0.000xg；容积，±0.0xmL；pH，±0.0x单位；电势，±0.000xV；吸光度，±0.00x单位等。由于测量仪器不同，测量误差可能不同。因此，应根据具体实验情况，正确记录测量数据。

(2) 几个数相加减时，以绝对误差最大的数为标准，使所得数只有一位可疑数字。几个数相乘除时，一般以有效数字位数最少的数为标准，弃去过多的数字，然后进行乘除。在计算过程中，为了提高计算结果的可靠性，可以暂时多保留一位数字。但是，在得到最后结果时，一定要注意弃去多余的数字。目前，电子计算器的应用已经普及，由于计算器上显示的数值位数较多，虽然在运算过程中不必对每一步的计算结果进行修约，但应注意正确保留最后计算结果的有效数字位数。这样得到的结果可能与先修约后计算得到的结果最后一位数字有±1的差值，如$0.0221 \times 1.05766 \times 25.63$，若直接计算后修约，结果为0.599，这是可以接受的。

(3) 对于高含量组分(如大于10%)的测定，一般要求测定结果有四位有效数字；对于中含量组分(如1%～10%)，一般要求三位有效数字；对于微量组分(小于1%)，一般只要求两位有效数字。通常以此为标准，报出测定结果。

(4) 在化学的许多计算中，当涉及各种常数时，一般视为是准确的，不考虑其有效数字的位数。对于各种误差及偏差的计算，一般只要求一位有效数字，最多取两位。对于各种化学平衡的计算(如计算平衡时某离子的浓度)，根据具体情况，保留两位或三位有效数字。

此外，在化学的有些计算过程中，常遇到pH=4、$[M]=8\times10^{-8}\text{mol}\cdot\text{L}^{-1}$等这样的数值，其有效数字位数未明确指出，这种表示方法不好。当遇到这种情况时，通常只好认为它们是准确的，不考虑其有效数字的位数。

思考题

1. 如何由少量测量值的平均值来估算真值(μ)？
2. 如何理解准确度与精密度？二者有何关系？
3. 减免系统误差有哪些常用的措施？为什么增加平行测定的次数可以减少实验结果的误差？
4. 如何理解置信度与置信区间？置信区间受哪些因素的影响？
5. Describe at least three systematic errors that might occur while weighting a solid on a analytical balance.
6. From the normal curve of error, find the probability that a result is outside the limits of $\pm 2\sigma$ from the mean. What is the probability that a result has a more negative deviation from the mean than -2σ?

习题

1. 有一分析天平的称量误差为±0.2mg，如称取试样为0.2300g，计算其相对误差。如称取试样为2.3000g，计算其相对误差。说明什么？

2. 用酸碱滴定法测定某氮肥试样中氮的含量，其质量分数/%为 27.33，27.35，27.42，27.45，27.30，求结果的平均偏差。

3. 简述系统误差产生的主要原因及如何检验和消除系统误差。要使置信度为95%时平均值的置信区间不超过 $\bar{x} \pm s$，至少应平行测定几次？

4. 有一甘氨酸试样，分别送至五个单位以测定其中氮的质量分数。他们所得测定结果(%)分别为 0.1744，0.1751，0.1772，0.1780，0.1782。计算分析结果的：(1)平均值；(2)平均偏差；(3)标准偏差；(4)置信水平为95%的置信区间。

5. 某学生测定一 HCl 溶液的浓度，得到以下分析结果(单位：$mol \cdot L^{-1}$)：0.1021，0.1020，0.1036 和 0.1022。请按 Q 检验法判断 0.1036 可否舍弃。如果第五次的分析结果为 0.1029，此时 0.1036 可以弃去吗？(置信水平为 90%)

6. 用甲醛法测得某铵盐中氮的质量分数(%)为 5.15，5.32，5.22，5.25。计算此结果的平均值、极差、平均偏差、样本标准偏差、相对标准偏差、平均值的标准偏差、置信区间(置信度 95%)。若铵盐氮含量的标准值为 5.30%，该测定的结果与标准值之间是否存在显著性差异？

7. 有甲、乙两个分析人员用同一分析方法测定某样中 CO_2 含量，得到的结果分别为

   甲：14.7%，14.8%，15.2%，15.6%

   乙：14.6%，15.0%，15.2%

   甲、乙两个人测定的结果是否一致？(置信度为 95%)

8. 用一种新方法测定明矾中铝的含量。分析结果为 $n=9$，$\bar{x}=10.79\%$，$s=0.042\%$。置信度 95%时，明矾中铝含量的范围是什么？如果此明矾纯度很高，通过计算得知其中铝含量的理论值为 10.77%，这种新的测铝方法是否可靠？(除偶然误差外，还有无系统误差存在)

9. 用标准 HCl 溶液标定 NaOH 溶液的浓度时，经 5 次滴定，所用 HCl 溶液的体积(mL)分别为 24.34，24.36，24.35，24.37，24.40。请计算分析结果：(1)平均值；(2)平均偏差和相对平均偏差；(3)标准偏差和相对标准偏差。

10. 标定 NaOH 溶液的浓度时获得以下分析结果(单位：$mol \cdot L^{-1}$)：0.1121，0.1122，0.1123 和 0.1130。(1)对于最后一个分析结果 0.1130，按照 Q 检验法是否可以舍弃？(置信度为 95%)(2)溶液浓度应该怎样表示？(3)计算平均值在置信度为 95%时的置信区间。

11. 进行 6 次分别测定，测得溶液的浓度(单位：$mol \cdot L^{-1}$)如下：0.1014，0.1004，0.1017，0.1019，0.1017，0.1015。用 Q 检验法决定可疑值的取舍后，计算：(1) 分析结果的平均值；(2) 平均偏差和标准偏差；(3) 平均值的标准偏差和置信度为 95%时平均值的置信区间。

12. 分析某试样，测定值为 61.77，62.05，62.10，62.12，62.15。用 Q 检验法判断 61.77 是否该舍弃。计算在 95%的置信度下，平均值的置信区间。

13. 指出下列数据有效数字的位数：

    (1) 0.006050　(2) 3.6×10^{-11}　(3) 3000　(4) 93500　(5) 4.20×10^{-10}

14. 请正确表示下列有效数字计算式的结果：

    (1) $\dfrac{3.30\times4.32\times10.84}{5.68\times10^{4}}$　(2) $\dfrac{6.30\times20.52\times3.90}{0.001050}$

    (3) $\dfrac{0.0432\times7.5\times2.12\times10^{2}}{0.00622}$　(4) $\dfrac{40.0\times7.05\times10^{4}}{2.483\times0.002120}$

    (5) $342.46+5.5+0.5868$　(6) $2.176\div23.05+145.71\times2.263\times10^{-4}-0.00082$

15. Carry out the following operations, and express the answer with the appropriate number of significant figures:

    (1) $320.55-(6104.5\div2.3)$　(2) $[(285.3\times10^{5})-(1.200\times10^{3})]\times2.8954$

(3) (0.0045×20000.0)+(2813×12) (4) 863×[1255−(3.45×108)]

16. Richards 和 Willard 发表在 J. Am. Chem. Soc. 1910，32(1)，4 上的锂的相对原子质量测定数据(单位：g · mol^{-1})为 6.9391，6.9407，6.9409，6.9399，6.9407，6.9391 和 6.9406。(1)计算其测定的锂的平均相对原子质量；(2)假设目前所使用的 Li 的相对原子质量(见周期表)为其相对原子质量的真实值，计算 Richards 和 Willard 测定平均值的绝对误差和相对误差；(3)查阅 1910 年以来的化学文献，至少列出关于锂原子平均相对原子质量的三个值，分析值不同的可能原因；(4)如何准确测定某元素的相对原子质量？

3 物质的聚集状态和溶液

3.1 物质的聚集状态概述

3.1.1 物质的气、液、固态及超临界流体

物质通常以气态(gas)、液态(liquid)和固态(solid)三种不同的聚集状态存在。物质状态之间在一定条件下是可以相互转化的,这种转化关系可以用相图来表示。相图是用于表达一系列温度与压力下的相平衡关系的状态图,如图3.1所示。在相图中,*ABC*线左边区域对应的状态为气相,*ABD*线下面的区域对应的为固相,*CBDE*区域对应的为液相,而*AB*线为气相-固相平衡线,*BC*线为气相-液相平衡线,*BD*线则为液相-固相平衡线,这里的平衡线又称两相共存线,简称**两相线**。当物相通过两相线变化时具有不同的名称,如跨越*AB*线变化时称为升华(固相变为气相)或凝华(气相变为固相),跨过*BC*线变化时,称为蒸发(液相变为气相)或凝结(气相变为液相),通过*BD*线变化时,称为熔融(固相变为液相)或凝固(液相变为固相)。不同的物质具有不同的相图,这是由物质的本质决定的。由相图不难看出,物质的熔点和沸点是随着压力变化的,即同一种物质,在不同的压力下具有不同的熔、沸点。一般压力越大,物质的熔、沸点越高。

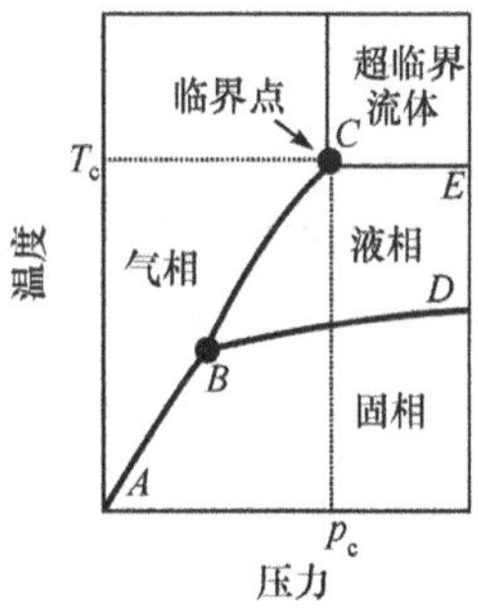

图3.1 相图

在相图中有两个特殊的点,一个是*B*点,称为气-固-液三相点。在这一点上,气体、液体和固体共同存在。例如,1个大气压和0℃就是水的三相点,在这一条件下液态水、冰及水蒸气共存。另一个是*C*点,称为临界点,T_c称为临界温度,p_c称为临界压力。在临界点以下,物质的气态和液态之间具有显著的区别,而在临界点以上,这种区别将不复存在。通常将温度及压力均处于临界点以上(*CE*线以上区域)对应的物质的状态称为超临界流体(supercritical fluid,简称SCF)。例如,当水的温度和压力升高到临界点(T_c=374.3℃,p_c=22.05MPa)以上时,就处于一种既不同于气态水,也不同于液态水和固态水的新的流体态,称为超临界状态,该状态的水就称为超临界水。超临界状态可以认为是物质的另一种存在状态。

超临界流体同时具有液体和气体的优点,密度大,黏稠度低,表面张力小,有很强的溶解能力。很多物质具有超临界流体区,其中CO_2的临界温度较低(364.2K),临界压力也不高(73.8MPa),且无毒,无臭,不污染环境,无公害,因此它是实际工作中使用较多的超临界流体。例如,用超临界CO_2从咖啡豆中除去咖啡因,从烟草中脱除尼古丁,从大豆或玉米胚芽中分离甘油酯,对花生油、棕榈油、大豆油脱臭等。超临界二氧化碳还可以轻易穿过细菌的细胞壁,在其内部引起剧烈的氧化反应,可杀死细菌。超临界流体在绿色化工工艺的开发研究中具有重要的价值。

物质除了上述聚集状态外，还存在其他聚集状态。

3.1.2 物质的第四聚集态——等离子体

当对气体物质施以高温、放电、电磁场、高能磁场、热核反应等作用时，气态原子可以获得很高的能量，从而被解离成阳离子和自由电子，由于整个体系正、负电荷数相等，故称为等离子体(plasma)。

等离子体分为冷态和热态。当温度为 10000～100000℃时，气态物质变为原子、离子、电子的混合物，这种等离子体称为冷态等离子体。太阳的温度极高，在太阳上只有离子和电子，几乎没有中性原子，即全是等离子体，称为热态等离子体。

等离子体在自然界中普遍存在。例如，霓虹灯、日光灯发光就是氖或氩的等离子体；闪电、电弧等的火花是由空气放电形成的等离子体；地球高空的电离层、南北极的极光其实都是等离子体。在宇宙中等离子体是物质的主要存在形式。要注意的是等离子体与气体不同，后者是由中性分子组成的。在强磁场的作用下，等离子体粒子做有规律的运动，所以等离子体被称为物质的**第四聚集状态**。

一般人为产生等离子体的方法有三种：①热电离，任何物质加热到足够高的温度都会成为等离子体；②辐射电离，用高能辐射(如紫外线、X 射线、γ 射线等)辐照稀薄气体，使其电离；③放电电离，气体在外加电场(直流电场或射频电场)作用下放电。人工产生等离子体可用于切割、喷涂、受控热核聚变反应等。

一些气体在电场中放电时可发生化学反应，如空气中的电火花可产生臭氧；氢气和氮气在碳电弧放电时可生成氢氰酸(HCN)，这些都属于等离子体化学反应。另外，等离子体可以产生 10^3～10^5 K 的高温，利用等离子体的高温可以使某些在常温下难以发生的化学反应得以进行。例如，用等离子体法合成 TiO_2，就是用高频感应等离子发生器将氧气加热到 2000℃，再与气态 $TiCl_4$ 反应，产品 TiO_2 在淬冷条件下凝固为微粒状 TiO_2。等离子体技术已在科学研究、化学、化工领域得到了广泛的应用，其应用范围涉及材料学、光学、电子学、医药学、环境学等不同领域。

如果将固态物质施以高压，非金属也可以变成金属。例如，将 Te、I_2、P 等非金属单质加压至 1000～5000MPa，它们将变为能像金属一样导电的物质。若把金属态物质再加高压或超高压，核外电子将有可能被压缩到核里去，导致电子与质子结合生成中子，此时物质就成了中子态，有人将这种状态称为物质的**第五态**。中子态物质的体积很小，密度极大。天文学家已在宇宙中发现了“中子星”的存在。

3.1.3 离子液体

熔融盐，如熔融状态的 NaCl，就是由阴、阳离子组成的液体，称为高温离子液体。然而，一般意义上的离子液体是指室温离子液体(room temperature ionic liquids)，它在－100～200℃均呈液体状态，与一般的液态物质不同，它完全是由离子组成的，一般是由有机阳离子和无机阴离子组成。它又不同于等离子体，应该是物质的另一种聚集状态。

离子液体能够溶解有机物、无机物和聚合物等不同物质，是很多化学反应的优良溶剂。常见的阳离子类型有烷基铵阳离子、N-烷基吡啶阳离子和 N,N'-二烷基咪唑阳离子等。通过改变阳离子和阴离子的不同组合，可以设计合成出不同的离子液体。

与一般有机溶剂不同，离子液体不会成为蒸气，因此在化学反应过程中不会产生污染大气的有害气体，可以减少废物的产生，降低对环境的污染，而且使用方便，被誉为“绿色溶剂”。离子液体也可以作为催化剂，加速某些化学反应的进程。离子液体在化学研究、化学工业等领域具有很好的应用前景，是化学家们研究的热点之一。

另外，近年来科学家还发现了物质的其他聚集状态，如 2004 年台湾大学发现的“酯膜结构”、2005 年美国科学家发现的“夸克胶子等离子体”等，都是全新的物质聚集状态。还有，物理学家提出的“暗物质”，其聚集状态是什么虽然仍然是个谜，但这必然是物质的另外的聚集状态。

随着科学技术的不断发展，科学家将会发现物质的更多的聚集状态。

然而，通常的化学反应都是在溶液或气相中进行的。因此，在基础化学阶段，主要学习物质在气相和溶液中的反应。

3.2 气　体

3.2.1 理想气体状态方程

理想气体(ideal gas)是指分子之间没有相互作用、分子本身体积(volume)为零的气体。这种气体实际上并不存在，只是人们研究气体状态(state)变化时提出的一种物理模型(physics model)。但是在低压力(pressure)及较高温度(temperature)下，由于气体分子之间的间距较大，分子间相互作用力(interaction)很小，而与气体的体积相比，气体分子本身所占据的体积可以忽略不计，因此这种状态下的气体很接近理想气体，可以按照理想气体近似处理。在大学基础化学中研究气体的状态变化时，除特殊指明外，可把系统中的气体都看做是理想气体。

理想气体的状态方程(state equation)为

$$pV = nRT \tag{3.1}$$

上述方程式描述了气体的压力(p)、体积(V)、热力学温度(Kelvin,T)和物质的量(n)的关系。在国际单位制(international unit system)中，p、V、T 的单位分别为 Pa、m^3 和 K，R 为 $8.314J \cdot mol^{-1} \cdot K^{-1}$，热力学温度 $T=273.15+t$，其中 t 为摄氏温度(℃)。

根据 $n=\frac{m}{M}$，$\rho=\frac{m}{V}$，其中 m 为气体的质量(mass)，M 为摩尔质量，ρ 为气体的密度(density)，理想气体状态方程式又可写作

$$pV = \frac{m}{M}RT \tag{3.2}$$

$$pM = \rho RT \tag{3.3}$$

根据理想气体状态方程式，可以进行有关的计算。

【例题 3.1】 在温度为 400K、压力为 203kPa 的条件下，体积为 20.0L 的二氧化碳气体的物质的量及质量各是多少？

解 根据 $pV=nRT$ 得

$$n=\frac{pV}{RT}=\frac{203\times10^3\times20.0\times10^{-3}}{8.314\times400}=1.22(\text{mol})$$

$$m=nM_{CO_2}=1.22\times44.01=53.7(\text{g})$$

3.2.2 气体的分压定律和分体积定律

1. 气体分压定律

1801 年，英国化学家道尔顿在总结大量实验数据的基础上，提出了混合气体分压定律(law of partial pressure)：混合气体的总压力等于各组分气体的分压力之和；某组分气体的分压大小与它在气体混合物中的摩尔分数(mole fraction)成正比。所谓某组分的分压力是指在相同温度下，该组分单独存在且占有与混合气体相同体积时所具有的压力。摩尔分数为组分气体的物质的量在混合气体的总物质的量中所占的比率，可推导如下：

设有 i 种气体混合，物质的量分别为 n_1、n_2、n_3、…、n_i，其分压力分别为 p_1、p_2、p_3、…、p_i，总压力为 p，若各组分气体均为理想气体，则

$$\begin{aligned}pV&=nRT=(n_1+n_2+\cdots+n_i)RT\\&=p_1V_1+p_2V_2+\cdots+p_iV_i\\&=(p_1+p_2+\cdots+p_i)V\end{aligned}$$

所以

$$p=p_1+p_2+\cdots+p_i \tag{3.4}$$

因 $pV=nRT$，则 $p_1V=n_1RT$，$p_2V=n_2RT$，…，$p_iV=n_iRT$，所以可得到

$$\frac{p_1}{p}=\frac{n_1}{n},\quad \frac{p_2}{p}=\frac{n_2}{n},\quad \cdots,\quad \frac{p_i}{p}=\frac{n_i}{n}$$

上列各式等号右边即为各组分气体的摩尔分数，分别用 x_1、x_2、…、x_i 表示。因此，各组分气体的分压力与混合气体的总压力存在如下关系：

$$p_i=x_ip \tag{3.5}$$

显然，混合物中各组分摩尔分数之和等于 1。必须指出的是，只有理想气体才严格遵从道尔顿分压定律，实际气体只有在低压和高温下可以适用。

道尔顿分压定律对于研究气体混合物尤为重要。实验室常用排水法收集气体。用这种方法收集到的气体中必然含有饱和的水蒸气，因此所收集气体(混合气体)的总压力为

$$p_{总压}=p_{气体}+p_{水蒸气}$$

在一定温度下，水的饱和蒸气压(saturation vapor tension)是一定的，可以查表得知，因此气体的分压力应该是总压力减去该温度下水的饱和蒸气压。

2. 气体分体积定律

气体分体积定律(law of partial volume)指在温度、压力一定的情况下，混合气体的体积等于组成该混合气体的各组分的分体积之和，即

$$V=V_1+V_2+\cdots+V_i \tag{3.6}$$

所谓某一组分的分体积，就是该组分单独存在并具有与混合气体相同温度和压力时所占有的体积。同样，某组分的分体积与该组分的摩尔分数成正比，即

$$V_i = \frac{n_i}{n}V = x_i V \tag{3.7}$$

【例题 3.2】 64.0g 的氧气和 14.0g 的氮气盛于 1.00L 的容器中，若温度保持 300K 不变，试求：(1)两种气体的分压力；(2)混合气体的总压力；(3)两种气体的摩尔分数。

解 假定气体混合物为理想气体，根据公式 $p_iV=n_iRT$，得

(1) 两种气体的分压力分别为

$$p_{O_2}=\frac{\frac{64.0}{32.0}\times 8.314\times 300}{1.00\times 10^{-3}}=4.99\times 10^3\,(\text{kPa})$$

$$p_{N_2}=\frac{\frac{14.0}{28.02}\times 8.314\times 300}{1.00\times 10^{-3}}=1.25\times 10^3\,(\text{kPa})$$

(2) 混合气体的总压力为

$$p=p_{O_2}+p_{N_2}=(4.99+1.25)\times 10^3=6.24\times 10^3\,(\text{kPa})$$

(3) 两种气体的摩尔分数分别为

$$x_{O_2}=\frac{n_{O_2}}{n}=\frac{p_{O_2}}{p}=\frac{4.99\times 10^3}{6.24\times 10^3}=0.800$$

$$x_{N_2}=\frac{n_{N_2}}{n}=\frac{p_{N_2}}{p}=\frac{1.25\times 10^3}{6.24\times 10^3}=0.200$$

3.2.3 实际气体

实际气体(real gas)的分子间有相互作用力，分子本身也具有一定的体积，因而实际气体不符合理想气体模型。面对这一问题，人们提出了修正的气体状态方程。1873 年，荷兰科学家范德华(van der Waals)针对引起实际气体与理想气体产生偏差的两个主要原因，即实际气体分子自身的体积和分子间作用力，对理想气体状态方程进行了修正，得出著名的范德华方程(van der Waals equation)：

$$\left(p+\frac{n^2a}{V^2}\right)(V-nb) = nRT \tag{3.8}$$

式中，a 和 b 称为范德华常数。常数 a 用于校正压力，b 用于修正体积，均可由实验确定。表 3.1 列出了几种常见气体的范德华常数。

表 3.1 几种常见气体的范德华常数

气体	$a/(L^2\cdot kPa\cdot mol^{-2})$	$b/(L\cdot mol^{-1})$	沸点/℃	液态的摩尔体积/$(L\cdot mol^{-1})$
He	3.457	0.02370	−269	0.027
H_2	24.76	0.02661	−253	0.029
O_2	137.8	0.03183	−183	0.028

续表

气体	$a/(L^2 \cdot kPa \cdot mol^{-2})$	$b/(L \cdot mol^{-1})$	沸点/℃	液态的摩尔体积/$(L \cdot mol^{-1})$
N_2	140.8	0.03913	−196	0.035
CO_2	363.9	0.04267	−7(升华)	0.040
C_2H_2	444.7	0.05136	−104	—
Cl_2	657.7	0.05622	−34	0.054

由表3.1中数据可见，常数b大致等于气体在液态时的摩尔体积。例如，H_2的液态摩尔体积为$0.029L \cdot mol^{-1}$，而它的b等于$0.02661L \cdot mol^{-1}$，这表明气体分子的体积虽小，但不等于零，而大致相当于b。因此，n(mol)气体可压缩的体积修正为$V-nb$。表中数据还表明，常数a值随沸点(boiling point)升高而增大，液体沸点高意味着分子间作用力大，分子间的相互作用力可以看做是气体的内聚力(cohesion)，它使气体的实际压力减小，所以需要加一个修正项，n(mol)气体的压力可修正为$p+an^2/V^2$，其中an^2/V^2相当于气体的内聚力。

用范德华方程计算实际气体比用理想气体方程计算的结果要好得多。表3.2列出了$CO_2(g)$的一些计算数据，用以比较。

表3.2　理想气体方程和范德华方程计算结果比较

温度/K	1mol CO_2 气体体积/mL	实测压力/kPa	压力计算值			
			p_i/kPa	误差/%	p_{vdw}/kPa	误差/%
273	1320	1520	1722	13	1560	2.6
	880	2150	2583	20	2239	4.1
	660	2702	3444	27	2836	5.0
373	1320	2227	2340	5	2218	0.4
	880	3243	3515	8	3231	0.3
	660	4229	4690	11	4181	1.1

3.3　溶　　液

由两种或两种以上不同物质混合所形成的均匀、稳定的体系称为溶液(solution)。按此定义，溶液可以是液态、气态或固态。例如，白酒是由乙醇等与水形成的液态溶液，空气是由N_2、O_2、Ar等多种气体混合形成的气态溶液，黄铜是由Zn和Cu形成的固态溶液。在形成溶液时，往往把其中数量最多的一种组分称为溶剂(solvent)，其他组分称为溶质(solute)。其中以水为溶剂的水溶液(aqueous)最为常见，本书中涉及的溶液如果没有特殊说明，均指水溶液。

溶液形成时总是伴有能量(energy)的变化、体积的变化，有时还有颜色变化等。例如，H_2SO_4溶于水形成水溶液时伴有大量的热放出；$CaCl_2 \cdot 10H_2O$溶于水时吸收热量；50mL的乙醇与50mL水混合所得溶液的体积小于100mL，而50mL的乙酸与50mL水混合所得溶液的体积大于 100mL；无水 $CuSO_4$ 是白色粉末，却形成了蓝色的水溶液等。可见溶解过程不只是物理变化，也伴有一定程度的化学变化，不过这种化学变化与纯的化学变化不同，是一种特殊的物理化学过程。用蒸馏(distillation)、结晶(crystallization)等简单的物理方法就能将溶质从溶剂中提取出来。

很多工业过程和科学实验都是在溶液中进行的，因此，学习和掌握溶液化学具有十分重要的意义。本节将介绍溶液的有关概念及溶液的性质。

3.3.1 基本单元及溶液浓度

1. 基本单元的选择

基本单元(basic cell)是指系统(system)中的基本组分，它既可以是分子、原子、离子、电子及其他粒子，也可以是这些粒子的特定组合，还可以指某一特定的过程或反应。基本单元选择不同，意义就不同。例如，H_2SO_4、$\frac{1}{2}H_2SO_4$ 是两个不同的基本单元，1mol H_2SO_4 可以与 2mol NaOH 反应，而 1mol $\frac{1}{2}H_2SO_4$ 只能与 1mol NaOH 反应。再如，$2H_2+O_2 = 2H_2O$ 和 $H_2+\frac{1}{2}O_2 = H_2O$ 是两个不同反应基本单元，1mol 这样的反应，前者生成 2mol 水，而后者则生成 1mol 水。因此在表示溶液浓度及讨论化学反应的热效应等问题时，基本单元的选择是很重要的。

2. 溶液浓度的表示方法

溶液中溶质和溶剂的相对含量通常用溶液的浓度(concentration)来表示。

1) 物质的量浓度

单位体积的溶液中所含溶质基本单元 B 的物质的量，称为溶质 B 的物质的量浓度(amount-of-substance concentration)，即

$$c_B = \frac{n_B}{V} \tag{3.9}$$

式中，n_B 表示基本单元 B 的物质的量，单位为 mol；V 表示溶液的体积，单位为 L；c_B 的单位通常用摩尔每升($mol \cdot L^{-1}$)表示。

例如，$c_{NaCl}=1mol \cdot L^{-1}$ 表示每立方分米溶液中含有氯化钠 58.44g，基本单元是 NaCl；$c_{H_2SO_4}=2mol \cdot L^{-1}$ 表示每立方分米溶液含有硫酸 2×98.04g，基本单元是 H_2SO_4；$c_{\frac{1}{2}H_2SO_4}=4mol \cdot L^{-1}$ 代表每立方分米溶液含有硫酸 4×49.02g，基本单元是 $\frac{1}{2}H_2SO_4$；$c_{\frac{1}{6}K_2Cr_2O_7}=2mol \cdot L^{-1}$ 表示每立方分米溶液含有重铬酸钾 2×49.03g，基本单元是 $\frac{1}{6}K_2Cr_2O_7$。

另外，溶液中的溶质溶解时，经常会发生解离等现象。例如，将 HAc 溶于水时，部分 HAc 将发生解离生成 Ac^-，$HAc \rightleftharpoons H^+ + Ac^-$，所以 HAc 在水中具有两种存在形式。

因此,浓度具有两种:一种是利用溶质的量计算而得到的浓度,称为分析浓度,用符号 c 表示,它代表溶质的总浓度;另一种浓度是体系处于平衡状态时,各种存在形式的浓度,用符号[ ]表示。例如,[HAc]、[Ac^-]表示 HAc 解离达到平衡状态时,溶液中剩余 HAc 的浓度和生成 Ac^- 的浓度。这种浓度称为平衡浓度。显然,分析浓度等于各种存在形式的平衡浓度之和,即 $c=[HAc]+[Ac^-]$。

2) 质量摩尔浓度

单位质量的溶剂中含有溶质 B 的物质的量称为质量摩尔浓度(molality),用 b_B 表示,即

$$b_B=\frac{n_B}{m_A} \tag{3.10}$$

式中,n_B 代表溶质的物质的量,单位为 mol;m_A 代表溶剂的质量,单位为 kg;b_B 的单位为 $mol \cdot kg^{-1}$。

3) 摩尔分数

溶液中某一组分 B 的物质的量占全部溶液的物质的量的分数,称为组分 B 的摩尔分数,即

$$x_B=\frac{n_B}{n} \tag{3.11}$$

式中,n_B 代表组分 B 的物质的量,单位为 mol;n 代表全部物质(溶质和溶剂)总的物质的量,单位为 mol;x_B 的量纲为 1。

3.3.2 标准溶液及其配制

标准溶液就是已知准确浓度的溶液,这种溶液在定量分析中必不可少,是定量化学试验的基础。

1. 基准物质

基准物质(primary standard substance)是能用于直接配制或标定标准溶液的化学试剂。因此,作为基准物质,必须满足下列要求:

(1) 实际组成应与其化学式完全相符。例如,$Na_2B_4O_7 \cdot 10H_2O$(硼砂),其中结晶水的含量也要与化学式完全相符。

(2) 高纯度,杂质含量不超过 0.1%,一般用优级纯(G. R.)试剂或分析纯(A. R.)试剂。

(3) 性质稳定,不分解,不吸潮,不吸收空气中的二氧化碳,不失去结晶水等。

(4) 基准物质应尽可能有较大的摩尔质量,以减少称量误差。

2. 标准溶液的配制

标准溶液的配制方法有直接法和间接法两种。

直接法:准确称取一定量的基准物质,溶解后用容量瓶定容,然后根据基准物质的质量和定容的体积计算出该标准溶液的准确浓度。只有基准物质才可以用来直接配制标准溶液。

间接法：又称标定法。由于许多试剂并不一定完全符合基准物质的条件，因此不能直接配制成标准溶液。这时，可先将试剂配制成近似所需浓度的溶液，再用基准物质或其他已知准确浓度的标准溶液，通过滴定来确定其准确浓度。

3.3.3 有关浓度的计算

浓度计算在化学计算中是非常重要的，下面以几个实例说明计算过程。

【例题 3.3】 在 100g 的水中溶解 17.1g 蔗糖（$C_{12}H_{22}O_{11}$），溶液的密度为 1.0638g · mL^{-1}，求蔗糖的物质的量浓度、质量摩尔浓度、物质的摩尔分数。

解 （1）

$$V=\frac{m_B+m_A}{\rho}=\frac{17.1+100}{1.0638}=110(\text{mL})$$

$$n_{C_{12}H_{22}O_{11}}=\frac{m_{C_{12}H_{22}O_{11}}}{M_{C_{12}H_{22}O_{11}}}=\frac{17.1}{342}=0.0500(\text{mol})$$

$$c_{C_{12}H_{22}O_{11}}=\frac{n_{C_{12}H_{22}O_{11}}}{V}=\frac{0.0500}{110\times10^{-3}}=0.454(\text{mol}\cdot\text{L}^{-1})$$

（2）

$$b_{C_{12}H_{22}O_{11}}=\frac{n_{C_{12}H_{22}O_{11}}}{m_{H_2O}}=\frac{0.0500}{100\times10^{-3}}=0.500(\text{mol}\cdot\text{kg}^{-1})$$

（3）

$$n_{H_2O}=\frac{m_{H_2O}}{M_{H_2O}}=\frac{100}{18.02}=5.55(\text{mol})$$

根据式(3.11)

$$x_{C_{12}H_{22}O_{11}}=\frac{n_{C_{12}H_{22}O_{11}}}{n_{C_{12}H_{22}O_{11}}+n_{H_2O}}=\frac{0.0500}{0.0500+5.55}=8.93\times10^{-3}$$

$$x_{H_2O}=\frac{n_{H_2O}}{n_{C_{12}H_{22}O_{11}}+n_{H_2O}}=\frac{5.55}{0.0500+5.55}=0.991$$

【例题 3.4】 计算由 1.00g 尿素[$CO(NH_2)_2$]溶于 48.0g 水中所配制的溶液的质量摩尔浓度。

解 已知尿素的摩尔质量 M=60.0g · mol^{-1}，则 1.00g 尿素的物质的量

$$n=\frac{1.00}{60.0}=0.0167(\text{mol})$$

溶液的质量摩尔浓度为

$$b=\frac{0.0167}{0.0480}=0.348(\text{mol}\cdot\text{kg}^{-1})$$

【例题 3.5】 配制 250.0mL 浓度为 0.02000mol · L^{-1} $K_2Cr_2O_7$ 的标准溶液，应称取基准物 $K_2Cr_2O_7$ 多少克？

解 需要称取基准物 $K_2Cr_2O_7$ 的质量为

$$\begin{aligned}m_{K_2Cr_2O_7}&=c_{K_2Cr_2O_7}V_{K_2Cr_2O_7}M_{K_2Cr_2O_7}\\&=0.02000\times250.0\times10^{-3}\times294.18\\&=1.471(\text{g})\end{aligned}$$

3.3.4 非电解质溶液的依数性

非电解质(nonelectrolyte)溶液与电解质(electrolyte)溶液相比，性质比较简单。在实际工作中浓溶液用得较多，稀溶液用得较少。但稀溶液在化学发展中却具有重要的地位，和理想气体一样，这类溶液具有共同的性质规律。人们在认识了非电解质稀溶液的性

质规律后，才逐步了解非电解质浓溶液和电解质溶液的性质规律。

非电解质稀溶液具有：蒸气压下降、沸点升高、凝固点降低、在溶液和纯溶剂之间产生渗透压的性质。实验表明，这些性质主要取决于溶液中所含溶质粒子的数目，而与溶质的特性无关，这些性质统称为稀溶液的依数性(colligate property)。

1. 蒸气压下降

在一定温度下，将纯的液体如水放入一密闭容器内，水面上那些能量较大的分子就会克服水分子间的引力从表面逸出，成为蒸气分子，这一过程称为蒸发(evaporation)。同时，蒸发出来的分子在液面上的空间运动时碰撞到水面而又重新进入液体中，这一过程称为凝聚(coacervation)。当蒸发速率与凝聚速率相等时，液体和它的蒸气就处于平衡状态(balance state)，此时，蒸气所具有的压力称为该温度下液体的饱和蒸气压，简称蒸气压(vapor tension)。

在相同的温度下，将难挥发的非电解质溶于溶剂形成稀溶液后，稀溶液的蒸气压要比纯溶剂的蒸气压低。这是由于溶剂的部分表面被溶质占据，影响了溶剂分子的逸出，当达到平衡时，溶液的蒸气压必然低于纯溶剂的蒸气压。

1887 年，法国物理学家拉乌尔(Raoult)在研究了几十种溶液的蒸气压下降与浓度的关系后，提出：一定温度下，难挥发非电解质稀溶液的蒸气压下降值 Δp 和溶质 B 的浓度成正比，即

$$\Delta p = p_A^0 - p = p_A^0 x_B \tag{3.12}$$

式中，p_A^0 为纯溶剂的蒸气压；p 为稀溶液的蒸气压；x_B 为溶质 B 的摩尔分数。显然，稀溶液的浓度越大，溶液的蒸气压下降越多。

当溶液的浓度很稀时，$x_B = \dfrac{n_B}{n_B + n_A} \approx \dfrac{n_B}{n_A}$，如溶剂为 1kg，则 $n_A = \dfrac{1000}{M}$，M 为溶剂的摩尔质量。质量摩尔浓度 b_B 在数值上等于 n_B，所以

$$x_B = \frac{n_B}{n_A} = b_B \frac{M}{1000}$$

$$\Delta p = p_A^0 b_B \frac{M}{1000} = k b_B \tag{3.13}$$

式中，k 为比例常数，$k = p_A^0 \dfrac{M}{1000}$，只与纯溶剂有关。可见溶液蒸气压下降值与溶液的质量摩尔浓度成正比。

表 3.3 列出了糖水(sweet water)溶液的蒸气压降低的实验值与计算值，二者相当吻合。

表 3.3 20℃时糖水溶液的蒸气压降低值

$b/(\text{mol} \cdot \text{kg}^{-1})$	Δp(实验值)/Pa	Δp(计算值)/Pa	误差/%
0.0984	4.1	4.1	0.0
0.3945	16.4	16.5	0.6
0.5858	24.8	24.8	0.0
0.9968	41.3	41.0	0.7

式(3.12)还可变为

$$p = p_{A}^{0}(1 - x_{B}) = p_{A}^{0}x_{A} \tag{3.14}$$

这就是拉乌尔定律。这一定律既可以适用于非挥发性(nonvolatility)溶质的溶液,又可以适用于可挥发性溶质的溶液,但必须是非电解质溶液。

如果溶质具有挥发性(volatility),溶液的蒸气压等于溶剂的蒸气压与溶质的蒸气压之和。对理想溶液,溶剂、溶质的蒸气压都可以用拉乌尔定律计算。所谓理想溶液(ideal solution),是指溶质与溶剂分子之间的作用力和溶剂分子之间的作用力几乎没有差别的溶液,或者说溶质分子对溶剂分子之间的作用力没有影响的溶液,这种溶液形成时,溶解过程几乎没有热效应、没有体积变化。显然,理想溶液是一种无限稀的溶液。一般情况下,稀溶液可近似视为理想溶液。

2. 沸点升高及凝固点下降

当液体的蒸气压等于外界大气压时液体将沸腾(bubble up),此时的温度称为该液体的沸点(boiling point),以 T_b 表示。对纯水而言,当温度为 373.15K 时,水的蒸气压等于外界大气压 101.3kPa,因而水的沸点就是 373.15K。

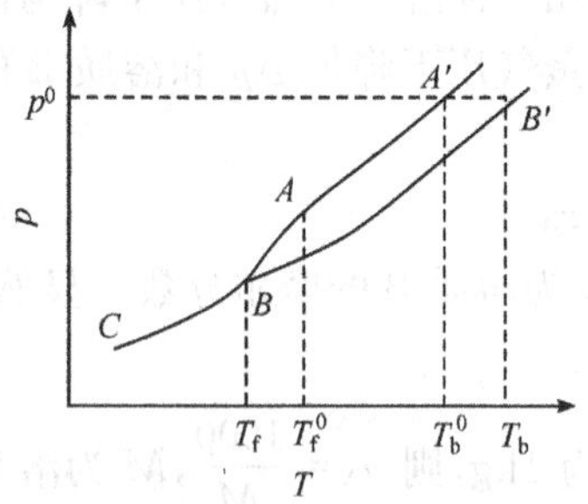

图 3.2 水溶液的沸点升高和凝固点降低示意图
CAA'为纯溶剂曲线,CBB'为溶液曲线

在纯水中加入少量难挥发的非电解质,由于溶液的蒸气压低于纯水的蒸气压,因此在 373.15K 时溶液不能沸腾。只有升高温度,使得溶液的蒸气压等于外界压力时,溶液才能沸腾。因此,溶液的沸点(T_b)总是高于纯溶剂的沸点(T_b^0),如图 3.2所示,且**沸点升高**(boiling point elevation)值与溶液中溶质的质量摩尔浓度成正比,其数学表达式如下:

$$\Delta T_b = K_b b_B \tag{3.15}$$

式中,K_b 为沸点升高常数;b_B 为溶质的质量摩尔浓度。K_b 只与溶剂有关,而与溶质无关。不同溶剂的 K_b 列于表 3.4。根据溶液的沸点升高值可以计算溶液的沸点,也可以测定难挥发非电解质的摩尔质量。

表 3.4 常见溶剂的 K_f 和 K_b 值

溶剂	T_b/K	K_b/(K · mol^{-1} · kg)	T_f/K	K_f/(K · mol^{-1} · kg)
水	373.15	0.512	273.15	1.86
苯	353.15	2.53	278.65	5.10
乙酸	391.15	2.93	290.15	3.90
萘	491.15	5.80	353.15	6.9

溶液的凝固点(freezing point)是该物质的液相(liquid phase)蒸气压力和固相(solid phase)蒸气压力相等时的温度,以 T_f 表示。由图 3.2 可见,水的蒸气压等于冰的蒸气压时的温度是 273.15K,此时水和冰处于平衡状态,所以水的凝固点 T_f^0 是 273.15K。在纯水中加入少量非电解质,由于溶液的蒸气压下降,在 273.15K 时,溶液的蒸气压小于冰的

蒸气压，溶液和冰不能共存，欲使溶液和冰处于平衡状态，必须降低温度，此时的温度为溶液的凝固点。显然，溶液的凝固点总是低于纯溶剂的凝固点，且**凝固点下降**(freezing point lowing)值与溶质的质量摩尔浓度成正比，其数学表达式如下：

$$\Delta T_f = K_f b_B \tag{3.16}$$

式中，K_f 为溶液凝固点下降常数，常用溶剂的 K_f 值列于表 3.4 中。溶液的凝固点下降理论在工业及日常生活中具有重要的应用。在寒冷的冬天，为防止汽车水箱冻裂，往往在水箱的水中加入甘油或乙二醇来降低水的凝固点，防止水箱中的水结冰，使水箱胀裂。

3. 渗透压

渗透(osmosis)是溶液的重要性质之一，一般是通过"膜"(membrane)进行的。这种人造或天然膜对物质的透过具有选择性(selectivity)，它允许溶剂分子自由通过，而溶质分子则不能，因此也称作半透膜(semi-permeable membrane)。若用半透膜将等体积的溶液和纯溶剂隔开(图 3.3)，放置一段时间后，出现溶液一侧的液面比纯溶剂一侧的液面高的现象。这是由于膜两侧单位体积内溶剂的分子数不同，纯溶剂一侧的溶剂分子渗入溶液内的数目，要比溶液一侧的溶剂分子在相同时间内进入纯溶剂一侧的分子数目多，结果溶液一侧的体积逐渐增大，液面升高，而纯溶剂的液面下降，直到两侧溶剂分子相互扩散(diffusing)的速率相等为止。这种溶剂分子通过半透膜进入溶液的过程，称为渗透。

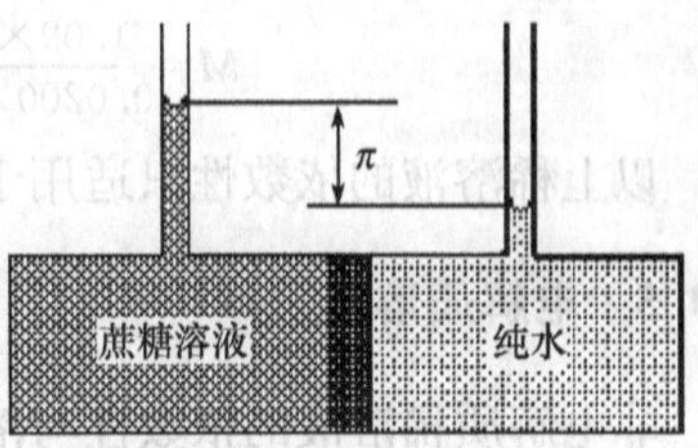

图 3.3　渗透压示意图

若要使溶液的液面与纯溶剂相平，必须在溶液液面的上方增加一定压力，才能使溶剂分子从两个相反的方向通过半透膜的速率相等，达到渗透平衡。这种维持两侧液面相平所加在溶液液面上压力，即刚刚足以阻止发生渗透过程所加的压力称为该溶液的渗透压(osmotic pressure)。可以看出，渗透压是为维持被半透膜隔开的溶液与纯溶剂之间的渗透平衡而施加的额外压力。另外，如果半透膜一侧不是纯溶剂，而是一种较稀的溶液，则稀、浓溶液之间同样也能产生渗透压。

1886 年，荷兰物理学家范特霍夫(van't Hoff)在大量实验的基础上，总结出渗透压与溶液浓度和温度的关系，即

$$\pi V = n_B RT \qquad 或 \qquad \pi = c_B RT \tag{3.17}$$

式中，π 为渗透压；V 为溶液体积；n_B 为溶质的物质的量；c_B 为溶质的浓度。从式(3.17)可以看出，在一定的温度和体积下，难挥发非电解质稀溶液的渗透压与溶液中溶质的浓度成正比，与溶质的本性无关。

渗透压在自然界中起着极为重要的作用，是生命活动中的重要现象。生物体内的细胞膜是一种天然的完美半透膜。它可以分离新陈代谢中的废物，维持体内电解质的平衡，通过膜吸收营养成分为各器官提供能量，维持生命过程的继续，几乎生命体内所有功能都依靠半透膜来完成，肺泡的薄膜可以扩张和收缩，血液在膜上和空气接触，吸收其中的氧，而血液又不会溢出，皮肤可以透气出汗、排泄废物等。生命膜具有如此多的功能，因此人

们希望能人工合成各种用途的人工膜，一方面用以满足不同的需要，另一方面可以借助于人工膜来研究细胞膜的作用机理，研究生命的维持过程。

膜技术已发展成为膜科学，膜的制备及应用研究无论从应用角度还是从理论角度，都具有非常广阔的前景。

利用稀溶液的依数性，可以测定溶质的相对分子质量。对于小分子化合物，通常采用溶液的沸点升高和凝固点降低来测定，而对于大分子化合物，则采用溶液的渗透压来测定溶质的相对分子质量。

【例题 3.6】 把 1.09g 葡萄糖溶于 20.0g 水中，所得溶液在 100kPa 下沸点升高了 0.156K，求葡萄糖的摩尔质量 M。

解 查表知水的 $K_b = 0.512K \cdot kg \cdot mol^{-1}$，利用公式 $\Delta T_b = K_b b_B$，则

$$0.156 = 0.512 \times \frac{\frac{1.09}{M}}{\frac{20.0}{1000}}$$

$$M = \frac{1.09 \times 0.512}{0.0200 \times 0.156}(g \cdot mol^{-1}) = 179(g \cdot mol^{-1})$$

以上稀溶液的依数性只适用于非电解质的稀溶液，即理想溶液或近似理想溶液。

3.3.5 电解质溶液

非电解质稀溶液的依数性与溶液中溶质的微粒数量成正比，与溶质的本性无关。而在电解质溶液中，由于电解质解离(ionization)，离子之间发生相互作用，使得稀溶液定律所表达的这些依数性与溶质浓度的定量关系发生了偏差，不再适用于电解质溶液。

极稀电解质溶液的凝固点降低值比同浓度非电解质溶液凝固点降低值低得多。盐类(如 NaCl 或 $AgNO_3$)的稀溶液与同浓度非电解质溶液相比，其凝固点降低值约为后者的 2 倍，K_2SO_4 或 $BaCl_2$ 稀溶液的凝固点降低约为同浓度非电解质溶液凝固点降低的 3 倍。例如，$0.001mol \cdot kg^{-1}$ 蔗糖和同浓度 NaCl 及 K_2SO_4 溶液的凝固点降低值分别为 0.00186，0.00366，0.00528。这是因为这类强电解质在溶液中完全解离后，溶液中的绝对粒子数分别是同浓度非电解质溶液中粒子数的 2 倍和 3 倍。但问题是从理论上讲，溶液凝固点降低和沸点升高值仅决定于溶液中难挥发粒子的数目，而与溶质的性质无关。为什么同浓度的强电解质溶液的凝固点降低值不正好是非电解质溶液凝固点降低值的 2 倍或 3 倍呢？

1923 年，德国化学家德拜(Debye)和休克尔(Hückel)提出了一种定量揭示电解质稀溶液行为的理论。认为离子之间存在着相互作用，即同性电荷的离子相斥，异性电荷的离子相吸，因此在正离子的周围将吸引一些负离子，同样，在负离子周围也将吸引正离子，形成离子氛(ionic atmosphere)，在这种离子氛中正、负离子相互牵制，即离子在溶液中并不完全自由。由于离子与它的离子氛之间的相互静电作用，使得离子运动的有效性降低，溶液的导电性比理论上也低，表观上溶液中离子的数目少于电解质全部解离时应有的离子数目，即离子的有效浓度降低了。

离子的有效浓度(effective concentration)又称为离子的活度(activity)，用 a 表示，它

与离子的实际浓度 c 之间的关系为

$$a = \gamma c \tag{3.18}$$

式中，γ 称为活度系数(activity coefficient)，活度系数总小于1。活度系数的大小取决于溶液中的离子强度 I。离子强度是反映离子之间相互牵制作用大小的物理量，它等于溶液中各离子的浓度与其所带电荷平方的乘积之和的一半，即

$$I = \frac{1}{2}(c_1 Z_1^2 + c_2 Z_2^2 + \cdots + c_n Z_n^2) = \frac{1}{2}\sum c_i Z_i^2 \tag{3.19}$$

不同离子强度下的 γ 值可查表(附录4)得到。查表时首先根据各离子的价数查得其 a° 值，然后查对应 a° 及 I 下的 γ 值。当溶液无限稀时，离子之间的相互牵制作用可以忽略，活度系数接近于1。

在这种情况下，可以将电解质溶液对拉乌尔定律的偏差予以校正，其沸点升高及凝固点降低的计算式分别为

$$\Delta T_b = iK_b b_B \tag{3.20}$$

$$\Delta T_f = iK_f b_B \tag{3.21}$$

式中，i 称为范特霍夫因数(van't Hoff factor)，它是与溶液的浓度和离子的电荷有关的因子。例如，0.001mol · kg^{-1} NaCl、$MgSO_4$、K_2SO_4 和 $K_3[Fe(CN)_6]$ 溶液的 i 值分别为1.97、1.82、2.84、3.82，而0.01mol · kg^{-1} NaCl、$MgSO_4$、K_2SO_4 和 $K_3[Fe(CN)_6]$ 溶液的 i 值分别为1.94、1.53、2.68和3.36。显然，$i=1$，表明溶质为非电解质。

可以想象，范特霍夫因数与离子的活度有关。溶液中离子的浓度越高、离子电荷越大，离子与其离子氛之间的相互作用力就越大，离子的活度就越小，范特霍夫因数也就越小。

通过上面的讨论可见，与非电解质类似，电解质溶液同样具有蒸气压下降、沸点升高、凝固点降低以及渗透压等性质，统称为电解质溶液的依数性。这些性质在自然界中处处可见。例如，海水的凝固点低于273.15K，不易结冰。利用这一性质，盐和冰的混合物可以作为冷冻剂。当盐和冰混合时，盐溶解在冰的少量水中形成溶液。由于所生成溶液的蒸气压低于冰的蒸气压，冰将融化，而冰融化时要吸收熔化热，使得周围物质的温度降低，达到制冷的目的。如采用氯化钠和冰的混合物，温度可以降低到251K，采用氯化钙和冰混和，温度可以降低到218K。

3.4　胶　　体

一种物质以极小的颗粒[称为分散质(dispersate)或分散相(dispersed phase)]分散在另一种物质[称为分散介质(dispersed medium)]中所组成的体系称为**分散体系**(dispersed system)。分散体系根据分散质颗粒的大小或分散程度的不同大致可以分为三类：

1) 分子或离子分散系

分散粒子平均直径约为 1×10^{-9}m，分散程度达到分子或离子状态的分散体系称为**分子或离子分散系**，如氯化钠溶液是一种单相系统，又称为**真溶液**(true solution)。

2) 粗分散体系

分散颗粒的平均直径为 $1\times10^{-7}\sim1\times10^{-5}$ m，如黏土分散在水中形成的悬浮液，墨汁、豆浆等多相系统，统称为粗分散体系(coarse dispersed system)。

3) 胶态分散体系

分散粒子平均直径为 $1\times10^{-9}\sim1\times10^{-7}$ m，分散相颗粒比分子或离子大得多，每个颗粒都由多个分子或离子聚集而成。这种分散体系称为**胶态分散体系**(colloid dispersed system)，简称**胶体**(colloid)。胶体看起来像是单相体系，但实际上是多相体系，在分散质和分散介质间存在相界面(interface)。

固体质点分散在液体介质中形成的胶体又称为**溶胶**(sol)。例如，三价铁盐稀溶液水解而成的氢氧化铁胶体、硫化砷胶体等都是溶胶。气体为分散介质的胶体称为**气溶胶**(aerosol)，如炊烟(smoke from kitchen chimney)、雾(fog)等。

胶态分散体系是高度分散的多相系统，分散程度高，有很大的比表面积(specific surface)(单位质量粒子的总表面积)，所以胶体有很多特殊的性质。例如，胶体具有不稳定性(instability)，有自动聚沉的趋势。

胶态分散体系在生物界和非生物界广泛存在，在化工、冶金、高分子等工业具有广泛的应用，在生物、医学、气象学、地质学等学科中也具有广泛的用途，在日常生活中也得到了日益广泛的应用。尤其是在纳米材料的制备中，溶胶-凝胶(sol-gel)法受到了极高的重视。

3.4.1 溶胶的性质

1. 光学性质

溶胶具有一定的特性和结构，它属于多相体系。当用一束强光从侧面照射溶胶时，在与光路垂直(vertical)的方向上可以观察到一发亮的光柱，这种现象称为**丁铎尔效应**(Tyndall effect)，如图 3.4 所示。

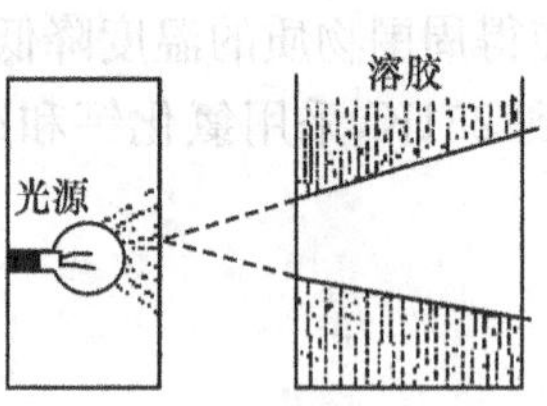

图 3.4　丁铎尔效应

丁铎尔效应本质上是光的散射现象，与入射光的强度和分散质粒子的大小有关。当分散质颗粒直径小于入射光波长时，就发生光的散射。溶胶的颗粒直径为 1～100nm，小于可见光波长(400～760nm)，当可见光通过溶胶时发生光的散射现象。而溶液当中由于分散质颗粒太小，散射现象十分微弱，粗分散系统则发生光的反射，观察不到散射光，因而丁铎尔效应是溶胶特有的光学性质。

2. 动力学性质

在显微镜下观察溶胶，发现溶胶颗粒处于不停顿的无规则运动状态，这种运动称为**布朗运动**(Brownian motion)。布朗运动是不断热运动的介质分子对胶粒撞击的结果。由于胶粒受到不同方向、不同速度的介质分子的撞击，撞击力不均衡，因而胶粒以不同的方向、不同的速度做不规则的运动。布朗运动是胶体分散系的特征之一。

3. 电学性质

在外加电场(electric field)作用下,溶胶粒子在分散介质中的定向移动(directional move)称为**电泳**(electrophoresis)。有的溶胶粒子向阳极(anode)运动,有的溶胶粒子向阴极(cathode)运动,表明溶胶粒子本身带负电或带正电。通过实验已知 $Fe(OH)_3$ 胶粒带正电荷,而 As_2S_3 胶粒带负电荷。

3.4.2　溶胶粒子的结构——胶团

溶胶的性质与其结构密切相关,实验证明胶团具有吸附(adsorption)和扩散(diffuse)双电层结构。

由于溶胶是一个高度分散的体系,胶体粒子的总表面积非常大,因而具有很高的吸附能力,并能选择性地吸附异性电荷的离子。例如,三氯化铁通过下列水解作用形成溶胶:

$$FeCl_3+3H_2O = Fe(OH)_3+3HCl$$

溶液中一部分 $Fe(OH)_3$ 与 HCl 反应生成 FeOCl,而 FeOCl 存在着下列平衡:

$$Fe(OH)_3+HCl \rightleftharpoons FeOCl+2H_2O$$

$$FeOCl \rightleftharpoons FeO^++Cl^-$$

由大量 $Fe(OH)_3$ 分子集聚而成的胶核$[Fe(OH)_3]_m$ 选择性地吸附与它的组成相类似的 FeO^+ 而带正电荷,构成吸附层,胶核与吸附层一起称为胶粒。由于静电引力,带正电荷的 FeO^+ 又吸引溶液中的 Cl^-,形成扩散层,胶粒与扩散层一起称为胶团,其结构如图 3.5 所示。

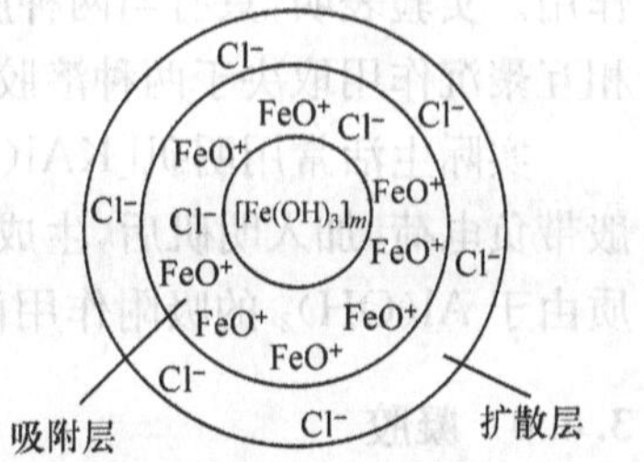

图 3.5　$Fe(OH)_3$ 胶体粒子的胶团示意图

胶团结构也可以如下式表示:

$$\underbrace{\{\underbrace{\underbrace{[Fe(OH)_3]_m}_{\text{胶核}}\cdot nFeO^+\cdot(n-x)Cl^-\}^{x+}}_{\text{胶粒}}\cdot xCl^-}_{\text{胶团}}$$

显然,整个胶团是电中性的。当电流通过时,氢氧化铁胶团将在吸附层与扩散层之间发生分裂,胶核与吸附层结合在一起向负极移动,扩散层中的异性离子向正极移动。这就是电泳现象的根本原因。

3.4.3　溶胶的稳定性与聚沉

1. 稳定性

胶体是多相分散体系,在粒子与介质之间存在相当大的界面,具有很大的表面能,有自发聚集成较大颗粒以降低表面能的趋势,从热力学(thermodynamics)的观点来看它并不稳定。另外,粒子处在不停的布朗运动中,阻止了由于重力作用而引起的下沉,同时由于胶粒带电荷,同种电荷的排斥作用也阻碍了溶胶粒子的充分接近,因而溶胶具有动力学

(dynamics)的稳定性。

2. 聚沉作用

聚沉作用是指在分散体系中，粒子聚集成更大颗粒从分散系中沉淀出来的过程。促使溶胶聚沉的因素很多，如加热、溶胶浓度过大、加入电解质等，其中加入电解质是促使溶胶聚沉的主要方法。

1) 电解质的聚沉作用

在溶胶中加入很少量的电解质就可以引起溶胶的聚沉。实验发现，起聚沉作用的主要是与溶胶带相反电荷的离子，这种离子的价态越高，电解质的聚沉能力越大，而价态相同的离子，其聚沉能力也略有不同。例如，对负溶胶而言，一价金属离子的聚沉能力是 $Cs^+ > Rb^+ > K^+ > Na^+ > Li^+$；对于正溶胶而言，聚沉能力是 $Cl^- > Br^- > NO_3^- > I^-$。

2) 相互聚沉作用

将电性相反的两种溶胶混合后，由于胶粒相互吸引而发生的聚沉现象称为相互聚沉作用。实验表明，只有当两种胶粒所带电荷的代数值为零时才能发生聚沉。因此，溶胶的相互聚沉作用取决于两种溶胶的用量。

实际生活常用明矾[$KAl(SO_4)_2 \cdot 12H_2O$]净化水。天然水中的悬浮粒子(硅酸等)一般带负电荷，加入明矾后，生成带正电荷的 $Al(OH)_3$ 溶胶，两者发生聚沉，同时水中的杂质由于 $Al(OH)_3$ 的吸附作用而一起下沉，达到净化水的目的。

3.4.4 凝胶

凝胶是带有固体性质的胶体系统，是一种特殊的分散体系。它是由胶体粒子或线性大分子之间相互连接形成立体网状结构，大量的溶剂分子被分隔在网状结构的空隙中而失去流动性所形成的。凝胶的性质介于固体和液体之间。例如，食品中的奶酪、粉皮，人体上的皮肤、肌肉都属于凝胶，甚至河岸两旁的淤泥、土壤也都可以看做是凝胶，胶体溶液在适当的条件下也可以形成凝胶。形成凝胶的过程称为**胶凝**。

3.5 固　体

固体是物质的一种宏观存在状态。固体物质可根据其组成原子的排列情况分为晶体(crystal)和非晶体(amorphous solids)。晶体是指物质的内部质点(分子、原子或离子)在空间有规律地重复排列所组成的固态物质，如氯化钠、石英等。晶体又可分为单晶和多晶。单晶是指整个晶体内部都按一套规律排列；多晶是许多单晶的集合体(或聚集体)。非晶体又称为无定形物质，其内部质点的排列没有规律，如玻璃、石蜡等均属非晶体，这里介绍有关晶体和固体的一些基本知识。

3.5.1 晶体的基本特征和微观结构

晶体是由原子、离子或分子在空间按一定规律周期性重复排列而构成的固体物质。下面介绍其共同特征及微观结构。

1. 晶体的基本特征

1) 晶体有一定的几何外形——晶面角守恒定律

晶体在生长过程中,将自发地形成晶面。晶面相交形成晶棱,晶棱相会形成晶角。从而使形成的晶体一般都有一定的几何外形,这是晶体与非晶体之间最显著的区别。同一种晶体由于生长条件不同,所得到的外形会有所差异。但是晶体中晶面与晶面之间的夹角总是不变的,这种夹角称为**晶面角**(interfacial angle)。晶面角不受外界条件影响而保持特定值,这一规律称为**晶面角守恒定律**(law of constancy of interfacial angle)。

2) 晶体有固定的熔点

在一定的压力下,将晶体加热,只有达到某一温度时,晶体才开始熔化。这一温度称为晶体的熔点。在晶体没有完全熔化前,即使继续加热,晶体本身的温度也不会上升,而是保持恒定。只有当晶体完全熔化时,体系的温度才会重新上升。晶体具有固定的熔点是晶体的又一特征。利用晶体具有固定的熔点这一特征,可以测量其他物体的温度,或对测温设备进行校正。非晶体如玻璃、石蜡等,加热升温时先软化为黏稠状物质,随着温度的升高,物质黏度不断减小,最后成为可以自由流动的液体,所以非晶体没有固定的熔点。

3) 晶体的各向异性

晶体中的粒子在各个方向上排列时,其间距、角度等是不同的,从而导致了如光学性质、力学性质、导热导电性质等在不同方向上产生差异。晶体的这种性质称为**晶体的各向异性**。例如,石墨晶体中,平行于石墨层平面方向的导热性比垂直于此方向上的导热性大4~6倍,而电阻率则只有垂直方向上的万分之一;方解石晶体在不同方向上对光的折射率是不同的;云母容易按解理面(又称纹理面)的方向被分裂成薄片等。晶体的各向异性是晶体的又一重要特性。

2. 晶体的微观结构

晶体的宏观性质是由其微观结构决定的。因此,要了解晶体的性质就必须了解它的微观结构。晶体的微观结构问题主要有以下几个方面:①晶体内部粒子在空间的排列情况;②晶体内部粒子(原子、离子或分子)的组成;③粒子间的相互作用力。

1) 晶体与点阵

最初认识晶体是从晶体的几何外形有一定的规律开始的,直到1912年劳埃(Laue)等用X射线衍射法研究了晶体的结构,才认识到晶体内部粒子是按规律周期性重复排列的这一最基本内部特征,人们开始真正认识晶体。为了便于研究晶体中粒子的排列规律,布拉维(Bravais)等提出,把晶体中有规则排列的微粒抽象为几何学中的点,称其为**质点**或**结点**,从而把晶体与几何学上的点阵对应起来。点阵是几何学上的概念,将许多点等距离的排列,其连线就形成一个**直线点阵**,将直线点阵等距离平移后,将点连接起来,就可得到一个**平面点阵**,将平面点阵等距离平移扩展到三维空间,就可得到**空间点阵**(图3.6)。点阵又称为**格子**。晶体内部粒子的周期性重复排列实际上就是晶体中相同结点的点阵。

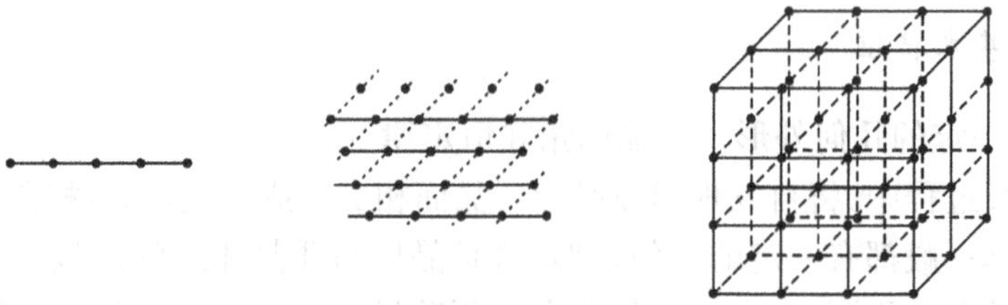

(a) 直线点阵　　(b) 平面点阵　　(c) 空间点阵

图 3.6　点阵形式示意图

2）晶格和晶胞

将晶体中的各个结点互相联结起来，其几何外形如在空间的格子。对于平面点阵所结成的格子，具有平行四边形的外形；而空间点的连线形成的空间格子，一般是平行六面体。图 3.7(a)、(b)、(c)、(d)分别为 4 种具有最简单空间结构的立方晶格的形状。这种描述各种晶体内部结构的空间几何图像称为晶体的空间格子，简称晶格。

在晶格中，能表现出结构所有特征的最小部分的平行六面体称为**晶胞**(unit cell)。晶胞包含两部分内容。一是晶胞的大小和形状。晶胞的大小和形状由 6 个参数决定，这 6 个参数分别是六面体中经过同一顶点的 3 个棱的长度 a、b、c 和通过同一顶点的 3 个棱的夹角 α、β、γ，这 6 个参数统称为**晶胞参数**[图 3.7(e)]。晶胞参数可由 X 射线衍射法测得。二是晶胞的内容。晶胞的内容由晶胞中粒子的种类、数目和它们在晶胞中的相对位置来表示。晶胞在三维空间中按晶格结点间的间距无限重复就形成了**晶格**。

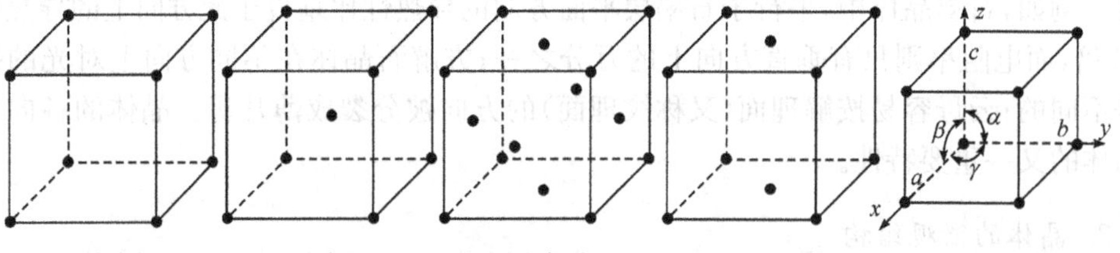

(a) 简单立方　　(b) 立方体心　　(c) 立方面心　　(d) 立方底心　　(e) 晶胞参数

图 3.7　几种简单的立方晶格及晶胞参数

3）晶格的类型

晶态物质的种类很多，但根据晶胞形状及晶胞参数不同，可将它们归结为七个晶系。表 3.5 列出了 7 个晶系的特点，所有的晶体都可归结为这 7 大晶系。

表 3.5　各个晶系的特征

晶　系	晶　轴	晶　角	实　例
立方晶系	$a=b=c$	$\alpha=\beta=\gamma=90°$	$NaCl$, CaF_2, ZnS, $CsCl$ 等
四方晶系	$a=b\neq c$	$\alpha=\beta=\gamma=90°$	SnO_2, MgF_2, $NiSO_4$ 等
正交晶系	$a\neq b\neq c$	$\alpha=\beta=\gamma=90°$	K_2SO_4, $BaCO_3$, $HgCl_2$ 等
三方晶系	$a=b=c$	$\alpha=\beta=\gamma\neq 90°$	Al_2O_3, $CaCO_3$, As 等
	$a=b\neq c$	$\alpha=\beta=90°$, $\gamma=120°$	
单斜晶系	$a\neq b\neq c$	$\alpha=\gamma=90°$, $\beta\neq 90°$	$KClO_3$, $Na_2B_4O_7$ 等

续表

晶　系	晶　轴	晶　角	实　例
三斜晶系	$a \neq b \neq c$	$\alpha \neq \beta \neq \gamma \neq 90°$	$CuSO_4 \cdot 5H_2O$，$K_2Cr_2O_7$ 等
六方晶系	$a = b \neq c$	$\alpha = \beta = 90°$，$\gamma = 120°$	SiO_2，AgI，CuS，Mg 等

注：三方晶系有两种形式。

根据晶格结点在晶胞的平行六面体中的分布情况，晶系又可组成下列各种状态的不同格子。

(1) 简单格子。晶格结点仅位于晶胞的 8 个顶角上[图 3.7(a)(d)(f)(h)(l)(g)(n)]，这种格子称为简单格子，又称其为 P 格子。

(2) 底心格子。在晶胞中，上、下两个平行面的中心处各有一个结点[图 3.7(i)(m)]，称此格子为底心格子，又称其为 C 格子。

(3) 体心格子。晶胞中除了六面体的 8 个顶角上有晶格结点外，平行六面体的中心还有一个结点[图 3.7(b)(e)(j)]，这种格子称为体心格子，又称其为 I 格子。

(4) 面心格子。晶胞中除了六面体的 8 个顶角上有晶格结点外，平行六面体的 6 个面的中心都有一个结点[图 3.7(c)(k)]，这种格子称为面心格子，又称其为 F 格子。

上述 4 种格子应用于 7 个晶系，就可得到 14 种空间点阵，这 14 种空间点阵形式又称**布拉维点阵**。因为 4 种格子不能应用于所有的晶系，如立方底心格子实际上属于四方 P 格子(图 3.8)。类似情况在其他类型格子和晶系间也有，因此 4 种格子和 7 个晶系只能形成 14 种空间格子，而不是 28 种。这 14 种晶格的形式见图 3.9。

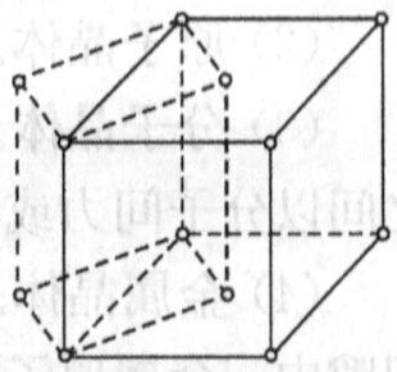

图 3.8　立方 C 格子与四方 P 格子

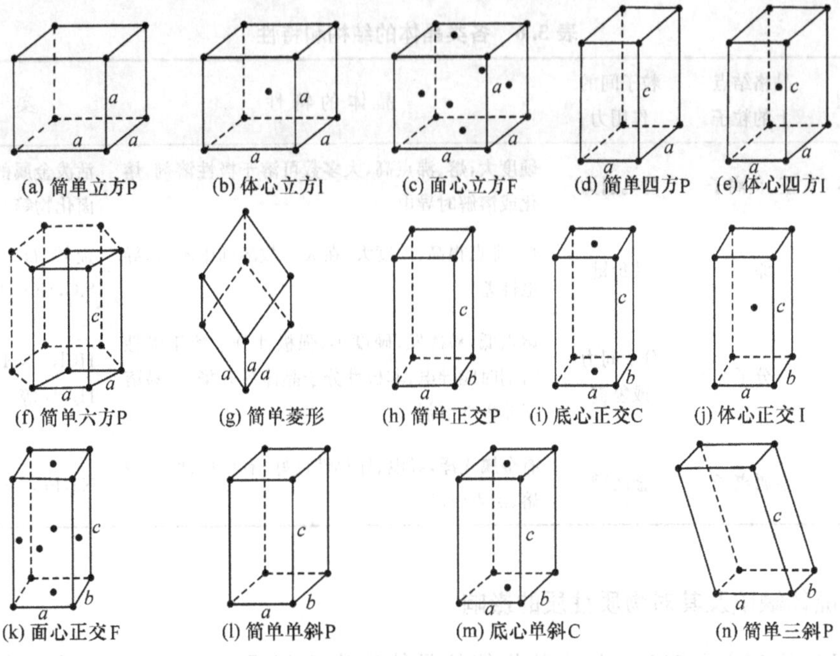

图 3.9　晶格的 14 种形式

晶胞的体积可由式(3.22)计算：

$$V_c = abc\sqrt{1-\cos^2\alpha-\cos^2\beta-\cos^2\gamma+2\cos\alpha\cos\beta\cos\gamma} \tag{3.22}$$

当 $\alpha=\beta=\gamma=90°$时，即正交格子，其

$$V_c = abc$$

知道晶胞中的粒子数(见第 10 章)，就可计算出晶体的密度，即

$$\rho=\frac{G}{V}=\frac{n_c\dfrac{M}{N_0}}{V_c}=\frac{n_cM}{N_0V_c} \tag{3.23}$$

式中，M 为摩尔质量；N_0 为阿伏伽德罗常量；n_c 为晶胞中的粒子数；V_c 为晶胞的体积。

3. 晶体的类型

根据晶格结点上粒子的种类和这些粒子间相互作用力的不同，晶体又可分为下面 4 种类型。

(1) 离子晶体。晶格结点上的粒子是离子，离子之间以静电作用力互相吸引。

(2) 原子晶体。晶格结点上的粒子是原子，原子之间以共价键相联结。

(3) 分子晶体。晶格结点上的粒子是分子，分子内各原子之间以共价键相结合，分子之间以分子间力或氢键相联结。

(4) 金属晶体。晶格结点上的粒子是金属原子(或金属正离子)，电子填充在晶格的间隙中。金属原子或离子之间通过电子粘连在一起，即晶体中存在着金属键(将在第 10 章中介绍)。

在以后的章节中将对这些晶体进行讨论。表 3.6 列出了各类晶体的结构和特性。

表 3.6　各类晶体的结构和特性

晶体类型	晶格结点上的粒子	粒子间的作用力	晶体的特性	实例
离子晶体	正、负离子	静电引力	硬度大，熔、沸点高，大多数可溶于极性溶剂，熔化或溶解时导电	活泼金属的氧化物、卤化物等
原子晶体	原子	共价键	熔、沸点很高，硬度大，在大多数溶剂中不溶，导电性差	金刚石，单质硅，SiC，SiO_2，BN 等
分子晶体	分子	分子间力或氢键	熔点低，易挥发，硬度小，强极性分子溶于极性溶剂时能导电，非极性分子晶体易升华，只易溶于非极性溶剂	HCl，NH_3，H_2O，H_2，I_2 等
金属晶体	金属离子	金属键	有金属光泽，导电、导热性良好，有延展性，一般熔、沸点较高	Na，Fe，Ag，Al 等

3.5.2　晶体缺陷及其对物质性质的影响

粒子的排列完全符合空间点阵规律的晶体称为**理想晶体**(ideal crystal)。但事实上

满足这种要求的晶体是不存在的。由于晶体在生长过程中存在着各种各样的干扰，使生成的晶体难以达到理想状态。因此，实际上得到的晶体无论在外形上，还是内部结构上都会有各种各样的缺陷存在，使粒子的排列偏离理想的点阵结构，形成各种**晶体缺陷**(crystal defect)。此外还有大量的固体，其内部粒子的排列是无序的，这种固体称为非晶体或无定形物质。

1. 晶体缺陷

根据晶体内粒子偏离晶格点阵的情况，可以把晶体的缺陷大致分为以下几类：

1) 点缺陷

点缺陷包括空位缺陷、填隙原子缺陷、杂质原子缺陷等。空位缺陷是指晶格的结点上出现空穴，缺少粒子；填隙原子缺陷是指在正常晶格的间隙里有原子无规则地填充在其间；杂质原子缺陷是指某些晶格结点上的原子或离子被其他原子或离子取代，或杂质填充在晶格结点的间隙中。

对于离子晶体，如存在空位缺陷，当空位缺陷是正离子时，由于物质的电中性原则，将可能发生下列几种情况：①空缺的正离子没有脱离晶体，而是进入晶格的某个空隙位置，这种空穴与填隙同时存在的缺陷称为**弗仑克尔缺陷**，如图 3.10(a)；②在晶体的其他位置负离子也发生缺位，这种同时存在正、负离子缺位的晶体缺陷称为**肖特基缺陷**，如图 3.10(b)；③在晶体中引入高电荷的杂质离子，如在 AgCl 晶体中有一个 Ag^+ 的位置空穴，而在其他本应填充 Ag^+ 位置的地方填充了 Cd^{2+}、Hg^{2+} 等，从而使晶体保持了电中性，这种缺陷称为**化学杂质缺陷**，如图 3.10(c)，化学杂质缺陷也包括如 MgO 晶体中有部分结点被 Na^+ 和 Cl^- 同时取代的情况；④当晶体中所缺少的负离子不是空着，而是由一个电子填充进去时所形成的晶体缺陷则称为 **F 心缺陷**，如图 3.10(d)。

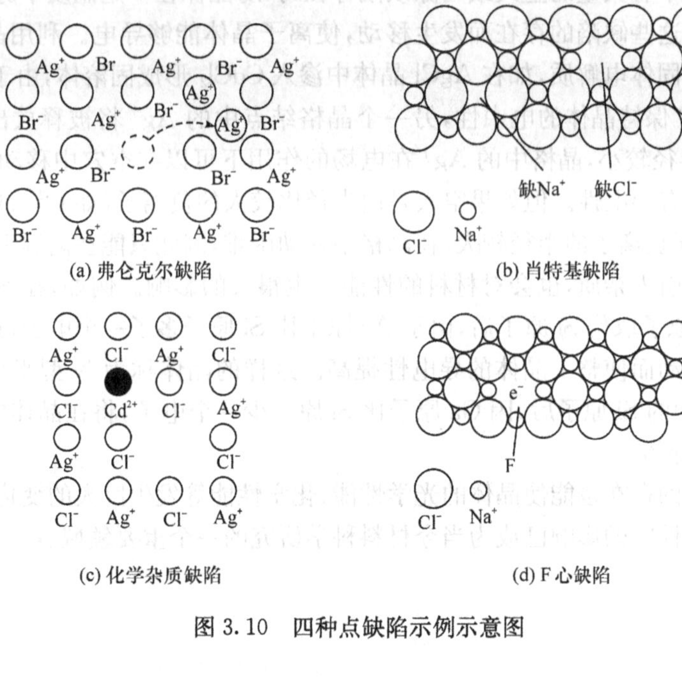

(a) 弗仑克尔缺陷　(b) 肖特基缺陷

(c) 化学杂质缺陷　(d) F 心缺陷

图 3.10 四种点缺陷示例示意图

2）线缺陷

在晶格点阵中，由于空缺一系列原子而产生的晶体缺陷称为线缺陷。图 3.11 为晶格线缺陷的示意图。

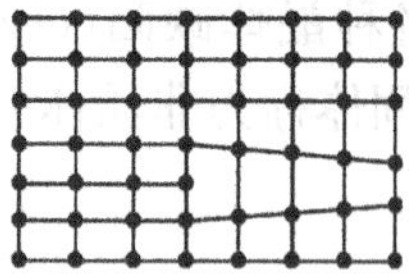

图 3.11 晶格线缺陷示意图

3）面缺陷

晶体中某一层原子整体缺少或向某一方向稍有位移，从而偏离了正常的晶格点阵结构，这种缺陷称为面缺陷，如层错等。

4）体缺陷

晶体内部含有空洞、沉淀或杂质包裹物等所造成的缺陷。

2. 晶格缺陷对物质性质的影响

由于晶格缺陷的类型很多，它们对晶体性质的影响各不相同。例如，面缺陷和线缺陷将使晶体的机械性能降低，而点缺陷则常对晶体的功能性质产生巨大的影响。

1）晶格面缺陷对晶体物质性质的影响

晶体中存在严重的面缺陷时，相当于把晶体分成几个或许多各自独立的小晶体（晶粒），这种晶型物质称为**多晶**。在小晶粒与小晶粒之间存在着界面，称为**晶面**。通常在两个小晶粒之间的界面层（小于 100nm）内原子的排列比较混乱，这些原子的能量状态要比在晶格中的原子的能量高。因此，晶界面的熔点要比晶体本体低，晶界中的原子扩散速率快，容易吸附杂质原子和存在许多空隙。根据多晶体系中晶面熔点低、扩散速率快的特点，可以将需要烧结的原料制成细微粉末，在晶体的熔点以下使材料烧结成形。但多晶体中因晶面熔点低，使晶体的耐热性能降低，因此需要在高温条件下工作的材料应在加工制造过程中尽可能地减少晶体中的晶面。

2）晶格点缺陷对物质性质的影响

当离子晶体中有大量的空穴或间隙缺陷存在时，对晶体在一定温度下施加电压，晶体中的离子就会因这些缺陷的存在而发生移动，使离子晶体能够导电。利用晶体缺陷的这个特点可以制造固体电解质，如在 AgCl 晶体中渗入 $CdCl_2$ 形成固溶体，由于 Cd^{2+} 取代了 Ag^+ 的结点，为了保持晶体的电中性，另一个晶格结点中的 Ag^+ 将被释放出来而形成空穴。因 Ag^+ 的半径较小，晶格中的 Ag^+ 在电场的作用下可以在空穴中移动（或者说空穴在移动），因而具有导电性。但如果空穴是由半径比较大的负离子（如 O^{2-}、F^-、Cl^- 等）的空缺产生的，由于负离子的半径较大，在晶格中移动困难，因此只能在高温下才有导电性。

如在晶格中引入杂质，也会对材料的性能产生很大的影响。例如，在 Si 单晶中掺入杂质 As，当 As 原子取代 Si 原子后，由于 As 原子比 Si 原子多了一个电子，这个多出来的电子可以自由移动而使整个晶体的导电性提高。这样的晶体称为 N 型半导体。同样用 Ga 取代单晶硅中的 Si 原子后，因 Ga 原子比 Si 原子少一个电子，将在晶体中产生正电空穴，形成 P 型半导体。

晶体中缺陷的存在也能使晶体的光学性能、化学性能等发生巨大的变化。因此，研究晶格缺陷对物质性能的影响已成为当今材料科学研究的一个重要领域。

3) 非整比化合物

由定比定律可知，化合物具有固定的组成，其中各元素原子数呈简单整数比，这是多年来形成的化学基本概念之一。但是近年来发现许多固相化合物的组成中各原子数之比常在一个较小的范围内变动，而并非正好是整数，这种化合物称为**非整比化合物或非计量化合物**。这种化合物的形成是由于晶体中某种元素的原子按化学计量来说呈现多余或不足，形成空穴或填隙所致。例如，把 NaCl 晶体放在金属钠的蒸气中加热时，少量的金属钠原子可掺入NaCl的晶格中，形成的物质属 Na 原子过量，其化学计量式可写作 $Na_{1+x}Cl$。

非整比化合物的形成通常有下列几种情况：

(1) 金属有多种氧化值。由于过渡金属元素常有多种氧化值，当晶格结点上的金属离子的氧化值发生变化时，可造成非整比化合物。金属铁有 Fe^{2+}、Fe^{3+}两种离子，当 FeS 中有部分 Fe^{2+} 被 Fe^{3+} 取代时，为保持化合物的电中性，Fe 原子的总数将减少，使 Fe 与 S 的原子个数之比不再是 1∶1，而是 Fe 原子数小于 1，即化学计量式变为 $Fe_{1-x}S$。从硫与铁的非整比化合物的形成原因可知，晶体中每两个 Fe^{3+} 取代了三个 Fe^{2+}，在晶格中就会产生一个正离子空穴。所以，在因金属的多种氧化值引起的非整比化合物中，总是伴随着晶体缺陷的存在。

(2) 电子代替负离子产生的空穴。一些金属虽不能形成多种氧化值，但也能形成非整比化合物，如前面所介绍的 $Na_{1+x}Cl$。这种情况是钠原子进入晶格结点后，可释放出电子。因钠离子变多，晶格中产生了负离子的空穴，但这些空穴是由钠原子释放出的电子占据。由于空穴中的电子只受附近正离子的吸引，所处的能量状态较高，容易受到激发。其激发能一般在可见光的范围内。因此，电子代替负离子所形成的非整比化合物通常具有颜色，如 $Na_{1+x}Cl$ 为蓝色固体、$Zn_{1-x}O$ 为黄色固体。这类化合物通常也有导电性。

(3) 杂质取代。某些杂质离子进入晶体后，为了保持晶体的电中性，使原子晶格结点中离子的氧化值发生变化，结果产生了非整比化合物。例如，NiO 晶体中掺入少量的 Li^{+}，当 Li^{+} 占据了晶格结点中 Ni^{2+} 的位置时，为了保持电中性，将有部分的 Ni^{2+} 被氧化成 Ni^{3+}，形成化学计量式为 $Li_xNi_{1-x}O$ 的化合物。

总之，晶体缺陷和非整比化合物使晶体的性质发生了很大的变化，这些特殊的性质可以满足人们的各种需求。因此，利用晶体缺陷制作的各种材料，如颜料、导电及超导材料、磁性材料、半导体材料及化学反应的催化剂等，越来越受到重视。

3.5.3 非晶体

固体物质中除了晶体外，还有很多非晶体物质。晶体和非晶体在性质上的差异是两者之间内部结构上的差别引起的。两者在结构上的区别主要在于组成粒子在空间上的排列是否有规律。在晶体中，组成晶体的粒子(包括原子、离子或分子)的排列是有次序的，它们在不同方向上按某些确定的规则以一定的周期性重复排列，粒子的这种有次序、按一定周期在长距离上重复排列的现象称为**长程有序**；粒子只在局部有规则排列的现象称为**短程有序**。晶体同时具有长程有序和短程有序的特点，而非晶体中粒子的排列只是短程有序。非晶体中结构粒子的无序排列决定了它们是各向同性的。

晶体和非晶体之间并非完全对立，在一定条件下是可以相互转化的。例如，把石英晶体加热熔化后，迅速冷却，可以得到非晶态的硅石玻璃。若将硅石玻璃反复熔化、缓慢冷却后，则能得到晶态的石英晶体。因此，晶体和非晶体是物质在不同条件下形成的两种不同的固体物质的形态。从热力学的角度看，晶态物质比非晶态物质的稳定性好。正常情况下，非晶态物质都有向晶态转变的趋势。这也是自然界中绝大多数固态物质是晶体的原因。通常塑料是非晶态固体，有些透明的塑料在长时间放置和使用后，因内部部分晶化，从而产生晶面，对光产生折射和反射现象，导致其透明度下降。

3.5.4　液晶

物质除了有固体和液体状态外，还有一部分物质的性质介于固体和液体之间，它们的力学性质类似于液体，可以自由流动，而它的光学性质却像晶体，存在各向异性。处于这种中间状态的物质称为**液晶**(liquid crystal)，如胆甾醇苯甲酸酯($C_6H_5CO_2C_{27}H_{45}$)，在419K时开始熔化，在419～452K形成不透明的液晶，当温度升至452K之上时，才完全变成液体。

液晶化合物的分子往往具有链状的分子结构，分子的长度远大于其宽度，且分子中含有一两个强极性基团(如—NH_2、—CO等)。当这些化合物受热熔化时，分子的热运动首先克服分子间的色散力而成为能自由流动的物体。此时，这些分子虽不像晶体中那样有严格的点阵结构，且分子之间可以发生相对运动。因此，它的力学性质像液体。但分子中由于有强极性基团的存在，使分子能在某个方向上按一定的次序排列起来(取向)，从而使分子在这个方向上呈现出晶体所特有的各向异性，如图3.12所示。图3.12中链状分子在上下方向呈远程有序排列，而在左右方向上属远程无序的混乱状态。所以，光能从上下方向透过，而左右方向是不透明的。如对这种状况下的物体加热，分子的热运动就能克服分子中极性基团间的引力，使上下方向的分子排列也变得混乱起来，此时物体的性质就与普通液体没有区别，不存在各向异性。当液晶不受热时，上下方向看是透明的，当在此部分通上电流而受热后，上下方向上就变成不透明了，利用液晶的这个性质，可以设计制造出液晶显示器。此外，液晶还被用于无损探伤、医疗检查等多种领域。

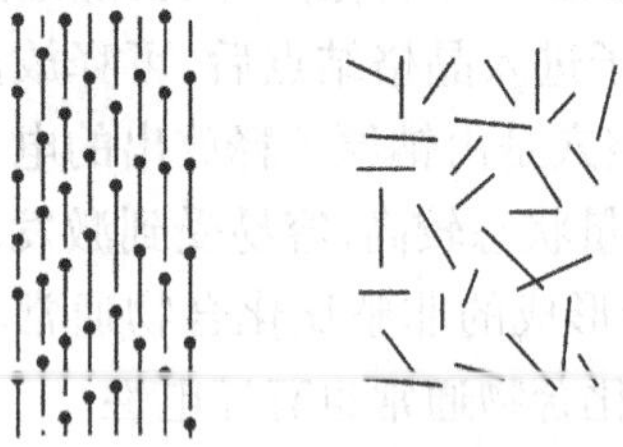

(a) 液晶　　(b) 普通液体

图3.12　液晶示意图

液晶现象早在19世纪就已被发现，但直到20世纪70年代人们才对它的性质有了进一步的认识。目前已发现和制备出几千种液晶化合物，它们对光、电、磁及热都有很高的灵敏性，据此可设计出各种具有电-光、热-光、磁-光等物理效应的仪器设备。

思考题

1. (1) Both a liquid and a gas are moved to larger containers. How does their behavior differ? (2) Although water and carbon tetrachloride, CCl_4 (l), do not mix, their vapors form homogeneous mixture. Explain. (3) The densities of gases are generally reported in units of $g \cdot L^{-1}$, whereas those for liquids are

reported as g · mL^{-1}. Explain the molecular basis for this difference.

2. Assume that you have a cylinder with a movable piston. What would happen to the gas pressure inside the cylinder if you do the following? (1)Decrease the volume by one third while holding the temperature constant. (2)Double the Kelvin temperature while holding the volume constant. (3)Reduce the amount of gas to half while keeping the volume and temperature constant.
3. What is the significance of the tripe point in a phase diagram?
4. List four properties of a solution that depend on the concentration, but not the type of particle or particles present as solute. Write the mathematical expression that describes how each of these properties depends on concentration.
5. (1)What is an ideal solution? (2)The vapor pressure of pure water at 60℃ is 19.87kPa. The vapor pressure of water over a solution at 60℃ containing equal numbers of moles of water and ethylene glycol (a nonvolatile solute) is 8.93kPa. Is the solution ideal in terms of Raoult′s law? Explain.
6. What is the factor that most commonly prevents colloidal particles from coalescing into larger aggregates? How can colloids be coagulated?
7. 晶体、非晶体、液晶各有何特征？请加以比较。

习　题

1. 一块纯铝片 2.70g，用 75.0mL H_2SO_4(d=1.18，$w_{H_2SO_4}$=24.7%）处理。当铝片完全溶解后，将溶液稀释至 400mL。此溶液中 $c_{H_2SO_4}$ 和 $c_{Al_2(SO_4)_3}$ 各等于多少？（已知 M_{Al}=26.98g · mol^{-1}，$M_{H_2SO_4}$=98.07g · mol^{-1}，$M_{Al_2(SO_4)_3}$=342.14 g · mol^{-1}）
2. 有一溶液，100mL 内含有 $BaCl_2$ 0.2083g。计算：
   (1) 其中含有 $BaCl_2$，Ba^{2+}，Cl^- 的物质的量；
   (2) 此溶液的物质的量浓度；
   (3) Ba^{2+} 和 Cl^- 的质量；
   (4) 若将其中 Cl^- 沉淀为 AgCl，AgCl 有多少克？需要多少克 $AgNO_3$？需要 c_{AgNO_3}=0.100mol · L^{-1} 的 $AgNO_3$ 溶液多少毫升？
   (5) 若将其中 Ba^{2+} 沉淀为 $BaSO_4$ 必须用 $Al_2(SO_4)_3$ 多少克？若用每升含 10.00g $Al_2(SO_4)_3$ 的溶液，需要多少毫升？（已知 M_{BaCl_2}=208.24g · mol^{-1}，$M_{Ba^{2+}}$=137.33g · mol^{-1}，M_{Cl}=35.45g · mol^{-1}，M_{AgCl}=143.32g · mol^{-1}，M_{AgNO_3}=169.87g · mol^{-1}；M_{BaSO_4}=233.39 g · mol^{-1}，$M_{Al_2(SO_4)_3}$=342.14g · mol^{-1}）
3. 某容器中充有 N_2 与 CO_2 的混合气体，它们的质量分别为 a(g)和 b(g)。计算在温度为 T、压力为 p 时，容器的体积及 N_2 和 CO_2 的分压。
4. 使 0.0396g Zn-Al 合金与过量稀盐酸反应，在 25℃、101.00kPa 时用排水集气法收集到 27.1mL 氢气，此温度下水的饱和蒸气压为 3.17kPa，计算合金中 Zn 和 Al 的质量分数。（Zn 和 Al 的相对原子质量分别为 65.4 和 27.0）
5. 在相同温度和压力下，将 45.0mL 含 CO、CH_4 和 C_2H_2 的混合气体与 100.0mL O_2 混合，使其完全燃烧生成 CO_2 和 H_2O(g)，并用分子筛除去 H_2O，在恢复到原来的温度和压力后，体积为 80.0mL，用 KOH 吸收 CO_2 之后，体积缩减为 15.0mL。求原混合气体中 CO、CH_4、C_2H_2 的体积分数。
6. 在 0℃和 100kPa 下，某气体的密度为 1.96g · L^{-1}，求该气体在 85.0kPa 和 25℃时的密度。
7. 将 0℃和 98.0kPa 下的 2.00mL N_2 和 60℃ 53.0kPa 下的 50.0mL O_2 在 0℃混合于一个 50.0mL 容

器中，求此混合物的总压力。

8. 10.00mL NaCl 饱和溶液质量为 12.003g，将其蒸干后得到 NaCl 3.173g，求(1)该溶液的质量摩尔浓度；(2)溶液的物质的量浓度；(3)盐的摩尔分数；(4)水的摩尔分数。

9. 与人体血液具有相等渗透压的葡萄糖溶液，其凝固点降低值为 0.543K，求该葡萄糖溶液的质量摩尔浓度和血液的渗透压。

10. 在 26.6g 氯仿($CHCl_3$)中溶解 0.402g 萘 $C_{10}H_8$，其沸点比氯仿的沸点高 0.455K，求氯仿的沸点升高常数。

11. Nitrogon and hydrogen gases react to form ammonia gas:

$$N_2(g)+3H_2(g)\longrightarrow 2NH_3(g)$$

At a certain temperature and pressure 0.70L of N_2 react with 2.1L of H_2. If all the N_2 and H_2 are consumed. What volume of NH_3, at the same pressure and temperature, will be produced?

12. Acetylene gas, $C_2H_2(g)$, can be prepared by the reaction of calcium carbide with water:

$$CaC_2(s)+2H_2O(l)\longrightarrow Ca(OH)_2(s)+C_2H_2(g)$$

Calculate the volume of C_2H_2 that is collected over water at 23℃ by reaction of 0.1580g of CaC_2, if the total pressure of the gas is 96.82kPa. (The vapor pressure of water is 2.81kPa at 23℃)

13. Assume that a single cylinder of an automobile engine has a volume of 600.0L. (1) If the cylinder is full of air at 80℃ and 99.30kPa, how many moles of O_2 are present? (The mole fraction of O_2 in dry air is 0.2095) (2) How many grams of C_8H_{18} could be combusted by this quantity of O_2, assuming complete combustion with formation of CO_2 and H_2O?

14. 判断下列物质的晶体所属晶系。

(1) KCl: $a=b=c, \alpha=\beta=\gamma=90°$;

(2) Ba_4O_{10}: $a\neq b\neq c, \alpha=\beta=90°, \gamma=105.9°$;

(3) KNO_3: $a\neq b\neq c, \alpha=\beta=\gamma=90°$。

15. 试推测下列物质的晶体按晶格结点间的作用力区分属于哪种类型的晶体。

Cl_2、$BaCl_2$、Si、Cu、HCl

4 化学热力学基础

化学工作者在研究化学反应时，要解决的问题有：①化学反应能否进行（化学反应的可能性问题）；②如果能够进行，有无热量放出或吸收及放出或吸收多少热量（反应中的能量转化问题）；③反应进行的程度如何（化学反应的限度问题）；④需要多长时间才能进行完全（化学反应的速率问题）等。这些问题可归结为三个方面，即化学反应热力学、化学反应动力学和化学反应平衡问题。这些问题对于研究化学反应是非常重要的，尤其是化学工业过程的设计，必须综合考虑这些问题。本章主要讨论化学反应的热力学问题。

化学热力学（chemical thermodynamic）就是研究化学变化过程中能量转化（energy transform）关系的科学。其主要内容是利用热力学第一定律来计算变化过程中的热效应，利用热力学第二定律来研究化学变化的方向和限度。热力学第三定律主要是阐明规定熵（entropy）的数值，有了这个定律，原则上就可以从热化学的数据解决有关化学平衡的计算问题。因此，化学反应的可能性、化学反应的方向和限度、化学反应的热效应等问题都可以通过化学热力学来解决。可以说，热力学是研究实际问题的有力工具。

但是热力学方法也有其局限性。首先，热力学研究的对象是宏观物体，即由大量质点或大块物体所组成的物体。对于个别分子、原子的性质，即微观粒子的性质，用热力学的方法是无能为力的。其次，对热力学来说只需知道被研究对象的起始状态和最终状态以及过程的外界条件，就可进行相应的计算；它不依赖于物质结构的知识，也无需知道过程的微观机理，这正是热力学处理问题的特点。但也正是由于这一点，说明热力学不能深入到微观领域，它不能从分子、原子的角度说明变化发生的原因及化学反应的机理。再次，热力学在研究问题时没有时间的概念，不涉及变化过程的速率问题。而过程进行的快慢正是人们在实际工作中关心的重要问题。也就是说，热力学只能解决在某种条件下反应的可能性（probability），至于如何把可能性变为现实性（reality），还需要各方面的知识互相配合。例如，热力学计算结果表明在常温（normal temperature）常压（normal pressure）下，氢和氧有可能化合成水，但实际上把这两种气体长时间放置在一起时，并不能发生反应，热力学无法回答这一问题。这是化学反应动力学问题，将在第 5 章中进行讨论。

4.1 热力学术语和基本概念

4.1.1 系统和环境

研究热力学问题时，通常把一部分物体和周围其他物体划分开来，作为研究的对象，这部分被划分出来的物体就称为系统（也称为体系，system）。与系统密切相关的部分（或与系统相互影响可及的部分)称为环境(surrounding)。例如,把溶有化学物质的水溶液放在烧杯(beaker)中,研究它的化学反应,则水溶液就是系统,烧杯和烧杯以外的其余部分就是环境。系统和环境之间不一定要有明显的物理分界面,这个界面可以是实际的,也可以是想象的。例如,在含有 H_2、O_2 和 He 的混合气中,如把 H_2 和 O_2 当作研究对象,则 He 就属于环境中的一部分。此时 H_2、O_2 和 He 之间的界面就只能想象了。系统的选择是否恰当往往是解决问题难易的关键。

根据系统与环境之间的物质和能量交换情况,可以把系统分为三种类型。

敞开系统(open system):系统和环境之间既有物质交换,又有能量交换。

封闭系统(closed system):系统和环境之间没有物质交换,只有能量交换。

隔离系统(isolated system)(也称为**孤立系统**):系统与环境之间既没有物质交换,也没有能量交换。

世界上一切事物总是有机地互相联系、互相依赖、互相制约着,因此不可能有绝对的隔离系统。但是,为了研究问题的方便,在适当的条件下可以近似地把一个系统看成是隔离系统。隔离系统的概念只能在有限的时间和有限的空间中近似地使用。

4.1.2 状态和状态函数

系统的状态是系统所有宏观性质的综合表现。所谓“宏观性质”是指温度(T)、压力(p)、体积(V)、物质的量(n)、密度(ρ)以及后面即将介绍的热力学能(U)、熵(S)等,也都是系统的宏观状态性质。当所有这些性质都不随时间而变化时,系统就处于一定的状态。反之,当系统处于一定的状态时,描述系统状态的这些宏观物理量也必有确定的值。所以,又把描述系统状态的这些宏观物理量称为状态函数(state function)。当系统的状态函数有定值时,系统就处于定态;反之,当系统处于定态时,状态函数就有确定值。例如,理想气体的状态就是 n、T、p、V 等宏观性质的综合表现,当这些宏观性质的数值一定时,理想气体系统的状态也就确定了。状态函数的最重要的特点是其变化值只取决于系统的起始状态和终止状态,而与系统变化时所经历的过程和途径无关。如果系统经历了许多复杂的变化,最后又回到了原始状态,则此时系统状态函数的变化值都等于零。

4.1.3 过程和途径

系统的状态在外界条件改变时会发生变化,这种变化称为过程(process)。完成这个过程的具体线路则称为途径(approach)。

人们常用恒(等)温(constant temperature)、恒(等)压(constant pressure)、恒(等)容(constant cubage)等名词来描述系统状态变化所经历的途径的特征。

等压过程:系统在整个变化过程中压力始终保持恒定。

等容过程:系统在整个变化过程中容积始终保持恒定。

等温过程:系统的终态温度等于始态温度。与等压、等容过程不同,等温过程中温度可能发生变化,但只要终态温度恢复到始态的温度,该过程就称为等温过程。

另外,热力学中还常遇到循环(circle)过程与绝热过程两种特殊情况。前者指系统由始态经历某一具体途径后又恢复到原始状态,后者指系统状态变化时与环境交换的热量为零。

尽管系统变化的途径不同,但只要系统的始、终态是一样的,其状态函数的变化值就是相同的。状态函数的这一特性可使问题大大简化。化学热力学的内容,实际上就是在一定条件下,利用一些特定的状态函数的增量来解决化学变化过程中能量变换以及变化方向和限度的问题。实际的变化过程往往比较复杂,计算状态函数的增量比较困难。但是根据状态函数的性质,可以设计一些比较简单的途径来计算,其结果与实际过程一样。热力学方法之所以简便,就是基于这个原理。

4.1.4 热、功和可逆过程

当两个温度不同的物体相互接触时,二者之间必然会发生能量的交换。这种由于温差的存在而在系统与环境之间交换或传递的能量就是热(heat)。在热力学中,用符号 Q 表示热量。对系统而言,规定:若系统吸热,则 $Q>0$①;若系统放热,则 $Q<0$。

热力学中,把除热以外其他各种形式被传递的能量都称为功(work),用符号 W 表示。对系统而言,规定:若系统对环境做功,则 $W<0$;若环境对系统做功,则 $W>0$。功有多种形式,通常分为**体积功**和**非体积功**两大类。系统体积变化反抗外力所做的功称为体积功,其他的功(如表面功、电功等)均称为非体积功。通常情况下,认为化学反应中系统只做体积功而忽略非体积功。

应该特别强调的是,热和功都是在系统和环境之间被传递的能量,它们只在系统发生变化时才表现出来。功和热都不是系统自身的性质,它们都不是状态函数。因此不能说“系统含有多少热或多少功”。Q 和 W 的数值与系统发生变化时所经历的途径有关。由始态到终态经历的途径不同,功和热的交换也不同。

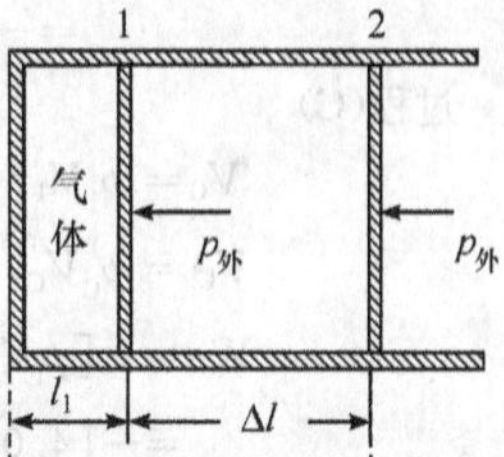

图 4.1 等外压气体膨胀示意图

体积功的计算可用图 4.1 来说明。用活塞将一定量的气体密封在截面积为 A 的圆柱形筒中。若忽略活塞与筒壁的摩擦力,设外界的压强为 $p_{外}$。若气体等压膨胀,活塞的位置从 1→2位移了 $\Delta l(\Delta l=l_2-l_1)$ 的距离,系统反抗外压力做功,根据功的符号规定,W 应为负值,如外压力用 F 表示,则体积功为

$$W=-F\Delta l=-p_{外}A\Delta l=-p_{外}A(l_2-l_1)=-p_{外}(Al_2-Al_1)$$

$$=-p_{外}(V_2-V_1)=-p_{外}\Delta V \tag{4.1}$$

对于微小的体积变化(变化体积元 dV),则式(4.1)可写作

$$\delta W=-p_{外}\,dV \tag{4.2}$$

以上的膨胀功计算过程适用于任何恒外压的变化过程,在具体运算中还要根据具体途径加以变化。

① 对系统而言,凡是得到的,规定为“+”;凡是释放出去的,规定为“-”。

【例题 4.1】 一定量理想气体由状态Ⅰ($p_1=6.0$kPa,$V_1=2.0$L,$t_1=25$℃)变为状态Ⅱ($p_2=1.0$kPa,$V_2=12.0$L,$t_2=25$℃),气体等温膨胀做功,此过程也可分两步(过程B)或三步(过程C)完成,如图4.2所示。求三种过程系统所做的功(活塞的质量可以忽略不计)。

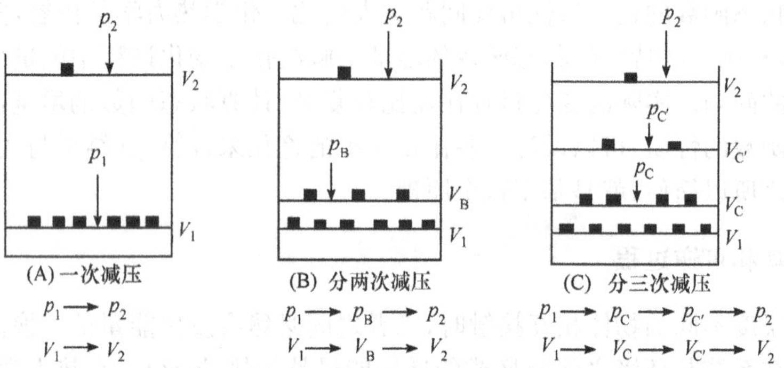

图 4.2　由状态Ⅰ到状态Ⅱ变化的不同途径

解　三种过程系统所做的功分别如下:

过程(A)

$$W_A=-p_2(V_2-V_1)=-1.0\times(12.0-2.0)=-10(\mathrm{J})$$

过程(B)

$$V_B=p_1V_1/p_B=6.0\times2.0/3.0=4.0(\mathrm{L})$$

$$W_B=-[p_B(V_B-V_1)+p_2(V_2-V_B)]$$
$$=-[3.0\times(4.0-2.0)+1.0\times(12.0-4.0)]=-14(\mathrm{J})$$

过程(C)

$$V_C=p_1V_1/p_C=6.0\times2.0/4.0=3.0(\mathrm{L})$$

$$V_{C'}=p_CV_C/p_{C'}=4.0\times3.0/2.0=6.0(\mathrm{L})$$

$$W_C=-[p_C(V_C-V_1)+p_{C'}(V_{C'}-V_C)+p_2(V_2-V_{C'})]$$
$$=-[4.0\times(3.0-2.0)+2.0\times(6.0-3.0)+1.0\times(12.0-6.0)]$$
$$=-16(\mathrm{J})$$

上述结果不仅表明系统做功随路径不同而异,还表明在等温下分步减压比一步减压系统对环境做的功多。由此可以类推,若过程分更多步进行,则系统做功将更多。当分成无数多步减压过程时,系统将做最多的功。“无数多步”是一种极限情况,这样的过程在热力学中称为可逆过程(reversible process)。

可逆过程是一种理想的过程,是一种科学的抽象。客观世界中并不存在真正的可逆过程,实际过程只能无限地趋近于它。但是可逆过程的概念却很重要,可逆过程是在体系接近于平衡的状态下发生的,因此它和平衡态密切相关。一些重要的热力学函数的增量,都只有通过可逆过程才能求得,在后续的物理化学课程中将详细介绍。

4.1.5　热力学能

热力学能(thermodynamic energy)又称内能(internal energy),它是系统内部各种形式能量的总和,用符号 U 表示。热力学能中包括了系统中分子的平动能、转动能、振动能、电子运动及原子核内的能量以及系统内部分子与分子间的相互作用的位能等，但不包括系统整体具有的动能及整体具有的势能。对于任意一个给定的系统，在状态一定时，系统的热力学能具有定值，即热力学能 U 是状态函数。热力学能的变化值 ΔU 仅取决于系统的始态和终态，而与系统的变化途径无关。

系统内部粒子的运动方式及相互作用极其复杂，人们对此尚无完整的认识，所以系统在某状态下，U 的绝对值无法确定。但热力学中通常用到的都是热力学能的变化值 ΔU，因此热力学能的绝对值并不妨碍热力学能概念的实际应用。

4.1.6 化学反应计量式及反应进度

化学反应计量式是表示反应物、生成物种类及变化量的关系式。它不仅说明了参加反应的物质的种类和反应后生成物质的种类，还说明了发生反应时，与反应有关的任一物质 i 的物质的量的变化。例如，化学反应计量式：

$$a\text{A} + b\text{B} = d\text{D} + g\text{G}$$

表示发生 1mol 该反应时，就有 $a$mol A 与 $b$mol B 的始态物质被消耗，生成 $d$mol D 与 $g$mol G 的终态物质。由始态到终态，这种物质的转化是完全的。上述化学计量式也可表示为 $0=d\text{D}+g\text{G}-a\text{A}-b\text{B}$，即 $\sum \nu_i \text{i}=0$，式中 ν_i 称为 i 物质的化学反应计量系数。显然，对于反应物：$\nu_A=-a$，$\nu_B=-b$，对于生成物：$\nu_D=d$，$\nu_G=g$。化学反应计量系数的量纲为“1”。

注意：在可逆反应中，化学反应并非按计量系数完全进行，所以可逆反应的方程式并非化学反应的计量式。系统中化学反应进行得多少，可用化学反应的进度来表示。

化学反应进度常用 ξ 来表示。ξ 可由式(4.3)定义

$$\xi = \frac{n_i(\xi) - n_i(0)}{\nu_i} = \frac{\Delta n_i}{\nu_i} \tag{4.3}$$

式中，$n_i(\xi)$ 表示反应进度为 ξ 时，物质 i 的物质的量；$n_i(0)$ 表示反应进度为 0 时，物质 i 的物质的量。显然，ξ 的量纲是 mol。

同一化学反应中所有物质的 ξ 的数值都相同，因此反应进度 ξ 的值与选用何种物质的量的变化进行计算无关。但应注意，同一化学反应如果化学计量式写法不同，ν_i 数值就不同，即进行 1mol 反应时，对应各物质的量的变化不同，所以物质 i在确定的 Δn_i 情况下，化学计量式写法不同，必导致 ξ 数值有别。

【例题 4.2】 如果开始时将 3mol N_2(g)和 10mol H_2(g)放于一容器内，若反应计量式为

$$N_2(g) + 3H_2(g) = 2NH_3(g)$$

若在 t_1 时刻有 2mol NH_3(g)生成，则此时用 N_2(g)表示的反应进度 ξ 为多大？若反应的计量式写为

$$\frac{1}{2}N_2(g) + \frac{3}{2}H_2(g) = NH_3(g)$$

则此时用 N_2(g)表示的反应进度 ξ 又为多少？

解 若生成 2mol NH_3(g)，按计量式 $N_2(g)+3H_2(g)=2NH_3(g)$反应，则 t_1 时刻 $\Delta n_{N_2}=2-3=-1$(mol)，故此时

$$\xi = \frac{\Delta n_{N_2}}{\nu_{N_2}} = \frac{-1}{-1} = 1(\text{mol})$$

若按计量式$\frac{1}{2}N_2(g)+\frac{3}{2}H_2(g)$══$NH_3(g)$反应，则 t_1 时刻 $\Delta n_{N_2}=2-3=-1(mol)$，故此时

$$\xi=\frac{\Delta n_{N_2}}{\nu_{N_2}}=\frac{-1}{-1/2}=2(mol)$$

可见，反应进度必须对应于具体的化学反应计量式。

实际上，引入反应进度的概念后，化学反应便可以看成一个基本单元。若一个化学反应的进度为 ξmol，就相当于发生了 ξmol 基本单元的化学反应。例如，例题 4.2 中，$N_2(g)+3H_2(g)$══$2NH_3(g)$，若其 $\xi=1mol$，则相当于发生了一个基本单元的该反应，消耗 1mol $N_2(g)$和 3mol $H_2(g)$，生成 2mol $NH_3(g)$。若将该方程式写为$\frac{1}{2}N_2(g)+\frac{3}{2}H_2(g)$══$NH_3(g)$，当 $\xi=1mol$ 时，则消耗$\frac{1}{2}$mol $N_2(g)$和$\frac{3}{2}$mol H_2，生成 1mol $NH_3(g)$，即发生了一个基本单元的该反应。把化学反应看成一个基本单元，更有助于对反应进度的理解。

4.1.7 广度性质和强度性质

广度性质(extent property)：系统的广度性质是与物质的量有关的性质，这种性质具有加和性，如体积、物质的量、热力学能等。广度性质又称为容量性质。

强度性质(intensity property)：系统的强度性质是与物质的量无关的性质，这种性质不具有加和性，如温度、压力、浓度等。

4.2 热力学第一定律和热化学

4.2.1 热力学第一定律

“自然界的一切物质都具有能量，能量有各种不同的形式，能够从一种形式转化为另一种形式，在转化的过程中，不生不灭，能量的总值不变”，这就是能量守恒和转化定律(law of energy conservation and transformation)。焦耳(Joule)通过大量的实验，证明不同形式的能量相互转化时有着严格的当量关系，这就是著名的热功当量。

$$1cal=4.184J \quad 或 \quad 1J=0.239cal$$

能量守恒和转化定律表明：要想制造出一种机器，它既不靠外界供给能量，同时自身的能量也不减少，却能不断地对外做功(人们把这种假想的机器称为第一类永动机)，这显然是不可能的。因此，能量守恒定律也可以表述为“第一类永动机是不可能的”。由于第一类永动机永远也造不成，这也反过来证明了能量守恒定律的正确性。

把能量守恒与转化定律用于具体的热力学系统，就称为热力学第一定律(first law of thermodynamics)，即在隔离系统中，各种形式的能量可以相互转化，但能量的总值保持不变。

当系统经历某一过程之后，其热力学能的增量为 ΔU，若过程中系统从环境吸收的热量为 Q，环境对系统做的功(系统得到的功)为 W，则对于系统来说，必有

$$\Delta U_{系统}=Q+W \tag{4.4}$$

对于环境来说，有

$$\Delta U_{环境}=-(Q+W)$$

对于整体(系统＋环境)而言，有

$$\Delta U = \Delta U_{系统} + \Delta U_{环境} = (Q+W) - (Q+W) = 0$$

即总的能量变化为0，这就是能量守恒定律。

式(4.4)只适用于封闭系统。因为这里只是考虑了热力学能的变化ΔU，未考虑系统与环境之间除了热、功交换以外的物质交换。故式(4.4)只适用于最常遇到的封闭系统，即封闭系统热力学能的增量应等于系统从环境中得到的各种形式能量的总和。

由热力学第一定律的数学表达式还可以明确一个重要关系：若系统从始态A沿不同途径到达终态B(图4.3)，因热力学能是状态函数，故ΔU恒定，即$\Delta U_1 = \Delta U_2$，它不随具体途径而变化。但系统由状态A沿不同途径到达状态B，所对应的热和功不一定相同。但由于$\Delta U = Q + W$，故不同途径的热与功之和$(Q+W)$应当只取决于系统的始、终状态，而与具体的途径无关。

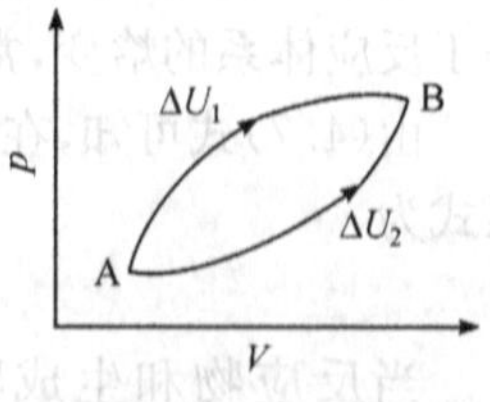

图4.3　ΔU是状态函数变量，与途径无关

4.2.2　焓变及热化学方程式

1. 等容反应热、等压反应热和焓

化学变化常伴有放热或吸热现象。对一个化学反应，可将反应物看成体系的始态，生成物看成体系的终态。由于各种物质蕴含的热力学能不同，当反应发生后，生成物的总热力学能与反应物的总热力学能就不一定相等。这种热力学能变化在反应过程中就以热或(和)功的形式表现出来，这就是化学反应热效应产生的原因。将热力学第一定律用于讨论化学反应中的问题，称为热化学。

当体系发生化学变化后，使终态生成物的温度回到始态反应物的温度(等温过程)时，体系放出或吸收的热量就称为该反应的热效应，也称为反应热。

1) 等容反应热

若体系在变化过程中，体积始终保持不变，则体系不做体积功，即$W=0$。根据热力学第一定律可得

$$Q_V = \Delta U - W = \Delta U \tag{4.5}$$

式(4.5)表明，等容过程中体系吸收的热量Q_V(右下标V表示等容过程)全部用来增加体系的热力学能。

2) 等压反应热

若体系的压力在变化过程中始终保持不变，其反应热称为等压反应热，用Q_p(右下标p表示等压过程)表示。根据热力学第一定律可得

$$\begin{aligned} Q_p &= \Delta U - W \\ &= \Delta U + p\Delta V \\ &= U_2 - U_1 + p(V_2 - V_1) \\ &= (U_2 + pV_2) - (U_1 + pV_1) \end{aligned} \tag{4.6}$$

表明在等压过程中，体系吸收的热量Q_p等于终态和始态的$(U+pV)$值之差。

U、p、V 都是状态函数，它们的组合($U+pV$)也是状态函数。这个新的状态函数称为焓(enthalpy)。显然，焓是能量的一种表达方式，用符号 H 表示，则有

$$H = U + pV \tag{4.7}$$

这样，式(4.6)就可化简为

$$Q_p = H_2 - H_1 = \Delta H \tag{4.8}$$

这就是说，在等压过程中，体系吸收的热量全部用来增加体系的焓。因此等压反应热等于反应体系的焓变，常用 ΔH 来表示。

由(4.7)式可知，在等压变化中，体系的焓变(ΔH)和热力学能的变化(ΔU)之间的关系式为

$$\Delta H = \Delta U + p\Delta V \tag{4.9}$$

当反应物和生成物都处于固态和液态时，反应的 ΔV 值很小，$p\Delta V$ 可忽略，故 $\Delta H \cong \Delta U$。

对于有气体参加的反应，ΔV 值往往较大。应用理想气体状态方程式，可得

$$p\Delta V = p(V_2 - V_1) = (n_2 - n_1)RT = \Delta nRT$$

式中，Δn 为反应前、后气体物质的物质的量的变化值。将此关系式代入式(4.9)，可得

$$\Delta H = \Delta U + \Delta nRT \tag{4.10}$$

【例题 4.3】 在 100℃和 100kPa 下，由 1.0mol $H_2O(l)$气化变成 1.0mol $H_2O(g)$。若 $\Delta H=40.63 kJ \cdot mol^{-1}$，则 ΔU 是多少？在此气化过程中 ΔH 和 ΔU 是否相等？

解 该气化过程为 $H_2O(l) \longrightarrow H_2O(g)$

恒温恒压下只做体积功 $\Delta H = \Delta U + \Delta nRT$

$$\Delta U = \Delta H - \Delta nRT = 40.63 - (1.0 - 0.0) \times 8.314 \times (273.15 + 100) \times 10^{-3}$$
$$= 40.63 - 3.1 = 37.5(kJ \cdot mol^{-1})$$

显然，此过程中 ΔH 和 ΔU 不相等。

2. 标准摩尔生成焓和化学反应的标准摩尔焓变

1) 标准态

热力学函数 U、H 以及以后要讲到的 G、S 等都是状态函数。不同的系统或同一系统的不同状态，都应有不同的数值，而它们的绝对值又是无法确定的。为了比较它们的相对大小，需要规定一个状态作为比较的标准，即所谓的**标准态**(standard state)。标准态的规定如下：

(1) 纯理想气体的标准态是该气体处于标准压力 $p^\ominus$ 下的状态，规定 $p^\ominus = 100kPa$。混合理想气体中任一组分的标准态是指该气体组分的分压力为 $p^\ominus$ 的状态。

(2) 纯液体(或纯固体)物质的标准态就是标准压力 $p^\ominus$ 下的纯液体(或纯固体)。

(3) 对于溶液中各溶质组分的标准态，规定为标准压力下各溶质组分浓度均为 $c^\ominus = 1mol \cdot L^{-1}$(标准浓度)的理想溶液。溶剂的标准态则规定为标准压力下的纯溶剂。

应当注意的是，在规定标准态时只规定了压力为 $p^\ominus$(100kPa)，而没有指定温度。处于 $p^\ominus$ 下的各种物质，如果改变温度它就有很多个标准态。但是 IUPAC 推荐选择 298.15K 作为参考温度，因此通常从手册或专著查到的有关热力学数据大都是 298.15K 时的数据。

2）物质的标准摩尔生成焓

在某温度和标准压力 $p^{\ominus}$ 下，由元素的参考态单质生成单位物质的量的某物质时的焓变称为该物质的标准摩尔生成焓，用 $\Delta_f H_m^{\ominus}$(B，相态)表示。其中，下标 f 表示生成(formation)，Δ 表示变化量，m 表示摩尔(mol)，⊖表示标准态。

按照定义，参考态单质的 $\Delta_f H_m^{\ominus}$ 为零，因为由参考态单质仍旧生成该参考态单质，这意味着未起反应。一般情况下，元素的参考态单质都是指在标准态下最稳定的单质形式，如碳的稳定单质是石墨，Br_2 的最稳定单质是 Br_2(l)，它们的参考态分别为石墨和 Br_2(l)。然而，有些参考态单质并非最稳定的单质形式，如磷的最稳定态单质是红磷，但红磷不易提纯，所以一般指定白磷作为磷的参考态单质。附录 6 中列举了一些物质在 298.15K 时的 $\Delta_f H_m^{\ominus}$。

3）化学反应的标准摩尔焓变

对于任意一个化学反应 $aA+bB=\!=\!=gG+dD$，若所有物质均处于温度为 T 的标准态下，当反应进行了 1mol，即化学反应进度为 1mol 时，其反应的焓变就称为反应的标准摩尔焓变，用 $\Delta_r H_m^{\ominus}$ 表示，其中下标 r 代表反应。$\Delta_r H_m^{\ominus}$ 的数值与化学反应计量式(反应基本单元)的写法有关，如反应

$$\frac{1}{2}O_2(g)+H_2(g)=\!=\!=H_2O(g)$$

在 298.15K 时，$\Delta_r H_m^{\ominus}=-242kJ\cdot mol^{-1}$。若将反应式写作

$$O_2(g)+2H_2(g)=\!=\!=2H_2O(g)$$

在同等条件下，$\Delta_r H_m^{\ominus}=-484kJ\cdot mol^{-1}$。

由此可见，要计算一个化学反应的焓变，首要的问题就是明确写出化学反应计量式。

化学反应的标准摩尔焓变 $\Delta_r H_m^{\ominus}$ 可以通过有关物质的标准摩尔生成焓 $\Delta_f H_m^{\ominus}$ 求出。计算公式如下：

$$\Delta_r H_m^{\ominus}=\sum \nu_i \Delta_f H_m^{\ominus}(i) \tag{4.11}$$

式中，ν_i 为化学反应计量式中 i 物质的计量系数，即反应的标准摩尔焓变等于所有产物的标准摩尔生成焓之和减去所有反应物的标准摩尔生成焓之和。以反应

$$aA+bB=\!=\!=dD+gG$$

为例，式(4.11)可写为

$$\Delta_r H_m^{\ominus}=d\Delta_f H_m^{\ominus}(D)+g\Delta_f H_m^{\ominus}(G)-a\Delta_f H_m^{\ominus}(A)-b\Delta_f H_m^{\ominus}(B)$$

【例题 4.4】 试计算铝粉和三氧化二铁反应的 $\Delta_r H_m^{\ominus}$(298.15K)。

解 写出相关的化学反应计量式，并查出各物质的 $\Delta_f H_m^{\ominus}$(298.15K)

	$2Al(s)$	$+Fe_2O_3(s)=\!=\!=$	$Al_2O_3(s)$	$+2Fe(s)$
$\Delta_f H_m^{\ominus}/(kJ\cdot mol^{-1})$	0	−824.2	−1675.7	0

所以

$$\begin{aligned}\Delta_r H_m^{\ominus}&=\sum \nu_i \Delta_f H_m^{\ominus}(i)\\&=2\Delta_f H_m^{\ominus}(Fe,s)+\Delta_f H_m^{\ominus}(Al_2O_3,s)-\Delta_f H_m^{\ominus}(Fe_2O_3,s)-2\Delta_f H_m^{\ominus}(Al,s)\\&=-1675.7+2\times 0-[(-824.2)+2\times 0]\\&=-851.5(kJ\cdot mol^{-1})\end{aligned}$$

3. 热化学方程式

热化学方程式是表示化学反应及其热效应关系的化学反应方程式，如

$2H_2(g)+O_2(g)=\!=\!=2H_2O(g)$　　$\Delta_r H_m^\ominus(298.15K)=-483.6kJ \cdot mol^{-1}$

$H_2(g)+\frac{1}{2}O_2(g)=\!=\!=H_2O(l)$　　$\Delta_r H_m^\ominus(298.15K)=-285.8kJ \cdot mol^{-1}$

$C(石墨)+O_2(g)=\!=\!=CO_2(g)$　　$\Delta_r H_m^\ominus(298.15K)=-393.5kJ \cdot mol^{-1}$

在书写热化学方程式时必须注意以下几点：

(1) 注明各物质前的计量系数——表明物质的量。

(2) 标明物质所处的状态(l、g、s)和晶型；对于溶液中的反应，还要注明物种的浓度，以 aq 代表水溶液。

(3) 注明反应的焓变和温度，如 $\Delta_r H_m(298.15K)$。若整个反应在标准态下进行，则焓变应加注标准态符号“⊖”，如 $\Delta_r H_m^\ominus(298.15K)$。

需要说明的是：

(1) 热化学方程式表示发生了 1mol 基本单元的化学反应，即化学反应进度为 1mol 的情况。例如

$H_2(g)+I_2(g)=\!=\!=2HI(g)$　　$\Delta_r H_m^\ominus(298.15K)=-25.9kJ \cdot mol^{-1}$

表示 1mol $H_2(g)$和 1mol $I_2(g)$完全反应生成 2mol HI(g)，代表发生 1mol 该反应时系统与环境交换的能量。这里要注意的是，热化学方程式表示进行了 1mol 反应的能量交换情况，没有考虑化学平衡的问题，把反应方程式作为一个基本单元，热化学方程式对应的就是 1mol 基本单位的反应。

热化学方程式不能写成：$H_2(g)+I_2(g)=\!=\!=2HI(g)+25.9kJ \cdot mol^{-1}$，因为物质和能量的量纲不同，所以不能直接相加减。

(2) 聚集状态不同，热效应不同；方程式写法不同，热效应也不同。例如

$2H_2(g)+O_2(g)=\!=\!=2H_2O(g)$　　$\Delta_r H_m^\ominus(298.15K)=-483.6kJ \cdot mol^{-1}$

$2H_2(g)+O_2(g)=\!=\!=2H_2O(l)$　　$\Delta_r H_m^\ominus(298.15K)=-571.66kJ \cdot mol^{-1}$

$H_2(g)+\frac{1}{2}O_2(g)=\!=\!=H_2O(g)$　　$\Delta_r H_m^\ominus(298.15K)=-241.8kJ \cdot mol^{-1}$

4.2.3 赫斯定律

反应热一般可以通过实验测得，但有些反应的反应热不易直接准确测定或根本不能直接测定。如何才能得到这类反应的反应热呢？1840 年，化学家赫斯(Hess)根据大量的实验结果归纳出了一条经验规律：任何一个化学反应，不论是一步完成的，还是分几步完成的，其总的热效应都是一样的。即如果一个反应可以分成几步来完成，这个反应的热效应等于各步反应的热效应之和，这就是赫斯定律，即“热效应总值一定定律”。赫斯定律实际上是热力学第一定律的必然结果。因为 $\Delta U=Q_V$，$\Delta H=Q_p$，而反应的 ΔU 和 ΔH 都是状态函数，与反应物到生成物的途径无关。

赫斯定律有着广泛的应用，可以通过一些已知的反应热数据，来计算一些反应未知的反应热。例如，C和O_2化合生成CO的反应热很难准确测定，因为在反应过程中不可避免地会有一些CO_2生成。但是C和O_2化合生成CO_2及CO和O_2化合生成CO_2的反应热是可准确测定的，因此可用赫斯定律把生成CO的反应热计算出来。计算过程如下：

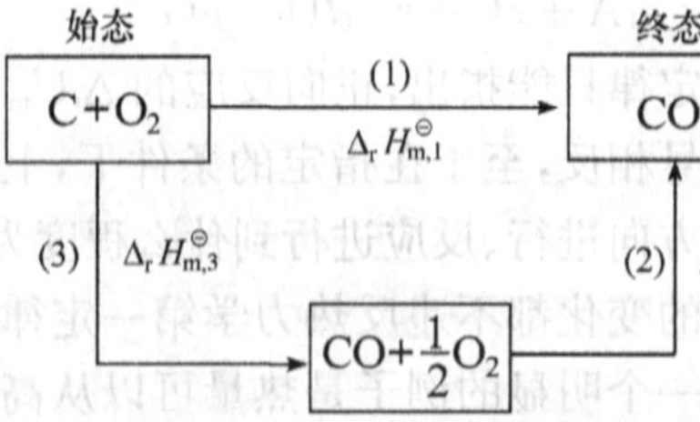

已知 $C(s)+O_2(g)═CO_2(g)$ $\Delta_r H_{m,1}^{\ominus}=-393.5kJ\cdot mol^{-1}$

$CO(g)+\frac{1}{2}O_2(g)═CO_2(g)$ $\Delta_r H_{m,2}^{\ominus}=-283.0kJ\cdot mol^{-1}$

由赫斯定律知

$$\Delta_r H_{m,1}^{\ominus}=\Delta_r H_{m,2}^{\ominus}+\Delta_r H_{m,3}^{\ominus}$$

所以

$$\begin{aligned}\Delta_r H_{m,3}^{\ominus}&=\Delta_r H_{m,1}^{\ominus}-\Delta_r H_{m,2}^{\ominus}\\&=[-393.5-(-283.0)]kJ\cdot mol^{-1}\\&=-110.5kJ\cdot mol^{-1}\end{aligned}$$

用赫斯定律计算反应热时，可直接利用反应式之间的代数关系进行计算。需注意的是，在计算过程中，把相同物质项消去时，不仅物质种类必须相同，而且状态也要相同，否则不能相消。

【例题 4.5】 已知下列反应的$\Delta_r H_m^{\ominus}(298.15K)$

(1) $Fe_2O_3(s)+3CO(g)═2Fe(s)+3CO_2(g)$ $\Delta_r H_m^{\ominus}(298.15K)=-24.8kJ\cdot mol^{-1}$

(2) $3Fe_2O_3(s)+CO(g)═2Fe_3O_4(s)+CO_2(g)$ $\Delta_r H_m^{\ominus}(298.15K)=-47.2kJ\cdot mol^{-1}$

(3) $Fe_3O_4(s)+CO(g)═3FeO(s)+CO_2(g)$ $\Delta_r H_m^{\ominus}(298.15K)=19.7kJ\cdot mol^{-1}$

不用查表，试计算反应 $FeO(s)+CO(g)═Fe(s)+CO_2(g)$的$\Delta_r H_m^{\ominus}(298.15K)$。

解 题中方程式之间的关系

(1) $Fe_2O_3(s)+3CO(g) ═ 2Fe(s)+3CO_2(g)$ ×3

−) (2) $3Fe_2O_3(s)+CO(g) ═ 2Fe_3O_4(s)+CO_2(g)$ ×1

−) (3) $Fe_3O_4(s)+CO(g) ═ 3FeO(s)+CO_2(g)$ ×2

$6FeO(s)+6CO(g) ═ 6Fe(s)+6CO_2(g)$ ×(1/6)

$FeO(s)+CO(g) ═ Fe(s)+CO_2(g)$

即反应式$FeO(s)+CO(g)═Fe(s)+CO_2(g)$可由反应式(1)～(3)通过[(1)×3−(2)−(3)×2]/6计算得到。由赫斯定律可得

$$\begin{aligned}\Delta_r H_m^{\ominus}&=[\Delta_r H_{m,1}^{\ominus}\times 3-\Delta_r H_{m,2}^{\ominus}-\Delta_r H_{m,3}^{\ominus}\times 2]/6\\&=[-24.8\times 3-(-47.2)-19.7\times 2]/6\\&=-11.1(kJ\cdot mol^{-1})\end{aligned}$$

4.3 热力学第二定律

热力学第一定律指出了能量的守恒和转化及在转化过程中各种能量的关系，但它不能指出变化的方向和变化进行的程度，如反应

$$aA + cC = dD + gG$$

当给定始、终态之后，第一定律只能指出，正向反应的 $\Delta_r U_m$（或 $\Delta_r H_m$）与逆向反应的 $\Delta_r U_m$（或 $\Delta_r H_m$）数值相等而符号相反，至于在指定的条件下，上述反应自发地（不需要外界帮助，任其自然发展）往哪个方向进行、反应进行到什么程度为止等问题，单凭热力学第一定律不能做出回答。自然界的变化都不违反热力学第一定律，但不违反热力学第一定律的变化却未必能自发进行。一个明显的例子是热量可以从高温物体流向低温物体，而它的逆过程即热量从低温物体流向高温物体，则是不能自动发生的。这些问题（反应的方向性和限度）的解决有赖于热力学第二定律。

热力学第二定律根据热功交换的规律，提出了具有普遍意义的熵函数。根据这个函数及由此导出的其他热力学函数，能够解决化学反应的方向性和限度问题。

4.3.1 化学反应的自发性

自然界中所发生的过程都具有一定的方向性。例如，水总是自动地从高处向低处流，而绝不会自动地由低处流向高处。又如，铁在潮湿的空气中易生锈，而铁锈绝不会自动地转化为金属铁。这种在一定条件下不需外界做功就能自动进行的过程，称为自发过程。若为化学过程则称为自发反应。必须指出，能自发进行的反应，并不意味着其反应速率一定很大。例如，氢和氧化合成水的反应，在室温下反应速率很小，容易被误认为是一个非自发反应。而事实上这是一个自发反应，只不过在一般条件下反应速率很慢而已。一旦引燃，即可迅速发生反应，并放出大量的热。

决定这些自发变化方向和限度的因素是什么呢？表面上看来对不同的过程有不同的因素，而且大都是与强度性质有关。例如，决定热量流动的方向是温度（T），热从高温向低温流动，直到两个物体的温度相等，宏观上达到平衡为止。决定气体扩散方向的是压力（p），从高压到低压，直到压力相等，扩散过程在宏观上就终止了。决定溶质扩散方向的是浓度（c），从高浓度扩散到低浓度，直到浓度均一，宏观上就不再扩散等。那么，这些自发过程变化的方向和限度有没有一个共同的规律呢？这就是本节所要讨论的主要问题。

人们在对自然界的自发变化过程的研究中发现：自发过程的发生是由于系统的能量有自然降低的倾向，这就是自发过程的推动力。显然，系统的能量越低，其状态就越稳定。远在一百多年前，化学家就希望找到化学反应自发进行的判据。由于许多自发进行的反应或过程是放热的，有人曾试图用反应的热效应或焓变作为反应能否自发进行的判断依据。例如，下列自发反应均为放热反应

$$C(s) + O_2(g) = CO_2(g) \qquad \Delta_r H_m^\ominus(298.15K) = -393.5kJ \cdot mol^{-1}$$

$$Zn(s) + 2H^+(aq) = Zn^{2+}(aq) + H_2(g) \qquad \Delta_r H_m^\ominus(298.15K) = -153.9kJ \cdot mol^{-1}$$

并认为放热越多，物质间的反应越可能自发进行。

但是,后来发现有些反应或过程却是向吸热方向自发进行的,如常温下的反应

$$Ba(OH)_2 \cdot 8H_2O(s) + 2NH_4SCN(s) = Ba(SCN)_2(s) + 2NH_3(g) + 10H_2O(l)$$

$$CoCl_2 \cdot 6H_2O(s) + 6SOCl_2(l) = CoCl_2(s) + 6SO_2(g) + 12HCl(g)$$

等都是吸热反应,但都可以自发进行。

显然,不能仅用反应或过程的焓变来判断反应的自发性。这说明除了焓变这一重要因素外,还有其他因素。经过研究发现,另一影响反应自发性的重要因素是系统的混乱程度(简称混乱度)的变化,即反应的熵变。

4.3.2 熵及热力学第三定律

系统的变化总是从有序到无序。例如,将一瓶氨气放在室内,如果瓶是开口的,则不久氨气会扩散到整个室内与空气混合,这个过程是自发进行的,但不能自发地逆向进行。又如,往一杯水中滴入几滴蓝墨水,蓝墨水就会自发地逐渐扩散到整杯水中,这个过程也不能自发地逆向进行。这表明在上述两种情况下,过程能自发地向着混乱程度增加的方向进行,或者说系统从有秩序的运动易变成无秩序的运动。这里用一简单的实验予以说明。如图 4.4 所示,将一些黑球和白球整齐有序地排列在一只烧杯内,只要摇一两下,这些黑白球就会变得混乱无序。如果再摇,则无论摇多少次,要想恢复到原来整齐有序的情况几乎是不可能的。

又如,NH_4Cl 晶体中的 NH_4^+ 和 Cl^-,在晶体中的排列是整齐、有序的。将 NH_4Cl 晶体投入水中后,晶体表面的 NH_4^+ 及 Cl^- 受到极性水分子的吸引而从晶体表面脱落,形成水合离子并在水中扩散。在 NH_4Cl 溶液中,无论是 NH_4^+、Cl^-,还是水分子,它们的分布情况比 NH_4Cl 溶解前都要混乱得多。

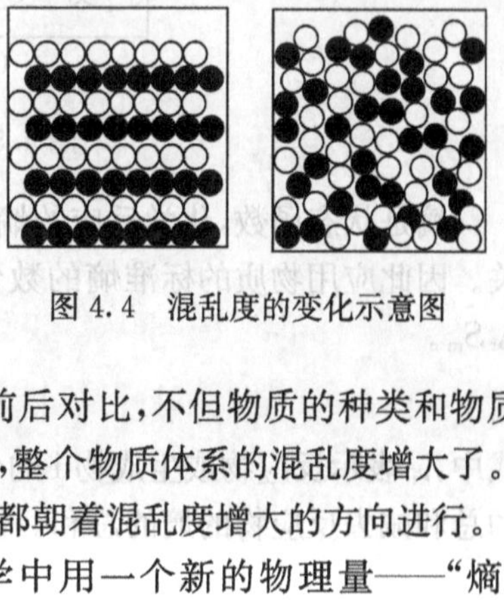

图 4.4 混乱度的变化示意图

再如,Ag_2O 的分解过程,反应式表明:1mol $Ag_2O(s)$分解产生 2mol $Ag(s)$和 0.5mol $O_2(g)$,反应前后对比,不但物质的种类和物质的量增多,更重要的是产生了热运动自由度很大的气体,整个物质体系的混乱度增大了。

由此可见,自然界中的物理和化学的自发过程一般都朝着混乱度增大的方向进行。

系统内组成物质的粒子的运动混乱度,在热力学中用一个新的物理量——"熵"(entropy)来表示(其符号为 S)。一定条件下处于一定状态的物质及整个系统都有各自确定的熵值。熵是描述物质混乱程度大小的物理量,也是系统的状态函数。物质(或系统)的混乱度越大,对应的熵值就越大。基于在 0K 时,一切完整无损的纯净晶体,其组成粒子(原子、分子或离子)都处于完全有序的排列状态,因此,可以**把任何纯净的完整晶态物质在 0K 时的熵值规定为零**($S_0=0$),这就是**热力学第三定律**。以此为基础,可以求得物质在其他温度下的熵值(S_T)。例如,将一种纯晶体物质从 0K 升温到任一温度(T),并测量此过程的熵变量(ΔS),则

$$\Delta S = S_T - S_0 = S_T - 0 = S_T \tag{4.12}$$

S_T 即为该纯物质在 TK 时的熵。与热力学能 U 及焓 H 不同,熵 S_T 的绝对值是可以确定的。某单位物质的量的纯物质在标准态下的熵值称为**标准摩尔熵**(简称**标准熵**),符

号为 $S_m^{\ominus}(T)$，单位为 $J \cdot mol^{-1} \cdot K^{-1}$。熵属于体系的广度性质。附录 6 中列出了一些物质在 298.15K 时的标准摩尔熵。

等温过程的熵变可由式(4.13)计算

$$\Delta S = \frac{Q_r}{T} \tag{4.13}$$

式中，Q_r［下标 r 代表“可逆”(reversible)］为可逆过程的热效应；T 为系统的热力学温度。关于该式的推导，已超出本教材的范围，但可以这样粗略地理解：对于一种处于 0K 温度下的晶体，因完全有序［图 4.5(a)］，系统熵值最小；当晶体受热时，由于晶格上质点的热运动(振动)，使一些分子取向混乱［图 4.5(b)］，系统熵值增加了。传入的热量越多，晶体越混乱。可见系统的 ΔS 值正比于传入系统的热量。当一定的热量传入一个低温系统(如接近 0K 的系统)时，系统从几乎完全有序变成一定程度的混乱，混乱度有一个较显著的变化。如把相同的热量传入一个高温系统，因系统原来已相当混乱，传入一定的热量后仅使混乱度变得稍高一些，相对来说，混乱度只有较小的变化，所以 ΔS 与体系的温度成反比。

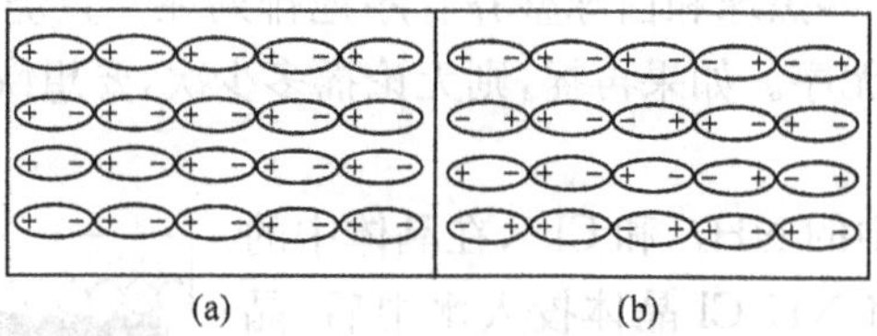

图 4.5　晶体受热取向由有序到无序

熵是状态函数，化学反应的熵变同样只取决于反应的始态和终态，而与变化的途径无关。因此应用物质的标准熵的数值可以从式(4.14)中计算出化学反应的标准摩尔熵变 $\Delta_r S_m^{\ominus}$。

$$\Delta_r S_m^{\ominus} = \sum \nu_i S_m^{\ominus}(i) \tag{4.14}$$

式中，ν_i 表示反应物或生成物 i 的化学反应计量系数，即化学反应的熵变等于生成物的熵的总和减去反应物的熵的总和。例如，对于反应

$$aA + bB = dD + gG$$

有

$$\Delta_r S_m^{\ominus} = dS_m^{\ominus}(D) + gS_m^{\ominus}(G) - aS_m^{\ominus}(A) - bS_m^{\ominus}(B)$$

【例题 4.6】 计算反应 $2SO_2(g) + O_2(g) = 2SO_3(g)$ 在 298.15K 标准态下的熵变。

解　查表得对应各物质的标准熵值

	$SO_2(g)$	$O_2(g)$	$SO_3(g)$
$S_m^{\ominus}(298.15K)/(J \cdot mol^{-1} \cdot K^{-1})$	248.22	205.14	256.76

故 $\Delta_r S_m^{\ominus} = \sum \nu_i S_m^{\ominus}(i)$

$= 2S_m^{\ominus}(SO_3, g) - S_m^{\ominus}(O_2, g) - 2S_m^{\ominus}(SO_2, g)$

$= 2 \times 256.76 - 205.14 - 2 \times 248.22 = -188.06 (J \cdot mol^{-1} \cdot K^{-1})$

可见，此反应为熵值减小的反应。这一点由反应的方程式也可以看出，反应前后气体物质的总分子数减少，混乱度减小，所以熵值减少。通常可以直接由反应前、后气态物质

的分子总数变化来判断反应是熵增加还是熵减小。例如

$$2H_2(g)+O_2(g) = 2H_2O(g) \qquad \Delta_r S_m^{\ominus}<0$$

$$CaCO_3(s) = CaO(s)+CO_2(g) \qquad \Delta_r S_m^{\ominus}>0$$

4.3.3 热力学第二定律

隔离系统的任何自发过程中，系统的熵总是增加的，即

$$\Delta S_{隔离} > 0 \tag{4.15}$$

这就是热力学第二定律的一种表达形式。

隔离系统是指与环境不发生物质和能量交换的系统。真正的隔离系统是不存在的，因为能量交换不可能完全避免。但是若将与系统密切相关的那一部分环境也包括进去而组成一个新的系统，这个新的系统就可以算作隔离系统。因此式(4.15)又可表示为

$$\Delta S_{总} = \Delta S_{系统} + \Delta S_{环境} > 0 \tag{4.16}$$

如果某一变化过程中，系统的熵变 $\Delta S_{系统}$ 和环境的熵变 $\Delta S_{环境}$ 都已知，则可用来判断该过程是否自发，即

$$\Delta S_{系统} + \Delta S_{环境} > 0 \qquad 自发过程$$

$$\Delta S_{系统} + \Delta S_{环境} < 0 \qquad 非自发过程 \tag{4.17}$$

由上面的讨论可知，隔离系统可能发生的一切宏观过程，即不可逆过程，均向着熵增大的方向自发进行，直至熵达到该条件下的极大值；任何可能的过程均不会使隔离系统的熵自发减小，这也称为**熵增加原理**。

4.4 吉布斯自由能

4.4.1 吉布斯自由能

用 $\Delta S_{系统} + \Delta S_{环境} > 0$ 来判断化学变化的自发性时，既牵涉系统又牵涉环境，并不能单独判断系统的自发变化方向。通常的化学反应都是在恒温恒压下进行的，若能找到一个在恒温恒压下判别化学变化方向的函数，将能够直接、简便地判断化学反应自发进行的方向。

在恒温恒压的条件下，$Q_{环境} = -\Delta H_{体系}$，所以对于一个自发进行的反应，有

$$\begin{aligned}\Delta S_{总} &= \Delta S_{系统} + \Delta S_{环境} \\ &= \Delta S_{系统} + \frac{Q_{环境}}{T} \\ &= \Delta S_{系统} - \frac{\Delta H_{系统}}{T} > 0\end{aligned}$$

即

$$T\Delta S_{系统} - \Delta H_{系统} > 0$$

整理可得(对于系统)

$$\Delta H - T\Delta S < 0$$

即

$$(H_2 - H_1) - T(S_2 - S_1) < 0$$

$$(H_2 - TS_2) - (H_1 - T_1 S_1) < 0$$

设 $G \equiv H - TS$,则有

$$\Delta G = G_2 - G_1 < 0$$

这里 G 称为吉布斯(Gibbs)自由能,简称自由能,是 1876 年由吉布斯提出的。吉布斯自由能 G 也是一个热力学状态函数,属于体系的广度性质。

由此可见,在**等温等压**过程中,可以用系统的吉布斯自由能变 ΔG 来判断过程的自发性,即

$\Delta G<0$　过程可以自发进行

$\Delta G>0$　过程不可能自发进行(其逆过程可自发进行)

$\Delta G=0$　过程处于平衡状态

吉布斯自由能变为

$$\Delta G = \Delta H - T\Delta S \tag{4.18}$$

因此实际上有两个因素——ΔH 和 ΔS 决定过程的自发性。它们对自发变化的影响,可分成下列四种情况加以讨论。

(1) $\Delta H<0, \Delta S>0$。两个因素都对自发过程有利,不管什么温度下,总是 $\Delta G<0$,所以过程总是正向自发的。

(2) $\Delta H>0, \Delta S<0$。两个因素都对自发过程不利,不管什么温度下,总是 $\Delta G>0$,所以过程不可能正向自发进行。

(3) $\Delta H<0, \Delta S<0$。这时温度将起重要作用,因为只有在 $|\Delta H|>|T\Delta S|$ 时,$\Delta G<0$,所以温度越低,对这种过程越有利。水结成冰就是这种过程的一个例子。因水结冰放出热量,$\Delta H<0$;但结冰过程中水分子变得更有序,混乱度减小,$\Delta S<0$。为了保证 $\Delta G<0$,温度 T 不能高。在 100kPa 下,水在温度低于 273.15K 时才会自动结冰,高于 273.15K 时,$|T\Delta S|>|\Delta H|$,即 $\Delta G>0$,结冰就不可能自发进行。相反的,它的逆过程(冰融化)却发生了。

(4) $\Delta H>0, \Delta S>0$。这种情况与(3)相反,只有在 $|T\Delta S|>|\Delta H|$ 时,$\Delta G<0$。所以温度越高,对这种过程越有利。冰融化、水蒸发即属于这一类的过程。

4.4.2 标准摩尔生成自由能

与标准摩尔生成焓 $\Delta_f H_m^\ominus$ 相似,规定在指定的反应温度(一般为 298.15K)和标准态下,由参考态单质生成 1mol 某物质时的吉布斯自由能变称为该物质的**标准摩尔生成自由能**,用符号 $\Delta_f G_m^\ominus$(B,相态)表示。按此定义,很显然**参考态单质的 $\Delta_f G_m^\ominus$ 规定为零**,附录 6 中列出了一些物质在 298.15K 下的标准摩尔生成自由能。

对于一个化学反应,可应用下列公式求出反应的标准摩尔吉布斯自由能变化值,即

$$\Delta_r G_m^\ominus = \sum \nu_i \Delta_f G_m^\ominus(\mathrm{i}) \tag{4.19}$$

例如,反应 $a\mathrm{A} + b\mathrm{B} = d\mathrm{D} + g\mathrm{G}$ 的 $\Delta_r G_m^\ominus$ 计算式可写为

$$\Delta_r G_m^\ominus = d\Delta_f G_m^\ominus(D) + g\Delta_f G_m^\ominus(G) - a\Delta_f G_m^\ominus(A) - b\Delta_f G_m^\ominus(B)$$

【例题 4.7】 计算 298.15K 时反应 $2NO(g)+O_2(g) = 2NO_2(g)$ 的 $\Delta_r G_m^\ominus$。

解 查表得对应物质的 $\Delta_f G_m^\ominus$

	NO(g)	O_2(g)	NO_2(g)
$\Delta_f G_m^\ominus/(kJ \cdot mol^{-1})$	86.55	0	51.31

所以

$$\begin{aligned}\Delta_r G_m^\ominus &= \sum \nu_i \Delta_f G_m^\ominus(i) \\ &= 2\Delta_f G_m^\ominus(NO_2,g) - \Delta_f G_m^\ominus(O_2,g) - 2\Delta_f G_m^\ominus(NO,g) \\ &= 2\times 51.31 - 0 - 2\times 86.55 = -70.48(kJ \cdot mol^{-1}) < 0\end{aligned}$$

说明此反应在标准态下可以自发进行。

4.4.3 标准摩尔生成自由能的应用

1\. 判断标准态下反应自发进行的方向

一般化学手册中所列出的数据都是 298.15K 温度下各物质的 $\Delta_f G_m^\ominus$、$\Delta_f H_m^\ominus$ 和 $S_m^\ominus$ 值，在该温度和标准态下某化学反应的 $\Delta_r G_m^\ominus$ 可直接由公式

$$\Delta_r G_m^\ominus = \sum \nu_i \Delta_f G_m^\ominus(i)$$

或

$$\Delta_r G_m^\ominus = \Delta_r H_m^\ominus - 298.15\Delta_r S_m^\ominus$$

计算得到，并根据 $\Delta_r G_m^\ominus$ 的正、负判断反应自发进行的方向。

对于其他温度下的标准态，在没有相变发生时，由于一般情况下 $\Delta_r H_m^\ominus$ 和 $\Delta_r S_m^\ominus$ 随温度的变化不大，因此可近似认为

$$\Delta_r H_m^\ominus(T) \approx \Delta_r H_m^\ominus(298.15K)$$

$$\Delta_r S_m^\ominus(T) \approx \Delta_r S_m^\ominus(298.15K)$$

所以

$$\begin{aligned}\Delta_r G_m^\ominus(T) &= \Delta_r H_m^\ominus(T) - T\Delta_r S_m^\ominus(T) \\ &\approx \Delta_r H_m^\ominus(298.15K) - T\Delta_r S_m^\ominus(298.15K) \qquad (4.20)\end{aligned}$$

通常由式(4.20)计算任意温度下的 $\Delta_r G_m^\ominus(T)$，进而判断对应温度下反应自发进行的方向。

【例题 4.8】 试计算石灰石热分解反应的 $\Delta_r G_m^\ominus(1273K)$，并分析在 1273K 下该反应的自发性。

解 查表得对应物质的热力学函数值

	$CaCO_3$(s)	CaO(s)	CO_2(g)
$\Delta_f H_m^\ominus(298.15K)/(kJ \cdot mol^{-1})$	−1207.1	−635.09	−393.51
$S_m^\ominus(298.15K)/(J \cdot mol^{-1} \cdot K^{-1})$	92.88	39.75	213.74

石灰石的热分解反应为

$$CaCO_3(s) = CaO(s) + CO_2(g)$$

所以

$$\begin{aligned}\Delta_r H_m^\ominus(298.15K) &= \sum \nu_i \Delta_f H_m^\ominus(i) \\ &= \Delta_r H_m^\ominus(CO_2,g) + \Delta_r H_m^\ominus(CaO,s) - \Delta_r H_m^\ominus(CaCO_3,s) \\ &= -393.51 - 635.09 + 1207.1 = 178.5(kJ \cdot mol^{-1})\end{aligned}$$

$$\Delta_r S_m^\ominus(298.15K) = \sum \nu_i S_m^\ominus(i)$$
$$= S_m^\ominus(CO_2, g) + S_m^\ominus(CaO, s) - S_m^\ominus(CaCO_3, s)$$
$$= 213.74 + 39.75 - 92.88 = 160.61(J \cdot mol^{-1} \cdot K^{-1})$$
$$\Delta_r G_m^\ominus(1273K) \approx \Delta_r H_m^\ominus(298.15K) - T\Delta_r S_m^\ominus(298.15K)$$
$$= 178.5 - 1273 \times 160.61 \times 10^{-3} = -25.96(kJ \cdot mol^{-1}) < 0$$

所以,在 1273K 下该反应能够自发进行。这就是工业上由 $CaCO_3$ 高温煅烧生产生石灰 CaO 的热力学依据。

2. 估算反应自发进行的温度

对于 $\Delta_r H_m < 0$、$\Delta_r S_m < 0$,即低温下可自发进行而高温下不能自发进行的反应,或是对于 $\Delta_r H_m > 0$、$\Delta_r S_m > 0$,即高温下可自发进行而低温下不能自发进行的反应,可根据 $\Delta_r G_m^\ominus(T) \leqslant 0$ 估算出反应自发进行的温度,常称为**转换温度**,即正、逆反应的转换温度 $T_{逆}$。因为

$$\Delta_r G_m^\ominus(T) = \Delta_r H_m^\ominus(298.15K) - T\Delta_r S_m^\ominus(298.15K)$$

所以

$$T_{逆} \approx \frac{\Delta_r H_m^\ominus(298.15K)}{\Delta_r S_m^\ominus(298.15K)} \tag{4.21}$$

这里要注意:$\Delta_r H_m^\ominus$ 常用的量纲是 $kJ \cdot mol^{-1}$,而 $\Delta_r S_m^\ominus$ 的量纲为 $J \cdot mol^{-1} \cdot K^{-1}$,计算时要统一量纲。

【例题 4.9】 试估算标准态下 CuO(s)转化成 $Cu_2O(s)$ 的温度。

解 查表得对应物质的热力学函数值

查表得对应物质的热力学函数值	CuO(s)	$Cu_2O(s)$	$O_2(g)$
$\Delta_f H_m^\ominus(298.15K)/(kJ \cdot mol^{-1})$	−157.3	−168.6	0
$S_m^\ominus(298.15K)/(J \cdot mol^{-1} \cdot K^{-1})$	42.63	93.14	205.14

转化反应式为

$$2CuO(s) = Cu_2O(s) + \frac{1}{2}O_2(g)$$

$$\Delta_r H_m^\ominus(298.15K) = \sum \nu_i \Delta_f H_m^\ominus(i)$$
$$= \frac{1}{2} \times 0 + (-168.6) - 2 \times (-157.3) = 146.0(kJ \cdot mol^{-1})$$
$$\Delta_r S_m^\ominus(298.15K) = \sum \nu_i S_m^\ominus(i)$$
$$= \frac{1}{2} \times 205.14 + 93.14 - 2 \times 42.63 = 110.45(J \cdot mol^{-1} \cdot K^{-1})$$

若使反应自发进行,必须有

$$\Delta_r G_m^\ominus \approx \Delta_r H_m^\ominus(298.15K) - T\Delta_r S_m^\ominus(298.15K)$$
$$= 146.0 - T \times 110.45 \times 10^{-3} \leqslant 0$$

所以反应自发进行的温度应为

$$T \geqslant T_{逆} = \frac{146.0}{110.45 \times 10^{-3}} \approx 1322(K)$$

思 考 题

1. 下列各说法是否正确？为什么？
   (1) 系统的焓等于恒压反应热；
   (2) 系统的焓等于系统的热量；
   (3) 系统的焓变等于恒压反应热；
   (4) 因为 $\Delta H=Q_p$，所以恒压过程才有 ΔH；
   (5) 单质的焓值等于零；
   (6) 单质的生成焓值等于零；
   (7) 最稳定的纯态单质的标准生成焓等于零；
   (8) 因为 $CaCO_3$ 分解是吸热的，所以它的生成焓为负值；
   (9) 因为反应焓变的单位为 $kJ \cdot mol^{-1}$，所以热化学方程式的系数不影响反应的焓变值。
2. 下列纯态单质中，哪些单质的标准生成焓不等于零？
   (1) 金刚石 (2) O_3(臭氧) (3) $Br_2(l)$ (4) $Fe(s)$ (5) $Hg(g)$ (6) 石墨
3. 判断下列各组内的反应在标准态下的恒压反应热是否相同，并说明理由。
   (1) $N_2(g)+3H_2(g) \xlongequal{} 2NH_3(g)$ $\frac{1}{2}N_2(g)+\frac{3}{2}H_2(g) \xlongequal{} NH_3(g)$
   (2) $H_2(g)+Br_2(g) \xlongequal{} 2HBr(g)$ $H_2(g)+Br_2(l) \xlongequal{} 2HBr(g)$
4. 书写热化学方程式应注意哪些问题？并说明之。
5. 预言下列过程系统的 ΔS 符号。
   (1)水变成水蒸气 (2)气体等温膨胀 (3)苯与甲苯相溶
   (4)盐从过饱和水溶液中结晶出来 (5)渗透 (6)固体表面吸附气体
6. 不查表，预测下列反应的熵值是增加还是减小。
   (1) $2CO(g)+O_2(g) \xlongequal{} 2CO_2(g)$ (2) $2O_3(g) \xlongequal{} 3O_2(g)$
   (3) $2NH_3(g) \xlongequal{} N_2(g)+3H_2(g)$ (4) $2Na(s)+Cl_2(g) \xlongequal{} 2NaCl(s)$
   (5) $H_2(g)+I_2(s) \xlongequal{} 2HI(g)$
7. Some nitrogen for use in synthesizing ammonia is heated slowly, maintaining the external pressure close to the internal pressure of 50.0atm, until its volume has increased from 542L to 974L. Calculate the work done on the nitrogen as it is heated, and express it in joules. (1atm=101.3kPa)
8. A chemical system is sealed in a strong, rigid container at room temperature and then heated vigorously.
   (1) State whether ΔU, Q and W of the system are positive, negative, or zero during the heating process.
   (2) Next the container is cooled to its original temperature. Determine the signs of ΔU, Q and W for the cooling process.
   (3) Designate heating as Step1 and cooling Step2. Determine the signs of $(\Delta U_1+\Delta U_2)$, (Q_1+Q_2), and (W_1+W_2) if possible.

习 题

1. 计算下列体系的热力学能变化。
   (1) 体系吸收了 100J 的热量，并且体系对环境做了 540J 的功；
   (2) 体系放出了 100J 的热量，并且环境对体系做了 635J 的功。

2. 2.0mol H_2(设为理想气体)在恒温(298.15K)下，经过下列两种途径，从始态 0.015m^3 膨胀到终态 0.040m^3，求各途径中气体所做的功。

(1) 自始态反抗 100kPa 的外压到终态；

(2) 自始态反抗 200kPa 的外压到中间平衡态，然后再反抗 100kPa 的外压到终态。

3. 450g 水蒸气在 101.3kPa 和 100℃下凝结成水，已知水的蒸发热为 2.26kJ·g^{-1}，计算此过程的 W、Q、ΔH 和 ΔU。

4. 由以下两个反应热求 NO 的生成焓。

(1) $4NH_3(g)+5O_2(g)=4NO(g)+6H_2O(l)$　　$\Delta H_1^\ominus=-1170\ kJ\cdot mol^{-1}$

(2) $4NH_3(g)+3O_2(g)=2N_2(g)+6H_2O(l)$　　$\Delta H_2^\ominus=-1530\ kJ\cdot mol^{-1}$

5. 已知：

(1) $C(s)+O_2(g)=CO_2(g)$　　$\Delta_r H_1^\ominus=-393.5kJ\cdot mol^{-1}$

(2) $H_2(g)+\frac{1}{2}O_2(g)=H_2O(l)$　　$\Delta_r H_2^\ominus=-285.8kJ\cdot mol^{-1}$

(3) $CH_4(g)+2O_2(g)=CO_2(g)+2H_2O(l)$　　$\Delta_r H_3^\ominus=-890.0kJ\cdot mol^{-1}$

求反应 $C(s)+2H_2(g)=CH_4(g)$的 $\Delta_r H_m^\ominus$。

6. 已知 298.15K 时反应

(i) $2NH_3(g)+3N_2O(g)=4N_2(g)+3H_2O(l)$　　$\Delta_r H_m^\ominus(i)=-1011.5kJ\cdot mol^{-1}$

(ii) $N_2O(g)+3H_2(g)=N_2H_4(l)+H_2O(l)$　　$\Delta_r H_m^\ominus(ii)=-317.3kJ\cdot mol^{-1}$

(iii) $2NH_3(g)+\frac{1}{2}O_2(g)=N_2H_4(l)+H_2O(l)$　　$\Delta_r H_m^\ominus(iii)=-143kJ\cdot mol^{-1}$

(iv) $H_2(g)+\frac{1}{2}O_2(g)=H_2O(l)$　　$\Delta_r H_m^\ominus(iv)=-285.8kJ\cdot mol^{-1}$

(1) 确定 $N_2H_4(l)$生成反应与上述各方程式的关系；

(2) 计算 $N_2H_4(l)$的 $\Delta_f H_m^\ominus$。

7. 已知 298.15K 时，反应

(i) $N_2H_4(l)+O_2(g)=N_2(g)+2H_2O(l)$　　$\Delta_r H_m^\ominus(i)=-622.2kJ\cdot mol^{-1}$

(ii) $H_2O(l)+\frac{1}{2}O_2(g)=H_2O_2(g)$　　$\Delta_r H_m^\ominus(ii)=149.5kJ\cdot mol^{-1}$

(iii) $H_2O_2(g)=H_2O_2(l)$　　$\Delta_r H_m^\ominus(iii)=-51.5kJ\cdot mol^{-1}$

则反应 $N_2H_4(l)+2H_2O_2(l)=N_2+4H_4O(l)$的 $\Delta_r H_m^\ominus$ 为多少？

8. 已知 HCl(g)、$NH_3(g)$和 $NH_4Cl(s)$的 $\Delta_f H_m^\ominus$ 分别为$-92.3kJ\cdot mol^{-1}$、$-46.1kJ\cdot mol^{-1}$和$-314.4 kJ\cdot mol^{-1}$，以及

(i) $HCl(g)=HCl(aq)$　　$\Delta_r H_m^\ominus(i)=-73.2kJ\cdot mol^{-1}$

(ii) $NH_3(g)=NH_3(aq)$　　$\Delta_r H_m^\ominus(ii)=-35.2kJ\cdot mol^{-1}$

(iii) $NH_3(aq)+HCl(aq)=NH_4Cl(aq)$　　$\Delta_r H_m^\ominus(iii)=-60.2kJ\cdot mol^{-1}$

计算：

(1) 2.0mol HCl(g)与 2.0mol $NH_3(g)$反应生成 $NH_4Cl(s)$放出的热量；

(2) 1.0mol HCl(g)和 1.0mol $NH_3(g)$同时溶解于水中的热效应；

(3) $\Delta_f H_m^\ominus(NH_4Cl,aq)$；

(4) 1.0mol 的 $NH_4Cl(s)$溶解在水中生成 $NH_4Cl(aq)$放出的热量，$NH_4Cl(s)$溶解是吸热过程还是放热过程？

9. 已知 $Cu_2O(s)+\frac{1}{2}O_2(g)$ ══ $2CuO(s)$，$\Delta G^\ominus(400K)=-95.4kJ\cdot mol^{-1}$，$\Delta G^\ominus(300K)=-107.9 kJ\cdot mol^{-1}$，求该反应的 $\Delta_r H_m^\ominus$ 和 $\Delta_r S_m^\ominus$。

10. 求下列反应的 $\Delta_r H_m^\ominus$、$\Delta_r G_m^\ominus$ 和 $\Delta_r S_m^\ominus$，并用这些数据讨论利用此反应净化汽车尾气中 NO 和 CO 的可能性。

$$CO(g)+NO(g) == CO_2(g)+\frac{1}{2}N_2(g)$$

11. 由锡石（SnO_2）炼制金属锡（白锡）可以有以下三种方法，按热力学原理应推荐哪一种方法？
(1) $SnO_2(s)$ ══ $Sn(s)+O_2(g)$
(2) $SnO_2(s)+C(s)$ ══ $Sn(s)+CO_2(g)$
(3) $SnO_2(s)+2H_2(g)$ ══ $Sn(s)+2H_2O(g)$

12. 计算下列两个反应的 $\Delta H_m^\ominus$、$\Delta G_m^\ominus$ 和 $\Delta S_m^\ominus$，并讨论用焦炭还原 Al_2O_3 炼制金属铝的可能性。
(1) $2Al_2O_3(s)+3C(s)$ ══ $4Al(s)+3CO_2(g)$
(2) $Al_2O_3(s)+3CO(g)$ ══ $2Al(s)+3CO_2(g)$

13. 制取纯镍是先将粗镍与 CO 在温度为 323K 下反应生成 $Ni(CO)_4(l)$，经蒸馏得 $Ni(CO)_4$，然后在温度为 423K 下分解 $Ni(CO)_4$ 制得纯镍。已知 $\Delta_f H_m^\ominus(CO,g)=-110.5kJ\cdot mol^{-1}$，$\Delta_f H_m^\ominus[Ni(CO)_4,l]=-605.0kJ\cdot mol^{-1}$，$S_m^\ominus(Ni,s)=29.9J\cdot mol^{-1}\cdot K^{-1}$，$S_m^\ominus(CO,g)=197.7J\cdot mol^{-1}\cdot K^{-1}$，$S_m^\ominus[Ni(CO)_4,l]=402.0J\cdot mol^{-1}\cdot K^{-1}$。通过计算说明反应 $Ni(s)+4CO(g) \rightleftharpoons Ni(CO)_4(l)$ 在上述两个温度及标准态下自发进行的方向，并计算反应的转向温度。

14. The thermite process is used for welding railway track together. In this reaction, aluminum reduces iron(Ⅲ) oxide to metallic iron: $2Al(s)+Fe_2O_3(s) \longrightarrow 2Fe(s)+Al_2O_3(s)$. Igniting a small charge of barium peroxide mixed with aluminum triggers the reaction of a mixture of aluminum powder and iron(Ⅲ) oxide; the molten iron produced flows into the space between the steel rails that are to be joined.
(1) Calculate the standard enthalpy change $\Delta H^\ominus$ for this reaction, using data from appendix 6.
(2) Calculate the heat given off when 6.42g of iron(Ⅲ) oxide is reduced by aluminum at constant pressure.

15. The dissolution of calcium chloride in water. $CaCl_2(s) \longrightarrow Ca^{2+}(aq)+2Cl^-(aq)$ is used in first-aid hot packs. In this packs an inner pouch containing the salt is broken, allowing the salt to dissolve in the surrounding water.
(1) Calculate the standard enthalpy change $\Delta H^\ominus$ for this reaction, using data from appendix 6.
(2) Supposing 20.0g of $CaCl_2$ is dissolved in 0.100L of water at 20.0℃, calculate the temperature reached by the solution, assuming it to be an ideal solution with a heat capacity close to that of 100g of pure water $418J\cdot K^{-1}$.

16. Dry air containing a small amount of CO was passed through a tube containing a catalyst for the oxidation of CO to CO_2. Because of the heat evolved in this oxidation, the temperature of the air increased by 3.2K. Calculate the weight percentage of CO in the sample of air. Assume that the specific heat at constant pressure for air is $1.01J\cdot K^{-1}\cdot g^{-1}$.

5 化学反应速率及化学平衡

研究化学反应就要解决两个方面的问题，既要研究反应的可能性，又要研究反应的现实性。关于化学反应的可能性，属于化学热力学的问题，在第 4 章中已经讨论过。关于化学反应的现实性问题，一般包括两个方面：一是反应的速率，即化学反应动力学问题；二是反应的限度，即化学反应平衡问题。这两个问题是本章讨论的重点。

工业生产中的许多重要问题都可以用这一章的知识得以解决。通过化学平衡研究，可以预测工业生产中涉及的反应在一定工艺条件下的极限产率，以及极限产率如何随条件而改变，从而得到对应更大产率的条件，即找出化学平衡时温度、压力和组成间的关系。通过化学反应动力学及反应机理的研究，可以得到提高主反应速率、抑制或减慢副反应速率的条件，减少原料的消耗并减轻分离副产品操作的负担。化学动力学的研究还可以提供如何避免危险品的爆炸，材料的腐蚀和产品的老化、变质等方面的知识。通过对化学平衡和反应速率的定量研究，可以为科研成果的工业化进行最优设计和最优控制，为工业生产选择最适宜的操作条件。所以，化学平衡和化学反应动力学是化学反应工程学的重要理论基础。

5.1 化学反应速率及其表示方法

化学反应速率是化学反应动力学研究的主要内容，通过研究反应进行时要经过的具体步骤，即反应机理，来研究反应物浓度、压力、温度以及催化剂等各种因素对反应速率的影响。化学反应动力学和化学反应热力学是相辅相成的，一个是研究反应的可能性，一个是研究反应的现实性。例如，某未知的化学反应，经热力学研究认为是可能的，但实际进行时反应速率太小，工业生产无法实现。可以通过对其反应动力学的研究，降低反应阻力，加快反应速率，实现工业生产的目的。反过来，如果反应在热力学上是不可能进行的，那就没有必要再去研究如何提高反应速率的问题了。但要注意的是过程的可能性与条件有关，对于有些过程，改变条件也可以使原条件下热力学上不可能的过程成为可能。这在第 4 章已经讨论过，本节主要讨论反应速率问题。

5.1.1 化学反应的转化速率

化学反应速率(rate of reaction)指化学反应过程进行的快慢，即参加反应的各物质的数量随时间的变化率。反应过程中物质(反应物或生成物)数量的变化可以用其物质的量的变化来表示。对于一般的化学反应

$$a\mathrm{A}+b\mathrm{B} \rightleftharpoons d\mathrm{D}+g\mathrm{G}$$

在单位时间内的化学反应进度称为反应的**转化速率**(rate of conversion)，即反应进度随时间的变化率，可表示为

$$\dot{\xi}=\frac{\xi}{\Delta t}=\frac{\Delta n_i}{\nu_i \Delta t} \tag{5.1}$$

式中，$\dot{\xi}$为反应的转化速率，单位为 $mol \cdot s^{-1}$；ν_i 为反应式中对应各物质的化学反应计量系数。

5.1.2　恒容反应的反应速率

化学反应过程中，一般认为系统的体积不变，即反应容器的容积是不变的，这种反应称为恒容反应。例如，密闭反应器中的反应或液相反应，都是恒容反应。因此，单位容积内的化学反应转化速率可表示为

$$\bar{v}=\frac{\dot{\xi}}{V}=\frac{\Delta n_i}{V\nu_i \Delta t}=\frac{\Delta c_i}{\nu_i \Delta t} \tag{5.2}$$

式中，$\bar{v}$ 称为化学反应在 Δt 时间内的平均速率，单位为 $mol \cdot L^{-1} \cdot s^{-1}$；$V$ 为反应系统的容积，单位为 L。式(5.2)为化学反应速率的表达式。

可见，平均反应速率反映的是某一段反应时间内的平均情况。对于某一时刻的反应速率，用平均反应速率是反映不出来的。某一时刻的反应速率称为**瞬时速率**。它是当 $\Delta t \to 0$时平均速率的极限值，即

$$v=\lim_{\Delta t \to 0}\frac{\Delta c}{\nu_i \Delta t}=\frac{dc}{\nu_i dt} \tag{5.3}$$

式中，dc 和 dt 都是无穷小的量，即瞬时速率 v 是浓度 c 对时间 t 的导数。

注意：v 是恒容反应进度的瞬时速率，其值与反应系统中选用何种物质作为测定反应速率的跟踪物无关。例如，对于一般的化学反应

$$aA+bB \rightleftharpoons dD+gG$$

其恒容反应速率可表示为

$$v=-\frac{dc_A}{a dt}=-\frac{dc_B}{b dt}=\frac{dc_D}{d dt}=\frac{dc_G}{g dt}$$

无论选择哪种物质，反应速率的数值都是一样的。

但有时也会遇到反应对某种反应物或生成物的反应速率，如上述反应对 A、B、D、G 各物质的反应速率可分别表示为

$$v_A=-\frac{dc_A}{dt} \qquad v_B=-\frac{dc_B}{dt}$$

$$v_D=\frac{dc_D}{dt} \qquad v_G=\frac{dc_G}{dt}$$

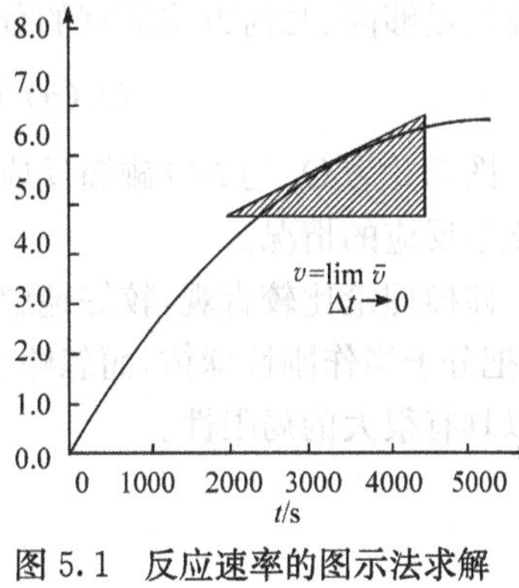

图 5.1　反应速率的图示法求解

因为反应计量系数 a、b、d、g 不一定相同，所以反应对各物质的速率也不一定相同，要注意区别。

反应的瞬时速率可通过作图法求得。以参与反应的某物质的浓度对时间作图(图 5.1)，图中曲线某一特定点的反应速率即为反应在该点的瞬时速率，它等于通过该点曲线的切线斜率的绝对值。

对于同一反应的反应速率，当以不同物质的浓度变化来表示时，其数值可能会有所不同，但它们之间的比值恰好等于反应方程式中各物质化学式前的计量系数之比，由此也可求得反应进度的瞬时速率。

另外，对于气相反应，也可用各组分分压力的改变量代替浓度的改变量来表示反应速率，即

$$v=-\frac{\mathrm{d}p_{\mathrm{A}}}{a\mathrm{d}t}=-\frac{\mathrm{d}p_{\mathrm{B}}}{b\mathrm{d}t}=\frac{\mathrm{d}p_{\mathrm{D}}}{d\mathrm{d}t}=\frac{\mathrm{d}p_{\mathrm{G}}}{g\mathrm{d}t}$$

对于气相反应，这种用分压表示的反应速率与用浓度表示的反应速率是等效的，但二者的量纲不同，数值也不相同。

5.2　反应速率理论简介

为了从根本上阐明反应进行快慢的原因及影响因素，先后提出了两种不同的化学反应速率理论——碰撞理论和过渡状态理论（又称活化配合物理论）。

5.2.1　碰撞理论

碰撞理论是最早的一种反应速率理论，建立于 20 世纪初，主要适用于气态双分子反应。

碰撞理论认为：物质之间发生化学反应的必要条件是反应物分子（或原子、离子、原子团等）之间必须发生碰撞。但分子间的碰撞并非反应的充分条件，对大多数化学反应来说，事实上只有少数或极少数能量较高的分子碰撞时才能发生反应。这种能发生反应的碰撞，称为**有效碰撞**。分子发生有效碰撞所必须具备的最低能量称为**临界能**或**阈能**（E_c）。具有等于或大于临界能的分子称为**活化分子**。能量低于临界能的分子称为非活化分子或**普通分子**。普通分子要吸收足够的能量才能转变为活化分子。活化分子具有的**平均能量**（$\bar{E}^*$）与反应物分子的平均能量（$\bar{E}$）之差称为反应的**活化能**（E_a），即

$$E_a=\bar{E}^*-\bar{E} \tag{5.4}$$

除此以外，碰撞理论还指出，分子必须处于有利的几何方位才能发生有效碰撞，即只有能量足够高、几何方位适宜的分子才能发生有效碰撞，如反应

$$O_3(g)+NO(g)\longrightarrow NO_2(g)+O_2(g)$$

图 5.2 为 O_3 与 NO 碰撞反应的示意图，很直观地表明了两种分子之间由于碰撞而发生化学反应的情况。

碰撞理论比较直观，较好地解释了有效碰撞和无效碰撞。但限于处理气态双分子反应，把分子当作刚性球体，而忽略了分子内部结构，也不能说明反应的过程及能量的变化，所以具有很大的局限性。

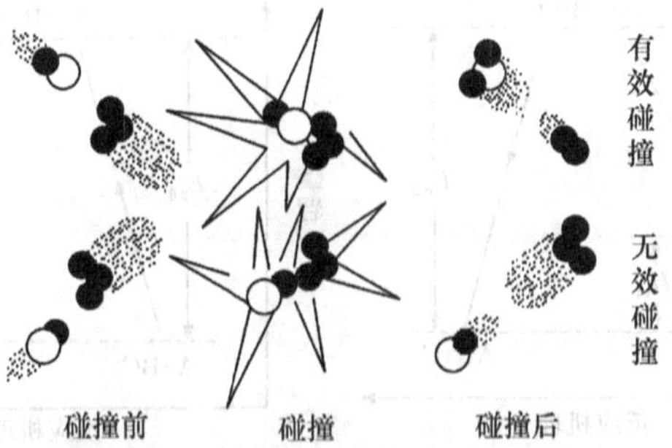

图 5.2 O_3 与 NO 的有效碰撞和无效碰撞

●表示 O;○表示 N

5.2.2 过渡状态理论

随着人们对原子、分子内部结构认识的深入,20 世纪 30 年代提出了反应速率的过渡状态理论。

过渡状态理论认为:化学反应不是通过反应物分子之间的简单碰撞就能一步到达产物的,而是碰撞后先要经过一个中间的过渡状态,即首先形成一种"活化配合物",活化配合物中的价键结构处于原有化学键被削弱、新化学键正在形成的一种过渡状态,其势能较高,极不稳定,易分解为产物。这个过渡状态就是活化状态。反应过程可表示如下:

$$\underset{\substack{\text{反应物}\\(\text{始态})}}{A+BC} \longrightarrow \underset{\substack{\text{活化配合物}\\(\text{过渡态})}}{A\cdots B\cdots C} \longrightarrow \underset{\substack{\text{产物}\\(\text{终态})}}{AB+C}$$

过渡态的能量高于始态的能量,也高于终态的能量,由此形成一个能垒,这种关系可用一个简化的图形来表示(图 5.3)。按照过渡状态理论,过渡态和始态的能量差就是活化能,或者说活化配合物具有的最低能量与反应物分子的平均能量之差,称为活化能。正反应的活化能用 $E_{a正}$ 表示。如果反应反过来进行,就称为逆反应,逆反应的活化能用 $E_{a逆}$ 来表示。显然,产物分子的平均能量与反应物分子的平均能量之差就是反应的热效应,即

$$\Delta_r H_m = \overline{E}_{生成物} - \overline{E}_{反应物} = E_{a正} - E_{a逆} \tag{5.5}$$

可见,可逆反应中吸热反应的活化能总是大于放热反应的活化能。

过渡状态理论中活化能的定义与分子碰撞理论不同,但其含义实质上是一致的,而且二者的数值差别很小。活化配合物理论很好地解释了化学反应的可逆性及反应中的能量变化,而且当活化配合物 A…B…C 分解时,可能分解为 AB+C,也可能部分的分解为其他产物,这就解释了化学反应的可逆性及副产物的生成问题。因此活化配合物理论在化学反应速率及反应机理的研究中得到了广泛的应用。

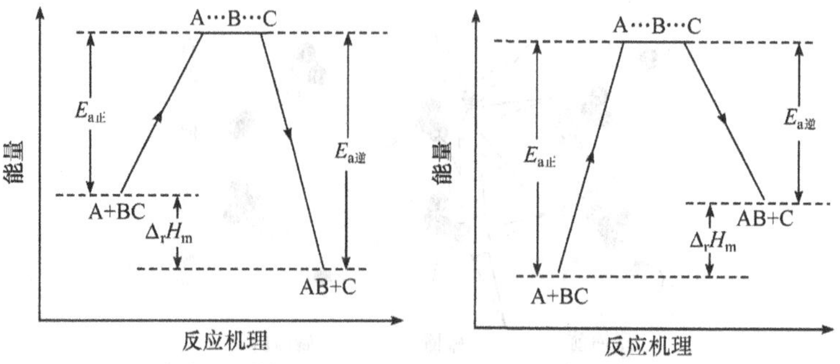

(a) 正反应放热，逆反应吸热　　(b) 正反应吸热，逆反应放热

图 5.3　过渡状态能量示意图

这里要指出的是，每一个反应都有其特有的活化能。实验测定结果表明，大多数反应的活化能为 60～250kJ · mol^{-1}。对于 E_a＜42kJ · mol^{-1}的反应，活化分子的百分数大，有效碰撞次数多，反应速率很大，可以瞬间完成，如酸碱中和反应等；对于 E_a＞420kJ · mol^{-1}的反应，活化分子的百分数很小，其反应速率很小。可见，反应的活化能是决定化学反应速率大小的重要因素。

5.2.3　反应机理与元反应

反应机理是对化学反应历程的描述，是化学反应过程中经历的真实反应步骤的集合。从反应机理的角度考虑，化学反应可以分为元反应(也称为基元反应)和非元反应两大类。元反应是指由反应物一步到达生成物的反应，没有可用实验检测得到的中间产物。若一个反应的正向反应是元反应，则其逆向反应也必然是元反应。非元反应是一连串元反应步骤的集合。这一连串的元反应代表了反应时所经历的具体途径，动力学上称之为反应机理或反应历程。一个非元反应，其反应速率是由反应过程中最慢的一步所决定的，这一步称为反应速率的**控制步骤**。例如，非元反应 $2NO + 2H_2 \xlongequal{} N_2 + 2H_2O$，实验测定其反应机理为

第一步　　$2NO \xlongequal{} N_2O_2$（快）

第二步　　$N_2O_2 + H_2 \xlongequal{} N_2O + H_2O$（慢）

第三步　　$N_2O + H_2 \xlongequal{} N_2 + H_2O$（快）

因此，总反应的速率主要由机理中第二步反应决定。

反应机理的研究是一个十分复杂而艰难的任务，其意义在于：若清楚反应是如何进行的，则可以有效控制反应的快慢，这在工业上具有重大的意义。关于这一点，在后续课程中将作深入的研究。

5.2.4　影响化学反应速率的因素

反应速率不仅取决于反应物质的本性，还受到外界条件(如浓度、温度和催化剂)的影响。

1. 浓度对反应速率的影响——反应速率方程式

元反应的反应速率与反应物浓度之间的关系比较简单，人们在大量实验的基础上总结出一条经验规律——**质量作用定律**：元反应的反应速率与反应物浓度以方程式中化学计量系数的绝对值为乘幂的乘积成正比。对一般的元反应

$$aA + bB \longrightarrow dD + gG$$

则

$$v = kc_A^a c_B^b \tag{5.6}$$

这种反应速率与反应物浓度间的定量关系称为**反应速率方程式**。

式中，c_A 和 c_B 分别表示反应物 A 和 B 的浓度，单位为 $mol \cdot L^{-1}$；a 和 b 分别称为反应对反应物 A 和 B 的反应级数，即反应对反应物 A 来说为 a 级反应，对 B 来说为 b 级反应，$(a+b)$ 称为反应的总级数。反应级数 a、b 的取值可以为整数 0、1、2、3，也可以是分数。但 4 级或 4 级以上的反应一般不存在。显然，反应级数越大，反应物浓度对反应速率的影响也越大。k 为比例系数，称为**速率常数**，其物理意义为单位反应物浓度时的反应速率，其值随温度、溶剂和催化剂等而变，不同反应级数的反应，速率常数的量纲不同。例如，零级反应的速率常数单位为 $mol \cdot L^{-1} \cdot s^{-1}$，一级反应的速率常数单位为 s^{-1}，二级反应的速率常数单位则为 $mol^{-1} \cdot L \cdot s^{-1}$。

需要说明的是

(1) 若参加反应的物质是固体和纯液体，则其浓度不列入速率方程式中，如元反应

$$C(s) + O_2(g) \longrightarrow CO_2(g)$$

的速率方程为

$$v = kc_{O_2}$$

(2) 若反应物中有气体，则可用其分压代替浓度。上述反应的速率方程也可写成

$$v = k'p_{O_2}$$

但 k 与 k' 具有不同的值和量纲。

对于元反应，其速率方程式很好确定。而对于非元反应，就不能直接按质量作用定律写出速率方程式，必须通过实验测定反应级数后才能确定。常用的确定反应级数的方法为改变物质数量比例法，如对于非元反应

$$aA + bB \longrightarrow dD + gG$$

可先假设其速率方程式为

$$v = kc_A^x c_B^y$$

实验时先设法保持反应物 A 的浓度不变，观察反应速率与反应物 B 的浓度的变化关系，可确定出反应对 B 的反应级数 y，再保持反应物 B 的浓度不变，找出反应对 A 的反应级数 x，这样反应速率方程式即可确定，总的反应级数为 $(x+y)$。

【例题 5.1】 在碱性溶液中，次磷酸根离子（$H_2PO_2^-$）分解为亚磷酸根离子（HPO_3^{2-}）和氢气，反应式为

$$H_2PO_2^-(aq) + OH^-(aq) \longrightarrow HPO_3^{2-}(aq) + H_2(g)$$

在一定的温度下，实验测得下列数据：

实验编号	$c_{H_2PO_2^-}/(mol\cdot L^{-1})$	$c_{OH^-}/(mol\cdot L^{-1})$	$v/(mol\cdot L^{-1}\cdot s^{-1})$
1	0.10	0.10	5.30×10^{-9}
2	0.50	0.10	2.67×10^{-8}
3	0.50	0.40	4.25×10^{-7}

求：(1)反应级数；(2)速率常数 k；(3)当 $c_{H_2PO_2^-}=c_{OH^-}=1.0mol\cdot L^{-1}$时，在 10L 溶液中 10s 内放出多少 H_2(标准状况下)？

解 (1) 设 x 和 y 分别为反应对 $H_2PO_2^-$ 和 OH^- 的反应级数，则该反应的速率方程式可写为

$$v = kc^x_{H_2PO_2^-}c^y_{OH^-}$$

将表中三组数据分别代入上式，得

$$5.30\times10^{-9} = k(0.10)^x(0.10)^y \tag{i}$$

$$2.67\times10^{-8} = k(0.50)^x(0.10)^y \tag{ii}$$

$$4.25\times10^{-7} = k(0.50)^x(0.40)^y \tag{iii}$$

式(ii)÷式(i)，得 $x=1$

式(iii)÷式(ii)，得 $y=2$

所以反应的速率方程式为

$$v = kc_{H_2PO_2^-}c^2_{OH^-}$$

反应总级数 $(x+y)=1+2=3$

(2) 将表中任意一组数据代入速率方程式中可求得 k 值。如取第一组数据，则

$$5.30\times10^{-9} = k(0.10)(0.10)^2$$

$$k = 5.30\times10^{-6}(mol^{-2}\cdot L^2\cdot s^{-1})$$

也可以分别计算每组的 k 值，然后取平均值。

(3) 当 $c_{H_2PO_2^-}=c_{OH^-}=1.0mol\cdot L^{-1}$时，反应速率即 H_2 的生成速率为

$$v=5.30\times10^{-6}\times1.0\times1.0^2=5.30\times10^{-6}(mol\cdot L^{-1}\cdot s^{-1})$$

故在 10L 溶液中 10s 内放出 H_2 的量为

$$V_{H_2}=5.30\times10^{-6}\times10\times10\times22.4=0.0119(L)=11.9mL$$

此例说明，非元反应的反应速率方程式不符合质量作用定律，其反应级数不一定等于反应方程式中反应物前的计量系数。但这种反应速率方程式依然揭示了反应物浓度对反应速率的影响。显然，反应物的浓度越大，反应速率也越大。级数越大的反应物其浓度对反应速率的影响也越大。如本例中，OH^- 浓度对反应速率的影响比 $H_2PO_2^-$ 的浓度影响大。

2. 温度对反应速率的影响——阿伦尼乌斯方程式

温度对反应速率具有显著的影响。一般来说，温度越高反应进行越快，温度越低反应进行越慢。例如，夏季气温高，食物易腐烂变质，而放在冰箱中的食物就能储存较长时间，原因就在于此。1884 年，范特霍夫根据实验结果归纳总结出一条经验规则：对一般反应来说，在反应物浓度(或分压)相同的情况下，温度每升高 10K，反应速率(或反应速率常数)一般增加 2～4 倍，即

$$\frac{v(T+10K)}{v(T)} = \frac{k(T+10K)}{k(T)} = 2\sim4$$

研究表明，温度升高，不仅能使分子间的碰撞次数增大，更重要的是在所有分子普遍

获得能量的基础上，更多的分子变成了活化分子，增大了活化分子的百分数，使单位时间内有效碰撞次数显著增大，导致反应速率以几何级数增大。

1889 年，阿伦尼乌斯（Arrhenius）总结归纳出反应速率常数与温度间的更为精确的定量关系式

$$k = k_0 e^{-E_a/RT} \quad \text{或} \quad k = k_0 \exp(-E_a/RT) \tag{5.7}$$

称为阿伦尼乌斯公式。式(5.7)也可写成对数式，即

$$\ln k = -\frac{E_a}{RT} + \ln k_0$$

式中，k 为反应速率常数；k_0 称为指前因子（或频率因子），对给定反应，k_0 是一个常数，k_0 与 k 具有相同的量纲；R 为摩尔气体常量，单位为 $J \cdot mol^{-1} \cdot K^{-1}$；$T$ 为热力学温度，单位为 K；E_a 为给定反应的活化能，单位为 $J \cdot mol^{-1}$；e 为自然对数的底(e=2.718…)。

由这一公式可以看出，反应速率常数 k 与温度 T 之间呈指数关系。因此，即使温度的微小变化也会导致速率常数的较大变化。显然，当温度 T 升高时，k 增大；T 降低时，k 减小。若能测得某反应在一系列不同温度时的反应速率常数 k，以 $\ln k$ 对 $1/T$ 作图，应该得到一条直线（图 5.4），此直线的斜率为 $-E_a/R$，截距为 $\ln k_0$，从而可求得反应的活化能和指前因子。

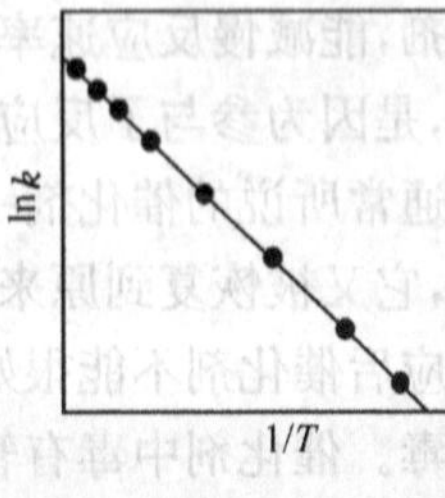

图 5.4　lnk 与 1/T 的关系

不同温度下反应速率常数之间的关系可推导如下：

$$\ln k_1 = -\frac{E_a}{RT_1} + \ln k_0 \tag{i}$$

$$\ln k_2 = -\frac{E_a}{RT_2} + \ln k_0 \tag{ii}$$

式(ii)－式(i)，得

$$\ln\frac{k_2}{k_1} = \frac{E_a}{R}\left(\frac{1}{T_1} - \frac{1}{T_2}\right) = \frac{E_a}{R} \cdot \frac{T_2 - T_1}{T_1 T_2}$$

或

$$\lg\frac{k_2}{k_1} = \frac{E_a}{2.303R} \cdot \frac{T_2 - T_1}{T_1 T_2}$$

由此可见，由两个不同温度下的反应速率常数值可求得反应的活化能，或已知该反应的活化能及某一温度下的反应速率常数值，可以求出另一个温度下的速率常数值。

【例题 5.2】　已知蔗糖水解反应在 27℃的速率常数 $k_1 = 4.00 \times 10^{-3}\ min^{-1}$，此反应的活化能 $E_a = 133.89 kJ \cdot mol^{-1}$。计算此反应在 37℃时的速率常数 k_2。

解　因为
$$\ln\frac{k_2}{k_1} = \frac{E_a}{R}\left(\frac{1}{T_1} - \frac{1}{T_2}\right)$$

所以
$$\ln\frac{k_2}{4.00\times10^{-3}} = \frac{133.89\times10^3}{8.314}\left(\frac{1}{300.15} - \frac{1}{310.15}\right)$$

解得
$$k_2 = 2.26\times10^{-2}\ (min^{-1})$$

可见温度升温，速率加快。

由阿伦尼乌斯公式还可以看出，对同一个反应，升高一定温度，在高温区 k 值增加较少，而在低温区 k 值增加较多。因此，对于原本反应温度不高的反应，可采用升温的方法提高反应速率；对不同的反应，升高相同的温度，E_a 大的反应速率常数 k 增大的倍数多，因此，升高温度对速率慢的反应有明显的加速作用。

3. 催化剂对化学反应速率的影响

从阿伦尼乌斯公式还可看出，提高反应速率不仅可以通过升高温度，还可以通过降低反应活化能的办法来实现。对于升温后反应速率仍然较小，或升温易引起副反应发生的反应，可通过降低反应活化能的办法来提高反应的速率常数，进而提高反应的速率。

反应活化能的降低通常由加入催化剂来实现。催化剂是能显著改变反应速率而本身的数量、组成和化学性质在反应前后都没有改变的物质。其中，能加快反应速率的称为**正催化剂**，能减慢反应速率的催化剂称为**负催化剂**（或**抑制剂**）。催化剂之所以能改变反应速率，是因为参与了反应过程，改变了反应途径，从而改变了反应活化能，影响反应的速率。通常所说的催化剂一般指正催化剂。在反应过程中，催化剂会发生变化，而在反应完成后，它又被恢复到原来的状态，可以继续起催化作用，因此催化剂的用量一般很小。如果反应后催化剂不能很好地恢复到原来的状态，其催化性能将会降低，这种现象称为催化剂中毒。催化剂中毒有暂时中毒和永久中毒，暂时中毒可以恢复，而永久中毒则不可恢复。如何解决催化剂的中毒问题，是催化剂研究中的一项重要内容。

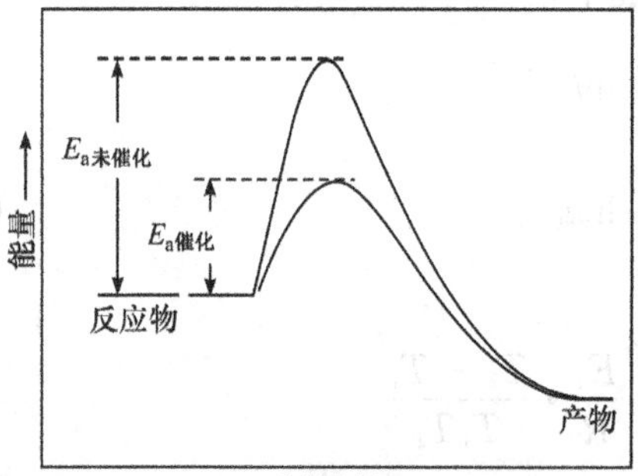

图 5.5 催化剂对活化能的影响

催化剂之所以能显著地增大化学反应的速率，是因为加入的催化剂与反应物之间形成了一种能量较低的活化配合物，使反应的活化能降低（图 5.5），活化分子百分数和有效碰撞次数增多，从而导致反应速率增大。催化作用的特征如下：

(1) 催化剂只能改变反应的途径（反应历程），在加速正反应的同时，也同等程度地加快逆反应的速率。但催化剂不能改变化学平衡的位置，不能改变反应的 $\Delta_r G_m$，即催化剂不能改变反应的始态和终态。

(2) 催化剂只能对热力学上可能发生的反应起作用，而对于热力学上不可能发生的反应，催化剂无能为力。

(3) 同一催化剂对不同的反应具有不同的催化作用，即催化剂具有选择性。这一点在工业催化剂的研究和设计中是非常重要的。

(4) 催化作用多具有一定的条件，否则不能发挥催化剂应有的作用，即催化剂无活性或发生中毒现象。这也是工业催化剂研究及设计中必须考虑的问题。

常用的催化剂类型：

(1) 多相催化剂。催化剂与反应物不在同一个物相中。一般催化剂为固相，而反应物为气相或液相，如 $2NO(g)+CO(g)\xrightarrow{Pt}N_2(g)+CO(g)$。

(2) 均相催化剂。催化剂与反应物在同一个物相中，多为液相反应，如

$$2H_2O_2(aq)\xrightarrow[aq]{I^-}O_2(g)+2H_2O(l)$$

(3) 酶催化剂。催化剂本身是一种具有活性的酶。其特点是高效、高选择性，反应条件温和。酶又称为化学反应的钥匙，具有优异的催化性能。

5.3　化学反应平衡及平衡常数

5.3.1　化学反应的可逆性及化学平衡

同一条件下既可以向一个方向进行，又可以向相反方向进行的反应，称为可逆反应(reversible reaction)。化学反应是原子之间的结合或结合着的原子分解的过程，反应过程中“矛盾”的双方不能孤立存在。因此可以认为：任何反应都具有一定的可逆性，但可逆的程度不同，各反应进行的限度就不一样。可逆程度小，反应进行的限度大；可逆程度大，反应进行的限度小。例如，CO 与 $H_2O(g)$ 生成 CO_2 与 H_2 的反应可逆程度比较显著。

$$CO(g)+H_2O(g)\rightleftharpoons H_2(g)+CO_2(g)$$

对这样的反应式，在书写时为了强调可逆，反应式中用“$\rightleftharpoons$”代替“$=\!=\!=$”，表示 CO 与 $H_2O(g)$ 既能反应生成 CO_2 与 H_2，同时 CO_2 与 H_2 也能反应生成 CO 与 $H_2O(g)$。再如反应

$$H_2(g)+I_2(g)\rightleftharpoons 2HI(g)$$

也是一个可逆反应。

但是也有极少数的反应在一定的条件下逆反应进行的程度极其微小，以致可以忽略。这样的反应也可以称为不可逆反应。例如

$$2KClO_3(s)\xrightarrow[\triangle]{MnO_2}2KCl(s)+3O_2(g)$$

对于任意可逆反应，若在一定条件下于密闭容器中进行，当反应开始时，反应物的浓度较大，生成物的浓度为零，因此正反应的速率较大，逆反应的速率为零。随着反应的进行，反应物的浓度逐渐减小，生成物的浓度逐渐增大，正反应的速率减小，而逆反应的速率增大。当反应进行到一定程度后，正、逆反应的速率相等(图 5.6)。此时反应物和生成物的浓度不再发生变化，反应到达了极限状态。这种在一定条件下，可逆反应处于正、逆反应速率相等时的极限状态称为**化学平衡**(chemical equilibrium)。在恒温条件下，密闭容器中进行的可逆反应无论先从正反应开始，还是先从逆反应发生，最终可以达到同样的化学平衡状态，如反应

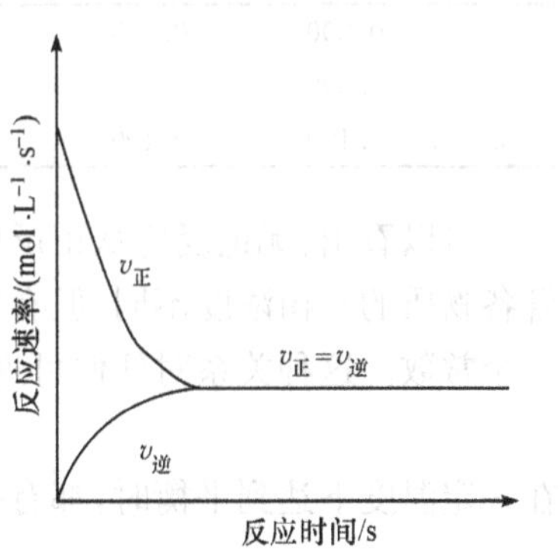

图 5.6　可逆反应的反应速率变化示意图

$$H_2(g)+I_2(g)\rightleftharpoons 2HI(g)$$

在密闭容器中进行时，各物质的浓度随时间的变化如

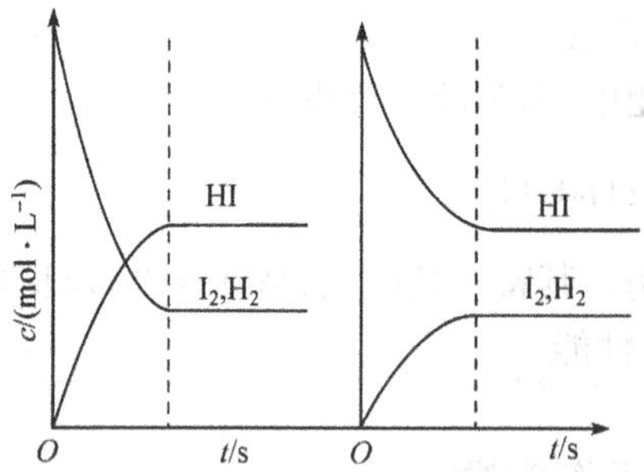

图 5.7 $H_2(g)$、$I_2(g)$和 HI(g)反应体系中浓度随时间的变化图

图 5.7 所示，无论反应从哪个方向开始，体系的终态都是相同的。

由上面的讨论可知，化学平衡具有如下两个特征：

(1) 化学平衡是一种动态平衡。可逆反应达到平衡后，只要外界条件不变，反应体系中各物质的量将不随时间改变，表面上看起来反应似乎已经停止，实际上反应仍在进行，只不过此时正、逆反应的速率相等，即 $v_{正}=v_{逆}$。

(2) 化学平衡是一种有条件的平衡。化学平衡只能在一定的外界条件下才能保持，当外界条件改变时，原有的平衡就会被破坏，直到在新的条件下建立起新的平衡。

可以看出：化学平衡是化学反应的最大限度。这一反应限度一般用化学反应的平衡常数来表示。

5.3.2 平衡常数

1. 经验平衡常数

大量的实验事实表明，在一定的反应条件下，任何一个可逆反应经过或长或短的时间后，总会达到化学平衡。这时，反应系统(反应物和生成物的混合物)中各物质的浓度(或分压力)之间呈现出一定的比例关系，即有关物质的浓度以其化学计量系数为乘幂的乘积为一个常数，称为经验平衡常数(也常称为试验平衡常数)。这就是化学平衡定律。

例如，在三个封闭的容器中，分别加入不同数量的 $H_2(g)$、$I_2(g)$和 HI(g)。将容器恒温在 793K，直到建立化学平衡。分别测定平衡时各物质的浓度，结果见表 5.1。

表 5.1 $H_2(g)$、$I_2(g)$和 HI(g)反应体系的实验数据

试验编号	起始浓度/(mol·L⁻¹)			平衡浓度/(mol·L⁻¹)			$\frac{[HI]^2}{[H_2][I_2]}$
	c_{H_2}	c_{I_2}	c_{HI}	$[H_2]$	$[I_2]$	$[HI]$	
1	0.200	0.200	0.000	0.188	0.188	0.024	0.016
2	0.000	0.000	0.200	0.094	0.094	0.012	0.016
3	0.100	0.100	0.177	0.177	0.177	0.023	0.017

可以看出：无论反应从正反应开始，还是从逆反应开始，或者正、逆反应同时开始，尽管各物质的平衡浓度不同，但有关物质的浓度以方程式中化学计量系数为乘幂的乘积为一个常数。这种关系对任何可逆反应都适用，即对任意可逆反应

$$aA+bB \rightleftharpoons dD+gG$$

在一定温度下达到平衡时，都有$[A]^{-a}[B]^{-b}[D]^{d}[G]^{g}$=常数，这个常数常用 K_c 表示，即

$$\frac{[D]^d[G]^g}{[A]^a[B]^b}=K_c \tag{5.8}$$

式中，K_c 称为浓度平衡常数。

对于气相反应，由于温度一定时气体的压力和浓度成正比，因此，在平衡常数表达式中通常用平衡时气体的分压代替浓度。如上述 $I_2(g)$ 与 $H_2(g)$ 生成 $HI(g)$ 的反应，平衡常数可表示为

$$\frac{p_{HI}^2}{p_{H_2}p_{I_2}} = K_p \tag{5.9}$$

式中，K_p 称为压力平衡常数。

容易看出，浓度平衡常数和压力平衡常数一般是有量纲的(除非该化学反应平衡常数表达式中分子项的量纲和分母项的量纲恰好消去)。

2. 化学反应等温式和标准平衡常数

第 4 章中曾讨论过程的自发性问题：当 $\Delta G=0$ 时，过程处于平衡状态。同样，对于一个化学反应，处于平衡状态时必有 $\Delta G=0$。反过来，如果化学反应的 $\Delta G=0$，就可以断定化学反应是处于平衡状态。

如何得到任意状态下化学反应的 ΔG 呢？范特霍夫**等温方程式**给出了 $\Delta_r G_m$ 的计算方法。对于化学反应

$$a\mathrm{A}+b\mathrm{B} \rightleftharpoons d\mathrm{D}+g\mathrm{G}$$

其范特霍夫等温方程式为

$$\Delta_r G_m = \Delta_r G_m^{\ominus} + RT\ln\frac{a_D^d a_G^g}{a_A^a a_B^b} \tag{5.10}$$

式中，$\Delta_r G_m^{\ominus}$ 为化学反应在标准态下的吉布斯自由能变。对于**理想溶液**，a_A、a_B、a_D、a_G 分别表示 A、B、D、G 相对于标准态的浓度(相对浓度)①，分别表示为

$$a_A = \frac{c_A}{c^{\ominus}} \qquad a_B = \frac{c_B}{c^{\ominus}} \qquad a_D = \frac{c_D}{c^{\ominus}} \qquad a_G = \frac{c_G}{c^{\ominus}}$$

$c^{\ominus}=1\mathrm{mol\cdot L^{-1}}$，可见 a 的量纲为 1。对于**理想气体**，a 定义为相对于标准态的分压(相对分压)，即 $a=\frac{p}{p^{\ominus}}$，标准压力 $p^{\ominus}=100\mathrm{kPa}$，$a$ 的量纲仍然为 1；纯溶剂或固体的 a 规定为 1。

令 $\frac{a_D^d a_G^g}{a_A^a a_B^b}=J$，$J$ 称为**反应商**，则式(5.10)可简写为

$$\Delta_r G_m = \Delta_r G_m^{\ominus} + RT\ln J \tag{5.11}$$

当反应处于平衡状态时，$\Delta_r G_m=0$，则

$$\Delta_r G_m^{\ominus} = -RT\ln J$$

此时的 J 为一个常数，通常用 $K^{\ominus}$ 表示，即

$$\Delta_r G_m^{\ominus} = -RT\ln K^{\ominus} \tag{5.12}$$

其中

$$K^{\ominus} = \frac{[a_D]^d[a_G]^g}{[a_A]^a[a_B]^b} \tag{5.13}$$

---

① 对于非理想溶液或实际气体，这里应为活度或相对活度，即 $a=r_i c_i/c^{\ominus}$ 或 $a_i=f_i p_i/p^{\ominus}$。r_i 和 f_i 分别为溶质的活度系数或气体的逸度系数(后续课程中学习)。在基础化学阶段常用浓度来代替活度处理一些问题。

式中，$[a_A]$、$[a_B]$、$[a_D]$、$[a_G]$表示平衡态的相对浓度或相对分压。

$K^{\ominus}$称为**标准平衡常数**。标准平衡常数是一个无量纲的物理量。标准平衡常数可由两种方法计算，一是根据$\Delta_r G_m^{\ominus}$，按式(5.12)求得；二是根据有关物质的平衡浓度或平衡分压由式(5.13)求出。已知$\Delta_r G_m^{\ominus}$可以求出$K^{\ominus}$，进而可计算出反应达平衡时各有关物质的浓度或分压。$\Delta_r G_m^{\ominus}$可以由式(4.19)计算，也可由式(4.20)估算。反过来，已知$K^{\ominus}$值，也可以求出反应的$\Delta_r G_m^{\ominus}$。

对于标准平衡常数，做如下几点说明：

(1) 标准平衡常数数值越大，表明正反应进行的程度越大。

(2) 反应体系所包含的相不同，标准平衡常数的表达式不同。对于气相反应，用有关物质的相对分压代替浓度，如$H_2(g)+I_2(g) \rightleftharpoons 2HI(g)$的$K^{\ominus}$为

$$K^{\ominus}=\frac{(p_{HI}/p^{\ominus})^2}{(p_{H_2}/p^{\ominus})(p_{I_2}/p^{\ominus})}$$

对于溶液中的反应，如$Sn^{2+}(aq)+2Fe^{3+}(aq) \rightleftharpoons Sn^{4+}(aq)+2Fe^{2+}(aq)$的$K^{\ominus}$为

$$K^{\ominus}=\frac{\{[Sn^{4+}]/c^{\ominus}\}\{[Fe^{2+}]/c^{\ominus}\}^2}{\{[Sn^{2+}]/c^{\ominus}\}\{[Fe^{3+}]/c^{\ominus}\}^2}$$

对于复相反应，其中的气相物质用相对分压表示，溶液中的物质用相对浓度表示，如反应$Zn(s)+2H^+(aq) \rightleftharpoons Zn^{2+}(aq)+H_2(g)$的$K^{\ominus}$为

$$K^{\ominus}=\frac{\{[Zn^{2+}]/c^{\ominus}\}(p_{H_2}/p^{\ominus})}{\{[H^+]/c^{\ominus}\}^2}$$

(3) 平衡常数表达式中各项均为平衡时的浓度或分压。

(4) 稀溶液中的溶剂(如水)、纯液态和纯固态物质的浓度不出现在平衡常数的表达式中(因它们的$a=1$)。

(5) 平衡常数是温度的函数，与浓度和分压无关。

(6) 平衡常数的表达式及数值与反应式的书写有关，如

$$H_2(g)+I_2(g) \rightleftharpoons 2HI(g)$$

$$K_1^{\ominus}=\frac{(p_{HI}/p^{\ominus})^2}{(p_{H_2}/p^{\ominus})(p_{I_2}/p^{\ominus})}$$

$$\frac{1}{2}H_2(g)+\frac{1}{2}I_2(g) \rightleftharpoons HI(g)$$

$$K_2^{\ominus}=\frac{p_{HI}/p^{\ominus}}{(p_{H_2}/p^{\ominus})^{1/2}(p_{I_2}/p^{\ominus})^{1/2}}=\sqrt{K_1^{\ominus}}$$

(7) 标准平衡常数无量纲或量纲为1。

5.3.3 多重平衡原理

某些反应体系中，经常有一种或几种物质同时参与几个不同的化学反应，这些物质可以是反应物，也可以是产物。在一定条件下，这种反应体系中的某一种(或几种)物质同时参与两个或两个以上的化学反应，当这些反应都达到化学平衡时，称为**同时平衡**或**多重平衡**。这种体系称为**多重平衡体系**。若多重平衡体系中的某个反应可以由几个反应相加或

相减得到，则该反应的平衡常数等于这几个反应的平衡常数之积或商。这种关系称为**多重平衡原理**。

假设一个体系中有(1)、(2)、(3)三个平衡同时存在，在同一温度下的标准平衡常数分别为 $K_1^\ominus$、$K_2^\ominus$ 和 $K_3^\ominus$，三个反应的标准吉布斯自由能变分别为 $\Delta_r G_1^\ominus$、$\Delta_r G_2^\ominus$ 和 $\Delta_r G_3^\ominus$。若

$$\text{反应}(3) = \text{反应}(1) + \text{反应}(2)$$

则

$$\Delta_r G_3^\ominus = \Delta_r G_1^\ominus + \Delta_r G_2^\ominus$$

所以

$$-RT\ln K_3^\ominus = -RT\ln K_1^\ominus + (-RT\ln K_2^\ominus)$$
$$\ln K_3^\ominus = \ln(K_1^\ominus \cdot K_2^\ominus)$$

即

$$K_3^\ominus = K_1^\ominus \cdot K_2^\ominus$$

若反应(3)＝反应(1)－反应(2)，则

$$\Delta_r G_3^\ominus = \Delta_r G_1^\ominus - \Delta_r G_2^\ominus$$

所以

$$-RT\ln K_3^\ominus = -RT\ln K_1^\ominus - (-RT\ln K_2^\ominus)$$
$$\ln K_3^\ominus = \ln(K_1^\ominus / K_2^\ominus)$$

即

$$K_3^\ominus = K_1^\ominus / K_2^\ominus$$

【例题 5.3】 已知 $O_2(g) + S(s) \rightleftharpoons SO_2(g)$ $K_1^\ominus = 1.0 \times 10^{-3}$ (i)

$H_2(g) + S(s) \rightleftharpoons H_2S(g)$ $K_2^\ominus = 5.0 \times 10^{6}$ (ii)

求反应(iii) $O_2(g) + H_2S(g) \rightleftharpoons SO_2(g) + H_2(g)$ 的平衡常数 $K_3^\ominus$。

解 可看出 反应(iii)＝反应(i)－反应(ii)

所以

$$K_3^\ominus = \frac{K_1^\ominus}{K_2^\ominus} = \frac{1.0 \times 10^{-3}}{5.0 \times 10^{6}} = 2.0 \times 10^{-10}$$

5.3.4 平衡常数的计算及应用

1. 判断反应进行的程度

从标准平衡常数的定义可以看出，$K^\ominus$ 越大，生成物的浓度或分压越大，正反应进行得越完全；$K^\ominus$ 越小，正反应进行得越不完全；当 $K^\ominus$ 不太大也不太小(如 $10^{-3} < K^\ominus < 10^{3}$)时，反应物部分地转化为生成物。因此，从标准平衡常数的大小可以判断正反应进行程度。

【例题 5.4】 求 298.15K 时反应 $2NO(g) + O_2(g) \rightleftharpoons 2NO_2(g)$ 的 $K^\ominus$。

解 查表得对应物质的热力学函数值

	NO(g)	O_2(g)	NO_2(g)
$\Delta_f G_m^\ominus/(kJ \cdot mol^{-1})$	86.55	0	51.31

则反应 $2NO(g) + O_2(g) \rightleftharpoons 2NO_2(g)$ 的 $\Delta_r G_m^\ominus$ 为

$$\Delta_r G_m^\ominus = 2\Delta_f G_m^\ominus(NO_2, g) - \Delta_f G_m^\ominus(O_2, g) - 2\Delta_f G_m^\ominus(NO, g)$$
$$= 2 \times 51.31 - 2 \times 86.55 = -70.48(kJ \cdot mol^{-1})$$

因为

$$\Delta_r G_m^\ominus = -RT\ln K^\ominus$$

所以

$$K^\ominus = \exp\left(-\frac{\Delta_r G_m^\ominus}{RT}\right) = \exp\left(-\frac{-70.48\times10^3}{8.314\times298.15}\right) = 2.23\times10^{12}$$

从平衡常数的数值来看，此反应进行的程度是完全的。

另外，还可以通过平衡转化率定量表示正反应进行的程度。某物质的**平衡转化率**是指该物质到达平衡时已转化了的量与反应前该物质的总量之比，其定义式可写为

$$\alpha_i(\%) = \frac{n_{i0} - n_{ieq}}{n_{i0}} \times 100 \tag{5.14}$$

式中，α_i为参与化学反应的物质 i 的平衡转化率；n_{i0}是物质 i 的起始物质的量；n_{ieq}是物质 i 平衡时的物质的量。

【例题 5.5】 已知反应 $CO(g)+H_2O(g) \rightleftharpoons CO_2(g)+H_2(g)$在 1123K 时$K^\ominus=1.0$，现将 2.0mol CO(g)和 3.0mol $H_2O(g)$混合，并在该温度下达到平衡，试计算 CO 的平衡转化率 α_{CO}。

解 设达平衡时 $n_{eqH_2}=x$mol，则

	$CO(g)$	$+H_2O(g)$	$\rightleftharpoons CO_2(g)$	$+H_2(g)$
起始时 n_i/mol	2.0	3.0	0	0
平衡时 n_{ieq}/mol	$2.0-x$	$3.0-x$	x	x

设反应容器的体积为 V，则有

$$K^\ominus = \frac{(p_{CO_2}/p^\ominus)(p_{H_2}/p^\ominus)}{(p_{CO}/p^\ominus)(p_{H_2O}/p^\ominus)} = \frac{(n_{CO_2}RT/V)(n_{H_2}RT/V)}{(n_{CO}RT/V)(n_{H_2O}RT/V)} = \frac{n_{CO_2}n_{H_2}}{n_{CO}n_{H_2O}}$$

代入数据，得

$$1.0 = \frac{x^2}{(2.0-x)(3.0-x)}$$

解得

$$x=1.2$$

所以

$$\alpha_{CO}(\%) = \frac{2.0-(2.0-1.2)}{2.0}\times100 = 60$$

2. 预测反应方向

已经知道在实际进行的反应中，反应物和生成物不一定都处于标准状态，那么这时就需要通过范特霍夫等温方程式来计算任意状态下反应的吉布斯自由能变 $\Delta_r G_m$ 的数值，进而判断该反应进行的方向。

对任意化学反应

$$aA + bB \rightleftharpoons dD + gG$$

其范特霍夫等温方程式为

$$\Delta_r G_m = \Delta_r G_m^\ominus + RT\ln J = RT\ln J/K^\ominus \tag{5.15}$$

可见，当 $J<K^\ominus$时，$\Delta_r G_m<0$，正反应可自发进行；当 $J=K^\ominus$时，$\Delta_r G_m=0$，反应处于平衡状态；当 $J>K^\ominus$时，$\Delta_r G_m>0$，逆反应可自发进行。这就是化学反应自发进行方向的商判据。

【例题 5.6】 在 298.15K 1.00L 的密闭容器中，充入 1.0mol NO_2、0.10mol N_2O 和 0.10mol O_2，判断反应 $2N_2O(g)+3O_2(g) \rightleftharpoons 4NO_2(g)$ 进行的方向。

解 查表得对应物质的热力学函数值

	$N_2O(g)$	$O_2(g)$	$NO_2(g)$
$\Delta_f G_m^\ominus/(kJ\cdot mol^{-1})$	103.6	0	51.31

则反应 $2N_2O(g)+3O_2(g) \rightleftharpoons 4NO_2(g)$ 的 $\Delta_r G_m^\ominus$ 为

$$\Delta_r G_m^\ominus = 4\times 51.31 - 2\times 103.6 = -1.96(kJ\cdot mol^{-1})$$

$$K^\ominus = \exp\left(-\frac{\Delta_r G_m^\ominus}{RT}\right) = \exp\left(-\frac{-1.96\times 10^3}{8.314\times 298.15}\right) = 2.20$$

由题意可知

$$J = \frac{(p_{NO_2}/p^\ominus)^4}{(p_{N_2O}/p^\ominus)^2(p_{O_2}/p^\ominus)^3} = \frac{(n_{NO_2}RT/Vp^\ominus)^4}{(n_{N_2O}RT/Vp^\ominus)^2(n_{O_2}RT/Vp^\ominus)^3}$$

$$= \frac{(n_{NO_2})^4}{(n_{N_2O})^2(n_{O_2})^3}\cdot\frac{Vp^\ominus}{RT} = \frac{1.0^4}{0.10^2\times 0.10^3}\times\frac{1.00\times 100}{8.314\times 298.15} = 4.0\times 10^3$$

所以 $J>K^\ominus$，此时反应自发向逆反应方向进行。

3. *平衡体系组成的计算*

利用平衡常数与平衡浓度之间的相互关系，可以求出反应系统中各组分的平衡浓度即平衡组成。

【例题 5.7】 在一体积恒定的容器中有 A、B 两种气体，发生如下反应：

$$A(g)+B(g) \xrightleftharpoons{373K} D(g)$$

在 373K 时，A、B 的初始分压分别为 $p_A=47.8kPa$、$p_B=44.8kPa$，反应的平衡常数 $K^\ominus=0.4194$。求反应达到平衡时 A、B、D 的分压。

解 设平衡 D 的分压为 p_D，则

	A(g) +	B(g) $\rightleftharpoons$	D(g)
起始压力/kPa	47.8	44.8	0
平衡压力/kPa	$47.8-p_D^{eq}$	$44.8-p_D^{eq}$	p_D^{eq}

$$K^\ominus = \frac{p_D^{eq}/p^\ominus}{(p_A/p^\ominus)(p_B/p^\ominus)} = \frac{p_D^{eq}/100}{\frac{47.8-p_D^{eq}}{100}\cdot\frac{44.8-p_D^{eq}}{100}} = 0.4194$$

解得 $$p_D = 6.6(kPa)$$

所以 $$p_A^{eq} = 47.8-6.6 = 41.2(kPa)$$

$$p_B^{eq} = 44.8-6.6 = 38.2(kPa)$$

5.3.5 化学平衡的移动

化学平衡是一种有条件的动态平衡。当外界条件改变时，原有的平衡就会被破坏，直至建立起新的化学平衡。这种当外界条件改变时，可逆反应从一种平衡状态变化到另一种平衡状态的过程称为**化学平衡的移动**。浓度、压力和温度任一外界条件的改变都可能使化学平衡发生移动。

1. *浓度或气态物质的分压对化学平衡的影响*

由化学反应等温方程式可知，反应处于任意状态时的吉布斯自由能变 $\Delta_r G_m$ 与系统

在此温度时的标准平衡常数 $K^{\ominus}$ 以及系统的反应商 J 有关，即

$$\Delta_r G_m = RT\ln(J/K^{\ominus})$$

式中，$K^{\ominus}$ 仅是温度的函数，在一定温度下不随压力（或浓度）变化，而 J 则随系统中各物质的起始压力（或浓度）的不同而具有不同的数值。$J/K^{\ominus}$ 的值决定 $\Delta_r G_m$ 的符号，从而也决定了化学平衡移动的方向。

在一定温度下，若 $J=K^{\ominus}$，则 $\Delta_r G_m=0$，系统处于平衡状态。如果这时增加反应物的压力（或浓度），或者从反应系统中取走某一生成物，则必然使 $J<K^{\ominus}$，从而使 $\Delta_r G_m<0$，这时原有的平衡遭到破坏，化学反应将向正反应的方向自发地进行。随着正反应的进行，反应物的压力（或浓度）将逐渐减小，生成物的压力（或浓度）将逐渐增加，直到 J 重新等于 $K^{\ominus}$，再次出现平衡，也就是说化学平衡向着正反应方向发生了移动。反之，若增加生成物的压力（或浓度）或减少反应物的压力（或浓度），化学平衡将向逆反应方向移动。

对于 $\Delta_r G_m>0$ 的反应，可通过改变分压（或浓度），使 $J/K^{\ominus}<1$，即 $\Delta_r G_m<0$，这样就可以使化学反应的方向发生逆转，使本来不能发生的反应也有可能发生。但若反应的 $\Delta_r G_m$ 正值很大（若大于 $40\text{kJ}\cdot\text{mol}^{-1}$），则这样的反应就很难通过改变分压（或浓度）来改变反应的方向。

在实验室或化工生产中，为了尽可能充分地利用某一种较为贵重的物料，往往使用过量的价格便宜、比较容易得到的另一种物料，使平衡向正反应方向移动，以提高前者的转化率（或利用率）。

如果从反应系统中不断降低生成物的浓度，如移去生成物中的气体或难溶沉淀物等，那么平衡将不断向生成物方向移动，直到某一反应物基本上被完全消耗，这样便可以使可逆反应进行得比较完全。

【例题 5.8】 在密闭容器内装入 CO(g)和 H_2O(g)，在 972K 条件下使这两种气体进行下列反应：

$$CO(g)+H_2O(g) \rightleftharpoons CO_2(g)+H_2(g)$$

若开始反应时两种气体的分压均为 8080kPa。达到平衡时，已知有 50%的CO(g)转化为 CO_2(g)。

(1) 计算 972K 时反应的 $K^{\ominus}$；

(2) 若在原平衡系统中再通入 H_2O(g)，使密闭容器内 H_2O(g)的分压在瞬间达到 8080kPa，通过计算 J 值，判断平衡移动的方向。

解 (1)

	CO(g)	+ H_2O(g)	$\rightleftharpoons$ CO_2(g)	+ H_2(g)
起始分压 p_i/kPa	8080	8080	0	0
平衡分压 p_{ieq}/kPa	4040	4040	4040	4040

$$K^{\ominus}(972\text{K})=\frac{(p_{H_2}/p^{\ominus})(p_{CO_2}/p^{\ominus})}{(p_{H_2O}/p^{\ominus})(p_{CO}/p^{\ominus})}=\frac{(4040/100)\times(4040/100)}{(4040/100)\times(4040/100)}=1.0$$

(2)

$$J=\frac{(p_{CO_2}/p^{\ominus})(p_{H_2}/p^{\ominus})}{(p_{CO}/p^{\ominus})(p_{H_2O}/p^{\ominus})}=\frac{4040\times4040}{4040\times8080}=0.5$$

$J<K^{\ominus}(972\text{K})$，平衡向正反应方向移动。

2. 系统的总压对化学平衡的影响

对于有气体参加的反应，气体组分压力的变化对化学平衡的影响，可以用其浓度的变化对平衡的影响来解释。这里只讨论反应系统的总压力的变化对化学平衡的影响。

系统的总压变化对化学平衡的影响视化学反应的具体情况而定。对只有液体或固体参加的反应，即凝聚相中的化学反应来说，改变系统的总压，对平衡的影响很小，可以不予考虑。但对于有气体物质参加的反应，改变系统的总压，则有可能引起平衡状态的变化，从而使平衡时系统中各物质的相对数量发生变化。

对于气相反应

$$aA(g)+bB(g) \rightleftharpoons dD(g)+gG(g)$$

在一定温度下，若增加平衡时系统的总压，使其为原来的 $m(m>1)$ 倍，则系统中各组分气体的分压也变为原来的 m 倍，此时的反应商为

$$J=\frac{(mp_D/p^\ominus)^d(mp_G/p^\ominus)^g}{(mp_A/p^\ominus)^a(mp_B/p^\ominus)^b}$$

$$=\frac{(p_D/p^\ominus)^d(p_G/p^\ominus)^g}{(p_A/p^\ominus)^a(p_B/p^\ominus)^b}\cdot m^{(d+g)-(a+b)}=K^\ominus\cdot m^{\sum\nu_i} \tag{5.16}$$

故对 $\sum\nu_i<0$ 的反应，$J<K^\ominus$，即增加平衡反应系统的总压，化学平衡向正反应方向移动，即向气体分子数减少的方向移动；对 $\sum\nu_i>0$ 的反应，$J>K^\ominus$，即增加平衡系统的总压，化学平衡向逆反应方向移动，即平衡仍向气体分子数减少的方向移动，而对于 $\sum\nu_i=0$ 的反应，无论系统的总压如何变化，都有 $J\equiv K^\ominus$，此时系统总压的变化对化学平衡无影响。

对有气体参加的化学反应平衡体系，当对体系进行压缩时，化学平衡的移动情况与此类似。如将平衡体系压缩为原体积的 $1/m$，相当于各气体组分的分压增加为原来的 m 倍。

【例题 5.9】 某容器中充有 $N_2O_4(g)$ 和 $NO_2(g)$ 的混合物，$n_{N_2O_4}:n_{NO_2}=10.0:1.00$，在 308K、100kPa 下发生反应 $N_2O_4(g) \rightleftharpoons 2NO_2(g)$，此反应的 $K^\ominus=0.315$。

(1) 计算平衡时各物质的分压；

(2) 使该反应系统的体积减小到原来的 1/2，即反应改在 308K、200kPa 条件下进行，(1)的平衡向何方向移动？在新的平衡条件下，系统内各组分的分压改变为多少？

解 (1)设 $N_2O_4(g)$ 的起始物质的量为 1.00mol，则 NO_2 为 0.100mol。此时

$$p_{N_2O_4}=\frac{1.00}{1.100}\times100=90.91(\text{kPa}) \qquad p_{NO_2}=\frac{0.100}{1.100}\times100=9.09(\text{kPa})$$

$$J=\frac{(p_{NO_2}/p^\ominus)^2}{(p_{N_2O_4}/p^\ominus)}=\frac{\left(\frac{9.09}{100}\right)^2}{\frac{90.91}{100}}=9.09\times10^{-3}<K^\ominus=0.315$$

所以反应向正向进行。设平衡时消耗 N_2O_4 为 $x$mol，则

	$N_2O_4(g) \rightleftharpoons$	$2NO_2(g)$
起始时 n_{i0}/mol	1.00	0.100
平衡时 n_{ieq}/mol	$1.00-x$	$0.100+2x$

$$n_{总}=(1.00-x)+(0.100+2x)=1.10+x$$

平衡时 p_i/kPa	$\frac{1.00-x}{1.10+x}\times100$	$\frac{0.100+2x}{1.10+x}\times100$

$$K^{\ominus}=\frac{(p_{NO_2}/p^{\ominus})^2}{p_{N_2O_4}/p^{\ominus}}=\frac{\left(\frac{0.100+2x}{1.10+x}\right)^2}{\frac{1.00-x}{1.10+x}}=0.315$$

解得

$$x=0.234(\text{mol})$$

故

$$p_{N_2O_4}=\frac{1.00-x}{1.10+x}\times 100=\frac{1.00-0.234}{1.10+0.234}\times 100=57.4(\text{kPa})$$

$$p_{NO_2}=\frac{0.100+2x}{1.10+x}\times 100=\frac{0.100+2\times 0.234}{1.10+0.234}\times 100=42.6(\text{kPa})$$

(2) 当反应系统的体积变为原来的1/2,即 $m=2$ 时

$$J=K^{\ominus}m^{\sum\nu_i}=0.315\times 2^{(2-1)}=0.630>K^{\ominus}$$

故平衡向逆反应方向移动。

设平衡向逆向进行达到新的平衡时,生成 $N_2O_4(g)$ $y$mol,则有

	$N_2O_4(g)$ ⇌	$2NO_2(g)$
压缩前 n_i/mol	$1.00-x$	$0.100+2x$
	$=0.766$	$=0.568$
压缩后平衡时 n_i/mol	$0.766+y$	$0.568-2y$

$$n_{总}=(0.766+y)+(0.568-2y)=1.334-y$$

$$K^{\ominus}=\frac{(p_{NO_2}/p^{\ominus})^2}{p_{N_2O_4}/p^{\ominus}}=\frac{\left(\frac{0.568-2y}{1.334-y}\cdot\frac{200}{100}\right)^2}{\frac{0.766+y}{1.334-y}\cdot\frac{200}{100}}=0.315$$

解得

$$y=0.080(\text{mol})$$

$$p_{NO_2}=\frac{0.568-2y}{1.334-y}\times 200=\frac{0.568-2\times 0.080}{1.334-0.080}\times 200=65.1(\text{kPa})$$

$$p_{N_2O_4}=200-65.1=134.9(\text{kPa})$$

3. 温度对化学平衡的影响

由式(5.12)知,平衡常数与温度的关系为

$$\Delta_r G_m^{\ominus}=-RT\ln K^{\ominus}$$

因为

$$\Delta_r G_m^{\ominus}=\Delta_r H_m^{\ominus}-T\Delta_r S_m^{\ominus}$$

合并上两式,得

$$-RT\ln K^{\ominus}=\Delta_r H_m^{\ominus}-T\Delta_r S_m^{\ominus}$$

整理得到

$$\ln K^{\ominus}=-\frac{\Delta_r H_m^{\ominus}}{RT}+\frac{\Delta_r S_m^{\ominus}}{R} \tag{5.17}$$

由式(5.17)可以看出,对于吸热反应,即 $\Delta_r H_m^{\ominus}>0$ 的反应,当温度升高时,$K^{\ominus}$增大,故平衡向正反应方向移动,即向吸热反应方向移动;当温度降低时,$K^{\ominus}$减小,故平衡向逆反应方向移动,即向放热反应方向移动。对于放热反应,即 $\Delta_r H_m^{\ominus}<0$ 的反应,当温度升高时,$K^{\ominus}$减小,故平衡向逆反应方向移动,即向吸热反应方向移动;当温度降低时,$K^{\ominus}$增大,

故平衡向正反应方向移动，即向放热反应方向移动。

由式(5.17)可以推导出不同温度下平衡常数之间的关系。设温度 T_1、T_2 时的平衡常数分别为 $K_1^\ominus$ 和 $K_2^\ominus$，并假定 $\Delta_r H_m^\ominus$ 和 $\Delta_r S_m^\ominus$ 不随温度而变化，则有

$$\ln K_1^\ominus = -\frac{\Delta_r H_m^\ominus}{RT_1} + \frac{\Delta_r S_m^\ominus}{R}$$

$$\ln K_2^\ominus = -\frac{\Delta_r H_m^\ominus}{RT_2} + \frac{\Delta_r S_m^\ominus}{R}$$

所以

$$\ln \frac{K_2^\ominus}{K_1^\ominus} = \frac{\Delta_r H_m^\ominus}{R}\left(\frac{1}{T_1} - \frac{1}{T_2}\right) = \frac{\Delta_r H_m^\ominus}{R}\left(\frac{T_2 - T_1}{T_1 T_2}\right) \tag{5.18}$$

由式(5.18)可知，若已知反应在某一温度下的平衡常数，就可以求出该反应在另一温度下的平衡常数。

【例题 5.10】 已知反应 $C(s)+CO_2(g) \rightleftharpoons 2CO(g)$ 在总压力为 100kPa 下，773K 达到平衡时 $n_{CO}:n_{CO_2}=0.0526:1.00$，1073K 达到平衡时 $n_{CO}:n_{CO_2}=9.00:1.00$，计算平衡常数 $K^\ominus$(773K)和 $K^\ominus$(1073K)及反应的 $\Delta_r H_m^\ominus$。

解 设平衡时，$n_{CO_2}=1.00\text{mol}$，则 773K 下

	$C(s)+CO_2(g)$	$\rightleftharpoons 2CO(g)$	
平衡时 n_i/mol	1.00	0.0526	$n_{总}=1.05\text{mol}$
平衡时 p_i/kPa	$\frac{1.00}{1.0526}\times 100$	$\frac{0.0526}{1.05}\times 100$	

$$K^\ominus(773\text{K}) = \frac{(p_{CO}/p^\ominus)^2}{p_{CO_2}/p^\ominus} = \frac{\left(\frac{0.0526}{1.05}\times 100/100\right)^2}{\frac{1.0}{1.05}\times 100/100} = 2.63\times 10^{-3}$$

同理

$$K^\ominus(1073\text{K}) = \frac{(p_{CO}/p^\ominus)^2}{p_{CO_2}/p^\ominus} = \frac{\left(\frac{9.00}{10.00}\times 100/100\right)^2}{\frac{1.0}{10.00}\times 100/100} = 8.10$$

$$\ln\frac{K^\ominus(1073\text{K})}{K^\ominus(773\text{K})} = \frac{\Delta_r H_m^\ominus}{R}\left(\frac{1}{773} - \frac{1}{1073}\right)$$

$$\ln\frac{8.10}{2.63\times 10^{-3}} = \frac{\Delta_r H_m^\ominus}{8.314}\left(\frac{1}{773} - \frac{1}{1073}\right)$$

$$\Delta_r H_m^\ominus = 184552.9\text{J}\cdot\text{mol}^{-1} \approx 185\text{kJ}\cdot\text{mol}^{-1}$$

从以上的讨论及计算中可以看出，一旦维持化学平衡的条件(如温度、压力以及浓度等)发生改变，原有的平衡就会被破坏，平衡系统的宏观性质和物质的组成也随之变化，化学平衡发生移动。在一定温度下，浓度和压力的变化可使化学平衡发生移动，但平衡常数 $K^\ominus$ 值不变。

早在 1907 年，在总结大量实验事实的基础上，勒夏特列(Le Chatelier)就定性地得出了平衡移动的普遍原理，即任何一个处于化学平衡的系统，当某一确定系统平衡的因素(如温度、压力、浓度等)发生改变时，系统的平衡将发生移动。平衡的移动总是向着减弱

这种改变的方向移动。例如，对吸热反应，当系统的温度升高时，平衡向吸热的正方向进行，减弱温度升高的影响；若反应是放热的，则当系统的温度升高时，平衡将向逆方向移动，以减少反应过程中放出的热，减弱温度升高对系统的影响。这就是勒夏特列原理。这一原理也常用更简洁的语言来描述，即“如果对平衡系统施加外力，则平衡将沿着减小外力影响的方向移动”。勒夏特列原理很好地总结了系统条件的改变对化学平衡的影响。

思考题

1. 试用活化分子的概念解释反应物浓度、温度、催化剂对化学反应速率的影响。
2. 写出下列反应的标准平衡常数表达式。

   (1) $2N_2O_5(g) \rightleftharpoons 4NO_2(g) + O_2(g)$
   (2) $SiCl_4(l) + 2H_2O(g) \rightleftharpoons SiO_2(s) + 4HCl(g)$
   (3) $CaCO_3(s) \rightleftharpoons CaO(s) + CO_2(g)$
   (4) $ZnS(s) + 2H^+(aq) \rightleftharpoons Zn^{2+}(aq) + H_2S(g)$
   (5) $Cl_2(g) + H_2O(l) \rightleftharpoons HCl(aq) + HClO(aq)$
   (6) $Ag^+(aq) + Cl^-(aq) \rightleftharpoons AgCl(s)$
3. 已知光合成反应 $6CO_2(g) + 6H_2O(l) \rightleftharpoons C_6H_{12}O_6(s) + 6O_2(g)$ 的 $\Delta_r H_m^\ominus = 669.62\text{kJ} \cdot \text{mol}^{-1}$，平衡建立后，当改变下列条件时，平衡将如何移动？

   (1) 增加 CO_2 的浓度；(2) 提高 O_2 的分压力；(3) 取走一半 $C_6H_{12}O_6$；(4) 将总压力提高；(5) 升高温度；(6) 加入催化剂。
4. 一定温度下，在下列已达到平衡的系统中 $CaCO_3(s) \rightleftharpoons CaO(s) + CO_2(g)$，改变以下条件时平衡将如何移动？

   (1) 移走 CO_2 气体；(2) 升高压力；(3) 加入固体 $CaCO_3$。
5. 已知反应 $2HBr(g) \rightleftharpoons H_2(g) + Br_2(g)$ 的 $\Delta_r H_m^\ominus = 74.4\text{kJ} \cdot \text{mol}^{-1}$。若采取下列措施增加系统的压力，判断平衡将向哪个方向移动。为什么？

   (1) 将系统压缩；(2) 加入 H_2；(3) 加入 HBr；(4) 加入 Ar；(5) 升高温度。
6. 温度为 T，反应

   $4HCl(g) + O_2(g) \rightleftharpoons 2Cl_2(g) + 2H_2O(g)$ 的标准平衡常数为 $K_1^\ominus$；

   $2HCl(g) + \frac{1}{2}O_2(g) \rightleftharpoons Cl_2(g) + H_2O(g)$ 的标准平衡常数为 $K_2^\ominus$；

   $\frac{1}{2}Cl_2(s) + \frac{1}{2}H_2O(g) \rightleftharpoons HCl(g) + \frac{1}{4}O_2(g)$ 的标准平衡常数为 $K_3^\ominus$；

   则 $K_1^\ominus$ 与 $K_2^\ominus$ 之间的关系如何？$K_2^\ominus$ 与 $K_3^\ominus$ 之间的关系如何？
7. 已知反应 $C(s) + H_2O(g) \rightleftharpoons CO(g) + H_2(g)$ 的 $\Delta_r H_m > 0$。分析 $H_2O(g)$ 的浓度、压力及温度对该反应的反应速率、反应速率系数、标准平衡常数及平衡移动的影响。
8. How is the rate of disappearance of ozone related to the rate of appearance of oxygen is the following equation: $2O_3(g) \longrightarrow 3O_2(g)$? If the rate of appearance of O_2, $\Delta[O_2]/\Delta t$, is $6.0 \times 10^{-5}\text{mol} \cdot \text{L}^{-1} \cdot \text{S}^{-1}$ at a parti-cular instant, what is the value of the rate of disappearance of O_3, $-\Delta[O_3]/\Delta t$, at this same time?
9. What are the units usually used to express the rate of reactions occurring in solution? From your everyday experience, give two examples of the effects of temperature on the rates of reactions. What is the difference between average rate and instantaneous rate?
10. For each of the following gas-phase reactions, indicate how the rate of disappearance of each reactant is related to the rate of appearance of each product:

    (1) $2N_2O(g) \longrightarrow 2N_2(g) + O_2(g)$

    (2) $H_2O_2(g) \longrightarrow H_2(g) + O_2(g)$

(3) $2HBr(g) \longrightarrow H_2(g)+Br_2(g)$

(4) $3H_2(g)+N_2(g) \longrightarrow 2NH_3(g)$

(5) $2SO_2(g)+O_2(g) \longrightarrow 2SO_3(g)$

(6) $C_4H_8(g) \longrightarrow 2C_2H_4(g)$

11. Explain what is incorrect about the following statements.

(1) At equilibrium no more reactions are transformed into products;

(2) At equilibrium the rate constant for the forward reaction equals that of the reverse reaction;

(3) At equilibrium there are equal amounts of reactants and products.

习　题

1. N_2O_5 的分解反应 $2N_2O_5(g) \rightleftharpoons 4NO_2(g)+O_2(g)$，由实验测得在 67℃时 N_2O_5 的浓度随时间的变化如下：

t/min	0	1	2	3	4	5
$c_{N_2O_5}$/(mol · L^{-1})	1.00	0.71	0.50	0.35	0.25	0.17

计算：(1) 在 0～2min 内的平均反应速率；(2) 在第 2min 时的瞬时速率。

2. 某一化学反应 A+B ══ 生成物，实验测得 A、B 的起始浓度和速率的关系如下：

c_A/(mol · L^{-1})	c_B/(mol · L^{-1})	起始速率/(mol · L^{-1} · s^{-1})
0.10	0.10	0.0090
0.20	0.10	0.036
0.10	0.20	0.018
0.10	0.30	0.027

(1) 计算对反应物 A 的反应级数；(2) 计算对反应物 B 的反应级数；(3) 写出反应速率方程。

3. $HgCl_2$ 和 $C_2O_4^{2-}$ 在室温下发生沉淀反应 $2HgCl_2+C_2O_4^{2-} = 2Cl^-+2CO_2+Hg_2Cl_2(s)$。由 Hg_2Cl_2 沉淀量可以计算反应速率，4 次实验数据如下：

c_{HgCl_2}/(mol · L^{-1})	0.105	0.105	0.052	0.052
$c_{C_2O_4^{2-}}$/(mol · L^{-1})	0.15	0.30	0.30	0.15
$-\dfrac{dc_{C_2O_4^{2-}}}{dt}$/(mol · L^{-1} · s^{-1})	1.8×10^{-5}	7.1×10^{-5}	3.5×10^{-5}	8.9×10^{-6}

求该反应对 $HgCl_2$ 和 $C_2O_4^{2-}$ 的反应级数及总反应级数。该反应的速率常数是多少？当 $c_{HgCl_2}=0.020mol \cdot L^{-1}$、$c_{C_2O_4^{2-}}=0.22mol \cdot L^{-1}$时，反应速率是多少？

4. 反应 $A(aq)+B(aq) \longrightarrow C(aq)$在不同的起始浓度下测得的反应速率如下：

c_A/(mol · L^{-1})	0.10	0.10	0.20
c_B/(mol · L^{-1})	0.10	0.20	0.10
v/(mol · L^{-1} · s^{-1})	0.0020	0.0080	0.0040

(1) 求反应级数；(2) 计算反应速率系数；(3) 若 A、B 的浓度均为 0.50mol · L^{-1}，反应速率为多少？

5. 已知反应

$$HI(g)+CH_3I(g) = CH_4(g)+I_2(g)$$

其活化能是 $139kJ \cdot mol^{-1}$，在 157℃时速率常数为 $1.7\times10^{-5} L \cdot mol^{-1} \cdot s^{-1}$，求在 227℃时的速率常数。

6. 实验测得下列反应 $2N_2O_5(g) \rightleftharpoons 4NO_2(g)+O_2(g)$ 的速率常数 k 与反应温度 T 的关系如下：

T/K	273	298	308	318	328	338
k/s^{-1}	7.89×10^{-7}	3.46×10^{-5}	1.35×10^{-4}	4.98×10^{-4}	1.50×10^{-3}	4.87×10^{-3}

试用作图法计算反应的活化能。

7. 300K 时，反应 $H_2O_2(aq) \longrightarrow H_2O(l)+\frac{1}{2}O_2(g)$ 的活化能为 $75.3kJ \cdot mol^{-1}$。若用 I^- 催化，活化能降为 $56.5kJ \cdot mol^{-1}$。若用酶催化，活化能为 $25.1kJ \cdot mol^{-1}$。计算在相同温度下，该反应用 I^- 催化及酶催化时，其反应速率分别是无催化剂时的多少倍？

8. 在 1105K 时将 3.00mol 的 SO_3 放入 8.00L 的容器中，达到平衡时，产生 0.95mol O_2。计算在该温度时反应 $2SO_2(g)+O_2(g) \rightleftharpoons 2SO_3(g)$ 的标准平衡常数 $K^\ominus$。

9. 已知反应 $H(g)+HCl(g) \rightleftharpoons H_2(g)+Cl(g)$ 在 750℃时平衡常数 $K^\ominus=3.25$，测得各物质的平衡压力分别为 $p_{H_2}=100kPa$、$p_{HCl}=325kPa$、$p_H=1.26\times10^{-4}kPa$。求气态氯原子的平衡分压。

10. 高炉中有下列反应发生 $FeO(s)+CO(g) \rightleftharpoons Fe(s)+CO_2(g)$，已知某温度下的 $K^\ominus=0.64$，计算平衡状态下系统内各气体物种的质量分数。

11. 反应 $CH_4(g)+H_2O(g) \rightleftharpoons CO(g)+3H_2(g)$ 在 873K 时 $K^\ominus=0.54$。若反应在 100kPa 下进行，当原料气中 CH_4 与 H_2O 之比分别为 1∶1 和 1∶4 时，甲烷气的转化率各是多少？计算结果说明什么问题？

12. 已知 298.15K 时反应

(1) $CuO(s)+H_2(g) \rightleftharpoons Cu(s)+H_2O(g)$　　$K_1^\ominus=2\times10^{15}$

(2) $H_2(g)+\frac{1}{2}O_2(g) \rightleftharpoons H_2O(g)$　　$K_2^\ominus=5\times10^{22}$

求该温度下反应 $CuO(s) \rightleftharpoons Cu(s)+\frac{1}{2}O_2(g)$ 的标准平衡常数 $K_3^\ominus$。

13. 已知 $\Delta_f G_m^\ominus(NH_3,g)=-16.5kJ \cdot mol^{-1}$，求 25℃时反应 $N_2(g)+3H_2(g) \rightleftharpoons 2NH_3(g)$ 的标准平衡常数 $K^\ominus$。若此反应的 $\Delta_r H_m^\ominus=-92.2kJ \cdot mol^{-1}$，试计算 500℃时，反应的标准平衡常数 $K^\ominus$，并说明温度对合成氨的影响。

14. 某温度下，Br_2 和 Cl_2 在 CCl_4 溶剂中发生下列反应 $Br_2+Cl_2 \rightleftharpoons 2BrCl$。平衡建立时，$[Br_2]=[Cl_2]=0.0043mol \cdot L^{-1}$，$[BrCl]=0.0114mol \cdot L^{-1}$，求

(1) 反应的平衡常数 $K^\ominus$；

(2) 如果平衡建立后，再加入 $0.01mol \cdot L^{-1}$ 的 Br_2 至系统中（体积变化可忽略），计算平衡再次建立时，系统中各组分的浓度；

(3) 用以上结果说明浓度对化学平衡的影响。

15. 已知 425℃时，$H_2(g)+I_2(g) \rightleftharpoons 2HI(g)$ 反应的平衡常数 $K^\ominus=54.5$，若将 2.0×10^{-3} mol $H_2(g)$、5.0×10^{-2} mol $I_2(g)$ 和 4.0×10^{-3} mol HI(g) 放在 2L 容器中，此时将有更多 HI(g) 生成还是有更多的 HI(g) 分解？为什么？

16. 已知反应 $2SO_2(g)+O_2(g) \rightleftharpoons 2SO_3(g)$ 在 427℃和 527℃时的 $K^\ominus$ 分别为 1.0×10^5 和 1.1×10^2，求在该温度范围内反应的 $\Delta_r H_m^\ominus$。

17. 630K 时，反应 $2HgO(s) \rightleftharpoons 2Hg(g)+O_2(g)$ 的 $\Delta_r G_m^\ominus=44.3kJ \cdot mol^{-1}$，求其 $K^\ominus$ 的值。分解达到平衡时 Hg(g) 的分压为多少？

18. 已知可逆反应 $A(g) \rightleftharpoons B(g)+C(g)$ 在 833K 时 $K^{\ominus}=1.0$，以纯 A 为原料进行反应，平衡时总压力为 100kPa，则 A 的转化率为多少？平衡时 p_B 为多少？

19. 在 1273K、100kPa 下发生反应 $C_2H_6(g) \rightleftharpoons C_2H_4(g)+H_2(g)$。达到平衡时，混合气中 C_2H_4、C_2H_6、H_2 的物质的量分别为 0.047mol、0.0060mol、0.047mol。(1) 求反应的标准平衡常数；(2) 保持温度不变，加入 0.10mol 水蒸气(不参加反应)，使平衡时总压仍为 100kPa，通过计算说明加入水蒸气对乙烷裂解是否有利。

20. 已知 673K 时合成氨反应 $N_2(g)+3H_2(g) \rightleftharpoons 2NH_3(g)$ 的 $K^{\ominus}=1.64\times10^{-4}$。若原料气中 $n_{H_2}:n_{N_2}=3:1$，达到平衡后，系统压力为 5.00×10^3kPa，计算平衡时氨的体积分数。

21. 630K 下，反应 $2HgO(s) \rightleftharpoons 2Hg(g)+O_2(g)$ 的 $\Delta_r G_m^{\ominus}=44.3\text{kJ}\cdot\text{mol}^{-1}$。计算

(1) 反应的标准平衡常数 $K^{\ominus}$；

(2) 630K 时 HgO(s) 平衡系统的总压；

(3) 若将 HgO(s) 投入 630K、纯氧压力为 100.0kPa 的密闭容器中。在 630K 下使其达到平衡，此时与 HgO(s) 平衡的气相中 Hg(g) 的分压为多少？

22. 已知 298K 时，反应 $CO_2(g)+H_2(g) \rightleftharpoons CO(g)+H_2O(g)$，有关的热力学数据如下：

	$CO_2(g)$	$H_2(g)$	$CO(g)$	$H_2O(g)$
$\Delta_f H_m^{\ominus}/(\text{kJ}\cdot\text{mol}^{-1})$	−393.50		−110.5	−241.8
$S_m^{\ominus}/(\text{J}\cdot\text{mol}^{-1}\cdot\text{K}^{-1})$	213.7	130.6	197.9	188.7

(1) 计算该反应在 298K 时的 $\Delta_r G_m^{\ominus}$ 和标准平衡常数；

(2) 若在相同温度下，$p_{CO_2}=p_{H_2}=\frac{1}{3}p^{\ominus}$，$p_{CO}=p_{H_2O}=\frac{1}{4}p^{\ominus}$，试判断该反应进行的方向。

23. 已知反应 $C(s)+CO_2(g) \rightleftharpoons 2CO(g)$ 在 1500K 和 1273K 时的标准平衡常数分别为 2.1×10^3 和 1.6×10^2。试计算反应在 1000K 时的 $\Delta_r G_m^{\ominus}$、$\Delta_r H_m^{\ominus}$、$\Delta_r S_m^{\ominus}$ 及标准平衡常数。

24. The following data were measured for the reaction: $BF_3(g)+NH_3(g) \longrightarrow F_3BNH_3(g)$

experiment	$c_{BF_3}/(\text{mol}\cdot\text{L}^{-1})$	$c_{NH_3}/(\text{mol}\cdot\text{L}^{-1})$	initial rate/$(\text{mol}\cdot\text{L}^{-1}\cdot\text{S}^{-1})$
1	0.250	0.250	0.2130
2	0.250	0.125	0.1065
3	0.200	0.100	0.0682
4	0.350	0.100	0.1193
5	0.175	0.100	0.0596

(1) What is the rate law for the reaction?

(2) What is the overall order of the reaction?

(3) What is the value of the rate constant for the reaction?

25. At 25℃ the reaction $NH_4HS(s) \rightleftharpoons NH_3(g)+H_2S(g)$ has $K_p=0.120$. A 5.00L flask is charged with 0.300g of pure $NH_3(g)$ at 25℃. Solid NH_4HS is then added until there is excess unreacted solid remaining.

(1) What is the initial pressure of $NH_3(g)$ in the flask?

(2) Why dose no reaction occur until NH_4HS is added?

(3) What are the partial pressure of NH_3 and H_2S at equilibrium?

(4) What is the mole fraction of NH_3 in the gas mixture at equilibrium?

(5) What is the minimum mass, in grams, of NH_4HS that must be added to the flask to achieve equilibrium?

6 酸碱平衡

酸和碱是常见且重要的物质，在日常生活、科学研究及工农业生产中起着十分重要的作用，是重要的化工原料。酸碱反应是一类重要且常见的反应，在自然界、生物体内处处存在，起着极为重要的作用。在化学中，大量的反应都属于酸碱反应，因此掌握酸碱反应的实质和规律、研究酸碱理论是基础化学理论学习的重要内容。酸碱平衡是水溶液中化学平衡的基础，酸碱滴定是以酸碱反应为基础的滴定分析法。酸碱反应的实质是质子的转移，伴随质子转移过程的是 H^+ 浓度，即 pH 的变化。因此，有关酸碱平衡的基本理论、酸碱反应及酸碱反应过程中 pH 的变化规律、酸碱指示剂等内容，是本章学习的重点。

6.1 酸碱理论的发展简介

人们对酸碱的认识已有 200 多年的历史，大致可分三个阶段。

第一阶段是表象认识阶段。在氧元素发现以前，人们认为酸是有酸味的物质，碱是能抵消酸味的物质。到 1774 年氧元素被发现后，人们又认为凡是酸，组成中都含有氧，当时人们遇到的还都是含氧酸。到 19 世纪初，人们相继发现了盐酸、氢氟酸、氢氰酸等，对这些酸的分析发现，其组成中并不含有氧，却都含有氢，因此人们又认为凡是酸，组成中都含有氢。这就是人们对酸的表象认识阶段。

第二阶段是酸碱电离理论。酸碱电离理论是在 19 世纪后期形成的。该理论对酸碱的定义是，在水溶液中电离时所生成的阳离子全部是 H^+ 的化合物称为酸；而在水溶液中电离时所生成的阴离子全部是 OH^- 的化合物称为碱。酸碱的电离理论也称为阿伦尼乌斯酸碱理论。在这一理论中，H^+ 是酸的特征，而 OH^- 是碱的特征。酸碱反应的实质是

$$H^+ + OH^- \longrightarrow H_2O$$

因为 H_2O 可以电离出 H^+ 和 OH^-，但电离度很小，且$[H^+]=[OH^-]$，所以 H_2O 既不是酸又不是碱。

酸碱电离理论**从物质的化学组成上揭示了酸碱的本质**，并且应用化学平衡原理找到了衡量**酸碱强弱**的**定量标度**，这是人们对酸碱的认识由现象到本质的一次飞跃，对化学学科的发展起到了积极的推动作用，目前这一理论在化学界仍得以普遍应用。

但电离理论具有**局限性**。酸碱电离理论只限于水溶液，离开了水溶液就没有酸碱反应了。但事实是越来越多的反应是非水溶液中的反应，许多不含 H^+ 及 OH^- 的物质也表现出了酸碱性。例如，NH_3 不能电离出 OH^-，但它显碱性。这些现象是酸碱电离理论无法解释的，这就促使人们对酸碱进行重新认识。

第三阶段是酸碱质子理论。1923 年，丹麦化学家布朗斯台德(Brönsted)和英国化学家劳莱(Lowry)分别单独同时提出了酸碱质子理论(proton theory of acid and base)。所

以，酸碱质子理论也称为布朗斯台德-劳莱酸碱理论。

酸碱质子理论认为：凡是能给出质子的物质(分子或离子)(proton donor)都称为酸，凡是能接受质子的物质(分子或离子)(proton acceptor)都称为碱，如 $NH_3 + H^+ \longrightarrow NH_4^+$，因此 NH_3 是碱。酸碱质子理论大大拓宽了酸碱的范围，更突破了水溶液的局限性，因此得到了普遍的应用。

但这一理论只限于质子的给出与接受，因此必须含有氢。这就不能解释不含氢的一类化合物的反应问题。为此，1923 年路易斯(Lewis)提出了更具有广泛意义的酸碱理论——酸碱电子理论(又称路易斯酸碱理论)。这一理论是与酸碱质子理论同期发展起来的。

酸碱电子理论认为：凡是可以接受电子对的物质(分子、离子或原子团)称为酸，凡是可以给出电子对的物质(分子、离子或原子团)称为碱。因此，酸又称为电子对接受体，碱又称为电子对给予体。这一理论酸碱反应的实质是配位键的形成——形成酸碱配合物(又称加合物)。例如

$$H^+ + :OH^- \longrightarrow H:OH$$

$$HCl + :NR_3 \longrightarrow R_3N:H^+ + Cl^-$$

$$BF_3 + :F^- \longrightarrow [F_3B:F]^-$$

$$Cu^{2+} + 4[:NH_3] \longrightarrow [Cu(NH_3)_4]^{2+}$$

酸碱电子理论对酸碱的定义摆脱了体系必须具有某一离子或元素的限制，也不受溶剂的限制，而是立足于物质的普遍组成，以电子对的给予和接受来说明酸碱的反应，更能体现物质的本质属性。较前面的理论更为全面和广泛，因此又称为广义酸碱理论。

但由于该理论对酸碱的定义过于笼统，不易掌握酸碱的特征，因此还没有得到广泛的应用，目前多用于配位化合物及催化剂研究中。

人们在对酸碱的研究过程中，还提出了其他的酸碱理论。富兰克林(Franklin)于 20 世纪初提出了酸碱的溶剂理论，将酸碱定义为当一种溶质溶解于某一溶剂中时，若解离出来的阳离子与该溶剂本身解离(自解离)出来的阳离子相同，这种溶质就称为酸；若解离出来的阴离子与该溶剂本身解离出来的阴离子相同，这种溶质就称为碱。即将酸定义为在溶剂中能够解离出溶剂的特征阳离子的物质，将碱定义为在溶剂中能够解离出溶剂的特征阴离子的物质。溶剂的特征离子是指溶剂分子自解离时产生的阴离子和阳离子。常见溶剂分子的自解离反应如下：

$$H_2O(l) + H_2O(l) \rightleftharpoons H_3O^+ + OH^-$$

$$NH_3(l) + NH_3(l) \rightleftharpoons NH_4^+ + NH_2^-$$

$$SO_2(l) + SO_2(l) \rightleftharpoons SO^{2+} + SO_3^{2-}$$

$$H_2SO_4(l) + H_2SO_4(l) \rightleftharpoons H_3SO_4^+ + HSO_4^-$$

$$HF(l) + HF(l) \rightleftharpoons H_2F^+ + F^-$$

$$BrF_3(l) + BrF_3(l) \rightleftharpoons BrF_2^+ + BrF_4^-$$

$$COCl_2(l) + COCl_2(l) \rightleftharpoons 2COCl^+ + 2Cl^-$$

$$POCl_3(l) + POCl_3(l) \rightleftharpoons POCl_2^+ + POCl_4^-$$

$$\underset{溶剂分子解离}{IF_5(l)+IF_5(l)} \rightleftharpoons \underset{特征阳离子}{IF_4^+} + \underset{特征阴离子}{IF_6^-}$$

H_2O 分子的特征阳离子是 H_3O^+，特征阴离子是 OH^-，所以在水溶液中能解离产生 H_3O^+ 的溶质即为酸，如 HAc 等，能解离产生 OH^- 的溶质即为碱，如 S^{2-} 等。液氨分子的特征阳离子是 NH_4^+，特征阴离子是 NH_2^-，所以在液氨溶液中能产生 NH_4^+ 的溶质即为酸，如 HAc 等，能产生 NH_2^- 的溶质即为碱，如 $NaNH_2$ 等。又如，KF 在液态 BrF_3 中是碱，因为它与溶剂分子发生如下反应：

$$KF+BrF_3(l) \rightleftharpoons K^+ + BrF_4^-$$

生成了溶剂分子 $BrF_3(l)$ 的特征阴离子 BrF_4^-。SbF_5 在液态 $BrF_3(l)$ 中却表现为酸，因为它与溶剂分子反应生成了 $BrF_3(l)$ 的特征阳离子 BrF_2^+，即

$$SbF_5+BrF_3(l) \rightleftharpoons BrF_2^+ + SbF_6^-$$

再如，Fe^{3+} 在水中表现为酸，而 CO_3^{2-} 在水中表现为碱。原因是它们与水分子反应分别生成了 H_2O 的特征阳离子 H_3O^+ 及特征阴离子 OH^-，即

$$Fe^{3+}+2H_2O \rightleftharpoons H_3O^+ + Fe(OH)^{2+}$$

$$CO_3^{2-}+2H_2O \rightleftharpoons OH^- + HCO_3^-$$

酸碱溶剂理论中的酸碱反应定义为溶剂的特征阳离子与特征阴离子之间结合生成溶剂分子的过程。例如，在液氨体系中，NH_4Cl 与 $NaNH_2$ 的中和反应

$$NH_4Cl+NaNH_2 \rightleftharpoons NaCl+2NH_3$$

在水溶液中

$$H_3O^+ + OH^- \rightleftharpoons H_2O(l)$$

可见，酸碱的溶剂理论包含了酸碱电离理论及酸碱质子理论，但又不局限于质子的传递，即酸碱不一定含有质子(或 H^+)，酸碱中和反应不一定是质子的传递作用。这一理论大大扩展了酸碱的范畴。其局限性在于不能适用于不自偶解离的溶剂(如苯、四氯化碳等)体系，更不适用于无溶剂的体系。

另外，勒克斯(Lux)和弗勒德(Flood)还提出了酸碱的氧化物-离子理论。这种理论是基于氧化物中氧离子的转移，将酸定义为氧离子的接受体，将碱定义为氧离子的给予体。例如

$$SiO_2+O^{2-} \rightleftharpoons SiO_3^{2-} \qquad CaO \rightleftharpoons Ca^{2+}+O^{2-}$$

$$\underset{酸}{S_2O_7^{2-}+O^{2-} \rightleftharpoons 2SO_4^{2-}} \qquad \underset{碱}{Na_2O \rightleftharpoons 2Na^+ + O^{2-}}$$

酸碱反应被定义为酸碱之间氧离子的转移作用，因此这种酸碱理论又称为酸碱的氧离子理论。例如，酸碱反应

$$BaO(s)+SO_3(l\text{ 或 }g) \rightleftharpoons BaSO_4(s) \quad (O^{2-}: BaO \rightarrow SO_3)$$

$$CaO+SiO_2 \xrightleftharpoons{熔融} CaSiO_3 \quad (O^{2-}: CaO \rightarrow SiO_2)$$

$$ZnO + S_2O_7^{2-} \longrightarrow Zn^{2+} + 2SO_4^{2-}$$

$$Na_2O + ZnO \longrightarrow 2Na^+ + ZnO_2^{2-}$$（ZnO 既可为酸，又可为碱，是两性物质）

$$3TiO_2 + 4AlCl_3 \xrightarrow{熔融} 3TiCl_4 + 2Al_2O_3$$

这一理论多用于高温、无水、无氢的熔融体系，如冶金及制陶工业。

上述几种酸碱理论对酸碱的定义的共同特征：酸是某种指定的正电荷物种的给予者，或者是某种指定的负电荷物种的接受者；碱是某种指定的负电荷物种的给予者，或者是某种正电荷物种的接受者。例如，在酸碱电离理论中，给出正电荷物种 H^+ 的是酸，给出负电荷物种 OH^- 的是碱；在酸碱质子理论中，给出正电荷物种 H^+ 的是酸，接受正电荷物种 H^+ 的是碱；在酸碱溶剂理论中，给出溶剂特征阳离子的为酸，产生溶剂特征阴离子的为碱；在酸碱氧化物-离子理论中，负电荷物种 O^{2-} 的接受体为酸，O^{2-} 的给予体为碱。

酸碱的定义范畴很广泛，但要注意的是并非对酸碱所下的定义越广泛就越有用。事实上，每种酸碱理论都有其各自的长处，但也都存在着缺陷。因此，往往必须用不同的酸碱理论来处理不同的问题。例如，在处理水溶液体系中的酸碱反应时，可用酸碱电离理论或质子理论；在处理配位化学中的问题时，则往往要借助于电子理论；在研究熔融盐或陶瓷体系时，往往用到氧化物-离子理论等。在基础化学学习阶段，主要学习酸碱质子理论。

6.2 酸碱质子理论

根据布朗斯台德-劳莱酸碱质子理论，能给出质子的物质是酸，能接受质子的物质是碱。例如

$$HAc \rightleftharpoons H^+ + Ac^-$$

$$H_2PO_4^- \rightleftharpoons H^+ + HPO_4^{2-}$$

$$HPO_4^{2-} \rightleftharpoons H^+ + PO_4^{3-}$$

$$NH_4^+ \rightleftharpoons H^+ + NH_3$$

$$[CH_3NH_3]^+ \rightleftharpoons H^+ + CH_3NH_2$$

$$[Fe(H_2O)_6]^{3+} \rightleftharpoons H^+ + [Fe(OH)(H_2O)_5]^{2+}$$

$$[Fe(OH)(H_2O)_5]^{2+} \rightleftharpoons H^+ + [Fe(OH)_2(H_2O)_4]^+$$

左边是给出质子的物质，都是酸；右边是接受质子的物质，都是碱。酸和碱可以是中性分子，也可以是阴离子或阳离子。需要说明的是“裸核”H^+ 是不能孤立存在的，它在水溶液中均以氢键的形式与 H_2O 结合成水合质子，即 H_3O^+。为简单书写，经常将 H_3O^+ 简写为 H^+。

可以看出，酸碱质子理论中的酸与碱是相互依存的，这种相互依存关系称为共轭关系。酸给出一个质子后变成碱，碱接受一个质子后又变成相应的酸。这样的一对酸碱称为共轭酸碱对，其共轭关系如下：

$$酸 \rightleftharpoons 碱 + H^+$$

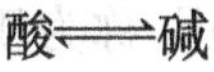

共轭酸碱对

左边的酸是右边碱的共轭酸(conjugate acid),而右边的碱是左边酸的共轭碱(conjugate base),共轭酸碱对之间只相差一个 H^+。这样表示的反应称为酸碱半反应。

必须指出,酸碱半反应是不能单独存在的,这是因为酸不能自动地给出质子,必须要有一个质子的接受体同时存在,否则质子给不出去。同样,碱要接受质子,也必须有一个质子的给予体同时存在。离开了质子的给予体和接受体,就无从谈起酸碱。也就是说,酸碱体系中必然同时存在两个酸碱半反应,即两对共轭酸碱对同时存在。例如

$$\underset{酸(1)}{HCl} + \underset{碱(2)}{H_2O} \xrightarrow{H^+} \underset{酸(2)}{H_3O^+} + \underset{碱(1)}{Cl^-}$$

$$\underset{酸(1)}{HAc} + \underset{碱(2)}{H_2O} \rightleftharpoons \underset{酸(2)}{H_3O^+} + \underset{碱(1)}{Ac^-}$$

$$\underset{酸(1)}{NH_4^+} + \underset{碱(2)}{H_2O} \rightleftharpoons \underset{酸(2)}{H_3O^+} + \underset{碱(1)}{NH_3}$$

$$\underset{碱(1)}{NH_3} + \underset{酸(2)}{H_2O} \rightleftharpoons \underset{碱(2)}{OH^-} + \underset{酸(1)}{NH_4^+}$$

$$\underset{碱(1)}{Ac^-} + \underset{酸(2)}{H_2O} \rightleftharpoons \underset{碱(2)}{OH^-} + \underset{酸(1)}{HAc}$$

$$\underset{酸(1)}{HAc} + \underset{碱(2)}{NH_3(l)} \rightleftharpoons \underset{酸(2)}{NH_4^+} + \underset{碱(1)}{Ac^-}$$

$$\underset{碱(1)}{HAc} + \underset{酸(2)}{H_2SO_4(l)} \rightleftharpoons \underset{酸(1)}{H_2^+Ac} + \underset{碱(2)}{HSO_4^-}$$

(以上各式中,箭头表示 H^+ 的转移方向。)

酸(1)和碱(1)、酸(2)和碱(2)是两对共轭酸碱对。质子的转移是在两对共轭酸碱对之间进行的,这就是酸碱反应。酸碱反应的实质是质子的传递作用。在上面的例子中,水是溶剂,酸碱反应是在溶质与溶剂分子之间的质子传递作用,因此又称为酸或碱的水解反应。再如

$$H_2O + H_2O \rightleftharpoons H_3O^+ + OH^-$$

$$NH_3(l) + NH_3(l) \rightleftharpoons NH_4^+ + NH_2^-$$

这是溶剂分子自身之间的质子传递作用,称为质子自递作用。这里 H_2O、$NH_3(l)$既是给出质子的物质,又是接受质子的物质,因此称为两性物质,如 HCO_3^-、HS^-、HPO_4^{2-}、$H_2PO_4^-$ 等都是两性物质。

酸碱反应除上述水解反应、质子自递反应外，还有中和反应等。例如

$$HAc + NH_3 \longrightarrow NH_4^+ + Ac^-$$

$$HAc + OH^- \longrightarrow H_2O + Ac^-$$

$$H_3O^+ + OH^- \longrightarrow 2H_2O$$

$$NH_3 + H_3O^+ \longrightarrow NH_4^+ + H_2O$$

6.2.1 水的解离平衡及溶液的 pH 标度

水是最重要的溶剂，自然界、生物体以及化工生产中的许多反应都是在水溶液中进行的。因此，水的解离及其对化学反应的影响是本课程学习的重要内容之一。质子理论中水的解离平衡方程式可表示为

$$H_2O + H_2O \rightleftharpoons H_3O^+ + OH^-$$

其解离常数一般用 $K_w^\ominus$ 表示，可写为

$$K_w^\ominus = \frac{[H_3^+O]}{c^\ominus}\frac{[OH^-]}{c^\ominus} = [H_3O^+][OH^-] \qquad (6.1)$$

式中，$K_w^\ominus$ 称为水的离子积常数，是一个热力学常数。在 25℃ 时，水中的 $[H_3O^+] = [OH^-] = 1.0\times10^{-7}\,mol \cdot L^{-1}$，此时 $K_w^\ominus = 1.0\times10^{-14}$。当温度改变时，其数值也发生变化。例如，0℃时，$K_w^\ominus = 1.15\times10^{-15}$，而 100℃时，$K_w^\ominus = 5.43\times10^{-13}$。但如果没有特别指明，一般是指室温 25℃。

对于其他溶剂体系，如液 NH_3 等，其质子自递反应为

$$NH_3(l) + NH_3(l) \rightleftharpoons NH_4^+ + NH_2^-$$

其平衡常数常用 $K_s^\ominus$ 表示，称为溶剂的质子自递常数，则 $K_s^\ominus = [NH_4^+][NH_2^-]$，在 25℃时 $K_s^\ominus = 1.0\times10^{-27}$，即 $pK_s^\ominus = 27$。

再如 $$CH_3CH_2OH(l) + CH_3CH_2OH(l) \rightleftharpoons CH_3CH_2OH_2^+ + CH_3CH_2O^-$$

$$K_s^\ominus = [CH_3CH_2OH_2^+][CH_3CH_2O^-]$$

在 25℃时，$K_s^\ominus = 7.94\times10^{-20}$，即

$$pK_s^\ominus = 19.1$$

一般情况下，水溶液中的 $[H_3O^+]$ 都较小，因此常用其浓度的负对数表示，称为 pH，即 pH 定义为

$$pH = -lg([H_3O^+]/c^\ominus)$$

或简写成

$$pH = -lg[H^+] \qquad (6.2)$$

化学中经常会遇到一些很小的数据，如 $K_w^\ominus$、$K_a^\ominus$、$K_b^\ominus$、$[H_3O^+]$、$[OH^-]$ 等，为书写方便，通常都用其负对数来表示，如

$$pOH = -lg[OH^-]$$

$$pK_a^\ominus = -lgK_a^\ominus$$

$$pK_b^\ominus = -lgK_b^\ominus$$

$$pK_w^\ominus = -lgK_w^\ominus$$

水的离子积可以表示为

$$pK_w^\ominus = pOH + pH = 14.00$$

pH 是表示水溶液酸碱度的一种标度。pH 越大，$[H_3O^+]$越小，溶液的酸度越低。反之，溶液的酸度就越高。溶液的酸碱性与$[H_3O^+]$、pH 的关系可概括如下：

酸性溶液	$[H_3O^+]>[OH^-]$，	$pH<7$，	$pOH>7$
中性溶液	$[H_3O^+]=[OH^-]$，	$pH=7$，	$pOH=7$
碱性溶液	$[H_3O^+]<[OH^-]$，	$pH>7$，	$pOH<7$

6.2.2　酸碱的相对强弱

质子酸或质子碱的强度是指其给出或接受质子能力的大小。给出或接受质子的能力越强，酸或碱的强度就越大。反之，酸或碱的强度就越低。酸碱给出和接受质子的能力，首先取决于其本身的性质，其次与溶剂的性质等因素有关。

因为质子必须在两个共轭酸碱对之间传递，所以说酸或碱本身的强弱是没有意义的，其强度只有在与其他酸或碱进行比较时才有意义。通常讨论酸碱大都是在水溶液中，因此，它们的强弱都可以水作为基准，即酸将质子给予水的能力越强，酸度就越强，碱从水中得到质子的能力越强，其碱度就越强。酸碱的相对强度可以用其与水反应的平衡常数(解离常数)的大小来衡量。例如，酸的解离平衡可写成下列形式：

$$HA + H_2O \rightleftharpoons A^- + H_3O^+$$

其平衡常数为

$$K_a^\ominus = \frac{\dfrac{[A^-]}{c^\ominus}\dfrac{[H_3O^+]}{c^\ominus}}{\dfrac{[HA]}{c^\ominus}}$$

可简写为

$$K_a^\ominus = \frac{[A^-][H_3O^+]}{[HA]} \tag{6.3}$$

式中，$K_a^\ominus$ 的大小反映的是酸给出质子的能力，并非电离理论中酸的解离常数，但习惯上仍称其为解离常数。$K_a^\ominus$ 是水溶液中酸强度的量度，$K_a^\ominus$ 较大的酸较强，$K_a^\ominus$ 较小的酸较弱。常见弱酸在水溶液中的 $K_a^\ominus$ 可由附录 5 查得。

同样，碱的解离常数 $K_b^\ominus$ 是反应 $A^- + H_2O \rightleftharpoons HA + OH^-$ 的平衡常数，可表示为

$$K_b^\ominus = \frac{\dfrac{[HA]}{c^\ominus}\dfrac{[OH^-]}{c^\ominus}}{\dfrac{[A^-]}{c^\ominus}}$$

简写为

$$K_b^\ominus = \frac{[HA][OH^-]}{[A^-]} \tag{6.4}$$

HA和A^-是一对共轭酸碱对，由式(6.3)和式(6.4)可得它们的$K_a^\ominus$与$K_b^\ominus$之间的关系为

$$K_a^\ominus K_b^\ominus = K_w^\ominus \tag{6.5}$$

共轭酸碱对$K_a^\ominus$与$K_b^\ominus$之间的关系也可表示为

$$pK_a^\ominus + pK_b^\ominus = pK_w^\ominus \tag{6.6}$$

例如，H_3PO_4是一种三元酸，其解离常数分别为$pK_{a_1}^\ominus$、$pK_{a_2}^\ominus$、$pK_{a_3}^\ominus$，PO_4^{3-}为一种三元弱碱，其解离常数分别为$pK_{b_1}^\ominus$、$pK_{b_2}^\ominus$、$pK_{b_3}^\ominus$，根据共轭酸碱对$pK_a^\ominus$与$pK_b^\ominus$的关系，可得到

$$pK_{a_1}^\ominus + pK_{b_3}^\ominus = pK_w^\ominus$$
$$pK_{a_2}^\ominus + pK_{b_2}^\ominus = pK_w^\ominus$$
$$pK_{a_3}^\ominus + pK_{b_1}^\ominus = pK_w^\ominus$$

可见，有了酸的$K_a^\ominus$即可得到其共轭碱的$K_b^\ominus$，有了碱的$K_b^\ominus$同样可得到其共轭酸的$K_a^\ominus$。根据酸、碱的$K_a^\ominus$、$K_b^\ominus$的大小，可以比较它们的相对强弱，解离常数值越大，酸或碱就越强。例如，298.15K时，$K_{a,HAc}^\ominus = 1.8 \times 10^{-5}$，$K_{a,HF}^\ominus = 6.8 \times 10^{-4}$，$K_{a,HCOOH}^\ominus = 1.8 \times 10^{-4}$，在水溶液中的酸性强弱顺序为HF＞HCOOH＞HAc。它们的共轭碱的强弱顺序为F^-＜$HCOO^-$＜Ac^-。

酸碱的相对强度不仅取决于酸碱本身的性质，还与溶剂的性质有关。$HClO_4$、HI、HBr、HCl、HNO_3等分子中，虽然它们的化学键强度各不相同，但它们在水中却都表现为强酸，几乎100%解离，即在水溶液中这些酸的分子并不能存在，它们的质子全部被水分子“夺去”而生成H_3O^+。事实上，任何比H_3O^+更强的酸(如$HClO_4$、HI、HBr、HCl、HNO_3等)在水中都不能以分子形式存在，水能够同等程度地将这些酸的质子全部夺取出来，将它们转化为H_3O^+。所以H_3O^+是在水中能够稳定存在的最强的酸，任何比H_3O^+更强的酸，其强度都将被水分子拉平到H_3O^+。同样，OH^-是在水中能够稳定存在的最强的碱，任何比OH^-更强的碱(如KOH、NaOH、Na_2O_2、NaH、$NaNH_2$等)在水中都不能以分子形式存在，都能同等程度地从水中得到质子转化为OH^-。例如

$$Na_2O_2 + 2H_2O \xlongequal{} 2OH^- + 2Na^+ + H_2O_2$$
$$NaH + H_2O \xlongequal{} OH^- + Na^+ + H_2$$
$$NaNH_2 + H_2O \xlongequal{} OH^- + Na^+ + NH_3$$

对于其他溶剂，也存在类似的现象。任何比溶剂的特征阳离子更强的酸，都将被溶剂分子拉平到其特征阳离子的酸度水平，任何比溶剂的特征阴离子更强的碱，都将被溶剂分子拉平到其特征阴离子的水平。例如，在液氨溶剂中

$$HCl + NH_3(l) \xlongequal{} NH_4^+ + Cl^-$$
$$HAc + NH_3(l) \xlongequal{} NH_4^+ + Ac^-$$
$$NaCH_2CN + NH_3(l) \xlongequal{} NH_2^- + Na^+ + CH_3CN$$

这种比溶剂的特征阳(阴)离子更强的酸(碱)溶解于溶剂中时，被溶剂分子拉平至其特征阳(阴)离子的作用称为这种溶剂的拉平效应，具有拉平效应的溶剂称为拉平性溶剂。不同的酸(碱)在同一溶剂中被拉平时，它们在该溶剂中所表现的酸(碱)的强度是相同的。

拉平效应可以在任何两性溶剂中发生。在两性溶剂中，如果酸的原有强度大于溶剂

共轭酸的强度，它将被拉平；如果碱的原有强度大于溶剂共轭碱的强度，也将被拉平。因此，在任何两性溶剂中能够稳定存在的最强的酸和最强的碱是溶剂自偶解离所产生的特征阳离子和特征阴离子。例如，HAc(l)是 NH_3、HCO_3^- 的拉平溶剂，NH_3(l)是 HAc 、HCl 的拉平溶剂等。

与此对应，能够分辨酸(碱)强度的溶剂就称为分辨性溶剂，这种分辨能力称为分辨效应。例如，在水中 HAc、HS^- 是不同强度的弱酸，其 $pK_a^\ominus$ 分别为 4.76 和 12.89，而 HCl 是强酸，水就是它们的分辨性溶剂；在 HAc(l)溶剂中，HCl 与 HNO_3 具有不同的强度，HAc(l)是 HCl 与 HNO_3 的分辨性溶剂。

因此，所谓的酸碱强弱是指酸碱的相对强弱，是相对于溶剂而言的，同一种溶质在不同的溶剂中可能表现出不同的酸碱性。

要注意酸浓度、酸度、酸强度几个概念的区别。这是几个不同的概念，酸浓度是指以溶质酸的量计算而得到的浓度，如 HAc 溶液的浓度为 0.1mol · L^{-1}，指的是将 0.1mol HAc 溶解在水中制成的 1L HAc 溶液。酸度是指溶液中的[H_3O^+]或溶液的 pH。酸强度则是指酸的相对强弱，指的是酸的 $K_a^\ominus$ 值的大小。

6.3　酸碱溶液中有关离子平衡浓度的计算

6.3.1　酸碱溶液 pH 计算

1. 酸碱溶液的质子条件

按照酸碱质子理论，酸碱反应的本质是酸与碱之间质子的转移过程。当反应体系达到平衡时，溶液中酸失去质子的总数与碱得到质子的总数必然相等，这一原则称为酸碱质子条件(PBE)。

酸碱质子条件是溶液中所有酸碱反应平衡的结果，是酸碱溶液中最严密的量的关系，是计算酸碱溶液的基础。因此，在酸碱溶液的有关计算中，首要的就是正确地写出其质子条件。下面介绍列出酸碱溶液质子条件的方法——零水准法的步骤。

(1) 列出参与质子传递作用的所有物质或离子。

(2) 选择零水准。选择溶液中大量存在并参与质子转移的物质为零水准，一般选择溶质中参与质子传递的部分及溶剂分子作为零水准。注意：零水准不止一种。

(3) 确定得、失质子产物。即与相应的零水准相比较，判断哪些是得质子产物、哪些是失质子产物。

(4) 确定得、失质子的数目。即与零水准相比较，确定得质子产物是得到几个质子的产物，失质子产物是失去几个质子的产物。

(5) 列质子条件。根据得、失质子总数相等的原则，以浓度表示得、失质子数目，将得质子产物的浓度乘以各自的得质子数之和写在左边，失质子产物的浓度乘以各自的失质子数之和写在右边，列出质子条件式。

【例题 6.1】 写出下列物质水溶液的质子条件式：(1)HAc；(2)Na_2CO_3；(3)$NH_4H_2PO_4$。

解　(1)HAc/H_2O 体系

根据上述方法步骤列出零水准，得、失质子产物及得、失质子个数

得质子产物　零水准　失质子产物

$$HAc \xrightarrow{-H^{+}} Ac^{-}$$

$$H_3O^{+} \xleftarrow{+H^{+}} H_2O \xrightarrow{-H^{+}} OH^{-}$$

所以其质子条件式为

$$[H_3O^{+}]=[Ac^{-}]+[OH^{-}]$$

(2)Na_2CO_3/H_2O体系

得质子产物　零水准　失质子产物

$$H_3O^{+} \xleftarrow{+H^{+}} H_2O \xrightarrow{-H^{+}} OH^{-}$$

$$HCO_3^{-} \xleftarrow{+H^{+}} CO_3^{2-}$$

$$H_2CO_3 \xleftarrow{+2H^{+}} CO_3^{2-}$$

质子条件式为

$$[H_3O^{+}]+[HCO_3^{-}]+2[H_2CO_3]=[OH^{-}]$$

(3)$NH_4H_2PO_4/H_2O$体系

得质子产物　零水准　失质子产物

$$H_3O^{+} \xleftarrow{+H^{+}} H_2O \xrightarrow{-H^{+}} OH^{-}$$

$$NH_4^{+} \xrightarrow{-H^{+}} NH_3$$

$$H_3PO_4 \xleftarrow{+H^{+}} H_2PO_4^{-} \xrightarrow{-H^{+}} HPO_4^{2-}$$

$$H_2PO_4^{-} \xrightarrow{-2H^{+}} PO_4^{3-}$$

质子条件式为

$$[H_3O^{+}]+[H_3PO_4]=[OH^{-}]+[NH_3]+[HPO_4^{2-}]+2[PO_4^{3-}]$$

由上面的例子可以看出，质子条件考虑了溶液中所有的酸碱反应，考虑了所有参与质子传递作用的物种。因此，质子条件式是计算溶液中质子浓度的严密数学关系式，是计算酸碱溶液的基础。无论多么复杂的酸碱溶液，只要正确列出它的质子条件，就可以计算溶液的 pH，进而计算出溶液中其他存在形式的浓度。这里要注意的是质子条件式中都是参与质子转移的物种，不参与质子转移的物种不能出现在质子条件中。

酸碱溶液中还有两个最基本的等量关系：一个是电荷平衡，另一个是物料平衡。电荷平衡指溶液中的电中性原则，即溶液中正、负电荷的总数相等；物料平衡指某一物种的分析浓度等于其各种存在形式的平衡浓度之和。例如，$c\,mol \cdot L^{-1}$ Na_2CO_3溶液的电荷平衡式为

$$[Na^{+}]+[H^{+}]=[OH^{-}]+[HCO_3^{-}]+2[CO_3^{2-}]$$

其物料平衡式为

$$[Na^{+}]=2c$$

$$c=[H_2CO_3]+[HCO_3^{-}]+[CO_3^{2-}]$$

这些都是酸碱溶液有关计算的常用等量关系，其中质子条件式还可以通过电荷平衡式与物料平衡式推导出来。

2. 强酸(碱)溶液 pH 的计算

强酸在水溶液中全部解离，以 $c$mol·L^{-1} HCl 为例，其质子条件为

$$[H_3O^+]=[OH^-]+[Cl^-]=[OH^-]+c_{HCl}$$

即

$$[H_3O^+]=\frac{K_w^\ominus}{[H_3O^+]}+c_{HCl}$$

上式可变为

$$[H_3O^+]^2-c_{HCl}[H_3O^+]-K_w^\ominus=0 \tag{6.7}$$

式(6.7)是计算强酸溶液中$[H_3O^+]$的精确式，解此一元二次方程即可得到溶液中$[H_3^+O]$的精确值

$$[H_3O^+]=\frac{c+\sqrt{c^2+4K_w^\ominus}}{2}\ （精确式）$$

当 HCl 的浓度不太低，一般当 $c_{HCl}>10^{-6}$ mol·L^{-1}时，则可忽略水的解离，即式(6.7)中的 $K_w^\ominus$ 可以忽略，式(6.7)可简化为

$$[H_3O^+]=c_{HCl} \tag{6.8}$$

此式为计算强酸溶液中$[H_3O^+]$的近似式。

【例题 6.2】 计算 1.0×10^{-8}mol·L^{-1} HCl 溶液的 pH。

解 $c=1.0\times10^{-8}<10^{-6}$

$$[H_3O^+]=\frac{c+\sqrt{c^2+4K_w^\ominus}}{2}=\frac{1.0\times10^{-8}+\sqrt{(1.0\times10^{-8})^2+4\times10^{-14}}}{2}$$

$$[H_3O^+]=1.05\times10^{-7}(mol\cdot L^{-1})$$

$$pH=6.98$$

此时绝对不可用近似式计算，否则会出现酸溶液 pH>7 的问题。

相应地可以得到强碱溶液(以 $c$mol·L^{-1} NaOH 为例)中$[OH^-]$精确计算式

$$[OH^-]^2-c_{NaOH}[OH^-]-K_w^\ominus=0 \tag{6.9}$$

当 $c_{NaOH}>10^{-6}$mol·L^{-1}，则有近似式

$$[OH^-]=c_{NaOH} \tag{6.10}$$

3. 一元弱酸(碱)的解离平衡及其 pH 的计算

一元弱酸(以 HA 为例)在水溶液中部分解离，溶液中存在下列平衡：

$$H_2O+H_2O \rightleftharpoons H_3O^+ +OH^- \qquad K_w^\ominus=[H_3O^+][OH^-]$$

$$HA+H_2O \rightleftharpoons A^- +H_3O^+ \qquad K_a^\ominus=\frac{[H_3O^+][A^-]}{[HA]}$$

其质子条件式为

$$[H_3O^+]=[A^-]+[OH^-]$$

则

$$[H_3O^+]=\frac{K_a^\ominus[HA]}{[H_3O^+]}+\frac{K_w^\ominus}{[H_3O^+]}$$

整理可得

$$[H_3O^+]=\sqrt{K_a^\ominus[HA]+K_w^\ominus} \tag{6.11}$$

式(6.11)为计算一元弱酸溶液中$[H_3O^+]$的精确式。因为[HA]未知，所以要求出$[H_3O^+]$是很困难的，需解一元三次方程。实际工作中精确的求解往往是没有意义的，可根据情况作近似处理。

当酸不太弱，浓度又不太低，一般当$cK_a^\ominus \geqslant 20K_w^\ominus$时，水解离出的$H_3O^+$可以忽略，式(6.11)可简化为

$$[H_3O^+]=\sqrt{K_a^\ominus[HA]} \tag{6.12}$$

此时 $[HA]=c-[A^-]\approx c-[H_3^+O]$，代入式(6.12)可得

$$[H_3O^+]=\sqrt{K_a^\ominus(c-[H_3O^+])}$$

即

$$[H_3O^+]^2+K_a^\ominus[H_3O^+]-cK_a^\ominus=0 \tag{6.13}$$

式(6.13)为计算一元弱酸溶液$[H_3O^+]$的近似式。解此一元二次方程，即可求得$[H_3O^+]$。式(6.13)可进一步简化，若要求计算误差不大于5%，即酸的解离度小于5%时，应有$c\geqslant 400K_a^\ominus$。此时$[HA]\approx c$，则由(6.12)式可得最简式

$$[H_3O^+]=\sqrt{cK_a^\ominus} \tag{6.14}$$

【例题6.3】 计算0.10mol·L^{-1} HAc溶液的pH。已知$K_a^\ominus=10^{-4.76}$。

解 因为 $cK_a^\ominus=0.10\times10^{-4.76}=10^{-5.76}>20K_w^\ominus$

$$c/K_a^\ominus=0.10/10^{-4.76}=10^{3.76}>400$$

所以可用最简式计算

$$[H_3O^+]=\sqrt{cK_a^\ominus}=\sqrt{0.10\times10^{-4.76}}=10^{-2.88}(\text{mol}\cdot\text{L}^{-1})$$

$$\text{pH}=2.88$$

【例题6.4】 计算0.10mol·L^{-1}二氯乙酸溶液的pH。已知$K_a^\ominus=10^{-1.26}$。

解 因为 $cK_a^\ominus=0.10\times10^{-1.26}=10^{-2.26}>20K_w^\ominus$

$$c/K_a^\ominus=0.10/10^{-1.26}=10^{0.26}<400$$

所以只能忽略水的解离，应用近似式计算

$$[H_3O^+]^2+10^{-1.26}[H_3O^+]-0.10\times10^{-1.26}=0$$

解得

$$[H_3O^+]=10^{-1.29}(\text{mol}\cdot\text{L}^{-1})$$

$$\text{pH}=1.29$$

对于极弱的酸，有时也会有$cK_a^\ominus<20K_w^\ominus$，$c\geqslant400K_a^\ominus$，此时水解离出的$H_3O^+$不能忽略，而酸解离出的$H_3O^+$可近似忽略，由式(6.11)可得

$$[H_3O^+]=\sqrt{cK_a^\ominus+K_w^\ominus} \tag{6.15}$$

对于一元弱碱也可得到类似于一元弱酸的pH计算公式。只不过需将弱酸计算公式中的$K_a^\ominus$换成弱碱的$K_b^\ominus$，将$[H_3O^+]$换成$[OH^-]$。

【例题6.5】 将2.45g固体NaCN配制成500mL水溶液，计算此溶液的酸度。已知HCN的$K_a^\ominus=6.2\times10^{-10}$，$M_{NaCN}=49.0\text{g}\cdot\text{mol}^{-1}$。

解 $K_{a,HCN}^\ominus=6.2\times10^{-10}$ $c=2.45/(49.0\times0.500)=0.100(\text{mol}\cdot\text{L}^{-1})$

$$K^{\ominus}_{b,CN^-}=\frac{K^{\ominus}_w}{K^{\ominus}_{a,HCN}}=\frac{1.0\times10^{-14}}{6.2\times10^{-10}}=1.6\times10^{-5}$$

$$cK^{\ominus}_{b,CN^-}=0.100\times1.6\times10^{-5}=1.6\times10^{-6}>20K^{\ominus}_w$$

$$400K^{\ominus}_{b,CN^-}=400\times1.6\times10^{-5}=0.006<c=0.10$$

$$[OH^-]=\sqrt{cK^{\ominus}_{b,CN^-}}=\sqrt{0.10\times1.6\times10^{-5}}=1.3\times10^{-3}(mol\cdot L^{-1})$$

$$pH=14.00-pOH=14.00+\lg(1.3\times10^{-3})=11.11$$

此例其实就是酸碱电离理论中的一元弱酸强碱盐的水解(hydrolysis)问题,这里的$K^{\ominus}_b$又称为水解常数,常用$K^{\ominus}_h$表示。

【例题 6.6】 计算 1.0×10^{-6} mol · L^{-1} NH_4Cl 溶液的 pH。已知 $K^{\ominus}_{b,NH_3}=1.8\times10^{-5}$。

解 $K^{\ominus}_{b,NH_3}=1.8\times10^{-5}$　　$K^{\ominus}_{a,NH_4^+}=\frac{1.00\times10^{-14}}{1.8\times10^{-5}}=5.6\times10^{-10}$

$$cK^{\ominus}_{a,NH_4^+}=1.0\times10^{-6}\times5.6\times10^{-10}=5.6\times10^{-16}<20K^{\ominus}_w=2.0\times10^{-13}$$

$$c=1.0\times10^{-6}mol\cdot L^{-1}>400K^{\ominus}_{a,NH_4^+}=2.2\times10^{-7}$$

所以应用式(6.15)计算

$$[H_3O^+]=\sqrt{K^{\ominus}_w+cK^{\ominus}_{a,NH_4^+}}=\sqrt{1.0\times10^{-14}+1.0\times10^{-6}\times5.6\times10^{-10}}$$

$$[H_3O^+]=1.03\times10^{-7}(mol\cdot L^{-1})$$

pH=6.99　　　　溶液仍呈微酸性

如用最简式计算,结果又如何?

此例其实就是酸碱电离理论中的一元强酸弱碱盐的水解(hydrolysis)问题,这里的$K^{\ominus}_a$也称为水解常数,也用$K^{\ominus}_h$表示。

4. 多元弱酸(碱)的解离平衡及 pH 的计算

以二元弱酸(H_2A)为例,其水溶液中的平衡有

$$H_2O+H_2O \rightleftharpoons H_3O^+ + OH^- \qquad K^{\ominus}_w=[H_3O^+][OH^-]$$

$$H_2A+H_2O \rightleftharpoons HA^- + H_3O^+ \qquad K^{\ominus}_{a_1}=\frac{[H_3O^+][HA^-]}{[H_2A]}$$

$$HA^- +H_2O \rightleftharpoons A^{2-} + H_3O^+ \qquad K^{\ominus}_{a_2}=\frac{[H_3O^+][A^{2-}]}{[HA^-]}$$

其质子条件式为

$$[H_3O^+]=[HA^-]+2[A^{2-}]+[OH^-]$$

可得到

$$[H_3O^+]=\frac{[H_2A]K^{\ominus}_{a_1}}{[H_3O^+]}+2\frac{K^{\ominus}_{a_1}K^{\ominus}_{a_2}[H_2A]}{[H_3O^+]^2}+\frac{K^{\ominus}_w}{[H_3O^+]}$$

整理后可得

$$[H_3O^+]=\frac{[H_2A]K^{\ominus}_{a_1}}{[H_3O^+]}\left(1+2\frac{K^{\ominus}_{a_2}}{[H_3O^+]}\right)+\frac{K^{\ominus}_w}{[H_3O^+]} \qquad (6.16)$$

式(6.16)为计算二元弱酸溶液 H_3O^+ 浓度的精确式。但此方程很难求解,在一般计算中,可以近似处理。对于二元酸,一般 $K^{\ominus}_{a_1}\gg K^{\ominus}_{a_2}$,相对于一级解离来说,二级解离可以略而不计。一般以 $2K^{\ominus}_{a_2}/\sqrt{cK^{\ominus}_{a_1}}\leqslant0.05$ 为判断标准,若成立,则二级解离可以忽略。这样多元酸就可简化为一元酸处理,可以得到与一元酸同样的 pH 的计算公式。另外,若

$cK_{a_1}^{\ominus} \geqslant 20K_w^{\ominus}$，还可以忽略水解离出的 H_3O^+。在忽略水的解离及酸的二级解离的情况下，式(6.16)可以近似为

$$[H_3O^+]=\sqrt{K_{a_1}^{\ominus}[H_2A]} \tag{6.17}$$

【例题 6.7】 计算 0.10mol·L^{-1}丁二酸溶液的 pH。已知 $K_{a_1}^{\ominus}=10^{-4.21}$，$K_{a_2}^{\ominus}=10^{-5.64}$。

解 因为

$$2K_{a_2}^{\ominus}/\sqrt{cK_{a_1}^{\ominus}}=\frac{2\times10^{-5.64}}{\sqrt{0.10\times10^{-4.21}}}=1.85\times10^{-3}<0.05$$

$$cK_{a_1}^{\ominus}\geqslant 20K_w^{\ominus}$$

所以可按一元酸处理，并可忽略水的解离。

又因为

$$c/K_{a_1}^{\ominus}=0.10/10^{-4.21}=10^{3.21}>400$$

所以可用最简式计算

$$[H_3O^+]=\sqrt{K_{a_1}^{\ominus}c}=\sqrt{10^{-4.21}\times0.10}=10^{-2.61}(\text{mol}\cdot\text{L}^{-1})$$

$$\text{pH}=2.61$$

对于多元弱碱也可得到类似于多元弱酸的 pH 计算公式。请读者自己推导。

5. *两性溶液的解离平衡及 pH 的计算*

在溶液中既能给出质子又能接受质子的物质称为两性物质，如水、HCO_3^-、$H_2PO_4^-$、HPO_4^{2-}、生命的基本物质氨基酸等都是两性物质。

以 $c$mol·L^{-1}NaHA 为例讨论其 pH 的计算过程。溶液中的酸碱平衡有

$$H_2O+H_2O \rightleftharpoons H_3O^+ +OH^- \qquad K_w^{\ominus}=[H_3O^+][OH^-]$$

$$HA^- +H_2O \rightleftharpoons H_2A+OH^- \qquad K_{b_2}^{\ominus}=\frac{[OH^-][H_2A]}{[HA^-]}$$

$$HA^- +H_2O \rightleftharpoons A^{2-} +H_3O^+ \qquad K_{a_2}^{\ominus}=\frac{[H_3O^+][A^{2-}]}{[HA^-]}$$

其质子条件式为

$$[H_3O^+]+[H_2A]=[A^{2-}]+[OH^-]$$

结合平衡常数表达式可得

$$[H_3O^+]+\frac{K_{b_2}^{\ominus}[HA^-]}{[OH^-]}=\frac{K_{a_2}^{\ominus}[HA^-]}{[H_3O^+]}+\frac{K_w^{\ominus}}{[H_3O^+]}$$

即

$$[H_3O^+]+\frac{[HA^-][H_3O^+]}{K_{a_1}^{\ominus}}=\frac{K_{a_2}^{\ominus}[HA^-]}{[H_3O^+]}+\frac{K_w^{\ominus}}{[H_3O^+]}$$

整理后可得

$$[H_3O^+]=\sqrt{\frac{K_{a_2}^{\ominus}[HA^-]+K_w^{\ominus}}{1+[HA^-]/K_{a_1}^{\ominus}}} \tag{6.18}$$

式(6.18)为两性物质 pH 计算的精确式。但[HA$^-$]未知，计算起来比较困难，可以作相应的简化近似。因为 HA^-得、失质子的产物 A^{2-} 和 H_2A 又会中和生成 HA^-，所以其得、失质子的反应程度都很小，因此[HA$^-$]≈c。式(6.18)可近似为

$$[H_3O^+]=\sqrt{\frac{cK_{a_2}^{\ominus}+K_w^{\ominus}}{1+c/K_{a_1}^{\ominus}}} \tag{6.19}$$

若 $cK_{a_2}^{\ominus}\geqslant 20K_w^{\ominus}$，则可忽略水解离出的 H_3O^+。式(6.19)近似为

$$[H_3O^+]=\sqrt{\frac{cK_{a_2}^{\ominus}}{1+c/K_{a_1}^{\ominus}}} \tag{6.20}$$

若 $c/K_{a_1}^{\ominus}\geqslant 20$，则式(6.20)分母中的"1"可以忽略，可得最简式

$$[H_3O^+]=\sqrt{K_{a_1}^{\ominus}K_{a_2}^{\ominus}} \tag{6.21}$$

其 pH 可计算如下：

$$pH=\frac{1}{2}(pK_{a_1}^{\ominus}+pK_{a_2}^{\ominus}) \tag{6.22}$$

【例题 6.8】 计算 0.10mol · L^{-1} $NaHCO_3$ 溶液的 pH。已知 $K_{a_1}^{\ominus}=10^{-6.35}$，$K_{a_2}^{\ominus}=10^{-10.25}$。

解 因为 $cK_{a_2}^{\ominus}=10^{-10.25}\times 0.10=10^{-11.25}>20K_w^{\ominus}$

$$c/K_{a_1}^{\ominus}=0.10/10^{-6.35}=10^{5.35}>20$$

所以可用最简式

$$pH=\frac{1}{2}(pK_{a_1}^{\ominus}+pK_{a_2}^{\ominus})=\frac{1}{2}(6.35+10.25)=8.30$$

【例题 6.9】 计算 0.10mol · L^{-1} NaH_2PO_4 和 0.10mol · L^{-1} Na_2HPO_4 溶液的 pH。已知 $K_{a_1}^{\ominus}=10^{-2.15}$，$K_{a_2}^{\ominus}=10^{-7.20}$，$K_{a_3}^{\ominus}=10^{-12.35}$。

解 (1) NaH_2PO_4

$$cK_{a_2}^{\ominus}=10^{-7.20}\times 0.10=10^{-8.20}>20K_w^{\ominus}$$

$$c/K_{a_1}^{\ominus}=0.10/10^{-2.15}=10^{1.15}<20$$

所以只可忽略水的解离，用近似式(6.20)计算

$$[H_3O^+]=\sqrt{\frac{cK_{a_2}^{\ominus}}{1+c/K_{a_1}^{\ominus}}}=\sqrt{\frac{0.10\times 10^{-7.20}}{1+0.10/10^{-2.15}}}=10^{-4.69}(\text{mol}\cdot\text{L}^{-1})$$

$$pH=4.69$$

(2) Na_2HPO_4

$$cK_{a_3}^{\ominus}=10^{-12.35}\times 0.10=10^{-13.35}<20K_w^{\ominus}$$

$$c/K_{a_2}^{\ominus}=0.10/10^{-7.20}=10^{6.20}>20$$

所以可忽略式(6.19)分母中的"1"，但不能忽略分子中的 $K_w^{\ominus}$，则有

$$[H_3O^+]=\sqrt{\frac{cK_{a_3}^{\ominus}+K_w^{\ominus}}{c/K_{a_2}^{\ominus}}}=\sqrt{\frac{0.10\times 10^{-12.35}+1.0\times 10^{-14}}{0.10/10^{-7.20}}}=10^{-9.73}(\text{mol}\cdot\text{L}^{-1})$$

$$pH=9.73$$

两性化合物 HA^- 在溶液中的存在形式与二元酸(H_2A)、二元碱(A^{2-})中相同，均为 H_2A、HA^- 和 A^{2-} 三种，但不同溶液中三者的平衡浓度是不同的。

6. 中和反应过程中溶液 pH 的计算

中和反应过程就是将酸加入碱溶液中或将碱加入酸溶液中。在酸或碱溶液中加入碱或酸时，可能具有两种情况：一种是等量加入；另一种是非等量加入。下面讨论这两种情

况下溶液 pH 的计算方法。

1) 酸碱等量反应时溶液 pH 的计算

(1) 强酸强碱等量中和。例如，HCl 与等量的 NaOH 反应

$$HCl+NaOH =\!=\!= NaCl+H_2O$$

平衡时溶液中

$$[H_3O^+]=[OH^-]=10^{-7}(mol\cdot L^{-1})$$

$$pH=7.00$$

(2) 强酸(碱)与弱碱(酸)等量中和。例如，HCl 与 $NH_3\cdot H_2O$ 等量反应

$$HCl+NH_3 =\!=\!= NH_4Cl$$

溶液的 pH 可按一元弱酸 NH_4^+ 来计算。

再如，NaOH 与 HAc 等量反应

$$NaOH+HAc =\!=\!= NaAc+H_2O$$

溶液的 pH 可按一元弱碱 Ac^- 来计算。

(3) 弱酸与弱碱等量中和。例如，NH_3 与 HAc 等量反应

$$HAc+NH_3 =\!=\!= NH_4Ac$$

生成 NH_4Ac 溶液。这是一个两性溶液，可由质子条件推得计算 pH 的最简公式为

$$[H_3O^+]=\sqrt{K^{\ominus}_{a,HAc}K^{\ominus}_{a,NH_4^+}}$$

2) 酸碱非等量混合时溶液 pH 的计算

(1) 强酸强碱混合。如强酸过量，可按剩余酸量计算溶液的 pH；如强碱过量，可按剩余碱量计算溶液的 pH。

(2) 强酸(碱)与弱碱(酸)混合。若强酸(碱)过量，可按剩余强酸(碱)与生成的弱酸(碱)的混合溶液计算溶液的 pH。例如，过量的 HCl(或 NaOH)与 NH_3(或 HAc)反应

$$HCl+NH_3 =\!=\!= NH_4Cl$$

$$NaOH+HAc =\!=\!= NaAc+H_2O$$

可分别按 $HCl+NH_4^+$ 和 NaOH+NaAc 混合溶液计算 pH。在此情况下，一般可忽略生成的弱酸(碱)对溶液 pH 的影响，只按剩余的强酸(碱)计算 pH 即可。

若弱酸(碱)过量，如 NaOH(或 HCl)与过量的 HAc (或 NH_3)反应，生成的 NH_4^+(或 Ac^-)将与过量的 NH_3(或 HAc)形成共轭酸碱对的溶液。此时，可按共轭酸碱对溶液或缓冲溶液计算 pH。

(3) 弱酸与弱碱混合。若弱酸过量，如过量的 HAc 与 NH_3 混合

$$HAc+NH_3 =\!=\!= NH_4Ac$$

反应后溶液主要为 $HAc+Ac^-+NH_4^+$ 的溶液，一般可按 HAc-Ac^- 共轭酸碱对溶液或缓冲溶液计算溶液的 pH。

若弱碱过量，如 HAc 与过量的 $NH_3\cdot H_2O$ 混合，反应后主要为 $Ac^-+NH_3+NH_4^+$ 的溶液。此时，一般可按 NH_3-NH_4^+ 共轭酸碱对溶液或缓冲溶液计算 pH。

6.3.2 溶液中酸碱各种存在形式的平衡浓度计算

酸(或碱)在溶液中，由于存在解离平衡，通常以多种形式存在，如多元弱酸 H_nA 在溶

液中存在 H_nA、$H_{n-1}A$、$H_{n-2}A$、…、HA、A 等 $(n+1)$ 种形式(为方便书写,省写了电荷)。当溶液达到解离平衡时,各种存在形式的平衡浓度可以通过分布系数来计算。分布系数定义为某一组分的平衡浓度占其总浓度的分数,以 δ_i 表示,则

$$\left.\begin{aligned} &\delta_{H_nA}=\frac{[H_nA]}{c} \qquad \delta_{H_{n-1}A}=\frac{[H_{n-1}A]}{c}\\ &\delta_{H_{n-2}A}=\frac{[H_{n-2}A]}{c} \qquad \cdots\\ &\delta_{HA}=\frac{[HA]}{c} \qquad \delta_{A}=\frac{[A]}{c}\end{aligned}\right\} \tag{6.23}$$

1. 一元弱酸(碱)的分布系数及各种存在形式平衡浓度的计算

以 HA 为例,在水溶液中,HA 具有 HA 和 A^- 两种存在形式,则二者的分布系数分别为

$$\delta_{HA}=\frac{[HA]}{c}=\frac{[HA]}{[HA]+[A^-]}=\frac{[H_3O^+]}{[H_3O^+]+K_a^\ominus}$$

$$\delta_{A^-}=\frac{[A^-]}{c}=\frac{[A^-]}{[HA]+[A^-]}=\frac{K_a^\ominus}{[H_3O^+]+K_a^\ominus}$$

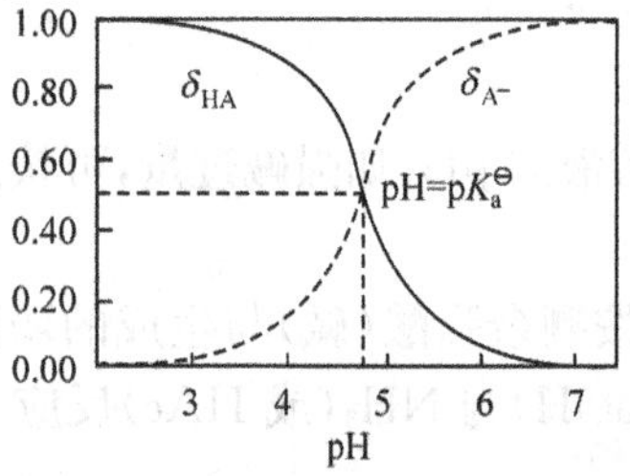

图 6.1　一元弱酸的分布曲线

可见分布系数只是 $[H_3O^+]$ 的函数。当溶液的 pH 固定时,分布系数是固定值。因此,分布系数与溶液的 pH 是一一对应的。这种一一对应关系可用图 6.1 来表示,称为分布曲线。

由图 6.1 可以看出 δ_{HA} 随 pH 增大而减小,δ_{A^-} 随 pH 增大而增大。两曲线相交于 $pH=pK_a^\ominus$,此时 $\delta_{HA}=\delta_{A^-}=0.5$,两种存在形体各占 50%。

由图 6.1 可查得各 pH 下的 δ_{HA} 和 δ_{A^-}。若已知此一元酸的分析浓度 c,则可以求出对应 pH 下两种存在形体的平衡浓度。例如,已知 HAc 的 $pK_a^\ominus=4.76$,若 $c=0.10mol\cdot L^{-1}$,则当 pH=4.76 时,$[HAc]=[Ac^-]=\delta_{HAc}c=0.50\times0.10=0.050(mol\cdot L^{-1})$;当 pH=10.00 时,$\delta_{Ac^-}\approx1.0$,$\delta_{HAc}=5.7\times10^{-6}$,$[Ac^-]\approx1.0\times0.10=0.10(mol\cdot L^{-1})$,$[HAc]\approx0.10\times5.7\times10^{-6}=5.7\times10^{-7}(mol\cdot L^{-1})$。

对于一元弱碱,可以得到同样的分布系数方程式。因为在质子理论中,酸和碱是共轭的、统一的。例如,在 NaAc 溶液中和在 HAc 溶液中,有关的存在形式都是 HAc 和 Ac^-,所以两种溶液中 HAc 和 Ac^- 的分布系数表达式都是一样的。如果两种溶液的 pH 也一样,则它们的分布系数也相同。

【例题 6.10】 计算 $0.10mol\cdot L^{-1}$ NH_4Cl 溶液中的 $[NH_4^+]$ 和 $[NH_3]$。已知 $pK_b^\ominus=4.76$。

解　因为 $pK_{b,NH_3}^\ominus=4.76$,所以 $pK_{a,NH_4^+}^\ominus=14.00-4.76=9.24$,则

$$cK_{a,NH_4^+}^\ominus=0.10\times10^{-9.24}=10^{-10.24}>20K_w^\ominus$$

$$c=0.10>400K_{a,NH_4^+}^\ominus=400\times10^{-9.24}=2.3\times10^{-7}$$

所以

$$[H_3O^+]=\sqrt{cK_{a,NH_4^+}^\ominus}=\sqrt{0.10\times10^{-9.24}}=10^{-5.12}(mol\cdot L^{-1})$$

$$\delta_{NH_4^+}=\frac{[H_3O^+]}{[H_3O^+]+K_a^{\ominus}}=\frac{10^{-5.12}}{10^{-5.12}+10^{-9.24}}\approx 1.0$$

$$\delta_{NH_3}=\frac{K_a^{\ominus}}{[H_3O^+]+K_a^{\ominus}}=\frac{10^{-9.24}}{10^{-5.12}+10^{-9.24}}=7.6\times10^{-5}$$

$$[NH_4^+]=1.0\times0.10=0.10(mol\cdot L^{-1})$$

$$[NH_3]=7.6\times10^{-5}\times0.10=7.6\times10^{-6}(mol\cdot L^{-1})$$

当然，分布系数也可以用$[OH^-]$和$K_b^{\ominus}$来表达，其关系式请读者推导。

2. 多元酸(碱)的分布系数及各种存在形式平衡浓度的计算

以二元酸H_2A溶液为例，其主要存在形式为H_2A、HA^-和A^{2-}，设其总浓度为$c$mol·L^{-1}，则

$$c=[H_2A]+[HA^-]+[A^{2-}]$$
$$=[H_2A]\left(1+\frac{K_{a_1}^{\ominus}}{[H_3O^+]}+\frac{K_{a_1}^{\ominus}K_{a_2}^{\ominus}}{[H_3O^+]^2}\right)$$

其分布系数为

$$\delta_{H_2A}=\frac{[H_2A]}{c}=\frac{[H_3O^+]^2}{[H_3O^+]^2+[H_3O^+]K_{a_1}^{\ominus}+K_{a_1}^{\ominus}K_{a_2}^{\ominus}}$$

$$\delta_{HA^-}=\frac{[HA^-]}{c}=\frac{[H_3O^+]K_{a_1}^{\ominus}}{[H_3O^+]^2+[H_3O^+]K_{a_1}^{\ominus}+K_{a_1}^{\ominus}K_{a_2}^{\ominus}}$$

$$\delta_{A^{2-}}=\frac{[A^{2-}]}{c}=\frac{K_{a_1}^{\ominus}K_{a_2}^{\ominus}}{[H_3O^+]^2+[H_3O^+]K_{a_1}^{\ominus}+K_{a_1}^{\ominus}K_{a_2}^{\ominus}}$$

二元弱酸的分布系数同样只取决于溶液的 pH。各存在形式的分布系数与 pH 是一一对应的，这种对应关系也可以用图 6.2 表示。由图 6.2 可以看出，在溶液的 $pH<pK_{a_1}^{\ominus}$时，H_2A为主要存在形式；当$pK_{a_1}^{\ominus}<pH<pK_{a_2}^{\ominus}$时，$HA^-$为主要存在形式；当$pH>pK_{a_2}^{\ominus}$时，$A^{2-}$为主要存在形式。

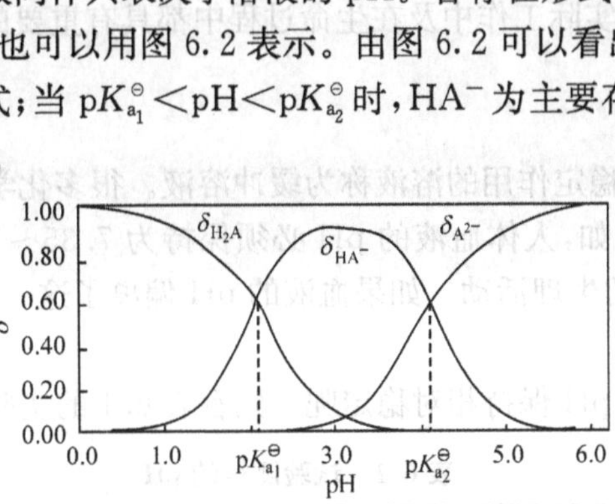

图 6.2 二元弱酸的分布曲线

有了各存在形式的分布系数和酸的分析浓度，就可以计算出对应酸度下各种形式的平衡浓度。

同样方法，可以推导出计算多元酸分布系数的通式为

$$\delta_{H_nA}=\frac{[H_3O^+]^n}{[H_3O^+]^n+[H_3O^+]^{n-1}K_{a_1}^{\ominus}+[H_3O^+]^{n-2}K_{a_1}^{\ominus}K_{a_2}^{\ominus}+\cdots+K_{a_1}^{\ominus}K_{a_2}^{\ominus}\cdots K_{a_n}^{\ominus}}$$

$$\delta_{H_{n-1}A^-}=\frac{[H_3O^+]^{n-1}K_{a_1}^{\ominus}}{[H_3O^+]^n+[H_3O^+]^{n-1}K_{a_1}^{\ominus}+[H_3O^+]^{n-2}K_{a_1}^{\ominus}K_{a_2}^{\ominus}+\cdots+K_{a_1}^{\ominus}K_{a_2}^{\ominus}\cdots K_{a_n}^{\ominus}}$$

$$\cdots$$

$$\delta_{A^{n-}}=\frac{K_{a_1}^{\ominus}K_{a_2}^{\ominus}\cdots K_{a_n}^{\ominus}}{[H_3O^+]^n+[H_3O^+]^{n-1}K_{a_1}^{\ominus}+[H_3O^+]^{n-2}K_{a_1}^{\ominus}K_{a_2}^{\ominus}+\cdots+K_{a_1}^{\ominus}K_{a_2}^{\ominus}\cdots K_{a_n}^{\ominus}}$$

与一元酸、碱一样，无论溶质是 H_nA、$H_{n-1}A^-$…，还是 A^{n-}，其分布系数表达式都是一样的。已知溶液的 pH，就可以计算出各形体的分布系数，进而可计算出各形体的平衡浓度。

6.4 酸碱解离平衡的移动

平衡是暂时的、相对的动态平衡，酸碱解离平衡也不例外。当外界条件发生变化时，旧的平衡被破坏，新的平衡将建立起来，这种"破旧立新"的过程就是平衡移动的过程。例如，在 HAc 溶液中加入强酸或 NaAc，因溶液中 H_3O^+ 或 Ac^- 浓度大大增加，使 HAc 的解离平衡

$$HAc+H_2O \rightleftharpoons H_3O^+ + Ac^-$$

向左移动，从而降低了 HAc 的解离度。又如，向 NH_3 溶液中加入强碱或 NH_4Cl，同样会使平衡

$$NH_3+H_2O \rightleftharpoons NH_4^+ + OH^-$$

向左移动。这种向电解质溶液中加入具有共同离子的强电解质，从而使解离平衡向左移动，降低弱电解质解离度的现象，称为同离子效应(common ion effect)。

酸碱平衡的移动在实际工作中及在生命过程中都具有重要的意义。

6.4.1 缓冲溶液

对溶液的 pH 具有稳定作用的溶液称为缓冲溶液。很多化学反应都必须在一定的酸度范围内才能进行。例如，人体血液的 pH 必须保持为 7.35～7.45，才能维持体内的酸碱平衡，从而保证正常的生理活动。如果血液的 pH 偏离了这一范围，将会导致各种各样的疾病。

如何才能使溶液的 pH 保持相对稳定呢？先看表 6.1 的实验结果。

表 6.1 试验测得的 pH

编 号	试验步骤	测得的 pH
1	将 5.0mL 0.20mol · L^{-1} HAc 与 5.0mL 0.20mol · L^{-1} NaAc 混合	4.84
2	在 1 号溶液中加入 0.10mL(2 滴)1.0mol · L^{-1} HCl 溶液	4.79
3	在 1 号溶液中加入 0.10mL(2 滴)1.0mol · L^{-1} NaOH 溶液	4.91
4	10.0mL 1.0×10^{-5}mol · L^{-1} HCl 溶液	5.00
5	在 4 号溶液中加入 0.10mL(2 滴)1.0mol · L^{-1} HCl 溶液	2.07
6	在 4 号溶液中加入 0.10mL(2 滴)1.0mol · L^{-1} NaOH 溶液	11.81

可以看出，在 1 号溶液中加入少量的强酸(2 号)或强碱(3 号)溶液之后，溶液的 pH 变化很小，而在 4 号溶液中加入少量的强酸(5 号)或强碱(6 号)溶液之后，溶液的 pH 变化很大。1 号溶液由弱酸碱的共轭酸碱对组成，这种溶液能够缓解外加少量酸碱或水对溶液 pH 的影响。这种能够保持溶液 pH 不发生显著变化的作用称为缓冲作用，具有这种作用的溶液称为缓冲溶液。缓冲溶液一般由弱酸碱的共轭酸碱对组成。

缓冲溶液具有保持溶液 pH 相对稳定的作用，是由酸碱解离平衡移动的原理所决定的。

共轭酸碱对溶液中存在的主要平衡为

$$HA+H_2O \rightleftharpoons H_3O^+ + A^-$$

当向体系中加入少量的强酸(H_3O^+)时，由于溶液中大量存在的 HA，使平衡向左移动受到抑制。同样，当向体系中加入少量的强碱(OH^-)时，由于溶液中大量存在的 A^-，使平衡向右移动受到抑制。这种双向同离子效应的相互抑制作用，使得向溶液中加入少量的强酸或强碱时，共轭酸碱对之间的平衡基本保持稳定，移动程度很小，所以溶液的 pH 基本不变。这就是缓冲溶液的缓冲机理。

关于缓冲溶液 pH 的计算，同样可以利用质子条件推导计算公式。

一元弱酸 HA(浓度为 c_a)与其共轭碱 A^-(浓度为 c_b)混合溶液的质子条件可写为

$$[HA]-c_a+[H_3O^+]=[OH^-] \quad (\text{以 } A^- \text{ 和 } H_2O \text{ 为零水准}) \tag{6.24}$$

或

$$[H_3O^+]=[OH^-]+[A^-]-c_b \quad (\text{以 HA 和 } H_2O \text{ 为零水准}) \tag{6.25}$$

因为

$$K_a^\ominus=\frac{[H_3O^+][A^-]}{[HA]}$$

所以

$$[H_3O^+]=K_a^\ominus\frac{[HA]}{[A^-]}$$

结合质子条件式可得

$$[H_3O^+]=K_a^\ominus\frac{c_a-[H_3O^+]+[OH^-]}{c_b+[H_3O^+]-[OH^-]} \tag{6.26}$$

式(6.26)为计算共轭酸碱混合溶液 pH 的精确式。与其他计算公式一样，可以简化处理。若溶液为酸性，一般$[H_3O^+]\gg[OH^-]$，式(6.26)可简化为近似式

$$[H_3O^+]=K_a^\ominus\frac{c_a-[H_3O^+]}{c_b+[H_3O^+]} \tag{6.27}$$

若溶液为碱性，一般$[H_3O^+]\ll[OH^-]$，式(6.26)可简化为

$$[H_3O^+]=K_a^\ominus\frac{c_a+[OH^-]}{c_b-[OH^-]} \tag{6.28}$$

对于缓冲溶液，要求酸及其共轭碱的浓度都较大，即缓冲溶液中 c_a，$c_b\gg[H_3O^+]$，$[OH^-]$。计算公式可简化为最简式

$$[H_3O^+]=K_a^{\ominus}\frac{c_a}{c_b} \quad 或 \quad pH=pK_a^{\ominus}-\lg\frac{c_{弱酸}}{c_{共轭碱}} \tag{6.29}$$

式(6.29)也可变为

$$[OH^-]=K_b^{\ominus}\frac{c_b}{c_a} \quad 或 \quad pOH=pK_b^{\ominus}-\lg\frac{c_{弱碱}}{c_{共轭酸}} \tag{6.30}$$

缓冲溶液在化学上具有广泛的应用，如在配位滴定法中，用 EDTA(乙二胺四乙酸，其酸根常用 Y 表示)当滴定剂，酸度对滴定的影响很大，而且滴定过程中有 H_3O^+ 生成，即

$$M+H_2Y+2H_2O \longrightarrow MY+2H_3O^+$$

如不加入缓冲溶液，滴定过程中溶液的酸度将会发生很大的变化，从而使滴定无法进行。

酸碱缓冲作用在自然界中是一种普遍现象：土壤的 pH 一般为 5～8，这是因为土壤中含有硅酸、磷酸、腐殖酸及它们的共轭碱等，形成了一种复合缓冲体系，适宜农作物的生长。在动植物体内也都含有复杂和特殊的缓冲体系维持着体液的 pH，以保证正常的生命活动，如人体血液中除含有血红蛋白和血浆蛋白等有机物缓冲体系外，还含有 HCO_3^--H_2CO_3、HPO_4^{2-}-$H_2PO_4^-$ 等重要的无机盐缓冲体系。例如，HCO_3^--H_2CO_3 可以中和人体内产生的有机酸，生成 H_2CO_3，进而分解为 CO_2，经呼吸系统排出体外。人体内这些缓冲溶液通过如下反应起到缓冲作用：

$$HCO_3^- + H_2O \rightleftharpoons H_2CO_3 + OH^-$$

$$H_2PO_4^- + OH^- \rightleftharpoons HPO_4^{2-} + H_2O$$

这些缓冲体系相互制约，使人体血液的 pH 始终维持在 7.40±0.05。超出这一范围就会导致不同程度的“酸中毒”或“碱中毒”；如果 pH 改变量超过 0.4pH 单位，患者就有生命危险。

需要说明的是缓冲溶液的缓冲能力具有一定的限度。由计算式(6.29)、式(6.30)可知，缓冲溶液的 pH 取决于共轭酸碱对的浓度比，即取决于 $c_{弱酸}/c_{共轭碱}$(或 $c_{弱碱}/c_{共轭酸}$)。只有当这一比值改变量不大时，溶液的 pH 才不会有大的变化。要保证缓冲溶液具有较大的缓冲能力必须做到如下几点：

(1) 适当提高共轭酸碱对的浓度。在实际工作中往往需要将溶液的 pH 控制在一定的范围，而不是控制在某一固定值，因此通常共轭酸碱对的浓度也不必过高，这样不仅可以节省试剂，也可以减少由于浓度过高而对化学反应可能造成的不利影响和操作上的麻烦。一般当共轭酸碱的浓度比为1∶1时，其浓度控制在 0.1～1mol·L^{-1} 为宜，此时 $pH=pK_a^{\ominus}$。在 1L 这样的溶液中加入 0.01mol 强酸或强碱，溶液的 pH 改变不过在 0.01～0.1 pH 单位。这样的溶液具有较好的缓冲作用。

(2) 共轭酸碱对的浓度要接近。一般浓度比为 1∶1 或接近这一比值配制的缓冲溶液具有较大的缓冲能力。实验证明：常用缓冲溶液共轭酸碱对的浓度比为 1∶1 时，效果最好。一般配制缓冲溶液时，共轭酸碱对的浓度比保持在(10∶1)～(1∶10)，其相应的 pH 及 pOH 变化范围

$$pH=pK_a^{\ominus}\pm 1 \quad 或 \quad pOH=pK_b^{\ominus}\pm 1 \tag{6.31}$$

称为缓冲溶液的有效缓冲范围，简称缓冲范围。各体系相应的缓冲范围是以其 $pK_a^{\ominus}$ 或

$pK_b^\ominus$ 为中心的，这为选择和配制缓冲溶液提供了理论依据。例如，要配制pH=9.0的缓冲溶液，可以选择 NH_3-NH_4Cl 缓冲体系（$pK_a^\ominus$=9.26），而不能选择 HAc-NaAc 缓冲体系（$pK_a^\ominus$=4.75）。常用缓冲溶液及其缓冲范围列于表 6.2 中。

表 6.2 常用缓冲溶液及其缓冲范围

缓冲溶液	共轭酸碱对	$pK_a^\ominus$	缓冲范围
HCOOH-NaOH	$HCOOH$-$HCOO^-$	3.74	2.74～4.74
CH_3COOH-CH_3COONa	HAc-Ac^-	4.76	3.76～5.76
NaH_2PO_4-Na_2HPO_4	$H_2PO_4^-$-HPO_4^{2-}	7.20	6.20～8.20
$Na_2B_4O_7$-HCl	H_3BO_3-$H_2BO_3^-$	9.24	8.24～10.24
$NH_3 \cdot H_2O$-NH_4Cl	NH_3-NH_4^+	9.24	8.24～10.24
$NaHCO_3$-Na_2CO_3	HCO_3^--CO_3^{2-}	10.25	9.25～11.25
Na_2HPO_4-NaOH	HPO_4^{2-}-PO_4^{3-}	12.35	11.35～13.35

【例题 6.11】 300mL 0.400mol·L^{-1} H_3PO_4 和 200mL 0.200mol·L^{-1} NaOH 溶液混合，计算该溶液的 pH。已知 H_3PO_4：$K_{a_1}^\ominus=7.1\times10^{-3}$，$K_{a_2}^\ominus=6.3\times10^{-8}$，$K_{a_3}^\ominus=4.5\times10^{-13}$。

解 H_3PO_4 过量较多，反应后生成产物为 NaH_2PO_4，反应后体系中

$$c_{H_3PO_4}=(300\times0.400-200\times0.200)/500=0.160(\text{mol}\cdot\text{L}^{-1})$$

$$c_{NaH_2PO_4}=200\times0.200/500=0.0800(\text{mol}\cdot\text{L}^{-1})$$

因为 H_3PO_4 是中等强度的酸，所以尽管体系是 H_3PO_4 和 $H_2PO_4^-$ 共轭酸碱对组成，也不能直接用缓冲溶液的最简式来计算。可用酸性溶液近似式(6.27)计算，即

$$[H_3O^+]=K_{a_1}^\ominus\frac{c_a-[H_3O^+]}{c_b+[H_3O^+]}$$

整理得

$$[H_3O^+]^2+(c_b+K_{a_1}^\ominus)[H_3O^+]-c_aK_{a_1}^\ominus=0$$

将已知数据代入得

$$[H_3O^+]^2+0.0871[H_3O^+]-0.00114=0$$

解得

$$[H_3O^+]=0.0116(\text{mol}\cdot\text{L}^{-1})\qquad pH=1.94$$

如用最简式计算，结果为 $pH=-\lg(7.1\times10^{-3})-\lg(0.160/0.0800)=1.85$，计算误差较大。

【例题 6.12】 已知 $K_{a,HF}^\ominus=6.8\times10^{-4}$。将 50.0mL 0.10mol·$L^{-1}$ HCl 与 50.0mL 0.20 mol·L^{-1} NaF 混合，计算该混合溶液的 pH。若在上述混合溶液中加入 10.0mL 0.10mol·L^{-1} NaOH 溶液，其 pH 改变多少？如果改加 10.0mL 0.10mol·L^{-1} HCl，pH 又如何改变？

解 (1) 50.0mL 0.10mol·L^{-1} HCl 与 50.0mL 0.20mol·L^{-1} NaF 混合，形成 HF-F^- 缓冲体系

$$c_{F^-}=(0.20\times50.0-0.10\times50.0)/100=0.050(\text{mol}\cdot\text{L}^{-1})$$

$$c_{HF}=0.10\times50.0/100=0.050(\text{mol}\cdot\text{L}^{-1})$$

所以

$$pH=-\lg(6.8\times10^{-4})-\lg(0.050/0.050)=3.17$$

(2) 在上述混合溶液中加入 10.0mL 0.10mol·L^{-1} NaOH 溶液后

$$c_{HF}=(0.050\times100.0-10.0\times0.10)/110=0.0364(\text{mol}\cdot\text{L}^{-1})$$

$$c_{F^-}=(0.050\times100.0+10.0\times0.10)/110=0.0546(mol\cdot L^{-1})$$

此时

$$pH=-lg(6.8\times10^{-4})-lg(0.0364/0.0546)=3.36$$

(3) 如果改加 10.0mL 0.10mol · L^{-1} HCl,加入后

$$c_{HF}=(0.050\times100.0+10.0\times0.10)/110=0.0546(mol\cdot L^{-1})$$

$$c_{F^-}=(0.050\times100.0-10.0\times0.10)/110=0.0364(mol\cdot L^{-1})$$

此时

$$pH=-lg(6.8\times10^{-4})-lg(0.0546/0.0364)=2.99$$

【例题 6.13】 欲配制 pH=9.20、$c_{NH_3}=1.0mol\cdot L^{-1}$的缓冲溶液 500mL,如何用浓 $NH_3\cdot H_2O$ ($15mol\cdot L^{-1}$)和固体 NH_4Cl 配制? 已知 $pK^{\ominus}_{b,NH_3}=4.76$,$M_{NH_4Cl}=53.5g\cdot mol^{-1}$。

解 $pH=9.20,pOH=14.00-9.20=4.80=pK_b^{\ominus}-lg\dfrac{c_{NH_3}}{c_{NH_4^+}}$

所以

$$lg\frac{c_{NH_3}}{c_{NH_4^+}}=4.76-4.80=-0.040 \qquad \frac{c_{NH_3}}{c_{NH_4^+}}=0.91$$

当 $c_{NH_3}=1.0\ mol\cdot L^{-1}$时,$c_{NH_4Cl}=1.1mol\cdot L^{-1}$,配制 500mL 溶液,应称取固体 NH_4Cl 的质量为

$$1.1\times500\times10^{-3}\times53.5=29(g)$$

需要浓 $NH_3\cdot H_2O(15mol\cdot L^{-1})$的体积

$$V_{NH_3\cdot H_2O}=1.0\times500/15=33(mL)$$

配制方法:称取 29g 固体 NH_4Cl 用少量的水溶解,加入 33mL 浓 $NH_3\cdot H_2O$ 中,然后加水至 500mL。

【例题 6.14】 欲配制 pH=4.70 的缓冲溶液 500mL,需用 50mL 1.0mol · L^{-1} NaOH 和多少体积的 1.0mol · L^{-1} HAc 混合? 需加水多少? 已知 $K^{\ominus}_{a,HAc}=1.75\times10^{-5}$。

解 $pH=pK_a^{\ominus}-lg c_{HAc}/c_{NaAc}$

所以

$$4.70=-(lg1.75\times10^{-5})-lg(c_{HAc}/c_{NaAc})$$

可得

$$c_{HAc}/c_{NaAc}=1.14$$

用 50mL 1.0mol · L^{-1} NaOH 与 HAc 混合,生成 NaAc 的量应为

$$50\times1.0=0.050(mol)$$

则剩余 HAc 的量应为 $0.050\times1.14=0.057(mol)$

所以 HAc 的总用量为 $0.050+0.057=0.107(mol)$

因 HAc 浓度为 1.0mol · L^{-1},所以需要 HAc 的体积为 0.107L=107mL,混合溶液中需加入水的体积为

$$V_{H_2O}=500-50-107=343(mL)$$

6.4.2 酸碱指示剂

酸碱指示剂(acid-base indicator)是一些有机弱酸或弱碱,其结构相对较为复杂,当溶液的 pH 变化达到某一固定值时,其结构发生突变,导致颜色的变化。根据它的这一性质,可以用其作为指示剂以指示溶液的 pH。

通常以 HIn 代表指示剂的酸式结构,其共轭碱 In^- 代表指示剂的碱式结构,则指示剂

在水溶液中的解离平衡可写为

$$HIn + H_2O \rightleftharpoons H_3O^+ + In^-$$

其平衡常数为

$$K_{HIn}^{\ominus} = \frac{[H_3O^+][In^-]}{[HIn]}$$

可改写为

$$\frac{[In^-]}{[HIn]} = \frac{K_{HIn}^{\ominus}}{[H_3O^+]} \tag{6.32}$$

溶液的颜色取决于酸式色与碱式色的相对浓度，而这两种形式的浓度比又取决于指示剂的 $K_{HIn}^{\ominus}$ 和溶液的 pH。在一定的条件下 $K_{HIn}^{\ominus}$ 值是固定的，因此溶液的颜色变化是由溶液的 pH 决定的。但人眼对各种颜色的敏感性不同，一般只有当酸式色是碱式色的 10 倍以上时，才能明显观察出酸式色，在碱式色为酸式色的 10 倍以上时，才能观察出碱式色，即

$$\frac{[In^-]}{[HIn]} = \frac{K_{HIn}^{\ominus}}{[H_3O^+]} > 10 \quad 或 \quad pH > pK_{HIn}^{\ominus} + 1 \quad 呈碱式色$$

$$\frac{[In^-]}{[HIn]} = \frac{K_{HIn}^{\ominus}}{[H_3O^+]} < \frac{1}{10} \quad 或 \quad pH < pK_{HIn}^{\ominus} - 1 \quad 呈酸式色$$

当 pH 介于 $pK_{HIn}^{\ominus} \pm 1$ 时，呈酸式色和碱式色的混合色。

当 pH 由 $pK_{HIn}^{\ominus} - 1$ 变化到 $pK_{HIn}^{\ominus} + 1$ 时，溶液的颜色由酸式色逐渐变为碱式色；反之，当溶液的 pH 由 $pK_{HIn}^{\ominus} + 1$ 变化到 $pK_{HIn}^{\ominus} - 1$ 时，溶液的颜色由碱式色逐渐变为酸式色。这一 pH 变化范围称为指示剂的变色范围。$pH = pK_{HIn}^{\ominus}$ 这一点称为变色点，如图 6.3 所示。

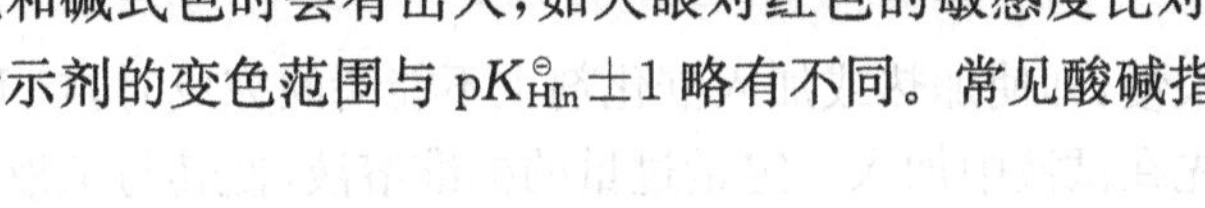

图 6.3 指示剂的变色范围

但实际上指示剂的变色范围并非正好如此，这是因为人眼对不同颜色的敏感程度不同，所以观察酸式色和碱式色时会有出入，如人眼对红色的敏感度比对黄色的敏感度要强。因此，实际上指示剂的变色范围与 $pK_{HIn}^{\ominus} \pm 1$ 略有不同。常见酸碱指示剂的变色范围见表 6.3。

表 6.3 几种常见酸碱指示剂的变色范围

指示剂	颜色			$pK_{HIn}^{\ominus}$	变色间隔
	酸式色	混合色	碱式色		
甲基橙(弱酸)	红	橙	黄	3.4	3.1～4.4
甲基红(弱酸)	红	橙	黄	5.0	4.4～6.2
溴百里酚蓝(弱酸)	黄	绿	蓝	7.3	6.0～7.6
百里酚蓝(二元弱酸)	红(H_2In)	橙	黄(HIn^-)	1.65(1)	1.2～2.8
	黄(HIn^-)	绿	蓝(In^{2-})	9.20(2)	8.0～9.6
酚酞(弱酸)	无色	粉红	红	9.1	8.2～10.0

6.5　酸碱滴定分析

6.5.1　滴定分析法

滴定分析法也称为容量分析法。这种方法是将一种已知浓度的试剂溶液(标准溶液),滴加到被测物质的溶液中,直到所加试剂与被测物质按化学计量定量反应完全,然后根据标准溶液的浓度和用量来计算被测物质的含量或浓度。

这种已知浓度的试剂溶液(标准溶液)称为“滴定剂”,将滴定剂从滴定管中滴加到待测物质溶液的过程称为“滴定”。滴定剂与被测物质按化学计量定量反应完全时称为“化学计量点”。化学计量点一般依据指示剂的变色来判断,指示剂变色时停止滴定,停止滴定时称为“滴定终点”。滴定终点与化学计量点不一定正好一致,其误差称为“终点误差”。

滴定分析通常用于测定常量组分(含量一般在1%以上)。有时也可用于测定微量组分。该方法测定的准确度较高,测定的相对误差一般不大于0.2%。

滴定分析方法是以化学反应为基础的,但并非所有的化学反应都可以用于滴定分析。适于滴定分析的化学反应应该具备一定的条件。

(1) 反应必须定量完成。这里“定量”有两个含义:一是反应必须按照固定的方程式进行,没有副反应;二是反应必须能够进行完全,通常要求达到99.9%左右。这是定量计算的基础。

(2) 反应速率要快。滴定分析要求反应能够瞬间完成。对于速率较慢的反应,有时可以通过加热或加入催化剂的方法来加速反应,以达到滴定分析的要求。

(3) 有方便确定化学计量点的方法,有合适的指示剂或仪器来确定。

满足上述条件的化学反应,可以作为滴定分析的基础,能够用直接滴定法,即直接用标准溶液滴加到待测物质的溶液中进行测定。

对于不满足上述条件的反应,就不能用直接的方法测定。这时可以采用下述方法进行测定。

1) 返滴定法

当反应速率很慢,即使加热或加入催化剂也不能瞬间完成时,就不能用直接滴定法测定了。此时可以先在试液中加入一定量过量的标准溶液,使其与试液中的待测组分反应,等反应完全后,再用另一种滴定剂滴定剩余的标准溶液,这种方法称为返滴定法。例如,Al^{3+}在溶液中以多种水合物的形式存在,与EDTA反应速率较慢,在测定时可以先加入一定量过量的EDTA标准溶液,使其与Al^{3+}反应完全后,再用Zn^{2+}或Cu^{2+}标准溶液滴定剩余的EDTA,即可得到Al^{3+}的含量或浓度。

有时反应没有合适的指示剂,如在酸性溶液中用$AgNO_3$滴定Cl^-,缺乏合适的指示剂,此时可先加入过量的$AgNO_3$标准溶液,再以Fe(Ⅲ)盐为指示剂,用NH_4SCN标准溶液返滴定过量的Ag^+,终点出现淡红色。

2) 置换滴定法

有些物质不能直接滴定,可以通过化学反应置换出一种能够被直接滴定的物质,然后用适当的滴定剂滴定，这种方法称为置换滴定法。例如，$Na_2S_2O_3$ 不能用来直接滴定 $K_2Cr_2O_7$ 等强氧化剂，因在酸性溶液中 $S_2O_3^{2-}$ 被氧化成 $S_4O_6^{2-}$ 及 SO_4^{2-} 等混合物，没有一定的定量关系。但可以在 $K_2Cr_2O_7$ 等强氧化剂的酸性溶液中加入过量的 KI，二者反应置换出定量的 I_2，然后再用 $Na_2S_2O_3$ 标准溶液进行滴定。这是一种常用的置换滴定方法。

3）间接滴定法

有些物质不能与滴定剂直接反应，如用 $KMnO_4$ 标准溶液测定溶液中的 Ca^{2+} 含量，二者不能直接反应。但可以通过一定的化学反应，如先在 Ca^{2+} 的溶液中加入 $C_2O_4^{2-}$，使其生成 CaC_2O_4 沉淀，然后用 H_2SO_4 将沉淀溶解，再用 $KMnO_4$ 标准溶液滴定与 Ca^{2+} 结合的 $C_2O_4^{2-}$，从而间接得到 Ca^{2+} 的量。这种方法称为间接滴定法。

通过返滴定法、置换滴定法和间接滴定法等，大大开拓了滴定分析法的应用范围。

6.5.2 酸碱滴定法

利用已知浓度的酸（或碱）测定未知浓度的碱（或酸），是酸碱反应的重要应用之一。这种利用已知浓度的酸碱测定未知浓度的碱或酸的方法，称为酸碱滴定法。酸碱滴定法的基础是酸碱反应。

在酸碱滴定过程中，随着滴定的不断进行，溶液的 pH 将不断变化。研究滴定过程中溶液 pH 的变化规律，对于指示剂的选择及进行准确滴定具有重要的意义。

1. 酸碱滴定过程中溶液 pH 的变化规律

酸碱滴定法主要是用强酸标准溶液作为滴定剂滴定强碱或弱碱，利用强碱标准溶液滴定强酸或弱酸。

滴定过程中，开始滴定至化学计量点前，被滴定的物质是过量的，其间溶液的 pH 可以根据被滴定物质的性质及反应产物的性质来计算。化学计量点时溶液的 pH 可以根据反应产物的性质来计算。化学计量点后，体系是滴定剂与反应产物的混合物，而反应产物一般是弱酸或弱碱，所以，此时溶液的 pH 主要取决于过量的滴定剂。整个滴定过程中溶液 pH 的计算，可以根据 6.3.1 中介绍的方法进行。

表 6.4 列出了用 $0.1000mol \cdot L^{-1}$ NaOH 标准溶液分别滴定 20.00mL $0.1000mol \cdot L^{-1}$ HCl 和 20.00mL $0.1000mol \cdot L^{-1}$ HAc 的一些数据。

表 6.4 用 $0.1000mol \cdot L^{-1}$ NaOH 标准溶液分别滴定 20.00mL $0.1000mol \cdot L^{-1}$ HCl 和 HAc 的数据

加入 NaOH 体积/mL	中和分数/%	剩余 HCl 或 HAc 体积/mL	过量 NaOH 体积/mL	pH_{HCl}	pH_{HAc}
0.00	0.00	20.00		1.00	2.87
18.00	90.00	2.00		2.28	5.70
19.80	99.00	0.20		3.30	6.73
19.98	99.90	0.02		4.31	7.74

续表

加入 NaOH 体积/mL	中和分数/%	剩余 HCl 或 HAc 体积/mL	过量 NaOH 体积/mL	pH_{HCl}	pH_{HAc}
20.00	100.0	0.00		7.00	8.72
20.02	100.1		0.02	9.70	9.70
20.20	101.0		0.20	10.70	10.70
22.00	110.0		2.00	11.70	11.70
40.00	200.0		20.00	12.50	12.50

可以看出，溶液的 pH 与滴定剂加入的体积或滴定百分数是一一对应的，这种一一对应关系可用图 6.4 表示。这种曲线称为滴定曲线。

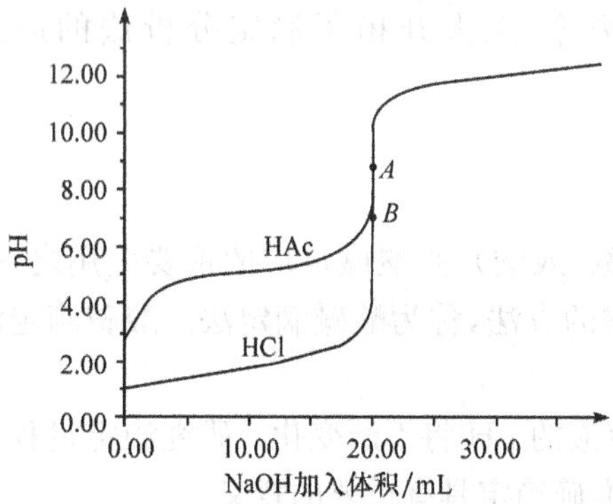

图 6.4 NaOH 滴定 HCl 和 HAc 的滴定曲线示意图

由图 6.4 可以看出，滴定开始时，由于溶液中存在着较多的酸，因此 pH 升高较缓慢，曲线平缓；随着滴定的进行，剩余酸的量逐渐减少，pH 逐渐增大；在化学计量点附近，由原来的酸性突然变化到碱性，溶液发生了质的变化，其 pH 也产生了突变。对于 HCl 来说，从滴定开始至滴定到 99.9%(19.98mL)，溶液的 pH 由 1.00 变化到 4.31，只改变了 3.31pH 单位，但从 99.9%(19.98mL，−0.1%误差)到 100.1%(20.02mL，+0.1%误差)，虽然只有 0.04mL 滴定剂（不到 1 滴，1 滴一般约为 0.05mL）之差，溶液的 pH 却从 4.31 提升到了 9.70，变化了 5.39 pH 单位。化学计量点前后±0.1%误差范围内这种 pH 的急剧变化，称为“滴定突跃”。在化学计量点之后，由于溶液的 pH 取决于过量的 NaOH，因此这一阶段 pH 变化又趋于缓慢。

对于 HAc 来说，其滴定过程与 HCl 类似，同样也具有滴定突跃，但二者不同的是①HAc开始的 pH 比 HCl 高；②滴定刚开始时，HAc 的 pH 变化较快，滴定到一定程度后，pH 基本不变化，随着滴定的不断进行，pH 又有明显提高，直到化学计量点前后产生滴定突跃，这是因为弱酸的滴定过程中，在化学计量点前，溶液是剩余弱酸与反应产物（其共轭碱）的混合溶液，开始时生成的共轭碱量较少，不足以起到缓冲作用，pH 变化较快，滴到一定程度后，形成了缓冲溶液，pH 基本不变，接近化学计量点时，剩余的酸量很少，又失去了缓冲作用，所以 pH 又提高；③弱酸（HAc）的滴定突跃比强酸（HCl）的小；④滴定强酸的化学计量点（*B* 点）的 pH=7.00，溶液呈中性，而弱酸滴定化学计量点（*A* 点）的 pH 在碱性范围内。

用强酸滴定强碱或弱碱，同样也可以得到它们的滴定曲线，如图 6.5 所示。滴定过程中同样具有 pH 突跃，只不过是随着滴定的不断进行，溶液的 pH 逐渐下降。滴定突跃是滴定分析的共同特征。

滴定突跃为指示剂的选择提供了依据。原则上，只要指示剂的变色范围全部或部分的落在滴定的突跃范围之内，就可以保证指示剂在突跃范围内变色。在突跃范围内停止滴定，就可以保证终点误差不大于±0.1%。要保证这一点，要求滴定曲线必须具有一定大小的突跃范围。如突跃范围太小，就不能保证指示剂在突跃范围内变色，也就不能借助指示剂判断终点了。实验证明，人眼能借助指示剂观察滴定终点的最小 pH 突跃范围为 0.3pH 单位。这就是酸碱能够直接滴定的必要条件。那么，什么样的酸、碱才能满足这一条件呢？影响滴定突跃范围的因素有哪些呢？

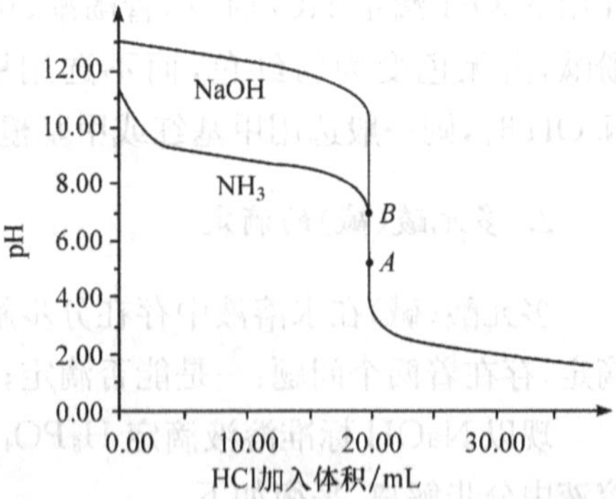

图 6.5 HCl 滴定 NaOH 和 NH_3 的滴定曲线示意图

滴定曲线图 6.4 和图 6.5 已经表明：滴定突跃范围的大小与酸、碱的强度有关。图 6.6 是用 NaOH 标准溶液滴定不同强度酸溶液的滴定曲线。可以看出，酸的强度越高，滴定的 pH 突跃范围就越大，反之，突跃范围就越小。当酸的$K_a^{\ominus}\leqslant10^{-9}$时，pH 滴定突跃就变得不明显了。另外，滴定突跃也与酸(碱)的浓度有关，图 6.7 是不同浓度 NaOH 滴定 HCl 溶液的滴定曲线。可以看出，溶液的浓度越大，滴定的突跃范围就越大。但实际工作中，滴定剂的浓度不能太高，也不能太低，一般控制为 0.01～1.0mol·L^{-1}。如浓度太低，滴定突跃会太小，不宜滴定；如浓度太高，终点时滴入的半滴或 1 滴滴定剂所含物质的量较多，也会引起较大的误差。

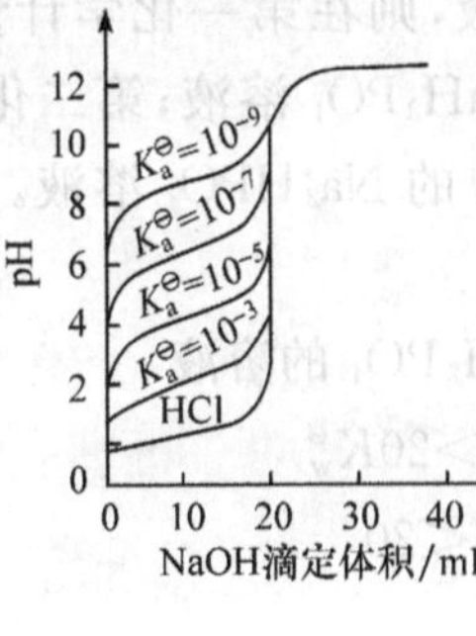

图 6.6 NaOH 标准溶液滴定 0.1000mol·L^{-1} 不同强度酸溶液的滴定曲线

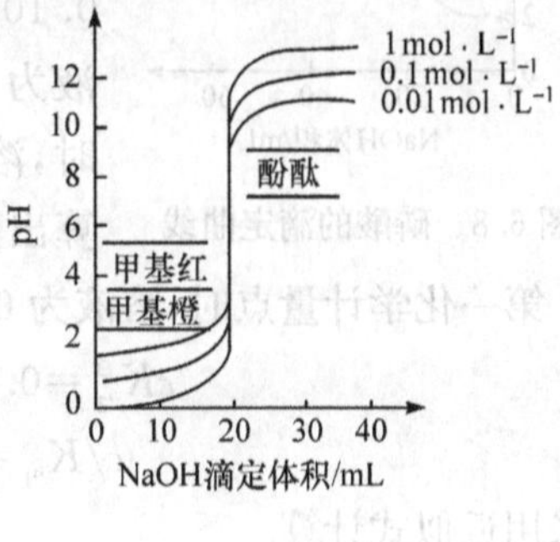

图 6.7 不同浓度 NaOH 滴定 HCl 溶液的滴定曲线

要保证滴定突跃范围 ΔpH≥0.3，终点误差不大于±0.1%，要综合考虑以上两种因素。一般要求 $cK_a^{\ominus}\geqslant10^{-8}$（或 $cK_b^{\ominus}\geqslant10^{-8}$），即只有满足这一条件的酸(或碱)，才能够用酸碱滴定法直接滴定，否则不能直接滴定。这是判断弱酸(碱)能否直接滴定的依据。因为滴定剂的浓度一般不大于 1.0mol·L^{-1}，所以在判断一种弱酸(或弱碱)能否被直接滴定时，直接由 $K_a^{\ominus}\geqslant10^{-8}$（或 $K_b^{\ominus}\geqslant10^{-8}$）来判断即可。

另外，需要指出的是在选择指示剂时，除了上面的原则外，还要注意选择的指示剂颜色应由浅变深，以有利于颜色变化的观察。例如，由无色变红色，很容易观察出来，但反过来，由红色变为无色时，则很难判断。这是由人眼对不同颜色的敏感度不同引起的，所以在用 NaOH 滴定 HCl 时，尽管酚酞、甲基红的变色范围都在突跃范围之内，但一般选用酚酞，由无色变为粉红色，而不选用甲基红（由红色变橙黄色）；反过来，用 HCl 滴定 NaOH 时，则一般选用甲基红或甲基橙做指示剂，由黄色变橙色。

2. 多元酸(碱)的滴定

多元酸(碱)在水溶液中存在分步解离的现象，因此，对于多元酸(碱)及混合酸(碱)的滴定，存在着两个问题：一是能否滴定；二是能否分步滴定或分别滴定。

现以 NaOH 标准溶液滴定 H_3PO_4 为例来说明多元酸(碱)的滴定问题。H_3PO_4 在水溶液中分步解离，平衡如下：

$$H_3PO_4 + H_2O \rightleftharpoons H_2PO_4^- + H_3O^+ \qquad K_{a_1}^{\ominus} = 7.1\times10^{-3}$$
$$H_2PO_4^- + H_2O \rightleftharpoons HPO_4^{2-} + H_3O^+ \qquad K_{a_2}^{\ominus} = 6.3\times10^{-8}$$
$$HPO_4^- + H_2O \rightleftharpoons PO_4^{3-} + H_3O^+ \qquad K_{a_3}^{\ominus} = 4.5\times10^{-13}$$

因为 $K_{a_1}^{\ominus}=7.1\times10^{-3}>10^{-8}$，$K_{a_2}^{\ominus}=6.3\times10^{-8}>10^{-8}$，所以前两个质子可以直接滴定，而 $K_{a_3}^{\ominus}=4.5\times10^{-13}<10^{-8}$，第三个质子不能直接滴定。NaOH 滴定 H_3PO_4 的滴定曲线见图 6.8，曲线出现了两个明显的突跃。

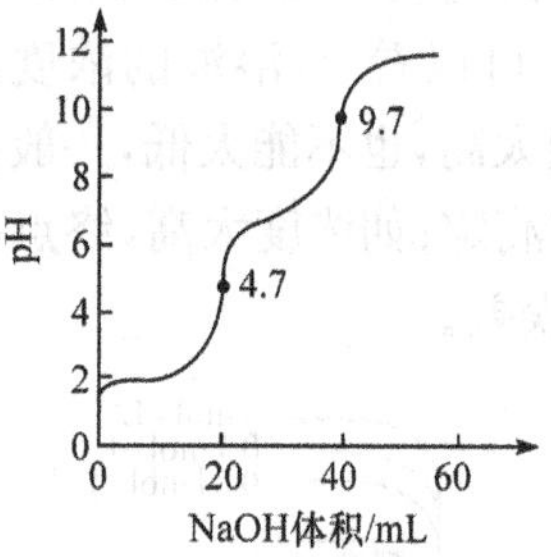

图 6.8　磷酸的滴定曲线

要准确地计算 H_3PO_4 的滴定曲线各点的 pH 是比较复杂的，化学工作者关心的是化学计量点时的 pH。若以 $0.1000\text{mol}\cdot\text{L}^{-1}$ NaOH 标准溶液滴定 20.00mL $0.1000\text{mol}\cdot\text{L}^{-1}$ H_3PO_4 溶液，则在第一化学计量点时，溶液为 $0.05000\text{mol}\cdot\text{L}^{-1}$ 的 NaH_2PO_4 溶液；第二化学计量点时，溶液为 $0.03333\text{mol}\cdot\text{L}^{-1}$ 的 Na_2HPO_4 溶液。由此可计算出两个化学计量点的 pH。

第一化学计量点时，溶液为 $0.05000\text{mol}\cdot\text{L}^{-1}$ 的 NaH_2PO_4 的溶液

$$cK_{a_2}^{\ominus}=0.05000\times10^{-7.20}=10^{-8.50}>20K_w^{\ominus}$$
$$c/K_{a_1}^{\ominus}=0.05000/10^{-2.15}=7.06<20$$

应采用近似式计算

$$[H_3O^+]=\sqrt{\frac{cK_{a_2}^{\ominus}}{1+c/K_{a_1}^{\ominus}}}=\sqrt{\frac{10^{-8.50}}{1+7.06}}=10^{-4.70}(\text{mol}\cdot\text{L}^{-1})$$
$$\text{pH}=4.70$$

如以甲基红为指示剂，终点由红变黄，测定误差约为 −0.5%。

第二化学计量点时，溶液为 $0.03333\text{mol}\cdot\text{L}^{-1}$ Na_2HPO_4 的溶液

$$cK_{a_3}^{\ominus}=0.03333\times10^{-12.35}=10^{-13.83}<20K_w^{\ominus}$$
$$c/K_{a_2}^{\ominus}=0.03333/10^{-7.20}=10^{5.72}>20$$

不能忽略水的解离，可用近似式计算

$$[H_3O^+]=\sqrt{\frac{cK_{a_3}^{\ominus}+K_w}{c/K_{a_2}^{\ominus}}}=\sqrt{\frac{10^{-13.83}+10^{-14.0}}{10^{5.72}}}=10^{-9.66}(\text{mol}\cdot\text{L}^{-1})$$

$$pH = 9.66$$

使用酚酞(变色点 pH=9.1)做指示剂,终点出现过早,可采用百里酚酞(变色点 pH=10.0)为指示剂,终点由无色变为浅蓝色,误差约为+0.2%。

用强碱滴定多元酸时,要分步滴定各个质子,要求其 $K_{a_1}^{\ominus}$、$K_{a_2}^{\ominus}$、$K_{a_3}^{\ominus}$…必须相差足够大。在多元酸的滴定中一般要求误差不大于0.5%,在这种要求下,一般判断多元酸能否分步滴定的条件为

$$K_{a_1}^{\ominus}/K_{a_2}^{\ominus} \geqslant 10^4 \tag{6.33}$$

满足这一条件的多元酸可以分步滴定,否则不能分步滴定。可以分步滴定的多元酸能滴定到第几步,其滴定曲线上就会出现几个滴定突跃,否则只有一个滴定突跃。例如,NaOH 滴定 H_3PO_4 有两个滴定突跃,但用 NaOH 滴定 $H_2C_2O_4$ 时,$K_{a_1}^{\ominus}=5.6\times10^{-2}$,$K_{a_2}^{\ominus}=5.4\times10^{-5}$,两个质子都可以被滴定,但因为$K_{a_1}^{\ominus}/K_{a_2}^{\ominus}=10^3<10^4$,所以不能分步滴定,在其滴定曲线上只有一个滴定突跃。

混合酸的滴定与多元酸类似,这里不多介绍。

6.5.3 酸碱滴定的应用实例

1. *混合碱的测定——双指示剂法*

NaOH 俗称烧碱,在生产、运输及储存的过程中易吸收空气中的 CO_2,形成部分的 Na_2CO_3。工业上的 Na_2CO_3 是 $NaHCO_3$ 经煅烧生产出来的,因此产品中常含有少量 $NaHCO_3$。这些混合物均称为混合碱。

混合碱中各组分的含量可以用酸碱滴定的方法来测定。通常采用的方法为双指示剂法。其方法步骤为称取一定量的试样,溶解后以酚酞作为指示剂,用 HCl 标准溶液滴定至粉红色刚好消失,记录消耗 HCl 标准溶液的体积为 V_1(mL),再加入甲基橙指示剂,继续用 HCl 标准溶液滴定至橙色,记录又消耗的 HCl 标准溶液的体积为 V_2(mL)。根据 V_1 与 V_2 的相对大小,即可以判断混合碱的组成及计算各组分的含量。滴定过程可简单图示为

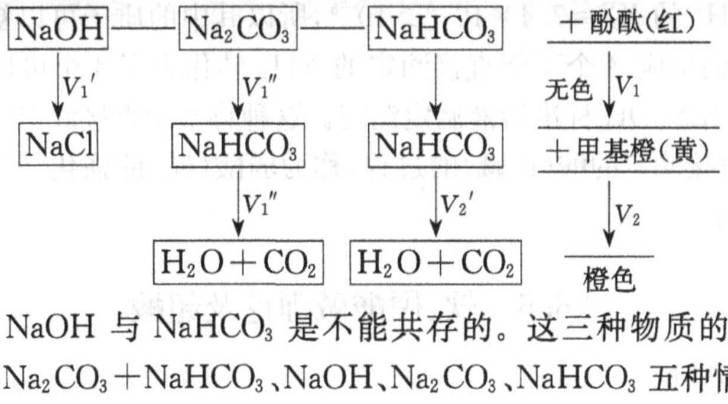

首先要明确,NaOH 与 $NaHCO_3$ 是不能共存的。这三种物质的共存关系可能有 $NaOH+Na_2CO_3$、$Na_2CO_3+NaHCO_3$、NaOH、Na_2CO_3、$NaHCO_3$ 五种情况。这五种情况可以通过 V_1 和 V_2 的大小关系来判断。

(1) 若 $V_1>V_2\neq0$,则样品为 NaOH 和 Na_2CO_3 的混合物,二者含量分别为

$$\text{NaOH 含量(\%)}=\frac{c_{HCl}(V_1-V_2)\times40.0}{1000m}\times100$$

$$Na_2CO_3\ 含量(\%)=\frac{c_{HCl}V_2\times 106.0}{1000m}\times 100$$

(2) 若 $0\neq V_1<V_2$，样品为 $NaHCO_3$ 和 Na_2CO_3 的混合物，各物种含量为

$$Na_2CO_3\ 含量(\%)=\frac{c_{HCl}V_1\times 106.0}{1000m}\times 100$$

$$NaHCO_3\ 含量(\%)=\frac{c_{HCl}(V_2-V_1)\times 84.0}{1000m}\times 100$$

(3) 若 $V_1=V_2\neq 0$，样品为 Na_2CO_3，其含量为

$$Na_2CO_3\ 含量(\%)=\frac{c_{HCl}V_1\times 106.0}{1000m}\times 100$$

(4) 若 $V_1=0, V_2\neq 0$，样品为 $NaHCO_3$，其含量为

$$NaHCO_3\ 含量(\%)=\frac{c_{HCl}V_2\times 84.0}{1000m}\times 100$$

(5) 若 $V_1\neq 0, V_2=0$，样品为 NaOH，其含量为

$$NaOH\ 含量(\%)=\frac{c_{HCl}V_1\times 40.0}{1000m}\times 100$$

式中，m 为试样的质量，单位为 g。

上面的分析表明，酸碱滴定的双指示剂法对于这类混合碱既可以进行定性分析，也可以进行定量测定。

2. 铵盐中铵氮含量的测定——甲醛法

肥料、土壤及许多化合物常需要测定其中的氮含量。酸碱滴定法测定氮，通常先将化合物中的氮处理转化为铵氮(NH_4^+)，其 $K_a^\ominus=5.7\times 10^{-10}<10^{-8}$，所以不能直接用 NaOH 标准溶液进行滴定。但可以根据 NH_4^+ 能与甲醛定量反应的性质，转化为可以直接滴定的酸，反应方程式为

$$4NH_4^+ + 6HCHO = (CH_2)_6N_4H^+ + 3H_3O^+ + 3H_2O$$

生成的$(CH_2)_6N_4H^+$的 $K_a^\ominus=7.4\times 10^{-6}>10^{-8}$，所以其中的质子可以被直接滴定。由此可见，通过与甲醛的反应，4 个不能直接滴定的 NH_4^+ 转化为了 4 个可以直接被滴定的质子酸。因此，可以用 NaOH 标准溶液滴定测定。这种将不能直接滴定的酸(或碱)通过化学反应转化为可直接滴定的酸(或碱)的过程，称为弱酸(碱)的强化。这种强化方法在滴定分析中经常用到。

*6.6 软、硬酸碱理论及超酸

6.6.1 软、硬酸碱理论

1. 软、硬酸碱基本概念

软、硬酸碱(soft hard acid base, SHAB)概念是皮尔逊(Pearson)在 1963 年提出的。根据酸和碱对电子对的接受能力及给予能力不同，将酸(碱)分为硬酸(碱)、软酸(碱)及交界酸(碱)。硬酸是指正电荷

高，半径小，对外层电子吸引力强的接受电子对的物种，如 H^+、Li^+、Be^{2+}、Mg^{2+}、Al^3、Fe^{3+} 等，一般是ⅠA、ⅡA、ⅢA 和ⅢB 族具有稀有气体电子结构的离子和氧化数大于+1 的第四周期过渡金属离子；软酸是指正电荷低（或电荷为零），半径大，对外层电子吸引力较弱的物种，如 Hg^{2+}、Cu^+、Ag^+、Au^+ 等，一般是较低氧化态的过渡金属离子和氧化数小于+3 的重过渡金属离子；交界酸是指介于两者之间的酸，如 Fe^{2+}、Cu^{2+}、Co^{2+} 等。硬碱是指原子的电负性大，对外层电子吸引力，难被氧化，即难失去电子的给电子对的物种，如 F^-、OH^- 等；软碱是指原子电负性小，对外层电子拉得不紧，易被氧化，即易失去电子的给电子对的物种，如 I^-、CN^- 等；交界碱是指介于两者之间的碱。表 6.5 和表 6.6 分别列出了部分软、硬酸碱及交界酸碱。

表 6.5 部分软、硬酸及交界酸

硬 酸	软 酸
H^+、Li^+、Na^+、K^+、Rb^+、Cs^+ Be^{2+}、Mg^{2+}、Ca^{2+}、Sr^{2+}、Ba^{2+} Sc^{3+}、Y^{3+}、La^{3+}、Ce^{3+}、Th^{4+}、U^{4+}、UO_2^{2+} Ti^{4+}、Zr^{4+}、Hf^{4+} VO^{2+}、Cr^{3+}、MoO^{3+}、WO^{3+}、Mn^{2+}、Fe^{3+}、Co^{3+} BF_3、BCl_3、$B(OR)_3$、Al^{3+}、AlF_3、Ga^{3+}、In^{3+} CO_2、Si^{4+}、Sn^{4+}、CH_3 基 As^{3+}、RPO_2^+、$ROPO_2^+$、SO_3、RSO_2^+、$ROSO_2^+$ Cl^{3+}、Cl^{7+}、I^{5+}、I^{7+}	Cu^+、Ag^+、Au^+、Zn^{2+}、Cd^{2+}、Hg^{2+}、Hg_2^{2+}、Pt^{2+}、Pd^{2+}、$(BH_3)_2$、$GaCl_3$、GaB_3、GaI_3、Tl^+、$Tl(CH_3)_3$、烯类、π 电子接受体（三硝基苯、氯苯胺、醌类、氰乙烯等）、Br_2、I_2、Br^+、I^+、HO^+、RO^+、RS^+、RSe^-、RTe^+、金属原子(M^0) **交界酸** Fe^{2+}、Co^{2+}、Ni^{2+}、Cu^{2+}、Zn^{2+}、Ru^{3+}、Rh^{3+}、Ir^{3+}、Os^{3+}、$B(CH_3)_3$、GaH_3、BBr_3、Sn^{2+}、Pb^{2+}、NO^+、Sb^{3+}、Bi^{3+}、SO_2

表 6.6 部分软、硬碱及交界碱

硬 碱	软 碱
F^-、Cl^-、H_2O、OH^-、O^{2-} ROH、R_2O、CH_3COO^- NH_3、RNH_2、N_2H_4 CO_3^{2-}、NO_3^- PO_4^{3-}、SO_4^{2-}、ClO_4^-	H^-、R^-、CN^-、CO、I^-、SCN^-（以 S 为配位原子）R_3P、$(RO)_3P$、R_3As、R_2S、RS^-、$S_2O_3^{2-}$、S^{2-}、C_2H_4、C_6H_6、RNC **交界碱** Br^-、NO_2^-、SO_3^{2-}、N_2、N_3^- C_5H_5N、$C_6H_5NH_2$、SCN^-（以 N 为配位原子）

这里说明如下：

(1) 在同一类软、硬酸中，其软、硬度也有差异。一般金属离子的电荷与离子半径的比值 Z/r 越大，酸的硬度就越强。例如，Be^{2+}、Mg^{2+}、Ca^{2+}、Sr^{2+}、Ba^{2+} 都是硬酸，其硬度大小顺序为 $Be^{2+}>Mg^{2+}>Ca^{2+}>Sr^{2+}>Ba^{2+}$。Zn、Cd、Hg 同属软酸，其软度顺序 Zn＜Cd＜Hg。

(2) 同一元素的原子，其氧化值不同，可属于不同类酸。例如，Fe^{3+} 为硬酸，Fe 为软酸，而 Fe^{2+} 为交界酸。

(3) 在分子或原子团中，取代基的电负性越大，电子对给予体或接受体原子的电子密度越小，其有效核电荷就越大，对价电子拉得更紧，其酸或碱的硬度也越大，反之，则硬度越小。例如，BF_3 和 BCl_3 同为硬酸，但 BF_3 的硬度比 BCl_3 强。

2. 软、硬酸碱规则

皮尔逊在提出软、硬酸碱概念的同时，提出了软、硬酸碱规则，即“硬亲硬，软亲软，软硬交界就不管”。意为硬酸倾向于与硬碱结合，软酸倾向于与软碱结合；交界酸（碱）与软、硬碱（酸）结合的倾向基本相同。即硬酸与硬碱、软酸与软碱形成的加合物最稳定；硬酸与软碱或软酸与硬碱形成的加合物较不稳定；而交界酸、碱之间，交界酸（碱）与软、硬碱（酸）之间形成的加合物稳定性差别不大。这就是软、硬酸碱规则，简称为 SHAB 规则。

应用软、硬酸碱规则能很好地解释化合物的稳定性、物质的溶解性及化学反应速率等化学现象。

处于高氧化态的元素（硬酸）可以通过与硬碱（如 F^-、OH^-、O^{2-} 等）结合而获得稳定，如 PtF_6^{2-}、ClO_4^-、H_4XeO_6 等都是可以稳定存在物种。相反，处于低氧化态的元素（软酸）可以通过与软碱（如 CO、C_2H_4、C_6H_6、R_3P 等）结合而趋于稳定，如 $Ni(CO)_4$、$K[PtCl(C_2H_4)]$ 等都可以稳定存在。再如，在自然界的矿物中，常见元素 Mg、Ca、Sr、Ba、Al 等的金属离子，大多以氧化物、氟化物、碳酸盐和硫酸盐的形式存在，如石灰石（$CaCO_3$）、天青石（$SrSO_4$）、刚玉（Al_2O_3）、萤石（CaF_2）、重晶石（$BaSO_4$）等，它们都是硬酸与硬碱之间的结合产物；而 Cu、Ag、Au、Zn、Pb、Hg、Ni、Co 等的低价金属离子多以硫化物的形式存在，如闪锌矿（ZnS）、辉铜矿（Cu_2S）、辰砂（HgS）等，这些均为软酸与软碱结合的产物。

物质在溶剂中的溶解过程也可看作是溶剂和溶质之间的酸碱相互作用。溶剂作为酸或碱也有软、硬之分，如 H_2O、NH_3(l)属硬碱性溶剂，而 SO_2(l)则是较软（交界酸）的酸性溶剂。一般硬性溶剂能较好地溶解硬性溶质，软性溶剂能较好地溶解软性溶质。例如，硬-硬结合的 LiF 和软-软结合的 AgI 溶质，其软硬度相互抵消，本身很稳定，在硬性溶剂水中溶解度很小；而硬-软结合的 LiI 及软-硬结合的 AgF，都具有较大的剩余硬度，其本身都不稳定，在水中的溶解度都较大。

6.6.2 超强酸

1. 酸度函数 H_0

在稀的强酸溶液中，酸度跟酸的浓度成正比，当浓度小于 $1mol \cdot L^{-1}$ 时，可以用 pH 表示酸度的大小。但当强酸溶液的浓度大于 $1mol \cdot L^{-1}$ 时，是否还可以用 pH 表示酸度呢？

实验发现，浓度为 $10mol \cdot L^{-1}$ 的任何强酸溶液，其酸度是浓度为 $1mol \cdot L^{-1}$ 时的 1000 倍以上。这说明，在高浓度范围内，pH 标度已不再适用了。

为了描述高浓度强酸溶液的酸度，汉默特（Hammett）提出了酸度函数 H_0 的概念，指出强酸的酸度可以通过一种与其反应的弱碱性指示剂的质子化程度来表示，即

$$B + H^+ \rightleftharpoons BH^+$$

H^+ 代表强酸，B 代表弱碱指示剂，如 *p*-硝基苯胺、三硝基苯胺等。酸度函数 H_0 可表示为

$$H_0 = pK^{\ominus}_{BH^+} - \lg\frac{[BH^+]}{[BH]} \tag{6.34}$$

$K^{\ominus}_{BH^+}$ 是指示剂的酸型（共轭酸）的解离常数，可用一般的测定平衡常数的方法测得。而 $\frac{[BH^+]}{[B]}$ 是指示剂的解离比率，一般可通过紫外-可见光度法测定，这样即可测定浓酸的酸度，如测得 100% H_2SO_4 的 $H_0 = -11.9$、高浓度 $HClO_4$ 的 $H_0 = -13.0$。H_0 每减小一个单位，表示酸度增强 10 倍，H_0 的代数值越小，酸度越高。

H_0 标度可以看作是对 pH 标度的一种补充。H_0 和 pH 的结合可用来表述整个浓度范围的酸溶液的酸度。例如，无水(100%) H_2SO_4 的 $H_0 = -11.9$，而 $0.10mol \cdot L^{-1}$ H_2SO_4 水溶液的 $H_0 = pH = 1.00$。

2. 超酸

通常将强度超过 100% H_2SO_4 的酸或酸性介质称为超酸（或超强酸），即将 H_0 小于 -11.9 的酸称为超酸。超酸具有极强的质子化能力，具有极高的酸度，比一般无机酸强 106～1010 倍。因此必须要用酸度

函数 H_0 来衡量超酸的酸度。$HClO_4$ 的 $H_0=-13.0$，HSO_3F 与 SbF_5(1∶1)混合酸的 $H_0=-25.0$，均属于超酸，而 HNO_3($H_0=-6.4$)、H_3PO_4($H_0=-4.5$)等都不是超酸。由于 HSO_3F(90mol%)·SbF_5 具有极强的酸度($H_0=-26.5$)，俗称"魔酸"。

超酸可分为质子酸，如 HF、$HClO_4$、HSO_3Cl、HSO_3F 和 HSO_3CF_3 等；路易斯酸，如 SbF_5、AsF_5、TaF_5 和 NbF_5 等；共轭质子-路易斯酸，如 H_2SO_4·SO_3($H_2S_2O_7$)、H_2SO_4·$B(OH)_3$、HSO_3F·SbF_5、HSO_3F·SO_3 等；固体超酸，如 TiO_2·H_2SO_4，ZrO_2·H_2SO_4，SbF_5·TiO_2·SiO_2 和 SbF_5·SiO_2·Al_2O_3 等。表 6.7 和表 6.8 分别列出了一些重要液体超酸及固体超酸的 H_0 值。

表 6.7 一些重要液体超酸的 H_0 值

超 酸	$-H_0$	超 酸	$-H_0$
H_2SO_4(100%)	11.9	HF	15.1
$HClO_4$	13.0	HSO_3F·SbF_5(1∶0.26)	20.6
HSO_3Cl	13.8	HSO_3F·SbF_5(1∶1)	25.0
HSO_3CF_3	14.0	HSO_3F(90mol%)·SbF_5	26.5
$H_2S_2O_7$	14.4	HF·SbF_5(1∶1)	28.0
HSO_3F	15.1		

表 6.8 一些重要固体超酸的 H_0 值

超 酸	$-H_0$
SbF_5-SiO_2-ZrO_2	13.16～13.75
SbF_5-SiO_2-TiO_2	13.16
SbF_5-SiO_2-Al_2O_3	13.16～13.75
SbF_5-TiO_2-ZrO_2	13.16
$H_3PW_{12}O_{40}$	13.00～13.20

超酸具有高强度的酸性和很高的介电常数，能使非电解质成为电解质，能使极弱的碱质子化，因此应用十分广泛。例如，超酸作为催化剂使用，可使一些本来难以进行的反应能在较温和的条件下进行。又如，液体超酸可以用作饱和烃裂解、重聚、异构化、烷基化的催化剂，固体超酸在石油工业上用作正己烷异构化、低相对分子质量聚合反应等的催化剂。

思 考 题

1. 指出下列物质在液氨中的酸碱行为。

   (1) CH_3COOH (2) H_2NCONH_2 (3) CH_3CH_2OH (4) NaH

2. 酸碱的电离理论、溶剂理论、质子理论、氧化物-离子理论及电子理论对酸碱的定义有何异同？其主要特点及应用范围如何？
3. 人体血液的 pH 为什么可保持恒定？其 pH 太高或太低对身体健康有无影响？为什么？
4. If you breathe too rapidly (hyperventilate), the concentration of dissolved CO_2 in your blood drops. What effect does this leave on the pH of the blood?
5. A reference book states that a saturated aqueous solution of potassium hydrogen tartrate is a buffer

with a pH of 3.56. Write two chemical equations that show the buffer action of this solution. (Tartaric acid is a diprotic acid with the formula $H_2C_4H_4O_6$. Potassium hydrogen tartrate is $KHC_4H_4O_6$)

6. Egg whites contain dissolved carbon dioxide and water, which react together to give carbonic acid (H_2CO_3). In the few days after an egg is laid, it loses carbon dioxide through its shell. Does the pH of the egg white increase or decrease during this period?

7. 在金属离子 Cd^{2+}、Rb^+、Cr^{3+}、Pb^{2+}、Sr^{2+}、Zn^{2+} 中，哪些可能存在于氧化物矿中？哪些可能存在于硫化物矿中？为什么？

8. What are the reactions that take place and the major species in solution at the beginning midpoint, and end of the titration of a solution of ammonia in water by hydrochloric acid in water?

9. Is OH^- or S^{2-} more likely to form insoluble salts with 3+ transition metal ions? Which is more likely to form insoluble salts with 2+ transition metal ions?

10. 当酸的浓度大于 $1.0mol \cdot L^{-1}$ 时，是否能够用 pH 表示酸度大小？请解释原因。

11. HF has $H_0 = -11.0$. Addition of 4% SbF_5 lowers H_0 to -21.0. Explain why this should be true, and why the resulting solution is so strongly acidic that can protonate alkenes:

$$(CH_3)_2C{=}CH_2 + H^+ \longrightarrow (CH_3)_3C^+$$

习　题

1. 写出下列物质水溶液的质子条件式。

   (1) NaAc　(2) H_3PO_4　(3) NH_4HCO_3

   (4) $Na_2CO_3 + NH_4H_2BO_3$　(5) $NaH_2PO_4 + Na_2HPO_4$

2. 计算下列溶液的 pH。

   (1) $0.10mol \cdot L^{-1}$ 的 $(CH_2)_6N_4$ 溶液　(2) $0.10mol \cdot L^{-1}$ 的二氯乙酸溶液($K_a^{\ominus} = 10^{-1.26}$)

   (3) $0.10mol \cdot L^{-1}$ 的 $NaHCO_3$ 溶液　(4) $0.10mol \cdot L^{-1}$ 的 H_2S 溶液

3. 计算下列溶液的 pH。

   (1) 20mL $0.10mol \cdot L^{-1}$ 的 H_3PO_4 溶液+10mL $0.10mol \cdot L^{-1}$ 的 NaOH 溶液

   (2) 20mL $0.10mol \cdot L^{-1}$ 的 H_3PO_4 溶液+20mL $0.10mol \cdot L^{-1}$ 的 NaOH 溶液

   (3) 20mL $0.10mol \cdot L^{-1}$ 的 H_3PO_4 溶液+30mL $0.10mol \cdot L^{-1}$ 的 NaOH 溶液

   (4) 20mL $0.10mol \cdot L^{-1}$ 的 H_3PO_4 溶液+40mL $0.10mol \cdot L^{-1}$ 的 NaOH 溶液

4. 某 Na_2CO_3 溶液中 HCO_3^- 的浓度是 CO_3^{2-} 浓度的 20 倍，试计算该溶液的 pH。

5. 已知 $H_2C_2O_4$ 的 $K_{a_1}^{\ominus} = 5.6 \times 10^{-2}$，$K_{a_2}^{\ominus} = 5.4 \times 10^{-5}$。计算 $2.0 \times 10^{-2} mol \cdot L^{-1}$ $H_2C_2O_4$ 溶液的 pH。

6. pH=10.00 时，$0.10mol \cdot L^{-1}$ 的 H_3PO_4 溶液中主要存在形式是什么？其浓度是多少？

7. 现有浓度均为 $0.20mol \cdot L^{-1}$ 的三种盐 NaX、NaY、NaZ，其水溶液的 pH 分别为 7.0、8.0、9.0，计算生成这三种盐的相应酸 HX、HY、HZ 的 $K_a^{\ominus}$ 及解离度。

8. 已知 $K_{a_1,H_3PO_4}^{\ominus} = 7.1 \times 10^{-3}$，$K_{a_2,H_3PO_4}^{\ominus} = 6.3 \times 10^{-8}$，$K_{a_3,H_3PO_4}^{\ominus} = 4.5 \times 10^{-13}$。将 10.0g P_2O_5 溶于热水，并稀释至 500mL。计算溶液中$[H^+]$、$[H_2PO_4^-]$和$[PO_4^{3-}]$。(P 的相对原子质量为 31)

9. 一元弱酸试样 1.2150g 溶于 25.00mL 水中，用 $0.1022mol \cdot L^{-1}$ 的 NaOH 标准溶液滴定，滴定过程中发现当加入 NaOH 的体积为 8.00mL 时，溶液的 pH 为 4.20，滴至化学计量点时，消耗 38.10mL。计算：(1) 一元弱酸试样的相对分子质量；(2) 一元弱酸的解离常数 $K_a^{\ominus}$；(3)化学计量点时的 pH。

10. 某溶液可能是 H_3PO_4、NaH_2PO_4、Na_2HPO_4 中的一种或两种成分的混合液，取该溶液 25.00mL，以甲基橙当指示剂，用 $0.100mol \cdot L^{-1}$ 的 NaOH 溶液滴定，终点时用去 15.08mL，另取该溶液

25.00mL，以酚酞当指示剂，用相同浓度的 NaOH 溶液滴定，终点时用去 38.40mL。该溶液是由何物质构成？其浓度是多少？

11. 用 0.10mol · L^{-1} NaOH 溶液滴定 0.10mol · L^{-1} HCl 和 0.10mol · L^{-1} NH_4Cl 混合液中的 HCl。求计量点的 pH。可否选用甲基橙当指示剂？能否选甲基红？（已知 NH_3 的 $K_b^{\ominus}=1.8\times10^{-5}$）

12. 已知 $H_2C_2O_4$ 的 $pK_{a_1}^{\ominus}=1.25$，$pK_{a_2}^{\ominus}=4.27$。计算用 NaOH 标准溶液滴定二元弱酸草酸（$H_2C_2O_4$）至化学计量点时的 pH，并选择合适的指示剂。假定滴定产物的浓度为0.10mol · L^{-1}。

13. 用酸碱滴定法分析某试样中的氮（M=14.01g · mol^{-1}）含量。称取 2.000g 试样，经化学处理使试样中的氮定量转化为 NH_4^+。再加入过量的碱溶液，使 NH_4^+ 转化为 NH_3，加热蒸馏，用 50.00mL 0.2500mol · L^{-1} HCl 标准溶液吸收分馏出的 NH_3，过量的 HCl 用 0.1150mol · L^{-1} NaOH 标准溶液回滴，消耗 26.00mL。求试样中氮的含量。

14. 用强酸（HCl）标准溶液能否直接滴定 0.1mol · L^{-1}的六次甲基四胺$(CH_2)_6N_4$（$pK_b^{\ominus}=8.85$）溶液？如能滴定，请计算化学计量点时的 pH，并选择合适的指示剂。

15. 测定某工业烧碱中 NaOH 和 Na_2CO_3 的含量时，称取试样 2.546g，溶解后置于 250mL 容量瓶中稀释、定容。吸取 25.00mL 该试液以甲基橙为指示剂滴定至橙色，用去 HCl 标准溶液 24.86mL。另取 25.00mL 该试液加入过量 $BaCl_2$ 后形成 $BaCO_3$ 并沉淀完全。加入酚酞指示剂，滴至红色褪去，耗用同浓度 HCl 溶液 23.74mL。此 HCl 标准溶液 24.37mL 可中和 0.4852g 硼砂（$Na_2B_4O_7 \cdot 10H_2O$，甲基红为指示剂）。计算试样中 NaOH 和 Na_2CO_3 的含量。（已知 $M_{Na_2B_4O_7 \cdot 10H_2O}=381.4g \cdot mol^{-1}$，$M_{NaOH}=40.01g \cdot mol^{-1}$，$M_{Na_2CO_3}=106.0g \cdot mol^{-1}$）

16. Three flasks, labeled A, B and C, contained aqueous solutions of the same pH. It was known that one of the solutions was 1.0×10^{-3} mol · L^{-1} in nitric acid, one was 6.0×10^{-3} mol · L^{-1} in formic acid, and one was 4.0×10^{-2} mol · L^{-1} in the salt formed by the weak organic base aniline with hydrochloric acid ($C_6H_5NH_3Cl$). (Formic acid is monoprotic.) (1) Describe a procedure for identifying the solutions. (2) Compare qualitatively (on the basis of the preceding information) the strength of nitric and formic acids with each other and with the acid strength of the anilinium ion, $C_6H_5NH_3^+$. (3) Show how the information given may by used to derive values for $K_a^{\ominus}$ for formic acid and $K_b^{\ominus}$ for aniline. Derive these values.

17. Glycine, the simplest amino acid, has both an acid group and a basic group in its structure ($H_2N—CH_2—COOH$). In aqueous solution it exists predominantly as a selfneutralized species called a zwitterion ($H_3\overset{+}{N}—CH_2—COO^-$). The zwitterion therefore behaves both as an acid and as a base, according to the equilibria at 25℃:

$$H_3\overset{+}{N}—CH_2—COO^-(aq)+H_2O(l) \rightleftharpoons H_2N—CH_2—COO^-(aq)+H_3^+O(aq) \qquad K_a^{\ominus}=1.7\times10^{-10}$$

$$H_3\overset{+}{N}—CH_2—COO^-(aq)+H_2O(l) \rightleftharpoons H_3\overset{+}{N}—CH_2—COOH(aq)+OH^-(aq) \qquad K_b^{\ominus}=2.0\times10^{-12}$$

Calculate the pH of a 0.10mol · L^{-1} aqueous solution of glycine at 25℃. (Hint: you may need to take account of the autoionization of water)

7　沉淀-溶解平衡

与酸碱平衡体系不同，沉淀(precipitation)形成与溶解(dissolution)平衡是一种两相化学平衡体系。例如，在 NaCl 溶液中加入 $AgNO_3$ 溶液，生成白色的 AgCl 沉淀，在 $BaCl_2$ 溶液中加入 H_2SO_4 溶液，会析出白色的 $BaSO_4$ 沉淀，这种在溶液中溶质相互作用，析出难溶性固态物质(slightly soluble substance)的反应称为**沉淀反应**。如果在含有 $CaCO_3$ 的溶液中加入过量的盐酸，则可使沉淀溶解，该反应称为**溶解反应**。这种沉淀与溶解反应的特征是在反应过程中伴有新物相的生成或消失，存在着固态难溶电解质与由它解离产生的离子之间的平衡，这种平衡称为沉淀-溶解平衡。在科学研究和生产实践中，经常利用沉淀的生成或溶解来制备或提纯所需的物质或材料，尤其是在纳米材料的制备中，沉淀反应是一种重要的方法。如何判断沉淀与溶解反应发生的方向？如何使沉淀的生成或溶解更完全？如何使沉淀更纯净？如何利用沉淀溶解的方法测定某种待测物的含量或浓度等。要解答这些问题，就需要了解沉淀的生成、溶解和转化的规律。

7.1　沉淀-溶解反应

固态溶质在液态溶剂中的溶解作用是一个较复杂的物理-化学过程，其溶解度(solubility)的大小受到很多因素的影响。例如，晶格能、水合焓、熵变、温度、酸度、强电解质、配位剂等均会影响溶解度。不同的物质在同一溶剂中的溶解度也不同。表面上看来不溶的物质，也不是绝对不溶。严格地说，绝对不溶的物质是不存在的。就水做溶剂而言，习惯上把溶解度小于 0.01g/100gH_2O 的物质称为“难溶物质”；溶解度为(0.01～0.1)g/100g H_2O 的物质称为“微溶物质”；溶解度大于 0.1g/100gH_2O 的物质称为“易溶物质”。

例如，25℃ 时，AgCl 的溶解度为 0.000135g/100gH_2O，$BaSO_4$ 的溶解度为 0.000223g/100gH_2O，HgS 的溶解度为 0.0000013g/100gH_2O。它们都是难溶物质，但它们的溶解度有很大的差异。

7.1.1　沉淀-溶解反应平衡

难溶电解质的溶解过程是一个可逆过程。在一定温度下，把难溶强电解质 AgCl 放入水中，水分子以其偶极(正、负电荷中心不重叠的粒子称为偶极)的负端取向在 AgCl 固体表面的 Ag^+ 周围，而有些水分子则以偶极的正端取向在 AgCl 固体表面的 Cl^- 周围。由于水分子具有较高的偶极作用，其取向作用大大地减弱了固态中 Ag^+ 和水合 Cl^- 之间的吸引力，而使得一部分 Ag^+ 和 Cl^- 离开 AgCl 固体表面成为水合离子进入溶液，这个过程称为**溶解**。另外，进入溶液中的水合 Ag^+ 和水合 Cl^- 处于无序的运动状态中，其中有些碰撞到固体 AgCl 表面时，受到固体表面的吸引力，又会重新析出或回到固体表面上来，这个过程称为**沉淀**(deposition)。因此，在这个体系中，溶解和沉淀形成了矛盾的统一体——沉淀-溶解平衡。

以1∶1型难溶化合物MA为例，在水溶液中达到沉淀-溶解平衡时，有如式(7.1)的平衡关系

$$\mathrm{MA(s)} \xrightleftharpoons{①} \mathrm{MA(aq)} \xrightleftharpoons{②} \mathrm{M^{n+}(aq)} + \mathrm{A^{n-}(aq)} \tag{7.1}$$

式中，MA(aq)表示难溶化合物MA溶于水但未离解成M^{n+}和A^{n-}的部分，它可能以不带电荷的分子MA状态存在，也可能是以离子对$M^{n+}A^{n-}$的形式存在。

式(7.1)中同时存在着两个平衡，一个是溶解平衡①，另一个是解离平衡②。因此，也有两个平衡常数。对于沉淀-溶解平衡①来说，若平衡常数为$K^{\ominus}$，则

$$\frac{a_{\mathrm{MA(aq)}}}{a_{\mathrm{MA(s)}}} = K^{\ominus} \qquad a_{\mathrm{MA(aq)}} = a_{\mathrm{MA(s)}} \cdot K^{\ominus}$$

因为固体的活度为1，所以$a_{\mathrm{MA(aq)}} = K^{\ominus}$。因为难溶化合物溶解度很小，所以可设MA(aq)的活度系数$\gamma_{\mathrm{MA}}=1$，则$[\mathrm{MA(aq)}]=K^{\ominus}$。即MA(aq)的浓度在一定温度下是常数，称为**固有溶解度**(或分子溶解度，用s^0表示)，它等于难溶化合物的溶解平衡常数，即

$$s^0 = K^{\ominus}$$

若溶液中没有其他影响沉淀-溶解平衡的因素存在，则固态MA的溶解度s为固有溶解度(s^0)和离子M^{n+}(或A^{n-})浓度之和，即

$$s = s^0 + [\mathrm{M}^{n+}] = s^0 + [\mathrm{A}^{n-}] \tag{7.2}$$

大多数难溶电解质的s^0都较小，一般计算中往往忽略s^0项，即

$$s = [\mathrm{M}^{n+}] = [\mathrm{A}^{n-}] \tag{7.3}$$

这意味着MA(aq)几乎完全解离为M^{n+}和A^{n-}。但实际上，有些化合物的固有溶解度很大。例如，$HgCl_2$溶液中，$[\mathrm{Hg}^{2+}]=1.7\times10^{-5}\mathrm{mol\cdot L^{-1}}$，而实际测得的$HgCl_2$溶解度为$0.25\mathrm{mol\cdot L^{-1}}$，说明在溶液中有大量$HgCl_2$分子存在。但大多数难溶化合物的$s^0$很小，一般可以忽略。即一般认为溶解的部分都完全解离，溶液中不存在未电离的分子。这样的物质也称为难溶强电解质。本书中如果没有特殊说明，就是指这类物质。

对于式(7.1)的解离平衡②来说，若平衡常数为$K_{\mathrm{d}}^{\ominus}$，则

$$K_{\mathrm{d}}^{\ominus} = \frac{a_{\mathrm{M}^{n+}}\,a_{\mathrm{A}^{n-}}}{a_{\mathrm{MA(aq)}}}$$

因为$a_{\mathrm{MA(aq)}}=s^0$，所以

$$a_{\mathrm{M}^{n+}}\,a_{\mathrm{A}^{n-}} = K_{\mathrm{d}}^{\ominus} s^0 = K_{\mathrm{ap}}^{\ominus} \tag{7.4}$$

式中，$a_{\mathrm{M}^{n+}}$、$a_{\mathrm{A}^{n-}}$分别是M^{n+}、A^{n-}两种离子的相对活度；$K_{\mathrm{ap}}^{\ominus}$称为难溶化合物的活度积常数，简称为活度积(activity product)。它是一个热力学常数，只与温度有关。因为

$$a_{\mathrm{M}^{n+}} = \gamma_{\mathrm{M}^{n+}}[\mathrm{M}^{n+}]/c^{\ominus} \qquad a_{\mathrm{A}^{n-}} = \gamma_{\mathrm{A}^{n-}}[\mathrm{A}^{n-}]/c^{\ominus}$$

所以

$$K_{\mathrm{ap}}^{\ominus} = \{\gamma_{\mathrm{M}^{n+}}[\mathrm{M}^{n+}]/c^{\ominus}\}\cdot\{\gamma_{\mathrm{A}^{n-}}[\mathrm{A}^{n-}]/c^{\ominus}\} = K_{\mathrm{sp}}^{\ominus}\gamma_{\mathrm{M}^{n+}}\gamma_{\mathrm{A}^{n-}}$$

式中，$K_{\mathrm{sp}}^{\ominus}=\{[\mathrm{M}^{n+}]/c^{\ominus}\}\cdot\{[\mathrm{A}^{n-}]/c^{\ominus}\}$，因标准浓度$c^{\ominus}=1\mathrm{mol\cdot L^{-1}}$，所以$K_{\mathrm{sp}}^{\ominus}$可简写为

$$K_{\mathrm{sp}}^{\ominus} = [\mathrm{M}^{n+}][\mathrm{A}^{n-}] \tag{7.5}$$

式中，$K_{\mathrm{sp}}^{\ominus}$称为**标准溶度积常数**，简称为溶度积(solubility product)。$K_{\mathrm{sp}}^{\ominus}$与$K_{\mathrm{ap}}^{\ominus}$的关系为

$$K_{sp}^{\ominus} = K_{ap}^{\ominus}/\gamma_{M^{n+}}\gamma_{A^{n-}} \tag{7.6}$$

活度系数 γ 与离子强度有关(与溶液中所有离子的浓度有关)，因此 $K_{sp}^{\ominus}$ 不仅与温度有关，还与溶液中所有离子的浓度有关。对于难溶电解质，在纯水中的溶解度都很小，通常可视为理想溶液，γ 的值接近于 1，此时 $K_{sp}^{\ominus}$ 和 $K_{ap}^{\ominus}$ 在数值上近似相等。通常可以查表(附录 11)得到 $K_{ap}^{\ominus}$。

7.1.2 溶度积和溶解度的关系

当溶液中无其他平衡存在时，可以很简便地从 $K_{sp}^{\ominus}$ 求出难溶化合物的溶解度 s；反之，若已知难溶电解质的溶解度，也可以计算出它的 $K_{sp}^{\ominus}$。

对于 M_mA_n 型难溶化合物，其沉淀溶解平衡为

$$M_mA_n(s) \rightleftharpoons mM^{n+} + nA^{m-}$$

则有 $[M^{n+}]=ms$，$[A^{m-}]=ns$

$$K_{sp}^{\ominus} = [M^{n+}]^m[A^{m-}]^n = (ms)^m \cdot (ns)^n$$

$$s = \left(\frac{K_{sp}^{\ominus}}{m^m \cdot n^n}\right)^{\frac{1}{m+n}} \tag{7.7}$$

【例题 7.1】 比较 $AgCl$、Ag_2CrO_4、CaF_2 在纯水中的溶解度(不考虑其他的副反应及固有溶解度)。

解 查表得 $K_{sp,AgCl}^{\ominus}=1.8\times10^{-10}$，$K_{sp,Ag_2CrO_4}^{\ominus}=2.0\times10^{-12}$，$K_{sp,CaF_2}^{\ominus}=2.7\times10^{-11}$

在 AgCl 的饱和溶液中存在如下平衡：

$$AgCl(s) \rightleftharpoons Ag^+ + Cl^-$$

设 AgCl 的溶解度为 s_1，则

$$s_1 = \sqrt{K_{sp,AgCl}^{\ominus}} = \sqrt{1.8\times10^{-10}} = 1.3\times10^{-5}(mol \cdot L^{-1})$$

在 Ag_2CrO_4 的饱和溶液中存在如下平衡：

$$Ag_2CrO_4(s) \rightleftharpoons 2Ag^+ + CrO_4^{2-}$$

设 Ag_2CrO_4 的溶解度为 s_2，则

$$s_2 = \left(\frac{K_{sp,Ag_2SO_4}^{\ominus}}{2^2\times1^1}\right)^{\frac{1}{2+1}} = \left(\frac{2.0\times10^{-12}}{4}\right)^{\frac{1}{3}} = 7.9\times10^{-5}(mol \cdot L^{-1})$$

CaF_2 的饱和溶液中存在如下平衡：

$$CaF_2(s) \rightleftharpoons Ca^{2+} + 2F^-$$

设 CaF_2 的溶解度为 s_3，则

$$s_3 = \left(\frac{K_{sp,CaF_2}^{\ominus}}{2^2\times1^1}\right)^{\frac{1}{2+1}} = \left(\frac{2.7\times10^{-11}}{4}\right)^{\frac{1}{3}} = 1.9\times10^{-4}(mol \cdot L^{-1})$$

可见 $s_{CaF_2} > s_{Ag_2CrO_4} > s_{AgCl}$。这一结果表明，相同类型的难溶电解质的溶解度，$K_{sp}^{\ominus}$ 值越小，其溶解度也越小。但若比较不同类型的难溶化合物溶解度大小，不能单从其 $K_{sp}^{\ominus}$ 比较，还必须考虑难溶化合物的分子类型。

7.2 沉淀的形成及溶度积规则

7.2.1 沉淀的类型和性质

沉淀按其外观特征和物理性质，可粗略地分成三类。一类是晶形沉淀(crystalline

precipitate)，其外观特征为颗粒状的结晶，如 $BaSO_4$、$MgNH_4PO_4$ 等；另一类是无定形沉淀(amorphous precipitate)，其外观特征呈胶状或絮状，如 $Fe_2O_3 \cdot nH_2O$、$Al_2O_3 \cdot nH_2O$ 等；介于这两种沉淀之间的是凝乳状沉淀(gelating precipitate)，如 AgCl 等。它们之间的主要差别是沉淀颗粒的大小不同，晶形沉淀的颗粒最大，其直径为 0.1～1μm，无定形沉淀的颗粒较小，其直径仅有 0.02μm，凝乳状沉淀的颗粒大小则介于两者之间。

晶形沉淀是由较大的沉淀颗粒所组成，其内部构晶离子(组成沉淀的离子)有规则地排列，结构紧密，具有明显的晶面，沉淀的体积一般比较小，容易沉降于容器的底部，沉淀便于过滤和洗涤。晶形沉淀还可分为粗晶形沉淀(如 $MgNH_4PO_4$)和细晶形沉淀(如 $BaSO_4$)。无定形沉淀是由许多疏松(loosen)聚集在一起的微小颗粒所形成。这些微小颗粒是杂乱无章地聚集在一起的，因而没有明显的晶面，而且颗粒中常含有大量数目的溶剂分子，所以呈疏松的絮状沉淀，整个沉淀的体积比较大，不易沉降于容器的底部，因此不易过滤和洗涤。

沉淀的形状及颗粒的大小与难溶化合物的溶解度有关，从表 7.1 可以看出，溶解度越大，沉淀的颗粒也越大，易形成晶形沉淀；沉淀的溶解度越小，沉淀颗粒也越小，易形成无定形沉淀。

表 7.1 沉淀类型与溶解度的关系

沉淀	溶解度	沉淀类型
$PbSO_4$	1.1×10^{-4}	晶形沉淀
$MgNH_4PO_4$	6.7×10^{-5}	晶形沉淀
$CaC_2O_4 \cdot H_2O$	5.1×10^{-5}	晶形沉淀
$BaSO_4$	1.1×10^{-5}	晶形沉淀
$Al_2O_3 \cdot nH_2O$	4.4×10^{-9}	无定形沉淀
$Fe_2O_3 \cdot nH_2O$	1.9×10^{-10}	无定形沉淀
ZnS	3.3×10^{-12}	无定形沉淀

沉淀的颗粒大小还与沉淀时构晶离子的浓度、沉淀条件及后处理过程有关。例如，在稀溶液中沉淀出来的 $BaSO_4$ 为细晶形沉淀，但在水和乙醇的混合溶剂中，若将浓的 $Ba(SCN)_2$ 和 $MnSO_4$ 溶液混合，则得到凝乳状的 $BaSO_4$ 沉淀。

7.2.2 沉淀的形成过程

沉淀的形成过程可分为两步，即晶核的形成及晶核的长大，如图 7.1 所示。

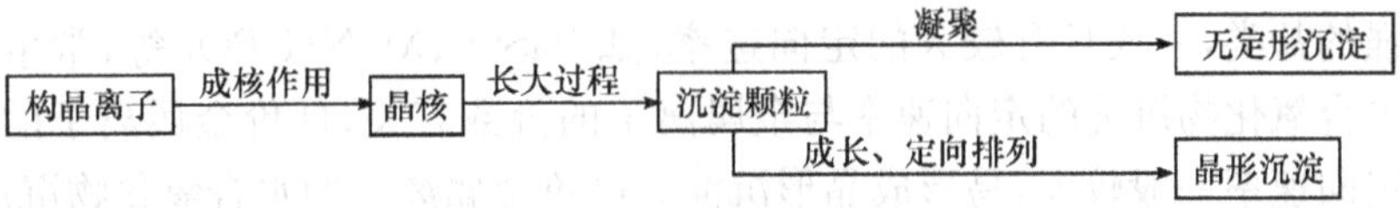

图 7.1 沉淀的形成过程

当溶液中的构晶离子达到一定浓度后，一定数目的构晶离子通过相互碰撞，在静电(static)引力的作用下缔合起来，聚集成微小的晶核(nucleation)。这种从均匀液相中自发地产生晶核的过程称为**均相成核**(homogeneous nucleation)。在溶液中也可能混有大量肉眼看不见的固体微粒，这些微粒主要来源于容器的沾污和试剂、溶剂中的杂质。例如，1g 化学试剂中含有大约 10^{10} 个不溶微粒，当构晶离子达到一定浓度时，这些外来杂质微粒也可以起到晶核的作用，称为晶种(seed)，它们诱导沉淀的形成，这个过程称为**异相成核**(heterogeneous nucleation)。沉淀过程中，异相成核作用总是存在的。

当溶液中生成晶核(晶种)后，构晶离子继续向晶核表面扩散，并在晶核上沉积下来，使晶核长大，当达到一定数目的离子时，就形成沉淀微粒。沉淀微粒的大小是由晶核形成和晶核生长这两个过程的相对速率来确定的。晶核形成是构晶离子的聚集过程，而其长大过程则是构晶离子的定向排列过程。如果沉淀时构晶离子的浓度很大，聚集速率就会很快，晶核形成的速率很大，后扩散到晶核上的构晶离子来不及定向排列，就又形成了新的晶核。这样，瞬间将有大量的晶核形成，使过剩的构晶离子消耗殆尽而难于长大，只能聚集起来形成无定形沉淀。如果晶核的形成速率小于构晶离子在晶核上定向排列的速率，构晶离子就可以按一定的晶格位置定向排列，从而形成较大颗粒的晶形沉淀。因此，沉淀的类型取决于构晶离子在晶核上的聚集速率和在晶核表面上定向排列速率的相对大小。

聚集速率与沉淀时的条件有关，冯·韦曼(Von Weimarn)最早研究了这一问题，提出沉淀生成的初始速率(晶核形成速率，也称分散度)与溶液的相对过饱和度(relative supersaturation)成正比，即

$$\text{分散度} = K\frac{Q-s}{s} \tag{7.8}$$

式中，Q 为加入沉淀剂的瞬间生成溶质的总浓度；s 为开始沉淀时沉淀物质的溶解度(一般用大颗粒的溶解度代替)；$Q-s$ 为沉淀开始瞬间的过饱和度(supersaturation)；$(Q-s)/s$ 为沉淀开始瞬间的相对过饱和度；K 为常数，与沉淀物质的性质、温度、介质和溶液中存在的其他物质等有关。从式(7.8)可以看出，溶液的相对过饱和度越大，生成沉淀的初始速率就越大，生成晶核的数量就越多，最后形成沉淀的颗粒就会越小，即沉淀的分散度就越大；反之，若溶液的相对过饱和度越小，生成晶核的数量就越少，最后形成沉淀的颗粒就会越大。冯·韦曼的经验式对如何选择沉淀条件起着一定的指导作用。为了获得较好的晶形沉淀，应设法降低沉淀时溶液的相对过饱和度。

定向排列速率主要与沉淀物质的性质有关，是物质的固有特性，对于一定的沉淀物质，其定向排列速率是一定的，不受人为因素的影响。

极性强的盐类，一般具有较大的定向速率，如 $BaSO_4$、$MgNH_4PO_4$ 等，常生成晶形沉淀。金属水合氧化物沉淀的定向速率与金属离子的价数有关，低价金属离子的水合氧化物沉淀的定向速率一般较大，易形成晶形沉淀。高价金属离子的水合氧化物沉淀，由于其溶解度很小，沉淀时相对过饱和度很大，均相成核作用显著，生成沉淀的颗粒很小，而且定向速率很慢，聚集速率很快，因此一般生成无定形沉淀。如果控制好沉淀时的相对过饱和度，使聚集速率较小，有时也可得到晶形沉淀。也就是说，控制沉淀的条件，可以调节构晶

离子的聚集速率，进而可以控制某些沉淀的类型（参见 7.5.2）。

7.2.3　溶度积规则

在一定条件下沉淀能否生成或溶解，可以通过溶度积来判断。一般物质的沉淀-溶解平衡可表示为

$$\mathrm{M}_m\mathrm{A}_n(\mathrm{s}) \rightleftharpoons m\mathrm{M}^{n+} + n\mathrm{A}^{m-}$$

则在任意状态下反应的 $\Delta_r G$ 为

$$\Delta_r G = \Delta_r G_m^{\ominus} + RT\ln J = -RT\ln\frac{K_{sp}^{\ominus}}{J} \qquad (7.9)$$

式中，$J=(c_{M^{n+}}/c^{\ominus})^m(c_{A^{m-}}/c^{\ominus})^n$ 称为**浓度积**（concentration product），也称为离子积。

(1) 当 $J<K_{sp}^{\ominus}$ 时，$\Delta_r G<0$，反应正向进行。如果溶液中有沉淀物质存在，则沉淀将溶解，直至溶液达到饱和状态。

(2) 当 $J=K_{sp}^{\ominus}$ 时，$\Delta_r G=0$，反应处于平衡状态；如果溶液中原来就有沉淀存在，该溶液就是其饱和溶液。此时溶液可能是固相与其饱和溶液共存的两相体系，也可能是沉淀刚好溶解完全的单项体系；如果溶液中原来没有沉淀存在，则溶液刚好达到饱和状态，此时如果再提高溶液中构晶离子的浓度，将会有沉淀物质生成。因此，这是沉淀生成的“临界点”。

(3) 当 $J>K_{sp}^{\ominus}$ 时，$\Delta_r G>0$，反应逆向进行，将有沉淀生成，溶液过饱和。

以上三点统称为溶度积规则。运用这一规则可以判断一定条件下某溶液中是否有沉淀生成。

【例题 7.2】 如果在 10mL 0.010mol·L^{-1} $BaCl_2$ 溶液中，加入 30mL 0.0050mol·L^{-1} Na_2SO_4 溶液，有无沉淀产生？($K_{sp,BaSO_4}^{\ominus}=1.1\times10^{-10}$)

解　两种溶液混合后，总体积为 40mL，则

$$c_{Ba^{2+}}=0.010\times\frac{10}{40}(\mathrm{mol\cdot L^{-1}})=2.5\times10^{-3}(\mathrm{mol\cdot L^{-1}})$$

$$c_{SO_4^{2-}}=0.0050\times\frac{30}{40}(\mathrm{mol\cdot L^{-1}})=3.8\times10^{-3}(\mathrm{mol\cdot L^{-1}})$$

$$J=c_{Ba^{2+}}c_{SO_4^{2-}}=2.5\times10^{-3}\times3.8\times10^{-3}=9.5\times10^{-6}>K_{sp,BaSO_4}^{\ominus}$$

因而有 $BaSO_4$ 沉淀产生。

7.3　沉淀的溶解和转化

7.3.1　条件溶度积

在沉淀-溶解平衡中，除了沉淀溶解主反应外，还可能发生一系列的副反应。以 1-1 型难溶电解质为例说明（各离子的电荷略去）。

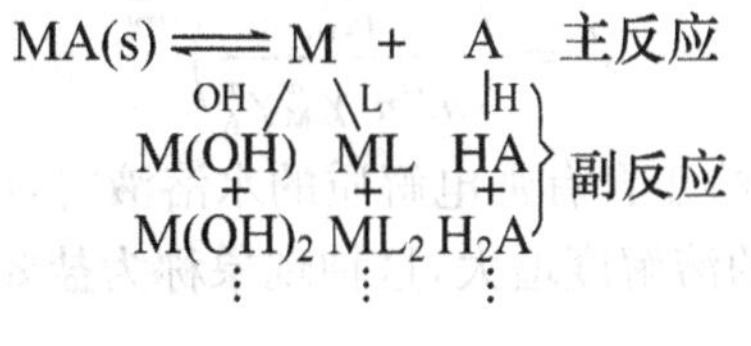

由化学平衡理论可见，副反应的发生必将影响主反应的程度，即影响沉淀的溶解度。副反应对主反应的影响程度可用副反应系数表示，副反应系数定义为

$$\alpha_M = \frac{[M']}{[M]} \qquad \alpha_A = \frac{[A']}{[A]} \tag{7.10}$$

式中，$[M']$为溶液中金属离子 M^{n+} 的总浓度，可表示为

$$[M'] = [M] + [ML] + [ML_2] + \cdots + [M(OH)] + [M(OH)_2] + \cdots$$

$[A']$为溶液中酸根阴离子 A^{n-} 的总浓度，可表示为

$$[A'] = [A] + [HA] + [H_2A] + \cdots$$

则

$$K_{sp}^{\ominus} = [M][A] = \frac{[M'][A']}{\alpha_M \alpha_A}$$

式中，α_M、α_A 与溶液的条件有关，当条件一定时，它们都是常数。

令 $K_{sp}^{\ominus\prime} = [M'][A']$，称为**条件溶度积**（conditional solubility product）。表示在给定介质条件下，难溶电解质溶于该介质中达饱和时，各种存在形式的构晶离子总浓度的乘积，则

$$K_{sp}^{\ominus\prime} = [M'][A'] = K_{sp}^{\ominus}\alpha_M\alpha_A = \frac{K_{ap}^{\ominus}}{\gamma_M\gamma_A}\alpha_M\alpha_A \tag{7.11}$$

由于 $\alpha_M \geqslant 1, \alpha_A \geqslant 1$，而 $\gamma_M \leqslant 1, \gamma_A \leqslant 1$，因此 $K_{sp}^{\ominus\prime} \geqslant K_{sp}^{\ominus} \geqslant K_{ap}^{\ominus}$，即副反应的发生和离子强度的影响会使溶解度增大。

7.3.2 影响沉淀溶解度的因素

沉淀的溶解度不仅决定沉淀的完全程度，也与沉淀的类型有关。因此，在工业生产及科学研究中具有很重要的意义。影响沉淀溶解度的因素很多，如温度、离子强度、溶剂、副反应等。下面介绍几种主要的影响因素。

1. 盐效应

对于纯水溶剂，一般难溶电解质的溶解度都很小，溶液中离子的浓度很低，近似为理想溶液，即 $\gamma_M \approx \gamma_A \approx 1$。因此，MA 型难溶电解质在纯水中的溶解度为

$$s = \sqrt{K_{sp}^{\ominus}} = \sqrt{K_{ap}^{\ominus}} \tag{7.12}$$

但是当有其他强电解质，如 KNO_3、NaCl 等存在时，溶液中离子的浓度较大，溶液将偏离理想状态，即 $\gamma_M < 1, \gamma_A < 1$，则 $K_{sp}^{\ominus} > K_{ap}^{\ominus}$，此时溶解度常用 s'表示，即为

$$s' = \sqrt{K_{sp}^{\ominus}} = \sqrt{\frac{K_{ap}^{\ominus}}{\gamma_M\gamma_A}} \tag{7.13}$$

对于 M_mA_n 型难溶化合物，可以得到

$$s' = \left(\frac{K_{ap}^{\ominus}}{m^m n^n \gamma_M^m \gamma_A^n}\right)^{\frac{1}{m+n}} \tag{7.13'}$$

可见 $s < s'$，即当 M_mA_n 溶于含有强电解质的水溶液时，由于电解质离子的作用，增大了溶液中的离子强度，沉淀的溶解度增大，这种现象称为**盐效应**（salt effect）。对其他类型

的电解质，也存在同样的现象。

一般来说，强电解质的浓度越大，所带电荷数越大，溶液中离子强度也就越大，其离子的活度系数就越小，沉淀的溶解度也就越大。例如，AgCl 和 $BaSO_4$ 的溶解度随溶液中 KNO_3 浓度的增加而增大，如图 7.2 所示。

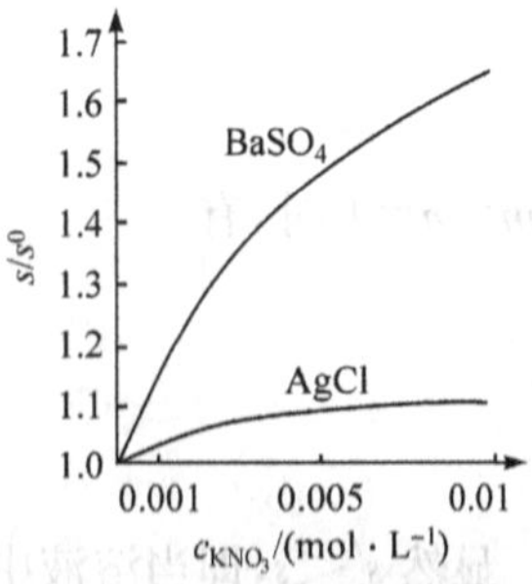

图 7.2 AgCl 和 $BaSO_4$ 在不同浓度 KNO_3 溶液中的溶解度

图 7.2 中纵坐标为不同 KNO_3 浓度时的溶解度 s 与纯水中溶解度 s^0 的比值。由于高价离子的活度系数受离子强度的影响较大，盐效应对 2-2 型的 $BaSO_4$ 比对 1-1 型的 AgCl 的影响要大。盐效应是通过活度系数影响溶解度的，而一般情况下活度系数的变化都不大。因此，除非电解质的浓度很大、离子的价态较高，一般由盐效应所引起的沉淀的溶解度的增加不是很大，同其他化学因素(如同离子效应、酸效应、配位效应等)相比，其影响要小得多，因而常可以忽略。在本书中如果没有特殊说明，可以忽略离子强度的影响。

【例题 7.3】 计算 Ag_2CrO_4 在纯水中及在 $0.100mol \cdot L^{-1}$ KNO_3 溶液中的溶解度 s。

解 由于 Ag_2CrO_4 溶解度很小，因此可以忽略溶液中 Ag^+ 和 CrO_4^{2-} 对离子强度的贡献。

(1) 在纯水中，$\gamma_{Ag^+}=1$，$\gamma_{CrO_4^{2-}}=1$，$K_{sp}^{\ominus}=K_{ap}^{\ominus}=2.0\times10^{-12}$，所以溶解度为

$$s=\left(\frac{K_{sp}^{\ominus}}{m^m n^n}\right)^{\frac{1}{m+n}}=\left(\frac{2.0\times10^{-12}}{2^2\times1^1}\right)^{\frac{1}{3}}=7.9\times10^{-5}(mol \cdot L^{-1})$$

(2) 在 $0.100mol \cdot L^{-1}$ KNO_3 溶液中，离子强度可近似计算为

$$I=\frac{1}{2}[0.100\times1^2+0.100\times(-1)^2]=0.100(mol \cdot L^{-1})$$

查表可得 $\gamma_{Ag^+}=0.755$，$\gamma_{CrO_4^{2-}}=0.355$，则

$$s'=\left(\frac{K_{ap}^{\ominus}}{2^2\times1^1\times\gamma_{Ag^+}^2\gamma_{CrO_4^{2-}}^1}\right)^{\frac{1}{2+1}}=\left(\frac{2.0\times10^{-12}}{4\times0.755^2\times0.355}\right)^{\frac{1}{3}}=1.4\times10^{-4}(mol \cdot L^{-1})$$

可见，Ag_2CrO_4 在 $0.100mol \cdot L^{-1}$ KNO_3 溶液中的溶解度是在纯水中溶解度的 1.8 倍。

2. 同离子效应

难溶化合物 $M_mA_n(s)$ 在纯水中的溶解度为

$$s=\left(\frac{K_{sp}^{\ominus}}{m^m n^n}\right)^{\frac{1}{m+n}}$$

如果向溶液中加入与构晶离子 M(或 A)相同的离子，若加入浓度为 c_M，则当 M_mA_n 在溶液中达到溶解平衡时，设溶解度为 s'，则有

$$[A]=ns'$$
$$[M]=c_M+ms'\approx c_M \qquad (\text{一般 } c_M \text{ 比 } s' \text{ 大得多})$$

所以

$$K_{sp}^{\ominus}=[M]^m[A]^n=(c_M+ms')^m(ns')^n\approx c_M^m(ns')^n$$

因而

$$s'=\left(\frac{K_{sp}^{\ominus}}{n^{n}c_{M}^{m}}\right)^{\frac{1}{n}} \tag{7.14}$$

当 $m=n=1$ 时，有

$$s=\sqrt{K_{sp}^{\ominus}}$$

$$s'=\frac{K_{sp}^{\ominus}}{c_{M}}$$

显然 $s'<s$，即当溶液中存在该沉淀的某一构晶离子时，沉淀的溶解度降低，这一现象称为**同离子效应**(common ion effect)。

在实际工作中，通常利用同离子效应，增加沉淀剂的用量，使被沉淀组分沉淀更完全。沉淀过滤后，用含有沉淀剂的稀溶液洗涤沉淀，可以减少沉淀的溶解损失。

例如，以 $BaSO_4$ 重量法测定 Ba^{2+}，当加入等物质的量的沉淀剂，即不存在同离子效应时，200mL 溶液中 $BaSO_4$ 溶解损失的量为

$$\sqrt{K_{sp}^{\ominus}}\times VM=\sqrt{1.1\times10^{-10}}\times200\times233.4=0.5(\text{mg})$$

此损失量已超过分析天平称量的允许误差，达不到定量分析准确度的要求。如果加入过量的沉淀剂，使沉淀后溶液中的$[SO_4^{2-}]$达到 0.050mol · L^{-1}，此时$BaSO_4$溶解损失的量为$\frac{1.1\times10^{-10}}{0.050}\times200\times233.4=0.0001(\text{mg})$。

可以认为 $BaSO_4$ 沉淀很完全，能满足定量分析准确度的要求。表 7.2 列出了 $PbSO_4$ 在不同浓度 Na_2SO_4 溶液中的溶解度变化的情况。

表 7.2　$PbSO_4$ 在不同浓度 Na_2SO_4 溶液中的溶解度变化的情况

$c_{Na_2SO_4}$/(mol · L^{-1})	0.00	0.001	0.01	0.02	0.04	0.10	0.20	0.35
c_{PbSO_4}/(10^{6}mol · L^{-1})	152	24	16	14	13	16	19	23

表 7.2 说明，当溶液中有适当过量的沉淀剂 Na_2SO_4 存在时，由于同离子效应的影响，使 $PbSO_4$ 的溶解度大大降低，而当沉淀剂 Na_2SO_4 的浓度过量较多时，由于盐效应的影响，又使 $PbSO_4$ 的溶解度增加。

因此，进行沉淀操作时，在考虑同离子效应能使沉淀更完全的同时，还应考虑盐效应会使沉淀溶解度增大的影响。为使沉淀更完全，需要加入适当过量的沉淀剂。通常，如果沉淀剂容易挥发除去，一般过量 50%～100%是合适的。反之，如果沉淀剂不易挥发除去，则以过量 20%～30%为宜。即使在这种情况下，也不可避免的有少量待沉淀的离子残留在溶液中，但通常分析天平只能称准到 10^{-4}g，而一般物质的摩尔质量都在 10^2 数量级，所以只要溶液中剩余离子的浓度小于等于 1.0×10^{-6}mol · L^{-1}，就可以认为沉淀已经完全。

3. 酸效应

酸效应的存在往往会对难溶化合物的溶解度有较大的影响，如硫化物、碳酸盐、草酸

盐、铬酸盐、磷酸盐、氟化物等，当溶液的酸度较高，即 pH 较小时，弱酸根有生成其共轭酸的倾向，从而使沉淀-溶解平衡向生成弱酸的方向移动，沉淀的溶解度增大；当溶液的酸度较低，即 pH 较大时，金属离子又有形成羟基配合物的倾向，同样也会使沉淀的溶解度增大。这种 pH 对难溶化合物溶解度的影响称为**酸效应**(acidic effect)。酸效应对难溶化合物溶解度影响的大小，可以用酸效应系数来表示。例如，对于难溶化合物 MA，当它溶于一定 pH 的溶液中时，将建立如下的平衡：

$$
\begin{array}{ccccc}
MA(s) & \rightleftharpoons & M & + & A \\
 & & \downarrow OH^- & & \downarrow H^+ \\
 & & M(OH) & & HA \\
 & & + & & + \\
 & & M(OH)_2 & & H_2A \\
 & & \vdots & & \vdots
\end{array}
$$

金属离子 M 及酸根 A 的酸效应系数(副反应系数)分别为

$$\alpha_{M(OH)} = \frac{[M']}{[M]} = \frac{[M]+[M(OH)]+[M(OH)_2]+\cdots}{[M]}$$

$$=1+\beta_1[OH^-]+\beta_2[OH^-]^2+\cdots \tag{7.15}$$

$$\alpha_{A(H)} = \frac{[A']}{[A]} = \frac{[A]+[HA]+[H_2A]+\cdots}{[A]}$$

$$=1+\beta_1[H^+]+\beta_2[H^+]^2+\cdots \tag{7.16}$$

式中，β_i 为配合物或多元酸的累积形成常数，对应配合物的形成反应平衡(详见第 11 章)，常见配合物的累积形成常数可由附录 10 查得。

$$M+L \rightleftharpoons ML \qquad \beta_1=[ML]/[M][L]$$

$$M+2L \rightleftharpoons ML_2 \qquad \beta_2=[ML_2]/[M][L]^2$$

$$\vdots \qquad\qquad \vdots$$

$$M+nL \rightleftharpoons ML_n \qquad \beta_n=[ML_n]/[M][L]^n$$

而对应于多元酸的形成反应可写为

$$H^+ + A \rightleftharpoons HA \qquad \beta_1=[HA]/[A][H^+]=\frac{1}{K^{\ominus}_{a_n}}$$

$$2H^+ + A \rightleftharpoons H_2A \qquad \beta_2=[H_2A]/[A][H^+]^2=\frac{1}{K^{\ominus}_{a_n}K^{\ominus}_{a_{n}-1}}$$

$$\vdots \qquad\qquad \vdots$$

$$nH^+ + A \rightleftharpoons H_nA \qquad \beta_n=[H_nA]/[A][H^+]^n=\frac{1}{K^{\ominus}_{a_n}K^{\ominus}_{a_{n}-1}\cdots K^{\ominus}_{a_2}K^{\ominus}_{a_1}}$$

所以

$$K^{\ominus\prime}_{sp} = [M'][A'] = [M][A]\cdot\alpha_{M(OH)}\cdot\alpha_{A(H)} = K^{\ominus}_{sp}\cdot\alpha_{M(OH)}\cdot\alpha_{A(H)} = (s')^2$$

则

$$s' = \sqrt{K^{\ominus}_{sp}\alpha_{M(OH)}\alpha_{A(H)}} = \sqrt{K^{\ominus\prime}_{sp}} \tag{7.17}$$

同样可得难溶化合物 M_mA_n 的溶解度为

$$s' = (K_{sp}^{\ominus}{}')^{\frac{1}{m+n}} = \left(\frac{K_{sp}^{\ominus}\alpha_{M(OH)}^{m}\alpha_{A(H)}^{n}}{m^m n^n}\right)^{\frac{1}{m+n}} \tag{7.18}$$

例如，当 $m=1,n=2$ 时，即对于 MA_2，有

$$s' = \sqrt[3]{\frac{K_{sp}^{\ominus}\alpha_{M(OH)}\alpha_{A(H)}^{2}}{4}}$$

酸效应系数 $\alpha_{M(OH)} \geqslant 1$，$\alpha_{A(H)} \geqslant 1$，所以酸效应的存在会使沉淀的溶解度增大。

【例题 7.4】 计算 CaC_2O_4 在下列情况下的溶解度：(1)在纯水中；(2)在 pH=1.00 的 HCl 溶液中；(3)在 pH=4.00，$c_{H_2C_2O_4}=0.10mol \cdot L^{-1}$ 的溶液中。已知 CaC_2O_4 的 $K_{sp}^{\ominus}=10^{-8.70}$，$H_2C_2O_4$ 的 $pK_{a_1}^{\ominus}=1.25$，$pK_{a_2}^{\ominus}=4.27$。

解 (1) 在纯水中，有

$$s = \sqrt{K_{sp}^{\ominus}} = \sqrt{10^{-8.70}} = 10^{-4.35}(mol \cdot L^{-1}) = 4.5\times10^{-5}(mol \cdot L^{-1})$$

(2) pH=1.00 时

$$\beta_1 = \frac{1}{K_{a_2}} = \frac{1}{10^{-4.27}} = 10^{4.27} \qquad \beta_2 = \frac{1}{K_{a_1}K_{a_2}} = \frac{1}{10^{-1.25}\times10^{-4.27}} = 10^{5.52}$$

$$\alpha_{C_2O_4^{2-}(H)} = 1+\beta_1[H^+]+\beta_2[H^+]^2 = 1+10^{4.27-1.00}+10^{5.52-2.00} = 10^{3.71}$$

$$K_{sp}^{\ominus}{}' = K_{sp}^{\ominus}\alpha_{C_2O_4^{2-}(H)} = 10^{-8.70+3.71} = 10^{-4.99}$$

$$s' = \sqrt{K_{sp}^{\ominus}{}'} = 10^{-2.50} = 3.2\times10^{-3}(mol \cdot L^{-1})$$

(3) 在 pH=4.00，$c_{H_2C_2O_4}=0.10mol \cdot L^{-1}$ 时，必须同时考虑同离子效应和酸效应

$$\alpha_{C_2O_4^{2-}(H)} = 1+\beta_1[H^+]+\beta_2[H^+]^2 = 1+10^{4.27-4.00}+10^{5.52-8.00} = 10^{0.46}$$

$$K_{sp}^{\ominus}{}' = K_{sp}^{\ominus}\alpha_{C_2O_4^{2-}(H)} = 10^{-8.70+0.46} = 10^{-8.24}$$

所以

$$s' = [Ca^{2+}] = \frac{K_{sp}^{\ominus}{}'}{[C_2O_4^{2-}{}']} = \frac{10^{-8.24}}{0.10} = 10^{-7.24}(mol \cdot L^{-1}) = 5.8\times10^{-8}(mol \cdot L^{-1})$$

4. 配位效应

当溶液中存在着能与构晶离子生成可溶性配合物的配位剂时，会使难溶化合物的溶解度增大，甚至完全溶解，这种现象称为**配位效应**。配位效应对沉淀溶解度的影响，与配位剂的浓度及配合物的稳定性有关。配位剂的浓度越大，生成的配合物越稳定，则沉淀的溶解度就越大。若难溶化合物 MA 溶于含有能与 M 配合的配位剂 L 的溶液中，若不考虑其他副反应，则存在如下平衡：

$$\begin{array}{c} MA(s) \rightleftharpoons M + A \\ \quad\;\; \downarrow L \\ \quad\;\; ML \\ \quad\;\; + \\ \quad\;\; ML_2 \\ \quad\;\; \vdots \end{array}$$

设此时溶解度为 s'，则$[A']=[A]=s'$，$[M']=[M]\alpha_{M(L)}=s'$

$$\alpha_{M(L)}=1+\beta_1[L]+\beta_2[L]^2+\cdots$$

$$K_{sp}^{\ominus}{}'=[M'][A']=[M][A]\alpha_{M(L)}=K_{sp}^{\ominus}\alpha_{M(L)}=(s')^2$$

$$s'=\sqrt{K_{sp}^{\ominus}\alpha_{M(L)}} \tag{7.19}$$

对于难溶化合物 M_mA_n，可得

$$s'=\left(\frac{K_{sp}^{\ominus}\alpha_{M(L)}^{m}}{m^m n^n}\right)^{\frac{1}{m+n}} \tag{7.20}$$

若 M 和 A 均发生了副反应，则此时的溶解度应表示为

$$s'=\left(\frac{K_{sp}^{\ominus}\alpha_{M}^{m}\alpha_{A}^{n}}{m^m n^n}\right)^{\frac{1}{m+n}}$$

【例题 7.5】 计算 AgI 在 $0.010\text{mol}\cdot L^{-1}\ NH_3$ 溶液中的溶解度。

解 沉淀-溶解平衡

$$\begin{array}{l} AgI(s) \rightleftharpoons Ag^+ + I^- \\ \qquad\qquad\quad \downarrow NH_3 \\ \qquad\qquad\quad Ag(NH_3)^+ \\ \qquad\qquad\qquad + \\ \qquad\qquad\quad Ag(NH_3)_2^+ \end{array}$$

查表知 $K_{sp,AgI}^{\ominus}=9.3\times10^{-17}$；$Ag(NH_3)_2^+$ 的 $\lg\beta_1=3.40$，$\lg\beta_2=7.40$。

$$\alpha_{Ag(NH_3)}=1+\beta_1[NH_3]+\beta_2[NH_3]^2=1+10^{3.40-2.00}+10^{7.40-4.00}=10^{3.40}$$

$$s'=\sqrt{K_{sp}^{\ominus}\alpha_{Ag(NH_3)}}=\sqrt{9.3\times10^{-17}\times10^{3.40}}=4.8\times10^{-7}(\text{mol}\cdot L^{-1})$$

比在纯水中的溶解度增大约 50 倍。

【例题 7.6】 计算 PbC_2O_4 在下列情况时的溶解度。沉淀-溶解平衡后体系的 pH=4.00，溶液中总的草酸根浓度为 $0.25\text{mol}\cdot L^{-1}$，未与 Pb^{2+} 配合的 EDTA 的总浓度为 $0.010\text{mol}\cdot L^{-1}$。$K_{sp,PbC_2O_4}^{\ominus}=10^{-9.70}$，$\lg K_{PbY}=18.50$。

解 此溶液存在如下平衡：

$$\begin{array}{l} PbC_2O_4(s) \rightleftharpoons C_2O_4^{2-} + Pb^{2+} \\ \qquad\qquad\qquad\quad \downarrow H^+ \qquad \downarrow Y \xrightarrow{H^+} HY + H_2Y + \cdots \\ \qquad\qquad\qquad HC_2O_4^- \quad PbY \\ \qquad\qquad\qquad\quad \downarrow H^+ \\ \qquad\qquad\qquad H_2C_2O_4 \end{array}$$

可见，这里影响溶解度的因素既有副反应，又有同离子效应。

pH=4.00 时，$C_2O_4^{2-}$ 的酸效应系数为

$$\alpha_{C_2O_4^{2-}(H)}=1+\beta_1[H^+]+\beta_2[H^+]^2=1+10^{4.27-4.00}+10^{5.52-8.00}=10^{0.46}$$

EDTA 的酸效应(副反应的副反应)系数为

$$\begin{aligned}\alpha_{Y(H)}&=1+\beta_1[H^+]+\beta_2[H^+]^2+\cdots+\beta_6[H]^6\\ &=1+\frac{1}{K_{a_6}^{\ominus}}[H^+]+\frac{1}{K_{a_6}^{\ominus}K_{a_5}^{\ominus}}[H^+]^2+\cdots+\frac{1}{K_{a_6}^{\ominus}K_{a_5}^{\ominus}K_{a_4}^{\ominus}K_{a_3}^{\ominus}K_{a_2}^{\ominus}K_{a_1}^{\ominus}}[H^+]^6\\ &=10^{8.60}\end{aligned}$$

$$[Y]=\frac{[Y']}{\alpha_{Y(H)}}=\frac{10^{-2.00}}{10^{8.60}}(mol\cdot L^{-1})=10^{-10.60}(mol\cdot L^{-1})$$

$$\alpha_{Pb(Y)}=1+[Y]\cdot K_{PbY}^{\ominus}=1+10^{-10.60+18.50}=10^{7.90}$$

$$K_{sp,PbC_2O_4}^{\ominus\prime}=K_{sp,PbC_2O_4}^{\ominus}\cdot\alpha_{Pb(Y)}\cdot\alpha_{C_2O_4(H)}=10^{-9.70+7.90+0.46}=10^{-1.34}$$

所以

$$s'=[Pb']=\frac{K_{sp,PbC_2O_4}^{\ominus\prime}}{[(C_2O_4^{2-})']}=\frac{10^{-1.34}}{0.25}(mol\cdot L^{-1})=0.18(mol\cdot L^{-1})$$

通过计算可以看出，在这种条件下 PbC_2O_4 的溶解度很大。

上面叙述的是外加配位剂的情况，还有一种常遇到的情况是沉淀剂本身又是配位剂，过量沉淀剂的存在，既有同离子效应，又有配位效应。当沉淀剂的浓度适当时，同离子效应起主要作用，使溶解度降低，而当沉淀剂过量太多时，配位效应起主导作用，反而使溶解度增大。

用 Cl^- 沉淀 Ag^+ 生成 AgCl 就是这种情况。在过量的 Cl^- 存在下，Cl^- 不仅与 Ag^+ 形成 AgCl 沉淀，而且还可以进一步配合生成 $AgCl_2^-$、$AgCl_3^{2-}$、$AgCl_4^{3-}$（$\lg\beta_1\sim\lg\beta_4$ 分别为 2.9、4.7、5.0、5.9）。此时沉淀的溶解度为

$$\begin{aligned}s'&=[Ag^{+\prime}]=[Ag^+]+[AgCl(aq)]+[AgCl_2^-]+[AgCl_3^{2-}]+[AgCl_4^{3-}]\\&=[Ag^+]+\beta_1[Ag^+][Cl^-]+\beta_2[Ag^+][Cl^-]^2+\beta_3[Ag^+][Cl^-]^3+\beta_4[Ag^+][Cl^-]^4\\&=K_{sp}^{\ominus}(\frac{1}{[Cl^-]}+\beta_1+\beta_2[Cl^-]+\beta_3[Cl^-]^2+\beta_4[Cl^-]^3)\end{aligned}$$

可见，溶解度 s' 具有最小值。s' 最小时，有

$$\frac{ds'}{d[Cl^-]}=K_{sp}^{\ominus}\left(-\frac{1}{[Cl^-]^2}+\beta_2+2\beta_3[Cl^-]+3\beta_4[Cl^-]^2\right)=0$$

当 $[Cl^-]$ 较小时，上式可近似为

$$\frac{ds'}{d[Cl^-]}=K_{sp}^{\ominus}\left(-\frac{1}{[Cl^-]_{min}^2}+\beta_2\right)=0$$

故

$$[Cl^-]_{min}=\frac{1}{\sqrt{\beta_2}}=10^{-2.4}(mol\cdot L^{-1})$$

将 $[Cl^-]=10^{-2.4}mol\cdot L^{-1}$ 代入计算溶解度的公式即可求出最小溶解度为

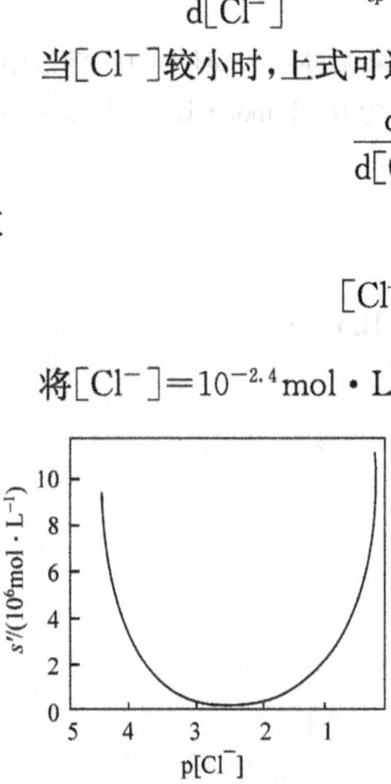

图 7.3 AgCl 沉淀的溶解度与 $[Cl^-]$ 的关系

$$s_{min}=10^{-9.5}\left(\frac{1}{10^{-2.4}}+10^{2.9}+10^{4.7-2.4}+\cdots\right)(mol\cdot L^{-1})$$

$$=10^{-6.4}(mol\cdot L^{-1})$$

当 $[Cl^-]<10^{-2.4}mol\cdot L^{-1}$ 时，以同离子效应为主，氯离子起降低溶解度的作用；当 $[Cl^-]>10^{-2.4}mol\cdot L^{-1}$ 时，则以配位效应为主，氯离子又使沉淀的溶解度增大。

图 7.3 表示理论计算的 AgCl 溶解度随 $[Cl^-]$ 的变化情况，曲线的左半部分是同离子效应起主导作用，右半部分是配位效应起主导作用，当 $[Cl^-]=10^{-2.4}mol\cdot L^{-1}$ 时，

AgCl的溶解度最小。因此,若加入的沉淀剂又是配位剂时,应避免使用过量太多的沉淀剂,应使沉淀的溶解度在最低点附近。

5. 影响沉淀溶解度的其他因素

1) 温度的影响

大多数难溶化合物的溶解过程都是吸热过程,因此沉淀的溶解度随温度升高而增大。但不同物质增大的程度不同。如图7.4所示,AgCl的溶解度随温度升高而迅速增大,而$BaSO_4$在相同情况下则增加得很少。

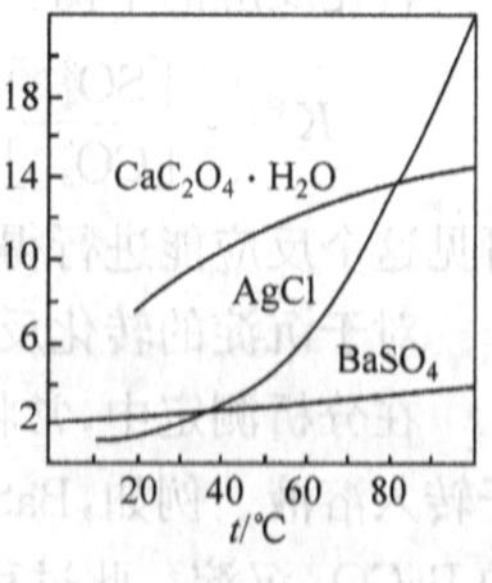

图7.4 温度对沉淀溶解度的影响

在定量分析中,为了获得较好的沉淀,通常在热溶液中进行沉淀,对于一些热溶液中溶解度较大的沉淀,如$MgNH_4PO_4 \cdot 6H_2O$和CaC_2O_4等,其沉淀溶解损失很大,不容忽视。因此,沉淀必须放置冷却至室温后,再进行过滤和洗涤,以减少溶解损失;对于一些无定形沉淀,如$Fe_2O_3 \cdot nH_2O$、$Al_2O_3 \cdot nH_2O$等,其溶解度很小,热溶液对溶解度影响也不大,而冷却后难于过滤、洗涤,所以要趁热过滤并用热的洗涤液洗涤。

2) 溶剂的影响

大多数无机难溶化合物是离子型晶体,它们在水中的溶解度一般比在有机溶剂中的溶解度大,因此,若在水溶液中加入与水能混溶的有机溶剂(如乙醇或丙酮等),可以显著降低沉淀的溶解度。例如,钾盐在水中易溶,用重量法测定钾,沉淀为K_2PtCl_6,它在水中的溶解度较大,若加入乙醇,则可使溶解度大大降低,沉淀完全。

3) 沉淀颗粒大小的影响

对于同一种沉淀物质,颗粒越小,溶解度越大。反之,颗粒越大,溶解度越小。这是因为处于晶体边缘、棱角或晶面上的离子受晶体内部离子的吸引力较小,受到溶剂分子的作用力比较大,所以易于进入溶液,颗粒的溶解度就较大。小晶粒比大晶粒有更多的离子处于边缘、晶面或棱角,所以溶解度较大。

4) 胶溶现象的影响

在进行沉淀反应时,尤其是对于无定形沉淀的沉淀反应,如果操作不当,常会形成胶体溶液,甚至会使已经沉降下来的胶体沉淀重新分散于溶液中,这种现象称为"胶溶"。由于胶溶现象的发生,使得无法得到沉淀。为了避免这种现象的发生,在进行胶体沉淀时往往加入大量的强电解质,以促使胶粒聚沉。

另外,沉淀的形态不同,其溶解度也不相同。例如,初生态的CoS沉淀一般为α型,其$K_{sp}^{\ominus}=4.0\times10^{-21}$,放置一段时间后,易转化为$\beta$型的CoS沉淀,其$K_{sp}^{\ominus}=2.0\times10^{-25}$,二者相差很大。

7.3.3 沉淀的转化

在实际工作中,常需要借助于某一试剂的作用,将沉淀从一种形式转化为另一种形式,这一过程称为**沉淀的转化**。例如,为了除去附着在锅炉内壁既难溶于水又难溶于酸的

$CaSO_4$ 锅垢，可以用 Na_2CO_3 处理，将 $CaSO_4$ 转化为可溶于酸的$CaCO_3$。此过程可表示为

$$CaSO_4(s) \rightleftharpoons Ca^{2+}(aq) + SO_4^{2-}(aq)$$
$$Ca^{2+}(aq) + CO_3^{2-}(aq) \rightleftharpoons CaCO_3(s)$$

总反应 $$CaSO_4(s) + CO_3^{2-}(aq) \rightleftharpoons CaCO_3(s) + SO_4^{2-}(aq)$$

转化反应的平衡常数为

$$K^\ominus = \frac{[SO_4^{2-}]}{[CO_3^{2-}]} = \frac{[Ca^{2+}][SO_4^{2-}]}{[Ca^{2+}][CO_3^{2-}]} = \frac{K^\ominus_{sp,CaSO_4}}{K^\ominus_{sp,CaCO_3}} = \frac{9.1\times10^{-6}}{2.9\times10^{-9}} = 3.1\times10^3$$

可见这个反应能进行得很完全。

对于沉淀的转化反应，其平衡常数越大，转化反应进行得就越完全。

在分析测定中，常将难溶的强酸盐转化为难溶的弱酸盐，然后再酸解，使要分析的离子转入溶液。例如，$BaSO_4$ 沉淀不溶于酸，若用 Na_2CO_3 溶液处理，即可转化为易溶于酸的 $BaCO_3$ 沉淀。此过程可表示为

$$BaSO_4(s) \rightleftharpoons Ba^{2+}(aq) + SO_4^{2-}(aq)$$
$$Ba^{2+}(aq) + CO_3^{2-}(aq) \rightleftharpoons BaCO_3(s)$$

总反应 $$BaSO_4(s) + CO_3^{2-}(aq) \rightleftharpoons BaCO_3(s) + SO_4^{2-}(aq)$$

其转化反应的平衡常数为

$$K^\ominus = \frac{[SO_4^{2-}]}{[CO_3^{2-}]} = \frac{[Ba^{2+}][SO_4^{2-}]}{[Ba^{2+}][CO_3^{2-}]} = \frac{K^\ominus_{sp,BaSO_4}}{K^\ominus_{sp,BaCO_3}} = \frac{1.1\times10^{-10}}{5.1\times10^{-9}} = \frac{1}{46}$$

这个沉淀转化反应的平衡常数不大，转化不会彻底。但在反应过程中，$[CO_3^{2-}]$不断减少，$[SO_4^{2-}]$则不断增大，最后当$[SO_4^{2-}]/[CO_3^{2-}]=1/46$ 时，反应趋于平衡。此时，可以将上层清液取出，加入新鲜的 Na_2CO_3 溶液，重复处理三四次，直至 $BaSO_4$ 全部转化为 $BaCO_3$。应该指出，这种转化只能适用于溶解度相差不大的沉淀。如果两种沉淀的溶解度相差甚远，要将这种转化进行到底是非常困难甚至是不可能的。

7.3.4 分步沉淀及沉淀分离方法

在实际工作中，体系中常同时含有多种离子，这些离子均可能与加入的同一沉淀剂发生沉淀反应，生成难溶电解质。由于各种难溶电解质的溶度积不同，它们析出沉淀的先后顺序也不同，随着沉淀剂的不断加入，离子积(J)首先超过溶度积的难溶电解质将会先析出；继续加入沉淀剂，又会有第二个离子的沉淀析出……，这就是所谓的**分步沉淀**，也称**选择性沉淀**(selective precipitation)。相反的过程就是分步溶解或选择性溶解。分步沉淀常用于混合离子的分离及物质的提纯。例如，假设溶液中含有 0.010mol · L^{-1} I^- 和 0.010mol · L^{-1} Cl^-，逐滴加入 $AgNO_3$ 溶液时，根据溶度积规则，AgCl 和 AgI 开始沉淀时所需要的 Ag^+ 的浓度分别为

$$[Ag^+] = \frac{K^\ominus_{sp,AgCl}}{[Cl^-]} = \frac{1.8\times10^{-10}}{0.010}(mol\cdot L^{-1}) = 1.8\times10^{-8}(mol\cdot L^{-1})$$

$$[Ag^+] = \frac{K^\ominus_{sp,AgI}}{[I^-]} = \frac{9.3\times10^{-17}}{0.010}(mol\cdot L^{-1}) = 9.3\times10^{-15}(mol\cdot L^{-1})$$

显然，I^-开始沉淀所需要的Ag^+浓度小于沉淀Cl^-所需要的Ag^+浓度。因此I^-先沉淀出来。继续加入$AgNO_3$溶液，当达到AgCl开始沉淀所需的Ag^+浓度时，Cl^-将会析出。此时，Ag^+的浓度应同时满足下列两个平衡：

$$AgI(s) \rightleftharpoons Ag^+(aq) + I^-(aq) \qquad [Ag^+] = \frac{K^{\ominus}_{sp,AgI}}{[I^-]_{剩余}}$$

$$AgCl(s) \rightleftharpoons Ag^+(aq) + Cl^-(aq) \qquad [Ag^+] = \frac{K^{\ominus}_{sp,AgCl}}{[Cl^-]_{开始}}$$

从以上两式消去$[Ag^+]$可得

$$[I^-]_{剩余} = \frac{K^{\ominus}_{sp,AgI}}{K^{\ominus}_{sp,AgCl}}[Cl^-]_{开始} = \frac{9.3\times10^{-17}}{1.8\times10^{-10}}\times0.010(mol\cdot L^{-1})$$

$$=5.2\times10^{-9}(mol\cdot L^{-1})$$

可见，当Cl^-开始沉淀时，$[I^-]$已从$0.010mol\cdot L^{-1}$降到了$5.2\times10^{-9}mol\cdot L^{-1}$。可以认为，当$Cl^-$开始沉淀时，$I^-$早已沉淀完全。

总之，对于同类型的物质，总是溶度积小的先沉淀，并且溶度积差别越大，后沉淀的离子的浓度越小，分离的效果也越好。但对于不同类型的沉淀，则必须通过计算来判断沉淀的先后次序和分离效果，而不能直接根据溶度积来判断。例如，用$AgNO_3$沉淀$0.010mol\cdot L^{-1}$ Cl^-和$0.010mol\cdot L^{-1}$ CrO_4^{2-}，析出AgCl、Ag_2CrO_4沉淀的最小浓度分别为

$$[Ag^+] = \frac{K^{\ominus}_{sp,AgCl}}{[Cl^-]} = \frac{1.8\times10^{-10}}{0.010}(mol\cdot L^{-1}) = 1.8\times10^{-8}(mol\cdot L^{-1})$$

$$[Ag^+] = \sqrt{\frac{K^{\ominus}_{sp,Ag_2CrO_4}}{[CrO_4^{2-}]}} = \sqrt{\frac{2.0\times10^{-12}}{0.010}}(mol\cdot L^{-1}) = 1.4\times10^{-5}(mol\cdot L^{-1})$$

虽然Ag_2CrO_4的溶度积小于AgCl的溶度积，但是沉淀Cl^-所需要的$[Ag^+]$却比沉淀CrO_4^{2-}所需要的$[Ag^+]$小得多，在这种情况下，反而是溶度积大的AgCl先析出。

分步沉淀的次序主要取决于难溶电解质的溶度积大小，也与溶液中各离子的浓度有关，如果适当地改变溶液中被沉淀离子的浓度，可以使分步沉淀的次序发生变化，要具体问题具体分析。例如，根据AgI和AgBr的溶度积，当$[I^-]=[Br^-]$时，AgI首先析出；当$[Br^-]=1.0mol\cdot L^{-1}$，$[I^-]=1.0\times10^{-4}mol\cdot L^{-1}$时，首先析出的沉淀为AgBr而不是AgI。

分步沉淀多用于通过硫化物或氢氧化物沉淀来分离共存离子，下面分别举例加以讨论。

【例题7.7】 在Zn^{2+}、Mn^{2+}混合离子溶液中，离子浓度均为$0.010mol\cdot L^{-1}$，若通入H_2S气体，并使之达到饱和(H_2S饱和溶液的浓度为$0.10mol\cdot L^{-1}$)，哪种离子先沉淀？溶液pH应控制在什么范围可以将这两种离子完全分离？

解 $K^{\ominus}_{sp,ZnS}=2.0\times10^{-22} \ll K^{\ominus}_{sp,MnS}=2.0\times10^{-10}$，所以$Zn^{2+}$首先沉淀下来。

在饱和H_2S水溶液中，$[H_2S]=0.10mol\cdot L^{-1}$，根据$H_2S$的解离常数可以得到下列关系式：

$$[H^+] = \sqrt{\frac{K^{\ominus}_{a_1}K^{\ominus}_{a_2}[H_2S]}{[S^{2-}]}}$$

当Zn^{2+}沉淀完全$\{[Zn^{2+}]\leqslant1.0\times10^{-6}mol\cdot L^{-1}\}$时，有

$$[S^{2-}]_{min}=\frac{K^{\ominus}_{sp,ZnS}}{[Zn^{2+}]}=\frac{2.0\times10^{-22}}{1.0\times10^{-6}}(mol\cdot L^{-1})=2.0\times10^{-16}(mol\cdot L^{-1})$$

$$[H^+]=\sqrt{\frac{K^{\ominus}_{a_1}K^{\ominus}_{a_2}[H_2S]}{[S^{2-}]}}=\sqrt{\frac{9.5\times10^{-8}\times1.3\times10^{-13}\times0.10}{2.0\times10^{-16}}}(mol\cdot L^{-1})$$

$$=2.48\times10^{-3}(mol\cdot L^{-1})$$

$$pH=2.60$$

当 Mn^{2+} 开始析出时，有

$$[S^{2-}]=\frac{K^{\ominus}_{sp,MnS}}{[Mn^{2+}]}=\frac{2.0\times10^{-10}}{0.010}(mol\cdot L^{-1})=2.0\times10^{-8}(mol\cdot L^{-1})$$

$$[H^+]=\sqrt{\frac{K^{\ominus}_{a_1}K^{\ominus}_{a_2}[H_2S]}{[S^{2-}]}}=\sqrt{\frac{9.5\times10^{-8}\times1.3\times10^{-13}\times0.10}{2.0\times10^{-8}}}(mol\cdot L^{-1})$$

$$=2.48\times10^{-7}(mol\cdot L^{-1})$$

$$pH=6.60$$

可见，只要将溶液的 pH 控制为 2.6～6.6，即可保证 Zn^{2+} 沉淀完全，而 Mn^{2+} 不析出，从而可将二者分离开来。

利用硫化物沉淀法来分离混合离子时，一般采用控制 pH 的方法，即通过控制溶液的 pH 达到控制溶液中[S^{2-}]的目的。但这种方法一般用于氢氧化物溶解度较大的离子的分离，否则会出现氢氧化物沉淀的问题。因此，应用这种技术时要注意控制氢氧化物沉淀的形成。

【例题 7.8】 若溶液中含有 0.010mol · L^{-1}的 Fe^{3+} 和 0.010mol · L^{-1}的 Mg^{2+}，计算分离两种离子的 pH 范围。

解 查表得 $K^{\ominus}_{sp,Fe(OH)_3}=4.0\times10^{-38}$，$K^{\ominus}_{sp,Mg(OH)_2}=1.8\times10^{-11}$，则 Fe^{3+} 开始沉淀时，有

$$[OH^-]=\sqrt[3]{\frac{K^{\ominus}_{sp,Fe(OH)_3}}{[Fe^{3+}]}}=\sqrt[3]{\frac{4.0\times10^{-38}}{0.010}}(mol\cdot L^{-1})=1.6\times10^{-12}(mol\cdot L^{-1})$$

$$pH=2.20$$

Mg^{2+} 开始沉淀时，有

$$[OH^-]=\sqrt{\frac{K^{\ominus}_{sp,Mg(OH)_2}}{[Mg^{2+}]}}=\sqrt{\frac{1.8\times10^{-11}}{0.010}}(mol\cdot L^{-1})=4.24\times10^{-5}(mol\cdot L^{-1})$$

$$pH=9.63$$

可见，Fe^{3+} 首先沉淀析出，开始析出时溶液的 pH=2.20。

Fe^{3+} 沉淀完全时，有

$$[OH^-]=\sqrt[3]{\frac{K^{\ominus}_{sp,Fe(OH)_3}}{[Fe^{3+}]}}=\sqrt[3]{\frac{4.0\times10^{-38}}{1.0\times10^{-6}}}(mol\cdot L^{-1})=3.42\times10^{-11}(mol\cdot L^{-1})$$

$$pH=3.53$$

所以只要控制 pH 为 3.53～9.63，即可使 Fe^{3+} 沉淀完全，而 Mg^{2+} 不沉淀，从而达到分离的目的。

7.4 影响沉淀纯度的因素

在许多过程中，都要求得到较纯的沉淀。但当沉淀从溶液中析出时，不可避免地夹杂

溶液中的一些其他组分(杂质或母液),使沉淀不纯。为了得到一定纯度的沉淀,必须尽可能减少沉淀的夹杂。这就要求了解在沉淀过程中,杂质混入沉淀的各种途径,从而找出减少杂质混入的方法,以获得尽可能纯的沉淀。

7.4.1 共沉淀现象

当一种沉淀从溶液析出时,某些在该条件下是可溶性的组分,常被沉淀夹带下来而与沉淀一起析出,这种现象称为**共沉淀**。例如,用 $BaSO_4$ 重量法测定 SO_4^{2-} 时,如果溶液中存在 Fe^{3+},$BaSO_4$ 沉淀中就会夹杂着 $Fe_2(SO_4)_3$,使灼烧后的称量物不是白色沉淀而呈黄棕色。

产生共沉淀的原因有三个方面。

1. *表面吸附共沉淀*

沉淀表面的吸附作用,是共沉淀中最普遍的现象,它是由晶体表面电荷不平衡所引起的。例如,将 NaCl 溶液加入含有 NaAc 的 $AgNO_3$ 溶液中,形成 AgCl 沉淀。图 7.5 是 AgCl 沉淀颗粒的表面吸附示意图。在沉淀颗粒的内部,Ag^+ 或 Cl^- 都被其上、下、左、右、前、后 6 个带相反电荷的构晶离子 Cl^- 或 Ag^+ 所包围,整个沉淀颗粒的内部处于静电平衡状态。而在沉淀颗粒的表面上,Ag^+ 或 Cl^- 至少有一个面没有与带相反电荷的构晶离子相连接,存在着不平衡的静电力场。因而,它具有吸引溶液中带相反电荷离子的能力。当 $AgNO_3$ 过量时,沉淀表面的 Cl^- 首先强烈地吸引溶液中过量的 Ag^+,形成**吸附层**(或称**第一吸附层**)。然后 Ag^+ 再通过静电引力进一步吸引溶液中的异性电荷离子作为**抗衡离子**,即 Ac^- 或 NO_3^-,组成**扩散层**(或称**第二吸附层**)。带有不同电荷的吸附层及扩散层共同组成沉淀表面的双电层。双电层中正、负离子总数相等,电荷平衡。

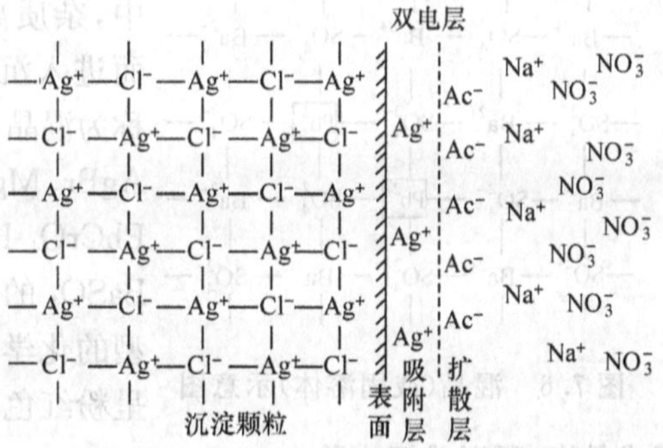

图 7.5 AgCl 沉淀颗粒的表面吸附示意图

表面吸附具有一定的吸附规律:①当某一构晶离子过量时,沉淀首先吸附构晶离子;②对于抗衡离子,离子的价数越高,浓度越大,越容易被吸附;③如果各抗衡离子的浓度、电荷相同,则首先吸附那些能与构晶离子形成溶解度最小或解离度最小的化合物的离子;④一些在电场作用下容易变形的大阴离子(如有机染料),也易被吸附。如图 7.5 所示,在过量 $AgNO_3$ 溶液中沉淀 AgCl,溶液中除过量的 $AgNO_3$ 外,还有 K^+、Na^+、Ac^- 等,则 AgCl 沉淀表面首先吸附溶液中的构晶离子 Ag^+,而不是 Na^+、K^+;作为扩散层被吸附到沉淀表面上的抗衡离子是 Ac^-,而不是 NO_3^-,这是由于 AgAc 的溶解度小于 $AgNO_3$。

此外,沉淀表面吸附杂质的量还与下列因素有关:

(1) 与沉淀的总表面积有关。当沉淀量一定时,沉淀的颗粒越小则其比表面积越大,吸附杂质的量就越多。晶形沉淀颗粒较大,表面吸附现象不严重,而无定形沉淀颗粒很小,表面吸附较严重。因此,表面吸附共沉淀是无定形沉淀被沾污的主要原因。

(2) 与溶液中杂质的浓度有关。一般情况下,杂质的浓度越大,被沉淀吸附的量越多。

(3) 与溶液的温度有关。因为吸附是放热过程,所以溶液温度升高可减少杂质的吸附量。

表面吸附现象既然发生在沉淀的表面,所以洗涤是除去表面吸附杂质的有效方法。洗涤可以将沉淀外层结合得较松散的抗衡离子除去,特别是用电解质的稀溶液做洗涤液时,可以置换出杂质离子。例如,用 NaCl 沉淀剂沉淀 Ag^+,生成的 AgCl 沉淀表面存在着 NaCl 吸附共沉淀。用稀 HNO_3 溶液做洗涤液,则 H^+ 将沉淀表面吸附的 Na^+ 置换下来,转化为 HCl,HCl 在烘干时挥发除去,便得到较纯净的 AgCl 沉淀。

2. 生成混晶共沉淀

晶形沉淀都有一定的晶体结构,具有一定的晶格。如果溶液中存在着与构晶离子半径相近、电荷相同的杂质离子,则在沉淀过程中,杂质离子就有可能占据沉淀中的某些晶格位置而进入沉淀颗粒的内部(图 7.6),这种沉淀颗粒就称为混晶,也称为固溶体。例如,$BaSO_4$-$PbSO_4$、AgCl-AgBr、$MgNH_4PO_4$-$MgNH_4AsO_4$、CaC_2O_4-SrC_2O_4 和 $PbCrO_4$-$BaCrO_4$ 等都可形成混晶。另外,$KMnO_4$ 与 $BaSO_4$ 的离子电荷虽然不同,但半径相近,都有 ABO_4 型的化学组成,也能形成固溶体,使 $BaSO_4$ 白色沉淀呈粉红色。由于形成混晶的杂质离子进入了晶体内部或晶格,所以难于去除。

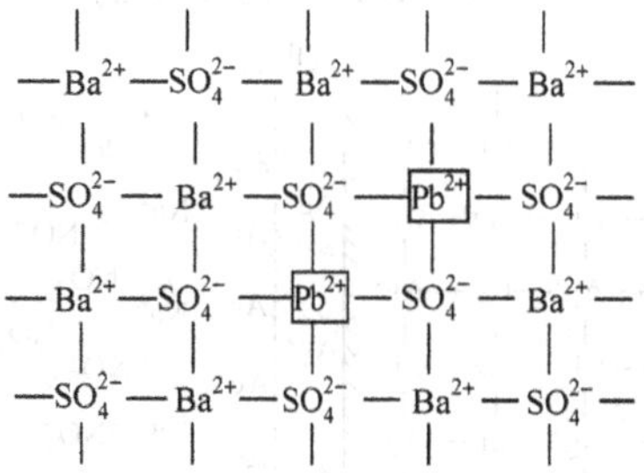

图 7.6 混晶(或固溶体)示意图

减少或消除混晶的最好方法是将杂质离子事先分离除去。例如,为了防止 $BaSO_4$-$PbSO_4$ 混晶的生成,先将 Pb^{2+} 沉淀为 PbS 与 Ba^{2+} 分离;将 Ce^{3+} 氧化成 Ce^{4+} 则不再与 La^{3+} 形成混晶。此外,加入配位剂、改变沉淀剂也可防止或减少混晶共沉淀。

3. 包藏共沉淀

在沉淀过程中,由于沉淀剂加入过快,沉淀生长太快,最初生成的沉淀颗粒表面吸附的杂质来不及离开沉淀表面就被随后生成的沉淀所覆盖,使杂质或母液被包藏在沉淀颗粒的内部(图 7.7)。这种杂质包裹在沉淀内部的共沉淀现象称为包藏或吸留。

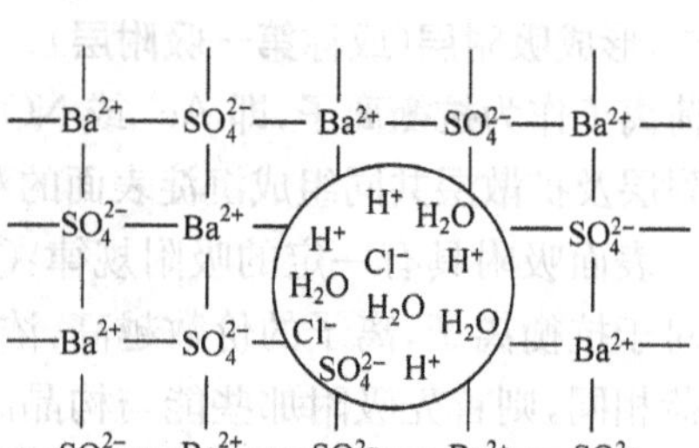

图 7.7 吸留或包藏示意图

包藏是晶形沉淀被沾污的主要原因。由于包藏的杂质在沉淀的内部,不能用洗涤的方法除去。减少包藏共沉淀的方法是**陈化**,即将沉淀与母液一起放置一段时间,晶体中不完整部分的杂质离子容易重新进入溶液,而在溶液中的离子又不断回到晶体表面,使结晶趋于完整,沉淀更为纯净。重结晶也是去除吸留杂质的有效方法。

共沉淀现象有时也是可以利用的。尤其是在分离、富集一些微量组分方面，共沉淀是一种很好的手段。利用共沉淀的原理，可将稀溶液中的有效组分沉积下来。

7.4.2　后沉淀现象

后沉淀现象是指当溶液中某一组分沉淀析出之后，另一种本来难以析出沉淀的组分，在沉淀与母液一起放置的过程中，逐渐沉积于沉淀表面上的过程。例如，在 0.01mol · L^{-1} Zn^{2+} 的 H_2SO_4 溶液中通入 H_2S，ZnS 沉淀难以析出。若在上述溶液中存在 Cu^{2+} 或 Hg^{2+}，开始时有 CuS 或 HgS 沉淀生成，而无 ZnS 析出。放置一段时间后，ZnS 就逐渐在 CuS 或 HgS 表面上析出。这是由于 CuS 或 HgS 沉淀表面选择性地吸附了 S^{2-}，S^{2-} 进一步吸附 Zn^{2+} 作为抗衡离子，则在 CuS 或 HgS 沉淀的表面附近 S^{2-} 及 Zn^{2+} 的浓度比母体溶液中大，相对过饱和度显著增加，因而导致 ZnS 沉淀的生成。

用草酸盐沉淀分离 Ca^{2+} 和 Mg^{2+} 时，草酸镁容易形成稳定的过饱和溶液，当草酸钙沉淀析出后，就发生了草酸镁的后沉淀，影响分离效果。特别是加热、放置更会加剧后沉淀现象。

后沉淀与共沉淀是不同的，应注意区别：①后沉淀通常发生在组分处于过饱和状态，而共沉淀则不然；②后沉淀引入杂质的量随放置时间的增长而增多，而共沉淀引起的杂质量一般随放置时间的增加而减少；③不管杂质是在沉淀之前还是沉淀后引入溶液，由后沉淀引入的杂质量是基本不变的；④温度升高，后沉淀往往更为严重，而共沉淀的杂质则一般减少；⑤后沉淀引入杂质的程度，有时比共沉淀严重。

因此，当可能有后沉淀发生时，可以在前一个沉淀完成后立即过滤，以减少或避免后沉淀，得到更纯净的沉淀。

7.5　沉淀反应在分析测定中的应用

*7.5.1　沉淀滴定分析法

沉淀滴定分析法是依据沉淀平衡建立的滴定分析方法。虽然形成沉淀的反应很多，但很多沉淀的组成不固定，且对构晶离子存在吸附现象，加之其他离子的共沉淀，往往使沉淀不能定量进行，所以能用于沉淀滴定分析的反应并不多。另外，有些沉淀的溶解度较大，化学计量点时沉淀不完全，还有很多沉淀反应速率较慢，尤其是一些晶形沉淀，易形成过饱和溶液，加之缺乏合适的指示剂等，使能用于沉淀滴定分析的反应更少。只有生成某些汞盐（如 HgS）、铅盐（如 $PbSO_4$）、钡盐（如 $BaSO_4$）、难溶性银盐和某些有机沉淀剂参加的少数沉淀反应能用于沉淀滴定分析。其中有实用价值、应用最多的是生成难溶性银盐的沉淀反应。例如

$$Ag^+ + Cl^- \rightleftharpoons AgCl\downarrow$$

$$Ag^+ + SCN^- \rightleftharpoons AgSCN\downarrow$$

以此类反应为基础的沉淀滴定法称为**银量法**。

与酸碱滴定法相似，随着滴定剂的不断加入，被滴定离子的浓度不断变化，同样可以绘制出滴定曲线——被滴定离子浓度的负对数与滴定体积或滴定分数的关系曲线。

例如，以 0.1000mol · L^{-1} $AgNO_3$ 溶液滴定 20.00mL 0.1000mol · L^{-1} NaCl 溶液为例，计算滴定过程中 Ag^+ 浓度的变化，并做出滴定曲线。

1）化学计量点前

根据溶液中剩余的Cl^-浓度和AgCl的溶度积计算[Ag^+]。例如，加入19.98mL的$AgNO_3$溶液，即滴定分数为99.9%时，还剩余未被滴定的[Cl^-]为

$$[Cl^-] = \frac{0.02}{20.00+19.98} \times 0.1000(mol \cdot L^{-1}) = 5 \times 10^{-5}(mol \cdot L^{-1})$$

故

$$[Ag^+] = \frac{K_{sp}^{\ominus}}{[Cl^-]} = \frac{1.8 \times 10^{-10}}{5.0 \times 10^{-5}}(mol \cdot L^{-1}) = 3.6 \times 10^{-6}(mol \cdot L^{-1})$$

$$pAg = 5.44$$

2）化学计量点时

当加入20.00mL 0.1000mol·L^{-1} $AgNO_3$溶液，即滴定分数为100%时，有

$$[Ag^+] = [Cl^-] = \sqrt{K_{sp}^{\ominus}} = \sqrt{1.8 \times 10^{-10}}(mol \cdot L^{-1}) = 1.3 \times 10^{-5}(mol \cdot L^{-1})$$

$$pAg = 4.87$$

3）化学计量点后

根据加入过量的$AgNO_3$溶液的量计算[Ag^+]。例如，加入20.02mL的$AgNO_3$溶液，即滴定分数为100.1%时，有

$$[Ag^+] = \frac{0.02}{20.00+20.02} \times 0.1000(mol \cdot L^{-1}) = 5.0 \times 10^{-5}(mol \cdot L^{-1})$$

$$pAg = 4.30$$

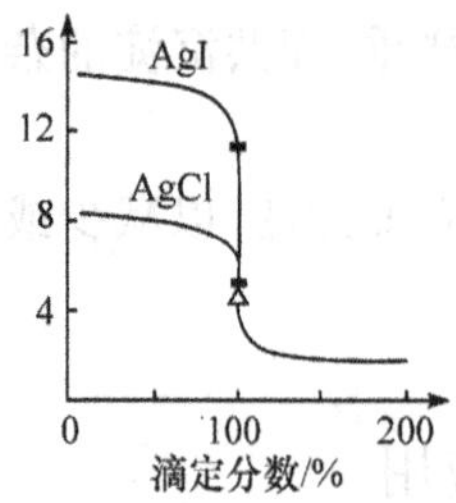

图7.8　0.1000mol·L^{-1} $AgNO_3$ 滴定同浓度NaCl或NaI的曲线

同理，可以计算出任何滴定点对应的pAg，其滴定曲线如图7.8所示。图7.8中同时绘出了0.1000mol·L^{-1} $AgNO_3$溶液滴定同浓度的NaI的滴定曲线。

化学计量点前后±0.1%范围内溶液的pAg的变化范围称为滴定突跃。滴定突跃的大小不仅与溶液的浓度有关，也和沉淀的溶解度有关。若浓度增大（或减少）10倍，滴定突跃范围就增大（或减少）2个单位。从图7.8中可以看出，由于AgCl和AgI的$K_{sp}^{\ominus}$不同，其突跃范围大小也不同。用0.1000mol·L^{-1} $AgNO_3$溶液滴定同浓度NaCl和NaI溶液的滴定突跃范围分别为pAg 5.4～4.3（1.1单位）和pAg 11.5～4.3（7.2单位）。

沉淀滴定法的指示剂按作用原理不同可分为三类：①形成有色沉淀物；②形成有色配合物；③指示剂被吸附而引起沉淀颜色的变化。根据所用指示剂的不同，银量法又分为**莫尔法（Mohr method）**、**福尔哈德法（Volhard method）**和**法扬斯法（Fajans method）**三种。

1. 莫尔法——铬酸钾指示剂

在中性或弱碱性溶液中，以K_2CrO_4为指示剂，用$AgNO_3$标准溶液直接滴定Cl^-（或Br^-）的方法，称为莫尔法。由于AgX的溶解度比Ag_2CrO_4小，根据分步沉淀的原理，在滴定过程中，先生成AgX沉淀，当AgX定量沉淀后，稍微过量的滴定剂与指示剂反应，生成砖红色的Ag_2CrO_4沉淀，以指示滴定的终点。

滴定反应为

$$Ag^+(aq) + Cl^-(aq) \rightleftharpoons AgCl(s)（白色）\quad K_{sp,AgCl}^{\ominus} = 1.8 \times 10^{-10}$$

终点反应为

$$2Ag^+(aq) + CrO_4^{2-}(aq) \rightleftharpoons Ag_2CrO_4(s)（砖红色）\quad K_{sp,Ag_2CrO_4}^{\ominus} = 2.0 \times 10^{-12}$$

由于指示剂是根据沉淀的原理起作用的，到达终点时，必须使 AgX 定量沉淀完全，而且要达到 Ag_2CrO_4 的 $K_{sp}^{\ominus}$，产生适当的 Ag_2CrO_4 沉淀以指示终点。因此，要求 CrO_4^{2-} 的浓度应该有一个合适的限度。$[CrO_4^{2-}]$与加入的 K_2CrO_4 的量有关，而且因为 H_2CrO_4 是弱酸，存在酸效应的影响，所以 $[CrO_4^{2-}]$也与溶液的酸度有关。指示剂的用量和酸度就成了莫尔法的主要滴定条件。

1) 指示剂的用量

当滴定至化学计量点时，根据溶度积规则，Ag^+ 和 Cl^- 的浓度为

$$[Ag^+] = [Cl^-] = \sqrt{K_{sp,AgCl}^{\ominus}} = \sqrt{1.8\times10^{-10}}(mol\cdot L^{-1}) = 1.3\times10^{-5}(mol\cdot L^{-1})$$

如果此时要求正好析出 Ag_2CrO_4 沉淀以指示终点，则溶液中$[CrO_4^{2-}]$应为

$$[CrO_4^{2-}] = \frac{K_{sp,Ag_2CrO_4}^{\ominus}}{[Ag^+]^2} = \frac{2.0\times10^{-12}}{(1.3\times10^{-5})^2}(mol\cdot L^{-1}) = 1.2\times10^{-2}(mol\cdot L^{-1})$$

在实际工作中，如果 K_2CrO_4 的浓度太高，会妨碍 Ag_2CrO_4 沉淀颜色的观察。因此，一般在滴定中加入 K_2CrO_4 的浓度约为 $5\times10^{-3}mol\cdot L^{-1}$，显然，要产生 Ag_2CrO_4 沉淀，必须多加入一些 $AgNO_3$。

2) 溶液的酸度

H_2CrO_4 的 $K_{a_2}^{\ominus}=3.3\times11^{-7}$，当溶液的酸性较大时，$CrO_4^{2-}$ 将与 H^+ 结合而以 $HCrO_4^-$ 的形式存在，溶液中$[CrO_4^{2-}]$将减少，Ag_2CrO_4 沉淀出现过迟，引起正误差。但如果碱性太强，会引起 Ag^+ 水解而生成 Ag_2O 沉淀。通常，莫尔法要求滴定的适宜酸度范围为 pH=6.5～10.5。若试液碱性太强，可用稀 HNO_3 中和；酸性太强，则用 $NaHCO_3$、$Na_2B_4O_7$ 等中和。

当试液中有铵盐存在时，则要求溶液的 pH 范围为 6.5～7.2，pH 更高时，将会有 NH_3 游离出来，与 Ag^+ 形成配合物，从而增大 AgCl 和 Ag_2CrO_4 沉淀的溶解度，影响测定结果准确性。

莫尔法可以用来直接滴定 Cl^- 或 Br^-，当两者共存时，则滴定的是 Cl^- 和 Br^- 的总量。但不适宜滴定 I^- 或 SCN^-，因为 AgI 和 AgSCN 沉淀具有强烈的吸附作用，使终点变色不明显。

莫尔法的选择性比较差。在该滴定条件下，能与 Ag^+ 或 CrO_4^{2-} 产生沉淀的阴离子或阳离子，如 PO_4^{3-}、SO_3^{2-}、CO_3^{2-}、S^{2-}、$C_2O_4^{2-}$ 及 Ba^{2+}、Pb^{2+} 等均有干扰；能与 Ag^+ 或 Cl^- 配位的离子，如 $S_2O_3^{2-}$、Hg^{2+} 等也有影响；在中性或弱碱性溶液中发生水解的高价金属离子，如 Fe^{3+}、Al^{3+}、Bi^{3+}、Sn^{4+} 等也会干扰。此外，大量的 Cu^{2+}、Co^{2+}、Ni^{2+} 等有色离子的存在，对终点颜色的观察不利。

$AgNO_3$ 标准溶液可以用纯的 $AgNO_3$ 直接配制，也可以用标定的方法配制，标定用的基准物为 NaCl，由于 NaCl 易吸潮，使用前为了除去吸附的水，需将 NaCl 置于洁净的瓷坩埚中，在 500～600℃加热至不再有爆破声。$AgNO_3$ 标准溶液见光易分解，应保存在棕色试剂瓶中。

2. 福尔哈德法——铁铵矾指示剂

在酸性溶液中，以 $NH_4Fe(SO_4)_2$ 为指示剂，用 NH_4SCN(或 KSCN)标准溶液滴定 Ag^+ 的方法，称为福尔哈德法。在滴定过程中，SCN^- 首先与 Ag^+ 反应产生 AgSCN 沉淀，当 Ag^+ 定量沉淀后，稍过量的 SCN^- 与 Fe^{3+} 反应生成可溶性的红色配合物 $FeSCN^{2+}$，以指示终点。

滴定反应为

$$Ag^+(aq) + SCN^-(aq) = AgSCN(s)(白色) \qquad K_{sp,AgSCN}^{\ominus}=1.0\times10^{-12}$$

终点反应为

$$Fe^{3+}(aq) + SCN^-(aq) = FeSCN^{2+}(红色) \qquad K_1^{\ominus}=200$$

由于用 Fe^{3+} 当指示剂，因此要求酸度比较高，一般控制在 0.1～1mol·L^{-1} HNO_3 介质中。在此酸度下，Fe^{3+} 主要以水合离子 $Fe(H_2O)_6^{3+}$ 形式存在，颜色较浅。如果酸度较低，则 Fe^{3+} 发生水解，以羟基化合物或多核羟基化合物的形式存在，呈棕色，影响终点的观察。如果酸度太高，由于 $K_{a,HSCN}^{\ominus}=0.13$，将降低$[SCN^-]$。

在较高的酸度下滴定是福尔哈德法的最大优点，应用范围比莫尔法扩大了，而且选择性也高，许多与 Ag^+ 形成沉淀的弱酸根离子，如 PO_4^{3-}、AsO_4^{3-}、CrO_4^{2-} 等都不干扰滴定。

指示剂的用量可以通过计算得到。当滴定至化学计量点时，有

$$[SCN^-]=[Ag^+]=\sqrt{K^{\ominus}_{sp,AgSCN}}$$
$$=\sqrt{1.0\times10^{-12}}(mol\cdot L^{-1})=1.0\times10^{-6}(mol\cdot L^{-1})$$

要求此时正好生成 $Fe(SCN)^{2+}$ 以确定终点。实验证明，终点时要观察到 $Fe(SCN)^{2+}$ 明显的微红色，$Fe(SCN)^{2+}$ 的最低浓度一般要达到 $6\times10^{-6}mol\cdot L^{-1}$，故

$$[Fe^{3+}]=\frac{[Fe(SCN)^{2+}]}{200[SCN^-]}=\frac{6\times10^{-6}}{200\times1.0\times10^{-6}}(mol\cdot L^{-1})=0.03(mol\cdot L^{-1})$$

由于 Fe^{3+} 本身也有颜色，这样高的 $[Fe^{3+}]$ 会使溶液呈较深的橙黄色，影响终点的观察，故通常保持 $[Fe^{3+}]$ 为 $0.015mol\cdot L^{-1}$，这时引起的终点误差很小，可以忽略不计。

由于 AgSCN 沉淀具有强烈的吸附作用，会吸附部分 Ag^+，因此往往产生终点出现过早的现象，使分析结果偏低。因此，滴定过程中必须充分摇动溶液，以减少吸附。

福尔哈德法可用于直接滴定法测定 Ag^+。含 Ag^+ 的试液，调节酸度为 $0.1\sim1mol\cdot L^{-1}$，加入 $NH_4Fe(SO_4)_2$ 指示剂至浓度为 $0.015mol\cdot L^{-1}$，用 NH_4SCN 标准溶液滴定至显微红色，即为终点。

也可以用返滴定法测定卤素离子。测定时，向含有待测离子的溶液中加入一定量过量的 $AgNO_3$ 标准溶液，然后以 $NH_4Fe(SO_4)_2$ 为指示剂，用 NH_4SCN 标准溶液返滴定剩余的 Ag^+。稍过量的 SCN^- 与 Fe^{3+} 产生微红色，即为终点。

在这个过程中，有两种沉淀产生，即 AgX 及 AgSCN。对于 Cl^- 而言，由于AgCl的溶解度比 AgSCN 大，因此当滴定临近终点时，稍过量的 SCN^- 将与 AgCl 发生反应，使 AgCl 沉淀转化为溶解度更小的 AgSCN 沉淀，即

$$AgCl(s)+SCN^-(aq) \xlongequal{\quad} AgSCN(s)+Cl^-(aq)$$

沉淀转化的速率较慢，滴加 NH_4SCN 形成的红色随着溶液的不断摇动而逐渐消失，这样就得不到正确的终点。要使红色保持不褪，必须继续加入 NH_4SCN，直至 Cl^- 和 SCN^- 之间建立平衡，这将引起很大的误差。要避免这个误差，就要阻止 AgCl 转化为 AgSCN，通常采取的措施如下：

(1)当试液中加入过量 $AgNO_3$ 而产生AgCl沉淀后，将溶液煮沸，使 AgCl 凝聚，以减少对 Ag^+ 的吸附。把 AgCl 沉淀滤去，并用稀 HNO_3 洗涤沉淀，洗涤液并入滤液中，然后用 NH_4SCN 标准溶液滴定滤液中的 Ag^+。

(2)产生 AgCl 沉淀以后，加入某种有机试剂，如硝基苯或 1,2-二氯乙烷 1～2mL，用力摇动，使 AgCl 的表面覆盖一层有机试剂，避免沉淀与外部溶液接触，阻止 SCN^- 与 AgCl 之间的沉淀转化反应。此法方便，效果也好，但硝基苯有毒。

用返滴定法测定 Br^-、I^- 时，由于 AgBr 及 AgI 的溶解度比 AgSCN 小，因此不发生上述的转化反应。但在测定碘化物时，由于指示剂的 Fe^{3+} 能氧化 I^-，即

$$2Fe^{3+}+2I^- \xlongequal{\quad} 2Fe^{2+}+I_2$$

因此指示剂必须在加入过量 $AgNO_3$ 溶液后才加入，否则将影响分析结果的准确度。此外，强氧化剂和氮的氧化物以及铜盐、汞盐都与 SCN^- 作用，干扰测定，必须预先除去。

NH_4SCN 标准溶液不能用市售试剂纯的 NH_4SCN 直接配制，而应采用福尔哈德直接滴定法用 $AgNO_3$ 标准溶液标定。

3. 法扬斯法——吸附指示剂

1923 年，法扬斯提出了用吸附指示剂指示终点的银量法，故称为法扬斯法。吸附指示剂是一类有

机染料，当它被吸附在胶状沉淀表面时，可能由于形成某种化合物而导致结构变化，因而引起颜色的变化。利用吸附指示剂的这种性质，可以确定沉淀滴定的终点。

例如，荧光黄是一种有机弱酸，以 HFl 表示。在溶液中能解离出荧光黄阴离子 Fl^-，呈黄绿色。若用它作为 $AgNO_3$ 滴定 Cl^- 的指示剂，在化学计量点以前，溶液中 Cl^- 过量，AgCl 胶状沉淀的颗粒表面上首先吸附构晶离子 Cl^-，使胶粒带负电，进一步吸附溶液中的阳离子作为抗衡离子，而 Fl^- 受排斥而不被吸附，溶液呈黄绿色。当滴定至化学计量点以后，加入稍过量的 $AgNO_3$，AgCl 胶粒表面首先吸附 Ag^+，使胶粒带正电，则它会强烈地吸附 Fl^-，溶液由黄绿色变为粉红色，从而指示滴定终点。此过程可表示为

终点前　Cl^- 过量　　$AgCl|Cl^- + Fl^-$（黄绿色）

终点后　Ag^+ 过量　　$AgCl|Ag^+ + Fl^- \longrightarrow AgCl|AgFl$（粉红色）

如果以 NaCl 滴定 Ag^+，则颜色的变化正好相反。

应用吸附指示剂的条件及应考虑的因素如下：

(1) 由于颜色的变化是由沉淀的表面吸附引起的，因此应使沉淀表面具有强的吸附能力，这就要求沉淀的颗粒要小，尽量使沉淀的比表面大一些。所以，在滴定临近终点时，通常加入一些保护胶，如糊精等，以防止卤化银胶状沉淀的凝聚。

(2) 要有足够量的沉淀生成才能吸附适量的指示剂，引起色变，所以溶液的浓度不能太低。用荧光黄当指示剂，用 $AgNO_3$ 滴定 Cl^- 时，$[Cl^-]$ 应在 $0.005mol \cdot L^{-1}$ 以上。滴定 Br^-、I^-、SCN^- 的灵敏度较高，浓度低至 $0.001mol \cdot L^{-1}$ 时仍可准确滴定。

(3) 应避免在强光下滴定。否则，卤化银见光很快变成灰黑色而影响终点的观察。

(4) 根据滴定的条件选择合适的指示剂。吸附指示剂都是弱酸，由于它们的解离常数不同，酸效应的影响程度也不同，为使指示剂呈阴离子状态，使用时必须有一定的 pH 范围。

(5) 指示剂的吸附性能要适当，不要过强或过弱。过强会引起终点提前，过弱会使终点变色不敏锐。卤化银对卤离子和几种吸附指示剂的吸附能力的大小次序为

$I^- > SCN^- > Br^- >$ 曙红 $> Cl^- >$ 荧光黄

因此，曙红是滴定 Br^-、I^-、SCN^- 的良好指示剂，但不适于作为滴定 Cl^- 的指示剂。这是因为 Cl^- 的吸附性能较差，在化学计量点前，就有一部分指示剂的阴离子取代 Cl^- 而进入吸附层中，以致无法指示终点。

7.5.2 重量分析法

重量分析法是通过称量某一反应物或生成物的质量而确定被测组分含量的方法。测定时，通常是先选择适当的方法将被测组分从试样中分离出来并转化为一定的可称量形式。按其分离的方法不同，重量分析法可分为三类。

1) 沉淀法

利用沉淀反应，使被测组分以难溶化合物的形式从试样中分离出来，然后称其质量。例如，测定试样中钡的含量，可以向试液中加入稀硫酸，形成 $BaSO_4$ 沉淀，经过滤、洗涤、灼烧等处理后称量沉淀的质量，即可求出钡的含量。

2) 气化法

利用加热或其他的方式，使被测组分以气体的形式从试样中逸出，然后称量试样质量减少的量。有时用吸收剂吸收逸出的气体，然后称量吸收剂质量的增加量。例如，试样中湿存水或结晶水的测定，可将试样在一定的温度下加热烘干至恒量，试样减轻的质量即为

水分质量。

3) 电解法

电解法又称电重量法，是利用电解的方法，使金属离子在电极上还原和沉积，然后称其质量的变化，电极增加的质量即为沉积金属的质量。

重量分析法是直接用分析天平称量而获得分析结果，不需要标准试样或基准物质作比较，其准确度较高，相对误差一般为 0.1%～0.2%。重量分析法操作比较繁琐、费时，也不适用于微量或痕量组分的测定，目前已逐渐为滴定分析法所代替。但是，沉淀重量法仍可用于含量不太低的硅、硫、磷、钨、镍等元素的分析。本节重点介绍沉淀重量法。

1. 重量法对沉淀形式和称量形式的要求

固体试样经分解后，制成含有被测组分的试液，在一定条件下加入适当的沉淀剂，则被测组分沉淀析出，称为**沉淀形式**。沉淀形式经过滤、洗涤后，在一定的温度下烘干或灼烧，转化为可称量的形式，称为**称量形式**。然后称量，根据称量形式的化学式计算被测组分的质量分数。

在重量分析中，被测组分的沉淀形式和称量形式可能相同，也可能不同，这取决于干燥或灼烧温度。例如，重量分析法测定 SO_4^{2-} 和 Mg^{2+}，其处理过程如下：

$$SO_4^{2-} + Ba^{2+} \longrightarrow BaSO_4 \xrightarrow[\text{洗涤}]{\text{过滤}} \xrightarrow[\text{灼烧}]{800^\circ C} BaSO_4$$

$$\underset{\text{(试液)}}{Mg^{2+}} + \underset{\text{(沉淀剂)}}{(NH_4)_2HPO_4} \longrightarrow \underset{\text{(沉淀形式)}}{MgNH_4PO_4 \cdot 6H_2O} \xrightarrow[\text{洗涤}]{\text{过滤}} \xrightarrow[\text{灼烧}]{1100^\circ C} \underset{\text{(称量形式)}}{Mg_2P_2O_7}$$

1) 重量分析对沉淀形式的要求

(1) 沉淀的溶解度要小，以保证被测组分沉淀完全，并减少洗涤沉淀时的溶解损失。这是保证准确测定的前提。为了使沉淀的溶解度减小，必须从影响沉淀溶解度的因素出发，控制适当的沉淀条件。

(2) 沉淀形式要易于过滤和洗涤。对于晶形沉淀，希望获得尽可能粗大的晶体，对于无定形沉淀，应注意控制沉淀条件，以改善沉淀的性质，便于过滤和洗涤。

(3) 沉淀的纯度要高，尽量避免杂质的沾污。

(4) 沉淀形式应易于转变为称量形式。

2) 重量分析对称量形式的要求

(1) 称量形式必须有确定的化学组成，否则无法计算结果。

(2) 称量形式必须稳定，不易吸水，不与空气中的 O_2 和 CO_2 作用，自身不分解。

(3) 称量形式的摩尔质量要大，这样可以增大称量形式的质量，减少称量误差，提高测定的准确度。

在实际工作中，除了要根据上述重量分析对沉淀的要求来选择沉淀剂外，还应考虑所采用的沉淀剂必须选择性好，沉淀烘干或灼烧时，沉淀剂必须易挥发或被破坏而除去，以免影响测定结果。

2. 沉淀条件的选择

根据重量分析对沉淀形式及对称量形式的要求，对于不同的沉淀类型，选择不同的沉淀条件及相应的后处理方法。

1) 晶形沉淀的沉淀条件

(1) 沉淀应在适当稀的热溶液中进行。加热可增大沉淀的溶解度 s，而稀释可以降低加入沉淀剂的瞬间沉淀物质的瞬时浓度 Q，即可使溶液的相对过饱和度降低，从而减小了成核作用，最后可以得到较大颗粒的晶形沉淀，易于过滤和洗涤。同时，因为颗粒大，比表面积小，且溶液稀，杂质浓度低，所以共沉淀现象也相应减少，有利于得到较纯净的沉淀。但是，热溶液也会增加沉淀的溶解损失，因此，对于溶解度较大的沉淀，在热溶液中沉淀后，应冷却至室温后再进行过滤。

(2) 在不断搅拌下，缓慢地加入沉淀剂。在沉淀过程中，当向试液中加入沉淀剂时，往往由于沉淀剂来不及扩散，产生局部过浓现象，使相对过饱和度较大，导致均相成核作用增加，瞬间形成大量的晶核，以致得到颗粒小、纯度差的沉淀。在不断搅拌下，缓慢加入沉淀剂可以减少局部过浓的现象。

(3) 陈化。当沉淀完全析出后，将初生态的沉淀和母液一起放置一段时间。对于同一个沉淀来说，小晶粒比大晶粒的溶解度大。所以，对于大晶粒是饱和的溶液，而对于小晶粒则是未饱和的。因此，小晶粒就会溶解，从而导致大晶粒的过饱和，由小晶粒溶解出的构晶离子就会在大晶粒上沉积下来，这又会导致溶液对小晶粒不饱和，小晶粒继续溶解，溶解出的构晶离子又会在大晶粒上析出……这样，小晶粒越来越小，最后完全转移到大晶粒上，使大晶粒更大。陈化过程不仅可以使小晶粒转化为大晶体，而且可以使不完整的晶体重新排列而转化为较完整的晶体。在这种转化过程中，沉淀的总表面积变小，对杂质的吸附量降低，原来沉淀包藏的杂质也会重新进入溶液，因而提高沉淀的纯度。但对于有后沉淀发生的沉淀体系，不宜陈化。

晶形沉淀的条件可以简单地用“稀、热、搅、慢、陈”五个字来描述，称为晶形沉淀条件“五字诀”。

2) 无定形沉淀的条件

因为无定形沉淀一般溶解度都很小，沉淀过程中溶液的相对过饱和度都很大，所以企图通过减少相对过饱和度来改善沉淀的物理性质是很难的。无定形沉淀的颗粒很小，比表面积很大，吸附杂质较多，沉淀的结构疏松，体积庞大，含水量多，有时会形成胶体，不易过滤和洗涤，容易胶溶。所以，对于无定形沉淀的沉淀条件，主要是设法破坏胶体，防止胶溶和促使沉淀微粒的凝聚。

(1) 沉淀应在较浓的近沸溶液中进行，加入沉淀剂的速率不宜太慢。在热而浓的溶液中，离子的水化程度较小，所得到的沉淀含水量较少，体积较小，结构也相对较紧密，容易聚沉。同时热溶液可以促进沉淀微粒的凝聚，防止胶体溶液的形成。此外，热溶液还可以减少沉淀表面对杂质的吸附，有利于提高沉淀的纯度。

(2) 沉淀要在大量强电解质存在下进行，以使带电荷的胶体粒子相互凝聚、沉降。由于电解质能中和胶粒的电荷，降低其水化程度，促使胶粒的凝聚，可以防止胶体溶液的形成。为了防止洗涤沉淀时发生胶溶现象，洗涤液中也通常加入适量强电解质。必须指出，为了避免因电解质混入沉淀而引起分析结果误差，经常使用灼烧后易挥发的铵盐，有时也用稀的强酸作为洗涤液。

(3) 有时在沉淀过程中加入带相反电荷的胶体，可使沉淀更为完全。例如，测定 SiO_2 时，通常在强酸性中析出硅胶沉淀，由于硅胶形成带负电荷的胶体，沉淀不完全，如果加入带正电荷的动物胶，由于相互凝聚作用，可使硅胶沉淀完全。

(4) 沉淀反应完成后，应趁热过滤，不要陈化。由于无定形沉淀放置后不但没有改善沉淀的状况，反而会逐渐失水而使沉淀聚集得很致密，以至于已吸附的杂质很难洗去。趁热过滤还能大大缩短过滤和洗涤的时间。此外，沉淀时不断搅拌，对无定形沉淀也是有利的。

3. 均匀沉淀法

在一般的沉淀方法中，尽管沉淀剂是在不断搅拌下缓慢地加入到试液中，但仍难以避免沉淀剂在溶液中的局部过浓现象。采用均匀沉淀法就可以克服这种局部过浓的现象。该法的特点是通过合适的化学反应，使一种构晶离子通过某一反应，由溶液中缓慢地、均匀地产生出来，从而使沉淀在整个溶液中缓慢地均匀地析出，生成的沉淀颗粒较大。

例如，用均匀沉淀法进行 CaC_2O_4 的沉淀。向含 Ca^{2+} 的酸性溶液中加入过量的 $H_2C_2O_4$，由于酸效应的影响，不产生 CaC_2O_4 沉淀。往体系中加入尿素，并加热至 90℃左右，尿素则发生水解

$$CO(NH_2)_2(aq) + 3H_2O(l) = CO_2(g) + 2NH_3 \cdot H_2O(aq)$$

产生的 NH_3 均匀地分布在溶液的各个部分，使整个溶液的酸度逐渐降低，$C_2O_4^{2-}$ 的浓度逐渐增大，最后缓慢而均匀地析出 CaC_2O_4 沉淀，放出的 CO_2 还有搅拌的作用。由于在沉淀过程中，溶液的相对过饱和度始终都较小，因此可得到粗大晶粒的沉淀。

根据化学反应机理的不同，均匀沉淀法可分为以下几种类型：

(1) 控制溶液酸度。典型的应用是尿素水解法，可用于 CaC_2O_4 和 $BaCrO_4$ 的沉淀，也可用于铝、铁、锆、钍等碱式盐沉淀。

(2) 酯类或其他有机化合物的水解，产生沉淀剂阴离子。这一类型用得较多。例如，硫酸甲酯、氨基磺酸水解均匀沉淀钡，草酸甲酯水解均匀沉淀钍，硫代乙酰胺水解均匀沉淀多种金属离子等。

(3) 配合物分解法。这是一种利用配合物分解反应和氧化还原反应进行均匀沉淀的方法。例如，沉淀 SO_4^{2-}，先把沉淀离子 Ba^{2+} 用 EDTA 配合后加入含 SO_4^{2-} 的试液中，然后用氧化剂把 EDTA 破坏，均匀释放出的 Ba^{2+} 使 SO_4^{2-} 沉淀。

(4) 氧化还原反应产生所需的沉淀离子。例如，测定 ZrO^{2+}，可在 H_2SO_4 存在的试液中加入 AsO_3^{3-}，然后加入 NO_3^- 缓慢地把 AsO_3^{3-} 氧化为 AsO_4^{3-}，使 $(ZrO)_3(AsO_4)_2$ 均匀沉淀。

(5) 在试液中合成沉淀剂。例如，用丁二酮肟沉淀 Ni^{2+}，可向试液中加入丁二酮及羟胺，当加热时就缓慢产生丁二酮肟，均匀地产生大颗粒的丁二酮肟-镍晶形沉淀。

均匀沉淀法是重量分析中的一种较好的沉淀技术，用该法所得的沉淀颗粒较大，表面

吸附杂质少，不必陈化，易于过滤和洗涤。

4. 重量分析结果的计算

在重量分析中，多数情况是最后的称量形式与被测组分的形式不一致，这就需要将称得的称量形式的量换算成被测组分的量，换算方法常用换算因数(或称重量因数)法，换算因数用 F 表示。计算换算因数时需要注意被测组分与称量形式中主要元素原子数的平衡(表 7.3)。

表 7.3　换算因数 F(M 为有关物质的相对分子质量)

被测组分	沉淀形式	称量形式	换算因数 F
S	$BaSO_4$	$BaSO_4$	M_S/M_{BaSO_4}
MgO	$MgNH_4PO_4$	$Mg_2P_2O_7$	$2M_{MgO}/M_{Mg_2P_2O_7}$
Fe_3O_4	$Fe_2O_3 \cdot xH_2O$	Fe_2O_3	$2M_{Fe_3O_4}/3M_{Fe_2O_3}$

由称量形式的质量 m、换算因数 F 和所称试样质量 m_s，即可求出被测组分的质量分数

$$x=\frac{mF}{m_s}\times 100\% \tag{7.21}$$

【例题 7.9】 称取 0.2018g 铝试样，溶解后用 8-羟基喹啉沉淀。烘干后称得 $Al(C_9H_6NO)_3$ 质量为 0.3950g，求试样中 Al_2O_3 的质量分数。

解
$$F=\frac{M_{Al_2O_3}}{2M_{Al(C_9H_6NO_3)_3}}=\frac{101.96}{2\times 459.40}=0.1110$$

Al_2O_3 的质量分数
$$x=\frac{m_{Al(C_9H_6NO)_3}\times F}{m_s}\times 100\%=\frac{0.3950\times 0.1110}{0.2018}\times 100\%=21.73\%$$

7.6　沉淀反应在超细粉体制备中的应用

7.6.1　均相沉淀法在超细粉体制备中的应用

前已述及，均相沉淀技术在晶形沉淀中具有重要的应用，它可以有效地避免局部过浓的问题，使沉淀粒子在整个溶液体系中均匀形成，从而得到粒度均匀、纯度高的超细粒子。常用的均相沉淀剂为尿素[$(NH_2)_2CO$]。

$(NH_2)_2CO$ 在水中受热至约 90℃时，有下列反应发生：

$$(NH_2)_2CO+H_2O \rightleftharpoons 2NH_3+CO_2$$
$$2NH_3+CO_2+H_2O \rightleftharpoons 2NH_4^++CO_3^{2-}$$
$$NH_3+H_2O \rightleftharpoons NH_4^++OH^-$$

在不同的条件下，上述反应进行的程度不同，这些条件包括尿素的用量、温度、pH 等。因而，控制沉淀体系的条件，可以得到一些金属离子的碳酸盐沉淀前驱物，或得到它们的氢氧化物沉淀前驱物。例如，2.0×10^{-3} mol · L^{-1} $CdCl_2$ + 0.020mol · L^{-1} $(NH_2)_2CO$，在 90℃下陈化 16h，最终溶液的 pH=5.5，所得沉淀产物为 $Cd(OH)Cl$。而

1.0×10^{-3} mol·L^{-1} $Cd(NO_3)_2$ + 2.0mol·L^{-1} $(NH_2)_2CO$，在 65℃下陈化 16h，最终所得沉淀产物为 $CdCO_3$。两种前躯体沉淀的形式不同，加热分解后生成的 CdO 结构形貌也不同。

7.6.2　草酸盐沉淀热分解法

能与草酸盐生成沉淀的金属离子主要有 Ca^{2+}、Sr^{2+}、Ba^{2+}、Th^{4+}、稀土离子等。用这些离子的可溶性盐溶液与 $H_2C_2O_4$ 或 $(NH_4)_2C_2O_4$ 溶液直接反应，即可得到其草酸盐结晶，同时可以与 Fe^{3+} 等不形成草酸盐沉淀的杂质金属离子分离，沉淀反应为

$$M^{2+}+C_2O_4^{2-}+xH_2O = MC_2O_4\cdot xH_2O(s)$$

将得到的草酸盐沉淀过滤洗涤后，加热脱水，最后在空气中煅烧即可得到具有完整晶形结构的氧化物粉体，其热处理反应为

$$MC_2O_4\cdot xH_2O \xrightarrow{\text{脱水}} MC_2O_4(s)+xH_2O(g)$$

$$MC_2O_4(s)+\frac{1}{2}O_2(g) \xrightarrow{\text{煅烧分解}} MO(s)+2CO_2(g)$$

这里要说明的是，在缺氧条件下 $MC_2O_4(s)$ 也发生热分解，但会有一部分 CO 气体产生，所得到的金属氧化物结晶容易产生晶格缺陷，反应为

$$MC_2O_4(s) \xrightarrow{\text{煅烧分解}} MO(s)+CO_2(g)+CO(g)$$

草酸盐沉淀热分解法制备金属氧化物超细粉体具有工艺路线短，设备简单，成本低廉，产品纯度高，质量稳定，晶粒细小等优点，在实际生产中具有广泛的应用。

7.6.3　共沉淀及化合物沉淀法

在超细粉体制备中，使混合于溶液中的待沉淀离子一起完全沉淀形成前躯体的方法，称为共沉淀法。在进行共沉淀时，生成的沉淀物的组成可能有两种情况。

(1)几种离子沉淀的混合物。因为不同离子沉淀的条件不同，无论采用氢氧化物沉淀，还是采用碳酸盐、硫酸盐、草酸盐等沉淀，都很难做到使组成材料的多种离子同时沉淀下来，混合离子的沉淀总是具有先后顺序的。为了减免这种顺序沉淀的问题，可采用提高沉淀剂浓度及强烈搅拌等措施，但仍然不能完全避免。另外，由于沉淀是混合物，在进行后续的热处理时，也不能保证固相反应的均匀性，因此，最后得到的产物组成不均匀。所以这种方法具有本身不可克服的缺点，在实际生产中很难采用。

(2)形成多金属化合物沉淀(又称为化合物沉淀法)。这是在原子层次上实现材料组成成分的原子均匀混合的有效方法。这种方法是使溶液中的金属离子按照一定配比组成，即按照某种化合物的化学计量组成形成沉淀前躯体，这种前躯体具有在原子层次上组成的均匀性。形成固溶体沉淀前躯体是这种方法的常用技术。

例如，生产 $BaTiO_3$ 粉体，可以将 $BaCl_2$ 与 $TiCl_4$ 的混合溶液与草酸溶液反应，生成 $BaTiO_3$ 的前躯体 $BaTiO(C_2O_4)_2\cdot 4H_2O$ 化合物沉淀。将此前躯体热处理，即可得到 $BaTiO_3$ 微粉，其热反应过程为

$$BaTiO(C_2O_4)_2\cdot 4H_2O \xrightarrow{\text{脱水}} BaTiO(C_2O_4)_2(s)+4H_2O(g)$$

$$BaTiO(C_2O_4)_2(s)+\frac{1}{2}O_2 \xrightarrow{\text{煅烧分解}} BaCO_3(\text{无定形})+TiO_2(\text{无定形})+CO(g)+2CO_2(g)$$

$$BaCO_3(\text{无定形})+TiO_2(\text{无定形}) = BaCO_3(\text{结晶})+TiO_2(\text{结晶})$$

$$BaCO_3(\text{结晶})+TiO_2(\text{结晶}) = BaTiO_3(\text{结晶})+CO_2(g)$$

由此可见，$BaTiO_3$ 粉体并不是前驱体化合物 $BaTiO(C_2O_4)_2 \cdot 4H_2O$ 微粒直接热分解得到的，而是通过一系列的热反应得到的。

7.6.4 水热沉淀法

水热法是指在密闭容器中，以水为溶剂，在较高温度(一般在100℃以上)和水在该温度下产生的自身压力下，由原始混合物进行反应制备粉体的方法。在高温高压下，尤其是当温度超过水的临界温度(647.2K)和临界压力(22.06MPa)时，水处于超临界状态，物质在水中的物理性质及化学反应性能将发生很大的变化，一些在热力学上可能的、但由于动力学因素在常温常压下进行缓慢的反应，在水热条件下将变得可行。目前，已经开拓了一系列的中温、高温高压水热反应技术，在无机功能材料、特种组成和结构的无机化合物以及特种凝聚态材料、无机膜及单晶、分子筛、陶瓷晶体粉末等先进材料的制备中得到了广泛的应用。

水热沉淀法是常用的制备超细粒子方法之一，多用于制备超细氧化物粉体。金属氢氧化物沉淀可以用一个普遍的方程式表示为

$$M^{z+}(aq)+zOH^-(aq) = M(OH)_z(s)$$

在生成沉淀之前，具有中间可溶物质生成，可表示为

$$xM^{z+}(H_2O)_b+yOH^-(aq) = [M_x(H_2O)_{bx-y}(OH)_y]^{(xz-y)}+yH_2O$$

这些反应均需要来自外援的碱(OH^-)。因此，水热沉淀方法多在碱性介质中进行。可溶物种$[M_x(H_2O)_{bx-y}(OH)_y]^{(xz-y)}$就是晶核的前驱物，它将影响颗粒的生长。

当然，在高温的中性或弱酸性溶液中，也可以发生下列强制水解反应：

$$xM^{z+}(H_2O)_b = [M_x(H_2O)_{bx-y}(OH)_y]^{(xz-y)}+yH^+$$

这种强制性的水解过程在碱性条件下将得以强化。强制性水解反应可以原位形成氢氧化物基团，生成单分散可溶性的$[M_x(H_2O)_{bx-y}(OH)_y]^{(xz-y)}$晶核前驱物，这是一个均相成核过程。在更高的水热温度下，可以在几个或几十个小时内获得超细金属氧化物，也可以直接制备纳米颗粒材料，如纳米 ZrO_2、$BaTiO_3$、Fe_3O_4、Co_3O_4、TiO_2、NiO 等。

思 考 题

1. 解释下列现象。

(1) Ag_2CrO_4 在 0.001mol·L^{-1} $AgNO_3$ 溶液中的溶解度较在 0.0010mol·L^{-1} K_2CrO_4 溶液中的溶解度小；

(2) MgF_2 在 NH_4Cl 溶液中的溶解度比在水中大；

(3) AgCl 在 0.001mol·L^{-1}的 HCl 中溶解度比在水中小，而在 1mol·L^{-1} HCl 中的溶解度比在水中大；

(4) CaF_2 在 pH=3.0 溶液中的溶解度比在 pH=5.0 的溶液中大；

(5) 沉淀过滤后，$BaSO_4$ 可用水洗涤，而 AgCl 要用稀 HNO_3 洗涤；

(6) $BaSO_4$ 沉淀要陈化，而 AgCl 或 $Fe_2O_3 \cdot nH_2O$ 沉淀不用陈化；

(7) ZnS 会在 HgS 沉淀表面上而不会在 $BaSO_4$ 沉淀表面上后沉淀。

2. 如何由 $CaCO_3$ 制取 $CaSO_4$(不考虑无水硫酸钙)？又如何由 $CaSO_4$ 制取 $CaCO_3$？简要说明实验中所用试剂及实验步骤。写出有关反应方程式。

3. 共沉淀是如何引起的？它在化学实验及化学研究中具有什么积极的作用？

4. 简述晶形沉淀及非晶形沉淀的条件。

5. 如何分离 Fe^{3+}、Zn^{2+}、Hg^{2+} 等金属离子。请设计一个简单的实验方案。

6. The volume of a certain saturated solution is greater than the sum of the volumes of the water and salt from which it is made. Predict the effect of increased pressure on the solubility of this salt.

7. A solution is prepared by dissolving 0.090g of PbI_2 in 1.00L of water and cooling the solution to 25℃. Will solid precipitate result from this process, according to the solubility product expression? Explain.

8. For each of the following ionic compounds, state whether the solubility will increase, decrease, or remain unchanged as a solution at pH 7.0 is made acidic.

(1) $SrCO_3$ (2) Hg_2Br_2 (3) MnS (4) PbI_2 (5) AgOH (6) $Ca_3(PO_4)_2$

9. 用银量法测定下列试样中的 Cl^- 时，选用什么指示剂指示滴定终点比较合适？

(1) $CaCl_2$ (2) $BaCl_2$ (3) $FeCl_2$ (4) $NaCl+Na_3PO_4$ (5) NH_4Cl (6) $NaCl+Na_2SO_4$

10. 下列各种情况，分析结果是偏高或偏低，或者是准确的？为什么？

(1) pH＝4 时莫尔法滴定 Cl^-；

(2) 法扬斯法滴定 Cl^- 时，以曙红为指示剂；

(3) 福尔哈德法测定 Cl^- 时，溶液中未加硝基苯。

11. $CaCO_3$ 在纯水、0.1mol·L^{-1} $NaHCO_3$ 溶液、0.1mol·L^{-1} $CaCl_2$ 溶液、0.5mol·L^{-1} KNO_3 溶液、0.1mol·L^{-1} Na_2CO_3 溶液中，何者溶解度最大？请排出 $CaCO_3$ 溶解度大小顺序，并简要说明。

12. 已知下列沉淀转化反应均能自发正向进行($K^\ominus>1$)

$$PbCl_2+2I^- \rightleftharpoons PbI_2+2Cl^-$$
$$PbI_2+CrO_4^{2-} \rightleftharpoons PbCrO_4+2I^-$$
$$PbCrO_4+S^{2-} \rightleftharpoons PbS+CrO_4^{2-}$$

根据上述事实，试排列 $PbCl_2$、PbI_2、$PbCrO_4$、PbS 各难溶物质的 $K_{sp}^\ominus$ 由大到小的顺序。并推断上述各物质间还能发生多少个沉淀转化反应，以反应方程式表示。

习 题

1. 根据下列难溶化合物在水中的溶解度，计算 $K_{sp}^\ominus$。

(1) AgI 1.4μg/500mL (2) $Mg(OH)_2$ 8.5mg/1000mL

2. 计算下列各难溶化合物的溶解度(不必考虑副反应)。

(1) CaF_2 在 0.0010mol·L^{-1} $CaCl_2$ 溶液中；

(2) Ag_2CrO_4 在 0.010mol·L^{-1} $AgNO_3$ 溶液中。

3. 某难溶金属化合物 M_2X 的 $K_{sp}^\ominus=4.0\times10^{-49}$。求其在 pH＝1.00 的 HNO_3 的溶液中的溶解度。(已知 H_2X 的 $K_{a_1}^\ominus=1.0\times10^{-7.0}$，$K_{a_2}^\ominus=1.0\times10^{-14.0}$；$\alpha_M=1$)

4. 考虑酸效应，计算下列难溶化合物的溶解度。

(1) CaF_2 在 pH＝2.00 的溶液中；

(2) $BaSO_4$ 在 2.0mol · L^{-1}的 HCl 中；

(3) CuS 在 pH=0.50 的饱和 H_2S 溶液中。

5. 考虑配位效应，计算下列各难溶化合物的溶解度。

(1) AgBr 在 2.0mol · L^{-1} NH_3 溶液中；

(2) BiI_3 在 0.10mol · L^{-1} KI 溶液中；

(3) $BaSO_4$ 在 pH=8.00 的 0.010mol · L^{-1}EDTA 溶液中。

6. 计算 Ag_2S 在 pH=9.00，NH_3 - NH_4NO_3 总浓度为 2.8mol · L^{-1}溶液中的溶解度。

7. 已知 $K^{\ominus}_{sp,Ca(OH)_2}=5.5\times10^{-6}$，$M_{r,CaCl_2}=111$。将 1.11g $CaCl_2$(s)溶于 1.0L 0.12mol · L^{-1}NaOH 溶液中，制得 $Ca(OH)_2$ 饱和溶液。试计算 $c_{Ca^{2+}}$ 和 pH。

8. SO_4^{2-} 沉淀 Ba^{2+} 时，SO_4^{2-} 最终浓度为 0.010mol · L^{-1}。计算 $BaSO_4$ 的溶解度。若溶液总体积为 200mL，$BaSO_4$ 沉淀损失为多少毫克？已知 $BaSO_4$ 的 $K^{\ominus}_{sp}=1.1\times10^{-10}$，$M_{BaSO_4}=233.4$ g · mol^{-1}。

9. 已知 $BaSO_4$ 的 $K^{\ominus}_{sp}=1.1\times10^{-10}$。计算 $BaSO_4$ 在 0.010mol · L^{-1}的 $NaNO_3$ 溶液中溶解度。(当 $I=0.01$ 时 $\gamma_{Ba^{2+}}=\gamma_{SO_4^{2-}}=0.67$)

10. 计算 $Ca_3(PO_4)_2$ 在 pH=12.00 的溶液中的溶解度。[已知 $Ca_3(PO_4)_2$ 的 $K^{\ominus}_{sp}=2.0\times10^{-29}$；$H_3PO_4$ 的 $pK^{\ominus}_{a_1}=2.15$，$pK^{\ominus}_{a_2}=6.21$，$pK^{\ominus}_{a_3}=12.36$；$\alpha_{Ca(OH)}=1$]

11. 已知 $Ag(NH_3)_2^+$ 的 $\lg\beta_2=7.40$，AgCl 的 $K^{\ominus}_{sp}=1.8\times10^{-10}$。计算 AgCl 沉淀在 1.0mol · L^{-1}的 $NH_3 \cdot H_2O$ 中的溶解度。

12. 已知 $K^{\ominus}_{sp,BaF_2}=1.0\times10^{-6}$。将 0.010mol $Ba(NO_3)_2$(s)和 0.020mol NaF(s)溶于 1.0L 水中，通过计算判断有无 BaF_2 沉淀析出，并计算溶液中的[Ba^{2+}]及[F^-]。

13. 在 10.0mL 0.0015mol · $L^{-1}$$MgSO_4$ 溶液中，先加入 0.495g 固体$(NH_4)_2SO_4$(忽略体积变化)，然后加入 5.0mL 0.15mol · L^{-1}氨水。通过计算说明是否有$Mg(OH)_2$沉淀生成。[$K^{\ominus}_{sp,Mg(OH)_2}=1.8\times10^{-11}$，$K^{\ominus}_{b,NH_3\cdot H_2O}=1.8\times10^{-5}$，相对原子质量 N:14，S:32，O:16]

14. 要使 0.20mol MnS 固体溶于 1.0L HAc 溶液中，计算 HAc 的最低浓度。($K^{\ominus}_{sp,MnS}=2.5\times10^{-10}$，$K^{\ominus}_{a,HAc}=1.75\times10^{-5}$，$K^{\ominus}_{a_1,H_2S}=9.5\times10^{-8}$，$K^{\ominus}_{a_2,H_2S}=1.3\times10^{-13}$)

15. In a solution that is saturated with H_2S, c_{H_2S} is fixed at 0.10mol · L^{-1}. Calculate the molar solubility of FeS(s) in such a solution if it is buffered at pH 3.0.

16. The two salts $BaCl_2$ and Ag_2SO_4 are both for more soluble in water than either $BaSO_4$ ($K^{\ominus}_{sp}=1.1\times10^{-10}$) or AgCl ($K^{\ominus}_{sp}=1.8\times10^{-10}$) at 25℃. Suppose 50.0mL of 0.040mol · L^{-1} $BaCl_2$(aq) is added to 50.0mL of 0.020mol · L^{-1} Ag_2SO_4(aq). Calculate the concentrations of SO_4^{2-}(aq), Cl^-(aq), Ba^{2+}(aq) and Ag^+(aq) that remain in solution at equilibrium.

17. Suppose 1.44L of a saturated solution of strontium carbonate($SrCO_3$) in boiling water at 100℃ is prepared. The solution is then strongly acidified and shaken to drive off all the gaseous CO_2 that forms. The volume of this gas (at a temperature of 100℃ and a partial pressure of 0.972 atm) is measured to be 0.20L.

(1) Calculate the molar solubility of $SrCO_3$ in water at 100℃.

(2) Estimate the solubility product constant $K^{\ominus}_{sp}$ of $SrCO_3$ at the temperature.

(3) Explain why the actual $K^{\ominus}_{sp}$ at this temperature may be lower than you predicted in part (2).

18. 在 20.0mL 0.050mol · L^{-1}的 $MgCl_2$ 和 50.0mL 0.50mol · L^{-1}的 NaOH 混合溶液中，至少需要加入多少克 NH_4Cl 方可使生成的沉淀重新溶解？

19. 某溶液中 $NH_3 \cdot H_2O$、NH_4Cl 和 $Zn(NH_3)_4^{2+}$ 的浓度皆为 0.10mol · L^{-1}，用计算说明有无$Zn(OH)_2$沉淀生成。

20. 溶液中 Fe^{3+} 和 Co^{2+} 浓度均为 0.10mol·L^{-1}，加入 NaOH 溶液使两者分离。溶液的 pH 应控制在什么范围？

21. 若溶液中含有 Cl^-、Br^-、I^- 三种离子，浓度均为 0.10mol·L^{-1}，向该溶液中滴加 $AgNO_3$ 时，产生沉淀的次序如何？

22. 在室温下向浓度均为 0.20mol·L^{-1} 的 Pb^{2+} 和 Zn^{2+} 的混合溶液通 H_2S 达饱和，使两者分离，溶液的 pH 应控制在什么范围？

23. 在含有 0.0010mol·L^{-1} Pb^{2+} 和 0.10mol·L^{-1} Ba^{2+} 的混合液中，滴加 Na_2SO_4 溶液。通过计算说明有无可能将 Pb^{2+} 和 Ba^{2+} 分离完全。（$K^{\ominus}_{sp,BaSO_4}=1.1\times10^{-10}$，$K^{\ominus}_{sp,PbSO_4}=1.6\times10^{-8}$）

24. An aqueous solution at 25℃ is 0.10mol·L^{-1} in Ba^{2+} and 0.50mol·L^{-1} in Ca^{2+} ions. We wish to separate the two by taking advantage of the different solubilities of their fluorides, BaF_2 and CaF_2. (1) What is the highest possible fluoride ion concentration that allows only one solid fluoride salt to be present at equilibrium? Which ion is present in the solid-Ba^{2+} or Ca^{2+}? (2) What fraction of the less soluble ion still remains in solution under the conditions of part (1)?

25. 在含有 Pb^{2+} 杂质的 1.0mol·L^{-1} $MgCl_2$ 溶液中。通过计算说明能否用逐滴加入 NaOH 溶液的方法分离杂质。[$K^{\ominus}_{sp,Pb(OH)_2}=1.2\times10^{-15}$，$K^{\ominus}_{sp,Mg(OH)_2}=1.8\times10^{-11}$]

26. 如果 $BaCO_3$ 沉淀中尚有 0.010mol $BaSO_4$，在 1.0L 此沉淀的饱和溶液中应加入多少 Na_2CO_3（单位：mol）才能使 $BaSO_4$ 完全转化为 $BaCO_3$？

27. 一种混合离子溶液中含有 0.020mol·L^{-1} Pb^{2+} 和 0.010mol·L^{-1} Fe^{3+}，若向溶液中逐滴加入 NaOH 溶液（忽略加入 NaOH 后溶液体积的变化），(1) 哪种离子先沉淀？(2) 欲使两种离子分离，应将溶液的 pH 控制在什么范围？

28. 已知 $K^{\ominus}_{sp,BaC_2O_4}=1.6\times10^{-7}$，$K^{\ominus}_{sp,BaCO_3}=5.0\times10^{-9}$，$K^{\ominus}_{sp,BaSO_4}=1.1\times10^{-10}$，$K^{\ominus}_{sp,CaSO_4}=9.1\times10^{-6}$，$K^{\ominus}_{sp,CaCO_3}=2.8\times10^{-9}$。在粗食盐提纯中，为除去所含的 SO_4^{2-}，应加入何种沉淀试剂？过量的沉淀试剂又应如何处理，以便使 NaCl 中不引进新的杂质。

29. 用银量法测定镀镍液的氯化物，吸取镀液 2.00mL，加水 100mL，加入 K_2CrO_4 指示剂。用 0.1023mol·L^{-1} $AgNO_3$ 滴定，用去 2.7mL，求镀液中 NaCl 的含量（g·L^{-1}）。

30. 纯的 KCl 和 KBr 混合物 0.3074g，溶于水后，用 0.1007mol·L^{-1} 的 $AgNO_3$ 溶液滴定，用去 39.98mL，计算试样中 KCl 和 KBr 的质量分数。

31. 计算下列换算因数。
(1) 根据 $PbCrO_4$ 测定 Cr_2O_3；
(2) 根据 $Mg_2P_2O_7$ 测定 $MgSO_4\cdot7H_2O$；
(3) 根据 $(NH_4)_3PO_4\cdot12MoO_3$ 测定 $Ca_3(PO_4)_2$ 和 P_2O_5。

32. 用氢氧化物沉淀法测定某试样中的铁，称样 0.1666g，最后的称量形式 Fe_2O_3 为 0.1370g，求试样中铁的质量分数。(1) 以 Fe 的形式表示；(2) 以 Fe_3O_4 形式表示。

8 氧化还原反应

根据反应前后元素价态是否发生变化，可把化学反应分为非氧化还原反应和氧化还原反应(oxidation-reduction reaction)。氧化还原反应为有电子传递的反应，在工业生产(如 H_2SO_4、HNO_3 的制备，NH_3 的合成，金属腐蚀与防护，电解，电镀，医药生产等)、日常生活以及生命活动中都具有十分重要的作用。本章重点学习氧化还原反应的基本概念、原电池、电极电势以及氧化还原反应的应用等。

8.1 氧化还原反应方程式的配平

8.1.1 氧化值

氧化值(又称氧化数)是指某元素原子的表观电荷数。这种表观电荷数是把分子中的键合电子，人为地指定给电负性较大的原子后所带的形式电荷。例如，在 NaCl、HCl 中，氯元素的电负性比钠、氢元素大，所以认为氯原子获得一个电子而氧化值为－1，而钠和氢原子的氧化值均为＋1。

确定氧化值的一般规则如下：

(1) 在单质中，元素的氧化值为零。

(2) 在中性分子中，所有原子氧化值的代数和等于零。

(3) 在复杂离子中，所有原子的氧化值代数和等于离子的电荷数。单原子离子的氧化值等于它所带的电荷数。

(4) 氧在化合物中的氧化值一般为－2；在过氧化物(如 H_2O_2、Na_2O_2 等)中为－1；在超氧化物(如 KO_2)中为$-\frac{1}{2}$；在 OF_2 中为＋2。氢在化合物中的氧化值一般为＋1，仅在与活泼金属生成的离子型氢化物(如 NaH、CaH_2)中为－1。

根据这些规则，就可以确定化合物中其他原子的氧化值。

【例题 8.1】 求 CH_4 中 C 的氧化值。

解 已知 H 的氧化值为＋1，设 C 的氧化值为 x，则

$$x+(+1)\times 4=0 \qquad x=-4$$

所以 C 的氧化值为－4。

【例题 8.2】 求 Fe_3O_4 中 Fe 的氧化值。

解 已知 O 的氧化值为－2，设 Fe 的氧化值为 x，则

$$3x+4\times(-2)=0 \qquad x=+\frac{8}{3}$$

由此可见，氧化值可以是整数、分数或小数。

在许多化合物中，原子的氧化值与化合价往往数值相同，如 HCl、NaCl 中，但在某些

共价化合物中，两者并不相同。例如，在 CH_4、CH_3Cl、CH_2Cl_2、$CHCl_3$ 和 CCl_4 中，C 的氧化值依次为 −4、−2、0、+2 和 +4，而 C 的化合价在这些化合物中却皆为 4。所以，氧化值与化合价虽有一定的联系，但又是相互不同的两个概念。

根据氧化值的概念，凡化学反应中，反应前后元素原子的氧化值发生了变化的一类反应称为氧化还原反应，氧化值升高的过程称为氧化，氧化值降低的过程称为还原。反应中氧化值升高的物质是还原剂，氧化值降低的物质是氧化剂。

8.1.2　氧化还原反应方程式的配平

氧化还原反应方程式最常用的配平方法有氧化值法、离子-电子法。

1. 氧化值法

1) 氧化值法配平方程式的原则

(1) 还原剂原子氧化值升高的总数等于氧化剂原子氧化值降低的总数。

(2) 反应前后各元素的原子总数相等。

2) 方法步骤

(1) 写出未配平的反应方程式，如 $KMnO_4 + HCl \longrightarrow MnCl_2 + Cl_2 + H_2O$。

(2) 找出氧化值发生变化的元素及氧化值的降低值和升高值，升高值加"+"表示，降低值加"−"表示，方法如下：

$$\overset{(-5)}{}$$

$$K\overset{+7}{Mn}O_4 + H\overset{-1}{Cl} \longrightarrow \overset{+2}{Mn}Cl_2 + \overset{0}{Cl_2} + H_2O$$

$$(+1)\times 2$$

(3) 根据氧化值升高的总数与降低的总数相等的原则，将各原子氧化值的变化值乘以相应系数。

$$(-5)\times 2$$

$$2KMnO_4 + 10HCl \longrightarrow 2MnCl_2 + 5Cl_2 + H_2O$$

$$[(+1)\times 2]\times 5$$

(4) 用观察法配平氧化值未改变的原子数目。

$$2KMnO_4 + 16HCl = 2MnCl_2 + 5Cl_2\uparrow + 8H_2O + 2KCl$$

氧化值法的优点是简单、快速，既适用于水溶液中的氧化还原反应，也适用于非水体系的氧化还原反应。

2. 离子-电子法

对于水溶液中的氧化还原反应，可以用离子-电子法配平方程式。

1) 离子-电子法配平方程式的原则

(1) 氧化还原反应中，氧化剂得到电子的总数等于还原剂失去电子的总数。

(2) 反应前后各元素的原子总数相等。

2) 方法步骤

(1) 写出未配平的氧化还原反应离子方程式。例如

$$MnO_4^- + C_2O_4^{2-} + H^+ \longrightarrow Mn^{2+} + CO_2 + H_2O$$

(2) 写出离子方程式的两个半反应电对。

$$MnO_4^- \longrightarrow Mn^{2+} \quad 还原半反应电对$$

$$C_2O_4^{2-} \longrightarrow CO_2 \quad 氧化半反应电对$$

(3) 配平半反应方程式，使半反应方程式两边的原子个数及电荷数均相等。

$$MnO_4^- + 8H^+ + 5e^- = Mn^{2+} + 4H_2O \qquad (i)$$

$$C_2O_4^{2-} - 2e^- = 2CO_2 \qquad (ii)$$

(4) 将两个配平的半反应方程式乘适当系数，使得失电子数相等，然后合并两个半反应方程式，即为配平了的离子反应方程式，如式(i)×2＋式(ii)×5 可得

$$2MnO_4^- + 5C_2O_4^{2-} + 16H^+ = 2Mn^{2+} + 10CO_2\uparrow + 8H_2O$$

(5) 如果题目给出的是分子方程式，再将配平的离子方程式添加相应的离子，改写成分子方程式，并检查分子方程式两边原子数目是否相等，若不相等，则要添加有关物质。例如，上面的离子方程式无论是原子数还是电荷数，两边都是相等的，也就是说这个离子方程式是配平了的，但若将其改写为分子方程式

$$2KMnO_4 + 5Na_2C_2O_4 + 8H_2SO_4 \longrightarrow 2MnSO_4 + 10CO_2\uparrow + 8H_2O$$

就会发现，方程式左边比右边多了 2 个 K、10 个 Na 和 6 个 SO_4^{2-}，故在右边应再加相应的物质，得到配平的分子方程式

$$2KMnO_4 + 5Na_2C_2O_4 + 8H_2SO_4 = 2MnSO_4 + 10CO_2\uparrow + 8H_2O + K_2SO_4 + 5Na_2SO_4$$

以上用的是 MnO_4^- 在酸性介质中作氧化剂被还原为 Mn^{2+} 的例子来说明离子-电子法的配平步骤，是一步一步分解开来说明的。在实际运用过程中上述步骤可以简化。

【例题 8.3】 用离子-电子法配平下列反应式。(在强碱性介质中，即 pH＞13.5)

$$MnO_4^- + SO_3^{2-} \longrightarrow MnO_4^{2-} + SO_4^{2-}$$

解

$$MnO_4^- + e^- = MnO_4^{2-} \qquad)\times 2$$

$$+)\quad SO_3^{2-} + 2OH^- - 2e^- = SO_4^{2-} + H_2O \qquad)\times 1$$

$$2MnO_4^- + SO_3^{2-} + 2OH^- = 2MnO_4^{2-} + SO_4^{2-} + H_2O$$

这里要注意的是在 $SO_3^{2-} \longrightarrow SO_4^{2-}$ 的配平中，SO_3^{2-} 比 SO_4^{2-} 少一个 O 原子，这个 O 原子应由 OH^- 来提供，而不能由 H_2O 来提供。(为什么?)

【例题 8.4】 用离子-电子法配平下列反应式。(在中性介质中)

$$MnO_4^- + SO_3^{2-} \longrightarrow MnO_2 + SO_4^{2-}$$

解

$$MnO_4^- + 2H_2O + 3e^- = MnO_2 + 4OH^- \qquad)\times 2$$

$$+)\quad SO_3^{2-} + 2OH^- - 2e^- = SO_4^{2-} + H_2O \qquad)\times 3$$

$$2MnO_4^- + 3SO_3^{2-} + H_2O = 2MnO_2\downarrow + 3SO_4^{2-} + 2OH^-$$

这里要注意的是在 $MnO_4^- \longrightarrow MnO_2$ 的配平中，MnO_4^- 比 MnO_2 多两个 O 原子，这两个 O 原子要由 H_2O 来结合，生成 OH^-，而不能添加 H^+ 结合，原因是 SO_3^{2-} 本身是一

种弱碱；在SO_3^{2-} ⟶SO_4^{2-}的配平中，O 原子仍然要由 OH^- 来提供。

以上分别用 MnO_4^- 在酸性、碱性、中性介质中作氧化剂来氧化还原剂($C_2O_4^{2-}$、SO_3^{2-}等)的例子说明了离子-电子法的配平过程，可以看出在配平半反应方程式的过程中，若氢、氧原子个数不相等，可采用下列方法配平：

(1) 在酸性介质中，配平半反应方程式时，可以添加 H^+、也可以添加 H_2O，但一定不能出现 OH^-(无论反应物一边还是产物一边)。

(2) 在碱性介质中，配平半反应方程式时，可以添加 OH^-，也可以添加 H_2O，但一定不能出现 H^+。

(3) 在中性介质中，配平半反应方程式时，要具体情况具体分析，但一定不能同时出现 H^+ 和 OH^-。

在配平方程式时，有时溶液的酸碱性不明确，这时就要根据具体情况分析溶液的酸、碱性。例如

$$KMnO_4 + Na_2SO_3 \xrightarrow{\text{中性}} MnO_2 + Na_2SO_4$$

表面上看是中性介质中的反应，但实际上 Na_2SO_3 为一种弱碱性物质，故在配平 MnO_4^- ⟶MnO_2 及 SO_3^{2-} ⟶SO_4^{2-} 的半反应式时，只能出现 H_2O 和 OH^-，而不能出现 H^+，这种情况是应该注意的。

上面介绍的两种配平方法各有优缺点。对于一般简单的氧化还原反应来说，用氧化值法配平迅速，而且应用范围较广，不仅适用于水溶液中的反应，也适用于气相或固相反应式的配平；而用离子-电子法配平时，则不需要知道元素的氧化值，可直接写出离子反应方程式，能反映出在水溶液中氧化还原反应的实质，而且又对于写原电池的电极反应式有帮助。但是，离子-电子法对于气相或固相反应式的配平不适用。

8.2 电极电势

8.2.1 原电池

1. 原电池的概念

如果把一片金属锌插入 $CuSO_4$ 溶液中，可以看到蓝色的 $CuSO_4$ 溶液颜色逐渐变浅，而且在 Zn 片上沉积一层疏松的红色金属铜，这是由于发生了氧化还原反应

$$Zn + Cu^{2+} \Longrightarrow Zn^{2+} + Cu$$

在这个反应中，虽然有电子从 Zn 片转移到 Cu^{2+} 上，但是由于 Zn 片直接和 Cu^{2+} 接触，因而观察不出电流。若将该反应设计在如图 8.1 所示的装置上进行，就可以使电子定向移动而产生电流。这种借助于氧化还原反应，把化学能转变成电能的装置称为**原电池**(primary cell)。

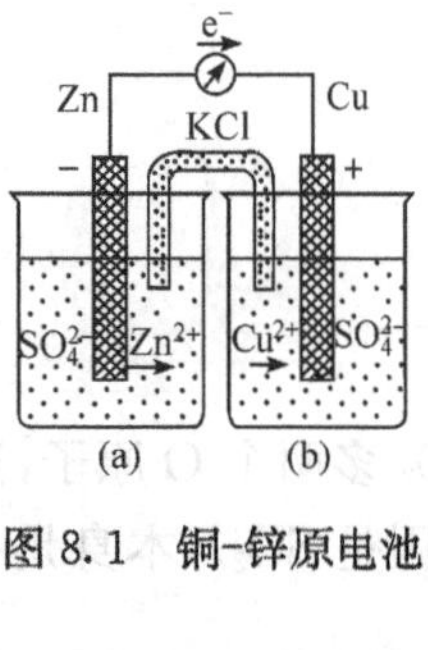

图 8.1 铜-锌原电池

在图 8.1 的容器(a)中盛有 1.0mol · L^{-1}的 $ZnSO_4$ 溶液，并插入一块锌片；容器(b)中盛有 1.0mol · L^{-1}的 $CuSO_4$ 溶液，插入一块铜片。两金属片间用导线串联一个灵敏检流计。当用由饱和 KCl 溶液和琼脂制成的倒置 U 形管作为盐桥(salt bridge)，将两容

器中的溶液联通时，可以观察到：①检流计指针发生偏转(从 Zn 片指向 Cu 片)；②在铜片上有金属铜沉积，而锌片逐渐被溶解(变薄)；③取出盐桥，检流计指针回至零点；放入盐桥，指针又发生偏转。

电路接通后，检流计指针发生偏转，说明电路中有电流通过。这是由于 Zn 比 Cu 活泼，Zn 在原电池中是电子流出的极，称为**负极**(negative electrode)，放出电子成为 Zn^{2+}，在负极发生了氧化反应；Cu 是电子流入的极，称为**正极**(positive electrode)，溶液中的 Cu^{2+} 在铜电极上得到电子而析出金属铜，在正极发生了还原反应，即

负极(Zn)	$Zn - 2e^- = Zn^{2+}$	发生氧化反应
正极(Cu)	$Cu^{2+} + 2e^- = Cu$	发生还原反应

由于发生了以上反应，因而可以观察到铜片上有金属铜沉积，锌片逐渐溶解而变薄。原电池中的电极反应是分别在两个半电池(half cell)中进行的，这种在半电池中进行的反应称为半反应，实际上是将氧化还原反应的两个半反应分别设计在两个半电池中进行。将两个半反应合并所得到的总反应，称为**电池反应**。例如

$$Zn + Cu^{2+} = Zn^{2+} + Cu$$

随着两个半电池中半反应的进行，在容器(a)中，由于 Zn^{2+} 的不断增加，使原来电中性的 $ZnSO_4$ 溶液带正电荷；而容器(b)中，由于 Cu^{2+} 的不断沉积，而使电中性的 $CuSO_4$ 溶液带负电荷(SO_4^{2-} 过剩)，这样就阻碍了电子继续从 Zn 片流向 Cu 片。盐桥的作用就是使其中的阳离子 K^+ 向 $CuSO_4$ 溶液迁移；使其中的阴离子 Cl^- 向 $ZnSO_4$ 溶液中迁移，从而保持 $ZnSO_4$ 溶液和 $CuSO_4$ 溶液的电中性，同时也起到了使整个装置构成闭合回路的作用。因此观察到放入盐桥时，检流计指针偏转，取出盐桥时，检流针指针回到零的现象。

在原电池中，有的电极参加电极反应，如铜片和锌片；有的电极不参加电极反应，只起导电作用，这种只起导电作用的电极称为**惰性电极**，常用的有铂和石墨。

每个半电池都是由同一元素不同氧化值的物种构成，其中具有低氧化值的物种称为**还原型**物种，具有高氧化值的物种称为**氧化型**物种。同一元素的氧化型物种和其对应的还原型物种构成的整体，称为**氧化还原电对**(oxidation-reduction couple)。氧化还原电对常用符号 Ox/Red 表示，如 Cu^{2+}/Cu、Zn^{2+}/Zn、H^+/H_2、O_2/H_2O、ClO_3^-/Cl_2、MnO_4^-/Mn^{2+} 等。对应的氧化还原半反应通常表示为还原半反应，即

$$Ox + ne^- = Red \tag{8.1}$$

式中，n 表示半反应中转移的电子数。

2. 原电池符号

原电池的装置可以用符号表示，通常对符号作如下规定：

(1) 半电池中，两相之间的界面以"|"表示，同相的不同物种用","隔开。

(2) 两半电池之间的盐桥或隔膜，用"‖"表示。

(3) 负极写在左边，正极写在右边，分别用符号(－)和(＋)表示。

(4) 溶液要注明活度或浓度，气体要注明分压。

【例题 8.5】 用原电池符号表示 Cu-Zn 原电池。

解　　$(-)\ Zn|Zn^{2+}(c_1)\|Cu^{2+}(c_2)|Cu(+)$

原则上，任何氧化还原反应都可以组成原电池。若组成半电池的氧化还原电对没有导电的电极，需借助一根惰性电极起导电作用，但要标明电极材料。有时介质对原电池反应的方向也是有影响的，在原电池符号中也应标明。

【例题 8.6】 将下面氧化还原反应设计成原电池，并写出其原电池符号。

$$2Fe^{2+}(1.0mol\cdot L^{-1})+Cl_2(100kPa)\longrightarrow 2Fe^{3+}(0.10mol\cdot L^{-1})+2Cl^-(2.0mol\cdot L^{-1})$$

解　氧化剂是 Cl_2，是正极　　$Cl_2+2e^-=\!=\!=2Cl^-$

还原剂是 Fe^{2+}，是负极　　$Fe^{2+}-e^-=\!=\!=Fe^{3+}$

原电池符号为

$(-)\ Pt|Fe^{2+}(1.0mol\cdot L^{-1}),Fe^{3+}(0.10mol\cdot L^{-1})\|Cl^-(2.0mol\cdot L^{-1})|Cl_2(p^\ominus)|Pt(+)$

【例题 8.7】 将下列氧化还原反应设计成原电池，并写出它的原电池符号。

$$Cr_2O_7^{2-}(c_1)+6Fe^{2+}(c_2)+14H^+(c_3)\longrightarrow 2Cr^{3+}(c_4)+6Fe^{3+}(c_5)+7H_2O(l)$$

解　正极　　$Cr_2O_7^{2-}+14H^++6e^-=\!=\!=2Cr^{3+}+7H_2O$

负极　　$Fe^{3+}+e^-=\!=\!=Fe^{2+}$

原电池符号为

$$(-)Pt|Fe^{2+}(c_2),Fe^{3+}(c_5)\|Cr_2O_7^{2-}(c_1),H^+(c_3),Cr^{3+}(c_4)|Pt(+)$$

根据原电池符号，也可以写出相应的电极半反应方程式及电池反应方程式。

8.2.2 电极电势及其计算

在原电池中，把两个电极用导线连接，并用盐桥将电解液连接，导线中就有电流通过，这说明在两个电极上具有电势存在，并且两极之间具有电势差，这种电极上所具有的电势称为电极电势(electrode potential)。

1. 电极电势的产生

任何两种不同的物体相互接触时，在界面上都会产生电势差。当金属浸入水中或其离子所构成的盐溶液中时，金属表面的一些金属离子由于本身的热运动和受极性溶剂水分子的吸引，有离开金属以溶剂化离子形式进入溶液的倾向。显然，温度越高，金属越活泼，溶液越稀，这种倾向就越大。反之，溶液中溶剂化的金属离子受到金属表面自由电子的吸引，有结合成中性原子在金属表面沉积的倾向。金属的活泼性越小，溶液中金属离子浓度越高，这种倾向也越大。当这两种倾向(溶解与沉积)的速率相等时，就建立了如下动态平衡：

$$M^{n+}+ne^-\rightleftharpoons M$$

当离子进入溶液的倾向占主导地位时，金属板上剩余的自由电子就会吸引溶液中的正离子，使之向金属电极运动而聚集在电极表面附近，在金属和溶液之间的界面处形成了金属一边带负电，溶液一边带正电的双电层，如图 8.2(a)所示，使金属和溶液之间产生了电势差。

与图 8.2(a)相反，若金属离子在金属表面沉积的倾向占主导地位时，则在金属与溶液之间形成如图 8.2(b)所示的双电层，其间也产生了电势差。

必须指出，从金属晶体进入溶液的离子或从溶液沉积到金属晶体上的离子的量都非常少，这种情况有时只是一种倾向，就像山上蓄水池中的水，有向山下流动的倾向，但如不给一定的条件，水是不能流到山下的，这种倾向称为“势”。

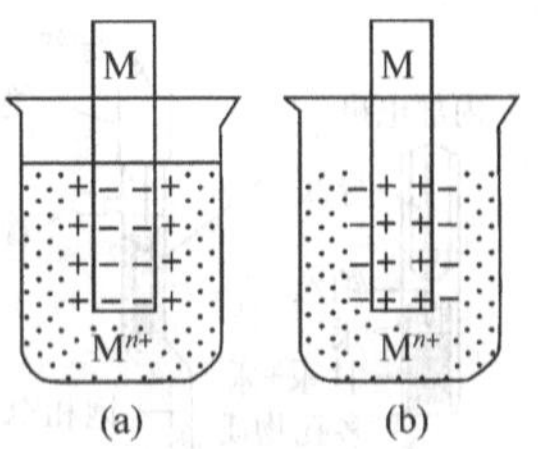

图 8.2 金属的双电层结构示意图

通常把金属浸入含有其离子的溶液中所得到的电极称为**金属电极**。金属与含有其离子的溶液间的“双电层”所产生的“势”就称为电极电势。电极电势用符号 $E_{Ox/Red}$ 表示，其单位为 V。如电极处于标准态（有关物种的 a 都等于1），其电极电势称为标准电极电势（standard electrode potential），用符号 $E^{\ominus}_{Ox/Red}$ 表示。对应的电极半反应可表示为

$$Ox + ne^- \longrightarrow Red$$

称为还原半反应，这种电极电势称为还原电势。本书如果没有特别说明，指的就是这种电势①。

电极电势的绝对值是无法得到的，在实际工作中人们更关心的是两个电极的电极电势之差——电势差。电势差是可以测定的，只需将两个电极构成一个原电池，测定原电池的电动势即可。为了有一个统一的比较标准，通常选择标准氢电极作为基准，规定标准氢电极的电极电势为“零”，其他电极相对于它的电势差即为该电极的标准电极电势。

2. 常用电极

1）标准氢电极

如图 8.3 所示，标准氢电极是将铂片镀上一层蓬松的铂黑，并把它浸入 H^+ 浓度（严格地说应为活度）为 1.0mol·L^{-1} 的稀 H_2SO_4 溶液中，在 298.15K 时，不断通入压力为 100kPa 的纯氢气流，使 H_2 在铂片上被铂黑吸附达到饱和。铂片在标准氢电极中只是作为电子的导体和 H_2 的载体，并未参加反应。吸附在铂黑上的氢气和溶液中的 H^+ 建立如下平衡：

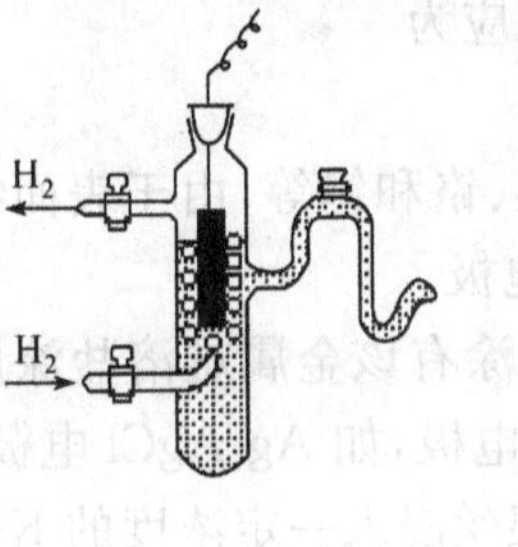

图 8.3 标准氢电极

$$2H^+(aq) + 2e^- \longrightarrow H_2(g)$$

这是氢电极的电极反应。规定标准氢电极的电极电势为零，即

$$E^{\ominus}_{H^+/H_2} = 0.0000V \tag{8.2}$$

标准氢电极的符号为

$$Pt|H_2(100kPa)|H^+(1mol \cdot L^{-1})$$

2）甘汞电极

标准氢电极要求氢气的纯度很高，并要求氢气压力要稳定。另外，铂在溶液中还易吸附其他组分，产生中毒失活现象，所以其制备和使用条件十分苛刻。因此，在实际应用中，往往采用易于制备、使用方便，而且其电极电势稳定的甘汞电极（calomel electrode）作为参比电极。参比电极的电极电势可根据标准氢电极准确测定。

① 有些参考书中用 $Red - ne^- \longrightarrow Ox$ 表示电极反应，相应的电极电势写为 $E^{\ominus}_{Red/Ox}$，称为氧化电势，其大小与还原电势相等，而符号相反，即 $E^{\ominus}_{Red/Ox} = -E^{\ominus}_{Ox/Red}$。例如，$E^{\ominus}_{Fe^{3+}/Fe^{2+}} = +0.77V$，而 $E^{\ominus}_{Fe^{2+}/Fe^{3+}} = -0.77V$。

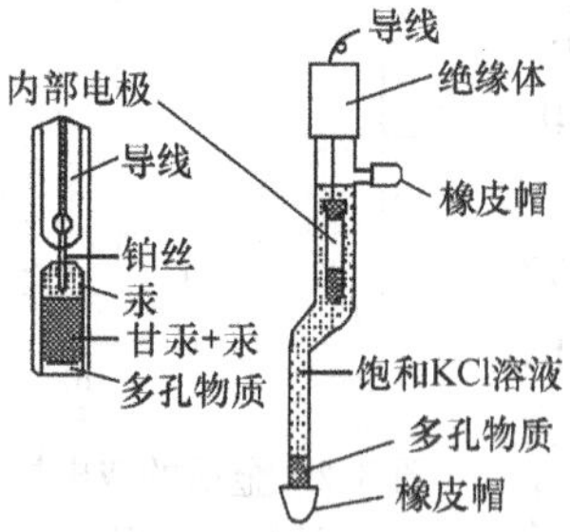

图 8.4 甘汞电极示意图

甘汞电极是金属汞和 Hg_2Cl_2 及 KCl 溶液组成的电极，其构造如图 8.4 所示。内玻璃管中封接一个铂丝，铂丝插入纯汞中(厚度为 0.5～1cm)，下面有一层甘汞(Hg_2Cl_2)和汞的糊状物，外玻璃管中装入 KCl 溶液。电极下端与待测溶液接触部分是熔结陶瓷芯或玻璃砂芯等多孔物质。

甘汞电极的符号为

$$Pt|Hg(s)|Hg_2Cl_2(s)|Cl^-(c)$$

其电极反应为

$$Hg_2Cl_2(s)+2e^- \Longrightarrow 2Hg(l)+2Cl^-(aq)$$

甘汞电极的电极电势与 Cl^- 浓度有关，通常用饱和 KCl 溶液，称为**饱和甘汞电极**。它的电极电势是一定的，在 25℃时其电极电势为＋0.2415V。饱和甘汞电极常作为参比电极使用，比标准氢电极方便、优越。

除了上面提到的标准氢电极、甘汞电极外，还有另一类常用的电极，称为**指示电极**。

3) 指示电极

指示电极是能对溶液中待测离子的浓度产生灵敏响应的电极，它的响应速度快，干扰物质少，且较易消除。常用的指示电极种类很多，按其结构上的差异可分为金属-金属离子电极、金属-金属难溶盐电极和玻璃电极等。

(1) 金属-金属离子电极：金属-金属离子电极是由某些金属插入该金属离子的溶液中达到平衡后所构成的电极。此类电极电势的变化能准确地反映溶液中金属离子浓度的变化。例如，将金属银浸入 $AgNO_3$ 溶液中构成的电极，其电极反应为

$$Ag^+ + e^- \Longrightarrow Ag$$

组成这类电极的金属还有铜、锌、汞、铅等。有些金属如铁、钴、镍、铬和钨等，由于表面结构因素和表面氧化膜的影响，其电势的重现性差，不能用作指示电极。

(2) 金属-金属难溶盐电极：金属-金属难溶盐电极是由表面涂有该金属难溶盐涂层的金属浸入含有该难溶盐的阴离子溶液中，达到平衡后所构成的电极，如 Ag-AgCl 电极、Hg-Hg_2Cl_2 电极等。Ag-AgCl 电极是由一根镀有一层 AgCl 的银丝浸入一定浓度的 KCl 溶液中构成的，通常记为 Ag,AgCl(s)|KCl(aq)，其电极反应为

$$AgCl(s)+e^- \Longrightarrow Ag+Cl^-$$

这类电极的电极电势稳定，重现性好，既可作为指示电极，又可用作参比电极。

(3) 玻璃电极：玻璃电极是膜电极的一种。膜电极和上述电极的区别在于薄膜既不给出也不得到电子，而是选择性地让某一离子渗透，使该离子在膜内、外产生浓度差，从而产生电势差，这种由于浓度不同所产生的电势差称为**浓差电势**。由于膜对某种离子具有很高的选择性，所以这类电极又称为离子选择性电极。

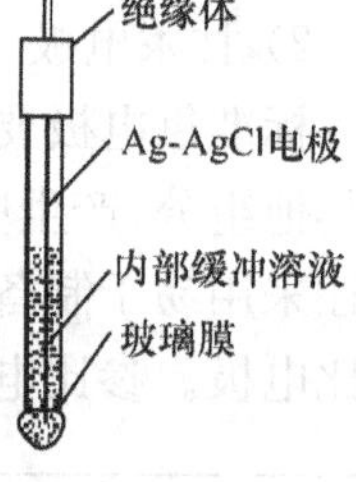

图 8.5 玻璃膜电极示意图

最常用的玻璃电极是 pH 玻璃电极，其结构如图 8.5 所示。

它的主要部分是一个玻璃泡，泡的下半部是由特殊玻璃制成的薄膜，膜厚 80～100μm，膜内装有一定 pH 的缓冲溶液，在溶液中插入一支 Ag-AgCl 电极（或甘汞电极）作为内参比电极。pH 玻璃电极对 H^+ 具有很高的选择性，它的电极电势与外部溶液的 pH 具有一定的函数关系，所以可用于测定溶液的 pH。

3. 标准电极电势的测定

把标准氢电极与待测的标准态下的电极组成原电池，测定这一原电池的标准电动势 $E^{\ominus}$，就可确定待测电极的标准电极电势。例如，测定锌电极的标准电极电势，可组成下列原电池：

$$(-)\mathrm{Zn}|\mathrm{Zn}^{2+}(1.0\mathrm{mol\cdot L^{-1}})\parallel \mathrm{H}^{+}(1.0\mathrm{mol\cdot L^{-1}})|\mathrm{H_2}(100\mathrm{kPa})|\mathrm{Pt}(+)$$

测定时，根据电位计的指针偏转方向可知电子是由锌电极通过导线流向氢电极。由此可知锌电极为负极，氢电极为正极。298.15K 时，测得此原电池的标准电动势 $E^{\ominus}$ = 0.763V，即

$$E^{\ominus}=E_{+}^{\ominus}-E_{-}^{\ominus}=E_{\mathrm{H^+/H_2}}^{\ominus}-E_{\mathrm{Zn^{2+}/Zn}}^{\ominus}=0.763\mathrm{V}$$

因为 $E_{+}^{\ominus}=E_{\mathrm{H^+/H_2}}^{\ominus}=0.0000\mathrm{V}$，所以

$$E_{\mathrm{Zn^{2+}/Zn}}^{\ominus}=-0.763\mathrm{V}$$

“－”号表示与标准氢电极组成原电池时，该电极为负极。

又如，测定铜电极的标准电极电势，则应组成下列原电池

$$(-)\mathrm{Pt}|\mathrm{H_2}(100\mathrm{kPa})|\mathrm{H}^{+}(1.0\mathrm{mol\cdot L^{-1}})\parallel \mathrm{Cu}^{2+}(1.0\mathrm{mol\cdot L^{-1}})|\mathrm{Cu}(+)$$

同样根据电位计指针偏转方向，可知铜电极为正极，氢电极为负极。298.15K 时，测得此原电池的标准电动势为 0.337V，即

$$E^{\ominus}=E_{+}^{\ominus}-E_{-}^{\ominus}=E_{\mathrm{Cu^{2+}/Cu}}^{\ominus}-E_{\mathrm{H^+/H_2}}^{\ominus}=0.337\mathrm{V}$$

因为 $E_{\mathrm{H^+/H_2}}^{\ominus}=0.0000\mathrm{V}$，所以

$$E_{\mathrm{Cu^{2+}/Cu}}^{\ominus}=+0.337\mathrm{V}$$

“＋”号表示与标准氢电极组成原电池时，该电极为正极。

用类似的方法可以测得一系列电对的标准电极电势。附录 7 中列出了 298.15K 时一些氧化还原电对的标准电极电势。

4. 电极电势的理论计算

根据热力学理论，在恒温恒压条件下，体系吉布斯自由能的降低值等于体系所能做的最大有用功，即 $-\Delta G=W_{\max}$。如果将某一氧化还原反应设计成原电池，那么在恒温恒压条件下，电池所做的最大有用功即为电功。电功（$W_{电}$）等于电动势（E）与通过电池的电量（Q）的乘积，即

$$W_{电}=EQ=EZF$$ ①

所以

---

① 一个电子电量 $e=1.602177\times10^{-19}\mathrm{C}$，则 1mol 电子的电量 $F=6.022169\times10^{23}\times1.602177\times10^{-19}$，即 $F=96485\ \mathrm{C\cdot mol^{-1}}=96485\mathrm{J\cdot mol^{-1}\cdot V^{-1}}$。

$$\Delta_r G_m = -ZFE = -ZF(E_+ - E_-) \tag{8.3}$$

式中，F 为法拉第(Faraday)常量，其值等于 96485C · mol^{-1}；Z 为电池反应中转移的电子数(等于两个半反应得失电子数的最小公倍数，即 $Z=n_1n_2$)。在标准态下，有

$$\Delta_r G_m^{\ominus} = -ZFE^{\ominus} = -ZF(E_+^{\ominus} - E_-^{\ominus})$$

则

$$E^{\ominus} = E_+^{\ominus} - E_-^{\ominus} = -\frac{\Delta_r G_m^{\ominus}(\text{电池反应})}{ZF} \tag{8.4}$$

注意：这里使用的电极电势都是还原电势，对应的电对反应为

$$\text{Ox} + n\text{e}^- \rightleftharpoons \text{Red}$$

对于任意一个电极，都可以与标准氢电极组成一个原电池。若规定该电极为正极，标准氢电极为负极，则可以得到该电极的标准电极电势与电极反应的 $\Delta_r G_m^{\ominus}$ 之间的关系式。

例如，将电对 MnO_4^-/Mn^{2+} 和电对 H^+/H_2 组成原电池，并规定 MnO_4^-/Mn^{2+} 为正极，H^+/H_2 为负极，则电极反应分别为

正极　$MnO_4^- + 8H^+ + 5e^- \rightleftharpoons Mn^{2+} + 4H_2O$　　$(\Delta_r G_m^{\ominus})_{\text{半反应1}}$

负极　$2H^+ + 2e^- \rightleftharpoons H_2$　　$(\Delta_r G_m^{\ominus})_{\text{半反应2}}$

电池反应式为

$$2MnO_4^- + 5H_2 + 6H^+ \rightleftharpoons 2Mn^{2+} + 8H_2O \qquad (\Delta_r G_m^{\ominus})_{\text{电池反应}}$$

因为 $\Delta_f G_m^{\ominus}(H_2, g) = 0$，$\Delta_f G_m^{\ominus}(H^+, aq) = 0$，所以

$$(\Delta_r G_m^{\ominus})_{\text{电池反应}} = 2\Delta_f G_{m(Mn^{2+})}^{\ominus} + 8\Delta_f G_{m(H_2O,l)}^{\ominus} - 2\Delta_f G_{m(MnO_4^-)}^{\ominus}$$
$$= 2(\Delta_r G_m^{\ominus})_{\text{半反应1}}$$

由式(8.4)可得

$$E^{\ominus} = E_{MnO_4^-/Mn^{2+}}^{\ominus} = -\frac{(\Delta_r G_m^{\ominus})_{\text{电池反应}}}{ZF} = -\frac{2(\Delta_r G_m^{\ominus})_{\text{半反应1}}}{10F}$$

即

$$E_{MnO_4^-/Mn^{2+}}^{\ominus} = -\frac{(\Delta_r G_m^{\ominus})_{\text{半反应1}}}{5F} = -\frac{\Delta_r G_{m(MnO_4^-/Mn^{2+})}^{\ominus}}{5F}$$

同理可得

$$E_{Fe^{3+}/Fe}^{\ominus} = -\frac{\Delta_r G_{m(Fe^{3+}/Fe)}^{\ominus}}{3F}$$

推广到一般的电极反应，则有

$$E_{Ox/Red}^{\ominus} = -\frac{\Delta_r G_{m(Ox/Red)}^{\ominus}}{nF} \tag{8.5}$$

式中，$\Delta_r G_{m(Ox/Red)}^{\ominus}$ 为电极反应的标准自由能变；n 为电极反应中转移电子数。式(8.5)也可写为

$$\Delta_r G_{m(Ox/Red)}^{\ominus} = -nFE_{Ox/Red}^{\ominus} \tag{8.6}$$

【例题 8.8】 试由热力学数据计算 $E_{Mg^{2+}/Mg}^{\ominus}$。

解　电极反应式为　　$Mg^{2+} + 2e^- \rightleftharpoons Mg$

$\Delta_f G_m^{\ominus}/(kJ \cdot mol^{-1})$　　-454.8　　0.00

$\Delta_r G_m^\ominus = 0.00-(-454.8) = 454.8(\text{kJ}\cdot\text{mol}^{-1}) = 454.8\times10^3(\text{J}\cdot\text{mol}^{-1})$

所以

$$E^\ominus_{Mg^{2+}/Mg} = -\frac{\Delta_r G_m^\ominus}{nF} = -\frac{454.8\times10^3}{2\times96485} = -2.36(\text{V})$$

注意：

(1) 式(8.5)和式(8.6)适用的电极反应为还原半反应，即 $Ox + ne^- \longrightarrow Red$。

(2) 各物理量的量纲要统一。

(3) 电极电势没有加合性，只与电极材料有关，即不论半电池反应式的化学计量数乘或除以任何实数，其 $E^\ominus_{Ox/Red}$ 值不变。例如

$$Cu^{2+} + 2e^- \longrightarrow Cu \qquad E^\ominus_{Cu^{2+}/Cu} = +0.337\text{V}$$

$$\frac{1}{2}Cu^{2+} + e^- \longrightarrow \frac{1}{2}Cu \qquad E^\ominus_{Cu^{2+}/Cu} = +0.337\text{V}$$

但如果将半反应方程式反过来写，即写成氧化电对的形式，如

$$Cu - 2e^- \longrightarrow Cu^{2+}$$

其电极电势符号与还原电对的电极电势相反，即 $E^\ominus_{Cu/Cu^{2+}} = -0.337\text{V}$，这是由式(8.6)所决定了的。

8.2.3 影响电极电势的因素——能斯特方程式

标准电极电势是在标准态及温度通常为 298.15K 时测得的。但是化学反应往往是在非标准态下进行，当浓度和温度改变时，电极电势也随之改变。影响电极电势的因素主要包括：电极的本性、Ox 和 Red 物种的浓度（或分压）以及温度等。对于给定的电极，其电极电势与温度、浓度之间的关系可推导如下：

电极反应

$$Ox + ne^- \longrightarrow Red$$

在标准态下，有

$$\Delta_r G^\ominus_{m(Ox/Red)} = -nFE^\ominus_{Ox/Red}$$

在任意状态下，根据式(5.11)，有

$$\Delta_r G_m = \Delta_r G_m^\ominus + RT\ln J$$

所以

$$-nFE_{Ox/Red} = -nFE^\ominus_{Ox/Red} + RT\ln\frac{a_{Red}}{a_{Ox}}$$

即

$$E_{Ox/Red} = E^\ominus_{Ox/Red} + \frac{RT}{nF}\ln\frac{a_{Ox}}{a_{Red}} \tag{8.7}$$

式中，R 为摩尔气体常量（8.314J · mol^{-1} · K^{-1}）；F 为法拉第常量（96485 J · mol^{-1} · V^{-1}）；n 为电极反应中所转移的电子数；T 为热力学温度；a_{Ox}、a_{Red} 分别为电极反应中，在 Ox 和 Red 一侧的各物种的相对浓度（气体为相对分压）以其各自在电极反应方程式中的配平系数为幂的乘积。

严格地说，应考虑离子强度的影响，式(8.7)中的 a 应以活度代替，但在本课程中，一般情况下不考虑离子强度的影响，常采用式(8.7)的形式。

式(8.7)表明了温度、浓度、离子强度及电极材料本身等因素对电极电势的影响。是由德国化学家能斯特(Nernst)首先得出的,因此称为能斯特方程式。

当温度为 298.15K 时,式(8.7)可变为

$$E_{Ox/Red}=E^{\ominus}_{Ox/Red}+\frac{0.0592}{n}\lg\frac{a_{Ox}}{a_{Red}} \tag{8.8}$$

这是一个常用的公式,如果没有特殊说明,一般都是指 298.15K 的情况。

书写能斯特方程式时,应注意以下问题:

(1) 电极反应中的纯固体、纯液体以及稀溶液中的溶剂,它们的 $a=1$。

(2) 电极反应中的气体物质,能斯特方程中的 a 代表相对分压。

(3) 电极反应中,若除了 Ox、Red 物种外,还有其他物种,如 H^+、OH^- 等,也必须将这些物种列在能斯特方程中相应的 Ox 或 Red 的位置。

例如

$Cu^{2+}+2e^-$ ══ Cu 的能斯特方程式为

$$E_{Cu^{2+}/Cu}=E^{\ominus}_{Cu^{2+}/Cu}+\frac{0.0592}{2}\lg\frac{c_{Cu^{2+}}}{c^{\ominus}}$$

$Br_2(l)+2e^-$ ══ $2Br^-$ 的能斯特方程式为

$$E_{Br_2/Br^-}=E^{\ominus}_{Br_2/Br^-}+\frac{0.0592}{2}\lg\frac{1}{(c_{Br^-}/c^{\ominus})^2}$$

$Cl_2(g)+2e^-$ ══ $2Cl^-$ 的能斯特方程式为

$$E_{Cl_2/Cl^-}=E^{\ominus}_{Cl_2/Cl^-}+\frac{0.0592}{2}\lg\frac{p_{Cl_2}/p^{\ominus}}{(c_{Cl^-}/c^{\ominus})^2}$$

$Cr_2O_7^{2-}+14H^++6e^-$ ══ $2Cr^{3+}+7H_2O$ 的能斯特方程式为

$$E_{Cr_2O_7^{2-}/Cr^{3+}}=E^{\ominus}_{Cr_2O_7^{2-}/Cr^{3+}}+\frac{0.0592}{6}\lg\frac{(c_{Cr_2O_7^{2-}}/c^{\ominus})(c_{H^+}/c^{\ominus})^{14}}{(c_{Cr^{3+}}/c^{\ominus})^2}$$

$O_2+2H_2O+4e^-$ ══ $4OH^-$ 的能斯特方程式为

$$E_{O_2/OH^-}=E^{\ominus}_{O_2/OH^-}+\frac{0.0592}{4}\lg\frac{p_{O_2}/p^{\ominus}}{(c_{OH^-}/c^{\ominus})^4}$$

下面根据能斯特方程式讨论影响电极电势的几种因素。

1. 浓度对电极电势的影响

由能斯特方程式可知,电对中的 Ox 或 Red 物种的浓度改变时,将会改变电对的电极电势,Ox 物种浓度增大,电对的电极电势也增大;Red 物种浓度增大,电对的电极电势将减小。

【例题 8.9】 已知 $E^{\ominus}_{Fe^{3+}/Fe^{2+}}=+0.77V$,求 $c_{Fe^{3+}}=1.0mol\cdot L^{-1}$,$c_{Fe^{2+}}=1.0\times10^{-3}mol\cdot L^{-1}$时的电极电势 $E_{Fe^{3+}/Fe^{2+}}$。

解 电极反应为

$$Fe^{3+}+e^- \rlap{=}{=} Fe^{2+}$$

$$E_{Fe^{3+}/Fe^{2+}} = E^{\ominus}_{Fe^{3+}/Fe^{2+}} + \frac{0.0592}{1}\lg\frac{c_{Fe^{3+}}/c^{\ominus}}{c_{Fe^{2+}}/c^{\ominus}}$$

$$=0.77+0.0592\lg\frac{1.0}{1.0\times10^{-3}}=0.95(V)$$

注意：根据能斯特方程式计算电对的电极电势时，应写出配平的电极反应式，以确定电子转移数 n 及有关物种的相对浓度的乘幂。

【例题 8.10】 已知 $E^{\ominus}_{Br_2/Br^-}=+1.09V$，求 $c_{Br^-}=1.0\times10^{-2}\,mol\cdot L^{-1}$ 时，Br_2/Br^- 的电极电势 E_{Br_2/Br^-}。

解 电极反应为

$$Br_2(l)+2e^- \rightleftharpoons 2Br^-$$

$$E_{Br_2/Br^-}=E^{\ominus}_{Br_2/Br^-}+\frac{0.0592}{2}\lg\frac{1}{(c_{Br^-}/c^{\ominus})^2}$$

$$=1.09+\frac{0.0592}{2}\lg\frac{1}{(1.0\times10^{-2})^2}=1.21(V)$$

2. 沉淀的生成对电极电势的影响

电对中 Ox 或 Red 物种若生成沉淀时，会引起 Ox 或 Red 物种浓度的降低，从而使电对的电极电势发生变化。

【例题 8.11】 已知 $E^{\ominus}_{Ag^+/Ag}=+0.799V$，若向 $Ag^++e^- \rightleftharpoons Ag$ 的体系中加入 NaCl，使生成 AgCl 沉淀，并维持$[Cl^-]=1.0mol\cdot L^{-1}$。计算电对 Ag^+/Ag 的电极电势 $E_{Ag^+/Ag}$。已知 $K^{\ominus}_{sp,AgCl}=1.8\times10^{-10}$。

解 由于生成 AgCl 沉淀而引起溶液中 c_{Ag^+} 下降，根据沉淀溶解平衡

$$AgCl(s) \rightleftharpoons Ag^+ + Cl^-$$

可得

$$[Ag^+]=K^{\ominus}_{sp,AgCl}/[Cl^-]$$

已知 $c_{Cl^-}=1.0mol\cdot L^{-1}$，因而

$$c_{Ag^+}=[Ag^+]=K^{\ominus}_{sp,AgCl}=1.8\times10^{-10}(mol\cdot L^{-1})$$

电极反应 $Ag^++e^- \rightleftharpoons Ag$ 的能斯特方程式为

$$E_{Ag^+/Ag}=E^{\ominus}_{Ag^+/Ag}+0.0592\lg(c_{Ag^+}/c^{\ominus})$$

$$=E^{\ominus}_{Ag^+/Ag}+0.0592\lg K^{\ominus}_{sp,AgCl}$$

$$=0.799+0.0592\lg(1.8\times10^{-10})=+0.22(V)$$

实际上，当 $c_{Cl^-}=1.0mol\cdot L^{-1}$ 时，电对 Ag^+/Ag 的非标准电极电势就是电对 AgCl/Ag的标准电极电势，即

$$E^{\ominus}_{AgCl/Ag}=E_{Ag^+/Ag}=E^{\ominus}_{Ag^+/Ag}+0.0592\lg K^{\ominus}_{sp,AgCl}$$

这一关系式也可根据热力学知识推导，这里涉及三个反应，即

$$Ag^++e^- \rightleftharpoons Ag \qquad \Delta_r G^{\ominus}_{m(Ag^+/Ag)}=-FE^{\ominus}_{Ag^+/Ag}$$

$$AgCl(s) \rightleftharpoons Ag^++Cl^- \qquad \Delta_r G^{\ominus}_{m}=-RT\ln K^{\ominus}_{sp,AgCl}$$

$$AgCl(s)+e^- \rightleftharpoons Ag+Cl^- \qquad \Delta_r G^{\ominus}_{m(AgCl/Ag)}=-FE^{\ominus}_{AgCl/Ag}$$

上面的第三式可由前两式相加得到，因此有

$$\Delta_r G^{\ominus}_{m(AgCl/Ag)}=\Delta_r G^{\ominus}_{m}+\Delta_r G^{\ominus}_{m(Ag^+/Ag)}$$

即

$$-FE^{\ominus}_{AgCl/Ag}=-RT\ln K^{\ominus}_{sp,AgCl}-FE^{\ominus}_{Ag^+/Ag}$$

所以在 298.15K 时，有

$$E^{\ominus}_{AgCl/Ag}=E^{\ominus}_{Ag^+/Ag}+0.0592\lg K^{\ominus}_{sp,AgCl}$$

实际上，这是因为在电极反应 Ag^++e^-══Ag 中加入 Cl^- 时，将会生成 AgCl 沉淀，电极反应将变为 AgCl(s)＋e^-══Ag＋Cl^-，当 $c_{Cl^-}=1.0mol\cdot L^{-1}$ 时，正是电对 AgCl/Ag的标准态，因而两者本身就是统一的。本例题也说明了当电对的 Ox 物种生成沉淀时，电极电势比标准态时下降了。

用同样的方法也可以推导出电对 MB_m(s)/M(s)[如 $Fe(OH)_3$/Fe、$PbSO_4$/Pb、PbI_2/Pb等]的标准电极电势与 M^{n+}/M(s)的标准电极电势之间的关系式

$$E^{\ominus}_{MB_m/M}=E^{\ominus}_{M^{n+}/M}+\frac{0.0592}{n}\lg K^{\ominus}_{sp,MB_m} \tag{8.9}$$

例如，PbI_2/Pb 的标准电极电势为

$$E^{\ominus}_{PbI_2/Pb}=E^{\ominus}_{Pb^{2+}/Pb}+\frac{0.0592}{2}\lg K^{\ominus}_{sp,PbI_2}$$

【例题 8.12】 已知 $E^{\ominus}_{Cu^{2+}/Cu^+}=+0.15V$，若向 $Cu^{2+}+e^-$══Cu^+ 体系中加入 KI，会有 CuI 沉淀生成，若维持溶液中 $c_{Cu^{2+}}=c_{I^-}=1.0mol\cdot L^{-1}$，求电极电势 E_{Cu^{2+}/Cu^+}。已知 $K^{\ominus}_{sp,CuI}=1.1\times10^{-12}$。

解 根据 CuI 的沉淀溶解平衡，在$[I^-]=c_{I^-}=1.0mol\cdot L^{-1}$时，有$[Cu^+]=K^{\ominus}_{sp,CuI}$。

已知 $c_{Cu^{2+}}=1.0mol\cdot L^{-1}$，所以电极反应 $Cu^{2+}+e^-$══Cu^+ 的能斯特方程式为

$$E_{Cu^{2+}/Cu^+}=E^{\ominus}_{Cu^{2+}/Cu^+}+0.0592\lg\frac{c_{Cu^{2+}}/c^{\ominus}}{c_{Cu^+}/c^{\ominus}}=E^{\ominus}_{Cu^{2+}/Cu^+}+0.0592\lg\frac{1}{K^{\ominus}_{sp,CuI}}$$

$$=0.15+0.0592\lg\frac{1}{1.1\times10^{-12}}=+0.86(V)$$

计算表明，当 Red 物种生成沉淀时，其电对的电极电势比标准态时增大。实际上，由于体系中 $c_{Cu^{2+}}=c_{I^-}=1.0mol\cdot L^{-1}$，这时电对 Cu^{2+}/Cu^+ 的电极电势 E_{Cu^{2+}/Cu^+} 就是电对 $Cu^{2+}+I^-+e^-$══CuI(s)的标准电极电势，即

$$E^{\ominus}_{Cu^{2+}/CuI}=E^{\ominus}_{Cu^{2+}/Cu^+}+0.0592\lg\frac{1}{K^{\ominus}_{sp,CuI}}$$

3. 弱电解质的生成对电极电势的影响

电对中的 Ox 或 Red 物种生成弱电解质时，也会导致其电极电势的变化。

【例题 8.13】 已知 $p_{H_2}=100kPa$，若向 $2H^++2e^-$══H_2 体系中加入 NaAc，且维持[HAc]=$[Ac^-]=1.0mol\cdot L^{-1}$，求这时的电极电势 E_{H^+/H_2}。

解 由于 NaAc 的加入，H^+ 与 Ac^- 作用生成弱电解质 HAc。已知$[Ac^-]$=[HAc]$=1.0mol\cdot L^{-1}$，所以有$[H^+]=K^{\ominus}_{a,HAc}$。

又因为 $p_{H_2}=100kPa$，所以电对 $2H^++2e^-$══H_2 的能斯特方程式为

$$E_{H^+/H_2}=E^{\ominus}_{H^+/H_2}+\frac{0.0592}{2}\lg\frac{([H^+]/c^{\ominus})^2}{p_{H_2}/p^{\ominus}}$$

$$=0.000+\frac{0.0592}{2}\lg\frac{(K^{\ominus}_{a,HAc})^2}{p_{H_2}/p^{\ominus}}=0.0592\lg K^{\ominus}_{a,HAc}$$

$=0.0592\lg(1.75\times10^{-5})=-0.282(\text{V})$

实际上，在电对 $2H^+ + 2e^- \rightleftharpoons H_2$ 中加入弱酸根 A^- 时，由于弱酸 HA 的形成，就使电对变为 $2HA + 2e^- \rightleftharpoons H_2 + 2A^-$，当 $p_{H_2}=100\text{kPa}$ 和 $[HA]=[A^-]=1.0\text{mol}\cdot\text{L}^{-1}$ 时，正好是电对 HA/H_2 的标准态。所以，此时 H^+/H_2 的电极电势 E_{H^+/H_2} 就是电对 HA/H_2 的标准电极电势 $E^{\ominus}_{HA/H_2}$，即

$$E^{\ominus}_{HA/H_2} = 0.0592\lg K^{\ominus}_{a,HA} \tag{8.10}$$

4. 酸度对电极电势的影响

对于有 H^+ 或 OH^- 参加的电极反应，溶液酸度的变化会对电极电势产生影响。

【例题 8.14】 已知电极反应 $Cr_2O_7^{2-} + 14H^+ + 6e^- \rightleftharpoons 2Cr^{3+} + 7H_2O$，$E^{\ominus}_{Cr_2O_7^{2-}/Cr^{3+}} = +1.33\text{V}$，若维持 $c_{Cr_2O_7^{2-}} = c_{Cr^{3+}} = 1.0\text{mol}\cdot\text{L}^{-1}$，$c_{H^+} = 1.0\times10^{-3}\text{mol}\cdot\text{L}^{-1}$，求 $E_{Cr_2O_7^{2-}/Cr^{3+}}$。

解 $Cr_2O_7^{2-} + 14H^+ + 6e^- \rightleftharpoons 2Cr^{3+} + 7H_2O$

$$E_{Cr_2O_7^{2-}/Cr^{3+}} = E^{\ominus}_{Cr_2O_7^{2-}/Cr^{3+}} + \frac{0.0592}{6}\lg\frac{(c_{Cr_2O_7^{2-}}/c^{\ominus})(c_{H^+}/c^{\ominus})^{14}}{(c_{Cr^{3+}}/c^{\ominus})^2}$$

$$= +1.33 + \frac{0.0592}{6}\lg\frac{1.0\times(1.0\times10^{-3})^{14}}{1.0^2} = 0.92(\text{V})$$

可以看出，由于电极反应中 H^+ 的化学计量数为 14，当 c_{H^+} 由标准浓度降至 $1.0\times10^{-3}\text{mol}\cdot\text{L}^{-1}$ 时，电对 $Cr_2O_7^{2-}/Cr^{3+}$ 的电极电势从标准态的 1.33V 降至 0.92V，即此类含氧酸盐的氧化性随酸度的降低而减弱，或随酸度的增大而增强。

对于没有 H^+ 或 OH^- 参加的电极反应，如 $Fe^{3+} + e^- \rightleftharpoons Fe^{2+}$ 和 $Cl_2 + 2e^- \rightleftharpoons 2Cl^-$ 等，酸度的改变对其电极电势的影响很小。

8.2.4 条件电极电势

严格地说，式(8.7)中 Ox 和 Red 的浓度应以活度表示。因为当溶液中离子的浓度较大、离子电荷较高时，离子间的牵制作用也较大，这时若用浓度代替活度进行计算，会引起较大的误差。此外，当 Ox 或 Red 物种与溶液中的其他组分发生副反应，如形成弱酸、沉淀或配合物等时，都会使电极电势发生变化。

例如，在 HCl 溶液中，若考虑离子强度的影响，Fe(Ⅲ)/Fe(Ⅱ)的能斯特方程式为

$$E_{Fe^{3+}/Fe^{2+}} = E^{\ominus}_{Fe^{3+}/Fe^{2+}} + 0.0592\lg\frac{a_{Fe^{3+}}}{a_{Fe^{2+}}}$$

$$= E^{\ominus}_{Fe^{3+}/Fe^{2+}} + 0.0592\lg\frac{\gamma_{Fe^{3+}}(c_{Fe^{3+}}/c^{\ominus})}{\gamma_{Fe^{2+}}(c_{Fe^{2+}}/c^{\ominus})}$$

由于在 HCl 溶液中，Fe^{3+}、Fe^{2+} 都能与溶剂 H_2O 及 Cl^- 之间存在着水合配位或氯配位副反应，因此，在该体系中，除 Fe^{3+}、Fe^{2+} 外，还存在着一系列水合物及氯配位化合物，如 $[FeCl]^{2+}$、$[FeCl_6]^{3-}$、$[FeCl]^+$、$[FeCl_2]$ 等，若用 $c_{Fe(Ⅲ)}$ 表示各种形式的 Fe(Ⅲ)的总浓度，则有 $c_{Fe^{3+}} = c_{Fe(Ⅲ)}/\alpha_{Fe(Ⅲ)}$，其中 $\alpha_{Fe(Ⅲ)}$ 为 Fe(Ⅲ)的副反应系数；同样，$c_{Fe^{2+}} = c_{Fe(Ⅱ)}/\alpha_{Fe(Ⅱ)}$，其中 $\alpha_{Fe(Ⅱ)}$ 为 Fe(Ⅱ)的副反应系数。所以，上式可变为

$$E_{Fe^{3+}/Fe^{2+}} = E^{\ominus}_{Fe^{3+}/Fe^{2+}} + 0.0592\lg\frac{\gamma_{Fe^{3+}}\alpha_{Fe(Ⅱ)}}{\gamma_{Fe^{2+}}\alpha_{Fe(Ⅲ)}}\cdot\frac{c_{Fe(Ⅲ)}}{c_{Fe(Ⅱ)}} \tag{8.11}$$

在实际工作中，通常知道的是物种在溶液中的总浓度，而不是活度，而且活度系数 γ 值不易求得，并且当副反应很多时，求副反应系数 α 值也很麻烦，因此式(8.11)的应用是很复杂的。为简化讨论，将式(8.11)改写为

$$E_{Fe^{3+}/Fe^{2+}}=E^{\ominus}_{Fe^{3+}/Fe^{2+}}+0.0592\lg\frac{\gamma_{Fe^{3+}}\alpha_{Fe(II)}}{\gamma_{Fe^{2+}}\alpha_{Fe(III)}}+0.0592\lg\frac{c_{Fe(III)}}{c_{Fe(II)}}$$

设

$$E^{\ominus\prime}_{Fe^{3+}/Fe^{2+}}=E^{\ominus}_{Fe^{3+}/Fe^{2+}}+0.0592\lg\frac{\gamma_{Fe^{3+}}\alpha_{Fe(II)}}{\gamma_{Fe^{2+}}\alpha_{Fe(III)}} \quad (8.12)$$

则能斯特方程式可变为

$$E_{Fe^{3+}/Fe^{2+}}=E^{\ominus\prime}_{Fe^{3+}/Fe^{2+}}+0.0592\lg\frac{c_{Fe(III)}}{c_{Fe(II)}} \quad (8.13)$$

在一定条件下，尽管活度系数 γ 和副反应系数 α 的值都不一定知道，但可以肯定的是它们都是固定值。所以，在一定条件下，由式(8.12)确定的 $E^{\ominus\prime}$ 是一个固定的值，它具有电极电势的量纲，称为**条件电极电势**。它表示在一定条件下，Ox 和 Red 物质的总浓度均为 $1mol\cdot L^{-1}$ 或它们的比率为 1 时的实际电极电势。

用条件电极电势表示的电对 Ox/Red 的能斯特方程式为

$$E_{Ox/Red}=E^{\ominus\prime}_{Ox/Red}+\frac{0.0592}{n}\lg\frac{c'_{Ox}}{c'_{Red}} \quad (8.14)$$

式(8.14)中的条件电极电势 $E^{\ominus\prime}_{Ox/Red}$ 反映了离子强度及各种副反应对电极电势的影响，因此用式(8.14)这样的能斯特方程式计算电极电势比较符合实际情况。

对于有 H^+ 或 OH^- 参加的反应，H^+ 或 OH^-（酸度）对电极电势的影响也要归并到条件电极电势中。例如，电对

$$MnO_4^-+8H^++5e^-=\!=\!=Mn^{2+}+4H_2O$$

其条件电极电势可表示为

$$E^{\ominus\prime}_{MnO_4^-/Mn^{2+}}=E^{\ominus}_{MnO_4^-/Mn^{2+}}+\frac{0.0592}{5}\lg\frac{\gamma_{MnO_4^-}\alpha_{Mn^{2+}}(\gamma_{H^+}c_{H^+})^8}{\gamma_{Mn^{2+}}\alpha_{MnO_4^-}}$$

用条件电极电势表示的能斯特方程式为

$$E_{MnO_4^-/Mn^{2+}}=E^{\ominus\prime}_{MnO_4^-/Mn^{2+}}+\frac{0.0592}{5}\lg(c_{MnO_4^-}/c_{Mn^{2+}})$$

可见，条件电极电势是考虑了各种影响因素之后所得到的一种实际电势。各种条件下的 $E^{\ominus\prime}_{Ox/Red}$ 值是由实验测定的，一些电对的条件电极电势见附录 8。

【例题 8.15】 已知电极反应 $Pb^{2+}+2e^-=\!=\!=Pb$ 在 $1mol\cdot L^{-1}$ NaAc 中的 $E^{\ominus\prime}_{Pb^{2+}/Pb}=-0.32V$，求 $c_{Pb^{2+}}=0.10mol\cdot L^{-1}$ 时 Pb^{2+}/Pb 的电极电势。

解 用条件电极电势表示的电对 $Pb^{2+}+2e^-=\!=\!=Pb$ 的能斯特方程式为

$$E_{Pb^{2+}/Pb}=E^{\ominus\prime}_{Pb^{2+}/Pb}+\frac{0.0592}{2}\lg c_{Pb^{2+}}/c^{\ominus}$$

$$=-0.32+\frac{0.0592}{2}\lg 0.10=-0.35(V)$$

如果不考虑条件电极电势，仍用标准电极电势 $E^{\ominus}_{Pb^{2+}/Pb}$ 计算 $E_{Pb^{2+}/Pb}$，则

$$E_{Pb^{2+}/Pb} = E^{\ominus}_{Pb^{2+}/Pb} + \frac{0.0592}{2}\lg(c_{Pb^{2+}}/c^{\ominus})$$

$$= -0.13 + \frac{0.0592}{2}\lg 0.10 = -0.16(V)$$

用条件电极电势和用标准电极电势计算电对 Pb^{2+}/Pb 在 $1mol \cdot L^{-1}$ NaAc 中的电极电势，其结果相差很远，用前者计算的结果比较符合实际。然而，目前条件电极电势的数据较少，若没有相同条件下的 $E^{\ominus'}_{Ox/Red}$ 值，可以利用条件相近的 $E^{\ominus'}_{Ox/Red}$ 值进行计算；对于没有条件电极电势的氧化还原电对，就只能利用标准电极电势计算了。

8.3 电极电势的应用

8.3.1 比较氧化剂或还原剂的相对强弱

不同的电极具有不同的电极电势，电极电势的大小与电对的性质具有直接的关系。表 8.1 列出了一些电对的还原电势。

表 8.1 某些电对的标准电极电势(298.15K)

电对	$Ox + ne^- \rightleftharpoons Red$	$E^{\ominus}_A$/V
K^+/K	$K^+ + e^- \rightleftharpoons K$	−2.925
Ca^{2+}/Ca	$Ca^{2+} + 2e^- \rightleftharpoons Ca$	−2.870
Na^+/Na	$Na^+ + e^- \rightleftharpoons Na$	−2.714
Mg^{2+}/Mg	$Mg^{2+} + 2e^- \rightleftharpoons Mg$	−2.370
Al^{3+}/Al	$Al^{3+} + 3e^- \rightleftharpoons Al$	−1.660
Zn^{2+}/Zn	$Zn^{2+} + 2e^- \rightleftharpoons Zn$	−0.763
Fe^{2+}/Fe	$Fe^{2+} + 2e^- \rightleftharpoons Fe$	−0.440
Sn^{2+}/Sn	$Sn^{2+} + 2e^- \rightleftharpoons Sn$	−0.136
Pb^{2+}/Pb	$Pb^{2+} + 2e^- \rightleftharpoons Pb$	−0.126
H^+/H_2	$2H^+ + 2e^- \rightleftharpoons H_2$	+0.0000
Cu^{2+}/Cu	$Cu^{2+} + 2e^- \rightleftharpoons Cu$	+0.3370
Hg_2^{2+}/Hg	$Hg_2^{2+} + 2e^- \rightleftharpoons 2Hg$	+0.7930
Ag^+/Ag	$Ag^+ + e^- \rightleftharpoons Ag$	+0.7990
Pt^{2+}/Pt	$Pt^{2+} + 2e^- \rightleftharpoons Pt$	~+1.20
Au^{3+}/Au	$Au^{3+} + 3e^- \rightleftharpoons Au$	+1.500

氧化剂的氧化能力增强（自上而下）

还原剂的还原能力增强（自下而上）

代数值增大（自上而下）

表 8.1 中标准电极电势 $E^{\ominus}_{Ox/Red}$ 的代数值越小，该电对的还原型越易失去电子，其还原型的还原性就越强；$E^{\ominus}_{Ox/Red}$ 的代数值越大，该电对的氧化型越易得到电子，其氧化型的氧化性越强。

注意：这里的 $E^{\ominus}_{Ox/Red}$ 是水溶液体系的标准电极电势，对于非标准态、非水溶液体系，就不能用 $E^{\ominus}_{Ox/Red}$ 比较物质的氧化还原能力了。

8.3.2 计算原电池的标准电动势 $E^{\ominus}$ 和电动势 E

在组成原电池的两个半电池中，电极电势代数值较大的半电池是原电池的正极，电极

电势代数值较小的半电池是原电池的负极。原电池的电动势等于正极的电极电势减去负极的电极电势

$$E = E_{+} - E_{-}$$

在标准态时

$$E^{\ominus} = E_{+}^{\ominus} - E_{-}^{\ominus}$$

【例题 8.16】 根据下列氧化还原反应 $Pb^{2+} + Sn \longrightarrow Pb + Sn^{2+}$，计算在(1)标准态及(2)$c_{Pb^{2+}} = 0.0010mol \cdot L^{-1}$，$c_{Sn^{2+}} = 1.0mol \cdot L^{-1}$时原电池的电动势，并写出所组成的原电池符号。

解 (1) 在标准态时，查表可得 $E^{\ominus}_{Sn^{2+}/Sn} = -0.14V$，$E^{\ominus}_{Pb^{2+}/Pb} = -0.13V$。

因为 $E^{\ominus}_{Pb^{2+}/Pb} > E^{\ominus}_{Sn^{2+}/Sn}$，所以 Pb^{2+}/Pb 为正极，Sn^{2+}/Sn 为负极，有

$$E^{\ominus} = E^{\ominus}_{Pb^{2+}/Pb} - E^{\ominus}_{Sn^{2+}/Sn} = -0.13 - (-0.14) = 0.010(V)$$

标准态的原电池符号为

$$(-)Sn \mid Sn^{2+}(c^{\ominus}) \parallel Pb^{2+}(c^{\ominus}) \mid Pb(+)$$

(2) $c_{Pb^{2+}} = 0.0010mol \cdot L^{-1}$，$c_{Sn^{2+}} = 1.0mol \cdot L^{-1}$时

$$E_{Sn^{2+}/Sn} = E^{\ominus}_{Sn^{2+}/Sn} = -0.14V$$

$$E_{Pb^{2+}/Pb} = E^{\ominus}_{Pb^{2+}/Pb} + \frac{0.0592}{2}\lg(c_{Pb^{2+}}/c^{\ominus})$$

$$= -0.13 + \frac{0.0592}{2}\lg 0.0010 = -0.22(V)$$

这时所组成的原电池 Sn^{2+}/Sn 为正极，Pb^{2+}/Pb 为负极

$$E = E_{Sn^{2+}/Sn} - E_{Pb^{2+}/Pb} = -0.14 - (-0.22) = 0.08(V)$$

此时的原电池符号为

$$(-)Pb \mid Pb^{2+}(0.0010mol \cdot L^{-1}) \parallel Sn^{2+}(c^{\ominus}) \mid Sn(+)$$

8.3.3 判断氧化还原反应进行的方向

在热力学中，恒温、恒压下化学反应自发进行的判据为 $\Delta G < 0$。在氧化还原反应中，$\Delta G = -ZFE = -ZF(E_{+} - E_{-})$。所以

$E > 0$　　$\Delta G < 0$　　氧化还原反应能自发地进行

$E < 0$　　$\Delta G > 0$　　氧化还原反应不能自发进行

由此可判断氧化还原反应进行的方向。

【例题 8.17】 判断标准态下反应 $2Fe^{3+} + 2I^{-} \longrightarrow 2Fe^{2+} + I_2$ 可否自发进行。

解 查表可知 $E^{\ominus}_{Fe^{3+}/Fe^{2+}} = +0.77V > E^{\ominus}_{I_2/I^-} = +0.54V$，所以电对 Fe^{3+}/Fe^{2+} 的氧化态 Fe^{3+} 可以氧化电对 I_2/I^- 的还原态 I^-，即在标准态下反应 $2Fe^{3+} + 2I^{-} \longrightarrow 2Fe^{2+} + I_2$ 向正方向自发进行。

这是反应在标准态下的情况。对于非标准态下的反应，则应该用非标准态的电动势 E 来判断反应的方向。如在例题 8.16 中的反应 $Pb^{2+} + Sn \longrightarrow Pb + Sn^{2+}$，在标准态及非标准态时，反应方向正好相反。不过，如果当两个电对的标准电极电势差($E^{\ominus}$)值大于 0.2V 时，一般仍可以用标准电极电势来判断氧化还原反应进行的方向，因为 Ox 或 Red 物质浓度的改变，一般不足以使电动势 E 的正、负号发生改变。

【例题 8.18】 判断例题 8.17 中的反应

$$2Fe^{3+} + 2I^{-} \longrightarrow 2Fe^{2+} + I_2$$

当$[I^-]$从 $1mol \cdot L^{-1}$降至 $0.0100mol \cdot L^{-1}$，而其他物质均处于标准态时，反应自发进行的方向。

解 $E_{I_2/I^-}=E^{\ominus}_{I_2/I^-}+\frac{0.0592}{2}\lg\frac{1}{(c_{I^-}/c^{\ominus})^2}$

$$=0.54+\frac{0.0592}{2}\lg\frac{1}{(0.0100)^2}=0.54+0.1184=0.66(\text{V})$$

$$E_{Fe^{3+}/Fe^{2+}}=E^{\ominus}_{Fe^{3+}/Fe^{2+}}=0.77\text{V}$$

$$E=E_+-E_-=E^{\ominus}_{Fe^{3+}/Fe^{2+}}-E^{\ominus}_{I_2/I^-}=0.77-0.66=0.11(\text{V})>0$$

故此时的反应方向与标准态时的反应方向相同，仍自发正向进行。

但应注意，如果电极反应中包含 H^+ 或 OH^- 时，介质的酸碱性对电极电势的影响较大，尽管 $E^{\ominus}>0.2\text{V}$，但酸度的改变，仍有可能使反应方向逆转。

【例题 8.19】 判断在 pH=6.00 的酸性介质中，反应

$$Cr_2O_7^{2-}+6I^-+14H^+ \longrightarrow 2Cr^{3+}+3I_2+7H_2O$$

能否自发正向进行。除 H^+ 外，其他物质仍处于标准态。

解 已知 $E^{\ominus}_{Cr_2O_7^{2-}/Cr^{3+}}=1.33\text{V}$，$E^{\ominus}_{I_2/I^-}=0.54\text{V}$。在 pH=6.00 时，$[H^+]=1.0\times10^{-6}\text{mol}\cdot\text{L}^{-1}$，此时有

$$E_{I_2/I^-}=E^{\ominus}_{I_2/I^-}=0.54\text{V}$$

$$E_{Cr_2O_7^{2-}/Cr^{3+}}=E^{\ominus}_{Cr_2O_7^{2-}/Cr^{3+}}+\frac{0.0592}{6}\lg\frac{(c_{Cr_2O_7^{2-}}/c^{\ominus})\cdot(c_{H^+}/c^{\ominus})^{14}}{(c_{Cr^{3+}}/c^{\ominus})^2}$$

$$=1.33+\frac{0.0592}{6}\lg\frac{1\times(1.0\times10^{-6})^{14}}{1.0^2}=0.50(\text{V})$$

所以此时 $E_{Cr_2O_7^{2-}/Cr^{3+}}<E_{I_2/I^-}$，故在 pH=6.00 时，反应

$$Cr_2O_7^{2-}+14H^++6I^-\longrightarrow 2Cr^{3+}+3I_2+7H_2O$$

不能自发正向进行。

对于某些含氧酸及其盐（如 $KMnO_4$、$K_2Cr_2O_7$、H_3AsO_4）参加的氧化还原反应，因为溶液酸度提高会使它们的电极电势增大，酸度降低会使它们的电极电势减小，所以溶液酸度改变有可能导致反应方向的改变。

必须指出，用电极电势预测氧化还原反应进行的方向，是仅从热力学方面考虑的，而实际上反应是否发生，还要考虑反应速率的快慢。

8.3.4 判断氧化还原反应进行的次序

如果在一个体系中同时存在几种物质，它们都可以与同一种氧化剂或还原剂发生氧化还原反应，而且有关的氧化还原反应速率都足够快，那么，这些氧化还原反应是同时进行，还是按照一定的次序先后进行呢？实验证明，电极电势高的电对的氧化型物种(Ox)首先氧化电极电势较低的电对的还原型物种(Red)，再依次氧化电极电势较高的电对的还原型物种(Red)，即氧化剂首先氧化与其电势差较大的还原剂，再依次氧化与其电势差较小的还原剂。

【例题 8.20】 在某一体系中含有 Cl^-、Br^-、I^- 三种离子，(1)在标准态下加入 $KMnO_4$ 溶液时，氧化反应的次序如何？(2)若只要求氧化 I^-，而不氧化 Br^-、Cl^-，应选择 $KMnO_4$ 溶液还是选用 Fe^{3+} 溶液当氧化剂？

解 在标准态下，查表可得

$E^{\ominus}_{I_2/I^-}=0.54\text{V}$，$E^{\ominus}_{Fe^{3+}/Fe^{2+}}=0.77\text{V}$，$E^{\ominus}_{Br_2/Br^-}=1.09\text{V}$，$E^{\ominus}_{Cl_2/Cl^-}=1.36\text{V}$，$E^{\ominus}_{MnO_4^-/Mn^{2+}}=1.51\text{V}$

(1) 因为 $E^{\ominus}_{MnO_4^-/Mn^{2+}} > E^{\ominus}_{Cl_2/Cl^-} > E^{\ominus}_{Br_2/Br^-} > E^{\ominus}_{I_2/I^-}$，所以在标准态下，$KMnO_4$ 首先氧化 I^-，其次是 Br^-，最后为 Cl^-。

(2) 因为 $E^{\ominus}_{MnO_4^-/Mn^{2+}} > E^{\ominus}_{Cl_2/Cl^-}$、$E^{\ominus}_{Br_2/Br^-}$、$E^{\ominus}_{I_2/I^-}$，所以在标准态下 $KMnO_4$ 能氧化 Cl^-、Br^-、I^- 三种离子，不能选择性的氧化 I^-。

而 $E^{\ominus}_{I_2/I^-} < E^{\ominus}_{Fe^{3+}/Fe^{2+}} < E^{\ominus}_{Br_2/Br^-}$、$E^{\ominus}_{Cl_2/Cl^-}$，所以 Fe^{3+} 溶液可以选择性的氧化 I^-，而不氧化 Br^-、Cl^-，因此应选用 Fe^{3+} 溶液当氧化剂。

8.3.5 判断氧化还原反应进行的程度

氧化还原反应进行的程度同样可以用平衡常数 $K^{\ominus}$ 值的大小来衡量。对于一般的化学反应，平衡时有

$$\Delta_r G_m^{\ominus} = -RT\ln K^{\ominus}$$

而对于氧化还原反应，平衡时有

$$\Delta_r G_m^{\ominus} = -ZFE^{\ominus} = -ZF(E_+^{\ominus} - E_-^{\ominus})$$

所以氧化还原反应的平衡常数与电动势和电极电势之间的关系为

$$-RT\ln K^{\ominus} = -ZFE^{\ominus} = -ZF(E_+^{\ominus} - E_-^{\ominus})$$

即

$$\ln K^{\ominus} = \frac{ZFE^{\ominus}}{RT} = \frac{ZF(E_+^{\ominus} - E_-^{\ominus})}{RT} \tag{8.15}$$

在 298.15K 时式(8.15)可变为

$$\lg K^{\ominus} = \frac{ZE^{\ominus}}{0.0592} = \frac{Z(E_+^{\ominus} - E_-^{\ominus})}{0.0592} \tag{8.16}$$

由此可见，电动势 $E^{\ominus}$ 越大，即 $E_+^{\ominus} - E_-^{\ominus}$ 差值越大，氧化还原反应的标准平衡常数 $K^{\ominus}$ 越大，即氧化还原反应就进行得越完全。

【例题 8.21】 已知 Cu-Zn 原电池反应如下：

$$Cu^{2+} + Zn \Longrightarrow Cu + Zn^{2+}$$

若反应开始时 $c_{Cu^{2+}} = 1.0 mol \cdot L^{-1}$，$c_{Zn^{2+}} = 0.10\ mol \cdot L^{-1}$。计算反应的平衡常数 $K^{\ominus}$ 和平衡时各离子的浓度。

解 查表得 $E^{\ominus}_{Cu^{2+}/Cu} = +0.34V > E^{\ominus}_{Zn^{2+}/Zn} = -0.76V$，所以 Cu^{2+}/Cu 为正极，Zn^{2+}/Zn 为负极，电池反应转移的电子数 $Z=2$

$$\lg K^{\ominus} = \frac{Z(E_+^{\ominus} - E_-^{\ominus})}{0.0592} = \frac{2[0.34-(-0.76)]}{0.0592} = 37.16$$

所以

$$K^{\ominus} = 1.4 \times 10^{37}$$

因为 $K^{\ominus}$ 值很大，表明 Cu^{2+} 被 Zn 还原的程度很大。设平衡时 Cu^{2+} 的浓度为 x mol · L^{-1}，则

	Cu^{2+} + Zn ══ Cu +	Zn^{2+}
起始浓度/(mol · L^{-1})	1.0	0.10
平衡浓度/(mol · L^{-1})	x	$1.1-x$

所以

$$K^{\ominus} = \frac{[Zn^{2+}]/c^{\ominus}}{[Cu^{2+}]/c^{\ominus}} = \frac{1.1-x}{x} = 1.4 \times 10^{37}$$

解得

$$x=7.9\times10^{-38}$$

则

$$[Cu^{2+}]=x=7.9\times10^{-38}(mol\cdot L^{-1})$$

$$[Zn^{2+}]=1.1-x=1.1-7.9\times10^{-38}(mol\cdot L^{-1})\approx1.1(mol\cdot L^{-1})$$

8.3.6 计算弱电解质的解离常数及难溶电解质的溶度积常数

前面讨论了弱电解质及沉淀的生成对电极电势的影响。对于一元弱酸 HA 和 H_2 组成的电对 HA/H_2 以及 MB_m 型难溶物和金属 M 组成的电对 MB_m/M，它们的标准电极电势分别为

$$E^{\ominus}_{HA/H_2}=0.0592\lg K^{\ominus}_{a,HA}$$

和

$$E^{\ominus}_{MB_m/M}=E^{\ominus}_{M^{n+}/M}+\frac{0.0592}{n}\lg K^{\ominus}_{sp,MB_m}$$

若已知有关电对的标准电极电势，上述两式也可以用来计算一元弱酸或 MB_m 型难溶电解质的相应常数 $K^{\ominus}_{a,HA}$ 或 $K^{\ominus}_{sp,MB_m}$。

【例题 8.22】 已知 $E^{\ominus}_{HCN/H_2}=-0.545V$，计算 $K^{\ominus}_{a,HCN}$ 值。

解 因为 $E^{\ominus}_{HCN/H_2}=0.0592\lg K^{\ominus}_{a,HCN}$，所以

$$\lg K^{\ominus}_{a,HCN}=\frac{E^{\ominus}_{HCN/H_2}}{0.0592}=\frac{-0.545}{0.0592}=-9.206$$

$$K^{\ominus}_{a,HCN}=6.22\times10^{-10}$$

【例题 8.23】 已知 $E^{\ominus}_{Ag_2S/Ag}=-0.642V$，$E^{\ominus}_{Ag^+/Ag}=+0.799V$，计算 $K^{\ominus}_{sp,Ag_2S}$ 值。

解 电对 Ag_2S/Ag 的电极反应为

$$Ag_2S(s)+2e^-\rightleftharpoons 2Ag+S^{2-}$$

在标准态下，$c_{S^{2-}}=1.0mol\cdot L^{-1}$，根据沉淀溶解平衡

$$Ag_2S(s)\rightleftharpoons 2Ag^++S^{2-}$$

可得

$$[Ag^+]=\sqrt{\frac{K^{\ominus}_{sp,Ag_2S}}{[S^{2-}]}}=\sqrt{K^{\ominus}_{sp,Ag_2S}}$$

则

$$E^{\ominus}_{Ag_2S/Ag}=E_{Ag^+/Ag}=E^{\ominus}_{Ag^+/Ag}+0.0592\lg([Ag^+]/c^{\ominus})$$
$$=E^{\ominus}_{Ag^+/Ag}+0.0592\lg\sqrt{K^{\ominus}_{sp,Ag_2S}}$$

即

$$E^{\ominus}_{Ag_2S/Ag}=E^{\ominus}_{Ag^+/Ag}+\frac{0.0592}{2}\lg K^{\ominus}_{sp,Ag_2S}$$

故

$$\lg K^{\ominus}_{sp,Ag_2S}=\frac{2(E^{\ominus}_{Ag_2S/Ag}-E^{\ominus}_{Ag^+/Ag})}{0.0592}=\frac{2[(-0.642)-0.799]}{0.0592}=-48.682$$

$$K^{\ominus}_{sp,Ag_2S}=2.08\times10^{-49}$$

8.4　元素标准电极电势图及其应用

8.4.1　元素标准电极电势图

当一种元素有三种或三种以上氧化值的物种时，把它们从左至右按氧化值由高到低的顺序排列，并用短线将有关物种连接，标出有关电对的标准电极电势。这种关系图称为元素的标准电极电势图(简称元素电势图)。因为电对在酸性介质中和在碱性介质中具有不同的标准电极电势，所以同一元素在酸性介质中和在碱性介质中具有不同的电势图。

例如，锰在酸、碱介质中的标准电极电势图分别为

$$E_A^{\ominus}/V\quad MnO_4^- \xrightarrow{+0.56} MnO_4^{2-} \xrightarrow{+2.26} MnO_2 \xrightarrow{+0.92} Mn^{3+} \xrightarrow{+1.54} Mn^{2+} \xrightarrow{-1.19} Mn$$

（MnO_4^-—MnO_2：+1.695；MnO_2—Mn^{2+}：+1.23；MnO_4^-—Mn^{2+}：+1.51）

$$E_B^{\ominus}/V\quad MnO_4^- \xrightarrow{+0.56} MnO_4^{2-} \xrightarrow{+0.60} MnO_2 \xrightarrow{-0.20} Mn(OH)_3 \xrightarrow{+0.10} Mn(OH)_2 \xrightarrow{-1.55} Mn$$

（MnO_4^-—MnO_2：+0.59；MnO_2—$Mn(OH)_2$：−0.05）

其中，$E_A^{\ominus}$ 和 $E_B^{\ominus}$ 的下角标 A、B 分别代表酸性介质和碱性介质。

8.4.2　元素标准电极电势图的应用

1. 比较同一元素不同物种的氧化还原性强弱

从锰元素的标准电极电势图可以看出：

(1) 在酸性介质中，MnO_4^-、MnO_4^{2-}、MnO_2 和 Mn^{3+} 都是强氧化剂，而 Mn 是强还原剂。

(2) 在碱性介质中，电对的电极电势与酸性介质中氧化值相同的含氧物种电对的电极电势相比，一般较低。例如，电对 Mn(Ⅳ)/Mn(Ⅱ)的标准电极电势，在酸性介质中 $E^{\ominus}_{MnO_2/Mn^{2+}}=1.23V$，而在碱性介质中 $E^{\ominus}_{MnO_2/Mn(OH)_2}=-0.05V$，因而 Mn(Ⅳ)的氧化性在酸性介质中比在碱性介质中强，Mn(Ⅱ)的还原性在碱性介质中比在酸性介质中强。

2. 判断是否发生歧化反应

同一元素的原子间发生的氧化还原反应称为**歧化反应**(dismutation reaction)。在歧化反应中，同一元素的一部分原子氧化数升高，而另一部分原子的氧化数降低。例如

$$Cl_2 + 2OH^- \Longrightarrow ClO^- + Cl^- + H_2O$$

这就是 Cl_2 的歧化反应，反应中一部分 Cl 原子氧化数升高为+1，另一部分 Cl 原子氧化数降低为−1。

利用标准电极电势图，判断某一物种能否发生歧化反应的条件是 $E^{\ominus}_{右}>E^{\ominus}_{左}$。满足这一条件的物种可以发生歧化反应，歧化反应的产物是其左、右相邻的两物种。若 $E^{\ominus}_{右}<E^{\ominus}_{左}$，则该物种不能发生歧化反应，但可发生逆歧化反应，即其左、右相邻的两物种可以发

生氧化还原反应生成该物种。

【例题 8.24】 已知下列电极电势图

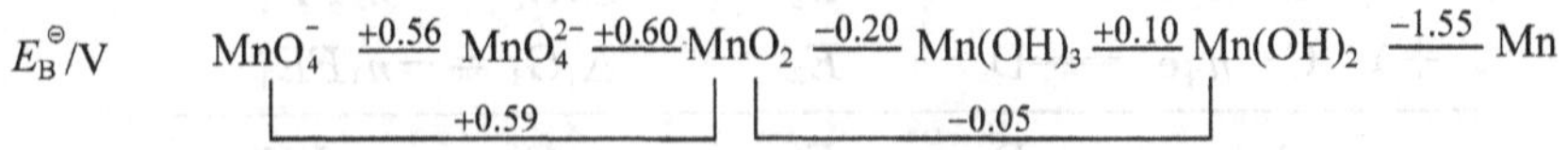

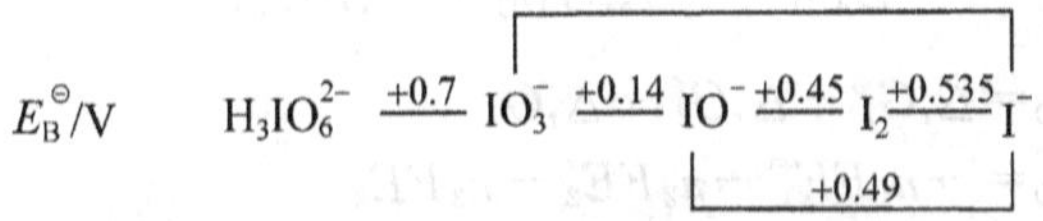

(1) IO^- 和 MnO_4^{2-} 在碱性介质中能否稳定存在？

(2) 当向 KI 溶液中慢慢加入 $KMnO_4$ 的碱性溶液时，所发生反应的产物是什么？并写出反应方程式。

解 (1) IO^- 的 $E^\ominus_右=E^\ominus_{IO^-/I_2}=+0.45V$，$E^\ominus_左=E^\ominus_{IO_3^-/IO^-}=+0.14V$，所以 IO^- 的 $E^\ominus_右>E^\ominus_左$，故 IO^- 可发生歧化反应，IO^- 不能稳定存在。

MnO_4^{2-} 的 $E^\ominus_右=E^\ominus_{MnO_4^{2-}/MnO_2}=+0.60V$，$E^\ominus_左=E^\ominus_{MnO_4^-/MnO_4^{2-}}=+0.56V$，所以 MnO_4^{2-} 的 $E^\ominus_右>E^\ominus_左$，故 MnO_4^{2-} 也发生歧化反应，不能稳定存在。

(2) 向 KI 溶液中慢慢加入 $KMnO_4$ 的碱性溶液时：

MnO_4^- 首先可能被还原为 MnO_4^{2-}，但 MnO_4^{2-} 不稳定，将进一步被还原为 MnO_2。MnO_2 不发生歧化反应，是可以稳定存在的，所以 MnO_4^- 被还原的最终产物为 MnO_2。

I^- 首先可能被氧化为 I_2，但 I_2 的 $E^\ominus_右>E^\ominus_左$，所以 I_2 将进一步被氧化为 IO^-。同样，IO^- 也不能稳定存在，将进一步被氧化为 IO_3^-。这就是 I^- 被氧化的最终产物。

I^- 与 MnO_4^- 在碱性介质中反应的方程式为

$$I^- + 2MnO_4^- + H_2O = 2MnO_2 + IO_3^- + 2OH^-$$

【例题 8.25】 根据汞元素电势图

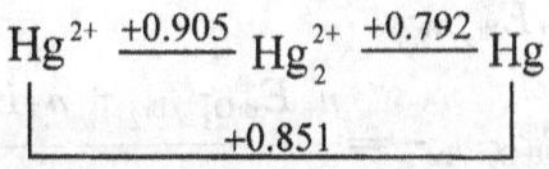

判断 Hg_2^{2+} 能否发生歧化反应或逆歧化反应。写出有关反应方程式。

解 $E^\ominus_右=E^\ominus_{Hg_2^{2+}/Hg}=+0.792V$，$E^\ominus_左=E^\ominus_{Hg^{2+}/Hg_2^{2+}}=+0.905V$，所以 Hg_2^{2+} 的 $E^\ominus_右<E^\ominus_左$，故 Hg_2^{2+} 不能发生歧化反应，但可以发生逆歧化反应。反应方程式为

$$Hg^{2+} + Hg = Hg_2^{2+}$$

3. 计算未知的标准电极电势

例如，某元素的标准电极电势图为

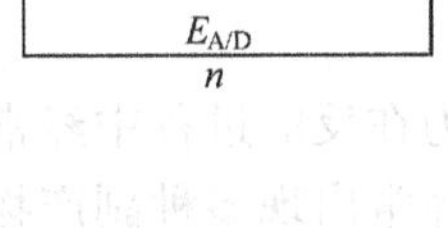

该电势图对应下列电对

$$
\begin{array}{llll}
 & A+n_1e^- = B & E_1^\ominus & \Delta_rG_1^\ominus=-n_1FE_1^\ominus \\
 & B+n_2e^- = C & E_2^\ominus & \Delta_rG_2^\ominus=-n_2FE_2^\ominus \\
+) & C+n_3e^- = D & E_3^\ominus & \Delta_rG_3^\ominus=-n_3FE_3^\ominus \\
\hline
 & A+ne^- = D & E_{A/D}^\ominus & \Delta_rG_{A/D}^\ominus=-nFE_{A/D}^\ominus
\end{array}
$$

$$\Delta_rG_{A/D}^\ominus=\Delta_rG_1^\ominus+\Delta_rG_2^\ominus+\Delta_rG_3^\ominus$$

$$-nFE_{A/D}^\ominus=-n_1FE_1^\ominus-n_2FE_2^\ominus-n_3FE_3^\ominus$$

所以

$$nE_{A/D}^\ominus=n_1E_1^\ominus+n_2E_2^\ominus+n_3E_3^\ominus \tag{8.17}$$

根据元素的电势图，利用式(8.17)可以很方便地计算未知的标准电极电势。当某一电对的电极电势难以测定时，经常用这种方法来计算。

【例题 8.26】 已知溴的电势图

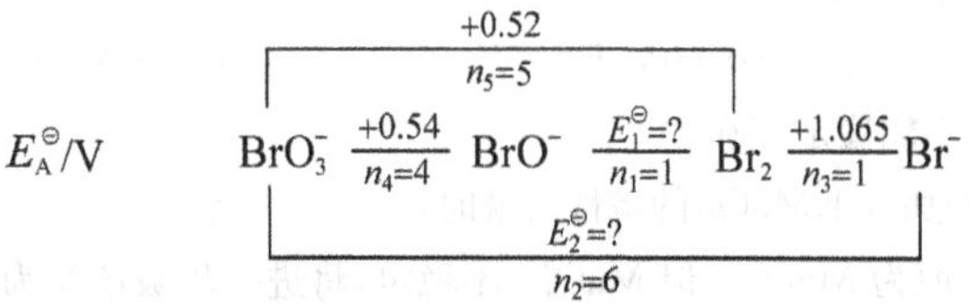

求电对 BrO^-/Br_2 和 BrO_3^-/Br^- 的标准电极电势 $E_1^\ominus$ 和 $E_2^\ominus$。

解 根据式(8.17)，有

(1) $n_5E_{BrO_3^-/Br_2}^\ominus=n_4E_{BrO_3^-/BrO^-}^\ominus+n_1E_{BrO^-/Br_2}^\ominus$

$$E_1^\ominus=E_{BrO^-/Br_2}^\ominus=\frac{n_5E_{BrO_3^-/Br_2}^\ominus-n_4E_{BrO_3^-/BrO^-}^\ominus}{n_1}$$

$$=\frac{5\times0.52-4\times0.54}{1}=+0.44(V)$$

(2) $n_2E_{BrO_3^-/Br^-}^\ominus=n_5E_{BrO_3^-/Br_2}^\ominus+n_3E_{Br_2/Br^-}^\ominus$

$$E_2^\ominus=E_{BrO_3^-/Br^-}^\ominus=\frac{n_5E_{BrO_3^-/Br_2}^\ominus+n_3E_{Br_2/Br^-}^\ominus}{n_2}$$

$$=\frac{5\times0.52+1\times1.065}{6}=+0.61(V)$$

从元素电极电势图可以很方便地计算出电对的电极电势，所以在电势图上就没有必要标出所有电对的电极电势，一般只标出最基本的最常用的电极电势即可。

8.5 氧化还原滴定法

氧化还原滴定法是以氧化还原反应为基础的滴定分析法，其应用很广泛，可以直接测定许多具有氧化、还原性质的物质，也可以间接测定能和氧化剂或还原剂发生定量反应的不具有氧化、还原性质的物质。

但氧化还原反应比较复杂，因为在反应过程中经常涉及多个电子的转移，而这多个电子通常并非一次性转移完全，所以经常出现多种副产物，而且反应速率一般较慢。因此尽管氧化剂、还原剂很多，但能用于滴定分析的并不多。

通常在讨论氧化还原滴定时，要考虑的问题一是反应要定量进行完全，二是反应速率要快。这是氧化还原反应能用于滴定分析的必要条件。

8.5.1　氧化还原反应用于滴定分析的必要条件

1. 反应必须按一定的方程式定量完成

例如，反应 $Ce^{4+}+Fe^{2+}=\!=\!=Ce^{3+}+Fe^{3+}$，1mol Ce^{4+} 与 1mol Fe^{2+} 反应定量的生成 1mol Ce^{3+} 和 1mol Fe^{3+}，反应的程度能达到 99.9%以上，无其他副反应发生(若有副反应，必须进行预处理)。定量完成是定量计算的基础。

氧化还原反应进行的完全程度是由其平衡常数决定的，平衡常数的大小又取决于氧化剂电对和还原剂电对的电极电势或条件电极电势之差。

氧化还原反应的通式为

$$n_2Ox_1+n_1Red_2=\!=\!=n_2Red_1+n_1Ox_2$$

对应的两个电极反应分别为

氧化剂电对：　$Ox_1+n_1e^-=\!=\!=Red_1$

还原剂电对：　$Ox_2+n_2e^-=\!=\!=Red_2$

由式(8.16)可得

$$\lg K^{\ominus}=\lg\left[\left(\frac{[Red_1]}{[Ox_1]}\right)^{n_2}\left(\frac{[Ox_2]}{[Red_2]}\right)^{n_1}\right]=\frac{Z(E^{\ominus}_{Ox_1/Red_1}-E^{\ominus}_{Ox_2/Red_2})}{0.0592}$$

若用条件电极电势表示氧化还原反应进行的程度，则对应的平衡常数称为条件平衡常数，用 $K^{\ominus\prime}$ 表示。若有副反应发生时，A 物种的平衡浓度用[A′]表示，上式可变为

$$\lg K^{\ominus\prime}=\lg\left[\left(\frac{[Red'_1]}{[Ox'_1]}\right)^{n_2}\left(\frac{[Ox'_2]}{[Red'_2]}\right)^{n_1}\right]=\frac{Z(E^{\ominus\prime}_{Ox_1/Red_1}-E^{\ominus\prime}_{Ox_2/Red_2})}{0.0592}\tag{8.18}$$

显然，$E^{\ominus\prime}_{Ox_1/Red_1}$ 和 $E^{\ominus\prime}_{Ox_2/Red_2}$ 相差越大，$K^{\ominus\prime}$ 越大，反应进行得越完全。若在化学计量点时要求反应程度达到 99.9%以上，即要求

$$\left(\frac{[Red'_1]}{[Ox'_1]}\right)^{n_2}\geqslant\left(\frac{99.9\%}{0.1\%}\right)^{n_2}\approx10^{3n_2}\qquad\left(\frac{[Ox'_2]}{[Red'_2]}\right)^{n_1}\geqslant\left(\frac{99.9\%}{0.1\%}\right)^{n_1}\approx10^{3n_1}$$

则

$$\lg K^{\ominus\prime}=\lg\left[\left(\frac{[Red'_1]}{[Ox'_1]}\right)^{n_2}\left(\frac{[Ox'_2]}{[Red'_2]}\right)^{n_1}\right]\geqslant\lg(10^{3n_1}\times10^{3n_2})=3(n_1+n_2)$$

即要求

$$\lg K^{\ominus\prime}\geqslant3(n_1+n_2)$$

所以

$$\frac{Z(E^{\ominus\prime}_{Ox_1/Red_1}-E^{\ominus\prime}_{Ox_2/Red_2})}{0.0592}\geqslant3(n_1+n_2)$$

因为 $Z=n_1n_2$(Z 是 n_1 和 n_2 的最小公倍数)，所以上式变为

$$E^{\ominus'}_{Ox_1/Red_1} - E^{\ominus'}_{Ox_2/Red_2} \geqslant 0.178\left(\frac{1}{n_1}+\frac{1}{n_2}\right) \quad (8.19)$$

这就是判断氧化还原反应可否进行完全的依据。它与两个电对转移的电子数有关，如

当 $n_1=n_2=1$ 时　　$E^{\ominus'}_{Ox_1/Red_1} - E^{\ominus'}_{Ox_2/Red_2} \geqslant 0.36V$

当 $n_1=1, n_2=2$ 时　　$E^{\ominus'}_{Ox_1/Red_1} - E^{\ominus'}_{Ox_2/Red_2} \geqslant 0.27V$

当 $n_1=1, n_2=3$ 时　　$E^{\ominus'}_{Ox_1/Red_1} - E^{\ominus}_{Ox_2/Red_2} \geqslant 0.24V$

当 $n_1=2, n_2=3$ 时　　$E^{\ominus'}_{Ox_1/Red_1} - E^{\ominus'}_{Ox_2/Red_2} \geqslant 0.15V$

可见，氧化还原反应得失的电子数越多，对两个电对的电极电势差要求越小，即反应易进行完全。

2. 反应速率必须快

氧化还原反应与酸碱等反应不同，多数反应速率比较慢。对于速率慢的反应，应采取适当的措施，以提高其反应的速率，如加热或加入催化剂等。例如，为了加快 $Na_2C_2O_4$ 在酸性介质中与 $KMnO_4$ 的反应，要将 $Na_2C_2O_4$ 溶液加热至 75～85℃才可用 $KMnO_4$ 溶液滴定；为了提高起始反应速率，也可以先向 $Na_2C_2O_4$ 溶液中滴加 1～2 滴 $MnSO_4$ 溶液，以催化反应的进行。Mn^{2+} 是该反应的产物之一，这种产物本身对反应具有的催化作用，称为自身催化作用(或自动催化作用)。

许多氧化还原滴定过程都必须保证一定的条件，一方面要保证反应具有瞬间完成的速率；另一方面要保证反应按照固定的方程式进行完全，还要保证滴定终点时指示剂变色敏锐。这些条件包括温度、酸度、催化剂，甚至根据副反应对主反应的影响加入一些对滴定有利的其他试剂等，在具体应用中要综合考虑。

8.5.2 氧化还原预处理

氧化还原滴定实验中，被测物的氧化态往往不适于直接滴定，这就要求在滴定前对待测组分进行适当的预处理。例如，用 $K_2Cr_2O_7$ 法测定矿石中 Fe 含量，试样用 HCl 溶液溶解后，铁一般以 Fe^{3+} 的形式存在。然而 $K_2Cr_2O_7$ 不能与 Fe^{3+} 反应，因此必须预先将 Fe^{3+} 还原为 Fe^{2+}，然后才能用 $K_2Cr_2O_7$ 标准溶液进行滴定。又如，测定某试样中 Mn^{2+}、Cr^{3+} 的含量，由于 $E^{\ominus}_{MnO_4^-/Mn^{2+}}=1.51V$、$E^{\ominus}_{Cr_2O_7^{2-}/Cr^{3+}}=1.33V$ 都很高，要找一个电极电势比它们更高的氧化剂直接滴定 Mn^{2+} 和 Cr^{3+} 是很困难的，通常是预先将 Mn^{2+}、Cr^{3+} 定量氧化成 MnO_4^- 和 $Cr_2O_7^{2-}$，然后用还原剂的标准溶液(如 Fe^{2+})直接滴定。这种在滴定前对待测物进行的预处理过程就称为氧化还原预处理。预处理时所用的氧化剂或还原剂必须符合以下条件：

(1)反应速率快。

(2)必须将欲测组分定量地氧化或还原。

(3)预处理反应具有好的选择性，避免其他组分的干扰。

(4)过量的预处理剂易于除去。除去的方法有如下几种：①加热分解，如 $(NH_4)_2S_2O_8$、H_2O_2 可借加热煮沸分解而除去；②过滤，如预氧化剂 $NaBiO_3$ 不溶于水，可用过滤的方法除去；③利用某些化学反应，如用 $HgCl_2$ 可除去过量的预还原剂 $SnCl_2$，其

反应为

$$SnCl_2+2HgCl_2 \xlongequal{} SnCl_4+Hg_2Cl_2\downarrow$$

生成的 Hg_2Cl_2 沉淀不被一般滴定剂氧化，不必过滤除去。

预处理时常用的氧化剂有 $(NH_4)_2S_2O_8$、H_2O_2、$NaBiO_3$ 等，常用的还原剂有 SO_2、$SnCl_2$ 等。

8.5.3 氧化还原滴定曲线

氧化还原滴定中，随着标准溶液的不断滴入，氧化型和还原型的浓度不断发生改变，体系的电势也不断发生变化。体系的电势随滴定体积的变化曲线称为氧化还原滴定曲线。

在滴定过程中的任何一个滴定点，当反应达到平衡时，氧化剂和还原剂电对的电极电势都相等，它们都等于体系的电势，故可以根据两电对中便于计算的那个来计算体系的电势。例如，用 $0.1000mol\cdot L^{-1}$ $Ce(SO_4)_2$ 溶液滴定在 $1mol\cdot L^{-1}$ H_2SO_4 介质中的 $20.00mL$ $0.1000mol\cdot L^{-1}$ 的 $FeSO_4$ 溶液。滴定反应为

$$Ce^{4+}+Fe^{2+}\xrightleftharpoons[1mol\cdot L^{-1}]{H_2SO_4}Ce^{3+}+Fe^{3+}$$

该反应为对称氧化还原电对[①]之间的反应。其滴定曲线计算过程如下：

查表得该滴定反应的两个电对在 $1mol\cdot L^{-1}H_2SO_4$ 介质中的条件电极电势分别为

$$Ce^{4+}+e^- \xlongequal{} Ce^{3+} \qquad E^{\ominus\prime}_{Ce^{4+}/Ce^{3+}}=1.44V$$

$$Fe^{3+}+e^- \xlongequal{} Fe^{2+} \qquad E^{\ominus\prime}_{Fe^{3+}/Fe^{2+}}=0.68V$$

滴定前，溶液中只有 Fe^{2+} 和由于空气氧化而产生的痕量 Fe^{3+}，因为这部分 Fe^{3+} 的浓度未知，所以无法用能斯特方程式计算其电极电势。但这并不影响滴定曲线的绘制，可分三个阶段计算滴定曲线。

1. 滴定开始后到化学计量点前

这一阶段，Fe^{3+} 和 Fe^{2+} 的量是容易得到的，其浓度分别为

$$[Fe^{2+}]=\frac{0.1000(20.00-V_{Ce^{4+}})}{20.00+V_{Ce^{4+}}} \qquad [Fe^{3+}]=\frac{0.1000V_{Ce^{4+}}}{20.00+V_{Ce^{4+}}}$$

$$E_{体系}=E^{\ominus\prime}_{Fe^{3+}/Fe^{2+}}+0.0592\lg\frac{[Fe^{3+}]}{[Fe^{2+}]}$$

$$=E^{\ominus\prime}_{Fe^{3+}/Fe^{2+}}+0.0592\lg\frac{V_{Ce^{4+}}}{20.00-V_{Ce^{4+}}}$$

如加入滴定剂 Ce^{4+} 溶液 $V_{Ce^{4+}}=10.00mL$ 时，有

$$E_{体系}=0.68+0.0592\lg\frac{10.00}{20.00-10.00}=0.68(V)$$

---

① 对称的电对是指氧化型与还原型系数相同的电对，如 Fe^{3+}/Fe^{2+}、Sn^{4+}/Sn^{2+} 等，而 $Cr_2O_7^{2-}/Cr^{3+}$ 以及 Br_2/Br^- 是不对称的电对。

如化学计量点前－0.1%误差，即加入滴定剂 Ce^{4+} 溶液 $V_{Ce^{4+}}=19.98mL$ 时，有

$$E_{体系}=0.68+0.0592\lg\frac{19.98}{20.00-19.98}=0.86(V)$$

2. 化学计量点时

化学计量点达到反应平衡时，$E_{Ce^{4+}/Ce^{3+}}=E_{Fe^{3+}/Fe^{+}}$，用 E_{eq} 表示，则

$$E_{eq}=E^{\ominus\prime}_{Ce^{4+}/Ce^{3+}}+0.0592\lg\frac{[Ce^{4+}]}{[Ce^{3+}]} \tag{8.20}$$

$$E_{eq}=E^{\ominus\prime}_{Fe^{3+}/Fe^{2+}}+0.0592\lg\frac{[Fe^{3+}]}{[Fe^{2+}]} \tag{8.21}$$

式(8.20)＋式(8.21)得

$$2E_{eq}=E^{\ominus\prime}_{Fe^{3+}/Fe^{2+}}+E^{\ominus\prime}_{Ce^{4+}/Ce^{3+}}+0.0592\lg\frac{[Ce^{4+}][Fe^{3+}]}{[Ce^{3+}][Fe^{2+}]}$$

因为化学计量点时，$[Ce^{3+}]=[Fe^{3+}]$、$[Ce^{4+}]=[Fe^{2+}]$，所以可得

$$2E_{eq}=E^{\ominus\prime}_{Fe^{3+}/Fe^{2+}}+E^{\ominus\prime}_{Ce^{4+}/Ce^{3+}}$$

即

$$E_{eq}=\frac{1}{2}(E^{\ominus\prime}_{Fe^{3+}/Fe^{2+}}+E^{\ominus\prime}_{Ce^{4+}/Ce^{3+}})=\frac{1}{2}(1.44+0.68)=1.06(V)$$

3. 化学计量点后

化学计量点后，滴定剂过量，这一阶段 Ce^{4+} 和 Ce^{3+} 的量是可知的，其浓度分别为

$$[Ce^{4+}]=\frac{0.1000(V_{Ce^{4+}}-20.00)}{20.00+V_{Ce^{4+}}}\qquad [Ce^{3+}]=\frac{0.1000\times 20.00}{20.00+V_{Ce^{4+}}}$$

$$E_{体系}=E^{\ominus\prime}_{Ce^{4+}/Ce^{3+}}+0.0592\lg\frac{[Ce^{4+}]}{[Ce^{3+}]}$$

$$=E^{\ominus\prime}_{Ce^{4+}/Ce^{3+}}+0.0592\lg\frac{V_{Ce^{4+}}-20.00}{20.00}$$

如加入 20.02mL Ce^{4+} 溶液(＋0.1%误差)时

$$E_{体系}=1.44+0.0592\lg\frac{20.02-20.00}{20.00}$$

$$=0.126(V)$$

这样就可以计算出任何一点体系的电势值，用滴定过程中体系的电势对滴定体积作图可得滴定曲线(图8.6)。与酸碱滴定曲线相似，在化学计量点附近出现了电位滴定突跃。在这一滴定中，由于 $n_1=n_2$，E_{eq} 正好处于滴定突跃的中点，滴定突跃在化学计量点前后是对称的，这是这一类滴定曲线的特点。

滴定在突跃范围内停止，则可以保证滴定的误差不大于±0.1%。

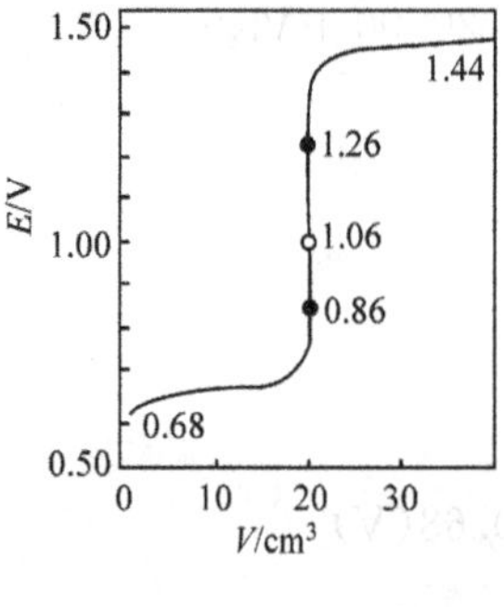

图 8.6 0.1000mol·L⁻¹ $Ce(SO_4)_2$ 滴定 0.1000mol·L⁻¹ $FeSO_4$ 的滴定曲线

对于一般对称电对之间的滴定，其滴定反应可表示为

$$n_2\mathrm{Ox_1}+n_1\mathrm{Red_2} = n_2\mathrm{Red_1}+n_1\mathrm{Ox_2}$$

它的半反应和标准(或条件)电极电势分别为

氧化剂电对 $\mathrm{Ox_1}+n_1\mathrm{e^-} = \mathrm{Red_1}$ $E_1^{\ominus'}$ 或 $E_1^{\ominus}$

还原剂电对 $\mathrm{Ox_2}+n_2\mathrm{e^-} = \mathrm{Red_2}$ $E_2^{\ominus'}$ 或 $E_2^{\ominus}$

可以证明，其化学计量点的电极电势计算通式为

$$E_{\mathrm{eq}}=\frac{n_1E_1^{\ominus'}+n_2E_2^{\ominus'}}{n_1+n_2} \quad 或 \quad E_{\mathrm{eq}}=\frac{n_1E_1^{\ominus}+n_2E_2^{\ominus}}{n_1+n_2} \tag{8.22}$$

滴定曲线的突跃范围为

$$E_{还}^{\ominus'}+\frac{3\times 0.0592}{n_{还}} \sim E_{氧}^{\ominus'}-\frac{3\times 0.0592}{n_{氧}} \tag{8.23}$$

【例题 8.27】 用 $0.1000\mathrm{mol\cdot L^{-1}}\ Sn^{2+}$ 溶液滴定 $1.0\mathrm{mol\cdot L^{-1}}$ HCl 介质中的 Fe^{3+}，计算化学计量点的电极电势及滴定曲线的突跃范围。

解

电极反应式为 $2Fe^{3+}(aq)+Sn^{2+}(aq) = 2Fe^{2+}(aq)+Sn^{4+}(aq)$

$Fe^{3+}+e^- = Fe^{2+}$ $E^{\ominus'}_{Fe^{3+}/Fe^{2+}}=0.68\mathrm{V}$

$Sn^{4+}+2e^- = Sn^{2+}$ $E^{\ominus'}_{Sn^{4+}/Sn^{2+}}=0.14\mathrm{V}$

$$E_{\mathrm{eq}}=\frac{E^{\ominus'}_{Fe^{3+}/Fe^{2+}}+2E^{\ominus'}_{Sn^{4+}/Sn^{2+}}}{1+2}=\frac{0.68+2\times 0.14}{3}=0.32(\mathrm{V})$$

滴定曲线的突跃范围是

$$E_{还}^{\ominus'}+\frac{3\times 0.0592}{n_{还}}=0.14+\frac{3\times 0.0592}{2}=0.23(\mathrm{V})$$

$$E_{氧}^{\ominus'}-\frac{3\times 0.0592}{n_{氧}}=0.68-\frac{3\times 0.0592}{1}=0.50(\mathrm{V})$$

即滴定曲线的突跃范围为 0.23～0.50V。

可见，由于 $n_1\neq n_2$，滴定突跃在计量点前后是不对称的，E_{eq} 不是在滴定突跃的中点，而是偏向于得失电子数较多的一方。

8.5.4 氧化还原滴定的指示剂

根据作用机理不同，氧化还原滴定的指示剂可分为三类。

1. 氧化还原指示剂

氧化还原指示剂是本身具有氧化还原性质的有机化合物。它的氧化态和还原态具有不同的颜色。例如，常用的氧化还原指示剂二苯胺磺酸钠，它的氧化态呈紫红色，还原态是无色的。当用 $K_2Cr_2O_7$ 溶液滴定 Fe^{2+} 到化学计量点时，稍过量的 $K_2Cr_2O_7$ 即将二苯胺磺酸钠由无色的还原态氧化为紫红色的氧化态，指示终点的到达。

如果用 $\mathrm{In_{Ox}}$ 和 $\mathrm{In_{Red}}$ 分别表示指示剂的氧化态和还原态物种，并假定其电极反应是可逆的，则指示剂的电极反应和能斯特方程式为

$$\mathrm{In_{Ox}}+n\mathrm{e^-} = \mathrm{In_{Red}}$$

$$E=E_{\mathrm{In}}^{\ominus'}+\frac{0.0592}{n}\lg\frac{[\mathrm{In_{Ox}}]}{[\mathrm{In_{Red}}]}$$

当$[In_{Ox}]/[In_{Red}]$从 10～1/10 变化时，指示剂的颜色将由氧化态的颜色转变为还原态的颜色，相应的指示剂变色范围为

$$E_{In}^{\ominus'} \pm \frac{0.0592}{n}(V) \tag{8.24}$$

当滴定体系的电势恰好等于 $E_{In}^{\ominus'}$，即$[In_{Ox}]/[In_{Red}]=1$ 时，指示剂将呈现氧化态和还原态的中间色，称为**变色点**。表 8.2 列出了一些常用的氧化还原指示剂及其变色点的电极电势。

表 8.2 常用的氧化还原指示剂

指示剂	$E_{In}^{\ominus'}$/V	颜色变化		配制方法
		还原态	氧化态	
次甲基蓝	0.52	无色	蓝色	0.05g 指示剂，加水稀释至 100mL
二苯胺	0.76	无色	紫色	0.25g 指示剂与 3mL 水混合溶于 100mL 浓 H_2SO_4 或浓 H_3PO_4 中
二苯胺磺酸钠	0.84	无色	紫红色	0.8g 指示剂加 2g Na_2CO_3，用水溶解并稀释至 100mL
邻氨基苯甲酸	0.89	无色	紫红色	0.1g 指示剂，溶于 30mL 0.6%的 Na_2CO_3 溶液中，用水稀释至 100mL 过滤，保存在暗处
邻二氮菲-亚铁	1.06	红色	淡蓝色	1.49g 指示剂，加 0.7g $FeSO_4 \cdot 7H_2O$ 溶于水，稀释至 100mL

注：表中电势值为在$[H^+]=1mol \cdot L^{-1}$介质中的条件电极电势。

由指示剂变化范围可知，氧化还原指示剂的变色范围很小，因此在氧化还原滴定中，选择指示剂的原则是指示剂的变色点的电极电势应处于电极电势的滴定突跃范围内。例如，在 H_2SO_4 介质中，用 Ce^{4+}溶液滴定 Fe^{2+}溶液，宜选用邻二氮菲-亚铁作指示剂。

2. 自身指示剂

在氧化还原滴定中，有时滴定剂或被滴定的物质本身就具有一定的颜色，这种颜色在滴定终点时将使体系颜色发生明显的变化，由此可以判断终点。这样的指示剂称为**自身指示剂**。例如，用 $KMnO_4$ 溶液滴定 $H_2C_2O_4$ 溶液，滴定到化学计量点后，只要稍过量的 $KMnO_4$ 就能使溶液呈现明显的紫红色，指示终点的到达。实验表明，$KMnO_4$ 浓度为 $2\times10^{-6}mol \cdot L^{-1}$就能使溶液呈现明显的紫红色，变色很敏锐。

3. 专属指示剂

有些物质本身并不具有氧化还原性，但它能与滴定剂或被测物质产生特殊的颜色，因而可用于指示滴定终点。例如，可溶性淀粉能与游离碘生成蓝色配合物，反应特效且灵敏，利用这种蓝色的出现或消失，就可以指示碘量法的终点。又如，以 Fe^{3+}滴定 Sn^{2+}时，可用 KSCN 为指示剂，当溶液出现血红色时，即为终点。这些显色反应都具有很高的灵敏度，且具有很高的选择性，所以称为**专属指示剂**。

8.5.5 常用的氧化还原滴定方法

1. 高锰酸钾法

高锰酸钾是一种强氧化剂，它的氧化能力和还原产物与溶液的酸度有关。在强酸介

质中，反应为

$$MnO_4^- + 8H^+ + 5e^- \longrightarrow Mn^{2+} + 4H_2O \qquad E^\ominus = 1.51V$$

在中性、弱酸(碱)性介质中，反应为

$$MnO_4^- + 2H_2O + 3e^- \longrightarrow MnO_2 + 4OH^- \qquad E^\ominus = 0.59V$$

在强碱介质中，反应为

$$MnO_4^- + e^- \longrightarrow MnO_4^{2-} \qquad E^\ominus = 0.56V$$

可见，在强酸溶液中，$KMnO_4$ 氧化能力最强，所以 $KMnO_4$ 法一般都在强酸性条件下使用。这种方法酸化时常用硫酸，因为盐酸具有还原性，干扰滴定。也很少采用 HNO_3，因为它具有氧化性和热不稳定性，易产生副反应。

在强碱条件下(大于 $2mol \cdot L^{-1}$ NaOH)，$KMnO_4$ 与有机物反应比在酸性条件下更快，所以用 $KMnO_4$ 法测定有机物时，一般都在强碱性溶液中进行。

在近中性时，$KMnO_4$ 被还原的产物为棕色的 MnO_2，会妨碍终点的观察，且 $KMnO_4$ 的氧化能力和氧化速率也不及酸性介质中强，故很少在中性条件下使用。

利用 $KMnO_4$ 当氧化剂，可直接滴定许多还原性物质，如 Fe(Ⅱ)、H_2O_2、草酸盐、As(Ⅲ)、Sb(Ⅲ)等。

有些氧化性物质，如 MnO_2、PbO_2、Pb_3O_4、$K_2Cr_2O_7$、$KClO_3$ 等，也可用 $KMnO_4$ 法间接测定。例如，测定 MnO_2 含量时，可在其 H_2SO_4 溶液中加入一定量过量的 $Na_2C_2O_4$，使 MnO_2 与 $C_2O_4^{2-}$ 先完全反应后，再用 $KMnO_4$ 标准溶液滴定过量的 $C_2O_4^{2-}$，据此可计算 MnO_2 的含量。

某些物质虽不具有氧化还原性，但能与另一氧化剂或还原剂定量反应，也可以用间接法测定。例如，将 Ca^{2+} 沉淀为 CaC_2O_4，然后用稀 H_2SO_4 将所得沉淀溶解，再用 $KMnO_4$ 标准溶液滴定溶液中的 $H_2C_2O_4$，间接求得 Ca^{2+} 含量。显然，凡是能与 $C_2O_4^{2-}$ 定量地沉淀为草酸盐的金属离子(如 Sr^{2+}、Ba^{2+}、Ni^{2+}、Cd^{2+}、Zn^{2+}、Cu^{2+}、Pb^{2+}、Hg^{2+}、Ag^+、Bi^{3+}、Ce^{3+}、La^{3+} 等)都能用该法测定。

$KMnO_4$ 法的优点之一是氧化能力强，可直接、间接测定多种无机物和有机物，另外本身可当指示剂；缺点是 $KMnO_4$ 标准溶液不够稳定。另外，由于$KMnO_4$可以和许多还原性物质发生作用，干扰比较严重。$KMnO_4$ 在酸性介质中可以将 Cl^- 氧化为 Cl_2，所以该法不能在含有 Cl^- 的介质中进行。

市售的 $KMnO_4$ 试剂中常含有少量的 MnO_2 和其他杂质，且配制 $KMnO_4$ 的蒸馏水或去离子水中常含有微量的还原性物质等，因此 $KMnO_4$ 标准溶液不能直接配制。其配制方法为称取略多于理论计算量的 $KMnO_4$，溶解于一定体积的蒸馏水或去离子水中，加热煮沸约 1h，冷却后储于棕色瓶中，并在暗处放置 7～10d，使溶液中可能存在的还原性物质完全氧化。然后用微孔玻璃漏斗过滤，以去除 MnO_2 沉淀，最后再进行标定。使用经久放置后的 $KMnO_4$ 溶液时，应重新标定其浓度。

标定 $KMnO_4$ 溶液的基准物质有 $H_2C_2O_4 \cdot 2H_2O$、$Na_2C_2O_4$、As_2O_3、$(NH_4)_2Fe(SO_4)_2 \cdot 6H_2O$ 等。常用的是 $Na_2C_2O_4$，它易于提纯，不含结晶水，稳定。标定在 H_2SO_4 介质中进行，MnO_4^- 与 $C_2O_4^{2-}$ 的反应为

$$2MnO_4^- + 5C_2O_4^{2-} + 16H^+ \longrightarrow 2Mn^{2+} + 10CO_2\uparrow + 8H_2O$$

为了保证此反应快速、定量进行，应注意以下滴定条件。

1) 温度

室温下此反应的速率缓慢，因此需将 $C_2O_4^{2-}$ 溶液加热至 75～85℃，但不可高于 90℃，因为这时 $H_2C_2O_4$ 会分解

$$H_2C_2O_4 = CO_2\uparrow + CO\uparrow + H_2O$$

2) 酸度

酸度过低，MnO_4^- 会部分被还原为 MnO_2；酸度过高，会使 $H_2C_2O_4$ 分解。一般在开始滴定前，溶液的酸度用 H_2SO_4 调节为 0.5～1mol · L^{-1}。

3) 滴定速率

由于 MnO_4^- 与 $C_2O_4^{2-}$ 的反应是**自动催化反应**，故滴定开始时，加入的第一滴$KMnO_4$ 褪色很慢。在第一滴 $KMnO_4$ 的红色未褪去之前，不要加入第二滴，等第一滴 $KMnO_4$ 起作用后，滴定速率就可以稍快些，但也不能太快。否则会有部分 $KMnO_4$ 溶液来不及与 $C_2O_4^{2-}$ 反应，而在热的酸性溶液中自身发生分解，反应式为

$$4MnO_4^- + 12H^+ = 4Mn^{2+} + 5O_2\uparrow + 6H_2O$$

有时也可以在滴定开始前加入 1～2 滴稀的 $MnSO_4$ 溶液以加速反应。

当溶液由无色变为粉红色，且在半分钟内不褪色，即可认为到达终点。该终点不太稳定，这是由于空气中的还原性气体及尘埃等落入溶液中，使 $KMnO_4$ 缓慢分解，从而导致粉红色消失，但这并不说明没到达终点。

$KMnO_4$ 法常用于直接测定 H_2O_2、间接测定 Ca^{2+}、返滴定测定 MnO_2 和有机物等。

2. 重铬酸钾法

$K_2Cr_2O_7$ 是一种常用的氧化剂，在酸性介质中的半反应为

$$Cr_2O_7^{2-} + 14H^+ + 6e^- = 2Cr^{3+} + 7H_2O \qquad E^\ominus = 1.33V$$

此法只能在酸性条件下使用。虽然 $K_2Cr_2O_7$ 也是强氧化剂，但其氧化能力比 $KMnO_4$ 低，应用不及 $KMnO_4$ 广泛。但是重铬酸钾法有其独特的优点：①$K_2Cr_2O_7$ 易于制成高纯试剂，在 150℃下烘干后即可作为基准物质，可直接配制标准溶液；②$K_2Cr_2O_7$ 溶液非常稳定，即使煮沸也不分解，只要避免溶剂蒸发，其浓度甚至数年不变；③用 $K_2Cr_2O_7$ 当滴定剂时，不仅操作简单，而且与大多数有机化合物反应速率很慢，一般不发生干扰；④在室温下 $K_2Cr_2O_7$ 不与 Cl^- 反应，故可在含有 Cl^- 的介质中滴定。

$K_2Cr_2O_7$ 法常用的指示剂是二苯胺磺酸钠和邻氨基苯甲酸等。

$K_2Cr_2O_7$ 法常用于测定铁。重铬酸钾法滴定铁的反应为

$$6Fe^{2+} + Cr_2O_7^{2-} + 14H^+ = 6Fe^{3+} + 2Cr^{3+} + 7H_2O$$

含铁试样用 HCl 溶解后，将 Fe^{3+} 预处理成 Fe^{2+}，再于 H_2SO_4-H_3PO_4 混酸介质中，以二苯胺磺酸钠为指示剂，用 KCr_2O_7 标准溶液滴定。这里 H_2SO_4 的作用是调节足够的酸度。H_3PO_4 的作用有两个：一是掩蔽 Fe^{3+} 的颜色，有利于终点的观察；二是拉长滴定的突跃范围，使指示剂的变色点正好落在突跃范围之内。

另外，该法也常用于测定 Ba^{2+} 和 Pb^{2+} 等无机物。

3. 碘量法

碘量法是基于 I_2 的氧化性及 I^- 的还原性进行滴定的方法，是氧化还原滴定法中重要的方法之一，其反应基础是

$$I_3^- + 2e^- \Longrightarrow 3I^- \qquad E^{\ominus}_{I_3^-/I^-} = 0.536V$$

为了简化和强调化学计量关系，通常将 I_3^- 简写为 I_2。I_2 是中等强度的氧化剂，而 I^- 是中等强度的还原剂。因此，既可以用 I_2 标准溶液滴定一些较强还原剂，如 Sn(Ⅱ)、H_2S、$S_2O_3^{2-}$、As(Ⅲ)、Sb(Ⅲ)等，又可以利用 I^- 的还原性，与氧化剂(如 $Cr_2O_7^{2-}$、H_2O_2、ClO_4^-、BrO_3^-、IO_3^-、Fe^{3+}、Cu^{2+} 等)反应，定量地析出 I_2，然后用 $Na_2S_2O_3$ 标准溶液滴定析出的 I_2，从而间接地测定这些氧化剂。前者称为直接碘量法(又称为碘滴定法)，而后者称为间接碘量法(又称为滴定碘法)。由于碘的氧化能力不强，能被 I_2 氧化的物质有限，而且 I_2 在较强的碱性溶液中，易发生歧化反应

$$3I_2 + 6OH^- \Longrightarrow IO_3^- + 5I^- + 3H_2O$$

这样就给测定带来误差。即使在酸性溶液中，也只有少数还原能力强，不受 H^+ 浓度影响的还原剂才能与 I_2 发生定量反应，所以直接碘量法的应用受到限制。在实际工作中，广泛应用的是间接碘量法。间接碘量法的基本反应为

$$2I^- - 2e^- \Longrightarrow I_2$$

$$I_2 + 2S_2O_3^{2-} \Longrightarrow S_4O_6^{2-} + 2I^-$$

碘量法的指示剂是淀粉。在直接碘量法中，滴定开始时就加入淀粉指示剂，化学计量点时，稍过量的 I_2 溶液就能使体系呈现深蓝色。在间接碘量法中，必须在接近化学计量点时(I_2 水溶液的棕黄色变浅)，再加入淀粉指示剂，以防在到达化学计量点后，仍有少量的 I_2 与淀粉结合，不易被滴定剂 $Na_2S_2O_3$ 滴出，造成结果偏低。作指示剂的淀粉溶液应该是新配制的，若放置过久，则与碘形成的配合物不呈蓝色，而呈紫色或红色，使滴定终点不敏锐。

碘量法中两个主要误差来源：①I_2 的挥发；②在酸性溶液中，I^- 易被空气中的氧气氧化。为防止 I_2 挥发，应加入过量的 KI，使 I_2 形成 I_3^-；析出 I_2 的反应应在碘量瓶中进行，且置于暗处，滴定时勿剧烈摇动等。为防止 I^- 被氧化，一般在反应后应立即滴定，而且滴定应在中性或弱酸性介质中进行。

碘量法中使用的标准溶液是硫代硫酸钠溶液和碘液。

1) 硫代硫酸钠溶液的配制与标定

由于硫代硫酸钠($Na_2S_2O_3 \cdot 5H_2O$)一般都含有少量杂质，如 S、Na_2SO_3、Na_2SO_4、Na_2CO_3、NaCl 等，同时还容易风化、潮解，因此不能直接配成准确浓度的溶液，其标准溶液只能间接配制。$Na_2S_2O_3$ 溶液具有如下特性：

(1) 与 CO_2 的作用，有

$$Na_2S_2O_3 + CO_2 + H_2O \Longrightarrow NaHCO_3 + NaHSO_3 + S\downarrow$$

(2) 与 O_2 的作用，有

$$2Na_2S_2O_3 + O_2 \Longrightarrow 2Na_2SO_4 + 2S\downarrow$$

(3) 与细菌的作用，有

$$Na_2S_2O_3 \xrightarrow{\text{细菌}} Na_2SO_4 + S\downarrow$$

这是 $Na_2S_2O_3$ 分解的主要原因。

正是由于 $Na_2S_2O_3$ 的这些性质，就决定了其溶液的配制方法：称取比计算量稍多的 $Na_2S_2O_3$ 试剂，溶于新煮沸（除去 CO_2 并灭菌）并已冷却的蒸馏水中，加入少量 Na_2CO_3（约 0.02%）使溶液呈微碱性。为了避免日光促使 $Na_2S_2O_3$ 的分解，溶液应保存在棕色瓶中，放置暗处，经 8～14d 后再标定。

标定 $Na_2S_2O_3$ 溶液的基准物有 $K_2Cr_2O_7$、$KBrO_3$、KIO_3、纯铜等，最常用的是 $K_2Cr_2O_7$。标定反应为

$$Cr_2O_7^{2-} + 6I^- + 14H^+ \xlongequal{} 2Cr^{3+} + 3I_2 + 7H_2O$$

$$I_2 + 2S_2O_3^{2-} \xlongequal{} S_4O_6^{2-} + 2I^-$$

标定时应注意以下几点：

(1) $K_2Cr_2O_7$ 与 KI 反应时，溶液的酸度越大，反应速率越快，但酸度太大时，I^- 容易被空气中的 O_2 氧化，故酸度一般以 0.8～1.0mol · L^{-1} 为宜。

(2) $K_2Cr_2O_7$ 与 KI 的反应速率较慢，应在暗处放置一定时间（约 5min），待反应完全后，再以 $Na_2S_2O_3$ 溶液滴定。

若用 KIO_3 当基准物时，由于 KIO_3 与 KI 反应快，不需要放置。

(3) 淀粉当指示剂时，应先用 $Na_2S_2O_3$ 溶液滴定至溶液呈黄色（大部分 I_2 已反应），然后加入淀粉溶液，再用 $Na_2S_2O_3$ 溶液继续滴定至蓝色恰好消失，即为终点。若淀粉指示剂加入太早，则大量的 I_2 与淀粉结合为蓝色物质，而这部分 I_2 不容易与 $Na_2S_2O_3$ 反应，因而会使滴定结果产生误差。

若滴定至终点后，经过几分钟，溶液又出现蓝色，这并非终点未到达，而是由于空气中的氧氧化溶液中过量 I^- 所致。

2) 碘标准溶液的配制和标定

I_2 的挥发性强，难以准确称量，一般不宜用直接法配制，通常是将一定量的 I_2 溶于少量 KI 溶液中，待溶解后，稀释至一定体积，然后标定。溶液保存于棕色磨口瓶中（勿用橡皮塞），要避光、避热保存。

标定碘溶液浓度，可用已知浓度的 $Na_2S_2O_3$ 标准溶液，也可用基准物 As_2O_3。As_2O_3 难溶于水，可用 NaOH 溶解，生成亚砷酸盐

$$As_2O_3 + 6OH^- \xlongequal{} 2AsO_3^{3-} + 3H_2O$$

将试液酸化后，加入 $NaHCO_3$ 调至 pH≈8，用待标定的 I_2 溶液滴定至淀粉出现蓝色。滴定反应为

$$H_2AsO_3^- + I_2 + 3OH^- \xlongequal{} HAsO_4^{2-} + 2I^- + 2H_2O$$

碘量法可用于测定硫化钠的总还原能力，这是基于在弱酸性介质中的反应

$$H_2S + I_2 \xlongequal{} S\downarrow + 2H^+ + 2I^-$$

测定时，为了防止 S^{2-} 在酸性条件下生成 H_2S 逸出而损失，应加一定体积的 Na_2S 试液于过量的酸性 I_2 溶液中，反应完毕后，再用 $Na_2S_2O_3$ 溶液回滴多余的碘。硫化钠中常含有 Na_2SO_3 及 $Na_2S_2O_3$ 等还原性物质，它们也与 I_2 作用，因而测定结果是硫化钠的总

还原能力。

碘量法也常用于铜的测定，Cu^{2+} 与 I^- 的反应如下：

$$2Cu^{2+} + 4I^- \longequal 2CuI\downarrow + I_2$$

这一反应能按方程式定量完成，析出的 I_2 用 $Na_2S_2O_3$ 标准溶液滴定，就可计算出铜含量。但由于 CuI 沉淀表面易吸附 I_2，常致使结果偏低。为了减免这一误差，可向体系中加入 KSCN，使 CuI 转化为溶解度更小的 CuSCN 沉淀，反应式为

$$CuI(s) + KSCN \longrightarrow CuSCN(s) + KI$$

从而使 CuI 释放出吸附的 I_2，提高测定结果的准确度。但是 KSCN 必须在接近终点（体系变为浅蓝色）时加入，否则 SCN^- 有可能直接还原 Cu^{2+}，造成结果偏低，反应式为

$$6Cu^{2+} + 7SCN^- + 4H_2O = 6CuSCN\downarrow + SO_4^{2-} + HCN + 7H^+$$

为了防止 Cu^{2+} 盐水解，测定必须在酸性介质中进行，一般控制 pH 为 3～4。酸度过低，反应速率慢，终点拖长；酸度过高，溶解的氧气氧化 I^- 为 I_2 的反应被 Cu^{2+} 催化而加速，从而使结果偏高。另外，试样中若含有 Fe^{3+}，则发生反应

$$2Fe^{3+} + 2I^- = 2Fe^{2+} + I_2$$

从而干扰铜的测定。因此，测定时要加入 NH_4HF_2，其作用是①使 Fe^{3+} 生成稳定的无色 FeF_6^{3-}，防止 Fe^{3+} 对 I^- 的氧化；②形成缓冲溶液，控制溶液的 pH 为 3～4。

8.6 化学电源

将化学能转化为电能的装置称为化学电源，也称为电池（batteries）。常用的电池可分为原电池、蓄电池和燃料电池等。

原电池（又称干电池）的概念在 8.2.1 已做过介绍，这里介绍几种常用的原电池。

8.6.1 原电池

商业原电池主要有锌锰电池、锌汞电池、锂-铬酸根电池等。

1. 锌锰电池

锌锰电池的结构见图 8.7。该电池的负极材料是金属锌筒，正极材料是 MnO_2、NH_4Cl 和 $ZnCl_2$ 的糊状混合物，正极的导电材料是石墨棒（俗称碳棒）。其电极反应为

$$(+)\ 2MnO_2(s) + 2NH_4^+(aq) + 2e^- = Mn_2O_3(s) + 2NH_3(aq) + H_2O(l)$$

$$(-)\ Zn^{2+}(aq) + 2e^- = Zn(s)$$

总电池反应为

$$2MnO_2(s) + 2NH_4^+(aq) + Zn(s) = Zn^{2+}(aq) + Mn_2O_3(s) + 2NH_3(aq) + H_2O(l)$$

锌锰电池的电动势为 1.5V，与电池的大小无关。这种电池的材料便宜，造价低。但电池放电时有 NH_3 生成，NH_3 会被石墨棒吸附，从而导致电池的电动势下降，这是这类电池的缺点。如果用 KOH 代替糊状物中的 NH_4Cl，并将正极的导电石墨棒换成不锈钢筒，则可以克服这一缺点，得到内阻较低、电动势稳定的 1.5V 干电池，又称为碱性电池。图 8.8 是一种碱性锌锰电池的示意图。这种电池结构的外形像纽扣，常称为纽扣电池。

其电极反应为

$$(+)\ 2MnO_2(s)+H_2O(l)+2e^- = Mn_2O_3(s)+2OH^-(aq)$$

$$(-)\ Zn(OH)_2(s)+2e^- = Zn(s)+2OH^-(aq)$$

电池反应为

$$Zn(s)+2MnO_2(s)+H_2O(l) = Zn(OH)_2(s)+Mn_2O_3(s)$$

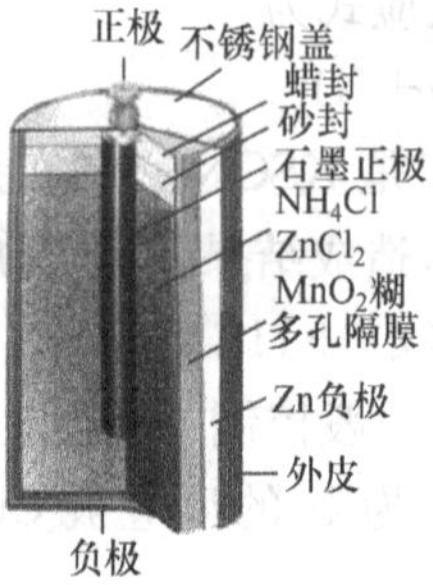

图 8.7 锌锰干电池结构

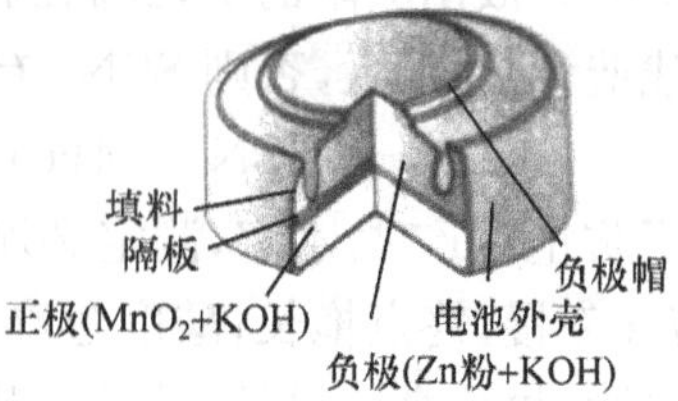

图 8.8 碱性锌锰电池

2. 锌汞电池

锌汞电池是以 Zn 汞齐为负极材料，HgO 和石墨粉混合物为正极材料，以吸附剂饱和吸附 45%KOH 溶液为电解质设计而成的电池，其结构见图 8.9。电极反应为

$$(+)\ HgO(s)+H_2O(l)+2e^- = Hg(l)+2OH^-(aq)$$

$$(-)\ Zn(OH)_2(s)+2e^- = Zn(s)+2OH^-(aq)$$

电池反应为

$$Zn(s)+HgO(s)+H_2O(l) = Zn(OH)_2(s)+Hg(l)$$

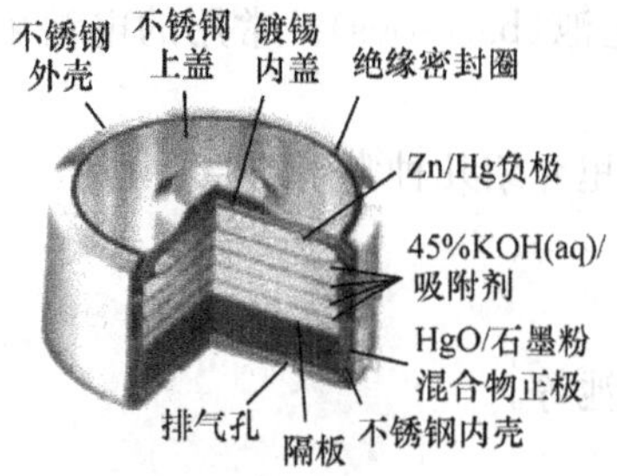

图 8.9 锌汞干电池

这种电池具有非常稳定的输出电压 1.34V，常用于通信设备、精密科学仪器、助听器、心脏起搏器等的电源。

原电池是利用化学反应得到电流的，一旦反应物消耗完全，就再没有放电能力，这类电池不能重复利用，所以又称为一次性电池。

8.6.2 蓄电池

一些电池放电后，其电池反应可以在外电源的作用下发生逆转，从而可以使电池恢复到放电之前的状态，因而可以重复放电。这种电池不仅可以将化学能转化为电能（放电过程），也可以将电能转化为化学能，因而称之为可逆电池（reversible batteries），又称为可充电电池（rechargeable batteries）或蓄电池，还称为二次性电池（secondary batteries）。将电池在外电源作用下复原的过程称为“充电”过程，对应于将电能转化为化学能的过程。常用的蓄电池有铅酸电池、Ni-Cd 电池、Ni-H 电池、Li 离子电池等。

1. 铅酸蓄电池

铅酸蓄电池常用于汽车、拖拉机、摩托车、内燃机车等的启动点火、照明电源，利用串联电池组可以获得较高的输出电压。图 8.10 是一种常用的铅酸蓄电池，通过 6 个 2V 电池的串联可以得到 12V 的输出电压。这种电池的负极是多孔结构的金属铅，可以与电解质充分接触；其正极材料的结构与阳极相似，只是将铅转化为 PbO_2，这种电池的电解质一般是质量分数为 37% 的稀硫酸溶液。

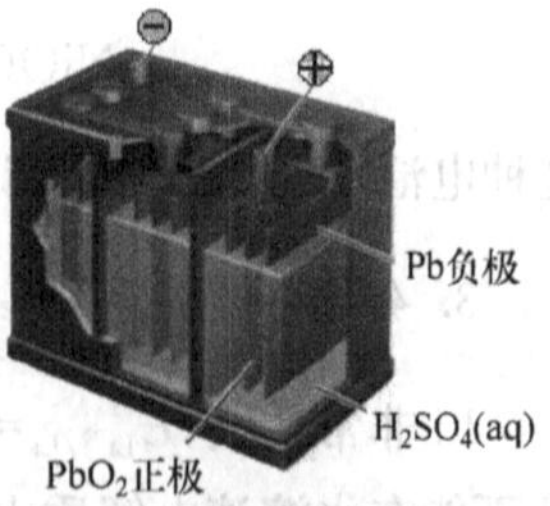

图 8.10 铅酸蓄电池示意图

当电池充、放电时，电极反应为

$$(+)\ PbO_2(s)+SO_4^{2-}(aq)+4H_3O^+(aq)+2e^- \underset{充电}{\overset{放电}{\rightleftharpoons}} PbSO_4(s)+6H_2O(l) \quad (阴极)$$

$$(-)\ PbSO_4(s)+2e^- \underset{充电}{\overset{放电}{\rightleftharpoons}} Pb(s)+SO_4^{2-}(aq) \quad (阳极)$$

电池的充、放电反应可以表示为

$$Pb(s)+PbO_2(s)+2SO_4^{2-}(aq)+4H_3O^+(aq) \underset{充电}{\overset{放电}{\rightleftharpoons}} 2PbSO_4(s)+6H_2O(l)$$

这里要说明的是充电过程中，发生还原反应的电极称为阳极，而发生氧化反应的电极称为阴极，即电池的充电过程相当于一个电解池（把电能转化为化学能的装置）。电解池的阳极对应于原电池的负极，电解池的阴极对应于原电池的正极。

正常充电了的铅酸蓄电池中电解质的密度一般为 $1.25\sim1.30g\cdot mL^{-1}$。当电池放电时，随着 $PbSO_4(s)$析出和 H_2O (l)的生成，H_2SO_4 溶液的浓度降低，密度减小，若电池中电解质的密度低于 $1.20\ g\cdot mL^{-1}$，就表示电池应该充电了。所以，测定电解质密度是检验电池是否需要充电的快速而简单的方法。

2. 镍-镉、镍-氢电池

镍-镉电池是一种常用的充电电池。它的正极及负极材料分别为 NiO(OH)和 Cd，电解质一般为 20%KOH。其电极反应为

$$(+)\ 2NiO(OH)(s)+2H_2O(l)+2e^- \underset{充电}{\overset{放电}{\rightleftharpoons}} 2Ni(OH)_2(s)+2OH^-(aq) \quad (阴极)$$

$$(-)\ Cd(OH)_2(s)+2e^- \underset{充电}{\overset{放电}{\rightleftharpoons}} Cd(s)+2OH^-(aq) \quad (阳极)$$

充、放电电池反应为

$$Cd(s)+2NiO(OH)(s)+2H_2O(l) \underset{充电}{\overset{放电}{\rightleftharpoons}} Cd(OH)_2(s)+2Ni(OH)_2(s)$$

其放电电压为 1.4V，非常稳定。

镍-氢(Ni-MH)电池的正极材料是 $Ni(OH)_2$，负极材料是储氢合金，可简单表示为 MH。电解质为 KOH 或 LiOH 等碱性溶液。其电极反应为

$$(+)\ NiO(OH)(s)+H_2O(l)+e^- \underset{充电}{\overset{放电}{\rightleftharpoons}} Ni(OH)_2(s)+OH^-(aq) \quad (阴极)$$

$$(-)\ M(s)+H_2O(l)+e^- \underset{充电}{\overset{放电}{\rightleftharpoons}} MH(s)+OH^-(aq) \quad (阳极)$$

电池反应为

$$NiO(OH)(s)+MH(s)\underset{充电}{\overset{放电}{\rightleftharpoons}}Ni(OH)_2(s)+M(s)$$

这种电池性能优越，没有记忆效应，且比容量大，是一种理想的充电电池。

3. 锂离子电池

Li 非常活泼，$E^{\ominus}_{Li^+/Li}=-3.04V$，因而 Li 作为电池的负极必将具有较高的电动势，但 Li 不能在水溶液电解质中使用。这里仅介绍 Li-MnO_2 非水电解质电池。

这种电池以 Li 为负极，MnO_2 为正极，以高氯酸溶于碳酸丙烯酯和乙二醇、二甲醚混合有机溶剂为电解质。电池反应为

$$2Li(s)+4H^++MnO_2\underset{充电}{\overset{放电}{\rightleftharpoons}}Mn^{2+}+2Li^++2H_2O$$

电池的电动势为 2.7V，使用温度 −20～47℃，具有很高的稳定性。这种电池体积小、质量轻、电压高、能量大，使用安全可靠，不污染环境，使用寿命长且价格低廉，多用于闪光灯、微型计算机等。

8.6.3 燃料电池

燃料燃烧时放出大量的热，传统的火力发电是先通过燃料燃烧把化学能转变成热能，然后再将热能转变为电能。在这种转化过程中，能量的损耗很大，一般总效率只有 35%～40%，大部分能量都散失在环境中。燃料电池是通过电池装置将燃料分子的化学能直接转化为电能，能量的利用率高，理论利用率可达 100%。原则上任何燃料的氧化过程都可以设计在这种电池装置中进行，但技术上存在诸多困难，目前尚无法处理。只有少部分的气体和液体燃料可用于燃料电池。设计的电池是以还原性燃料（如氢气、肼、烃类、甲醇、煤气、天然气等）为负极反应物质，以氧化剂（如氧气、空气等）作为正极反应物质。图 8.11 是氢-氧燃料电池的结构示意图。

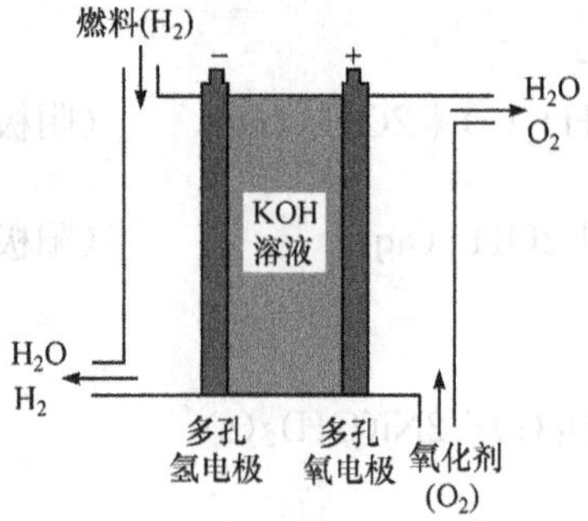

图 8.11 氢-氧燃料电池的结构示意图

氢-氧燃料电池的电极反应为

(+) $O_2(g)+2H_2O(l)+4e^-=\!=\!=4OH^-(aq)$

(−) $2H_2O(l)+2e^-=\!=\!=H_2(g)+2OH^-(aq)$

总电池反应为

$$O_2(g)+2H_2(g)=\!=\!=2H_2O(l)$$

该电池的标准电动势为

$$E^{\ominus}=E^{\ominus}_{O_2/OH^-}-E^{\ominus}_{H_2O/H_2}=0.40-(-0.82)=1.22(V)$$

氢-氧燃料电池的电动势与 pH 无关。但该氧化反应在碱液中的反应速率比在酸液中大，因此可以得到较大的电流密度和输出功率。我国在 2001 年研制出了 40kW 的质子交换膜燃料电池系统，比一般的氢-氧燃料电池更具有发展潜力，可供大、中型车辆使用。

其他燃料电池如甲醇-氧燃料电池、肼-空气燃料电池、天然气-空气燃料电池、锂-水燃料电池、金属（如 Mg、Al、Zn 等）-空气燃料电池等，都是具有发展前景的燃料电池。

*8.7 电化学腐蚀与保护

金属的腐蚀是现代工业面临的一个严重问题，腐蚀问题主要有两个方面，一是可见的金属表面的腐蚀，二是看不见的存在于金属内部的腐蚀，从而导致金属材料的强度降低或断裂。据不完全统计，美国每年因腐蚀问题造成的损失高达数十亿美元，而我国每年因腐蚀造成的损失则超过 5000 亿元人民币。因此，研究腐蚀机理及规律，减免腐蚀损失，是国民经济建设中急需解决的重要问题。

多数金属材料都存在腐蚀问题，这里主要分析较为普遍存在的钢铁的电化学腐蚀机理。电化学腐蚀可以描述为"短路"原电池行为，金属表面的一部分区域起正极的作用，其余部分起负极的作用，金属材料本身形成电流的闭合回路。这种电化学电池一般是在含有杂质的部位或与其他物体接触受挤压的部位形成。电池的负极反应为

$$(-)\quad Fe^{2+}(aq)+2e^-=\!=\!=Fe(s)$$

而其正极反应可能有多种情况，如在海底的缺氧条件下，正极反应为

$$(+)\quad 2H_2O(l)+2e^-=\!=\!=2OH^-(aq)+H_2(g)$$

腐蚀反应可写为

$$Fe(s)+2H_2O(l)=\!=\!=Fe^{2+}(aq)+2OH^-(aq)+H_2(g)$$

一般情况下这种反应的速率很慢，不会引起严重的腐蚀。当金属与水和氧同时接触时，往往会发生严重的腐蚀行为。这时的正极反应为

$$(+)\quad O_2(g)+4H_3O^+(aq)+4e^-=\!=\!=6H_2O(g)$$

同时，由负极反应生成的 Fe^{2+} 迁移至正极区，并进一步被氧化为 Fe(Ⅲ)而形成铁锈($Fe_2O_3\cdot xH_2O$)，即

$$4Fe^{2+}(aq)+O_2(g)+2(6+x)H_2O(l)=\!=\!=2Fe_2O_3\cdot xH_2O(s)+8H_3O^+(aq)$$

由于 H_3O^+ 的产生，将使腐蚀反应持续循环进行。

图 8.12 是涂保护漆的钢铁表面由于部分漏涂所产生的腐蚀行为示意图。图中漆面上暴露于空气中的区域为正极，可以看出有明显的腐蚀行为，而漆面下部的缺氧区域为负极，这个区域在表面看不到，但已导致了金属材料的严重破坏。

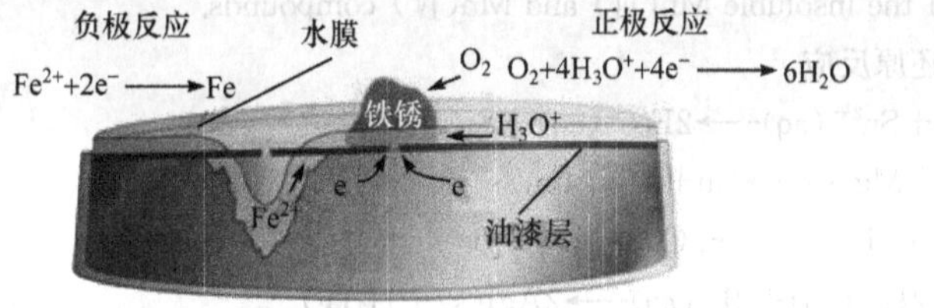

图 8.12 金属表面腐蚀示意图

影响腐蚀速率的因素很多，电解质溶液的存在会加速电荷的转移速率，从而加速腐蚀，一个常见的例子是汽车在撒盐的冰雪路面上的快速腐蚀。在高酸度介质存在下，钢铁腐蚀的速度更加惊人，CO_2、SO_2 在水中的溶解均可使水的酸度增大，因此会加速金属材料的腐蚀。

防止金属材料腐蚀的方法有物理保护法。例如，金属表面涂防护漆或塑料保护膜，利用表面钝化技术来保护金属材料，如铝表面钝化出一薄层 Al_2O_3 保护膜等，可以有效防止铝材表面的腐蚀。

金属保护的另一种方法是电化学法，常用的方法是牺牲阳极法(sacrificial anode)。这种方法多是以 Mg 金属为阳极材料，利用 Mg-Fe 原电池技术，牺牲 Mg 而保护 Fe。两电极的标准电极电势分别为

$$Fe^{2+}(aq)+2e^-=\!=\!=Fe(s)\qquad E^{\ominus}_{Fe^{2+}/Fe}=-0.44V$$

$$Mg^{2+}(aq)+2e^- \rightleftharpoons Mg(s) \qquad E^{\ominus}_{Mg^{2+}/Mg}=-2.37V$$

显然，二者组成的原电池中电对 Mg^{2+}/Mg 为负极，Mg 将失去电子，变为 Mg^{2+}，Mg 为牺牲阳极。Fe^{2+}/Fe 为正极，Fe^{2+} 将被还原为 Fe，从而使 Fe 得以保护。可以看出，这种方法必须时常根据 Mg 阳极的腐蚀情况更换 Mg。这种方法常用于保护船体、桥梁、铸铁水管等。

思 考 题

1. 氧化还原反应的特征有哪些？这些特点有何实际应用？
2. 指出下列各物质中画线元素的氧化值。
   $\underline{H}_2$　Na$\underline{H}$　$\underline{N}H_3$　H$\underline{N}_3$　$\underline{N}H_2OH$　$\underline{N}Cl_3$　Ba$\underline{O}_2$　K$\underline{O}_2$　$\underline{O}F_2$　$\underline{C}HCl_3$　$\underline{S}_2O_3^{2-}$
3. 当溶液中$[H^+]$增加时，下列氧化剂的氧化能力是增强、减弱还是不变？
   (1) ClO_3^-　(2) Cl_2　(3) Fe^{3+}　(4) H_2O_2
4. 碘量法有哪些主要的误差来源？在实际操作中如何减免？
5. $K_2Cr_2O_7$ 法测定铁时试样如何处理？为什么在硫磷混酸介质中进行滴定？
6. 电极电势是如何产生的？请分析可能产生电极电势的情况，可否设计一种新型的电池？
7. 分析电化学腐蚀的机理，并设计一种电化学保护技术。
8. Sulfur-containing compounds in the air tarnish silver, giving black Ag_2S. A practical method of cleaning tarnished silverware is to place the tarnished item in electrical contact with a piece of zinc and dip both into water containing a small amount of salt. Write a balanced half-equations to represent what takes place.
9. In some old European churches, the stained-glass windows have so darkened from corrosion and age that hardly any light comes through. Microprobe analysis showed that tiny cracks and defects on the glass surface were enriched in insoluble Mn(Ⅲ) and Mn(Ⅳ) compounds. From Appendix 7, suggest a reducing agent and conditions that might successfully convert these compounds to soluble Mn(Ⅱ) without simultaneously reducing Fe(Ⅲ) (which gives the glass its colors) to Fe(Ⅱ). Take MnO_2 as representative of the insoluble Mn(Ⅲ) and Mn(Ⅳ) compounds.
10. 对于下列氧化还原反应
    (i) $2Fe^{3+}(aq)+Sn^{2+}(aq) \longrightarrow 2Fe^{2+}(aq)+Sn^{4+}(aq)$
    (ii) $Cu^{2+}(aq)+Mg(s) \longrightarrow Cu+Mg^{2+}(aq)$
    (iii) $Cu^{2+}(aq)+4I^-(aq) \longrightarrow 2CuI(s)+I_2(s)$
    (iv) $2Ag(s)+2H^+(aq)+2I^-(aq) \longrightarrow 2AgI(s)+H_2(g)$
    (1) 写出各反应中的半电池反应；
    (2) 写出这些反应所组成的原电池符号。

习 题

1. 用氧化值法配平下列各氧化还原反应方程式。
   (1) $Cu_2S+HNO_3 \longrightarrow Cu(NO_3)_2+H_2SO_4+NO+H_2O$
   (2) $NH_4NO_2 \longrightarrow N_2+H_2O$
   (3) $(NH_4)_2Cr_2O_7 \longrightarrow N_2+Cr_2O_3+H_2O$

(4) $As_2S_3+HNO_3 \longrightarrow H_3AsO_4+H_2SO_4+NO$

(5) $K_2Cr_2O_7+H_2S+H_2SO_4 \longrightarrow Cr_2(SO_4)_3+S+H_2O+K_2SO_4$

(6) $Na_2S_2O_3+I_2 \longrightarrow Na_2S_4O_6+NaI$

(7) $MnO_4^-+Mn^{2+}+H_2O \longrightarrow MnO_2+H^+$

(8) $[Co(NH_3)_6]^{2+}+O_2+H_2O \longrightarrow [Co(NH_3)_6]^{3+}+OH^-$

2. 用离子-电子法配平下列方程式，反应式(1)～式(11)是酸性介质，反应式(12)～式(14)是碱性介质。

(1) $Cr_2O_7^{2-}+H_2O_2+H^+ \longrightarrow Cr^{3+}+O_2$

(2) $MnO_4^-+SO_3^{2-}+H^+ \longrightarrow Mn^{2+}+SO_4^{2-}$

(3) $ClO_3^-+I^-+H^+ \longrightarrow Cl^-+I_2$

(4) $NaBiO_3(s)+Mn^{2+}+H^+ \longrightarrow Na^++Bi^{3+}+MnO_4^-$

(5) $H_2S+Fe^{3+} \longrightarrow S+Fe^{2+}+H^+$

(6) $P_4(s)+HNO_3$(浓)$\longrightarrow H_3PO_4+NO$

(7) $FeS_2+HNO_3 \longrightarrow Fe_2(SO_4)_3+NO_2+H_2SO_4$

(8) $PbO_2+MnBr_2+HNO_3 \longrightarrow Pb(NO_3)_2+Br_2+HMnO_4$

(9) $HNO_3+As_2S_3 \longrightarrow H_2SO_4+H_3AsO_4+NO$

(10) $As_2S_5+NO_3^-+H^+ \longrightarrow H_3AsO_4+NO_2+S$

(11) $Bi^{3+}+S_2O_3^{2-} \longrightarrow Bi_2S_3+SO_4^{2-}+H^+$

(12) $Cl_2+OH^- \longrightarrow Cl^-+ClO^-$

(13) $[Cr(OH)_4]^-+H_2O_2+OH^- \longrightarrow CrO_4^{2-}$

(14) $SO_3^{2-}+Cl_2 \longrightarrow Cl^-+SO_4^{2-}$

3. 根据标准电极电势，判断下列反应自发进行的方向。

(1) $MnO_2(s)+4HCl(aq) = MnCl_2(aq)+Cl_2(g)+2H_2O(l)$

(2) $Sn^{4+}(aq)+Mg(s) = Sn^{2+}(aq)+Mg^{2+}(aq)$

(3) $Br_2(aq)+2Fe^{2+}(aq) = 2Br^-(aq)+2Fe^{3+}(aq)$

(4) $Zn(s)+Pb^{2+}(aq) = Zn^{2+}(aq)+Pb(s)$

4. 计算下列电极在 298.15K 时的电极电势。

(1) $Pt|H^+(1.0mol \cdot L^{-1}), MnO_4^-(0.10mol \cdot L^{-1}), Mn^{2+}(1.0 \times 10^{-4} mol \cdot L^{-1})$

(2) $Pt|Ce^{4+}(1.0mol \cdot L^{-1}), Ce^{3+}(0.10mol \cdot L^{-1})$

(3) $Pt|H_2(p^\ominus)|HAc(0.10mol \cdot L^{-1})$

(4) $Ag|AgCl(s)|Cl^-(1.0 \times 10^{-2} mol \cdot L^{-1})$

(5) $Pt|SO_3^{2-}(1.0mol \cdot L^{-1}), OH^-(1.0 \times 10^{-2} mol \cdot L^{-1}), S_2O_3^{2-}(1.0mol \cdot L^{-1})$

(6) $Pt|O_2(10.0kPa)|OH^-(1.0 \times 10^{-3} mol \cdot L^{-1})$

5. 写出按下列实际反应设计成的原电池符号，写出电极反应式，并计算该原电池的电动势。

(1) $2Ag^+(0.10mol \cdot L^{-1})+Cu(s) = 2Ag(s)+Cu^{2+}(0.010mol \cdot L^{-1})$

(2) $MnO_2(s)+2Cl^-(12mol \cdot L^{-1})+4H^+(12mol \cdot L^{-1}) = Mn^{2+}(1.0mol \cdot L^{-1})+Cl_2(100kPa)+2H_2O(l)$

(3) $H_3AsO_3(0.10mol \cdot L^{-1})+I_2(s)+H_2O(l) = H_3AsO_4(1.0mol \cdot L^{-1})+2I^-(0.010mol \cdot L^{-1})+2H^+(0.10mol \cdot L^{-1})$

(4) $Cr_2O_7^{2-}(1.0mol \cdot L^{-1})+6Fe^{2+}(0.10mol \cdot L^{-1})+14H^+(1.0mol \cdot L^{-1}) = 2Cr^{3+}(0.10mol \cdot L^{-1})+6Fe^{3+}(1.0mol \cdot L^{-1})+7H_2O(l)$

6. 计算下列各题。

(1) (−)Zn|Zn^{2+}(1.0×10^{-2}mol·L^{-1}) ‖ Fe^{2+}($x$mol·L^{-1})|Fe(+)

E=0.293V，求 Fe^{2+} 的浓度。

(2) (−)Ag|Ag^{+}($y$mol·L^{-1}) ‖ Ag^{+}(1.0×10^{-1}mol·L^{-1})|Ag(+)

E=0.0592V，求负极 Ag^{+} 的浓度。

(3) (−)Pt|Cl_2($p^{\ominus}$)|Cl^{-}($x$mol·L^{-1}) ‖ $Cr_2O_7^{2-}$(1.0mol·L^{-1})，H^{+}($x$mol·L^{-1})，Cr^{3+}(1.0mol·L^{-1})|Pt(+)

欲使反应按原电池的方向进行，HCl 的最低浓度是多少？

7. 已知 Ag^{+} 的 $\Delta_f G_m^{\ominus}=77.124\text{kJ}\cdot\text{mol}^{-1}$，求 $E^{\ominus}_{Ag^{+}/Ag}$。

8. 已知 $E^{\ominus}_{Pb^{2+}/Pb}=-0.126\text{V}$，$E^{\ominus}_{PbI_2/Pb}=-0.3672\text{V}$，求 $K^{\ominus}_{sp,PbI_2}$。

9. 已知 $E^{\ominus}_{Ag^{+}/Ag}=+0.799\text{V}$，$K^{\ominus}_{sp,Ag_3PO_4}=1.4\times10^{-16}$，求 $E^{\ominus}_{Ag_3PO_4/Ag}$。

10. 已知 $E^{\ominus}_{Ag^{+}/Ag}=+0.799\text{V}$，计算电极反应 $Ag_2S(s)+2e^{-}\longrightarrow 2Ag(s)+S^{2-}$ 在 pH=3.00 的缓冲溶液中的电极电势。($K^{\ominus}_{a_1,H_2S}=9.5\times10^{-8}$，$K^{\ominus}_{a_2,H_2S}=1.3\times10^{-13}$；$H_2S$ 为饱和液，$K^{\ominus}_{sp,Ag_2S}=2.0\times10^{-49}$)

11. 已知 $E^{\ominus}_{HCN/H_2}=-0.545\text{V}$，求 $K^{\ominus}_{a,HCN}$。

12. 已知 H_3PO_4 的 $K^{\ominus}_{a_1}=7.1\times10^{-3}$，$K^{\ominus}_{a_2}=6.3\times10^{-8}$；$[H_3PO_4]=[H_2PO_4^{-}]=1.0\text{mol}\cdot\text{L}^{-1}$，求 $E^{\ominus}_{H_3PO_4/H_2}$。

13. 已知反应 $2Ag^{+}+Zn\longrightarrow 2Ag+Zn^{2+}$，开始时 Ag^{+} 和 Zn^{2+} 的浓度分别是 0.10mol·L^{-1} 和 0.30mol·L^{-1}。

(1) 写出该反应所组成的原电池符号和电极反应式；

(2) 计算该原电池的电动势 E；

(3) 求反应 $2Ag^{+}+Zn\longrightarrow 2Ag+Zn^{2+}$ 的平衡常数 $K^{\ominus}$；

(4) 求达平衡时，溶液中所剩 Ag^{+} 的浓度。

14. 已知 $K^{\ominus}_{sp,CuCl}=1.2\times10^{-6}$，试计算下列反应的平衡常数 $K^{\ominus}$。

$$Cu+Cu^{2+}+2Cl^{-}=\!=\!=2CuCl\downarrow$$

15. 在 Ag^{+}、Cu^{2+} 浓度分别为 1.0×10^{-6}mol·L^{-1} 和 0.10mol·L^{-1} 的混合溶液中加入 Zn 粉，哪种离子先被还原？当第二种离子被还原时，第一种金属离子在溶液中的浓度是多少？

16. 在 1mol·L^{-1} $HClO_4$ 溶液中，当 $[Cr_2O_7^{2-}]=1.0\text{mol}\cdot\text{L}^{-1}$、$[Cr^{3+}]=1.0\times10^{-3}\text{mol}\cdot\text{L}^{-1}$ 时，$E_{Cr_2O_7^{2-}/Cr^{3+}}$ 为多少？

17. 已知 $Cr_2O_7^{2-}+14H^{+}+6e^{-}\longrightarrow 2Cr^{3+}+7H_2O$ $\quad E^{\ominus}_{Cr_2O_7^{2-}/Cr^{3+}}=1.33\text{V}$

$Cl_2+2e^{-}\longrightarrow 2Cl^{-}$ $\quad E^{\ominus}_{Cl_2/Cl^{-}}=1.36\text{V}$

(1) 判断下列反应的方向(标准态)

$$Cr_2O_7^{2-}+14H^{+}+6Cl^{-}\longrightarrow 2Cr^{3+}+7H_2O+3Cl_2$$

(2) 用原电池符号表示上述反应(按实际进行的方向)，写出电极反应式；

(3) 当氢离子浓度为 1.0×10^{-3}mol·L^{-1}，其他各离子及氯气均仍处于标准态时，反应方向如何？计算该反应组成的原电池的电动势。

18. 已知 $K^{\ominus}_{sp,CuS}=6.3\times10^{-36}$，$E^{\ominus}_{Cu^{2+}/Cu}=0.337\text{V}$，$E^{\ominus}_{Pb^{2+}/Pb}=-0.126\text{V}$。在标准态下反应 $Cu+Pb^{2+}\rightleftharpoons Pb+Cu^{2+}$ 不能发生，但若将铜片放在 1.0mol·L^{-1} Na_2S 溶液中，铅片插入 1.0mol·L^{-1} 的 $Pb(NO_3)_2$ 溶液中，并组成下面的原电池：

(−)Cu|CuS(s)|Na_2S($c_{S^{2-}}=1.0\text{mol}\cdot\text{L}^{-1}$) ‖ $Pb(NO_3)_2$($c_{Pb^{2+}}=1.0\text{mol}\cdot\text{L}^{-1}$)|Pb(+)

在这种条件下，原电池的放电能正常进行，试通过计算简要说明。并计算放电终止时，原电池中 $c_{Cu^{2+}}/c_{Pb^{2+}}$。

19. 已知 298.15K 时 $E^{\ominus}_{O_2/OH^-}=0.401V$。

(1) 计算在酸性溶液中氧电极的标准电极电势 $E^{\ominus}_{O_2/H_2O}$；

(2) 写出在碱性溶液中氢电极的电极反应，并计算其标准电极电势 $E^{\ominus}_{H_2O/H_2}$；

(3) 将氢电极与氧电极组成原电池，写出其电池反应。计算其在酸性溶液中的标准电动势 $E^{\ominus}_A$ 和在碱性溶液中的标准电动势 $E^{\ominus}_B$；

(4) 如果改变氢氧燃料电池的 pH，其电动势是否改变？

20. 已知 $Co^{3+}+e^- \rightleftharpoons Co^{2+}$　　$E^{\ominus}=1.84V$

$Cl_2+2e^- \rightleftharpoons 2Cl^-$　　$E^{\ominus}=1.36V$

$K^{\ominus}_{sp,Co(OH)_3}=1.6\times10^{-44}$，$K^{\ominus}_{sp,Co(OH)_2}=1.6\times10^{-15}$，通过计算确定：

(1) 反应 $Cl_2+2Co^{2+} \rightleftharpoons 2Cl^-+2Co^{3+}$ 进行的方向；

(2) 在 1.0L 1.0mol·L^{-1} $CoCl_2$ 溶液中加入 3.0mol NaOH(s)使其溶解，再加入氯水，可否制取 $Co(OH)_3$？并写出有关反应方程式。

21. 已知 $E^{\ominus}_{MnO_4^-/MnO_2}=1.70V$，$E^{\ominus}_{MnO_2/Mn^{2+}}=1.23V$。欲从 $ZnSO_4$ 溶液中除去 Mn^{2+}，在 pH=5.00 时，可加入 $KMnO_4$ 使 Mn^{2+} 氧化为 MnO_2，而 $KMnO_4$ 被还原为 MnO_2，写出有关反应方程式。若最后 MnO_4^- 的含量为 1.0×10^{-3}mol·L^{-1}，试通过计算说明 Mn^{2+} 是否除尽。

22. In，Tl 在酸性介质中的标准电极电势图为

$In^{3+}\xrightarrow{-0.43}In^+\xrightarrow{-0.15}In$　　$Tl^{3+}\xrightarrow{+1.25}Tl^+\xrightarrow{-0.34}Tl$

(1) In^+、Tl^+ 能否发生歧化反应？

(2) In、Tl 与 1mol·L^{-1} HCl 反应各得到什么产物？

(3) In、Tl 与 1mol·L^{-1} Ce^{4+} 反应各得到什么产物？(已知 $E^{\ominus}_{Ce^{4+}/Ce^{3+}}=1.61V$)

(4) $E^{\ominus}_{In^{3+}/In}$ 等于多少？

23. 过氧化钙(CaO_2)含量分析可利用在酸性条件下，过氧化钙与酸反应生成过氧化氢，用标准 $KMnO_4$ 溶液滴定，而测得其含量。准确称取过氧化钙样品 0.1511g，置于 250mL 锥形瓶中，加入 50mL 蒸馏水和 15mL 2mol·L^{-1} HCl 溶液使其溶解，再加入 2～3 滴 0.1mol·L^{-1} $MnSO_4$ 溶液(起什么作用？)，用 0.02034mol·L^{-1} $KMnO_4$ 标准溶液滴定至溶液呈微红色，30s 内不褪色说明到了终点，用去 $KMnO_4$ 标准溶液 28.65mL，样品中 CaO_2 的百分含量是多少？

24. (1) 若 MnO_4^- 被还原为 Mn^{2+}，用 1mol $KMnO_4$ 可以氧化多少摩尔 Fe^{2+} 成为 Fe^{3+}？

(2) 假定酸性条件下，不纯 $FeSO_4$ 样品中的全部 Fe^{2+} 被 20.00mL 0.03500mol·L^{-1} $KMnO_4$ 氧化成 Fe^{3+}，$KMnO_4$ 被还原成 Mn^{2+}，如果不纯样品为 0.9000g，且不含其他还原剂，那么 $FeSO_4$ 的百分含量是多少？

25. 如果在 25.00mL $CaCl_2$ 溶液中加入 40.00mL 0.1000mol·L^{-1} $(NH_4)_2C_2O_4$ 溶液，待 CaC_2O_4 沉淀完全后，分离，滤液以 0.02000mol·L^{-1} $KMnO_4$ 溶液滴定，共耗去 $KMnO_4$ 溶液 15.00mL。计算在 250mL 该 $CaCl_2$ 溶液中 $CaCl_2$ 的含量(g)。

26. 今用 0.02000mol·L^{-1} MnO_4^- 溶液滴定 0.1000mol·L^{-1} Fe^{2+}(在 1mol·L^{-1} HCl 中)溶液。试计算该滴定反应的滴定突跃范围和化学计量点时的电极电势 E_{eq}。E_{eq} 是否在滴定突跃的中央，偏向于何方？为什么？($E^{\ominus}_{MnO_4^-/Mn^{2+}}=1.51V$)

27. 为了标定所配制的 $Na_2S_2O_3$ 标准溶液，准确称取 0.1578g $K_2Cr_2O_7$ 固体试剂放入碘量瓶中，用 20mL 去离子水溶解后，加入 20% KI 10mL，再加入 6mol·L^{-1} HCl 5mL，摇匀，并盖好磨口塞水封后暗处放置 5min 后，再加入 50mL 去离子水稀释，用所配制的 $Na_2S_2O_3$ 溶液滴定至淀粉指示剂的终点，用去 $Na_2S_2O_3$ 溶液的体积为 30.59mL，该标准溶液 $Na_2S_2O_3$ 的浓度是多少？

28. 取 2.622g 家用漂白剂溶液，加入过量 KI 处理，用 15mL 2mol·L^{-1} H_2SO_4 酸化。释出的碘立即以淀

粉为指示剂，用 0.1109mol·L^{-1} $Na_2S_2O_3$ 溶液滴定，需 35.58mL。试计算漂白剂试液中的"有效氯"。

29. 为了测定铜合金中铜含量，准确称取铜合金 0.2426g，加入过量 30%H_2O_2 和 1∶1 HCl，使其溶解，待溶解反应完成后加热分解过量的 H_2O_2，并滴加 1∶1 氨水至刚好出现浑浊，然后加入一定量的 1∶1 HAc、20%NH_4HF_2 及去离子水，使溶液的 pH 为 3.3～4.0，加入过量 KI 溶液使之与 Cu^{2+} 反应释出 I_2。释出的 I_2 立即用 0.1011mol·L^{-1} $Na_2S_2O_3$ 标准溶液标定（近终点时先加入淀粉指示剂，滴定至浅蓝色时再加入一定量的 KSCN），至淀粉指示剂的蓝色消失时用去 $Na_2S_2O_3$ 溶液 27.60mL。

(1) 写出铜与 H_2O_2 及 HCl 反应的反应式；

(2) 计算铜合金中铜的百分含量（Cu 相对原子质量 63.546）；

(3) 为什么近终点时才加入淀粉指示剂？

(4) 加入 KSCN 的目的是什么？为什么也必须近终点时加入？

(5) 为什么该测定反应必须控制 pH 为 3.3～4.0？

(6) 滴加氨水为什么要到刚好出现浑浊？

(7) 加入 NH_4HF_2 的目的是什么？

30. 测定软锰矿中 MnO_2 的含量，准确称取软锰矿试样 0.5261g，在酸性介质中加入 0.7049g $Na_2C_2O_4$。待反应完成后，过量的草酸用 0.02160mol·L^{-1} $KMnO_4$ 标准溶液滴定，用去 30.47mL。试计算软锰矿中 MnO_2 的质量分数。

31. 在酸性溶液中，50.00mL 0.1000mol·L^{-1} $KMnO_4$ 溶液与多少毫升 0.1500mol·L^{-1} $K_2Cr_2O_7$ 的氧化能力相等？

32. At 298.15K a cell reaction exhibits a standard emf of −0.17V. The equilibrium constant for the cell reaction is 5.5×10^5. What is the value of Z for the cell reaction?

33. A voltaic cell is constructed with two silver-silver chloride electrods, each of which is based on the following half-reaction

$$AgCl(s)+e^- \rightleftharpoons Ag(s)+Cl^-(aq)$$

The two cell compartments have $c_{Cl^-}=0.0276$mol·L^{-1} and 1.47mol·L^{-1}, respectively. (1) Which electrode is the cathode of the cell? (2) What is the standard emf of the standard cell? (3) What is the cell emf for the concentrations given? (4) For each electrode, predict whether c_{Cl^-} will increase, decrease, or stay the same as the cell operates.

34. Hydrogen peroxide, H_2O_2, is a possible product of the reduction of oxygen in acidic solution:

$$O_2+2H_3O^++2e^- \rightleftharpoons H_2O_2+2H_2O \qquad E_3^\ominus=?$$

It can then be further reduced to water:

$$H_2O_2+2H_3O^++2e^- \rightleftharpoons 4H_2O \qquad E_2^\ominus=1.77V$$

(1) Use the half-cell potential just give for the reduction of H_2O_2, together with that given earlier,

$$O_2+4H_3O^++4e^- \rightleftharpoons 6H_2O \qquad E_1^\ominus=1.229V$$

to calculate the standard half-cell potential for the reduction of O_2 to H_2O_2 in acidic solution.

(2) Write a reduction potential diagram for O_2, H_2O_2 and H_2O.

(3) Is H_2O_2 stable with respect to disproportionation in acidic solution?

35. A student decides to measure the solubility of lead sulfate in water and sets up the electrochemical cell

$$Pb|PbSO_4(s)|SO_4^{2-}(aq, 0.0500mol\cdot L^{-1}) \| Cl^-(aq, 1.00mol\cdot L^{-1})|AgCl(s)|Ag$$

At 25℃ the student finds the cell voltage to be 0.546V, and from Appendix 7 the student finds $AgCl(s)+e^- \rightleftharpoons Ag(s)+Cl^-(aq)$ $E^\ominus_{AgCl/Ag}=0.220V$. What does he find for the $K_{sp}^\ominus$ of $PbSO_4$?

9 原子结构

物质(matter)是由分子(molecule)组成的,分子是由原子构成的。迄今为止,人们已经发现或人工合成了110多种元素。正是这些元素组成了千千万万种不同的物质,也正是这些元素的原子之间结合(combination)方式的变化,使物质具有了不同的性质。这说明物质进行化学反应的实质是原子之间的相互结合状况发生了变化。因此,要研究物质的性质、化学反应的过程及物质性质与物质结构的关系,就必须先研究原子的内部结构。而原子是由带正电荷(positive charge)的原子核(atomic nucleus)和带负电荷(negative charge)的运动着的电子构成的,在化学变化过程中,原子核并没有发生变化,只是核外电子的运动状态发生了改变。因此,研究原子结构及其与化学反应的关系,阐明化学反应的本质,主要是研究核外电子的运动状态。

9.1 微观粒子运动的特征

9.1.1 量子化特征

近代原子结构理论的开端是由氢原子光谱(spectrum)的实验工作开始的。当将一个含有低压氢气的放电管所发出的光通过分光棱镜[图 9.1(a)]时,可以得到如图 9.1(b)所示的氢原子光谱。可见,氢光谱是由一系列不连续的谱线所组成,在可见光区具有四条比较明显的谱线,从右至左分别称为 H_α、H_β、H_γ、H_δ。

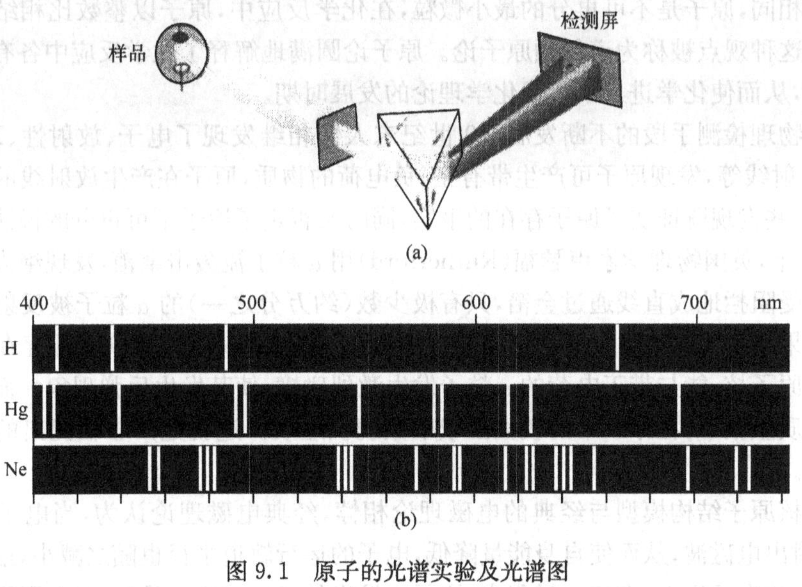

图 9.1 原子的光谱实验及光谱图

不仅氢原子如此,任何单原子气体在激发状态下都会产生光谱[图 9.1(b)也给出了

Hg 和 Ne 的光谱图],不同的气体原子有不同的光谱线。这种由**激发态**(excited state)原子发射出来的光谱称为**原子光谱**(atomic spectrum)。19 世纪曾经有人试图说明为什么原子在激发态会辐射能量,并形成特有的光谱。这里要说明的是,除了可见光区的这些谱线以外,还存在很多肉眼看不到的谱线,这些谱线分别处于紫外光区和红外光区。普朗克(Planck)在 1900 年根据实验现象得出了一个重要结论:一个原子不能连续地吸收或放出能量,只能不连续地吸收或放出能量。这种能量的**不连续性**(discontinuous)就称为量子化特征,说明原子在吸收或辐射能量时,只能有一个最小的基本量——**量子**(quanta),并按量子的整倍数一份一份地吸收或发射能量,这种现象称为**能量的量子化**。实验证明,光量子(photons)的能量 E 与辐射能(radiant energy)的频率(frequency)ν 成正比(direct ratio),即

$$E = h\nu \tag{9.1}$$

式中,h 为普朗克常量,其值为 $6.626\times10^{-34}\,J\cdot s$。

1885 年,瑞典物理学家里德堡(Rydberg)通过仔细测量氢原子光谱谱线的频率,提出了适用于所有氢光谱的谱线公式

$$\frac{1}{\lambda} = R\left(\frac{1}{n_1^2} - \frac{1}{n_2^2}\right) \tag{9.2}$$

式中,R 称为里德堡常量,其值为 $1.097373\times10^7\,m^{-1}$;$n_2$ 和 n_1 均为正整数,且 $n_2 > n_1$;λ 为谱线的波长(wavelength)。例如,$n_1=2$,$n_2=4$,可计算得到 $\lambda=486nm$;再如 $n_1=2$,$n_2=3$,可计算得到 $\lambda=656nm$,分别对应于氢原子的光谱线 H_β,H_α。

9.1.2 玻尔理论

1808 年,英国科学家道尔顿(Dolton)提出:元素的最小单元是原子,同种元素的相对原子质量相同,原子是不可再分的最小微粒,在化学反应中,原子以整数比相结合形成各种物质。这种观点被称为道尔顿原子论。原子论圆满地解释了化学反应中各有关物质的定量关系,从而使化学进入了近代化学理论的发展时期。

随着物理检测手段的不断发展,19 世纪末人们相继发现了电子、放射性、X 射线、阴极射线、α 射线等,发现原子可产生带有正、负电荷的物质,原子在产生放射线的同时会发生变化,这些发现既证实了原子存在的事实,同时又否定了原子不可再分的说法。

1911 年,英国物理学家卢瑟福(Rutherford)用 α 粒子流轰击金箔,发现绝大多数 α 粒子几乎不受阻拦地成直线通过金箔,只有极少数(约万分之一)的 α 粒子被反射回来。这个实验结果说明:在原子中,正电荷及原子的质量集中在很小的区域中,即存在一个带有正电荷的原子核,能与带正电荷的 α 粒子发生激烈碰撞,使其发生反弹现象。而带负电荷的电子的质量很小,在原子中的较大区域中做绕核运动。这就是卢瑟福提出的含核原子结构模型。

但含核原子结构模型与经典的电磁理论相悖,经典电磁理论认为,当电子绕核运动时,将辐射出电磁波,从而使自身能量降低,电子的运行轨道半径也随之减小,最终会落到原子核上,使电子湮灭,在这一过程中,原子所发出的电磁波应该是连续的,而原子是不稳定的。但事实上原子是可以稳定存在的,且辐射出的能量是量子化的。

为了解决这一问题，科学家将原子体系想象为一个“微观太阳系”(microscopic solar system)，认为电子是绕着原子核运动的。玻尔(Bohr)在1913年解释H原子的光谱时首先利用了这一思想。

玻尔根据里德堡等的实验结果以及卢瑟福的含核原子模型，推论出原子中电子的能量也是不连续的，而是量子化的，并提出了下列两点假设：

(1) 在原子中，电子只能沿着一定的轨道(orbit)绕核转动。电子在这种轨道上转动时，与外界没有能量交换，这种轨道称为定态(stationary state)原子轨道。

(2) 电子在不同轨道上做围绕原子核运动时具有不同的能量，电子运动时所具有的能量状态称为能级(energy order)，各能级的能量值是不同的。

在正常情况下，氢原子中的电子只在离核最近的最低能级上运动，这个能级称为氢原子的**基态**(ground state)。玻尔计算出的基态原子轨道半径为52.9pm，即基态电子是在距核52.9pm的圆形轨道上运动的。当基态氢原子中的电子接受了外界能量时，电子就会由基态“跳到”较高能级上去，这个过程称为**跃迁**(transition)。电子跃迁至较高能级的原子状态称为原子的**激发态**。电子在原子核外运动的每一个轨道对应一个能级状态，用正整数 n 表示，离原子核最近的状态 $n=1$，对应于原子的基态，n 为其他值时，对应于不同的激发态。激发态是一种不稳定的状态，而且能级越高越不稳定。所以处于较高能级 n_2 上的电子会自动跃回到较低的能级 n_1 上。这种电子的跃迁必然会释放出能量——辐射能，并且释放出的能量正好是这两个能级的能量差，即

$$\Delta E_n = E_{n_2} - E_{n_1} = h\nu \tag{9.3}$$

这也说明了这种辐射能是一份一份的、量子化的。辐射能的大小与 n 有关，因此，n 被称为量子数。

根据物理学可知，波长与光速(velocity of light)存在如式(9.4)关系

$$\lambda = \frac{c}{\nu} \tag{9.4}$$

所以

$$\Delta E_n = h\nu = hc/\lambda$$

式中，λ 为波长；c 为光速，$3.0\times10^8\,\mathrm{m\cdot s^{-1}}$；$\Delta E_n$ 为原子发射出的辐射能。玻尔理论对氢原子光谱线的计算结果与实验结果非常一致，电子跃迁与H原子光谱的产生关系可用图9.2表示。

玻尔的假设解决了下列几个问题：①提出了原子轨道(能级)的概念，说明了激发态的原子发光的原因；②说明了原子辐射能的不连续性，从而阐明了氢原子光谱波长或频率的不连续性；③较好地说明了氢原子光谱线频率的规律性；④提出了量子数 n 的概念。玻尔理论为人们后来的光谱学研究及物质结构的现代理论的发展做出了巨大的贡献。

玻尔理论虽然成功地解释了氢原子光谱，也可以解释 He^+ 和 Li^{2+} 等单电子体系的光谱，但他提出的原子模型却不能说明多电子原子的光谱，也说明不了氢原子光谱的精细结构，更不能说明电子的衍射现象，其原因就在于它是建立在经典物理学关于宏观物体运动规律基础之上的，因此，玻尔理论不能反映出微观粒子运动所具有的特殊性质——**波粒二象性**。

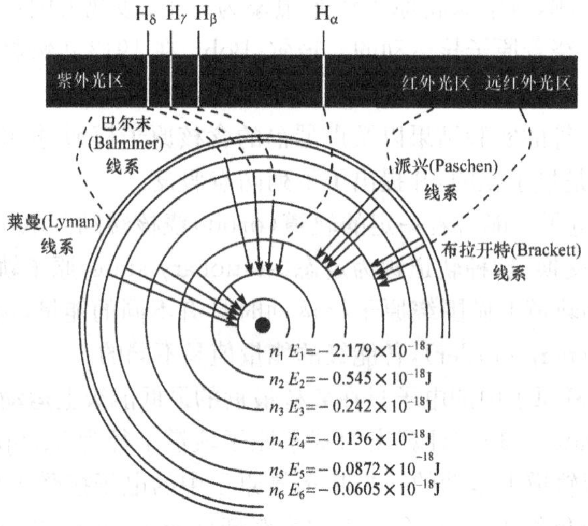

图 9.2　氢原子光谱的产生与能级跃迁

9.1.3　微观粒子运动的波粒二象性

20 世纪初，人们对光的本性有了比较正确的认识。光的干涉、衍射等现象说明光具有波动性，而光电效应、光压、原子光谱等现象又说明光具有粒子性。因此，光具有波动和粒子的两重性质，这种性质称为光的**波粒二象性**。

在光的波粒二象性的启发下，法国物理学家德布罗意(de Broglie)在 1924 年提出：电子等微观粒子也具有波粒二象性。也就是说微观粒子的运动除具有粒子性外，还具有波动的性质，这种波称为德布罗意波或物质波。德布罗意还认为，对于质量为 m、速度为 u 的微粒，其波长 λ 可用式(9.5)表示

$$\lambda = \frac{h}{mu} = \frac{h}{P} \tag{9.5}$$

式(9.5)将描述波的物理量波长(λ)与描述物质(粒子)运动的动量(P)关联起来，实现了粒子性与波动性的统一。德布罗意的假设在 1927 年由戴维孙(Davisson)和革末(Germer)的电子衍射实验所证实。实验是将一束电子流，通过镍晶体(光栅)，并由胶片记录实验现象。结果得到和光衍射相似的一系列衍射圆环(图 9.3)。根据电子衍射实验

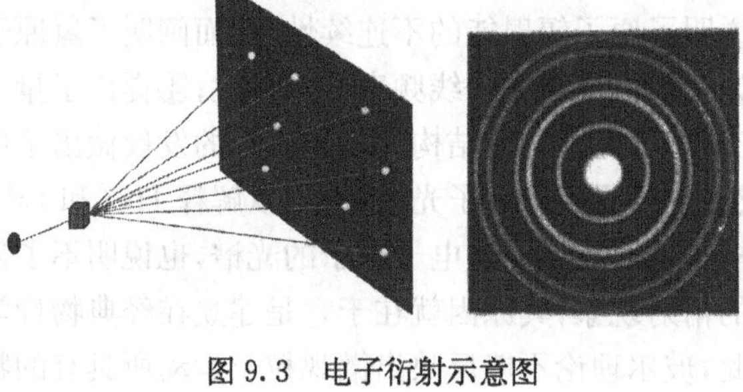

图 9.3　电子衍射示意图

得到的电子波的波长与按德布罗意公式计算出的波长相符。此后又证明了中子、原子等其他微观粒子都具有波动性。

电子的波粒二象性并不是一种偶然现象，它是所有微观粒子运动的共同特征。

9.1.4 测不准原理

对于宏观物体的运动，可以确定它们在某一瞬间的具体位置和速度。但对于具有波粒二象性的微观粒子，如电子、质子等，是否也能准确地测出它们的速度和位置呢？1927年，25岁的德国物理学家海森堡(Heisenberg)指出，对于具有波粒二象性的微观粒子，不可能同时准确测定它们在某一时刻的位置和速度(或动量)，即如果微粒的运动位置测得越准确，则相应的速度(或动量)越不易测准，反之亦然。其测不准量符合下列关系式：

$$\Delta x \cdot \Delta P_x \geqslant \frac{h}{4\pi} \tag{9.6}$$

式中，Δx 为粒子位置在一定方向上的测不准值；ΔP_x 为粒子动量在其运动方向上的分量的测不准值；h 为普朗克常量。这就是海森堡**测不准原理**(uncertainty principle)。

测不准关系在深层次上表明了两个观点：①核外电子不可能沿着玻尔理论所描述的固定轨道运动，核外电子的运动规律只能用统计的方法表述出它在核外某区域内出现的可能性，即概率；②微观粒子的运动服从不同于经典力学所描述的宏观物体运动规律性的另一种运动规律，即量子力学规律。

这里要注意的是测不准并不是不知道，测不准本身就是一种规律。其实，一切物体的运动都遵循这样的规律，只不过对于宏观物体其本身的尺寸较大，其位置的测不准量 Δx 相对于其本身的尺寸可以忽略，而微观粒子尺寸很小，Δx 不能忽略。

9.2 核外电子的运动状态

9.2.1 薛定谔方程

1926年，奥地利科学家薛定谔(Schrödinger)根据德布罗意的微观粒子具有波粒二象性的假说，建立了描述微观粒子运动规律的量子力学基本方程式——薛定谔方程，即

$$\frac{\partial^2 \Psi}{\partial x^2}+\frac{\partial^2 \Psi}{\partial y^2}+\frac{\partial^2 \Psi}{\partial z^2}+\frac{8\pi^2 m}{h^2}(E-V)\Psi=0 \tag{9.7}$$

式中，E 为微观体系的总能量；V 为体系所处的势能；m 为粒子的质量；h 为普朗克常量；x、y、z 为三维空间坐标；Ψ 为描述微观粒子运动状态的函数，称为**波函数**(wave function)。对于一个原子，Ψ 就是描述原子核外电子运动状态的数学表达式。

解薛定谔方程，就可得到波函数 Ψ 及其对应的能量 E，即可以得到电子运动的状态和能量的高低。原则上讲，任何体系的电子运动状态都可以求解，但解此方程需要足够的数学基础，并且除了单电子体系外，薛定谔方程只能求出近似解。在基础化学阶段介绍此方程，只是为了了解量子力学处理原子结构问题的基本思路，引出其重要结论。

9.2.2　波函数与原子轨道

1. 坐标变换与薛定谔方程的解

解薛定谔方程时，为了方便分离变量，需将直角坐标(x,y,z)系变换为球坐标(r,θ,ϕ)系。如图 9.4 所示，对于空间某点 p，其直角坐标(x,y,z)与球坐标(r,θ,ϕ)具有如下关系：

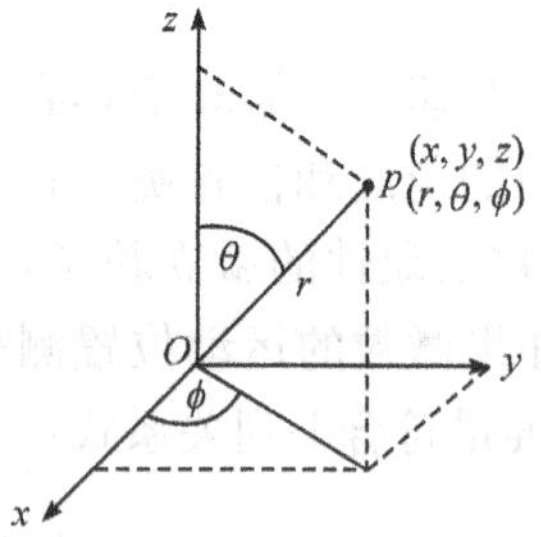

图 9.4　球坐标

$$x = r\sin\theta\cos\phi \qquad z = r\cos\theta \qquad y = r\sin\theta\sin\phi$$

$$r = \sqrt{x^2 + y^2 + z^2}$$

对波函数进行变量变换及分离可得

$$\Psi(x,y,z) = \Psi(r,\theta,\phi) = R(r)\Theta(\theta)\Phi(\phi) \qquad (9.8)$$

在波函数中，$R(r)$与核外电子到核的距离有关，称为波函数的**径向分布函数**，而$\Theta(\theta)$、$\Phi(\phi)$与电子所处位置的坐标角度有关，将此两项合并，即

$$Y(\theta,\phi) = \Theta(\theta)\Phi(\phi) \qquad (9.9)$$

$Y(\theta,\phi)$称为波函数的**角度分布函数**，表示波函数在空间上的伸展方向。

2. 薛定谔方程的解及波函数

解薛定谔方程就是求出波函数 Ψ 的表达式及其对应的能量 E，相当于由一个方程求出两个未知量，这在数学上有无穷多组解，但这些解并不都是描述电子运动的合理解。只有满足一定条件的解才有意义，才能描述电子的运动状态。这个条件就是被称为量子数的三个常数 n、m、l，只有满足这三个量子数取值规律的解才是薛定谔方程的合理解，所对应的波函数才能够描述电子运动的状态。这三个量子数的取值规律如下：

(1) 主量子数 n。$n=1$、2、3、4、…、∞，分别对应于 K、L、M、N、…电子层。表示电子距核的平均距离，决定原子轨道的能量。

(2) 角量子数 l。$l=0$、1、2、…、$n-1$，分别对应于 s、p、d、…电子亚层，决定原子轨道的形状。对于多电子体系，与主量子数 n 共同决定轨道的能量。

(3) 磁量子数 m。$m=0$、±1、±2、…、$\pm l$，表示原子轨道在空间的伸展方向，决定 l 相同的原子轨道的数目。例如，$l=1$ 时，$m=0,\pm1$，表示有 3 个伸展方向不同的 p 轨道。又如，$l=2$ 时，$m=0,\pm1,\pm2$，表示有 5 个伸展方向不同的 d 轨道。

这种能量相同(n，l 相同)的不同轨道(m 不同)称为简并轨道。

凡是能满足上述取值条件的 Ψ 都是薛定谔方程的合理解，用 $\Psi_{n,l,m}$ 表示。波函数 $\Psi_{n,l,m}$ 是量子力学中描述核外电子在空间运动状态的函数式，即波函数表示电子的一种运动状态，量子力学借用经典力学中描述物体运动的“轨道”的概念，把波函数 $\Psi_{n,l,m}$ 称为原子轨道。因此，波函数 $\Psi_{n,l,m}$ 和原子轨道是同义语。但需注意的是，原子轨道和宏观物体的运动轨道(轨迹)的概念是不同的，应严格区分。表 9.1 分别以 $Y(\theta,\phi)$ 和 $R(r)$ 的形成给出了氢原子的部分波函数表达式。

表 9.1 氢原子的部分波函数表达式

l	轨道	$Y(\theta,\phi)$	$R(r)$
0	s	$Y_s=\left(\frac{1}{4\pi}\right)^{\frac{1}{2}}$	$R_{1s}=2\left(\frac{Z}{a_0}\right)^{\frac{3}{2}}\exp(-\sigma)$
			$R_{2s}=\frac{1}{2\sqrt{2}}\left(\frac{Z}{a_0}\right)^{\frac{3}{2}}(2-\sigma)\exp\left(-\frac{\sigma}{2}\right)$
			$R_{3s}=\frac{2}{81\sqrt{3}}\left(\frac{Z}{a_0}\right)^{\frac{3}{2}}(27-18\sigma+2\sigma^2)\exp\left(-\frac{\sigma}{3}\right)$
1	p	$Y_{p_x}=\left(\frac{3}{4\pi}\right)^{\frac{1}{2}}\sin\theta\cos\phi$	$R_{2p}=\frac{1}{2\sqrt{6}}\left(\frac{Z}{a_0}\right)^{\frac{3}{2}}\sigma\exp\left(-\frac{\sigma}{2}\right)$
		$Y_{p_y}=\left(\frac{3}{4\pi}\right)^{\frac{1}{2}}\sin\theta\sin\phi$	$R_{3p}=\frac{4}{81\sqrt{6}}\left(\frac{Z}{a_0}\right)^{\frac{3}{2}}(6\sigma-\sigma^2)\exp\left(-\frac{\sigma}{3}\right)$
		$Y_{p_z}=\left(\frac{3}{4\pi}\right)^{\frac{1}{2}}\cos\theta$	
2	d	$Y_{d_{z^2}}=\left(\frac{5}{16\pi}\right)^{\frac{1}{2}}(3\cos^2\theta-1)$	$R_{3d}=\frac{4}{81\sqrt{30}}\left(\frac{Z}{a_0}\right)^{\frac{3}{2}}\sigma^2\exp\left(-\frac{\sigma}{3}\right)$
		$Y_{d_{xz}}=\left(\frac{15}{4\pi}\right)^{\frac{1}{2}}\sin\theta\cos\theta\cos\phi$	
		$Y_{d_{yz}}=\left(\frac{15}{4\pi}\right)^{\frac{1}{2}}\sin\theta\cos\theta\sin\phi$	
		$Y_{d_{xy}}=\left(\frac{5}{16\pi}\right)^{\frac{1}{2}}\sin\theta\sin 2\phi$	
		$Y_{d_{x^2-y^2}}=\left(\frac{15}{16\pi}\right)^{\frac{1}{2}}\sin^2\theta\cos 2\phi$	

注：表中 $\sigma=\frac{Zr}{a_0}$，$a_0=5.29\times10^{-11}\text{m}=52.9\text{pm}$（玻尔半径）。

电子的运动具有波动性，因此，电子在原子核周围运动时，在空间某处出现的概率大，而在另一处出现的概率就小。

实验表明：电子衍射波在空间某点的强度和电子出现的概率密度（probability density）成正比，电子波实质上就是“概率波”（probability wave），波的强度反映电子出现概率密度 p 的大小，即在空间某处的衍射强度正比于粒子在该处出现的概率密度。由波动学可知

$$衍射强度 \propto |\,振幅\,|^2$$

所以有

$$p \propto |\,振幅\,|^2$$

波函数 Ψ 正是位置与振幅（amplitude）的函数，所以

$$p \propto |\Psi|^2$$

因此，波函数绝对值的平方 $|\Psi|^2$ 具有明确的物理意义。它代表在空间某点电子出现的概率密度。若在空间某点 (x,y,z) 附近体积元 $d\tau$ 内电子出现的概率为 dp，则

$$|\Psi(x,y,z)|^2 = dp/d\tau \tag{9.10}$$

所以，对于原子的薛定谔方程的某一解 Ψ，要知道电子在核外运动的状态，只要把核外空间每点的坐标值带入 Ψ 的函数表达式中，即可求得各坐标点的 Ψ 值，该值平方后即为核外电子在该点的概率密度，从而可以了解核外电子运动状态的统计规律(statistic law)。

综上所述，波函数 Ψ 有如下意义：

(1) 波函数 Ψ 是描述原子核外电子运动状态的数学表达式。它是空间坐标(x,y,z)或(r,θ,ϕ)的函数，量子力学中把原子体系中的每一个波函数称为原子轨道。它代表了原子核外电子的一种运动状态。

(2) 每一个波函数都有相对应的能量 E，因而波函数又称为能级，对于氢原子和类氢离子来说，其能量为

$$E_n = \frac{-2\pi^2 me^4 Z^2}{n^2 h^2}(\text{J}) = -13.6\frac{Z^2}{n^2}(\text{eV}) \tag{9.11}$$

式中，Z 为原子的核电荷数；m 为电子的质量；e 为电子的电荷量；eV 为能量量纲电子伏特。

(3) 波函数本身没有明确直观的物理意义，只是代表核外电子运动的一种状态。但是波函数绝对值的平方 $|\Psi|^2$ 却有明确的物理意义，它表示电子在核外空间某处出现的概率大小，即概率密度。

9.2.3 概率密度和电子云

根据量子力学的理论，不可能同时准确获得一个核外电子在某一时刻的运动速度和准确位置，但是这并不说明核外电子的运动没有规律性。如果在某一时刻同时观察大量的电子，或长时间观察同一个电子在核外空间各处出现的情况，可以发现，电子在核外空间有些区域出现的概率大，而在另外一些区域出现的概率小，电子的运动符合一定的统计分布规律。因此，可以用量子力学的统计方法对电子的运动情况进行描述。

对于氢原子核外的电子运动来说，如果用高速照相机摄取氢原子的 1s 电子在某一时刻在核外空间的位置，并用一个小黑点来表示，且在不同时刻拍摄了很多张照片。然后对电子所处的位置进行对比，从表面上来看，对任何一张照片而言，电子在核外出现的位置(小黑点位置)是无规律可言的，或者说是不可预知的。但是将这些照片重叠在一起进行统计处理，则可发现电子在核外空间的一个球形区域内[图 9.5(a)]出现的机会较大。图 9.5(a)中，小黑点密集的区域(靠近原子核)表示电子在此区域出现的概率密度大，在离核较远的区域小黑点稀疏，表示电子在此区域出现的概率密度小。这样的图像称为电子云(electron cloud)。它是电子在核外空间出现可能性大小的统计性示意图。因此，电子云图中的小黑点并不表示在此区内出现的电子数目，而是电子在此区域出现可能性大小的形象表示。

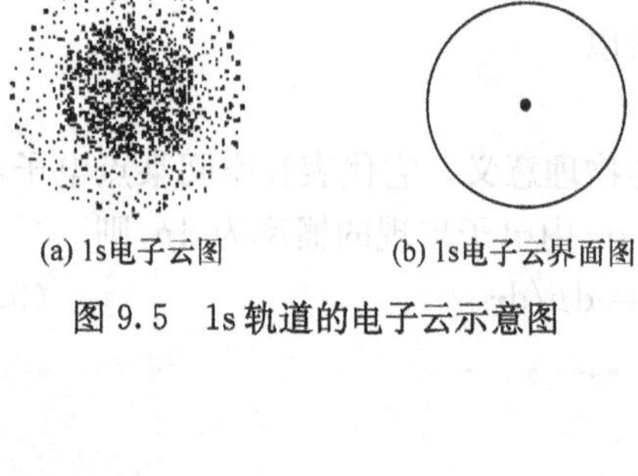

(a) 1s电子云图　(b) 1s电子云界面图

图 9.5　1s 轨道的电子云示意图

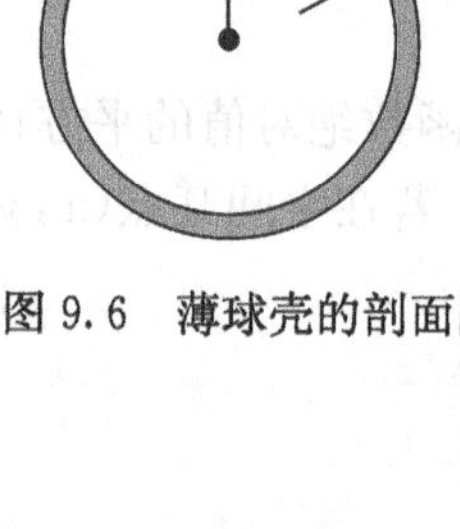

图 9.6　薄球壳的剖面图

电子在核外的概率分布也可用壳层概率分布表示。壳层概率是指离核半径为 r、厚度为 δr 的薄球壳层中电子出现的概率(图 9.6),壳层概率等于球壳体积乘以概率密度。球壳体积随半径的增大而增大,而概率密度则随半径的增大而减小,两个因素的变化趋势正好相反。在某一薄球壳内电子出现的概率达到最大值,随后由于概率密度因素成为球壳概率变化的主要作用,壳层密度又随半径增大而减小。对于基态氢原子,球壳密度达到最大值的位置在离核 52.9pm 处。这个位置正好与玻尔的基态氢原子半径相等。量子力学与玻尔理论的区别在于:量子力学认为电子只是在 52.9pm 的球壳层内出现的可能性最大,在半径大于或小于 52.9pm 处电子也可出现,而玻尔理论则认为电子只能在半径 52.9pm 处出现。

电子云是没有边界的。即使在离核很远的地方,电子仍有可能出现,只是出现的概率很小,属于小概率事件,可以忽略。因此,通常取一个电子的等概率密度面(电子云密度相等的曲面),使在界面内电子出现的概率达到某一定值(如 90%),以此图像来表示电子云的形状,这样的图像称为电子云的界面图[图 9.5(b)]。

9.2.4 原子轨道和电子云的空间图像

通过解薛定谔方程,可以得到波函数 Ψ 的数学表达式。由于 Ψ 是 r、θ、ϕ 三个变量的函数,因此在三维空间内很难表示出它们的图像。但可以将波函数分解成角度分布 $Y(\theta,\phi)$ 和径向分布 $R(r)$ 两部分,从角度分布和径向分布这两个方面分别讨论原子轨道和电子云的空间图像。有关波函数及电子云的图形多种多样,下面介绍较为重要的几种图形。

1. 波函数及电子云的径向分布

在薛定谔方程的解中,$R(r)$ 是波函数的径向波函数。以 $R(r)$ 对 r 作图,可以表示出在一定角度方向上波函数值随 r 的变化情况。径向分布有两种表示方法:一种是 $R(r)$ 对 r 作图(图 9.7)。另一种表示方法是考虑一个离核距离为 r,厚度为 dr 的薄层球壳,由于以 r 为半径的球面的面积为 $4\pi r^2$,球壳的体积为 $d\tau=4\pi r^2 dr$,则在此球壳内电子出现的概率为 $p=R^2(r)d\tau=4\pi r^2R^2(r)dr$。令 $D(r)=4\pi r^2R^2(r)$,并称 $D(r)$ 为径向概率密度分布函数。以 $D(r)$ 对 r 作图,可得氢原子电子云的径向概率密度分布图(图 9.8)。

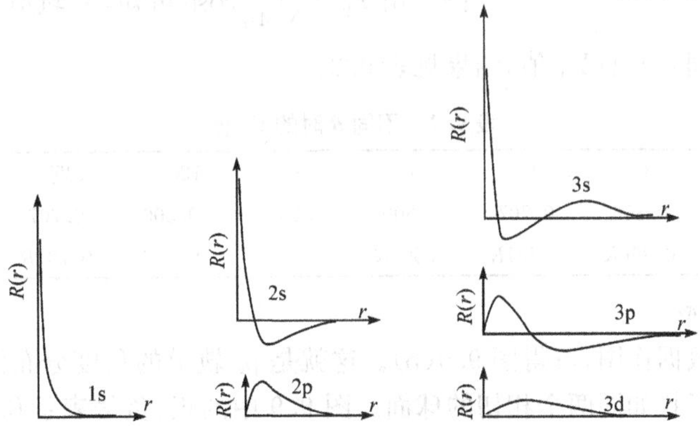

图 9.7 氢原子波函数径向分布示意图

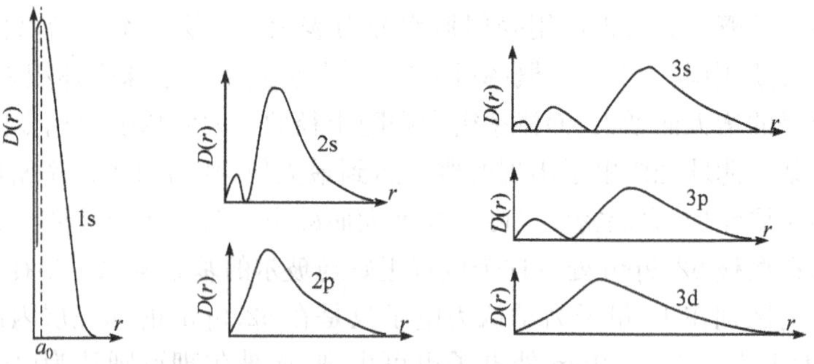

图 9.8 氢原子电子云径向概率密度分布图

对比图 9.7 和图 9.8，可见 $D(r)$ 与 $R(r)$ 的图形是不同的，如 1s 轨道的最大波函数值出现在近核处，而 $D(r)$ 在玻尔半径（$a_0=52.9$pm）处有极大值。因为在近核处虽然 $R(r)$ 值很大，但 r 很小，$D(r)$ 不会很大，在离核远处，尽管 r 很大，但此处 $R^2(r)$ 值很小，所以 $D(r)$ 值也很小。

由图 9.7 和图 9.8 还可以看出，波函数及电子云的径向分布图有 $n-l$ 个峰值。例如，1s 和 3s 轨道分别有 1 个峰和 3 个峰，2p 轨道有 1 个峰，而 3p 轨道有 2 个峰，3d 轨道有 1 个峰，……图形也说明：主量子数 n 越大，主峰离核就越远。

2. 波函数及电子云的角度分布图

1）原子轨道的角度分布图

原子轨道的角度分布图表示角度分布函数 $Y(\theta,\phi)$ 随 θ,ϕ 变化的情况。它表示原子轨道在空间的伸展方向。

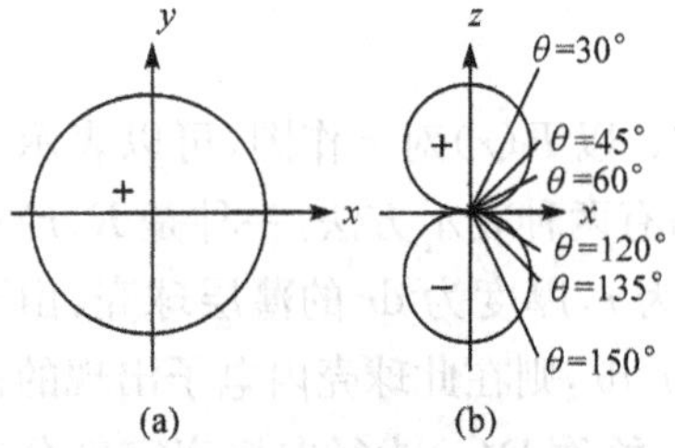

图 9.9 s(a)和 p_z(b)轨道角度分布截面图

例如，氢原子 s 轨道的角度分布函数为 $Y_s=\sqrt{\dfrac{1}{4\pi}}$。因为 Y_s 是一个常数，与 θ、ϕ 无关，所以 s 轨道的角度分布图是半径为 $\sqrt{\dfrac{1}{4\pi}}$ 的一个球面[图 9.9(a)为其截面图]。同样可以画出 p_z 原子轨道的角度分布图。由 $Y_{p_z}=\sqrt{\dfrac{3}{4\pi}}\cos\theta$ 可知，p_z 轨道与 ϕ 无关，可在作图前先计算出不同 θ 下的 Y_{p_z} 值，结果见表 9.2。

表 9.2 不同 θ 时的 Y_{p_z} 值

θ	0°	30°	45°	60°	90°	120°	135°	150°	180°
$\cos\theta$	1.00	0.866	0.707	0.500	0.000	−0.500	−0.707	−0.866	−1.00
Y_{p_z}	1.00R	0.866R	0.707R	0.500R	0.000	−0.500R	−0.707R	−0.866R	−1.00R

注：表中 $R=\sqrt{3/4\pi}$。

由表 9.2 的数据作图，可得图 9.9(b)。这就是 p_z 轨道的角度分布图。可见 p_z 原子轨道的角度分布形状如同两个相切的球面。图 9.9 中的正、负号表示角度分布函数值的正、负，并不代表电荷符号。由于 Y_{p_z} 在 z 轴上出现极值，所以称为 p_z 轨道。在 xy 平面

上 $Y_{p_z}=0$，这样的平面称为**节面**。在节面上电子出现的概率为零。

其他原子轨道的角度分布图可依据同样的方法得到，其截面图形如图 9.10 所示。原子轨道的形状是由 l 所决定的，与 n 和 m 无关，只要 l 相同，其形状就相同。从图 9.10 中可以看出：p_x、p_y 图形与 p_z 一样，都是两个相切的球体，称为哑铃形，只是在空间的取向不同，Y_{p_x}、Y_{p_y} 分别在 x、y 轴上出现极值。d 轨道为花瓣形，其中 $Y_{d_{xy}}$、$Y_{d_{yz}}$、$Y_{d_{xz}}$ 分别在 x 轴与 y 轴、y 轴与 z 轴、x 轴与 z 轴夹角的平分线上出现极值，$Y_{d_{x^2-y^2}}$ 在 x、y 轴的轴向上出现极值，而 $Y_{d_{z^2}}$ 在 z 轴方向上出现极值，且函数值为正，但在 xy 平面上，还有一个函数值为负的"面包圈"形的分布。需要注意以下几点：

(1) p_z、p_x、p_y 分别对应于磁量子数 $m=0$、±1 的 p 轨道的三个空间取向，d_{z^2}、$d_{x^2-y^2}$、d_{xy}、d_{yz}、d_{xz} 分别对应于磁量子数为 0、±1、±2 的 d 轨道的五个伸展方向。

(2) 波函数的角度分布与量子数 l 和 m 有关，而与主量子数 n 无关。量子数 l 决定轨道角度分布的形状，而量子数 m 则决定轨道的伸展方向，如 Y_{1s}、Y_{2s}、Y_{3s} 可统称为 s 轨道的角度分布，是球形对称的；$2p_x$、$3p_x$、$4p_x$ 可统称为 p_x 轨道角度分布图，p_x、p_y、p_z 具有相同的形状，但却分布在不同的方向上……

(3) 原子轨道角度分布图中的"＋"、"－"号只表示轨道角度函数值的正、负，而不表示电荷的正、负。这种"＋"、"－"号也通常表示原子轨道的对称性，在化学键形成过程中，这种对称性具有重要的意义，将在第 10 章讨论。

2) 电子云的角度分布

电子云是电子在核外空间出现概率密度分布的形象化表示，其角度分布函数的数学表达式为 $Y^2(\theta,\phi)$。p_z 电子云的角度分布函数为 $Y^2_{p_z}=\dfrac{3}{4\pi}\cos^2\theta$，当以 $Y^2(\theta,\phi)$ 随 θ、ϕ 的变化作图时，得到的图形称为**电子云的角度分布图**，如图 9.11 所示。

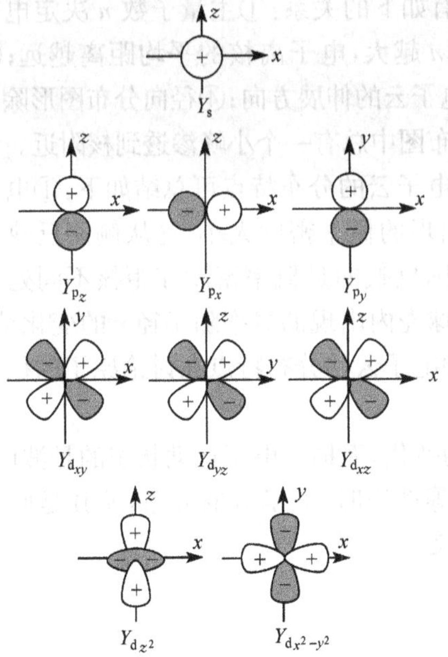

图 9.10 s、p、d 波函数角度分布截面示意图

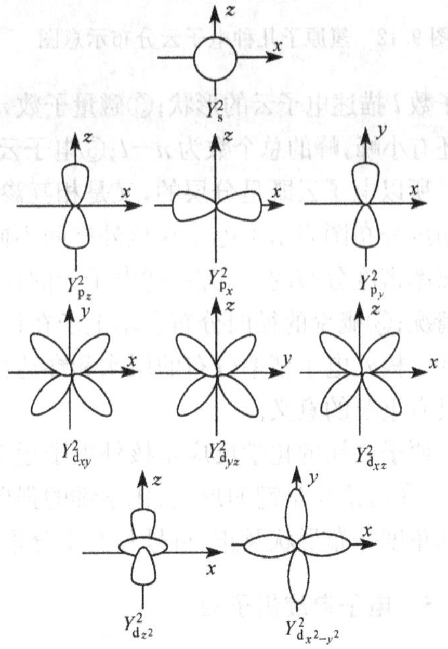

图 9.11 s、p、d 电子云角度分布截面示意图

电子云的角度分布图与原子轨道的角度分布图相似，但它们存在以下两点区别：

(1) 电子云的角度分布图比原子轨道的角度分布图要瘦些。因为$|Y|\leqslant 1$，故$Y^2\leqslant|Y|$。

(2) 原子轨道的角度分布图有正、负号，而电子云的角度分布图无正、负之分。

原子轨道和电子云的角度分布图只是反映波函数在核外空间的伸展方向，不是原子轨道和电子云的实际形状。电子云的空间图像要综合考虑电子云的角度分布和径向分布。它的空间形状虽与电子云角度分布有关，但却不相同。图 9.12 为氢原子的 1s、2s 及 $2p_z$、$3p_z$ 轨道的电子云分布图。可以看出，1s、2s 轨道电子云虽然都是球形分布，但 1s 轨道只有 1 个极值，2s 轨道却有 2 个极值，表现在电子云黑点图上，分别出现 1 个黑点密集区和 2 个黑点密集区，$2p_z$ 和 $3p_z$ 轨道的电子云分布也是如此。这种不同是由主量子数 n 所决定的。ns 轨道有 n 个极值，出现 n 个黑点密集区，np 轨道具有 $n-1$个极值，在电子云黑点图中出现 $n-1$ 个密集区。可以推断，nd 轨道将有 $n-2$ 个极值，nf 轨道将有 $n-3$ 个极值，在黑点图中分别出现 $n-2$和$n-3$个密集区。不难发现，原子轨道的电子云图具有 $n-l$ 个极值，其黑点图中有 $n-l$ 个黑点密集区。要注意的是，在这些黑点密集区中总有一个出现在核的附近。

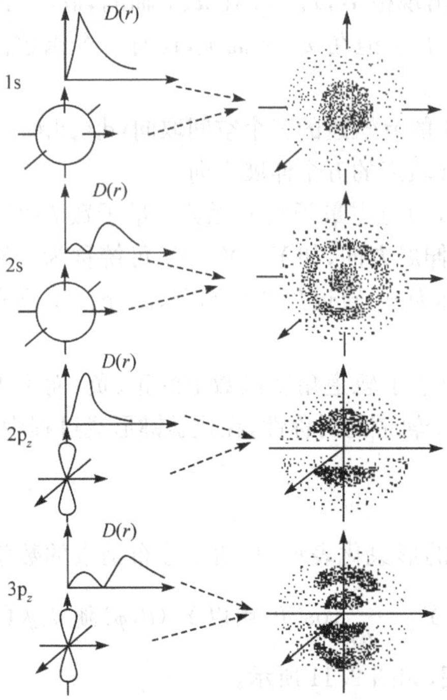

图 9.12 氢原子几种电子云分布示意图

通过上面的讨论，可知轨道的电子云分布与量子数有如下的关系：①主量子数 n 决定电子云的大小，n 越大，电子离核的平均距离越远；②角量子数 l 描述电子云的形状；③磁量子数 m 描述电子云的伸展方向；④径向分布图形除主峰外还有小峰，峰的总个数为 $n-l$；⑤电子云径向分布图中总有一个小峰渗透到核附近。

所以电子云既是分层的，又是相互渗透的。电子云的分布特点可总结如下：①电子云的角度分布图表示了电子在核外空间不同角度出现的概率密度大小，这从侧面反映了电子概率密度分布的方向性；②电子云的径向分布图反映的是概率密度在距核不同处的分布情况；③概率的径向分布表示电子在核外空间球壳内出现的概率随半径 r 的变化情况，反映了核外电子概率分布的层次和穿透性。这种电子云的分布特点在讨论原子的稳定性时具有重要的意义。

原子之间的化学反应是核外电子运动状态的变化，而描述电子运动状态的是波函数。因此，在讨论化学键的形成、化学键的强弱、方向等性质时，波函数的分布，尤其是原子轨道的角度分布形状及正、负号具有十分重要的意义。

9.2.5 电子自旋量子数

电子在原子核外的运动状态可以用波函数来表示，每个波函数对应一个原子轨道。

在 9.2.2 介绍过，对于每个波函数，都具有三个对应的量子数 n、l、m。反过来说，这三个量子数一旦确定，就唯一地确定了一个原子轨道，这个原子轨道的形状、大小以及在空间的伸展方向也就确定了。然而，通过高分辨率的光谱仪测定 H 原子光谱时，发现其 H_α 光谱线是由两条靠得很近的谱线组成的，其波长分别为 656.272nm 和 656.285nm，钠的原子光谱线中最亮的黄色谱线也是由 589.0nm 和 589.6nm 两条线组成的。这些现象用玻尔理论无法解释，用薛定谔波函数也无法说明这一实验事实。这说明在这一轨道上运动的电子，其运动状态除了受到 n、l、m 三个量子数制约外，电子自身还存在着自旋运动，就像地球除了绕太阳公转以外，也在进行自转一样。因此，要确切地描述核外某个电子的运动状态，除了解薛定谔方程得出的波函数的特征量子数 n、l、m 外，还必须加入一个描述电子自身运动的特征量子数，称为电子的自旋量子数，用 m_s 表示。斯特恩(Stern)和格拉克(Gerlach)的实验证实了这一结论(图 9.13)，由图 9.13 可以看出，在检测屏上出现了下、上两个黑点，表明电子的自旋运动只有两个方向，要么是顺时针方向，要么是逆时针方向，分别用“↑”和“↓”来代表，相应的 m_s 分别为 $+\frac{1}{2}$ 和 $-\frac{1}{2}$。因此，描述原子中每个电子的运动状态需要四个量子数。其中主量子数 n 决定了电子运动离核的平均距离和能量的高低，决定了电子所处的层；角量子数 l 决定了电子运动空间区域的形状，即原子轨道或电子云的形状，或电子所在的亚层，同时它也影响多电子原子的轨道能量；磁量子数 m 决定了原子轨道在空间的伸展方向，决定了每个亚层中原子轨道的数目；电子自旋量子数反映出了电子的自旋方向。

图 9.13 电子自旋测定装置示意图

9.3 多电子原子核外电子的排布

9.3.1 多电子原子轨道的能级

原子轨道的能级与主量子数 n 和角量子数 l 有关。氢原子中只有一个电子，这个电子只受核的吸引作用，其原子轨道的能级只与其离核的距离(平均距离)有关，即只取决于主量子数。主量子数越大，电子离核越远，能级越高。对于含有多个电子的原子，电子不仅受原子核的吸引作用，而且电子之间也具有相互作用。这种相互作用的结果使主量子数相同而角量子数不同的原子轨道的能级产生分裂，使同一主量子数的不同轨道的能量不再相等。因此，多电子原子中各轨道的能量不仅取决于主量子数，也受角量子数的影响。

1. 鲍林近似能级图

鲍林(Pauling)根据光谱实验的结果，提出了多电子原子中原子轨道的近似能级图(图 9.14)。鲍林能级图中的每个小圆圈代表一个原子轨道，每个小圆圈所在的位置表示此轨道的能级高低。

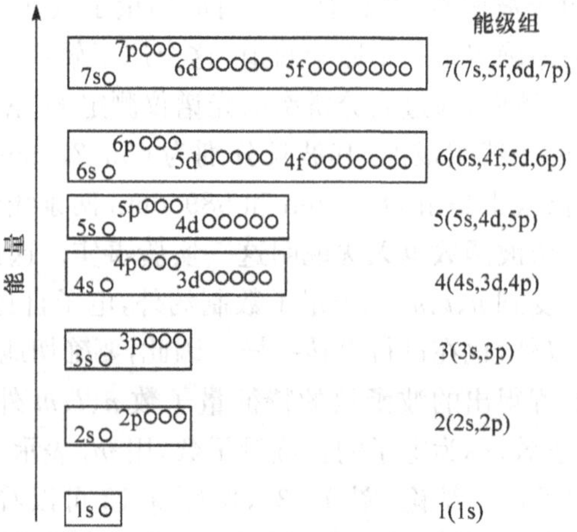

图 9.14　原子轨道近似能级图

图 9.14 中的轨道能级仅仅反映了多电子原子中原子轨道能量的近似高低，不要误认为所有元素原子的能级高低都是一样的，如氢原子与其他原子的能级高低具有明显的区别。按照图中各轨道的能级高低顺序填充电子，所得结果与光谱实验得到的各元素基态原子中电子的排布情况大致相符，故也可以将这种能级图看成**电子填充顺序图**。关于鲍林的近似能级图，现作如下说明：

(1) 在鲍林能级图中，把能量相近的原子轨道划分为一组，称为**能级组**(group of energy)。通常分为 7 个能级组。各能级组的能量由低到高次序如下：

第一能级组：1s	1 个原子轨道
第二能级组：2s，2p	4 个原子轨道
第三能级组：3s，3p	4 个原子轨道
第四能级组：4s，3d，4p	9 个原子轨道
第五能级组：5s，4d，5p	9 个原子轨道
第六能级组：6s，4f，5d，6p	16 个原子轨道
第七能级组：7s，5f，6d，7p	16 个原子轨道

其中，第四～七能级组中每个能级组包含了不同主量子数的能级。例如，第六能级组中，除了第六电子层的 6s、6p 外，还有第四电子层的 4f 和第五电子层的 5d 轨道，这就是**能级交错**现象。能级交错现象对核外电子排布及元素性质具有很大的影响。在能级图中，相同能级组的轨道能量比较接近，而不同能级组的原子轨道能量有较大的差别，因此原子轨道能级组是以原子轨道的能量划分的，而不是以原子轨道离核的远近即主量子数 n 来划分的。

(2) 角量子数相同时，轨道的能量由主量子数 n 决定，如

$$E_{1s} < E_{2s} < E_{3s} < E_{4s} \qquad E_{2p} < E_{3p} < E_{4p}$$

(3) 主量子数 n 相同而角量子数 l 不同的能级，其能量随角量子数 l 增大而增大，产生能级分裂现象，即

$$E_{ns} < E_{np} < E_{nd} < E_{nf}$$

这与单电子的氢原子体系是不同的。对于单电子体系，E 只与 n 有关，即

$$E_{ns} = E_{np} = E_{nd} = E_{nf}$$

(4) 存在能级交错现象，即出现了主量子数 n 大的原子轨道的能量低于主量子数 n 小的轨道的能量现象。例如

$$E_{4s} < E_{3d} < E_{4p}$$
$$E_{5s} < E_{4d} < E_{5p}$$
$$E_{6s} < E_{4f} < E_{5d} < E_{6p}$$

2. 原子轨道能级与原子序数的关系

原子轨道的能级高低除了与主量子数和角量子数有关外，还与元素的原子序数有关。原子的核电荷数越多，对电子的吸引力越大，电子离核就越近，轨道能量就越低。科顿 1962 年提出了多电子原子轨道能量相对高低与原子序数的关系图(图 9.15)。从图 9.15 中可以得出以下几点结论：

(1) 原子序数为 1 的氢原子，因只有一个电子，不存在电子间的相互作用，各亚层能级不发生分裂，即主量子数相同、角量子数不同的轨道能级相同，如 $E_{2s}=E_{2p}$、$E_{3s}=E_{3p}=E_{3d}$。

(2) 随着原子序数的增大，核电荷数增多，对外层电子的吸引能力加强，所以各轨道能量都有下降的趋势。

(3) 能级交错现象。由于各轨道的形态不同，电子之间的相互排斥作用不同，使电子受核的吸引作用也不同，填充电子后轨道能量的下降程度就不同，能级的相对位置发生了变化，因而产生了能级交错现象。

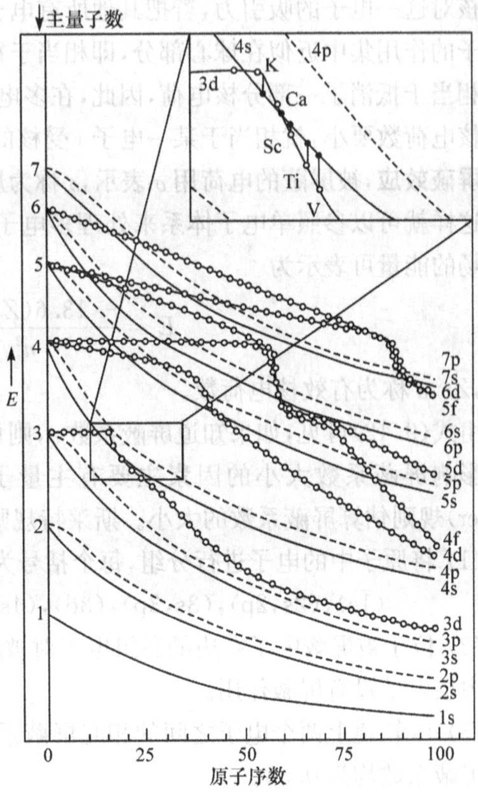

图 9.15 多电子原子轨道能量与原子序数的相对高低关系图

(4) 当原子序数较大时，同一电子层(主量子数相同)的内层原子轨道中各亚层的轨道能量在下降过程中又趋于接近，导致轨道能级交错现象消失，如原子序数较小或较大的原子的 $E_{3d}<E_{4s}$，这一点与鲍林的能级图不同。

科顿的多电子原子轨道能量与原子序数的关系图反映了各原子中轨道能量的实际关系，反映出了各轨道能量在原子序数不同时的能量高低状况。

那么，为什么氢原子各层中轨道能量是相同的，而多电子原子各层能级是分裂的？为什么具有能级交错现象？这一问题通常可以用“屏蔽效应”(screening effect)和“钻穿效应”(penetration effect)来解释。

9.3.2　屏蔽效应和钻穿效应

1. 屏蔽效应

对于氢原子，由于核外只有一个电子，这个电子仅受到原子核的作用，因此氢原子的波动方程可以精确求解，且这个电子的能量只与主量子数 n 有关。但对于多电子体系，核外电子除了受核的吸引作用外，电子之间还存在着静电排斥作用。通常情况下，多电子原子体系采用中心力场的近似模型处理。

对多电子体系中的某一个电子而言，其他电子对它的排斥作用实际上相当于减弱了原子核对这一电子的吸引力，若把其他所有电子的电子云形状近似为球状来处理，并将这些电子的作用集中近似在球心部分，即相当于在原子核上形成一个负电荷中心，此负电荷中心相当于抵消了一部分核电荷，因此，在多电子体系中，某一电子受核的吸引作用比实际的核电荷数要小，就相当于某一电子 i 受核的作用被其他电子屏蔽掉一部分，这种作用称为**屏蔽效应**，被屏蔽的电荷用 σ 表示，σ 称为**屏蔽系数**(screening constant)。

这样就可以参照单电子体系来处理多电子体系了。在多电子体系中，电子 i 所处的势能场的能量可表示为

$$E=\frac{-13.6(Z-\sigma)^2}{n^2}(\mathrm{eV}) \tag{9.12}$$

式中，$Z-\sigma$ 称为有效核电荷数。

由式(9.12)可见，如果知道屏蔽系数 σ，则可得到多电子原子中各能级的近似能量。

影响屏蔽系数大小的因素主要有主量子数 n、角量子数 l 等。通常可用**斯莱特**(Slater)**规则**估算屏蔽系数的大小。斯莱特规则的基本要点如下：

(1) 将原子中的电子进行分组，每个括号为一组

(1s)，(2s，2p)，(3s，3p)，(3d)，(4s，4p)，(4d)，(4f)，(5s，5p)，…

(2) 位于被屏蔽电子右边的各组电子对被屏蔽电子的 $\sigma_i=0$，即可近似地认为外层电子对内层电子没有屏蔽作用。

(3) 1s 轨道上两个电子之间的相互屏蔽系数为 0.3，其他各组中每个电子对同组电子的屏蔽系数均为 0.35。

(4) 被屏蔽电子为 ns、np 时，$n-1$ 层上的各电子对它们的 σ_i 为 0.85，主量子数小于 $n-1$ 的各电子对它们的屏蔽系数为 1.00。

(5) 被屏蔽电子为 nd、nf 上的电子时，位于它左边的各组电子对它们的屏蔽系数为 $\sigma_i=1.00$。

由此可以计算得到各电子的屏蔽系数 σ，从而计算出有效核电荷数。

【例题 9.1】 计算 N 原子中一个 2p 电子受其他电子的屏蔽系数 σ 值。

解　氮原子的电子结构为 $1s^2 2s^2 2p^3$，分为两组：$(1s)^2(2s2p)^5$

(1s)组电子对它的σ值为$2\times0.85=1.70$；

(2s2p)组内其他4个电子对它的σ值为$4\times0.35=1.40$；

所以N原子中一个2p电子受到的总的屏蔽系数为$\sigma=1.70+1.40=3.10$。

【例题9.2】 计算钙原子的3p、4s电子能级的能量。

解 钙原子的电子结构为$1s^2 2s^2 2p^6 3s^2 3p^6 4s^2$。其电子分为下面几组

$$(1s)^2(2s2p)^8(3s3p)^8(4s)^2$$

$$\sigma_{4s}=2+8+8\times0.85+1\times0.35=17.15$$

$$\sigma_{3p}=2+8\times0.85+7\times0.35=11.25$$

所以Ca的4s和3p轨道的能量分别为

$$E_{4s}=\frac{-13.6(Z-\sigma)^2}{n^2}=\frac{-13.6\times(20-17.15)^2}{4^2}=-6.90(\mathrm{eV})$$

$$E_{3p}=\frac{-13.6(Z-\sigma)^2}{n^2}=\frac{-13.6\times(20-11.25)^2}{3^2}=-115.7(\mathrm{eV})$$

可见Ca的4s轨道能级高于3p轨道能级，与光谱实验结果相符合。但有时计算值与实验事实并不符合，如计算得到的Cu的4s轨道能量高于3d轨道能量，但事实上3d轨道能量要高于4s轨道能量。其原因可以用电子的钻穿效应来解释。

2. *钻穿效应*

Cu的3d轨道能量高于4s轨道能量，出现这种情况的原因可以从原子轨道的径向分布来解释。在径向分布图(图9.16)中可以看出，虽然n较大的原子轨道主峰离原子核较远，但在原子核附近仍具有一些小的分布峰值，即n较大的核外电子虽然经常出现在离核较远的区域，但也有时出现在核的附近，这就是电子的钻穿现象。

由电子云的概率径向分布图可以看到，第四能级组的4s轨道的电子云概率分布有4个峰值(图9.16)，其中在离核较近的地方出现一个小峰，在此小峰的位置与3d轨道的电子云径向分布相比，电子出现的概率更大。也就是说，在此区域内，4s电子出现的概率要大于3d电子，即外层电子可能钻到比内层电子更靠近核的地方。这种现象称为电子云的**钻穿效应**。4s电子的钻穿效应使其受内层电子的屏蔽作用较3d电子更小。对于像Cu这样的多电子原子，4s电子的能量比3d电子的能量更低，即出现了能级的**交错现象**。注意：只有多电子体系才有可能出现能级交错现象。

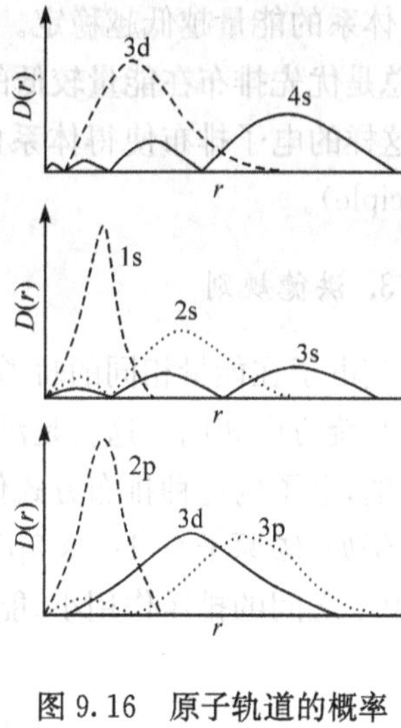

图9.16 原子轨道的概率径向分布示意图

通过上面的讨论，可以看到屏蔽效应与钻穿效应是两个相反的作用，电子的钻穿效应实际上是回避电子屏蔽的效应。它在不同程度上使核对该电子的吸引作用增强，使有效核电荷增大，能量降低。某电子的钻穿作用不仅是对其他电子屏蔽作用的反屏

蔽，而且会反过来对其他电子造成屏蔽作用。正是这种屏蔽与反屏蔽的作用，使得各电子在核外不断地运动，电子不可能落到核上，也不可能远离核。这就是原子能够稳定存在的原因。

对于多电子体系，正是由于钻穿效应与屏蔽效应的共同作用，导致了下列情况：①n 相同，l 不同的轨道，能量不同，产生了**能级分裂现象**（与氢不同），如 $E_{ns}<E_{np}<E_{nd}<E_{nf}$；②某些 n 值大、l 值小的轨道能级低于 n 值小、l 值大的轨道能级，产生了**能级交错现象**，如 $E_{3d}>E_{4s}$。这与光谱实验事实相符合。

9.3.3 多电子原子的核外电子排布

根据原子光谱实验数据和量子力学理论，总结发现基态原子中的电子排布服从以下三个原则。

1. 泡利不相容原理

在同一原子中，没有四个量子数完全相同的电子。或者说，在同一个原子轨道中，只能填充两个电子，并且这两个电子的自旋方向相反。这就是泡利不相容原理(Pauli exclusion principle)。由泡利原理可知，s、p、d、f 电子亚层中分别最多只能容纳 2、6、10 和 14 个电子。每个电子层中原子轨道数为 n^2，所以各电子层中电子的最大容量为 $2n^2$ 个。

2. 能量最低原理

体系的能量越低越稳定。因此，对于基态原子，其核外电子在不违反泡利原理的前提下，总是优先排布在能量较低的轨道上，低能量的轨道充满后，再依次占据能量较高的轨道，这样的电子排布使得体系的能量较低。这个规则称为能量最低原理(lowest energy principle)。

3. 洪德规则

当电子在能量相同的轨道(称为简并轨道)上排布时，总是尽可能地分占不同的轨道，并且自旋方向相同。这就是洪德规则(Hund's rule)。洪德规则是在大量的光谱实验中发现的，电子的这种排布方式使得体系的能量最低。

例如，碳原子 $C(1s^2 2s^2 2p^2)$ 的电子排布采用下面(a)方式，而不是(b)方式。这样的排布，电子之间的排斥作用小，能量较低，是一种最稳定的状态。

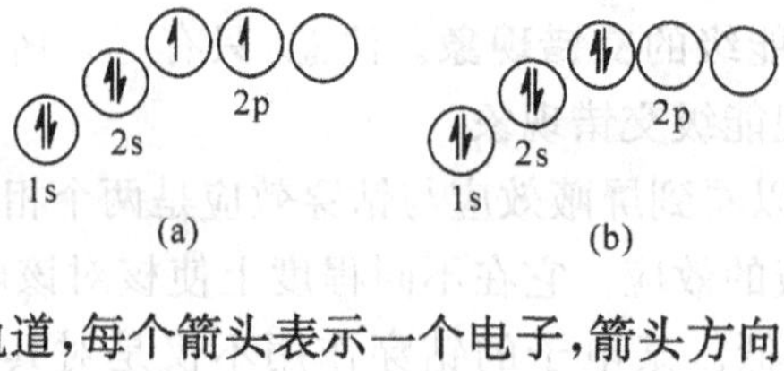

其中每个圆圈表示一个轨道，每个箭头表示一个电子，箭头方向表示电子的自旋方向。

但洪德规则还存在一些特例，当简并轨道全充满、半充满或全空时，体系比较稳定，即下面这些状态是稳定状态：

全充满	s^2	p^6	d^{10}	f^{14}
半充满	s^1	p^3	d^5	f^7
全空	s^0	p^0	d^0	f^0

当处于上述这些状态时，各亚层的电子云分布总和正好处于**球对称状态**，原子结构比较稳定，体系能量较低。因此，在可能的情况下，电子将优先处于这些状态。

根据这三个原则，结合鲍林的近似能级图和科顿的电子能量与原子序数关系图，就可以写出多电子原子的电子排布式。

【例题 9.3】 写出$_{26}Fe$和$_{29}Cu$的核外电子结构式。

解

$$_{26}Fe: 1s^2 2s^2 2p^6 3s^2 3p^6 3d^6 4s^2$$

$$_{29}Cu: 1s^2 2s^2 2p^6 3s^2 3p^6 3d^{10} 4s^1 \quad \text{(洪德规则特例)}$$

为了避免电子结构式过长，通常可把内层已达到稀有气体电子层结构的部分写成**"原子实"**，并以此稀有气体的元素符号加"[ ]"表示。例如，$_{26}Fe$的电子排布式可写为$[Ar]3d^6 4s^2$，其中$3d^6 4s^2$称为Fe的价层电子结构；$_{29}Cu$的电子排布式可写为$[Ar]3d^{10} 4s^1$，其价电子构型为$3d^{10} 4s^1$。价电子构型是指基态原子的最后填入电子的能级组状态。

Cu原子的电子排布式不是$[Ar]3d^9 4s^2$，而是$[Ar]3d^{10} 4s^1$。这是因为$3d^9$轨道中增加一个电子就达到全充满的球对称$3d^{10}$电子结构，有特殊的稳定性。同样，$_{24}Cr$原子的电子结构是$[Ar]3d^5 4s^1$，d轨道达到了半充满的球状稳定状态，这些都是洪德规则的特例。

元素原子的核外电子排布情况主要是由光谱实验得出的，表9.3列出了原子序数1～107的元素基态原子的电子排布式。从表9.3可以看到，除了第一电子层只能容纳2个电子外，原子的最外层最多只能容纳8个电子，次外层最多可容纳18个电子，外数第三层最多能容纳32个电子。正是由于各层原子轨道容纳电子的能力不同，元素原子核外电子的排布状况呈现出周期性的变化规律。

以上为基态原子中电子的填入顺序，而**基态正离子**的核外电子的填入顺序是按主量子数从小到大的规律进行的。例如，Cu^{2+}、Cu^+的电子排布式分别为$[Ar]3d^9$、$[Ar]3d^{10}$。原子失去电子后变为正离子，一般情况下，原子轨道失去电子的顺序为np、ns、$(n-1)d$、$(n-2)f$。例如，$_{33}As \rightarrow As^{3+} \rightarrow As^{5+}$，其电子结构情况分别是$[Ar]3d^{10}4s^2 4p^3 \rightarrow [Ar]3d^{10}4s^2 \rightarrow [Ar]3d^{10}$。必须说明的是，在110多种元素中，有部分原子外层电子的排布情况比较特殊，如$_{44}Ru$：$[Kr]4d^7 5s^1$。类似的情况还有Nb、Rh、Pd、W、Pt及La系和Ac系的一些元素。因此，核外电子排布三原则及半充满、全充满、全空特例是不充分的，还有影响核外电子排布的其他因素，这是需要进一步研究的。

表 9.3　基态原子的电子排布

周期	原子序数	元素符号	电子层																	
			K	L		M			N				O				P			Q
			1s	2s	2p	3s	3p	3d	4s	4p	4d	4f	5s	5p	5d	5f	6s	6p	6d	7s
1	1	H	1																	
	2	He	2																	
2	3	Li	2	1																
	4	Be	2	2																
	5	B	2	2	1															
	6	C	2	2	2															
	7	N	2	2	3															
	8	O	2	2	4															
	9	F	2	2	5															
	10	Ne	2	2	6															
3	11	Na	2	2	6	1														
	12	Mg	2	2	6	2														
	13	Al	2	2	6	2	1													
	14	Si	2	2	6	2	2													
	15	P	2	2	6	2	3													
	16	S	2	2	6	2	4													
	17	Cl	2	2	6	2	5													
	18	Ar	2	2	6	2	6													
4	19	K	2	2	6	2	6		1											
	20	Ca	2	2	6	2	6		2											
	21	Sc	2	2	6	2	6	1	2											
	22	Ti	2	2	6	2	6	2	2											
	23	V	2	2	6	2	6	3	2											
	24	Cr	2	2	6	2	6	5	1											
	25	Mn	2	2	6	2	6	5	2											
	26	Fe	2	2	6	2	6	6	2											
	27	Co	2	2	6	2	6	7	2											
	28	Ni	2	2	6	2	6	8	2											
	29	Cu	2	2	6	2	6	10	1											
	30	Zn	2	2	6	2	6	10	2											
	31	Ga	2	2	6	2	6	10	2	1										
	32	Ge	2	2	6	2	6	10	2	2										
	33	As	2	2	6	2	6	10	2	3										
	34	Se	2	2	6	2	6	10	2	4										
	35	Br	2	2	6	2	6	10	2	5										
	36	Kr	2	2	6	2	6	10	2	6										

续表

周期	原子序数	元素符号	电子层																	
			K	L		M			N				O				P			Q
			1s	2s	2p	3s	3p	3d	4s	4p	4d	4f	5s	5p	5d	5f	6s	6p	6d	7s
	37	Rb	2	2	6	2	6	10	2	6			1							
	38	Sr	2	2	6	2	6	10	2	6			2							
	39	Y	2	2	6	2	6	10	2	6	1		2							
	40	Zr	2	2	6	2	6	10	2	6	2		2							
	41	Nb	2	2	6	2	6	10	2	6	4		1							
	42	Mo	2	2	6	2	6	10	2	6	5		1							
	43	Tc	2	2	6	2	6	10	2	6	5		2							
	44	Ru	2	2	6	2	6	10	2	6	7		1							
	45	Rh	2	2	6	2	6	10	2	6	8		1							
5	46	Pd	2	2	6	2	6	10	2	6	10									
	47	Ag	2	2	6	2	6	10	2	6	10		1							
	48	Cd	2	2	6	2	6	10	2	6	10		2							
	49	In	2	2	6	2	6	10	2	6	10		2	1						
	50	Sn	2	2	6	2	6	10	2	6	10		2	2						
	51	Sb	2	2	6	2	6	10	2	6	10		2	3						
	52	Te	2	2	6	2	6	10	2	6	10		2	4						
	53	I	2	2	6	2	6	10	2	6	10		2	5						
	54	Xe	2	2	6	2	6	10	2	6	10		2	6						
	55	Cs	2	2	6	2	6	10	2	6	10		2	6			1			
	56	Ba	2	2	6	2	6	10	2	6	10		2	6			2			
	57	La	2	2	6	2	6	10	2	6	10		2	6	1		2			
	58	Ce	2	2	6	2	6	10	2	6	10	1	2	6	1		2			
	59	Pr	2	2	6	2	6	10	2	6	10	3	2	6			2			
	60	Nd	2	2	6	2	6	10	2	6	10	4	2	6			2			
	61	Pm	2	2	6	2	6	10	2	6	10	5	2	6			2			
	62	Sm	2	2	6	2	6	10	2	6	10	6	2	6			2			
	63	Eu	2	2	6	2	6	10	2	6	10	7	2	6			2			
	64	Gd	2	2	6	2	6	10	2	6	10	7	2	6	1		2			
6	65	Tb	2	2	6	2	6	10	2	6	10	9	2	6			2			
	66	Dy	2	2	6	2	6	10	2	6	10	10	2	6			2			
	67	Ho	2	2	6	2	6	10	2	6	10	11	2	6			2			
	68	Er	2	2	6	2	6	10	2	6	10	12	2	6			2			
	69	Tm	2	2	6	2	6	10	2	6	10	13	2	6			2			
	70	Yb	2	2	6	2	6	10	2	6	10	14	2	6			2			
	71	Lu	2	2	6	2	6	10	2	6	10	14	2	6	1		2			
	72	Hf	2	2	6	2	6	10	2	6	10	14	2	6	2		2			
	73	Ta	2	2	6	2	6	10	2	6	10	14	2	6	3		2			
	74	W	2	2	6	2	6	10	2	6	10	14	2	6	4		2			
	75	Re	2	2	6	2	6	10	2	6	10	14	2	6	5		2			

续表

周期	原子序数	元素符号	电子层																
			K	L		M			N				O				P			Q
			1s	2s	2p	3s	3p	3d	4s	4p	4d	4f	5s	5p	5d	5f	6s	6p	6d	7s
	76	Os	2	2	6	2	6	10	2	6	10	14	2	6	6		2			
	77	Ir	2	2	6	2	6	10	2	6	10	14	2	6	7		2			
	78	Pt	2	2	6	2	6	10	2	6	10	14	2	6	9		1			
	79	Au	2	2	6	2	6	10	2	6	10	14	2	6	10		1			
	80	Hg	2	2	6	2	6	10	2	6	10	14	2	6	10		2			
6	81	Tl	2	2	6	2	6	10	2	6	10	14	2	6	10		2	1		
	82	Pb	2	2	6	2	6	10	2	6	10	14	2	6	10		2	2		
	83	Bi	2	2	6	2	6	10	2	6	10	14	2	6	10		2	3		
	84	Po	2	2	6	2	6	10	2	6	10	14	2	6	10		2	4		
	85	At	2	2	6	2	6	10	2	6	10	14	2	6	10		2	5		
	86	Rn	2	2	6	2	6	10	2	6	10	14	2	6	10		2	6		
	87	Fr	2	2	6	2	6	10	2	6	10	14	2	6	10		2	6		1
	88	Ra	2	2	6	2	6	10	2	6	10	14	2	6	10		2	6		2
	89	Ac	2	2	6	2	6	10	2	6	10	14	2	6	10		2	6	1	2
	90	Th	2	2	6	2	6	10	2	6	10	14	2	6	10		2	6	2	2
	91	Pa	2	2	6	2	6	10	2	6	10	14	2	6	10	2	2	6	1	2
	92	U	2	2	6	2	6	10	2	6	10	14	2	6	10	3	2	6	1	2
	93	Np	2	2	6	2	6	10	2	6	10	14	2	6	10	4	2	6	1	2
	94	Pu	2	2	6	2	6	10	2	6	10	14	2	6	10	6	2	6		2
	95	Am	2	2	6	2	6	10	2	6	10	14	2	6	10	7	2	6		2
	96	Cm	2	2	6	2	6	10	2	6	10	14	2	6	10	7	2	6	1	2
7	97	Bk	2	2	6	2	6	10	2	6	10	14	2	6	10	9	2	6		2
	98	Cf	2	2	6	2	6	10	2	6	10	14	2	6	10	9	2	6	1	2
	99	Es	2	2	6	2	6	10	2	6	10	14	2	6	10	11	2	6		2
	100	Fm	2	2	6	2	6	10	2	6	10	14	2	6	10	12	2	6		2
	101	Md	2	2	6	2	6	10	2	6	10	14	2	6	10	13	2	6		2
	102	No	2	2	6	2	6	10	2	6	10	14	2	6	10	14	2	6		2
	103	Lr	2	2	6	2	6	10	2	6	10	14	2	6	10	14	2	6	1	2
	104	Rf	2	2	6	2	6	10	2	6	10	14	2	6	10	14	2	6	2	2
	105	Db	2	2	6	2	6	10	2	6	10	14	2	6	10	14	2	6	3	2
	106	Sg	2	2	6	2	6	10	2	6	10	14	2	6	10	14	2	6	4	2
	107	Bh	2	2	6	2	6	10	2	6	10	14	2	6	10	14	2	6	5	2

9.4　原子的电子层结构与元素周期性

由表 9.3 基态原子的电子排布可以看出，随着核电荷数的增加，原子最外层电子排布呈现周期性的变化，即最外层电子构型重复着从 ns^1 到 ns^2np^6 的变化，这就是元素周期律（periodic rule）产生的基础，也是周期表形成的依据。目前通用的元素周期有 7 行 18

列，分别称为周期和族。

9.4.1 原子的电子层结构与周期

第1号元素氢(hydrogen)与第2号元素氦(helium)的基态原子中，电子填入第一能级组的1s轨道。第一电子层的1s轨道填入两个电子后达到了全充满状态，即电子层全充满，所以第一周期只有氢和氦两个元素。

从第3号元素锂(lithium)到第10号元素氖(neon)，基态原子外层电子填入第二能级组的2s2p轨道，这两类4个轨道总共可填8个电子，因此有8个元素组成了第二周期。

从第11号元素钠(sodium)到第18号元素氩(argon)，电子填入第三能级组的3s3p轨道。最外层电子是第三层的电子，当到氩完成3p轨道电子填充时，由于能级交错现象的存在，再增加的电子将进入第四电子层的4s轨道，而不是第三层3d轨道。因此，第三周期的元素数目也只有8个。

第19号元素钾(kalium)因能级交错现象出现了第四电子层。外层电子填入了第四能级组的4s轨道。随着原子序数的增加，当4s轨道充满两个电子后，又开始3d轨道的填充，直到30号元素Zn，其3d轨道填满了10个电子，再增加的电子将填充到4p轨道，直到第36号元素氪(krypton)，第四能级组中(4s3d4p)的轨道均已填满电子，形成了含有18个元素的长周期——第四周期。

与第四周期元素类似，从37号元素铷(rubidium)到54号元素氙(xenon)，18种元素形成了第五周期。但由于第五能级组中5s和4d轨道的能量差别要小于4s与3d轨道的能量差别，因此，部分元素原子的电子层结构偏离了正常的分布状况，如铌(niobium)原子价层电子结构是$4d^4 5s^1$，而不是$4d^3 5s^2$。

随着原子序数的再增加，从55号元素铯(cesium)开始，电子开始填充到6s轨道，随后填入4f轨道，然后再进入5d轨道，最后是6p轨道。当这些轨道全充满电子后，排到86号元素氡(radon)，这32个元素就形成了一个超长周期——第六周期。

电子数再增加，就开始排入第七能级组，从而形成了第七周期系。第七周期系也将具有32种元素，但目前还有几种元素没有发现。所以，第七周期是一个未满周期。

通常根据电子填入轨道的情况，把电子最后填入d轨道的元素称为**过渡元素**(transition element)，而把电子最后填入f轨道的元素称为**内过渡元素**(inner transition element)，第六周期的内过渡元素从镧(lanthanum)到镱(ytterbium)共14种元素①，第一个是镧，因此又称为镧系元素(lanthanide elements)。第七周期的内过渡元素从锕(actinium)到锘(nobelium)也是14种元素，第一个是锕，所以称为锕系元素(actinide elements)。镧系和锕系元素在周期表中单独列出。

把所有元素按其电子结构的周期性依照一定的规则排列起来，就可得到元素周期表(periodic table)。在元素周期表中，随着原子核电荷数依次增大，原子的最外层电子结构重复排列，形成了元素的周期性变化。原子的最外层电子层数，即最大主量子数就是该元素所在的周期数。例如，$[Ar]3d^6 4s^2$元素就是第四周期的元素，$[Kr]4d^1 5s^2$是第五周

① 在早期的周期表中，镧系包括La～Lu 15种元素，锕系包括Ac～Lr 15种元素。

期的元素。

9.4.2 原子的电子层结构与族

在周期表中，外层电子结构相同的元素所在的纵列称为族(group)。按长周期表中族的划分，通常把元素分为 16 个族，包括 8 个主族(main group)和 8 个副族(subsidiary group)。主族通常用符号 A 表示，副族通常用 B 表示，以罗马数字Ⅰ、Ⅱ、Ⅲ、…表示族的序号。主族包括一个 0 族(稀有气体)和ⅠA～ⅦA 族。副族包括ⅠB～ⅦB 族和一个Ⅷ族，Ⅷ族元素包括 3 列。元素所在的族数与外层电子数有关，即

主族元素族数＝最外层电子数

ⅠB、ⅡB 副族元素族数＝最外层 s 电子数

ⅢB～ⅦB 副族元素族数＝最外层 s 电子数＋次外层 d 电子数

Ⅷ族的三列元素最外层 s 电子数＋次外层 d 电子数分别为 8、9、10

例如，$[Ar]3d^6 4s^2$ 是Ⅷ族，$[Kr]4d^1 5S^2$ 在ⅢB 族。

对于同一族元素，虽然不同元素原子的电子层数不同，但它们的最外层电子层结构及最外层电子数相同，因而它们在化学反应中将表现出相似的性质。

根据元素的周期性，若已知某元素的原子序数，就可以写出该元素的电子层结构，进而判断该元素在周期表中的位置(周期和族)。反之，若已知元素在周期表中的位置，就可以推知元素的原子序数(atomic number)。

【例题 9.4】 已知某元素的原子序数是 26，写出该原子的电子结构式、元素符号及所属的周期和族。

解 该元素的原子序数为 26，所以原子核外有 26 个电子。

核外电子排布式为$[Ar]3d^6 4s^2$，元素符号为 Fe，它是第四周期的元素。$3d^6 4s^2$ 共有 8 个电子，所以是Ⅷ族的元素。

9.4.3 原子的电子层结构与元素的分区

根据元素原子的核外电子排布的特点，可将周期表中的元素分为 5 个区(block)。

(1) s 区(s-block)元素：最后一个电子填在最外层 s 轨道中的元素为 s 区元素，其价层电子结构为 $ns^{1\sim2}$。s 区包括ⅠA 和ⅡA 两族元素。其特点是易失去价层电子而形成 M^+ 或 M^{2+}，是元素周期系中最活泼的金属元素。

(2) p 区(p-block)元素：最后一个电子填充在最外层 p 轨道中的元素，称为 p 区元素，其价层电子结构式为 $ns^2np^{1\sim6}$，包括ⅢA～ⅦA 各族元素和 0 族元素。除氢以外的非金属都在 p 区。p 区元素除非金属外，还有部分金属，所有半导体元素都在 p 区。

(3) d 区(d-block)元素：最后一个电子填充在次外层 d 轨道上的元素为 d 区元素，其价层电子结构为$(n-1)d^{1\sim9}ns^{1\sim2}$，包括ⅢB～ⅦB 和Ⅷ族元素。它们都是过渡元素。由于$(n-1)d$与 ns 轨道能级相差较小，可部分或全部参与形成化学键，因此此区元素都有多种氧化值。d 区元素都是金属元素。

(4) ds 区(ds-block)元素：价电子构型为$(n-1)d^{10}ns^{1\sim2}$，包括ⅠB 和ⅡB 两族元素。其价层电子虽在 s 轨道上，但与 s 区元素不同，它的次外层有充满电子的 d 轨道。

(5) f 区(f-block)元素：最后一个电子填充在 f 能级中的元素，称为 f 区元素，包括镧系元素和锕系元素(内过渡元素)，其价电子层结构为$(n-2)f^{0\sim14}ns^2$或$(n-2)f^{0\sim14}(n-1)d^{1\sim2}ns^2$。因为这些元素的最后一个电子填入外数第三层的 f 能级，而它们的最外层和次外层的电子结构相同，所以各元素的化学性质极为类似。因此，将镧系和锕系分别置于元素周期表中的一个位置上。该区元素都是金属元素。

各区元素在周期表中的位置见图 9.17。

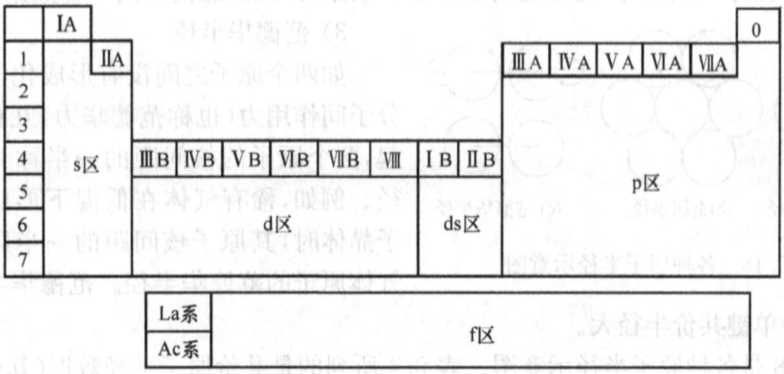

图 9.17 元素周期表分区示意图

9.5 元素基本性质的周期性

由于原子的电子层结构的周期性变化，与电子层结构有关的元素的性质，如原子半径(atomic radius)、电离能(ionization energy)、电子亲和能(electron affinity)、电负性(electronegativity)等也显现了周期性的变化规律。

9.5.1 原子半径

1. 原子半径的表示方法

除了稀有气体外，其他元素的原子都以键合的形式存在于单质或化合物中。量子力学认为：原子之间在形成化学键时，它们的原子轨道总是有一定程度的重叠，同时由于核外电子的概率分布规律，电子在核外运动时没有明确的边界。因此，单纯提原子半径的含义是不明确的，它不能表示原子核外电子的运动范围。为了讨论原子之间成键后的核间距问题，提出了原子半径的概念。根据原子所处的实际环境，原子半径一般有三种表示方法，即共价半径(covalent radii)、金属半径(metal radii)和范德华半径(van der Waals radii)。

1) 共价半径

两个相同原子形成共价单键(covalent single bond)时，其核间距离的一半就称为原子的共价半径。

2) 金属半径

金属单质的晶体中两个相邻(border upon)金属原子的核间距的一半称为该金属原子的金属半径。

由于原子之间形成共价键时,其原子轨道有较大成分的重叠,所以对于同一元素的原子,一般该原子的共价半径比它的金属半径小 10%～15%。例如,金属钠在形成气态双原子分子 Na_2 时,其单键的共价半径为 154pm,而在固态金属钠中,钠原子的核间距的一半即金属半径为 186pm,因此在使用原子半径数据时,应注意使用同一套数据。

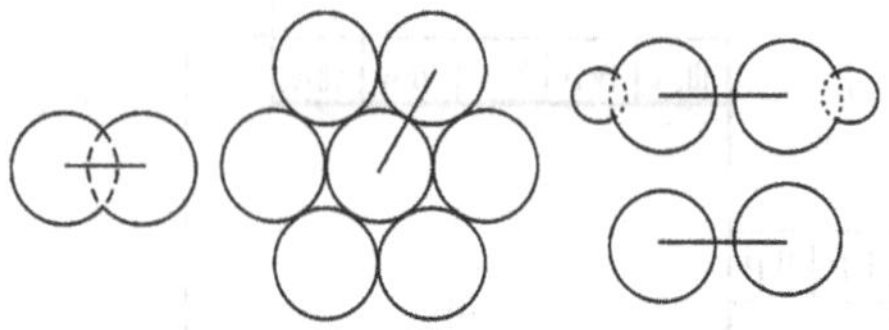

(a)共价半径　(b)金属半径　(c) 范德华半径

图 9.18　各种原子半径示意图

3) 范德华半径

如两个原子之间没有形成化学键而是靠分子间作用力(也称范德华力)互相聚集在一起,两个原子的核间距的一半称为范德华半径。例如,稀有气体在低温下形成单原子分子晶体时,其原子核间距的一半即为该稀有气体原子的范德华半径。范德华半径比同种元素原子的单键共价半径大。

图 9.18 是各种原子半径示意图。表 9.4 所列的是共价原子半径数据(其中稀有气体的原子半径为推算值)。

表 9.4　共价原子半径数据(单位:pm)

H																	He
37																	32
Li	Be											B	C	N	O	F	Ne
152	113											88	77	70	66	64	69
Na	Mg											Al	Si	P	S	Cl	Ar
186	160											143	117	110	104	99	97
K	Ca	Sc	Ti	V	Cr	Mn	Fe	Co	Ni	Cu	Zn	Ga	Ge	As	Se	Br	Kr
227	197	161	145	131	125	137	124	125	125	128	134	122	123	121	117	114	110
Rb	Sr	Y	Zr	Nb	Mo	Tc	Ru	Rh	Pd	Ag	Cd	In	Sn	Sb	Te	I	Xe
247	215	178	159	143	136	135	132	134	138	144	149	163	140	141	143	133	130
Cs	Ba	Lu	Hf	Ta	W	Re	Os	Ir	Pt	Au	Hg	Tl	Pb	Bi	Po	At	Rn
265	217	172	156	143	137	134	134	136	137	144	150	170	175	155	167	140	145

镧	La	Ce	Pr	Nd	Pm	Sm	Eu	Gd	Tb	Dy	Ho	Er	Tm	Yb
系	187	182	182	181	181	180	200	179	176	175	174	172	172	194

注:引自 W. Oxtobg exc,Principle of Modern Chemistry. 5th Ed.(2002)。

2. *原子半径随周期的变化规律*

原子半径的大小主要取决于原子的有效核电荷和核外电子的层数,周期表中的主族元素,从ⅠA～ⅦA 族,由于原子的核电荷数逐渐增加,电子层数保持不变,新增加的电子依次填充在同一电子层中。电子之间的相互排斥作用虽然增加,但因同层电子的排斥作用增加效果要比核电荷数增加的效果小,所以核对电子的吸引力增大,同一周期中主族元素随着核电荷的增加原子半径逐渐变小(图 9.19)。

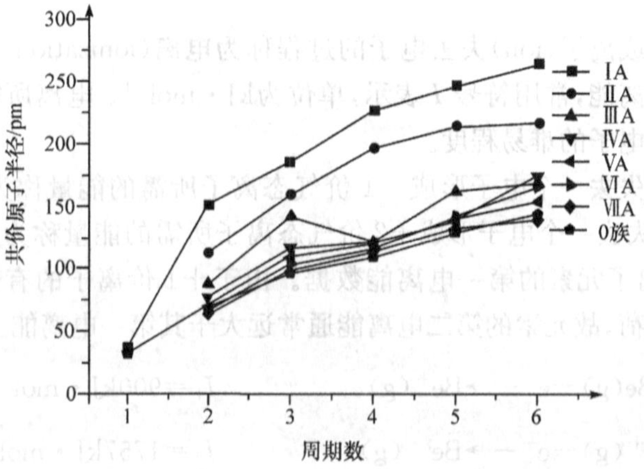

图 9.19 主族元素原子半径的变化规律

长周期表中过渡元素和内过渡元素原子半径的变化情况有所不同。由于过渡元素新增的电子是填入次外层的 d 轨道上,而次外层的 d 轨道离核的平均距离要比最外层的 s 轨道小,部分地抵消了核电荷的增加对外层 s 电子的吸引作用。因此,对于过渡元素,随着核电荷数的增加,原子核对外层电子的吸引增加缓慢,从而使原子半径的总体变化趋势略有减小。此外,当 d 轨道半充满或全充满时,可形成球对称的 d 电子云,这个球形对称的 d 电子亚层对外层的电子有较强的屏蔽作用,使核对外层电子的吸引能力下降,从而导致具有 d^5、d^{10} 结构的原子半径,比它们在周期表中相邻元素的原子半径都要略大一些。

对于最后电子填入 f 能级的镧系和锕系元素,也有类似的情况,即总体趋势是原子半径随原子序数增加而减小,并在半充满、全充满的 f^7、f^{14} 时出现原子半径略有增大的情况。同时,由于 f 区元素最后一个电子是填入外数第三电子层中,对最外层的 s 电子的屏蔽作用更大,有效核电荷增加更为缓慢。所以,其半径随原子序数增大而减小的幅度更小。

由于镧系元素随着原子序数的增加,原子半径总体上减小,虽然相邻元素的原子半径减小幅度有限,但 10 多个元素的原子半径减小的累积效果,使其后的过渡元素的原子半径也因此而缩小,从而导致了第五周期过渡元素的原子半径与第六周期同族元素的原子半径非常接近,此现象称为**镧系收缩**。对同一族的过渡元素,因其价电子构型与原子半径都相似,它们的化学、物理性质都基本一致。所以,这些元素呈现在自然界中的形式非常相似,并且分离困难。

3. 原子半径在族中的变化规律

在同一族中,从上到下,原子中的电子层数是逐渐增多的,其最外层电子的主量子数增大,离核平均距离也增大,因此原子半径显著增大。其中主族元素的原子半径随周期数增大而增加的幅度较大(图 9.19)。而副族元素半径随周期而增加的趋势较小,尤其是第五周期和第六周期的同族元素,因镧系收缩的影响,原子半径非常接近。

9.5.2 电离能

基态气体原子或离子(ion)失去电子的过程称为**电离**(ionization)。完成这一过程所需要的能量称为电离能,常用符号 I 表示,单位为kJ · mol^{-1}。电离所需能量的多少反映了原子或离子失去电子的难易程度。

基态气体原子失去一个电子形成+1 价气态离子所需的能量称为第一电离能(I_1),由+1 价气态离子失去一个电子形成+2 价气态离子所需的能量称为元素的第二电离能 I_2,……表 9.5 列出了元素的第一电离能数据。由于+1 价离子的有效核电荷大于其基态原子的有效核电荷,故元素的第二电离能通常远大于其第一电离能。例如

$$Be(g) - e^- \longrightarrow Be^+(g) \qquad I_1 = 900kJ \cdot mol^{-1}$$

$$Be^+(g) - e^- \longrightarrow Be^{2+}(g) \qquad I_2 = 1757kJ \cdot mol^{-1}$$

$$Be^{2+}(g) - e^- \longrightarrow Be^{3+}(g) \qquad I_3 = 14849kJ \cdot mol^{-1}$$

$$Be^{3+}(g) - e^- \longrightarrow Be^{4+}(g) \qquad I_4 = 21007kJ \cdot mol^{-1}$$

其中 $I_2 \ll I_3$,这是因为 Be 原子最外层只有两个电子,Be 的第三电离能是失去其内层的 1s 电子所需的能量,这个电子的原子轨道离核近,受核的吸引作用大,因而更不容易失去。因此,相对而言,Be 较易生成+2 价的离子,而不易形成更高价态的离子化合物。

表 9.5 元素的第一电离能 I_1(单位:kJ · mol^{-1})

H																	He
1312																	2372
Li	Be											B	C	N	O	F	Ne
520	900											801	1086	1402	1314	1681	2081
Na	Mg											Al	Si	P	S	Cl	Ar
496	738											578	786	1012	1000	1251	1520
K	Ca	Sc	Ti	V	Cr	Mn	Fe	Co	Ni	Cu	Zn	Ga	Ge	As	Se	Br	Kr
419	590	631	658	650	653	717	759	758	737	745	906	579	762	947	941	1140	1351
Rb	Sr	Y	Zr	Nb	Mo	Tc	Ru	Rh	Pd	Ag	Cd	In	Sn	Sb	Te	I	Xe
403	550	616	660	664	685	702	711	720	805	731	868	558	709	834	870	1008	1170
Cs	Ba	Lu	Hf	Ta	W	Re	Os	Ir	Pt	Au	Hg	Tl	Pb	Bi	Po	At	Rn
376	503	524	654	761	770	760	840	889	868	890	1007	589	716	703	812	930	1037

镧系	La	Ce	Pr	Nd	Pm	Sm	Eu	Gd	Tb	Dy	Ho	Er	Tm	Yb
	538	528	523	530	536	543	547	592	564	572	581	589	597	603

注:引自 W. Oxtoby, etc. Principle of Modern Chemistry. 5th Ed. (2002)。

此外,电子层结构也会影响原子的电离能。例如,N 原子的 $2s^2 2p^3$ 处于半充满状况,电子结构较稳定,不易失去电子,其第一电离能为 1402kJ · mol^{-1},高于其后 O 原子的第

一电离能(1314kJ·mol^{-1})。而O原子失去一个电子后可达到$2s^22p^3$的半充满稳定结构,因而O原子的第一电离能相对较低。同样各周期中电离能最大的元素是各周期最后一个稀有气体元素,它有p^6(或s^2)的稳定结构。主族元素的第一电离能变化规律如图9.20所示。电离能表示了一个元素的原子失去电子的可能性大小,可以说明元素的金属活泼性强弱。

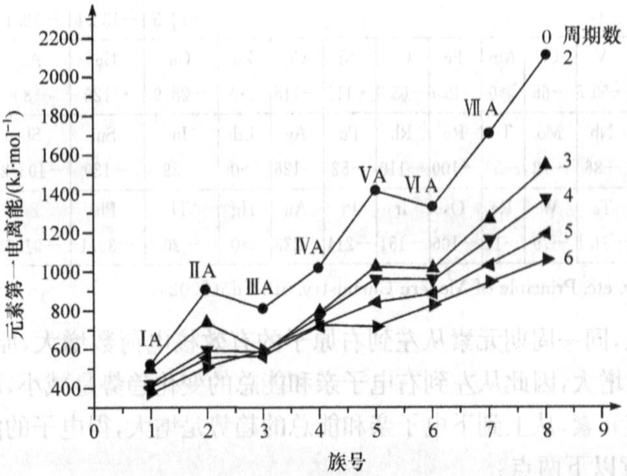

图9.20 主族元素的第一电离能变化规律

9.5.3 电子亲和能

基态气体原子得到一个电子形成气态负离子时所放出的能量称为元素的第一电子亲和能(first electron affinity),用符号A表示。例如

$$O(g)+e^- \longrightarrow O^-(g) \qquad A_1=-141.1kJ\cdot mol^{-1}$$

$$F(g)+e^- \longrightarrow F^-(g) \qquad A_1=-328kJ\cdot mol^{-1}$$

元素的第一电子亲和能除ⅡA、ⅡB族和0族元素外,一般都为负值,这是因为电子落入中性原子的原子核产生的静电场中,势能降低,体系能量减少。但是,当电子进入屏蔽作用较强的ⅡA、ⅡB与0族元素的原子核电场中时,只能进入空的p轨道或外层s轨道,破坏了全空轨道的稳定结构,因此电子所受的核的引力小于电子之间的相互排斥作用。要使电子加入这些原子中,环境必须对体系做功,这类原子的第一电子亲和能都大于0。另外,所有元素的第二电子亲和能均为正值,这是因为负离子本身是个负电场,另一个电子要进入此负电场,环境必须对体系做功,以克服负电场对电子的排斥作用。例如

$$O^-(g)+e^- \longrightarrow O^{2-}(g) \qquad A_2=780kJ\cdot mol^{-1}$$

电子亲和能的大小反映了原子得到电子的难易程度。元素第一电子亲和能越负,原子就越容易得到电子。反之,电子亲和能越大(正),则其获得电子的能力就越小。电子亲和能的大小主要取决于原子的有效核电荷、原子半径和电子层结构。表9.6列出了部分元素原子的第一电子亲和能数据。

表 9.6 元素的第一电子亲和能 A_1（单位：kJ · mol^{-1}）

H −72.8																	He +48.2
Li −59.6	Be +248.2											B −26.7	C −122	N +6.75	O −141.1	F −328	Ne +115.8
Na −52.9	Mg +38.6											Al −42.5	Si −133.6	P −72.1	S −200.4	Cl −349.0	Ar +96.5
K −48.4	Ca +28.9	Sc −18	Ti −38	V −50.7	Cr −65	Mn ≥0	Fe −15.7	Co −63.8	Ni −111	Cu −118	Zn >0	Ga −28.9	Ge −120	As −80	Se −195.0	Br −324.7	Kr +96.5
Rb −46.9	Sr +28.9	Y −30	Zr −41	Nb −86	Mo −72	Te −53	Ru −100	Rh −110	Pd −52	Ag −126	Cd >0	In −29	Sn −120	Sb −103.2	Te −190.2	I −295.2	Xe +77.2
Cs −45.5	Ba >0	Lu −50	Hf ≥0	Ta −31.1	W −79	Re −14	Os −106	Ir −151	Pt −214	Au −233	Hg >0	Tl −20	Pb −35.1	Bi −91.3	Po −180	At −270	

注：引自 W. Oxtoby. etc. Principle of Modern Chemistry. 5th Ed. (2002)。

由表 9.6 可见，同一周期元素从左到右原子的有效核电荷数增大，原子半径逐渐减小，核对电子的吸引力增大，因此从左到右电子亲和能总的变化趋势是减小，原子接受电子的能力增强。同一主族元素，从上到下电子亲和能总的趋势是增大，得电子的能力降低。

这里应当注意以下两点：

(1) 在同一周期中，当电子层结构处于全充满、半充满或全空的较稳定状态时，若再加入一个电子，则要破坏这种稳定结构。因此，ⅡA、ⅤA 族元素的第一电子亲和能大于其相邻元素原子的第一电子亲和能，如 $A_1(\mathrm{Si})<A_1(\mathrm{P})>A_1(\mathrm{S})$、$A_1(\mathrm{K})<A_1(\mathrm{Ca})>A_1(\mathrm{Ga})$。而如获得电子后，外层原子轨道能达到半充满、全充满结构时，则放出能量就多，电子亲和能代数值就小，得电子能力相对较强。

(2) 在同一族中，电子亲和能最小的一般不是各族的第一个元素（如 F、O），而是各族的第二个元素（如 S、Cl）。这是因为第二周期元素原子的半径很小，电子云密集，电子之间的相互排斥作用强，以至于当原子结合一个电子形成负离子时放出的能量相对较少。而对于第三周期的元素，原子半径相对较大，电子之间的相互排斥作用小，且有较强的核电势，因此，接受电子时放出的能量是同族中最多的，所以在周期表中电子亲和能最小的元素是 Cl。

9.5.4 电负性

原子的电离能和电子亲和能从两个不同的侧面分别反映了气态原子得失电子的能力。但由于原子组成分子的过程是原子之间得失电子综合能力的全面体现，如单纯用得电子或失电子的能力大小来考察，显然是片面的。为了全面衡量分子中各原子吸引电子的能力，鲍林在 1932 年首先提出了电负性的概念，并指定氟的电负性为 3.98，根据热化学数据的对比，求出了其他元素的电负性，用符号 χ_P 表示。元素的电负性越大，表示原子在分子中对电子的吸引能力越强。

1934 年，马利肯(Mulliken)从对电离能和电子亲和能的综合考虑，得出了另一套电负性数据

$$\chi_M = \frac{1}{2}(I + A) \tag{9.13}$$

式中，I 为所求原子的电离能；A 为所求原子的电子亲和能。

此外，还有多种电负性的标度方法，其电负性的数值也不相同，但各电负性标度中，元素的相对位置基本一致。通常采用的是鲍林的电负性数据(表 9.7)。

表 9.7 鲍林的元素电负性

H																
2.18																
Li	Be											B	C	N	O	F
0.98	1.57											2.04	2.55	3.04	3.44	3.98
Na	Mg											Al	Si	P	S	Cl
0.93	1.31											1.61	1.90	2.19	2.58	3.16
K	Ca	Sc	Ti	V	Cr	Mn	Fe	Co	Ni	Cu	Zn	Ga	Ge	As	Se	Br
0.82	1.00	1.36	1.54	1.63	1.66	1.55	1.90	1.88	1.91	1.90	1.65	1.81	2.01	2.18	2.55	2.96
Rb	Sr	Y	Zr	Nb	Mo	Tc	Ru	Rh	Pd	Ag	Cd	In	Sn	Sb	Te	I
0.82	0.95	1.22	1.33	1.60	2.16	1.90	2.30	2.28	2.20	1.93	1.69	1.78	1.88	2.05	2.10	2.66
Cs	Ba	Lu	Hf	Ta	W	Re	Os	Ir	Pt	Au	Hg	Tl	Pb	Bi	Po	At
0.79	0.89	1.27	1.30	1.50	2.36	1.90	2.20	2.20	2.28	2.54	2.00	1.83	2.10	2.02	2.00	2.20

注：引自 M. Millian, Chemical and Physical Data(1992)。

在周期表中，主族元素电负性也呈现周期性的变化规律，即在同一周期中，从左到右电负性逐渐增加，同一族中，从上到下电负性依次减小，对副族元素，电负性的变化规律不明显。

根据元素的电负性大小，可以衡量元素的金属性和非金属性的强弱。一般来说，非金属元素的电负性大于金属元素。非金属元素的电负性大多在 2.0 以上，而金属元素的电负性多数在 2.0 以下。对于主族元素，同一周期中，从左到右，元素的金属性依次减弱，非金属性依次增加。从上到下，元素的金属性增加，非金属性依次减弱。对于副族元素，它们的电负性没有明显的变化规律，其金属性和非金属性的变化规律也不明显。周期表中，除稀有气体外，右上角的氟的电负性最大，非金属性最强，而左下角的铯的电负性最小，金属性最强。

9.5.5 元素的氧化值

元素在参与化学反应时，其原子常通过失去、获得或共用电子对的方式使其最外层的电子层结构达到 2、8、18 或 18＋2 个电子的稳定结构。在化学反应中，可参与化学键形成的电子称为价电子，因此，元素的氧化值取决于原子的价电子数目及原子的外层电子结构。主族与副族元素的电子层结构不同，它们的氧化值变化情况也不同。

1. 主族元素的氧化值

由于主族元素原子的次外层电子已达到稳定结构(2 电子、8 电子或 18 电子)，不易参与形成化学键。因此，只有最外层的电子为价电子，可以参与形成化学键。故主族元素（F、O 除外）的最高氧化值等于该元素原子的价电子总数或族数，如表 9.8所示。即在同一周期中，主族元素的最高氧化值从左到右逐渐增加，呈现出周期性的变化规律。

表 9.8 主族元素的氧化值与价电子数的对应关系

族数	ⅠA	ⅡA	ⅢA	ⅣA	ⅤA	ⅥA	ⅦA
价层电子构型	ns^1	ns^2	ns^2np^1	ns^2np^2	ns^2np^3	ns^2np^4	ns^2np^5
价电子总数	1	2	3	4	5	6	7
主要氧化值	+1	+2	+3 （Tl 有+1）	+4，+2 （C 有−4）	+5，+3 （N、P 有−3，N 有+1，+2，+4）	+6，+4，−2 （O 主要为−1，−2）	+7，+5，+3，+1，−1 （F 只有−1）
最高氧化值	+1	+2	+3	+4	+5	+6	+7

2. 副族元素的氧化值

对于 d 区副族元素，从鲍林近似能级图可以知道，其次外层的 d 能级与最外层的 s 能级相近。在形成化学键时，次外层的 d 电子与最外层的 s 电子均为价电子。因此，元素的最高氧化值也等于价电子总数，如表 9.9 所示。

表 9.9 第四周期 d 区元素最高氧化值与价电子数的对应关系

族数	ⅢB	ⅣB	ⅤB	ⅥB	ⅦB
元素	Sc	Ti	V	Cr	Mn
价层电子构型	$3d^14s^2$	$3d^24s^2$	$3d^34s^2$	$3d^54s^1$	$3d^54s^2$
价电子总数	3	4	5	6	7
最高氧化值	+3	+4	+5	+6	+7

从表 9.9 可以看出，从ⅢB～ⅦB 元素的最高氧化值从+3 逐渐变为+7，与其族数相同；而Ⅷ族元素中，只有第六周期中的 Os、Ru 达到+8 氧化值，第四、五周期的元素因有效核电荷较大，核对外层电子的吸引力强，使得次外层的 d 轨道不易全部参与形成化学键。因此，它们的最高氧化值在同周期中有随核电荷增加而减小的趋势，如 Fe、Co、Ni 的最高氧化值分别为+6、+5、+4。

ds 区（ⅠB、ⅡB 族）元素中，ⅡB 族元素的次外层结构较稳定，不能参与形成化学键，所以ⅡB 族元素的最高氧化值与其族数相同。但ⅠB 族元素的次外层 d 电子也能部分参与成键，所以其最高氧化值与族数不同。

*9.6 原子发射光谱和原子吸收光谱分析技术

9.6.1 原子光谱的产生及原子光谱项

原子发射光谱及原子吸收光谱产生的基础是原子中电子的跃迁。根据原子结构理论，电子是在原子核外一定的轨道上运动的，在轨道上运动的电子具有一定的能量，且轨道离核越近，电子运动的能量越低，轨道离核越远，电子的能量越高。当在低能级上运动的电子吸收一定波长的光能时，电子将跃迁至高能级的轨道上运动，而在高能级上运动的电子回迁至低能级的轨道上运动时，电子将释放出某种波长的光。由于轨道的能级差是一定的，因此这种吸收或辐射出的能量是不连续的，即量子化的，对应的光波的波长是固定的。如果将原子中电子跃迁吸收或辐射出的能量对应的单色光按顺序排列，即可得到原子的吸收或发射光谱，H、Hg、Ne 的原子光谱见图 9.1。

实验表明：并非任何两个能级之间都能产生电子的跃迁，只有满足一定条件的跃迁才能够发生。产生跃迁的条件为

$$\Delta S = 0$$
$$\Delta L = \pm 1$$
$$\Delta J = 0, \pm 1$$

这一条件称为原子光谱的选择定则，即原子光谱选律。式中，S、L 及 J 分别表示所研究的电子组态的总自旋量子数、总角量子数及旋-轨量子数（电子自旋量子数与轨道角量子数的耦合作用产生的）。S、L 及 J 分别可由式(9.14)确定

$$\begin{aligned} S &= (s_1 + s_2), (s_1 + s_2 - 1), \cdots, |s_1 - s_2| \\ L &= (l_1 + l_2), (l_1 + l_2 - 1), \cdots, |l_1 - l_2| \\ J &= (L + S), (L + S - 1), |L - S| \end{aligned} \tag{9.14}$$

式中，s、l 分别是电子的自旋量子数和角量子数，s 取 $\frac{1}{2}$。如果电子组态中具有 3 个以上的电子，可先按式(9.14)计算出两个电子的 S 及 L，然后与第三个电子组合计算出前三个电子的 S 及 L，…，最后计算出总的 S 及 L。

用 ^{2S+1}L 表示原子的电子光谱项，其中 $L=0$、1、2、3、4、…对应的光谱项分别用 S、P、D、F、G、…表示，称为光谱符号，$2S+1$ 表示光谱项的简并度。

用 $^{2S+1}L_J$ 表示原子的电子光谱支项，可以说明原子光谱线的精细结构。

在一般的原子光谱中，原子内层闭壳层中的电子比较稳定，不发生变化。因此，对光谱有贡献的主要是外层电子，所以在分析原子的光谱时，主要讨论外层电子的贡献。最简单的情况是ⅠA 族元素原子的光谱，因其最外层只有 1 个电子。例如，Na 原子的基态为 $3s^1$，其激发态可以为 np^1、nd^1（$n=3,4,5,\cdots$），也可以为 ns^1、nf^1（$n=4,5,6,\cdots$），这些组态相应的光谱项及光谱支项见表 9.10。

表 9.10 Na 原子的电子光谱项及光谱支项

组态	ns^1	np^1	nd^1	nf^1
S	$\frac{1}{2}$	$\frac{1}{2}$	$\frac{1}{2}$	$\frac{1}{2}$
L	0	1	2	3

续表

组态	ns^1	np^1	nd^1	nf^1
光谱项	^2S	^2P	^2D	^2F
J	$\frac{1}{2}$	$\frac{1}{2},\frac{3}{2}$	$\frac{3}{2},\frac{5}{2}$	$\frac{5}{2},\frac{7}{2}$
光谱支项	$^2S_{1/2}$	$^2P_{1/2},{}^2P_{3/2}$	$^2D_{3/2},{}^2D_{5/2}$	$^2F_{5/2},{}^2F_{7/2}$

根据光谱选律，只有下列跃迁才是允许的。

np→3s（主系） $^2P_{1/2,3/2}\rightarrow{}^2S_{1/2}\ (n\geqslant3)$

ns→3p（锐系） $^2S_{1/2}\rightarrow{}^2P_{1/2,3/2}\ (n\geqslant4)$

nd→3p（漫系） $^2D_{3/2,5/2}\rightarrow{}^2P_{1/2,3/2}\ (n\geqslant3)$

nf→3d（基系） $^2F_{5/2,7/2}\rightarrow{}^2D_{3/2,5/2}\ (n\geqslant4)$

np→3d $^2P_{1/2,3/2}\rightarrow{}^2D_{3/2,5/2}\ (n\geqslant4)$

光谱项与能级跃迁的关系见图 9.21。

Na 原子的火焰光谱中的黄色光谱双线，波长分别为 5895.930Å 和 5889.963Å，分别对应于 3p($^2P_{1/2}$、$^2P_{3/2}$)→3s($^2S_{1/2}$)跃迁，属主系线。

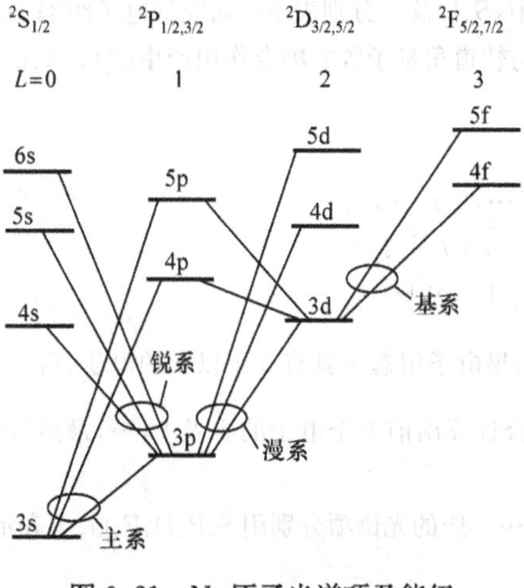

图 9.21 Na 原子光谱项及能级跃迁示意图

从上面的分析可见，原子的光谱与原子的光谱项及光谱支项具有直接的关系，因此可以通过光谱实验研究原子轨道的能级高低顺序，多电子体系电子的排布式就是通过光谱实验测得的。另外，根据原子的光谱还可以判定电子的跃迁能级，可进一步探讨光谱与物质结构的关系。

不同原子的轨道能量不同，将产生各自的特征光谱。根据这种特征光谱线的位置及强度，可以研究物质的化学组成，对元素进行定性及定量分析。这种分析技术称为光谱分析法。

9.6.2 原子发射光谱分析法

在一定条件下，气态原子能够从外界获得一定的能量而被激发，激发出的电子回迁时将辐射出波长不连续的光谱，称为原子发射光谱(atomic emission spectrometry, AES)。基于原子发射光谱的波长及强度进行物质组成的定性及定量分析方法称为原子发射光谱分析法，也称为光谱化学分析法。

产生原子发射光谱的方式有三种：①原子的核外电子受热能或电能激发产生的光谱，如用电弧、电火花和电火焰等为激发光源得到的原子光谱等，以化学火焰为激发光源得到原子发射光谱的分析方法称为火焰光度法；②原子核外电子受光能激发而产生的光谱称为原子荧光光谱，以此建立的分析方法称为荧光光度法；③原子受到 X 射线光子或其他高能粒子激发，将导致内层电子电离而出现内层空穴，较外层的电子将跃迁到内层空穴，产生次级 X 射线荧光光谱，这种分析方法称为 X 射线荧光光谱分析法。

根据原子发射光谱的波长，一般用特征光谱线的波长可以进行定性分析。

当物质中待测元素的含量较低时，光谱线的强度 I 与元素的含量或浓度 c 呈线性关系，即

$$I=ac^b \tag{9.15}$$

式中，a、b 为与实验有关的常数。b 为自吸收系数，无自吸时 $b=1$，即在一定条件下，谱线强度只与试样中待测元素的浓度有关。这一公式称为赛伯-罗马金(Schiebe-Lomakin)公式，是原子发射光谱分析的定量依据。

光谱化学分析法所用的分析仪器为原子发射光谱仪，一般由激发源、光谱仪和检测记录系统三部分组成，图 9.22 是 WPS-1 型平面光栅摄谱仪的光路示意图。激发源提供能量，使待测试样在一定条件下蒸发解离为气态原子。气态原子被激发发射出各自的特征光谱。光谱仪将组成试样的各种原子所发射出的原子光谱色散为按波长顺序排列的单色光，并可由检测记录系统观测、记录下来。最后根据光谱线的位置(波长)及强度对试样进行定性及定量分析。

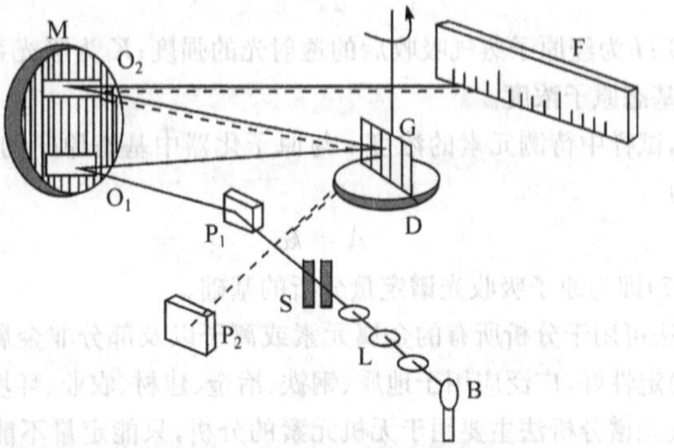

图 9.22 WPS-1 型平面光栅摄谱仪的光路示意图

B—光源；L—照明系统；S—狭缝；P_1—反射镜；
P_2—二级衍射反射镜；M—凹面反射镜；O_1—准光镜；
O_2—投影物镜；G—光栅；D—光栅台；F—荧屏

发射光谱分析法是仪器分析中发展较早的方法之一，其优点是：①灵敏度高，许多元素分析的绝对灵敏度为 $10^{-11}\sim10^{-13}$ g；②选择性好，对于化学性质相近的元素，很难用一般的化学方法分别测定，如铌和钽、锆和铪、稀土元素等，这些元素的化学性质差别很小，但其光谱性质确有较大的差异，因此用原子发射光谱法则易于进行分别测定；③试样消耗少(一般在毫克级)，适用于微量样品和痕量组分分析；④分析速度快，可进行多元素同时测定。原子发射光谱分析法广泛用于冶金、钢铁、地质、机械以及国民经济的其他领域，能用于分析测定几乎所有的金属及一些非金属元素。

9.6.3 原子吸收光谱分析法

原子吸收光谱分析法(atomic absorption spectrometry，AAS)又称为原子吸收分光光度法，是 20 世纪 60 年代发展起来的一种仪器分析法。

图 9.23 是单道单光束原子吸收分光光度计基本结构示意图。从光源中辐射出的待测元素的特征光谱，在通过样品的原子蒸气时，被蒸气中同种元素的基态原子所吸收，从而使通过原子蒸气的光谱强度减弱，根据光谱强度的减弱程度，可以测定样品中待测元素的含量。

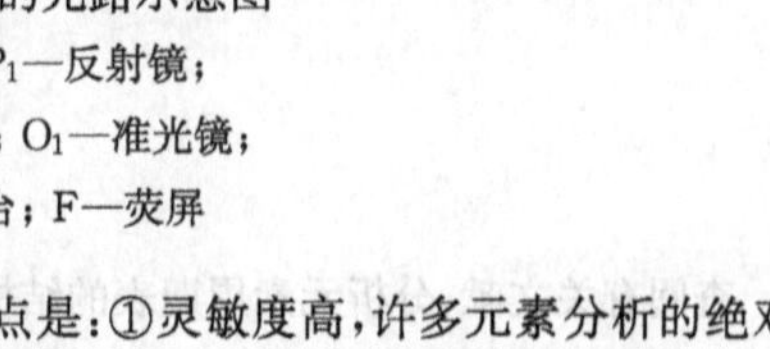

图 9.23 单道单光束原子吸收分光光度计基本结构示意图

1—空心阴极灯；2，4—透镜；3—原子化器；
5—狭缝；6—反光镜；7—光栅；8—检测器

空心阴极灯可以提供与待测元素相同的共振辐射光源，其阴极是高纯度元素原子材料(或涂于阴极材料表面上)，灯内充满稀有气体。通电后，阴极放电，阴极材料产生的原子蒸气与稀有气体的粒子碰撞而被激发，产生阴极元素的特征光谱线。一般情况下，一种灯只能测定一种元素，因此测定不同的元素需要不同的空心阴极灯，如铜灯、镁灯、钙灯等分别用于铜、镁、钙元素或离子的测定。

原子化器由雾化器、雾化室、燃烧器和火焰组成，待测溶液经雾化器变成细小的雾滴进入雾化室，与其中的助燃气和燃料气充分混合，形成气溶胶进入燃烧器，使气溶胶脱溶剂、蒸发、解离，形成气态原子即原子化，气态原子接受由空心阴极灯发射来的共振辐射，产生吸收。常用的原子化器有火焰原子化器和石墨炉原子化器等。

在低浓度条件下，原子蒸气中处于基态的原子对其共振线的吸收符合下列关系：

$$A=\lg\frac{I_0}{I}=KLN_0 \tag{9.16}$$

式中，I_0 为入射光的强度；I 为经原子蒸气吸收后的透射光的强度；K 为吸光系数；L 为辐射光透过原子蒸气的光程长度；N_0 为基态原子浓度。

在一定实验条件下，试样中待测元素的浓度 c 与原子化器中基态原子的浓度 N_0 有恒定的比例关系，则(9.16)式可改写为

$$A = kc \tag{9.17}$$

式中，k 为常数。式(9.17)即为原子吸收光谱定量分析的基础。

原子吸收光谱分析法可用于分析所有的金属元素或离子以及部分非金属元素，如 B、Si、As、Se、Te 等。该方法灵敏度高、稳定性好，广泛应用于地质、钢铁、冶金、建材、农业、环境、食品、医药等领域。

应该指出，原子吸收光谱分析法主要用于无机元素的分析，只能定量不能定性，只适用于微量元素的分析，如对于高浓度元素的分析，需要稀释处理后方可进行。

思 考 题

1. 查阅有关文献，分析元素周期表的结构形成过程。
2. 根据原子结构理论预测第八周期所包含的元素的个数。
3. 什么是屏蔽效应和钻穿效应？有何意义？
4. 请预测第 120 号元素的电子构型。如果有一天发现了该元素，应将其排在周期表中的哪个位置？
5. 设有一个新元素，其原子核内有 115 个质子。
   (1) 写出该元素原子的电子结构排布式。
   (2) 该元素与哪个元素在化学性质上最相似。
   (3) 写出其原子最外层每个电子相应的量子数。
6. 从核外电子的填充规律说明：
   (1) 原子最外层的电子数≤8。
   (2) 原子次外层电子数≤18。
   (3) 原子的外数第三层电子数≤32。
7. 元素的金属性与非金属性与哪些因素有关？
8. 为什么 Na 的第一电离能小于 Mg，而其第二电离能大于 Mg？
9. 什么是原子的基态和激发态？激发态原子能否稳定存在？它具有什么特性？
10. 微观粒子的运动有哪些特征？
11. 玻尔原子模型中的原子轨道与量子力学中的原子轨道有何区别？
12. 解释下列名词。
    (1) 量子化与量子数　(2) 镧系收缩　(3) 电离能　(4) 电子亲和能　(5) 电负性
13. 影响电离能大小的因素有哪些？

14. 氢原子的 1s 电子激发到 3s 轨道和 3d 轨道所需要的能量是否相同？为什么？
15. 氧的电负性比氮大，为什么氧原子的电离能小于氮原子？
16. 利用原子结构的知识，解释为什么从矿物中分离 Cr 和 Mo 较容易，而分离 Mo 和 W 则相对困难。
17. Calculate the de Broglie wavelength of the following：
(1) Electrons that have been accelerated to a kinetic energy of $1.20\times10^7 J\cdot mol^{-1}$.
(2) A helium atom moving at a speed of $353m\cdot s^{-1}$ (the root-mean-square speed of helium atoms at 20K).
(3) A krypton atom moving at a speed of $299m\cdot s^{-1}$ (the root-mean-square speed of helium atoms at 300K).
18. Predict which atom or ion in each of the following pairs should be larger：
(1) Kr or Rb
(2) Y or Cd
(3) F^- or Br^-
19. Predict the atomic number of the (as yet undiscovered) element in the seventh period that is a halogen.
20. 门捷列夫早期的元素周期表将锰与氯放在同一族中。讨论这样放置的化学依据，可以从两种元素的氧化性、还原性、酸碱性来说明。这些与原子的电子结构有何关系？在哪些方面二者又是不同的？
21. The valence electron configurations of the d-block ions can be summarized as d^n. Summarize the valence electron configuration of each of the following ions：
(1) Co^{2+} (2) Ni^{2+} (3) Mn^{2+} (4) Cr^{3+} (5) Fe^{2+} (6) V^{2+} (7) Co^{3+}

习　题

1. 在下列各题的空线上填入适当的文字、字母或数据。
(1) 每一个原子轨道要由______个量子数规定，它们的符号分别是______；表征电子自旋方向的量子数共有______个数值，具体数值为______。
(2) 量子数 $n=3$、$m=0$ 时，各轨道所填充的最多电子数是______；$n=4$、$m_s=-\frac{1}{2}$时，各亚层所填充的最多电子数之和是______；$n=2$、$l=1$ 时，可填充的最多电子数之和是______；$n=3$、$l=2$、$m=-1$时，可填充的最多电子数是______。
(3) 原子序数为 47 的元素，其原子核外电子排布为______，价电子对应的主量子数 n 为______，角量子数 l 为______，磁量子数 m 为______。
(4) 下列离子 Rb^+、Mn^{2+}、I^-、Zn^{2+}、Bi^{3+}、Ag^+、Pb^{2+}、S^{2-}、Li^+ 中，属于 8 电子构型的有______；属于 18 电子构型的有______；属于(18+2)电子构型的有______；属于 9～17 电子构型的有______。
(5) 某元素原子的最外层有 2 个电子，其主量子数 $n=4$，在次外层 $l=2$ 的原子轨道电子数为零。则该元素的原子序数为______，原子核外电子的排布式为______。
(6) 氢原子基态能量为 E_1，其 2s 能级相应能量为______ E_1；3p 能级相应能量为______ E_1；4d 能级相应的能量为______ E_1；5f 能级相应的能量为______ E_1。
(7) 玻尔提出氢原子的总能量表示式为______；德布罗意提出联系微观粒子运动的波动性与粒子性特征的关系式为______。

(8) 设原子核位于 $x=y=z=0$ 处，若在 $x=y=0$、$z=a$ 附近的微体积内，s 电子出现的概率为 p(仅从角度分别考虑)，则该电子在 $x=a$、$y=z=0$ 附近的微体积(大小与前述相同)内出现的概率为_________。如果这个电子不是 s 电子，而是 p_z 电子，则在上述第二个位置上出现的概率是_________。

(9) 主量子数 $n=4$ 的电子层中电子的最大容量为_________。如果没有能级交错，该层各轨道能级由低到高的顺序为_________，4f 电子实际在第_________周期的_________系元素的原子中出现。

(10) 在元素 Ga、B、Sb、Fr、Sc 中，其原子 3d 亚层中只有 1 个 d 电子的元素是_________，p 亚层电子数为半充满的元素是_________，7s 亚层电子数为 1 的元素是_________，4p 亚层电子数为 1 的元素是_________。

2. A、B 两元素的原子仅差一个电子，然而 A 的单质是原子序数最小的活泼金属，B 的单质却是极不活泼的气体。试说明：

(1) A 原子最外层电子的四个量子数、它们所处原子轨道的形状和 A 的元素符号。

(2) B 的元素符号。

(3) A、B 性质差别很大的根本原因。

3. 对某一多电子原子来说，下列原子轨道 3s、$3p_x$、$3p_y$、$3p_z$、$3d_{xy}$、$3d_{xz}$、$3d_{yz}$、$3d_{z^2}$、$3d_{x^2-y^2}$ 中，哪些是等价(简并)轨道？具有下列量子数的电子，按其能量由低到高排序，如能量相同则排在一起(可用"<"、"="符号表示)。

A. $3,2,1,+\frac{1}{2}$　　B. $4,3,2,-\frac{1}{2}$　　C. $2,0,0,+\frac{1}{2}$

D. $3,2,0,+\frac{1}{2}$　　E. $1,0,0,-\frac{1}{2}$　　F. $3,1,1,+\frac{1}{2}$

4. 填充表格。

原子序数	电子排布	价电子构型	元素所在周期	元素所在族	元素所在区
24					
	$1s^2 2s^2 2p^6 3s^2 3p^6 4s^2$				
		$4d^{10} 5s^1$			
			4	ⅡB	
		$3d^8 4s^2$			

5. (1) 写出 51 号元素具有原子实的原子核外电子排布式。

(2) 画出该元素原子最外层电子所处原子轨道角度分布示意图(包括形状、坐标)，并写明每一轨道中的电子数。

6. 下列关于原子轨道的叙述是否正确？如不正确试予以改正。

(1) 主量子数 $n=1$ 时，有自旋相反的两个原子轨道。

(2) 主量子数 $n=4$ 时，有 4s、4p、4d、4f 四个原子轨道。

(3) 磁量子数 $m=0$，对应的都是 s 原子轨道。

7. 已知氢原子的 1s 波函数表达式为 $\Psi_{1s}=\sqrt{\frac{1}{\pi a_0^3}}\exp\left(-\frac{r}{a_0}\right)$，计算：

(1) $r=a_0=52.9\text{pm}$ 处某点的波函数值及该点的电子云密度值。

(2) $r=2a_0=2\times52.9\text{pm}$ 处的波函数值及该点的电子云密度值。

(3) r=0.00 和 $r=\infty$处的波函数值及该点的电子云密度值。

(4) r=52.9pm 某点处 0.50pm^3 体积内电子出现的概率。

8. A、B、C、D 四种元素同属于同一周期，该周期的稀有气体外层电子构型为 $4s^24p^6$，已知它们的外层电子数分别为 2、2、1、7，A 和 C 的次外层电子数为 8，B 和 D 的次外层电子数为 18。A、B、C、D 各代表哪种元素？

9. 写出下列各元素原子的电子排布式，并指出其在周期表中的位置。

(1) $_{20}Ca$ (2) $_{27}Co$ (3) $_{35}Br$ (4) $_{48}Cd$ (5) $_{83}Bi$

10. Write ground-state electron configurations for the ions Be^+, C^-, Ne^{2+}, Mg^+, P^{2+}, Cl^-, As^+ and I^-. Which do you expect will be paramagnetic due to the presence of unpaired electrons?

11. For the hydrogen atom, the transition from the 2p state to the 1s state is accompanied by the emission of a photon with an energy of 1.62×10^{-18} J. For an iron atom, the state transition (2p to 1s) is accompanied by the emission of X-ray of wavelength 193nm. What is the energy difference between these states in iron? Comment on the reason for the variation (if any) in the 2p-1s energy-level spacing for these two atoms.

12. (1) Give the complete electron configuration ($1s^22s^22p\cdots$) of Al in the ground state.

(2) The wavelength of the radiation emitted when the outermost electron of Al falls from the 4s state to the ground state is about 395nm. Calculate the energy separation (in Joules) between these two states in the Al atom.

(3) When the outermost electron in Al falls from the 3d state to the ground state, the radiation emitted has a wavelength of about 310nm. Draw an energy-level diagram of the states and transitions discussed here and in (2). Calculate the separation (in Joules) between the 3d and 4s states in Al. Indicate clearly which has higher energy.

10 化学键与分子结构

目前发现的元素只有110多种，但物质的种类多种多样，即元素的原子之间通过不同的结合方式，形成了不计其数的物质。物质的种类虽然繁多，但其基本单元都是分子，物质的性质也主要取决于其分子的性质。因此，学习分子的性质对于了解物质的结构、性能及用途，对于了解物质的变化规律等都是十分必要的。分子的性质取决于分子内原子的结合方式及内部结构。因此，探索分子的结构问题也就成了化学学科的一个基本组成部分，它是了解物质性质和化学反应规律的最根本的问题。

分子结构所包含的内容主要有以下几个方面：①化学键；②分子的空间构型（几何构型）；③分子之间的弱相互作用力（包括范德华力和氢键）；④分子的结构与物质性质的联系。

1916年，德国化学家科塞尔（Kossel）根据稀有气体的稳定结构事实，提出了离子键理论，他认为不同元素的原子在相互结合时，都有达到稀有气体稳定结构的倾向，它们通过得失电子形成正、负离子，并通过静电吸引作用结合而形成化合物。同年，美国化学家路易斯（Lewis）提出了共价键理论，他认为分子可以通过原子间共享电子对形成稳定的化合物。到了1927年，德国化学家海特勒（Heitler）和伦敦把量子力学的成就应用到简单的 H_2 分子上，并由此发展形成了现代价键理论。1932年，洪德和密立根提出了分子轨道理论，该理论在20世纪50年代取得了重大的科学成就，并得到了广泛的应用。

本章在学习了原子结构的基础上，将重点讨论分子的形成过程及其相关理论。

10.1 离子键与离子晶体

活泼的金属原子与活泼的非金属原子结合，所形成的化合物如 NaCl、MgO、CaO 等，具有一些共同的特征，如通常为结晶状固体，其水溶液能导电，具有较高的熔点、沸点，熔融时能导电等。可见，它们的分子在结构上肯定具有某些共同点，为了说明这些化合物的键合情况，科塞尔首先提出了离子键理论。

10.1.1 离子键的形成

当活泼的金属原子与活泼的非金属原子在一定条件下接近时，它们都具有达到稳定的稀有气体电子结构的倾向。又因为这两种原子的电负性相差较大，核对电子的吸引能力不同，它们的价层原子轨道的能量不同，即活泼金属原子的外层轨道能量较高，而活泼非金属原子的外层轨道能量较低，所以活泼金属原子的外层电子就可进入活泼非金属原子的价层轨道中，从而形成活泼金属元素的正离子和活泼非金属元素的负离子。

正、负离子之间通过静电吸引而形成离子晶体。正、负离子之间的这种静电作用力就是**离子键**。例如，Na+Cl ⟶ Na^+ + Cl^- ⟶ NaCl 晶体（Na^+ 与 Cl^- 间形成离子键）。当正、负离子相互接近时，它们之间存在的相互作用力有正、负离子之间的吸引力、电子与电子及核与核之间的排斥力，这些都属于静电作用力。这些力的大小与它们之间的距离有关，正、负离子的核间距越小，正、负电荷之间的吸引作用就越强。正、负离子相互接近的过程中，在它们的静电吸引作用增强的同时，两个离子中的电子云之间及原子核之间的排斥作用也在增大。玻恩（Born）等从量子力学的观点出发，得到了离子之间相互作用势能大小与核间距的关系（图 10.1）。由图 10.1 可以看出，当两个离子从远处相互靠近时，开始时吸引作用较大，电子云之间的排斥作用不明显，因此势能减小；当离子的间距减小，二者接近到一定程度时，电子云之间的排斥作用逐渐增大，且增大的速率比离子间的吸引作用要快，当正、负离子的间距达到 R_0 时，势能达到最低，排斥和吸引作用正好相等，处于平衡状态，R_0 称为平衡核间距。而当核间距小于 R_0 时，电子云之间的排斥作用占主导地位，系统的势能迅速增大。所以，只有当正、负离子处于平衡距离 R_0 时，系统才具有最低的能量。这时正、负离子在平衡位置附近振动，它们之间就形成稳定的化学键，即**离子键**。把原子间发生电子转移并形成正、负离子，正、负离子间通过静电作用力而相互吸引所形成的化学键称为**离子键**。由离子键结合所形成的化合物称为**离子化合物**。在元素周期表中，碱金属和碱土金属（除 Be 外）与卤素、氧等形成的化合物都是典型的离子型化合物。

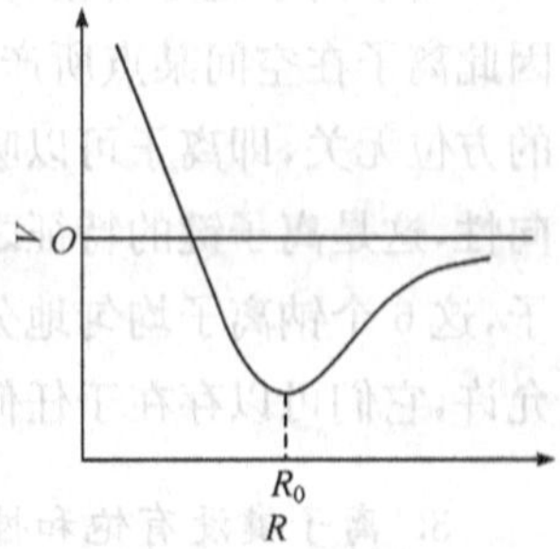

图 10.1　离子势能与核间距关系示意图

应当指出，在两个元素的原子形成离子键时，它们之间的相互作用并不是纯静电作用。近代实验表明：它们的原子轨道仍有部分重叠，成键的电子对仍有机会出现在电负性小的原子的轨道中，即仍有部分共价键的成分。元素的电负性差别越大，它们的原子之间所形成的化学键的离子性成分也越多。电负性相差最大的 F 和 Cs 所形成的化学键，其离子性成分约占 92%。当两个元素的电负性差值大于 1.7 时，它们之间形成的单键的离子性约有 50%，所以通常将元素的电负性差值为 1.7 作为一种标度，如电负性差值大于 1.7，元素所形成的化合物就称为离子型化合物。当然，$\Delta\chi > 1.7$ 并不是离子型化合物与共价型化合物的绝对分界线，它仅是一种参考。例如，H 和 F 两个元素的 $\Delta\chi > 1.7$，但 HF 的性质还是以共价性为主。

10.1.2　离子键的主要特征

1. *离子键的本质*

离子键是由原子得失电子后形成的正、负离子之间通过静电吸引作用而形成的化学键。因此，离子键的本质就是正、负离子之间的静电作用。在离子键模型中，近似地将正、负离子看作球形对称的电荷，根据库仑定律，正、负离子之间的静电引力为

$$f=\frac{Z_1Z_2e^2}{R^2} \tag{10.1}$$

由此可见,离子键的强弱与正、负离子所带电荷成正比,而与其核间距的平方成反比。因此,离子所带电荷越多,离子半径越小,所形成的离子键越强。

2. 离子键没有方向性

由于离子键是由正、负离子通过静电吸引作用相结合的,且把离子近似为球形电荷,因此离子在空间某点所产生的电场强度只与此点与离子之间的间距有关,而与此点所处的方位无关,即离子可以吸引空间任何方向上带有相反电荷的粒子。所以,**离子键没有方向性**,这是离子键的特征之一。例如,在 NaCl 晶体中,每一个氯离子周围都有 6 个钠离子,这 6 个钠离子均匀地分布在氯离子的周围,它们的位置只取决于空间效应,只要空间允许,它们可以存在于任何方位。

3. 离子键没有饱和性

对于某一特定的原子来说,它所产生的静电场是没有方向性的,因此,只要带相反电荷的粒子进入它的静电势场中,不管此粒子所在方位如何、个数多少,都会受到这个离子的吸引作用。所以,**离子键没有饱和性**,这也是离子键的重要特征。但这并不说明某一离子周围所吸引的带相反电荷的离子数是不受限制的。实际上一个离子周围到底能有多少带相反电荷的离子,是受离子的半径、离子电荷数等多种因素影响的。例如,NaCl 晶体中,每个钠离子周围只排列 6 个氯离子,同时,每个氯离子周围也排列着 6 个钠离子。但这并不说明氯离子或钠离子周围只能排列 6 个带相反电荷的离子,或者说它们周围有 6 个相反电荷的离子时已达到了饱和状态,而是因为在这个系统中,对一个中心钠离子来说,它周围所能容纳的氯离子数目,除受到钠的静电势场的吸引外,还受到钠离子周围的氯离子的负电场的排斥作用。当钠周围的氯离子数小于 6 个时,钠离子对氯的吸引作用占主导地位,而当钠周围的氯离子数大于 6 个时,由于钠离子和氯离子本身占有一定的空间,而钠离子周围的空间有限,会使空间过于拥挤,从而使氯离子与钠离子之间的间距加大,导致正、负离子的吸引作用减弱,而氯离子之间的排斥作用增强,最终使系统的能量升高。所以说离子键没有饱和性,并不是说一个离子周围可以无限制地排列相反电荷的离子,某一离子周围带相反电荷的离子数是受空间大小限制的。

基于离子键以上的特征,在离子晶体中无法分辨出一个个独立的"分子"。例如,在 NaCl 晶体中,不存在所谓的 NaCl 分子。所以,NaCl 只是氯化钠的化学式,而不是分子式。

10.1.3 决定离子化合物性质的因素

离子型化合物的性质与离子键强度有关,而离子键的强度是由离子的电荷、离子的半径和离子的价电子层构型决定的。下面分别讨论这些因素对离子键强度的影响。

1. 离子的电荷

原子结构的理论已经表明，稀有气体的电子结构是一种稳定结构。例如，一个气态的Na原子，它易失去一个电子成为带一个正电荷的阳离子，其电子结构变成Ne原子的电子结构，此过程所需的能量为496kJ·mol^{-1}，而从Na^+中再失去一个电子生成Na^{2+}时，所需的能量为4562kJ·mol^{-1}，这说明Na^+再失去一个电子是十分困难的。因此，正常情况下，在化学反应中钠总是形成带一个正电荷的离子。同样，对于Mg原子，它易失去两个电子形成Mg^{2+}，形成稀有气体Ne的电子结构。而对非金属元素的原子，如卤素，它的外层有7个电子，只要得到一个电子就可形成稀有气体的电子结构，并且由于卤素元素的电负性大，核对外层电子的吸引能力强，有能力从其他原子中获取电子形成－1价离子。因此，离子电荷的多少是与原子结构相关的，是原子在达到稳定电子构型形成离子时失去或得到的电子数。

离子的电荷越高，正、负离子之间的相互作用力就越强，形成的离子键也就越强。因此，离子的电荷是影响离子化合物性质的重要因素。例如，CaO的熔点为2590℃，比KF的熔点856℃要高得多。所以，离子的电荷越高，形成的离子化合物的熔点也就越高。

2. 离子半径

与原子半径的概念相同，由于电子在核外运动时，可以分布在原子核外的整个空间，只是在靠近核的区域内电子出现的概率大。因此，严格地说，离子半径的概念也没有确定的含义。但在离子之间通过静电作用力形成离子键时，它们在达到正、负离子的吸引作用与核外电子之间及核之间的排斥作用相平衡时，正、负离子将保持一定的平衡距离，结晶学上称为**平衡核间距**，以符号d表示，核间距可由X射线衍射来测定。核间距可以看成是两个相邻离子的半径之和。因此，可以通过核间距来计算离子半径的大小。例如，已知氟的离子半径为133pm，同时通过X射线衍射法测得NaF晶体的核间距d＝231pm，则钠离子的半径为

$$r_{Na^+} = d_{NaF} - r_{F^-} = 231 - 133 = 98(\text{pm})$$

如何把组成离子键的核间距区分为两个离子的半径是一个比较复杂的问题。1926年，哥德希密特(Goldschmit)以光学法测得F^-离子半径(133pm)和O^{2-}离子半径(132pm)，以此为基础，推算出了80多种离子的离子半径数据。鲍林以核电荷和屏蔽常数为基础，同时考虑了离子周围直接相邻的异号离子数(离子的配位数)和几何构型等因素，也推算出了另一套离子半径的数据。这两套离子半径的数据见表10.1。

表 10.1 哥德希密特和鲍林的离子半径(单位:pm)

H^-																
—																
146																
Li^+	Be^{2+}											B^{3+}	C^{4+}	N^{3-}	O^{2-}	F^-
70	34											—	—	—	132	133
68	31											23	15	171	140	133
Na^+	Mg^{2+}											Al^{3+}	Si^{4+}	P^{3-}	S^{2-}	Cl^-
98	78											55	40	186	182	181
95	65											51	42	212	184	181
K^+	Ca^{2+}	Sc^{3+}	Ti^{4+}	V^{5+}	Cr^{3+}	Mn^{2+}	Fe^{2+}	Co^{2+}	Ni^{2+}	Cu^{2+}	Zn^{2+}	Ga^{3+}	Ge^{4+}	As^{3-}	Se^{2-}	Br^-
133	105	—	64	—	65	91	83	82	78	72	83	62	55	191	193	196
133	99	81	68	59	64	80	75	72	70	—	74	62	53	222	198	196
Rb^+	Sr^{2+}	Y^{3+}	Zr^{4+}	Nb^{5+}	Mo^{6+}					Ag^+	Cd^{2+}	In^{3+}	Sn^{4+}	Sb^{3-}	Te^{2-}	I^-
149	118	—	80	—	65					113	80	92	74	208	212	220
148	113	93	80	70	62					126	—	81	71	245	221	220
Cs^+	Ba^{2+}	Lu^{3+}	Hf^{4+}	Ta^{5+}	W^{6+}					Au^+	Hg^{2+}	Tl^{3+}	Pb^{2+}	Bi^{3+}	Po^{2-}	At^-
170	138	—	86	73	65					—	112	105	80	120	—	—
167	135	85	78	—	—					137	110	95	84	96	230	227

注:表中上排数据为哥德希密特的离子半径,下排数据为鲍林的离子半径。

元素的离子半径也呈现出周期性的变化规律,其特点如下:

(1) 同一主族元素,自上而下,因电子层数依次增加,所以具有相同电荷数的同族离子的半径依次增大。

(2) 同一周期中,主族元素随着族数的增加,正离子的电荷数增大,核对外层电子的吸引作用增强,离子半径依次减小。

(3) 若同一元素能形成多种带不同电荷数的正离子,则高价离子因核外电子数少,相互之间的排斥作用小,受核的引力大。因此,其正离子带电荷数越多,离子半径越小。

(4) 负离子因核外电子数多,电子之间的相互排斥作用强,所以负离子半径比其元素的原子半径要大。

离子半径的大小将直接影响离子间吸引作用的强弱,半径较小的离子所形成的离子键的核间距小,正、负离子的吸引作用大,形成的离子化合物的熔点和沸点高、硬度大。

3. 离子的电子构型

除了离子的电荷、离子半径对离子化合物的性质有影响外,离子的价电子结构对离子化合物的性质也有明显的影响作用。离子价层电子结构不同时,在与其他离子发生相互作用过程中将产生不同的结果。正常情况下,离子的价层电子结构越稳定,越不易与其他离子的价层电子发生作用。对于简单负离子来说,其价电子层结构都是具有8电子的稳定结构。而正离子的情况比较复杂,正离子的价层电子结构主要有如下几种形式。

(1) 2电子构型$(n-1)$:s^2。最外层电子数为2个电子的离子,如Li^+、Be^{2+}等。

(2) 8 电子构型：$(n-1)s^2(n-1)p^6$。最外层电子数为 8 的离子，如周期数在三以上的ⅠA、ⅡA 族元素的正离子等。

(3) 18 电子构型：$(n-1)s^2(n-1)p^6(n-1)d^{10}$。最外层电子数为 18 的离子，如ⅠB、ⅡB 族的离子及部分周期数在四以上的 p 区元素的离子。

(4) (18+2)电子构型：$(n-1)s^2(n-1)p^6(n-1)d^{10}ns^2$。次外层电子数为 18，最外层为 2 个电子，主要是周期数在四以上的 p 区元素的离子，如 Pb^{2+}、Sn^{2+}、Bi^{3+} 等。Pb^{2+}、Bi^{3+} 的 $6s^2$ 电子不易失去，称为惰性电子对效应。

(5) 9～17 电子构型：$(n-1)s^2(n-1)p^6(n-1)d^{1\sim9}$。最外层电子数为 9～17 的不饱和电子层结构，具有这种电子结构的离子大多数为非球形对称的电子分布，主要为 d 区元素的离子，如 Fe^{3+}、Mn^{2+}、Cr^{3+} 等。

在这多种离子的电子构型中，电子所处的轨道在空间的对称性越差，空间伸展性越强，则其所受核的作用力越小，稳定性也就越小。这种离子的核外电子也就越可能受其他离子的作用，使离子化合物的性质受到很大的影响。关于离子的电子构型对离子化合物性质的具体影响情况，将在 10.1.5 中进行讨论。

总之，如果离子中具有使离子键作用增强的因素存在，都将使离子化合物更加稳定。例如，一般碱金属的硫酸盐都易溶于水，而碱土金属的硫酸盐大多数难溶于水，其主要原因就是碱土金属离子的电荷数为+2，所形成的离子键强度大，溶解时将需要外界提供较大的能量以克服离子间的相互引力，因而在水中的溶解度小于碱金属硫酸盐的溶解度。所以，离子化合物的性质与组成此化合物的各离子的内部结构有着密切的联系。

10.1.4　离子晶体

晶格结点上的粒子由正、负离子交替排列的晶体称为离子晶体。在离子晶体中，离子之间通过静电吸引形成离子键。由于离子键的作用力较大，因此常温下离子化合物均为晶体。它的特点如下：有较高的熔、沸点；较大的硬度，但当晶格在外力作用下发生错位时，将使原正、负离子交替排列而相互吸引的状态变为同性离子的互相排斥状态(图 10.2)。因此，离子晶体质地脆，在外力作用下易发生脆裂。离子晶体在晶态时因正、负离子受晶格的束缚而不能自由移动，所以导电性较差，但在熔融时可形成自由运动的正、负离子，因此离子晶体在熔融状态下能导电。

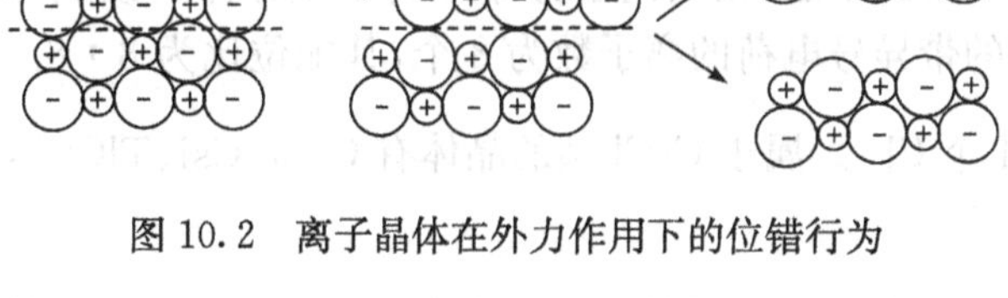

图 10.2　离子晶体在外力作用下的位错行为

正、负离子在晶格中有不同的排列方式，可组成不同晶格的离子晶体。离子晶体的排列规律主要与下列因素有关：离子所带电荷的多少；正、负离子的半径以及正、负离子的半径比；离子的价层电子结构及离子极化（见 10.1.5 节）程度。

1. 简单离子晶体的晶体结构

离子晶体中正、负离子在空间的排列方式不同，形成的晶体的空间结构也不同。离子晶体的结构可用 X 射线衍射法测定。由于晶胞是晶体的最基本重复单位，通过对晶胞的了解就可以了解相应晶体的空间结构，本书主要介绍部分最简单的 AB 型离子晶体的空间结构，即在晶体中只有一种正离子和一种负离子，且两者的电荷相同的离子晶体。AB 型离子晶体有三种典型的结构类型。

1) NaCl 型

图 10.3(a)表示了 NaCl 晶体的晶胞结构，这是 AB 型离子化合物中最常见的晶体结构。NaCl 的晶胞是立方体形的，它属于立方面心晶格结构。在 NaCl 型的晶体中，每个离子都被 6 个带相反电荷的离子包围，即离子的配位数为 6。在 NaCl 晶胞中如负离子占据着立方体晶胞的顶角位置，则同时在立方体 6 个面的中心也有负离子，此时正离子分布在晶胞的 12 个棱的中点及晶胞的中心。在立方晶胞结构中，每个顶角是 8 个晶胞共用，每个晶面是两个晶胞共用，而每个晶棱为 4 个晶胞共用，所以在一个晶胞中，有

$$正离子数=1+12\times\frac{1}{4}=4 \qquad 负离子数=8\times\frac{1}{8}+6\times\frac{1}{2}=4$$

即在 NaCl 晶胞中正、负离子的数目各为 4 个。

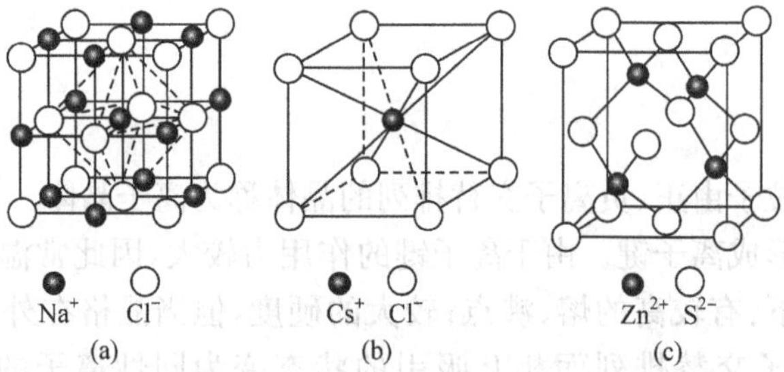

图 10.3 NaCl 型、CsCl 型和 ZnS 型晶体的结构

2) CsCl 型

图 10.3(b)表示的是 CsCl 晶体的晶胞，它是一个正方体，晶体学上属于简单立方晶格。在 CsCl 晶体中，每个正离子的周围有 8 个负离子；同样每个负离子周围也有 8 个正离子。如正离子在晶格的中心，则负离子分布在简单立方体的顶点，离子的配位数为 8，即每个离子所相邻的带异号电荷的离子数为 8 个，其配位比为 8∶8。每个晶胞中含有 1 个 Cs^+ 和 $8\times\frac{1}{8}=1$ 个 Cl^-。属于 CsCl 型的晶体有 CsBr、CsI、TlCl 等。

3) ZnS 型

图 10.3(c)表示的是 ZnS 型晶体的晶胞结构，它也是具有立方外形的晶格，属于立方面心晶格，但 ZnS 晶格中结点的分布比较复杂。由图 10.3(c)可见，4 个 Zn^{2+} 在晶胞中，而 S^{2-} 分布于立方体的顶角和面心位置。正、负离子的配位数都为 4，每个 S^{2-} 与 4

个相邻的 Zn^{2+} 组成一个正四面体，每个 Zn^{2+} 与 4 个相邻的 S^{2} 也组成正四面体，离子的配位比为 4∶4。每个晶胞中含有 4 个 Zn^{2+} 和 $8\times\frac{1}{8}+6\times\frac{1}{2}=4$ 个 S^{2-}。

除了上述晶格类型的晶体外，AB 型离子晶体还有六方 ZnS 型，AB_2 晶体有 CaF_2 型、金红石型等。

2. 离子半径比与配位数

为什么不同的正、负离子结合成离子晶体时，会形成配位数不同的空间构型呢？这是因为在某种结构下该离子化合物的晶体最稳定，系统的能量最低。一般离子晶体的空间结构与正、负离子的半径大小及离子的价层电子构型有关。下面以 AB 型离子化合物为例，介绍正、负离子的半径大小与晶体空间构型的关系。

在 AB 型离子化合物中，正、负离子半径的相对大小与形成的离子晶体的空间结构有非常密切的关系。因为只有当正、负离子能紧密接触，同时同性离子尽可能远离时所形成的离子晶体的构型才是最稳定的。通常情况下，负离子因电子数多，电子间的排斥作用大，负离子的半径一般较大。而正离子因核外的电子数少，电子之间的排斥作用小，半径通常较小。

在配位数为 6 的面心立方晶格中，某一层的离子如图 10.4 所示，图 10.4(a)中正、负离子相切，同时，负离子与负离子也相互接触。若负离子的半径为 r_-，正离子的半径为 r_+，则有

$$AB=BC=2(r_+ + r_-)$$

$$AC=4r_-$$

$$AC^2=AB^2+BC^2$$

$$16r_-^2=2[2(r_+ + r_-)]^2$$

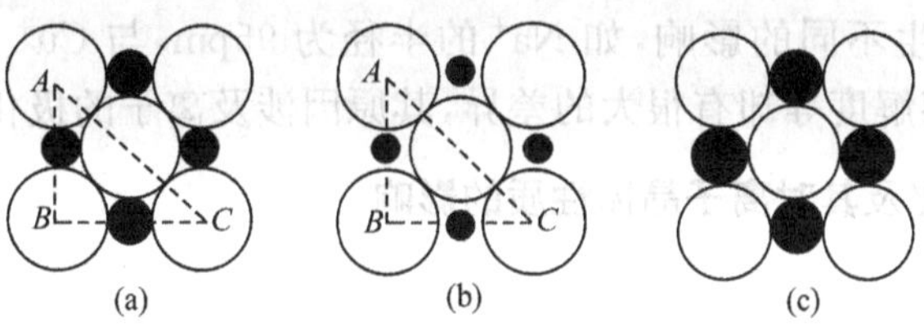

图 10.4　配位数为 6 时正、负离子的接触情况示意图

○负离子；●正离子

所以

$$r_+/r_-=0.414$$

即当正、负离子半径的比值为 0.414 时，在同一平面中，负离子周围有 4 个正离子。另外，上、下两层各有一个正离子，所以此时晶体中离子的配位数为 6。

当 $r_+/r_-<0.414$ 时[图 10.4(b)]，负离子相互接触，而正、负离子分离。这时离子间

的排斥作用将大于吸引作用，晶体不能稳定存在，此时晶体中的配位数将降低，正离子周围的空间只能容纳 4 个负离子，即形成了 ZnS 型晶格的离子晶体。如再有负离子接近正离子，将使正、负离子之间的间距加大，晶体的能量升高。

当 $r_+/r_->0.414$ 时[图 10.4(c)]，正、负离子相互接触，而负离子之间有一定的空隙，这种结构较为稳定。此时正、负离子的配位数为 6。当 r_+/r_- 增大时，正离子的半径相对增大，它周围的空间也随之增大。因为离子键没有饱和性，所以每个离子都有吸引更多异性离子的倾向。例如，r_+/r_- 进一步增大到 0.732 以上时，正离子周围的空间足够容纳 8 个负离子。此时，形成配位数为 8 的 CsCl 型晶格将更稳定。

通过正、负离子的半径比，可以判断离子晶体的晶格类型。当 $r_+/r_-<0.414$ 时，离子的配位数为 4，形成 ZnS 型晶格。当 $0.732>r_+/r_->0.414$ 时，离子的配位数为 6，形成 NaCl 型的晶格。而当 $r_+/r_->0.732$ 时，形成配位数为 8 的 CsCl 型的晶格。表 10.2 是从几何学方法获得的关于 AB 型离子化合物的半径比与配位数和晶体构型的关系。

表 10.2　AB 型离子化合物的半径比与配位数和晶体构型的关系

半径比(r_+/r_-)	配位数	晶体构型	实例
0.225～0.414	4	ZnS 型	ZnO，ZnO，BaO，BeS，CuCl，CuBr 等
0.414～0.732	6	NaCl 型	NaCl，KCl，NaBr，LiF，CaO，MgO 等
0.732～1.0	8	CsCl 型	CsCl，CsBr，CsI，TlCl，NH_4Cl，TlCN 等

应用离子的半径比规则判断离子化合物晶体的构型时，应注意以下问题：当离子的半径比处于极限值附近时，该化合物可能有两种构型；离子型化合物的正、负离子半径比规则只能应用于离子型晶体，而不能用它判断共价型化合物的结构。

离子晶体的构型除了与正、负离子的半径比有关外，还与离子的价电子层构型和正、负离子的数目比有关。不同价层电子结构的离子在相互作用时，会有不同的效果，对物质的性质将产生不同的影响，如 Na^+ 的半径为 95pm，与 Cu^+ 的半径 96pm 相似。但它们的性质，如溶解度等却有很大的差异，其原因涉及离子的极化等因素。

10.1.5　离子的极化及其对离子晶体性质的影响

1. 离子的极化

由于离子也是由原子核及在核外运动的电子组成的，通常情况下，离子中正、负电荷中心是相互重合的，此时离子没有极性，可以把离子看成一个带电的球体。但在外加电场的作用下，核外电子的运动状态会发生变化，离子中的电子云被电场的正极吸引，原子核受负极吸引。从而使离子中的正、负电荷中心不重合，这种现象称为离子的极化(图 10.5)。

(a) 没有外电场　(b) 在外电场作用下

图 10.5　离子极化示意图

由于离子本身带有电荷，也能产生电场，因此它对周围其他离子会产生极化作用。使与之接近的离子的外层电子云发生变形，产生诱导偶极。同时，这个离子本身的电子云也会受周围离子的电场的作用而发生变形。所以在离子化合物中，每个离子都会发生极化现象。

2. 离子的极化力

通常情况下，正离子由于核电荷数大于核外的电子数，核对外层电子的吸引能力大，离子的半径小，产生的电场强，且本身的变形性小。因此，一般情况下只讨论正离子的极化能力大小。离子极化力的大小与离子的电荷、半径及价层电子结构有关，其规律如下：

(1) 高电荷的正离子，有较强的极化作用。因为极化力的强弱主要与离子所产生的电场强度有关，离子的电荷越高，产生的电场强度越大，极化力越强。

(2) 离子的半径越小，产生的电场越强，极化力越大，如 $Mg^{2+}>Ba^{2+}$、$Na^{+}>K^{+}$。

(3) 对于电荷相同，半径相近的正离子，其极化力的强弱与其价层电子构型有下列关系：

(18+2)电子构型，18 电子构型，2 电子构型>9～17 电子构型>8 电子构型

这是因为价电子层中有 d 电子时，因 d 电子对核的屏蔽作用较小，有效核电荷大，而 2 电子构型的离子因核外只有一个电子层，离子半径小。所以，这两种情况下离子所产生的电场强度大，极化力强。

(4) 通常情况下，复杂离子的半径较大，极化力小。但如果复杂离子的中心原子的电荷高时，也有一定的极化能力，如 PO_4^{3-}、TiO^{2+} 等。

负离子也有一定的极化能力，半径越小，电荷越少，其极化能力越强，使阳离子变形的能力就越大。

3. 离子的变形性

对于负离子，其核外的电子数大于核电荷数，电子之间的排斥作用大。所以，负离子的半径一般较大，所产生的电场强度小，极化能力弱。但因其价电子层中有较多的电子，离子的电子云变形性大，易于被诱导产生诱导偶极。因此，对负离子一般只考虑它的变形性。

能够导致核对外层电子的吸引能力降低的因素都将使离子的变形性加大，影响离子变形性的主要因素如下：

(1) 离子的价电子层中如有 d 电子，则因 d 电子在核外空间的伸展程度大，受其他电子的屏蔽作用强，所以价电子层中含有 d 电子的离子的变形性大，其变形性有如下规律：

(18+2)电子构型，18 电子构型，9～17 电子构型>8 电子构型>2 电子构型

(2) 对于电子层结构相同的离子，所带负电荷越多，离子的变形性越大，如变形性 $O^{2-}>F^{-}$。

(3) 离子的电子层数越多,半径越大,变形性越大,如 $I^- > Br^- > Cl^- > F^-$。

(4) 一般情况下,复杂负离子(如 SO_4^{2-})的变形性都不大,复杂负离子的中心原子的氧化数越高,它的变形性越小。原因是这类离子中的高氧化数中心原子对电子云具有较强的吸引力,使之不易变形。

正离子也有一定的变形性,半径越大,电荷越少,其变形性越大。

离子变形性大小可用离子极化率来衡量。离子极化率(α)的定义为在单位电场强度中被极化所产生的诱导偶极矩(μ),即

$$\alpha = \frac{\mu}{E} \tag{10.2}$$

所以,在一定的电场强度下,极化率越大,产生的诱导偶极越大,即离子的变形性越大。部分常见离子极化率的实验值如表 10.3 所示。由表 10.3 可知,一般情况下,正离子的极化率较小,而负离子的极化率较大。

表 10.3　离子的极化率

离子	极化率 $/(10^{-40}C \cdot m^2 \cdot V^{-1})$	离子	极化率 $/(10^{-40}C \cdot m^2 \cdot V^{-1})$	离子	极化率 $/(10^{-40}C \cdot m^2 \cdot V^{-1})$
Li^+	0.034	Ca^{2+}	0.52	OH^-	1.95
Na^+	0.199	Sr^{2+}	0.96	F^-	1.16
K^+	0.923	B^{3+}	0.0033	Cl^-	4.07
Rb^+	1.56	Al^{3+}	0.058	Br^-	5.31
Cs^+	2.69	Hg^{2+}	1.39	I^-	7.9
Be^{2+}	0.009	Ag^+	1.91	O^{2-}	4.32
Mg^{2+}	0.105	Zn^{2+}	0.317	S^{2-}	11.2

4. 离子的附加极化

虽然一般情况下负离子的极化能力及正离子的变形性都不大,在讨论离子间的相互极化作用时总是考虑正离子对负离子的极化作用。但如果正离子价电子层中含有 d 电子,且半径比较大时,也容易发生变形,即负离子也会使正离子发生变形(图 10.6)。正离子发生变形后,其正电荷中心向负离子靠近,从而对负离子具有更强的作用,使负离子受到进一步的极化,产生更大的变形。这种使正、负离子相互极化的现象称为离子的**附加极化**。通常情况下,离子价电子层中的 d 电子越多,电子层数越多,附加极化的作用就越强。

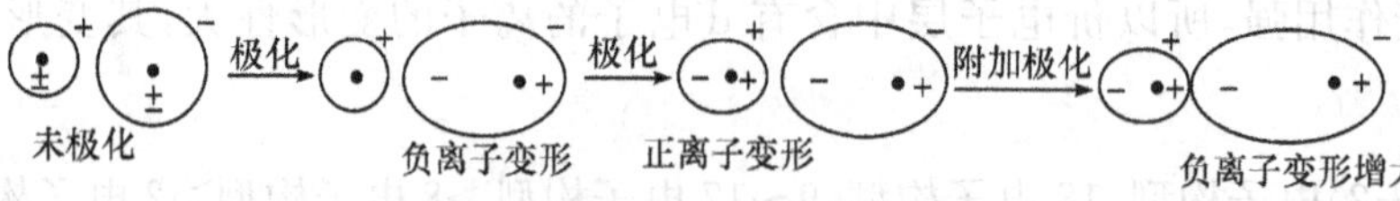

图 10.6　离子的附加极化示意图

在离子晶体中，每个离子的总极化能力等于该离子固有的极化力和附加极化力之和。

5. 离子极化对物质的结构和性质的影响

1）离子极化对化学键键型的影响

正、负离子间如没有极化作用时，离子类似于钢性带电球体，则将形成理想的离子键。但离子的极化作用或多或少地存在于正、负离子之间。离子间产生极化作用后，负离子的电子云将向正离子方向偏移，同时正离子的电子云也会产生变形。结果使正离子与负离子之间的核间距减小，它们的外层原子轨道产生了不同程度的重叠。即原来的离子键在发生极化时将向共价键（有关共价键的知识将在 10.2 节介绍）方向过渡（图 10.7）。

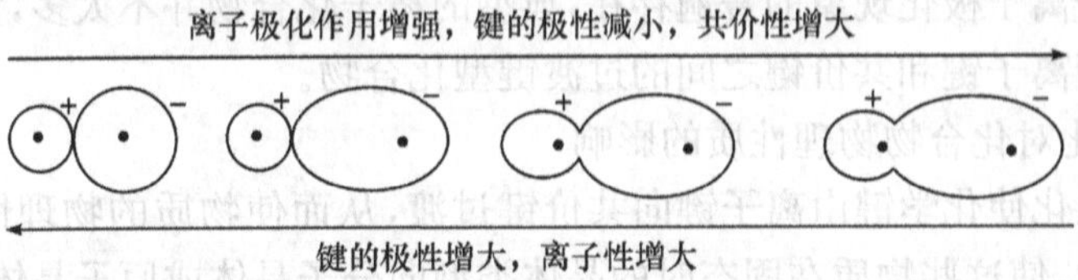

图 10.7 键型过渡示意图

表 10.4 列出了卤化银的键长、键型等数据。Ag^+ 属 18 电子构型，其极化力和变形性都较大，而负离子从 F^- 到 I^- 的半径逐渐增大，变形性增强。变形性较小的 F^- 与 Ag^+ 形成的化学键是典型的离子键。随着卤离子的半径的加大，离子的变形性增加，受 Ag^+ 的极化作用增强，形成的化学键的极性减弱。所以，AgCl、AgBr 中的化学键是兼有离子键和共价键性质的过渡键型，而 AgI 的化学键已是较典型的共价键。

表 10.4 卤化银的键型

卤化银	AgF	AgCl	AgBr	AgI
卤素离子的半径/pm	136	181	195	216
正、负离子半径之和/pm	246	277	288	299
键型	离子键	过渡键型	过渡键型	共价键

注：过渡键型是指离子键与共价键的混合键型。

从卤化银的键型变化可以说明，离子键和共价键之间没有绝对的分界线，很多化学键中都含有部分离子键成分和部分共价键成分，只是含有这两种键的成分多少不同而已。即使是典型的离子键，也含有一定的共价键成分，同样，典型的共价键也含有部分的离子键成分。

2）离子极化对晶体构型的影响

对于离子化合物的晶型，由于极化作用的存在，不能简单地用离子半径比（r_+/r_-）来判断，还要考虑极化作用对晶型的影响。如果正、负离子间存在较强的极化作用，不仅会使化学键的键型由离子键向共价键过渡，并且会使正、负离子的半径比发生变化，从而使晶体结构从高配位形式向低配位形式过渡。表 10.5 列出了卤化银的正、负离子半径比和晶型。

表 10.5　卤化银的半径比、晶型和配位数

化合物	AgF	AgCl	AgBr	AgI
r_+/r_-	0.85	0.63	0.57	0.51
晶型	NaCl 型	NaCl 型	NaCl 型	ZnS 型
配位数	6	6	6	4

表 10.5 中，虽然 AgF 的 r_+/r_- 大于 0.732，但因有一定的极化作用存在，其晶体构型不是 CsCl 型而是 NaCl 型。AgI 的 r_+/r_- 大于 0.414，其晶型应是 NaCl 型，但由于正、负离子都有较强的极化能力和变形性，使得 AgI 的实际晶体结构为 ZnS 型。

实际上由于离子极化现象的普遍存在，典型的离子化合物并不太多，大多数所谓的离子化合物是介于离子键和共价键之间的过渡键型化合物。

3) 离子极化对化合物物理性质的影响

由于离子极化使化学键由离子键向共价键过渡，从而使物质的物理性质也向共价化合物的性质转化，使这些物质在固态时的晶体类型向分子晶体或原子晶体过渡，如碱土金属的卤化物，由于极化程度不同，晶体熔点由 $BeCl_2$ 到 $BaCl_2$ 有逐渐升高的趋势(表 10.6)。但 BaF_2 出现异常，这是因为 Ba^{2+} 的半径大于 Sr^{2+} 的半径，所以在 BaF_2 和 SrF_2 两种典型的离子晶体中，BaF_2 离子间的作用力小于 SrF_2，因此 BaF_2 的熔点低于 SrF_2。

表 10.6　碱土金属氟化物和氯化物的熔点(单位：℃)

项目	Be	Mg	Ca	Sr	Ba
氟化物	552	1263	1418	1477	1368
氯化物	405	714	772	873	963

极化作用也对物质的溶解度产生较大的影响，离子间的极化作用越强，化学键的共价成分越多，物质在水中的溶解度越小，表 10.7 列出了碱土金属氢氧化物的溶度积变化情况。从表 10.7 中可见，离子的极化作用越强，离子化合物在水中的溶解度越小。

表 10.7　碱土金属氢氧化物的溶度积常数

项目	$Mg(OH)_2$	$Ca(OH)_2$	$Sr(OH)_2$	$Ba(OH)_2$
溶度积常数	1.2×10^{-11}	5.5×10^{-6}	3.2×10^{-4}	5×10^{-3}

10.1.6　晶格能

离子键是晶体中正、负离子之间的相互作用力，这种作用力的大小可以用离子晶体的晶格能(lattice energy)来表示，其符号为 U。它反映离子键的强度。晶格能的定义①为在

① 晶格能的定义目前还未统一，使用时应注意条件。

标准态下，拆开单位物质的量的离子晶体，使其变为气态离子所需的能量，如 NaCl 的晶格能 $U=770.8\mathrm{kJ\cdot mol^{-1}}$，即

$$U=\Delta_r H_m^{\ominus}=770.8\mathrm{kJ\cdot mol^{-1}}$$

根据晶格能的大小，可以预测和解释离子化合物的一些物理性质。对于同类型的离子化合物，如 AB 型离子晶体，其晶格能越大，物质的硬度越大，熔点越高。

影响离子晶体晶格能的因素有正、负离子的半径，离子的电荷数，离子的电子构型以及晶格的类型。离子的半径越小、电荷数越高、配位数越大，则正、负离子间的吸引作用越大，破坏晶体所需的能量就越多，即晶体的晶格能越大，晶体就越稳定。表 10.8 列出了部分 NaCl 型晶格的离子晶体的晶格能和物理性质。

表 10.8　晶格能与离子型化合物的物理性质

物理性质	NaI	NaBr	NaCl	NaF	BaO	SrO	CaO	MgO	BeO
离子电荷	1	1	1	1	2	2	2	2	2
核间距/pm	318	294	279	231	277	257	240	210	165
晶格能/($\mathrm{kJ\cdot mol^{-1}}$)	686.2	732.2	769.9	891.2	3042	3205	3477	3916	4543
熔点/K	933	1013	1074	1261	2196	2703	2843	3073	2833
硬度	—	—	—	—	3.3	6.5	4.5	3.5	9.0

10.2 共价键理论

离子键理论虽能很好地说明电负性相差较大的元素之间所形成的化合物的特点、性质，但这一理论却不能说明电负性相差较小的元素结合所生成的化合物的情况，如 HCl；也不能说明由相同原子组成的单质分子（如 H_2、O_2、N_2 等分子）的形成原因。1916 年，美国化学家路易斯首先提出了共价键的概念，他认为分子中每个原子应具有稳定的稀有气体原子的电子层结构，习惯上称为八隅体规则，但这种稳定结构不一定通过电子的转移来实现，而可以通过原子间共用一对或若干对电子来实现。这种原子间通过共用电子对结合而成的化学键称为**共价键**，路易斯的共价键理论被称为**经典共价键理论**。但这一理论不能解释 BF_3、PCl_5 及 SF_6 等分子的存在，因为它们的中心原子 B、P、S 周围的价电子数分别为 6、10 和 12 个，都不符合八隅体规则。1927 年，海特勒和伦敦将量子力学的成就应用于 H_2 分子的结构上，阐明了共价键的本质。鲍林等发展了这一成就，建立了**现代价键理论**，又称**电子配对法**。1932 年，美国化学家密立根和德国化学家洪德提出了**分子轨道理论**。这些理论成功的解释了有关分子结构的问题和实验事实。

10.2.1 价键理论——电子配对理论

路易斯的经典共价键理论虽能解释相同原子或电负性相近的不同原子组成分子的结构和性质，并初步揭示了共价键的核心——电子配对理论（VB 法），但路易斯的经典共价键理

论不能解释为什么两个带负电荷的电子不互相排斥而可以通过相互配对形成共价键，也不能说明为什么有些分子的中心原子最外层电子结构虽然不是稀有气体的 8 电子结构（如 BF_3、PCl_5、SF_6 等）但也能稳定存在的原因。因此，经典共价键理论不能阐明电子成对的本质。

1. 共价键的形成

海特勒和伦敦用量子力学的原理处理了氢分子的成键问题，从而揭示了共价键的本质。下面以两个氢原子形成氢分子为例说明共价键的形成情况。

当两个氢原子互相靠近时，如果它们各自的未成对电子的自旋方向相同，这两个氢原子间将发生排斥，这种状态称为**排斥态**。此时，电子在两核间的概率密度小[图 10.8(a)]，两个原子核及两个电子之间的排斥作用大于原子核对另一个氢原子中的电子的吸引作用，因此系统的能量升高，所以在这种状态下不能生成氢分子。

氢原子相互接近时，如果两个未成对电子的自旋方向相反，这两个原子的 1s 轨道将发生重叠，在两个核间电子出现的概率密度大[图 10.8(b)]。此时，原子核对另一个原子中的电子的吸引作用大于核与核及电子与电子之间的排斥作用，随着原子的接近，系统的能量降低，说明电子自旋方向相反的两个氢原子可以结合成稳定的共价键。

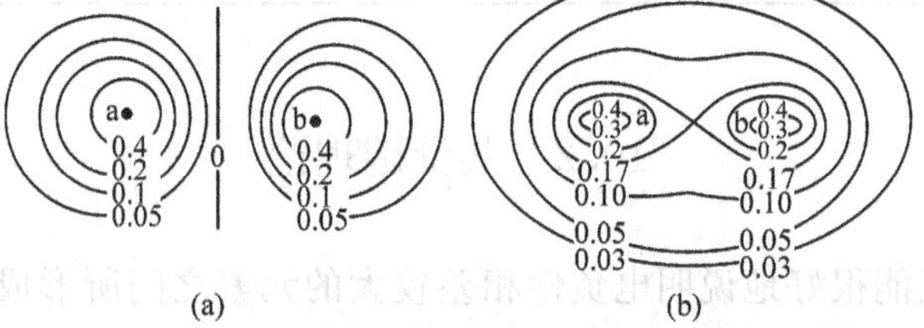

图 10.8　两个氢原子相互靠近时的两种电子云分布示意图

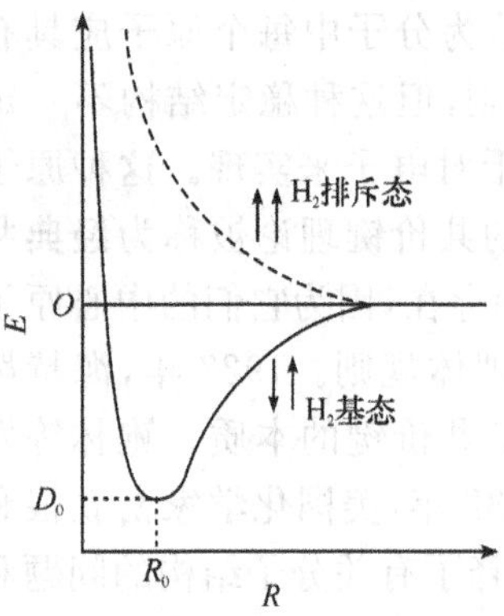

图 10.9　H_2 分子形成过程能量随核间距变化示意图

当用量子力学的方法处理上述两种情况时可以得到如图 10.9 的 H_2 分子能量曲线。由图 10.9 可知，具有自旋方向相同电子的两个氢原子相互靠近时，二者之间是相互排斥的，且这种排斥作用随核间距的减小而增加，因此不能形成双原子分子。但当两个电子自旋方向相反的氢原子相互接近时，则在两核达到平衡距离（R_0）之前，两个原子的吸引作用要大于排斥作用，系统的能量随核间距的减小而降低。在平衡点位置，系统的能量达到最低，只有在核间距小于平衡距离时，系统的能量才随核间距的减小而迅速升高。所以，两个氢原子将在平衡距离处形成稳定的 H_2 分子，即可以形成稳定的共价键。

2. 价键理论的基本要点

将量子力学处理氢分子的方法推广到其他分子系统，从而发展为价键理论，又称电子配对理论，简称 VB 法。它的基本要点如下：①两原子相互接近时，自旋方向相反的未成对电子可以配对，形成稳定的化学键，此时系统的能量降低；②组成共价键的两个电子所占的原子轨道的重叠程度越大，则形成的共价键越稳定，系统的能量越低，称为最大重叠原理。

3. 共价键的特点

在形成共价键时，互相结合的原子既未失去电子，也未得到电子，而是共用了电子对，因而在分子中只存在原子而不是离子，所以共价键又称为**原子键**。共价键的本质是电性的，但不能认为是纯粹的静电作用，它是两个原子核对核间电子对的负电场或负电区域的吸引作用，这种作用不只是库仑力。共价键的强弱取决于原子轨道的重叠程度，而原子轨道重叠多少又与原子轨道的重叠方式有关，这是共价键的波性。因此，共价键的本质既是电性的又是波性的。其特点如下：

1) 共价键具有饱和性

由于共价键是因原子轨道重叠后共用电子对形成的，即一个原子的未成对电子所占据的原子轨道与另一原子的未成对电子的轨道重叠形成共价键。因此，原子中有几个未成对电子(包括原子在激发后形成的未成对电子)，就可与几个其他原子的未成对电子配对形成共价键，即对某一特定原子来说，它所能形成的共价键的数目是一定的。例如，Cl 原子的价电子层中有一个未成对电子，它只能与其他原子生成一个共价键，如 HCl、Cl_2 等分子；N 原子的价电子层中有三个未成对电子，它可以与其他原子形成三个共价键，如 NH_3 及 N_2(共价叁键)等分子。Cl 原子在与 H 原子形成 HCl 后，因原子中已没有未成对电子，所以它不能与其他原子再形成共价键。这就是共价键的饱和性，即共价键的饱和性是由于原子外层未成对电子及其占有的轨道数目有限造成的，是由成键原子的价电子层结构决定的。两个原子之间如只有一对共用电子，形成的化学键称为**单键**；若两个原子间有两对共用电子对，就称为**双键**；若有三个共用电子对，就称为**叁键**。多于叁键的情况目前也已经发现，主要存在于过渡金属配合物原子簇中。

2) 共价键的方向性

根据原子轨道的最大重叠原理，在形成共价键时，原子间总是尽可能沿着原子轨道的最大伸展方向成键。原子轨道的重叠程度越大，电子在两核间出现的概率就越大，形成的共价键就越稳定。原子轨道都有自己特定的空间伸展方向。因此，在形成共价键时，只有沿着这些原子轨道的空间伸展方向才能达到最大程度的重叠，形成的共价键才能达到最稳定的状态，在其他方向上的重叠程度都较小，形成的共价键不稳定(图 10.10)。所以，共价键具有一定的方向性。

例如，在形成 HCl 分子时，H 原子的 1s 轨道只有在沿着 Cl 原子的未成对电子所占的 p 轨道的空间伸展方向上接近 Cl 原子，才能达到最大程度的重叠，形成稳定的共价键

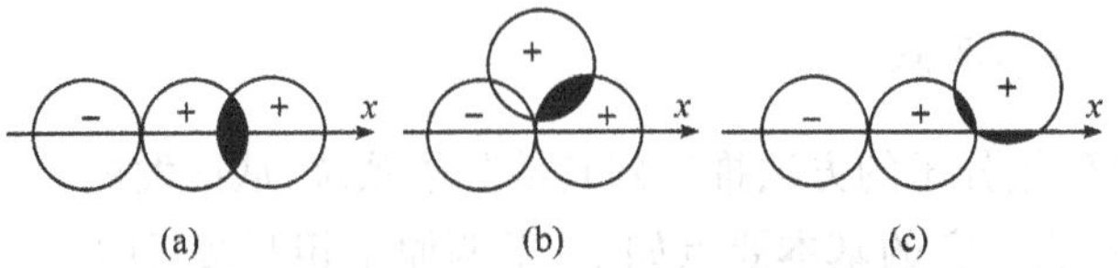

图 10.10　s 和 p_x 轨道的重叠方式示意图

[图 10.10(a)]，而在其他方向上的各种重叠形式，其原子轨道的重叠程度都较小，也就不能形成稳定的共价键[图 10.10(b)、(c)]。又如，在形成 H_2S 分子时，S 的价电子构型为 $3s^2 3p_x^1 3p_y^1 3p_z^2$，即 3s、$3p_z$ 轨道电子均已配对，不能参与成键，而未成对电子占据了 $3p_x 3p_y$ 轨道，所以当两个氢原子与一个硫原子结合成 H_2S 分子时，两个氢原子只有分别沿 x 轴和 y 轴的方向接近硫原子的 $3p_x$、$3p_y$ 轨道，才能达到原子轨道的最大重叠形成稳定的共价键。由于 $3p_x$、$3p_y$ 轨道相互垂直，因此分子中两个共价键的键角应近似等于 90°，实验测定的键角为 92°，二者较为接近。

共价键的方向性是因为原子轨道具有一定的空间伸展方向，为了满足最大重叠原理，使得轨道重叠后所生成的共价键具有一定的方向性。共价键的方向性决定了共价化合物分子的空间构型，进而对分子的性质产生重大的影响。

3) 共价键形成的原则

共价键是成键原子通过原子轨道重叠组成共用电子对而形成的。那么，是否原子轨道可以任意重叠而形成共价键呢？量子力学的结论是，只有当原子轨道的对称性相同的部分进行重叠，才能形成化学键，原子轨道的对称性是用波函数的"+"与"−"来表示的。图 10.11 是两个不同氢原子的 1s 轨道波函数相互叠加的示意图。可以看出，当两个轨道对称性相同时，波函数叠加的结果是相互增强，而对称性相反时，波函数叠加的结果是相互抵消。对应的，前者核间具有最大的电子云分布，相当于在两个核间形成了一个"电子桥"，把两个原子核紧紧地包围起来，从而形成了共价键；后者，核间电子云为零，所以不可能形成稳定的化学键。

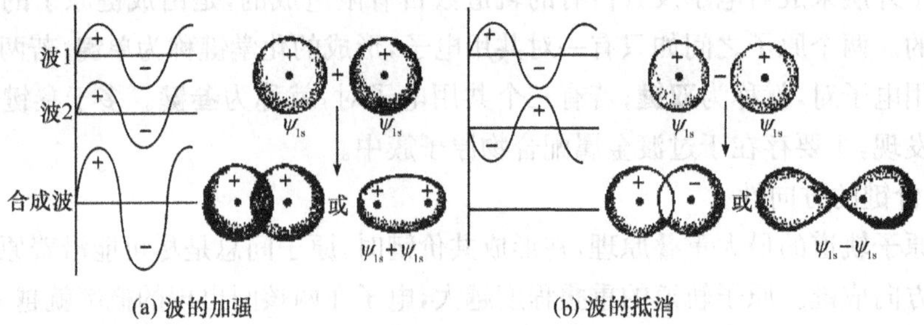

图 10.11　两个氢原子 1s 轨道不同叠加情况示意图

可见，两个原子轨道以对称性相同的部分("+"与"+"或"−"与"−")重叠时，系统的能量降低，可以形成共价键。这种对称性相同的原子轨道重叠称为**有效重叠或正重叠**。这种对称性相同的规则称为**对称性匹配原理**。因不同轨道的空间伸展方向不同，所以对某一轨道而言，其角度分布最大的方向有利于实现原子轨道的最大重叠[图 10.11(a)]。

当两个原子在重叠时，如对称性不匹配（“+”与“−”），在原子轨道的重叠处电子出现的概率密度将减小，在某个面上电子出现的概率密度几乎为零。此时由于原子核间及电子与电子间的排斥作用大于原子间的吸引作用，两个原子接近的结果将使系统能量升高，不能形成共价键。这种重叠形式称**无效重叠**或**负重叠**[图 10.11(b)]。

4. 共价键的类型

在原子轨道发生重叠形成共价键时，各原子对电子的吸引能力不同，原子轨道的重叠形式也不同。当组成共价键原子的电负性有差异时，共用电子对将偏向电负性较大的原子，从而导致共价键中正、负电荷中心不重合，形成的化学键就具有一定的极性。因此，共价键可分为极性共价键和非极性共价键。此外，除了以键的极性来区分共价键外，共价键形成时，按组成共价键的原子轨道的重叠方式和形成的共价键的对称性不同，也可形成不同的共价键。

1) σ 键和 π 键

当原子轨道以不同方式进行重叠时，可以形成不同对称性的共价键。如果原子轨道沿着键轴方向以**“头碰头”**的方式发生重叠，其轨道的重叠部分对于键轴而言呈**圆柱形对称**（具有**旋转对称性**），即当以成键原子的连线为轴旋转时，离键轴一定距离处的波函数的数值或电子出现概率密度的大小将不会发生变化。这种具有圆柱形对称形式的共价键称为 **σ 键**，如图 10.12[(a)，(b)，(c)，(d)]所示。如果原子轨道以**“肩并肩”**的方式重叠，其轨道重叠部分对通过键轴所在的某一平面具有镜面反对称性。这种具有镜面反对称性的共价键称为 **π 键**，如图 10.12[(e)，(f)，(g)]所示。

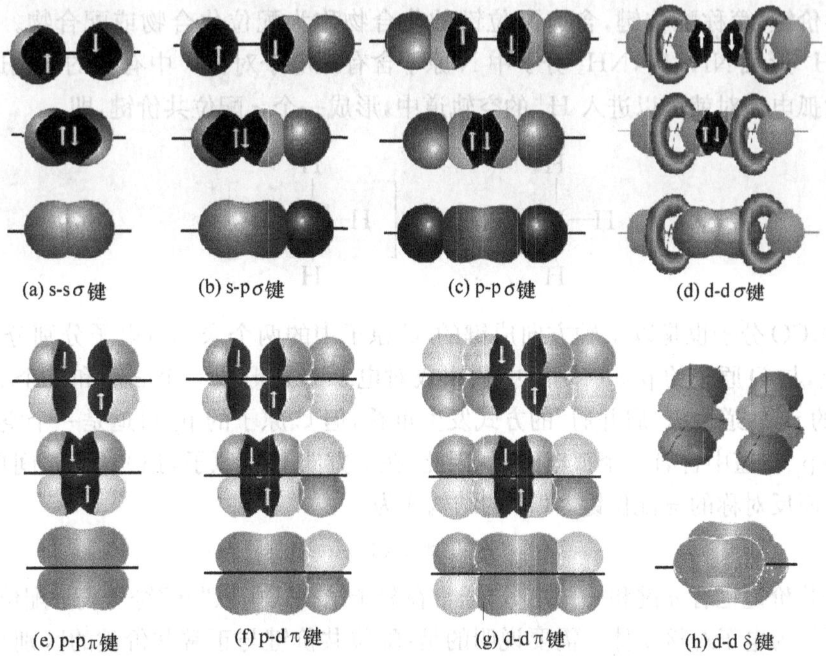

图 10.12　σ 键、π 键和 δ 键示意图

原子轨道的另一种重叠方式是 d-d 轨道以“面对面”的方式重叠，如图 10.12(h)，原子轨道以这种方式重叠形成的共价键称为 δ 键，δ 键主要存在于过渡金属原子簇化合物中。需要说明的是：两个原子之间首先形成的是 σ 共价键，在此基础上才有可能形成 π 键和 δ 键。两个原子间的 σ 共价键只能有一个，而 π 键和 δ 键可以有两个。

例如，N 原子的价电子结构为 $2s^2 2p^3$。三个 2p 轨道各有一个未成对电子，可以形成共价键。形成化学键的两个原子的连线称为键轴。当两个 N 原子沿 x 轴方向相互接近时，则 x 轴为键轴。在两个 N 原子接近到一定距离时，N 原子中沿着键轴方向 p_x 轨道将迎头发生重叠，形成一个 σ 键。同时，垂直于键轴方向的 p_y、p_z 轨道因其空间伸展方向的原因，只能以“肩并肩”的方式重叠，形成了两个 π 键。因此，在双原子的 N_2 分子中，形成了一个 σ 键和两个 π 键。

从原子轨道的重叠效果看：①形成 σ 键的重叠方向是发生在原子轨道空间伸展最大的方向上，因此轨道的重叠程度大，形成的化学键的键能大；②σ 键的电子出现概率密度最大的区域位于两个原子核的中间，受核的吸引作用强，不易受到其他原子的作用。π 键中的电子概率密度最大的区域出现在键轴的两侧，受核的吸引作用弱，较易受到其他原子的作用，即 σ 键中的电子对稳定性高，不易参与化学反应，而 π 键中的电子对稳定性差，活泼性高，易于参与化学反应。δ 键电子云分布更加分散，键的稳定性差，易发生化学反应。

2) 配位共价键

前面所介绍的共价键都是由成键原子各提供一个未成对电子组成的，但有一部分分子或离子，它们中的一部分共价键的电子对只由成键原子中的某一个原子提供，而另一个成键原子只提供空的原子轨道，这种由某个成键原子提供键合电子对而形成的共价键称为**配位共价键**，简称配位键，含有配位键的化合物称为配位化合物或配合物。例如，在 NH_3 与 H^+ 形成 NH_4^+ 时，NH_3 分子中 N 原子含有孤电子对，H^+ 中有空的 s 轨道，这样，N 原子的孤电子对就可以进入 H^+ 的空轨道中，形成一个 σ 配位共价键，即

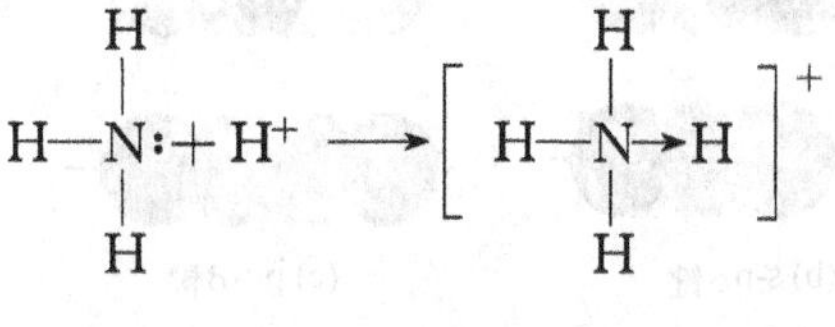

同样，CO 分子也是以 x 轴方向成键的，C 原子中的两个未成对电子分别分占在 p_x、p_y 轨道上，与 O 原子的 p_x、p_y 轨道中的未成对电子分别形成一个 σ 键和一个 π 键。同时，它们的 p_z 轨道也以“肩并肩”的方式发生重叠，但 C 原子的 p_z 轨道是一个空轨道，而 O 原子的 p_z 轨道中含有一个孤电子对，因此，在 z 方向上 C 原子与 O 原子之间形成了一个具有镜面反对称的 π 配位键。CO 的结构式为

$$C \Lleftarrow O$$

配位共价键也有 σ 键和 π 键之分，通常在分子结构式中以“→”符号表示配位键，箭头所指的原子为电子对接受体。需要说明的是：配位共价键与正常共价键的区别只在于化学键的形成过程，它的共用电子对来源与正常共价键是不同的，但配位键一旦形成，与一般的化学键就没有区别了。例如，在 NH_4^+ 中，4 个 N—H 键是完全相同的，CO 分子中的

两个 π 键也是完全等同的，不会因为其中某个键的电子对来源不同而产生差别。配位键是一类重要的化学键，由其形成的化合物种类繁多，用途广泛，详见第 11 章。

10.2.2 杂化轨道理论

价键理论比较简明地阐述了共价键的形成过程，并成功地解释了共价键的方向性和饱和性问题。但对于多原子分子的空间构型，价键理论遇到了许多难以解释的问题，如近代实验测定的结果表明：甲烷(CH_4)分子的空间结构是正四面体，C 原子位于正四面体的中心，4 个 H 原子分别占据正四面体的 4 个顶点，并且分子中的 4 个 C—H 键的键长、键能均相等，键角为 109°28′。从价键理论来说，由于 C 原子的价电子层结构为 $2s^2 2p^2$，原子中只有两个未成对电子，可与两个 H 原子形成两个 C—H 键。考虑到当一个 2s 电子被激发到 2p 轨道上时，可以多生成两个 C—H 键，这从能量角度上看是有利的。但这样形成的 4 个 C—H 键中，C 的 3 个 2p 轨道与 H 的 1s 轨道重叠所生成的共价键的键角应是 90°，而因为 s 轨道是球形对称的，所以最后一个 C—H 键的方向是任意的。此外，由于 C 原子的 2s 轨道与 2p 轨道的能量不同，它们与 H 原子所形成的共价键的键能也应不同，这些都与实验事实不符，因此价键理论对于多原子分子的许多问题都不能给出合理的解释。1931 年，鲍林在价键理论的基础上提出了杂化轨道理论。

1. 杂化轨道理论基本要点

原子轨道的杂化是指在形成分子时，由于原子之间的相互影响，同一原子的几个形状不同、能量相近的原子轨道可以相互混杂，重新组合成一组新的轨道，这种新的轨道更有利于形成稳定的共价键。这种原子轨道重新组合的过程称为原子轨道的杂化，所形成的新的轨道称为杂化轨道。原子轨道杂化后，轨道的总数目不变。例如，某原子的一个 s 轨道与一个 p 轨道杂化后，形成两个 sp 杂化轨道；一个 s 轨道与 2 个 p 轨道杂化后，形成 3 个 sp^2 杂化轨道……

原子轨道杂化以后，形成的杂化轨道形状及伸展方向发生了很大的变化。成键时，原子轨道与杂化轨道的重叠程度比与常规轨道的重叠程度大，形成的化学键也就更加稳定，所以杂化轨道具有更强的成键能力。这也是原子轨道杂化的原因。

以 CH_4 分子的形成为例，说明原子轨道的杂化过程。C 原子的 2s 与 2p 轨道的杂化过程为

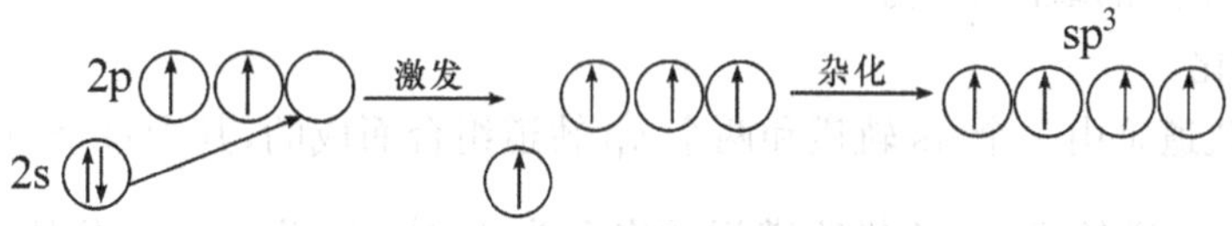

杂化过程存在着激发、杂化及轨道重叠的过程。但应注意的是，原子轨道的杂化只发生在分子的形成过程中，是原子的外层轨道在原子核及键合原子的共同作用下发生的，孤立的原子其原子轨道不可能发生杂化。

2. 杂化轨道的类型

根据组成杂化轨道的原子轨道的种类和数量的不同，可以组成不同类型的杂化轨道。

1) sp 杂化

同一个原子的一个 ns 轨道和一个 np 轨道经重新组合，形成两个 sp 杂化轨道，其特点是每个 sp 杂化轨道含有$\frac{1}{2}$s 和$\frac{1}{2}$p 的成分，两个 sp 杂化轨道之间的夹角为 180°，轨道方向呈直线形。例如，气态的 $BeCl_2$ 分子中，Be 原子的电子结构是 $1s^2 2s^2$，从表面上看，基态 Be 原子中的电子都已配对，不能形成共价键。但是，Be 原子还有空的 2p 轨道，其 2s 轨道中的电子可被激发进入空的 2p 轨道，从而形成激发态 $1s^2 2s^1 2p^1$ 的电子结构。虽然这样将使系统的能量上升，但在这个结构中，有两个未成对电子，可以与两个 Cl 原子形成两个共价键，形成共价键时所降低的能量足以补偿电子激发所需的能量，即 Be 原子在 Cl 原子的作用下，一个 2s 电子激发到 2p 轨道中去，并形成两个 sp 杂化轨道(图 10.13)。这两个杂化轨道分别与 Cl 原子的一个 3p 轨道重叠，形成两个 sp-p 重叠的 σ 键。由于两个 sp 杂化轨道的夹角为 180°，因此形成的 $BeCl_2$ 分子的空间结构是直线形的。二卤化汞 HgX_2、二氰化汞(N≡C—Hg—C≡N)等都具有这种结构。

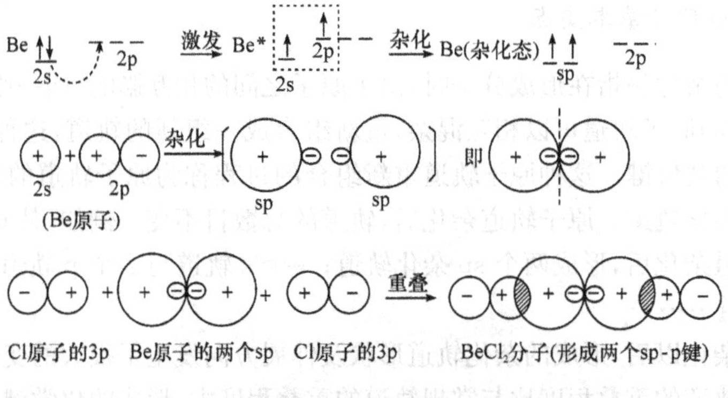

图 10.13　$BeCl_2$ 分子形成过程示意图

这种含有相同成分，成键能力相同的杂化轨道称为等性杂化轨道，这种杂化过程称为等性杂化。等性杂化轨道所包含的 s、p 轨道成分是完全相同的，能量也相同，所不同的只是它们各自在空间的取向不同。

2) sp^2 杂化

sp^2 杂化轨道是由一个 ns 轨道和两个 np 轨道组合而成的，其中每个 sp^2 杂化轨道都含有$\frac{1}{3}$s 和$\frac{2}{3}$p 轨道的成分，杂化轨道间的夹角为 120°。因此，sp^2 杂化轨道的空间构型为平面三角形。例如，BF_3 分子中，硼原子的电子层结构为 $1s^2 2s^2 2p^1$，当 B 原子与 F 原子发生作用时，B 原子中的一个 2s 电子被激发到一个空的 2p 轨道中，使 B 原子的价电子层结构变成 $2s^1 2p_x^1 2p_y^1$，这 3 个含有未成对电子的轨道经杂化组成 3 个 sp^2 杂化轨道。3 个

sp^2 杂化轨道分别与 3 个 F 原子的 p 轨道重叠，形成 3 个 sp^2-p 重叠的 σ 键，其成键过程如图 10.14 所示。因为 3 个 sp^2 杂化轨道处于同一平面上，且轨道夹角为 120°（图 10.15），所以 BF_3 分子具有平面三角形的结构，如图 10.14 所示。杂化轨道理论对 BF_3 分子结构的推测与实验测定的结果完全一致。

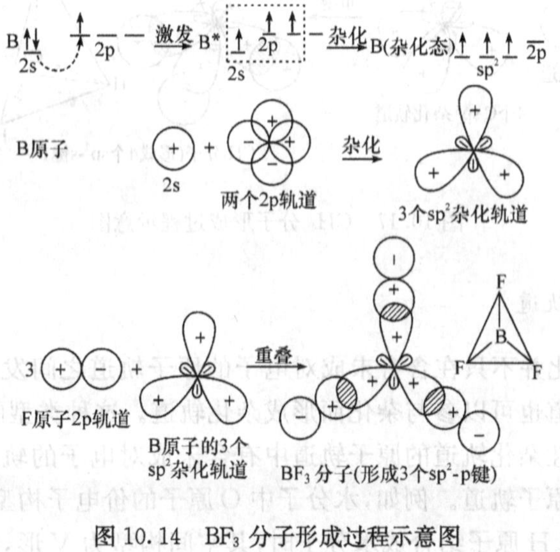

图 10.14 BF_3 分子形成过程示意图

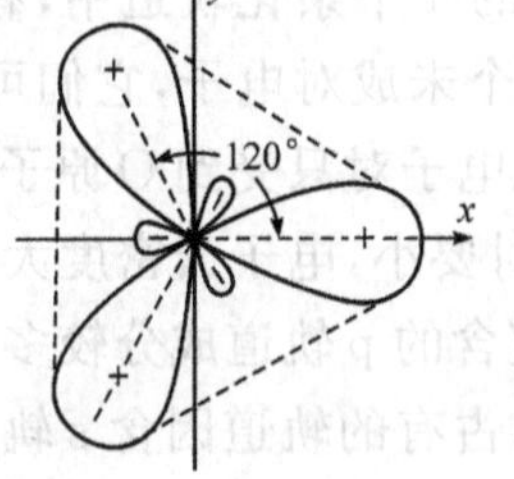

图 10.15 sp^2 杂化轨道示意图

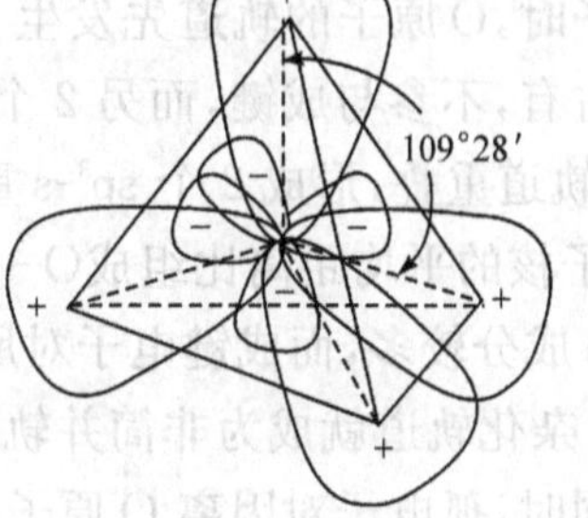

图 10.16 sp^3 杂化轨道示意图

3) sp^3 杂化

sp^3 杂化轨道是由一个 ns 轨道与 3 个 np 轨道经重新组合而成的，其特点是每个 sp^3 杂化轨道都含有$\frac{1}{4}$的 s 成分和$\frac{3}{4}$的 p 成分，轨道的夹角为 109°28′。sp^3 杂化轨道的空间构型是四面体型（图 10.16），如 CH_4 分子中，C 原子的 2s 轨道中的一个电子在 H 原子的作用下，首先被激发到 2p 轨道中，形成 $2s^1 2p_x^1 2p_y^1 2p_z^1$ 的价层电子结构，这 4 个轨道重新组合后形成 4 个 sp^3 杂化轨道，它们与 H 原子的 1s 轨道重叠形成 4 个 sp^3-s 型的 σ 键。因 C 原子杂化后所形成的 4 个杂化轨道的成分、能量相等，所以 4 个碳氢键的键能相等，按最大重叠原理，4 个 C—H 键分别指向正四面体的 4 个顶点，键角为 109°28′，与实验测定的结果相符。CH_4 分子的形成过程如图 10.17 所示。

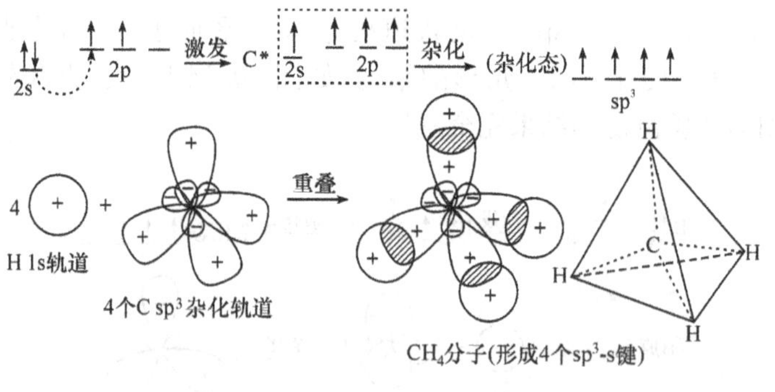

图 10.17　CH_4 分子形成过程示意图

3. 不等性杂化轨道

原子轨道的杂化并不只在含有未成对电子的原子轨道之间发生，含有孤对电子的轨道或空的原子轨道也可以参与杂化而形成杂化轨道。这种类型的轨道杂化称为**不等性杂化**。组成不等性杂化轨道的原子轨道中有含未成对电子的轨道，也有含孤对电子的原子轨道或空的原子轨道。例如，水分子中 O 原子的价电子构型为 $2s^2 2p_x^2 2p_y^1 2p_z^1$，由实验结果可知，它与 H 原子结合成水分子时，其空间构型为 V 形，键角为 104.5°，而 O 原子中的两个 p 轨道的夹角为 90°。因此，价键理论无法解释。杂化轨道理论认为，在形成水分子时，O 原子的轨道先发生 sp^3 杂化，所形成的 4 个杂化轨道中，有 2 个被孤电子对所占有，不参与成键，而另 2 个轨道中各含有一个未成对电子，它们可分别与 H 原子的 1s 轨道重叠，形成 2 个 sp^3-s 重叠的 σ 键。因孤电子对只受到 O 原子核的吸引，它离 O 原子核的平均距离比组成O—H键的成键电子对要小，电子云密度大，这 2 个轨道所含的 s 成分较多，而成键电子对所占据的杂化轨道含的 p 轨道成分较多，这样形成的 4 个 sp^3 杂化轨道就成为非简并轨道，其中孤电子对占有的轨道因含 s 轨道成分多，能级低。同时，孤电子对因离 O 原子核近，相互间的排斥作用大，使 2 个孤电子对所占轨道之间的夹角大；含成键电子对的轨道因其所含 p 成分多，能级高，电子之间的排斥作用小，在孤电子对的排斥作用下 O—H 键的键角小于等性 sp^3 杂化轨道之间的夹角[图 10.18(a)]。

除了水分子外，NH_3 分子中的 N 原子也发生了不等性 sp^3 杂化，其中一个孤电子对占有了能量低，含 s 成分多的一个杂化轨道，其他 3 个未成对电子分别占有含 p 成分多的另 3 个杂化轨道，它们分别与 H 原子的 s 轨道重叠形成 σ 键[图 10.18(b)]。因为 NH_3 分子中只有一对孤电子对，成键电子对所受的排斥作用小于水分子中的 O—H 键所受的排斥作用，所以 N—H 键之间的夹角为 107.3°，大于水分子中的 O—H 键之间的夹角。

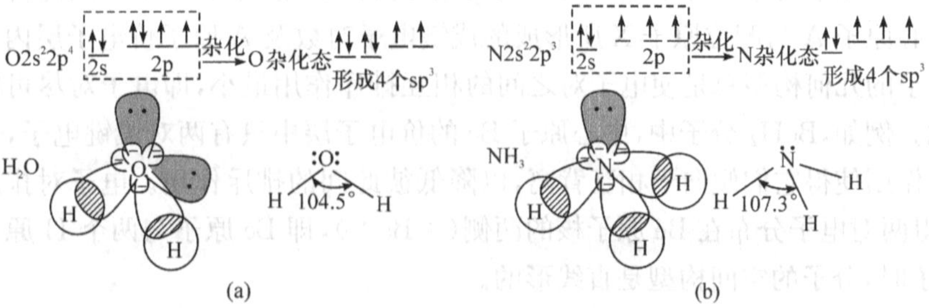

图 10.18 H_2O 和 NH_3 分子结构示意图

表 10.9 列出了几种 s-p 杂化轨道所形成的分子的空间几何构型。

表 10.9 几种 s-p 杂化轨道

杂化类型	sp	sp^2	sp^3	不等性 sp^3	
轨道数目	2	3	4	4	
空间构型	直线形	平面三角形	四面体形	V形	三角锥形
实例	$BeCl_2$	BF_3	CH_4	H_2O	NH_3
	CO_2	BCl_3	CCl_4	H_2S	PH_3
	$HgCl_2$	CO_3^{2-}	$CHCl_3$		
	C_2H_2	NO_3^-	SO_4^{2-}		
	$[Ag(NH_3)_2]^+$	CH_2O			

在第三周期以后元素的原子中，价层中除了含有 s、p 两种类型的轨道外，还含有 d 轨道，这些 d 轨道也能参与杂化，形成 s-p-d 类型的杂化轨道。本书将在第 11 章——配位化合物中介绍有 d 轨道参与的各种类型的杂化轨道。

当多原子分子的空间构型被实验确定后，用杂化轨道理论能够给出很好的解释。但对于结构未知的分子来说，原子轨道到底是如何杂化的呢？这一问题并不简单。为了解决这个问题，1940 年西奇威克(Sidgwick)和鲍威尔(Powell)提出了价层电子对互斥理论，1957 年由吉林斯必(Gillespie)和尼霍姆(Nyholm)加以发展，在预测简单分子的空间几何构型时获得了令人满意的结果。

10.2.3 价层电子对互斥理论

价层电子对互斥(valence-shell electron-pair repulsion)理论，简称 VSEPR 法。这种方法比较简单，但解释、判断和预测分子结构的准确性比其他理论毫不逊色。

1. 价层电子对互斥理论的基本要点

对一个 AX_n 型分子或离子，中心原子(A)周围配位原子(X)或原子团的几何构型主要取决于中心原子价电子层中电子对之间的相互排斥作用，中心原子周围的价电子对主要包括中心原子 A 与配位原子 X 所形成的成键电子对数及 A 原子价电子层内的孤电子对数。分子的几何构型总是使电子对之间的相互排斥作用最小，即电子对尽可能远离的结构形式。例如，BeH_2 分子中，中心原子 Be 的价电子层中只有两对成键电子，这两对电子的排斥作用使得它们倾向于相互背离，以降低彼此间的排斥作用。电子对排斥作用的结果，使得两对电子分布在 Be 原子核的两侧（：Be：），即 Be 原子与两个 H 原子结合成 BeH_2 分子时，分子的空间构型是直线形的。

在 AX_n 分子中，A 与 X 之间如形成共价双键或叁键，则价层电子对理论认为：因共价双键、叁键在中心原子周围只占据一个方位，因而把双键、叁键作为一个电子对看待。例如，甲醛分子中，C 原子与 O 原子形成的是共价双键，当把此双键作为一对电子处理后，中心原子周围有 3 对电子，这 3 对电子的排斥作用最小的空间几何构型是平面三角形，所以甲醛分子为平面三角形构型。

价层电子对相互排斥作用的大小，取决于电子对之间的夹角和电子对的成键情况。电子对之间的夹角越小，电子对之间的排斥力越大，90°斥力≫120°斥力＞180°斥力。成键电子对因受两个原子核的共同吸引，因此它们离中心原子的平均距离较大，对中心原子周围的其他电子对的排斥作用小，而孤电子对因只受中心原子的原子核吸引，它的运动范围离中心原子的原子核近，在中心原子的原子核周围占据的空间大，从而对其他电子对的排斥作用强。各电子对之间排斥作用大小的顺序如下：

孤电子对-孤电子对＞孤电子对-键电子对＞键电子对-键电子对

因重键比单键所含电子数量多，对其他电子对的排斥作用强，其排斥作用大小的次序如下：

叁键＞双键＞单键

因此，对上述甲醛分子，虽然分子中双键电子对对分子的基本几何形状不起决定作用，但因双键比单键的排斥作用强，使得分子中 C—H 键与 C—O 键的键角∠HCO 大于 120°。

2. 影响分子结构的因素

1）中心原子周围电子对数对分子结构的影响

对于 AX_n 型分子，决定分子几何构型的是中心原子 A 周围的电子对数目，包括成键电子对数(BP)和孤电子对数(LP)。其中成键电子对数 BP 与 A 原子周围的配位原子数相等。A 原子的价层电子对数 VP＝BP＋LP。AX_n 分子的几何构型由价层电子对在中心原子 A 周围的分布情况决定。

2）元素电负性对分子几何构型的影响

对于同一原子 A 与不同原子形成的相同构型的分子，当所形成的共价键的键长相差不大时，配位原子的电负性越大，该原子对成键电子对的吸引作用越强，使得成键电子对在中心原子周围出现的概率减小，对中心原子周围其他电子对的排斥作用减弱。所以配位原子的电负性越大，与该配位原子有关的键角越小。例如，NF_3 分子的键角∠FNF 为 102°，小于 NH_3 分子的键角(107.3°)。

如果配位原子相同，中心原子的电负性越大，对键电子的吸引作用越强，键电子在中心原子周围占据的空间越大，对其他电子对的排斥作用越强，与该配位原子有关的键角就越大(表 10.10)。

表 10.10　氮族元素氢化物的电负性与键角的关系

性　质	SbH_3	AsH_3	PH_3	NH_3
中心原子的电负性	1.9	2.0	2.1	3.0
键角	90°18′	91°50′	93°18′	107.3°

3）重键对分子构型的影响

由于生成的重键在中心原子周围的电子云密度大，对其他电子对的排斥作用加大，因此含有重键的键角大，如 HCHO 分子中的∠HCO>∠HCH。

3. 价层电子对数的确定方法与分子的几何构型预测

VSEPR 理论首先把分子中的中心原子的价层电子对视为在中心原子周围的一个球面上分布，由于价电子对之间的排斥作用，最终排列于平衡位置，此时价层电子对之间的排斥作用力最小，分子也就越稳定。

要确定一个分子的几何构型，首先要根据分子的成键情况，确定中心原子及配位原子，然后由配位原子的数目确定成键电子对数。分子中的孤电子对数可按式(10.3)求出

$$\text{孤电子对数(LP)}=\frac{1}{2}(\text{中心原子的价电子数}-\text{配位原子未成对电子总数}-\text{离子电荷代数值}) \tag{10.3}$$

计算结果中若出现小数(如 1.5)，则进为整数(2)。例如，NO_3^- 分子中，中心原子为 N 原子，价电子结构为 $2s^22p^3$，它与 3 个氧原子直接成键，因此 BP=3，O 原子的价电子结构为 $2s^22p^4$，每个 O 原子的未成对电子数为 2，所以 NO_3^- 的

$$LP=\frac{1}{2}[5-2\times3-(-1)]=0$$

因此 NO_3^- 中中心原子 N 周围的价电子对数为

$$VP=BP+LP=3+0=3$$

再如

$$VP_{SO_4^{2-}}=BP+LP=4+1/2[6-2\times4-(-2)]=4$$

$$VP_{NH_4^+}=BP+LP=4+1/2(5-4\times1-1)=4$$

$$VP_{CO_2}=BP+LP=2+1/2(4-2\times2-0)=2$$

$$VP_{NO_2}=BP+LP=2+1/2(5-2\times2-0)=2.5=3$$

用同样方法可以计算出在 CH_4 分子中，C 的价层中有 4 对电子。

根据电子对排斥作用最小的原理，可以得到电子对在中心原子周围的空间位置：

VP=2　:—A—:　直线形　相当于 sp 杂化

VP=3 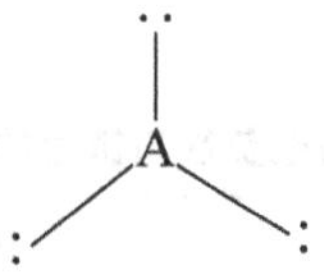 平面三角形　相当于 sp^2 杂化

VP=4 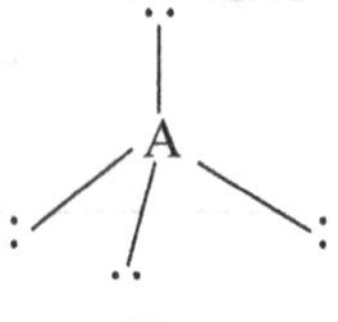 正四面体　相当于 sp^3 杂化

VP=5 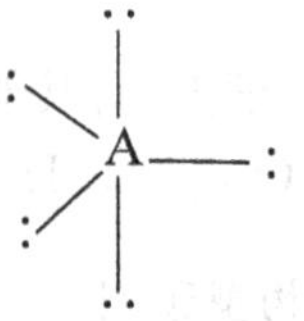 三角双锥　相当于 sp^3d 杂化

VP=6 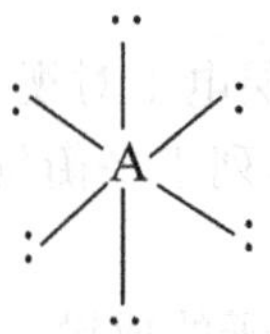 正八面体　相当于 sp^3d^2 杂化

例如，NO_3^- 和 NO_2 中 N 原子周围的电子对呈三角形分布；SO_4^{2-}、NH_4^+ 和 CH_4 中，中心原子周围的电子对按正四面体的构型分布等。

电子对之间排斥力最小的构型就是分子的空间几何构型。当 LP=0，即 VP=BP 时，分子的结构与价层电子对的分布相同，而当 LP≠0 时，需要根据孤对电子对的位置判断分子的结构。例如，上述分子（或离子）中，CH_4、SO_4^{2-}、NH_4^+ 为正四面体构型，NO_2 为 V 形结构，而 NO_3^+ 中的 3 个 O 原子在 N 原子周围以三角形分布。

【例题】 试推测 ClF_3 分子的几何构型。

解　$$VP=BP+LP=3+1/2(7-3\times1)=5$$

可推测 ClF_3 分子中价电子对的几何分布为三角双锥形，这 5 个电子对分别占据三角双锥形的 5 个顶角。其中有两个电子对是孤电子对，其余 3 个为成键电子对，分子共有(a)、(b)、(c)3 种可能的构型，其中(b)具有最小的排斥作用，因此 ClF_3 的几何构型为如(b)的 T 形分子。

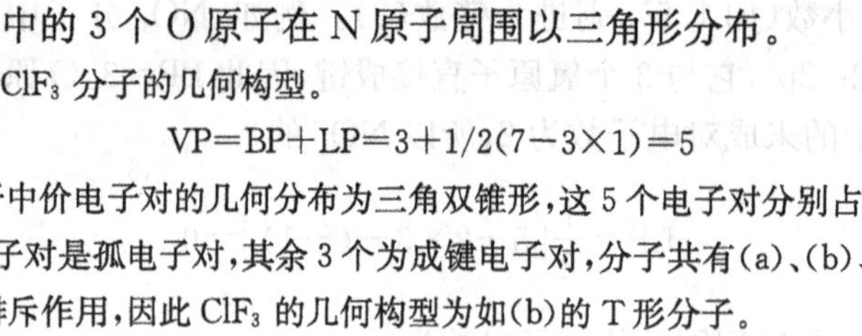

(a)　(b)　(c)

应注意：

(1) 当分子中有 π 键时，π 键应排在相当于孤对电子的位置。例如，SOF_4 分子，其中心原子 S 的 VP＝5＋1/2(6－4－2)＝5，所以其结构为(a)。

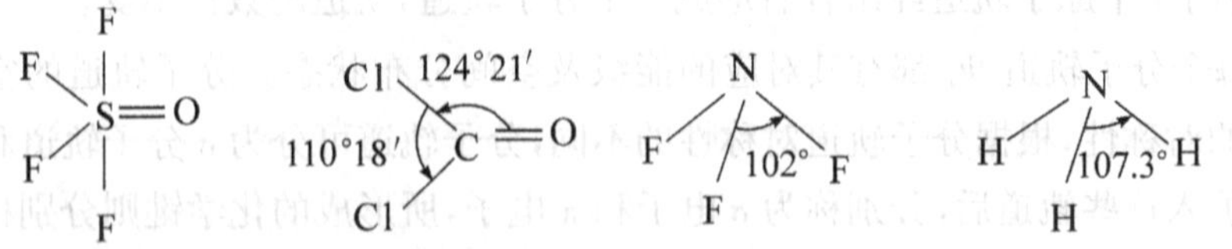

(a) (b) (c) (d)

(2) π 键和配位原子的电负性会使键角发生改变。例如，(1)中的(b)、(c)、(d)3 种分子就是这种情况。

通过上面的例子可以看出，用价层电子对互斥理论讨论分子(或离子)的几何构型简单、方便，可准确地预测分子的结构。但它也有一定的局限性，如对孤立分子的预测比较准确，而对较大分子的推测则不可靠。可准确预见主族元素所形成的分子结构，而副族元素中，除了 d^0、d^5、d^{10} 电子结构是球形对称外，其他副族元素的 d 电子的空间分布比较复杂，它们与中心原子周围的其他电子对的相互作用也难以确定和预测。因此，使用价层电子对互斥理论往往得不到正确的结论。对孤立分子的构型，也只能作定性描述，不能解释键的形成过程及键的稳定性。另外，也无法解释 O_2 分子的顺磁性(具有未成对的单电子)，这就是该理论的局限性。

10.2.4 分子轨道理论

前面介绍了价键理论和价层电子对互斥理论，这些理论能比较直观地说明共价键的形成和分子的空间构型。但它们都具有一定的局限性。例如，按照价键理论，O_2 分子中的两个氧原子之间形成一个 σ 键和一个 π 键，分子中所有的电子均已配对，但从 O_2 分子的磁性实验可知，O_2 分子具有磁性，易被磁场吸引。这就说明在 O_2 分子中含有未成对电子，这是价键理论无法解释的。又如，实验证明 H_2^+ 可以存在，即一个 H 原子和一个 H^+ 共用一个未成对电子，形成一个单电子的共价键，这也与价键理论中认为共价键的形成需要电子配对的基础相矛盾。1932 年，密立根和洪德提出的分子轨道理论，将分子作为一个整体来处理分子的结构问题，比较全面地反映了分子内部电子的运动状态。它对分子中的各种成键形式、成键过程的能量变化及分子的空间结构问题都能给出很好的解释。因此，分子轨道理论在共价键理论中占有非常重要的地位。

1. 分子轨道理论的基本要点

(1) 当原子组成分子后，分子中的电子不再从属于某个特定的原子，而是遍及整个分子范围内运动。每个电子在分子中的运动状态可以用波函数 Ψ 来描述。这种描述电子在分子中运动状态的波函数称为**分子轨道**。分子轨道也是薛定谔方程的解。同样，$|\Psi|^2$ 是指分子中电子在各处出现的概率密度，或称为分子的电子云。

(2) 分子轨道是由原子轨道线性组合而成的，简称 LCAO。形成的分子轨道数目与参与组合的原子轨道数相同，如两个 Li 原子形成 Li_2 分子时，两个 Li 原子的 1s 轨道经组合后形成两个分子轨道。同时，每个 Li 原子的 2s 轨道也组合成两个分子轨道，即形成 Li_2 分子的前 4 个原子轨道经组合后形成 4 个分子轨道，轨道的数目不变。

(3) 每个分子轨道 Ψ_i 都有其对应的能级及空间分布状态。分子轨道的空间分布状态有不同的对称性，根据分子轨道对称性的不同，分子轨道可分为 σ 分子轨道和 π 分子轨道。电子填入这些轨道后，分别称为 σ 电子和 π 电子，所形成的化学键则分别称为 σ 键和 π 键。

(4) 同原子轨道中电子的排布情况相同，分子轨道中电子的排布也是遵守同样的原理，即泡利原理、能量最低原则和洪德规则。

2. *原子轨道线性组合的形式*

当 A 原子的原子轨道 Ψ_a 与 B 原子的原子轨道 Ψ_b 组合时，有两种组合方式，分别形成两个分子轨道 Ψ_1 和 Ψ_2，其数学表达形式为

$$\Psi_1 = c_a\Psi_a + c_b\Psi_b \tag{10.4}$$

$$\Psi_2 = c_a\Psi_a - c_b\Psi_b \tag{10.5}$$

式中，c_a、c_b 为原子轨道的线性组合系数。式(10.4)为原子轨道波函数符号相同的部分相重叠，结果在重叠部分波函数值增大，即电子波在重叠部分振幅加大，电子在两个原子核间出现的概率加大。此时，轨道的能级降低，此种重叠所形成的分子轨道称为**成键轨道**，分别用 σ 和 π 表示。式(10.5)为原子轨道波函数符号相反的部分相重叠，重叠部分电子波互相抵消，电子在两个原子核间出现的概率减小。此时，轨道的能级升高，此种重叠所形成的分子轨道称为**反键轨道**，分别用 σ^* 和 π^* 表示。不同原子轨道组合形成的分子轨道形状如图 10.19 所示。

图 10.19(a)为两个原子的 s 轨道重叠而形成的分子轨道图形；图 10.19(b)为一个原子的 s 轨道与另一原子的 p_x 轨道相重叠形成的分子轨道图形；图 10.19(c)、图 10.19(d)为原子的 p 轨道重叠形成分子轨道的图形，p 轨道与 p 轨道有“头碰头”及“肩并肩”两种重叠方式；图 10.19(e)为 p 轨道与 d 轨道重叠形成的分子轨道图形；图 10.19(f)为 d 轨道与 d 轨道重叠形成的分子轨道图形。

其中 s-s、s-p_x、p_x-p_x 形式的原子轨道重叠时，形成的分子轨道对键轴具有旋转对称性，这种具有旋转对称性的分子轨道称为 σ 分子轨道；p_z-p_z、p_x-d_{xy}、d_{xy}-d_{xy} 等原子轨道“肩并肩”重叠，形成的分子轨道称为 π 分子轨道。可以看出，成键 π 分子轨道在通过键轴垂直于 z 轴的平面上，其电子云的概率密度分布为零，这一平面通常称为“节面”，成键 π 电子云分布在两核间节面上、下区域内，即在这个区域内电子云密度较大，而反键 π^* 分子轨道电子云的分布则不同。

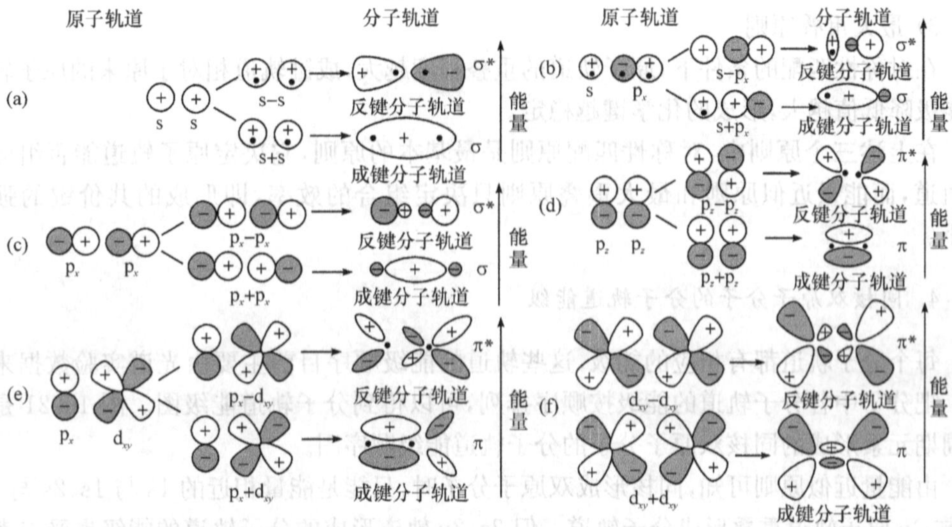

图 10.19 主要类型的分子轨道形状

3. 分子轨道形成的条件

分子轨道是由原子轨道经线性组合而成的，但并非任意两个原子轨道都能组合成分子轨道。能组成分子轨道的原子轨道必须满足一定的条件。

1）能量近似原则

组成分子轨道的原子轨道要求能量相近，并且原子轨道的能量越相近，成键分子轨道的能级就越低，这个条件称为**能量近似原则**。如果两个原子轨道的能量相差很大，则具有较高能量原子的轨道中的电子将迁移至能级较低的原子的原子轨道中，从而只能形成离子键。

2）对称性匹配原则

只有对称性相同的原子轨道才能组成分子轨道，称此条件为**对称性匹配原则**。因为原子轨道均有一定的对称性，为了有效组成分子轨道，原子轨道将采取合适的方向重叠。

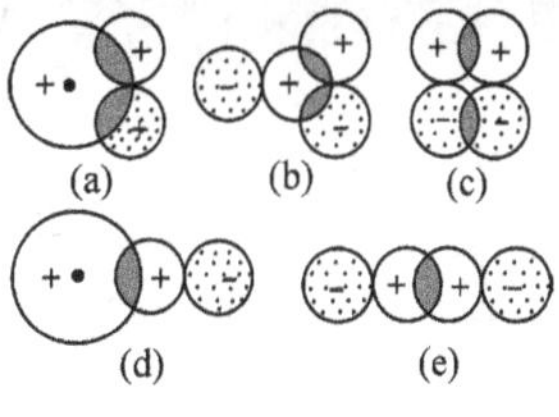

图 10.20 对称性匹配原则

(a)、(b)对称性不匹配；

(c)、(d)、(e)对称性匹配

对称性匹配原则表明了原子轨道的重叠并不是总能降低系统的能量，在有些情况下，虽然原子轨道的重叠区域较大，但并不能形成有效的共价键。如图 10.20(a)、(b)所示，当两个原子接近，两个轨道沿 x 轴方向重叠时，则在键轴的上半部，波函数的正值部分同号重叠，可使系统的能量降低，系统趋于稳定，在两个原子之间产生吸引力，而在键轴的下半部，波函数是异号重叠，系统能量升高，抵消了上半部的稳定化作用。所以，这种重叠形式不能使整个系统的能量降低，对称性不匹配，不能形成有效重叠。图 10.20(c)、(d)、(e)三种情况是原子轨道的"正＋正"

重叠或“负＋负”重叠，对称性匹配，可以形成有效重叠。

3）最大重叠原则

在对称性匹配的条件下，原子轨道的重叠程度越大，成键轨道相对于原来的原子轨道的能级降低值越大，形成的化学键越稳定。

在上述三个原则中，对称性匹配原则是最基本的原则，它决定原子轨道能否组成分子轨道，而能量近似原则和最大重叠原则只决定组合的效率，即形成的共价键的强度大小。

4. 同核双原子分子的分子轨道能级

每个分子轨道都有相应的能级，这些轨道的能级顺序目前主要由光谱实验数据来确定。把分子中各分子轨道的能级按顺序排列，可以得到分子轨道能级图。图 10.21 是第二周期元素形成的同核双原子分子的分子轨道能级顺序图。

由能量近似原则可知，同核形成双原子分子时，只能是能量相近的 1s 与 1s、2s 与 2s、2p 与 2p 原子轨道重叠形成分子轨道。但 2s、2p 轨道形成的分子轨道的能级也受二者能级差的影响。当 2s 与 2p 轨道能级差较小时，同核双原子分子的分子轨道能级如图 10.21(a)所示。此时 $E(\pi_{2p})<E(\sigma_{2p})$，$E(\pi_{2p}^*)<E(\sigma_{2p}^*)$，但当 2s 与 2p 轨道的能量相差较大时，最终使分子轨道能级顺序如图 10.21(b)所示，其中 $E(\pi_{2p})>E(\sigma_{2p})$，$E(\pi_{2p}^*)<E(\sigma_{2p}^*)$。

在第二周期的各元素中，只有 O 和 F 原子的 2s、2p 原子轨道的能量相差足够大，形成分子轨道时 2s、2p 轨道不能有效重叠，因此形成的 O_2、F_2 分子的分子轨道能级顺序如图 10.21(b)所示；N、C、B 等原子的 2s、2p 轨道能量接近，在形成双原子分子时它们之间也产生重叠，最终形成如图 10.21(a)的分子轨道能级顺序。

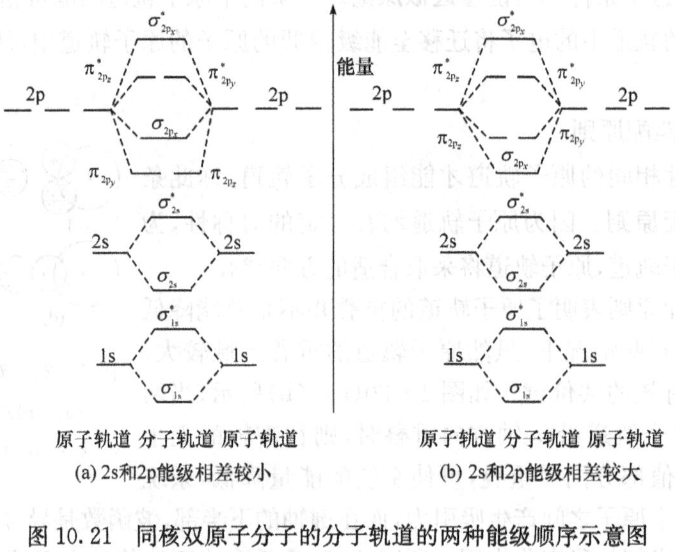

图 10.21　同核双原子分子的分子轨道的两种能级顺序示意图

因此，第二周期元素所组成的双原子分子中，从 Li_2 到 N_2 的分子轨道能级排列顺序为

$$[(\sigma_{1s})(\sigma_{1s}^*)(\sigma_{2s})(\sigma_{2s}^*)(\pi_{2p_y})=(\pi_{2p_z})(\sigma_{2p_x})(\pi_{2p_y}^*)=(\pi_{2p_z}^*)(\sigma_{2p_x}^*)]$$

其中$(\sigma_{1s})(\sigma_{1s}^*)$是内层分子轨道，在充满电子时常用[KK]来表示。

F_2、O_2 分子的分子轨道能级顺序为

$$[(\sigma_{1s})(\sigma_{1s}^*)(\sigma_{2s})(\sigma_{2s}^*)(\sigma_{2p_x})(\pi_{2p_y})=(\pi_{2p_z})(\pi_{2p_y}^*)=(\pi_{2p_z}^*)(\sigma_{2p_x}^*)]$$

电子在分子轨道中的排布同样遵守泡利原理、能量最低原则和洪德规则。例如，O_2 电子排布情况

$$O_2\left[KK(\sigma_{2s})^2(\sigma_{2s}^*)^2(\sigma_{2p_x})^2(\pi_{2p_y})^2(\pi_{2p_z})^2(\pi_{2p_y}^*)^1(\pi_{2p_z}^*)^1\right]$$

可以看出，两个 O 原子之间除了形成一个 σ 键(σ_{2p_x})以外，还形成两个 π 键(π_{2p_y} 和 π_{2p_z})，这两个 π 键分别具有 3 个电子，称为 3 **电子 π 键**，表示为 π_{2p}^3。所以把两个 O 原子结合在一起的是叁键，而不是价键理论所说的双键。其中 $\pi_{2p_y}^*$ 和 $\pi_{2p_z}^*$ 上分别具有一个单电子，所以 O_2 具有顺磁性。O_2 分子的结构可简单表示为

$$:O\overset{\cdots}{\underset{\cdots}{—}}O:$$

在分子结构中，常把原子之间的成键数目称为键级，定义为

$$键级=\frac{1}{2}(成键轨道电子数-反键轨道电子数) \tag{10.6}$$

例如，O_2 分子的键级$=\frac{1}{2}(10-6)=2$，说明 O_2 分子中虽然有两个 3 电子键，但由于 3 电子键中有一个电子在反键轨道上，这就削弱了键的强度，3 电子 π 键不如双电子 π 键牢固。O_2 的叁键键能实际上与双键键能差不多，只有 $498kJ\cdot mol^{-1}$，从键级上也可以说明这一点。

再如：

$$N_2[(\sigma_{1s})^2(\sigma_{1s}^*)^2(\sigma_{2s})^2(\sigma_{2s}^*)^2(\pi_{2p_y})^2(\pi_{2p_z})^2(\sigma_{2p_x})^2]$$

它的键级=(1/2)(10−4)=3，结构式可表示为

$$:N\equiv N:$$

结构式中除了标明 N_2 的叁键外，还标出了两对孤电子对，这两对孤电子对相当于分子轨道 σ_{2s}和 σ_{2s}^*中的电子。在写结构式时，内层 σ_{1s}和 σ_{1s}^*中的电子对一般不用标明。

5. 异核双原子分子的分子轨道

当两个不同的原子结合成分子时，分子轨道理论的处理方法和原则与同核双原子分子一样，遵循能量近似原则、最大重叠原则和对称性匹配原则。只有满足这三个原则，两个原子轨道之间才能发生有效组合，形成分子轨道，组成分子。

例如，CO 分子，C 原子的电子结构为 $1s^22s^22p^2$，O 原子的电子结构为 $1s^22s^22p^4$。分子中有 14 个电子。由于 C 原子和 O 原子中，同类型的原子轨道能量相近，可以相互重叠形成 CO 分子的分子轨道，其分子轨道的能级与 N_2 分子的分子轨道能级类似，其中

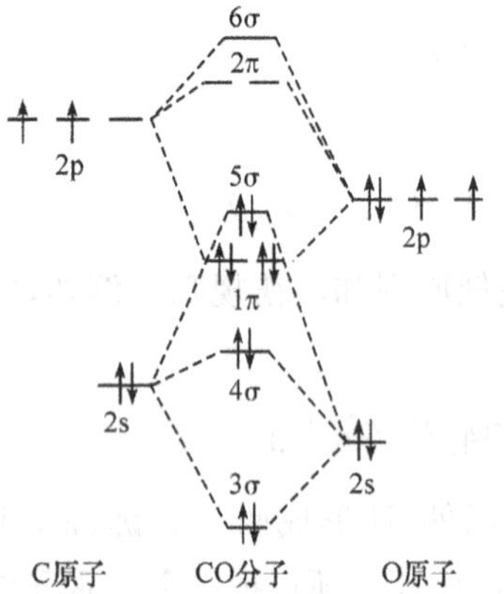

图 10.22　CO 的分子轨道能级图

$E(\pi_{2p})<E(\sigma_{2p})$。但不同的是，C 和 O 的原子轨道的能级是不相等的，它的分子轨道能级图如图 10.22 所示。其分子轨道结构式为

$$CO[(\sigma_{1s})^2(\sigma_{1s}^*)^2(\sigma_{2s})^2(\sigma_{2s}^*)^2(\pi_{2p_y})^2(\pi_{2p_z})^2(\sigma_{2p_x})^2]$$

也可表示为

$$CO[(1\sigma)^2(2\sigma)^2(3\sigma)^2(4\sigma)^2(1\pi)^4(5\sigma)^2]$$

其中$(\sigma_{1s})^2(\sigma_{1s}^*)^2(\sigma_{2s})^2(\sigma_{2s}^*)^2$轨道中成键电子能量的降低和反键电子能量的升高相互抵消，所以对成键有贡献的是$(\pi_{2p_y})^2(\pi_{2p_z})^2(\sigma_{2p_x})^2$。因此 CO 分子中有两个 π 键和一个 σ 键，其键级＝(1/2)(8－2)＝3，与 N_2 分子的分子轨道情况类似，形成共价叁键。CO 与 N_2 分子中电子数目相同，都是 14。这种电子数相同、价键形式一致的分子称为**等电子体**。等电子体分子间的性质非常相似。CO 与 N_2 分子的差别是，在有效形成共价键的 6 个电子中，C 原子只提供两个电子，而 O 原子提供 4 个电子，这种叁键一般记为

$$C \leftleftarrows\!\!=\! O:$$

箭头代表由氧原子单独提供一对电子形成一个配位共价键。正是由于 CO 分子中配位键的存在，使得 CO 分子的极性很小，且 CO 分子偶极的负极在 C 原子上。

从 CO 分子可见，原子提供原子轨道组成分子轨道时，不一定提供电子，而可以只提供空的轨道，这个空原子轨道与其他原子含有电子的原子轨道重叠后，也能组成分子轨道，形成共价键。

对于组成 HF 分子的两个原子，它们的原子轨道结构是不同的，其中 H 原子中只有一个 1s 电子，此电子的能量为－13.6eV；F 原子的电子结构为 $1s^2 2s^2 2p^5$，其中的 2p 轨道能级为－18.6eV，与 H 原子中的电子的能量最为相似，根据能量近似原则，H 原子的 1s 轨道将与 F 原子的 $2p_x$ 轨道重叠，形成一个 σ 成键轨道和一个 σ 反键轨道。图 10.23 表示 H 原子与 F 原子所形成的分子轨道能级的示意图。由于 F 的 $2p_x$ 轨道的能级比 H 原子的 1s 轨道能级低，分子轨道中电子云偏向于 F 原子的一边，即形成以 F 原子为负极的极性共价键。

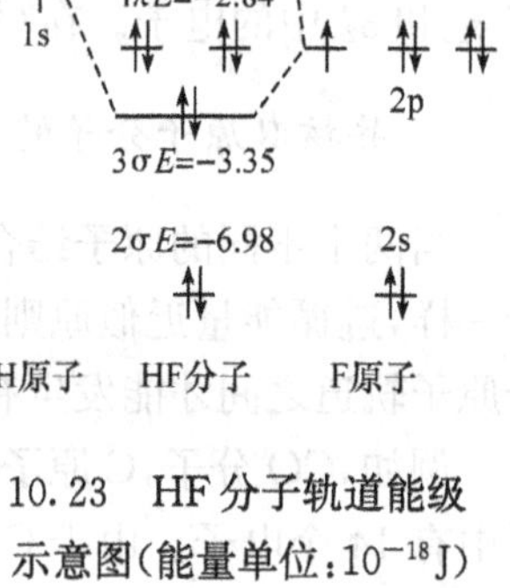

图 10.23　HF 分子轨道能级示意图（能量单位：10^{-18}J）

在分子轨道中，最后填入电子的轨道（最高占有电子的分子轨道——最高占有轨道）简称为 HOMO，最低未占分子轨道简称为 LUMO。HOMO 和 LUMO 构成了分子的前线分子轨道。前线分子轨道是非常重要的，这是 d 区元素容易形成金属羰基化合物的主要原因之一，在金属羰基

化合物中,CO 的 HOMO(5σ 即 σ_{2p_x})含电子轨道参与形成 σ 键,而 LUMO 空的 π 轨道参与形成 π 配键。例如,$Ni(CO)_5$,配体 CO 提供 5σ 电子形成 σ 配键,中心离子(原子)提供电子对进入配体的反键 π^* 分子轨道,形成反馈 π 配键(图 10.24)。正是由于这两种键的形成,使金属羰基化合物具有一定的稳定性。

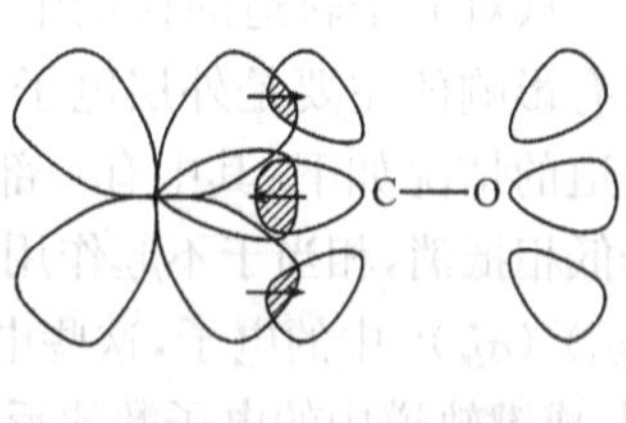

图 10.24 Ni 与 CO 配合物的 σ 配键及反馈 π 配键

6. 分子轨道理论的应用举例

用几个典型例子说明分子轨道理论的具体应用。

1) H_2^+ 分子离子

H_2^+ 分子离子的形成过程可用下式表示:

$$H(1s^1)+H^+(1s^0)\longrightarrow H_2^+[\sigma_{1s}^1]$$

即 H_2^+ 分子离子是由一个 H 原子和一个 H^+ 组成的,当这两个粒子接近时,它们的 1s 轨道相互重叠,组成 σ_{1s}成键轨道和 σ_{1s}^* 反键轨道。系统中唯一的电子将按能量最低原则填入 σ_{1s}轨道中去。因此,H 原子和 H^+ 组成 H_2^+ 分子离子时,系统能量降低,所以 H_2^+ 具有一定的稳定性,其键级为 0.5。只有一个电子填入分子轨道所形成的化学键称为**单电子共价键**。这在价键理论中是不能解释的。

2) He_2 分子和 He_2^+分子离子

两个 He 原子所组成的分子轨道为 $He_2[(\sigma_{1s})^2(\sigma_{1s}^*)^2]$。由于填入成键分子轨道的电子数与填入反键轨道的电子数相等,键级为 0,因此 He_2 分子不存在。

He 与 He^+形成的 He_2^+ 的分子轨道式为 $He_2^+[(\sigma_{1s})^2(\sigma_{1s}^*)^1]$。成键电子数比反键电子数多,这种具有 3 个电子的 σ 键称为 3 电子 σ 键,3 电子键不如 2 电子键稳定,键级只有 0.5,但 He_2^+ 仍能够稳定存在。

根据同样原理可以判断,Be_2 分子是不能存在的。

3) N_2 分子

N_2 分子的分子轨道式为 $N_2[KK(\sigma_{2s})^2(\sigma_{2s}^*)^2(\pi_{2p_y})^2(\pi_{2p_z})^2(\sigma_{2p_x})^2]$。其中,$(\sigma_{2s})^2(\sigma_{2s}^*)^2$轨道中成键电子数与反键电子数相等,对形成化学键没有贡献,其作用相当于孤电子对。实际上对成键有贡献的是$(\pi_{2p_y})^2(\pi_{2p_z})^2(\sigma_{2p_x})^2$ 中的三对电子,即两个 N 原子之间形成两个 π 键和一个 σ 键,键级为 3。

由于在两个 N 原子之间组成三个共价键,且处于键轴外侧的 π 键能量低于键轴内侧的 σ 键,而化学反应是因为分子中的电子运动状况发生改变,电子运动状况发生变化的主要是那些能量较高的电子。但在 N_2 分子中,能量高的 σ 电子处于能量低的 π 电子的中间[图 10.21(a)],因此不易与其他分子发生作用。而且在两个 N 原子之间存在共价叁键,原子间的作用力大,所以 N_2 分子具有特殊的稳定性。

4) O_2 分子

分子轨道式为 $O_2[KK(\sigma_{2s})^2(\sigma_{2s}^*)^2(\sigma_{2p_x})^2(\pi_{2p_y})^2(\pi_{2p_z})^2(\pi_{2p_y}^*)^1(\pi_{2p_z}^*)^1]$。因为氧分子中有两个未成对电子,所以分子具有顺磁性,这一点是价键理论所无法解释的。

从对分子轨道的讨论中可以看出，原子参与成键时内层电子基本上不起作用，对成键有影响的主要是外层电子，即价电子填入分子轨道的情况决定的。价电子填入分子轨道的情况如下：其中有一部分成键电子的数目与反键电子的数目相同，能量的升高和降低相抵消，相当于不起作用的孤电子对，如 N_2、O_2、CO 分子中 2s 轨道重叠后所形成的 $(\sigma_{2s})^2(\sigma_{2s}^*)^2$ 中的电子，这些电子对成键无效；另一部分是成键电子和反键电子数目不相同，成键轨道中的电子数比反键轨道中的电子数多，进入反键轨道后电子能量的升高值不能抵消成键轨道中填入电子后系统能量的降低值，这种情况称为**有效成键**。故一般讨论分子成键情况时，主要讨论价电子所形成的分子轨道，尤其是有效成键的价电子，而不考虑内层电子。

10.3 键 参 数

为了描述分子的结构及空间构型，常用一些具体的物理量来表征化学键的性质。这些表征、描述化学键性质的物理量称为键参数。下面介绍几个常用的键参数及它们与分子性质的关系。

10.3.1 键能

化学反应过程总是伴随着旧键的断裂和新键的形成，而化学键的断裂和形成又总是伴随着能量的变化和交换。对于气态分子，每断裂单位物质的量的某化学键所需要的能量称为该化学键的**键能**，通常以符号 E 表示。在 298.15K、标准态下使 1mol 理想气体分子 AB 拆开，形成气态理想气体 A 原子和 B 原子时，所需要的能量称 AB 分子的解离能，以符号 D 表示。对于双原子分子，其解离能就是键能，如

$$H_2(g) \xrightarrow{298.15K,100kPa} 2H(g) \qquad D(H—H)=E(H—H)=436kJ\cdot mol^{-1}$$

根据能量守恒原理，断裂一个化学键所需的能量与形成此化学键所释放出的能量相同，因此，可以用键能来衡量一个化学键的牢固程度。对多原子来说，键能与键的解离能是有区别的，如 NH_3 分子有三个 N—H 键，其解离能分别如下：

$$NH_3(g) = NH_2(g)+H(g) \qquad D_1=435.1kJ\cdot mol^{-1}$$

$$NH_2(g) = NH(g)+H(g) \qquad D_2=397.5kJ\cdot mol^{-1}$$

$$NH(g) = N(g)+H(g) \qquad D_3=338.9kJ\cdot mol^{-1}$$

所以

$$NH_3(g) = N(g)+3H(g) \qquad D_{总}=D_1+D_2+D_3=1171.5kJ\cdot mol^{-1}$$

而 NH_3 分子的 N—H 键的键能就是这三个解离能的平均值，即

$$E(N—H)=\frac{D_1+D_2+D_3}{3}=\frac{1171.5}{3}=390.5(kJ\cdot mol^{-1})$$

表 10.11 列出了部分原子之间形成的化学键的键能数据。

表 10.11 部分原子之间形成的化学键的键能数值(单位:$kJ \cdot mol^{-1}$)

共价键	键能数值	共价键	键能数值	共价键	键能数值
H—H	436	B—B	293	N—F	283
F—F	154.8	F—H	565	P—F	490
Cl—Cl	239.7	Cl—H	428	O—Cl	218
Br—Br	190.16	Br—H	362.3	S—Cl	255
I—I	148.95	I—H	294.6	N—Cl	313
O—O	142	O—H	458.8	P—Cl	326
O═O	493.59	S—H	363.5	As—Cl	321.7
S—S	268	Se—H	276	C—Cl	327.3
Se—Se	172	Te—H	238	Si—Cl	381
N—N	167	N—H	238	Ge—Cl	348.9
N═N	418	P—H	322	N—O	201
N≡N	941.69	As—H	~247	N═O	607
P—P	201	C—H	411	C—O	357.7
As—As	146	Si—H	318	C═O	798.9
C—C	345.6	C—F	485	Si—O	452
C═C	602	Si—F	318	C═N	615
C≡C	835.1	B—F	613.1	C≡N	887
Si—Si	222	O—F	189.5	C═S	573

键能数据可通过光谱实验进行测定,也可用生成焓的数据进行计算获得。

10.3.2 键长

分子中两个成键原子之间的平衡距离称为化学键的**键长**,以符号 L 表示,大量的实验结果表明,同一种化学键在不同的分子中,其键长数值基本上是一个定值。两个原子之间能形成不同的化学键,其键长越短,键越牢固。例如,两个 C 原子之间能形成共价单键、双键、叁键,其中 C 与 C 之间所形成的叁键键长最短,键能最大。表 10.12 列出了部分化学键的键能及键长数值。两个相同原子所形成的共价单键键长的一半,称为该原子的**共价半径**。

表 10.12 部分化学键的键能及键长

化学键	共价键数	键能/(kJ·mol^{-1})	键长/pm
C—C	1	345.6	154
C═C	2	602	134
C≡C	3	835.1	120
N—N	1	167	145
N═N	2	418	125
N≡N	3	941.69	110

10.3.3 键角

在分子中两个相邻化学键之间的夹角称为化学键的键角，其量纲用(°)表示。例如，H_2O分子中，2个O—H键之间的夹角是104.5°，即水分子的键角是104.5°，其分子构型为V形。表10.13列出了部分简单分子的键长、键角的数据。

表 10.13 某些分子的键长和键角数据

分子式	键长/pm	键角
CO_2	116.2	180°
H_2O	98	104.5°
NH_3	101.9	107.3°
CH_4	109.3	109°28′

键长、键角这两个参数都可以通过光谱实验或X射线衍射法测定，也可用量子力学的方法推算。如果已知一个分子中的键长及键角的数据，就可以知道这个分子的空间几何构型，并进而了解这个分子的部分物理性质。例如，实验测出NH_3分子的3个N—H键之间的键角为107.3°，键长为101.9pm，就可得出NH_3分子是一个三角锥形的分子。

10.3.4 键的极性

共价键可分为极性共价键和非极性共价键。当原子之间通过共用电子对形成共价键时，若成键原子的电负性相同，它们对电子的吸引能力也相同，因此形成的共价键中原子核所带的正电荷的中心和电子所带的负电荷的中心是相互重合的，这种共价键称为**非极性共价键**，如同核双原子分子中的共价键。当成键原子的电负性不同时，由于各原子对电子的吸引能力不同，使得形成共价键的共用电子对向电负性大的原子一边偏移，从而导致形成的共价键中正、负电荷中心的偏离，这种共价键称为**极性共价键**。例如，HF、H_2O分子中的化学键就属于这种情况。成键原子的电负性相差越大，键的极性就越大。离子键是一个极端，由于成键的两个原子的电负性差值足够大，它们对电子的吸引能力的差别使得电负性小的原子中的电子转移到了电负性大的原子上，从而形成了带正电荷的阳离子和带负电荷的阴离子；非极性共价键是另一个极端，组成化学键的两个原子的电负性差值为零，对电子的吸引能力相等，正、负电荷中心重合。在上述两者之间存在着一系列极性不同的共价键。共价键的极性对分子的物理、化学性质具有很大的影响。

另外，常用的键参数还有键级，对于描述共价键的稳定性也具有很好的参考价值。键级的大小反映了两个键合原子之间结合力的强弱，当键级值大于0时，则键合原子之间有强相互吸引作用力，即能形成共价键。两个原子之间形成的共价键的键级越大，键能越大。需要说明的是键级不仅可以是整数，也可以为分数或小数，如 He_2^+ 分子离子中两个 He 原子间的键级为0.5，表明其原子间形成的共价键相当于半个共价单键的键能。

10.4 分子间作用力及分子晶体

气体凝聚成液体或溶解于溶剂中，固体表面有吸附等现象都表明物质的分子之间存在着相互吸引作用。通常把分子之间的吸引力称为范德华力。分子间力的性质一般属于电学范畴，与分子的极化作用有关。

10.4.1 分子的极性

由于分子是由原子核及核外电子所组成的，在任何一个分子中，都可以找到一个正电荷中心和一个负电荷中心。根据正、负电荷中心是否重合的情况，可以把分子分为极性分子和非极性分子，正、负电荷中心重合的分子称为**非极性分子**，正、负电荷中心不重合的称为**极性分子**。

对于简单双原子分子，分子是否有极性可以简单地用化学键的极性来判断。对于同核双原子分子，由于成键的两个原子的电负性相同，两个原子所组成的化学键为非极性键，分子的正、负电荷中心相重合，这种分子都是非极性分子，如单质 H_2、O_2、F_2 等分子。如果是两个不同的原子组成的双原子分子，因两个原子的电负性不同，这两个原子间的化学键是极性化学键，所组成的分子也是极性分子，如 HCl、CO 等。

对于多原子分子，分子的极性不仅与化学键的极性有关，而且还与分子的空间几何构型有关。例如，同样为 AX_3 型的 NF_3 和 BF_3 分子，其分子中的化学键虽然都是极性共价键，但由于 BF_3 分子具有对称的平面正三角形结构，键的极性互相抵消，因此整个分子是非极性的，而 NF_3 分子的几何构型为三角锥形，键的极性不能相互抵消，所以整个分子具有极性。因此，在由极性共价键相结合所组成的多原子分子中，分子的几何构型如有对称中心，则分子就是非极性分子，如 CO_2、BF_3、CH_4 等分子。当分子中没有对称中心时，则分子就是极性分子，如 NH_3、SO_2 等。

极性大小常用偶极矩来衡量。偶极矩(dipole moment)的符号为 μ。定义相距为 d、电量为 q 的两个正、负点电荷构成的电偶极子的偶极矩为

$$\mu=qd \tag{10.7}$$

偶极矩是一个向量，其方向规定为从正电荷指向负电荷①。在分子中，d 就是指正、负电荷中心之间的距离，又称为**偶极长**，偶极矩的单位为 C·m。表 10.14 列出了部分分子的偶极矩数据。对于双原子分子，分子的偶极矩等于其化学键的偶极矩，而对于多原子分子，分子的偶极矩等于分子中各化学键偶极矩的**向量和**，而不是等于某一共价键的偶极矩。

表 10.14 部分分子的偶极矩 μ

分子	$\mu/(10^{-30}\text{C}\cdot\text{m})$	分子	$\mu/(10^{-30}\text{C}\cdot\text{m})$
H_2	0	H_2O	6.16
N_2	0	HCl	3.43
CO_2	0	HBr	2.63
CS_2	0	HI	1.27
H_2S	3.66	CO	0.40
SO_2	5.33	HCN	6.99

分子的偶极矩数据主要是通过实验测得的。而一些参考书上所列的偶极长及偶极电荷都是在一定的假设条件下计算得到的，并非实验测定的结果。

分子的极性大小可以用分子的偶极矩来衡量，若 $\mu=0$，则为非极性分子，否则就为极性分子，且偶极矩越大，分子的极性越强。

10.4.2 分子的变形性和极化

分子具有正电荷和负电荷两个中心，当非极性分子进入某电场时，正电荷中心被引向电场的负极，而负电荷的电子云被引向正极。因而，原本正、负电荷中心重合的非极性分子，在电场的作用下产生了偶极，这种偶极称为**诱导偶极**(induced dipole)。当外电场消失时，诱导偶极也随之消失，分子又恢复为非极性状态。诱导偶极的极性大小取决于外界电场的强度 E 和分子的变形性，即

$$\mu_{诱导偶极}=\alpha E_{外} \tag{10.8}$$

式中，α 为衡量分子在外界电场作用下变形性大小的标度，称为**诱导极化率**，简称**极化率**，其单位为 $\text{C}\cdot\text{m}^2\cdot\text{V}^{-1}$。

对于极性分子，因其本身具有偶极，这种偶极称为**固有偶极**。当极性分子受到外界电场作用时，分子的偶极将在电场的作用下沿着电场的方向定向排列，即原来方向不规则的分子偶极的正极被引向电场的负极，而分子偶极的负极则被引向电场的正极，从而使分子按偶极的方向排列，这种作用称**取向作用**。同时，在电场的作用下，极性分子也能发生变形，从而产生诱导偶极，使正、负电荷中心的距离增加，分子的极性增强。

因此，极性分子在电场中同时存在着偶极的定向作用和变形极化作用。

① 在物理学中将偶极矩的方向规定为由负电荷指向正电荷。

由于极性分子存在着正、负两极，这个偶极就相当于一个微电场，它也会与其他和其接近的分子的正、负电荷中心发生作用，并使这些分子产生诱导偶极。所以，分子的定向或极化过程不仅发生在有外加电场的情况，而且也发生在分子与分子之间。一个极性分子使其他分子发生变形的能力称为**极化力**。分子的极性越大，极化力(作用)越强。

10.4.3　分子间力

分子间力就是分子与分子之间产生的相互作用力，又称为范德华力。根据不同偶极间产生的相互作用力的情况，范德华力分为三种，即取向力、诱导力和色散力。

1. 取向力

当两个极性分子相互接近时，会产生同极相斥、异极相吸的作用，这种作用使得分子发生相对转动，结果使一个分子的正极与另一个分子的负极接近，系统中的分子将按极性的方向作定向排列，并由正、负偶极之间产生相互的静电吸引作用(图 10.25)。这种因极性分子的固有偶极定向排列所产生的吸引力称为取向力(orientation force)。取向力只存在于极性分子与极性分子之间。

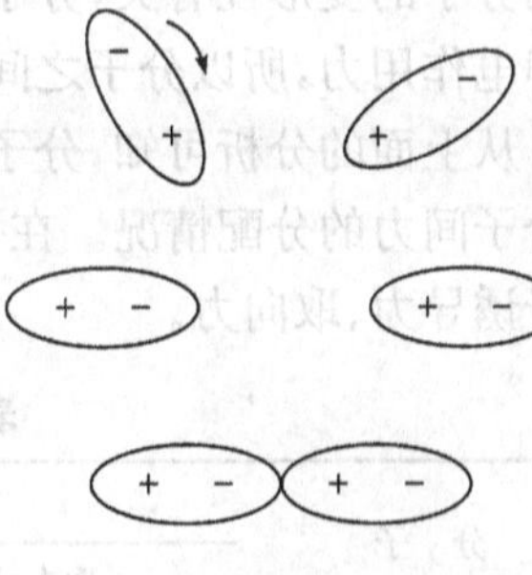

图 10.25　两个极性分子相互作用示意图

取向力的本质是静电作用力，可根据静电理论来求出取向力的大小。取向力的大小与下列因素有关：①分子的偶极矩，分子的偶极矩越大，分子间静电作用力越强，取向力就越大；②系统的温度，分子的热运动越剧烈，分子的定向就越困难，因此取向力随温度的升高而降低；③分子的间距，分子间的距离越近，偶极之间的作用力越强，取向力越大。随分子间距离的增大，这种作用将迅速减小。

2. 诱导力

当非极性分子接近极性分子时，由于受到极性分子偶极所产生的微电场的影响，此非极性分子的正、负电荷中心将产生相对位移，从而产生诱导偶极。这种现象称为**诱导现象**或**诱导作用**。反过来，这种非极性分子的诱导偶极也会使极性分子的正、负电荷中心距离加大，也使极性分子产生了一个附加的诱导偶极。诱导偶极与极性分子的固有偶极之间产生的吸引力，称为**诱导力**(induced force)。极性分子与非极性分子的相互作用情况如下：

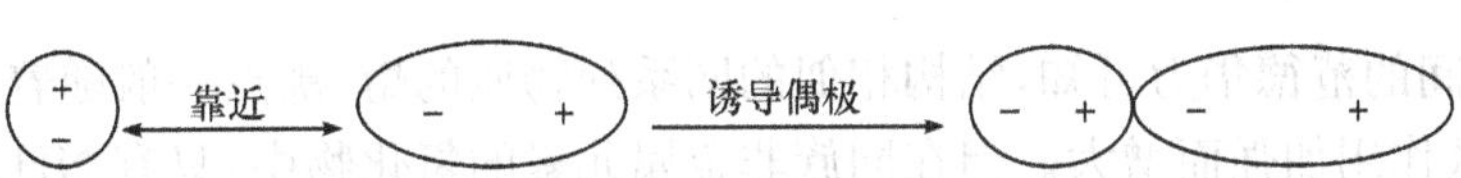

同样在极性分子与极性分子之间除了取向力外，分子之间偶极的相互作用也会使分子双方产生变形作用，并产生诱导偶极，结果使极性分子的偶极矩加大。因此极性分子之间除了取向力外，还存在诱导力。

诱导力的本质也是静电作用力，与下列因素有关：①极性分子的偶极矩越大，诱导作用越强；②非极性分子(或其他极性分子)的半径越大，它的电荷分布就越松散，在外加电场下就越易产生变形，诱导作用越强；③分子的间距越小，诱导力越大。由于诱导力是一个分子接近极性分子的瞬间产生的，所以它与系统的温度无关。

3. 色散力

任何一个分子都是由不断振动的原子核及在核外运动的电子所组成的，尽管在一段时间内，分子中的正、负电荷运动的中心是重叠的，或者说正、负电荷中心是重合在一起的，分子没有极性。但在某一瞬间，因核及电子的运动，正、负电荷中心会出现暂时的不重合现象，由此使分子在瞬间产生了偶极。这种由于带电粒子的相对运动而在某一时刻产生的偶极称为**瞬时偶极**。瞬时偶极之间的相互吸引力称为**色散力**(dispersion force)，又称为**伦敦力**(London force)。在极性分子或离子中也有核与电子的相对运动，因此，它们之间也存在着色散力。虽然瞬时偶极存在的时间极短，但由于分子中原子核及电子的不断运动，瞬时偶极不断出现，因此，在分子之间总是存在着色散力。色散力与产生相互作用的分子的变形性有关，分子的变形性越大，色散作用越强。同时，色散力也是偶极之间的静电作用力，所以分子之间的距离越小，色散作用力也越大。

从上面的分析可知，分子之间总是存在着相互吸引力，表 10.15 列出了部分分子中各种分子间力的分配情况。在一般情况下，如分子的极性不是很大，则分子间的色散力远远大于诱导力、取向力。

表 10.15　分子间作用力及其分配情况

分　子	分子间作用力/($kJ \cdot mol^{-1}$)			
	取向力	诱导力	色散力	总和
Ar	0.000	0.000	8.5	8.5
CO	0.003	0.008	8.75	8.76
HI	0.025	0.113	25.87	26.01
HBr	0.69	0.502	21.94	23.13
HCl	3.31	1.00	16.83	21.14
NH_3	13.31	1.55	14.95	29.81
H_2O	36.39	1.93	9.00	47.32

10.4.4　氢键

由分子间的范德华力可知，结构相似的同系列物质的熔、沸点一般随着相对分子质量的增大、色散作用加强而增大。但在同族非金属元素的氢化物中，只有 NH_3、H_2O、HF 的熔、沸点偏高(图 10.26)。此外，这些氢化物的其他一些物理性质也有异常现象。这说明在这些氢化物中除了范德华力外还存在着另一种力，这种作用力就称为**氢键**(hydrogen bond)。

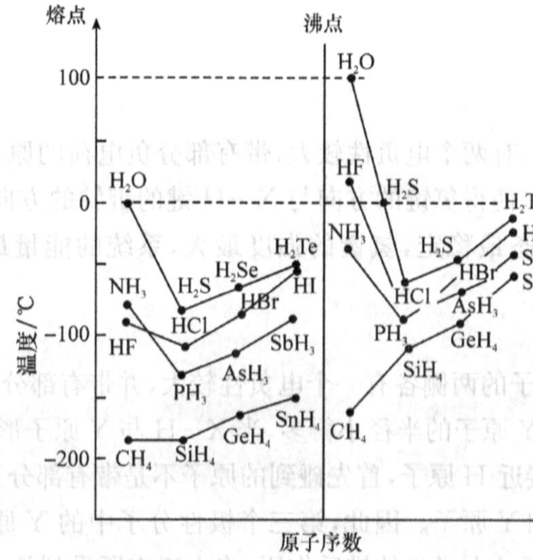

图 10.26　氢化物的熔、沸点比较示意图

1. 氢键的形成

当氢与电负性较大、半径较小的原子 X(如 F、O、N)形成共价键时,共用电子对将偏向 X 原子,但 H 原子中只有一个电子,成键电子对偏向 X 原子的结果使共价键中 H 一侧形成几乎裸露的质子——裸核。质子的半径很小,电荷密度大,对附近另一个分子中电负性较大、含有孤电子对且带有部分负电荷的 Y 原子产生较强的静电吸引,这种吸引作用力就是氢键。例如,在 HF 分子中,由于氢键的存在,形成图 10.27 所示的 HF 缔合分子。

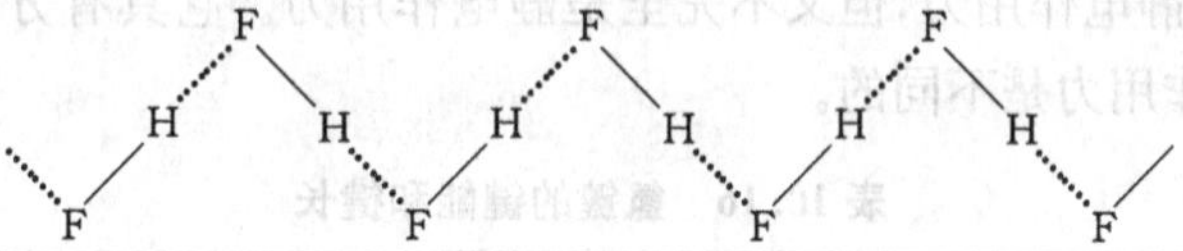

图 10.27　HF 氢键缔合示意图

氢键通常可用 X—H…Y 表示。X、Y 代表 F、O、N 这些电负性较大且半径较小的原子。X、Y 可以是同种元素的原子,也可是两种不同元素的原子。例如,NH_3 分子和 H_2O 分子之间就可形成 N—H…O 或 O—H…N 形式的氢键。

在不同分子之间产生的氢键称为分子间氢键。氢键也能在同一分子之内形成,如邻硝基苯酚就是这种情况。这种分子内部产生的氢键称为分子内氢键。从以上讨论可知,氢键形成的必需条件是:①有一个电负性较大、半径较小的原子 X 与 H 原子形成共价键;②在附近有另一个电负性较大、半径较小且含有孤电子对的原子 Y 存在。

只有满足上述两个条件,H 原子才能在同 X 形成共价键后还能与另一分子中的 Y 原子充分接近,并在彼此间产生较强的静电作用,形成氢键。

2. 氢键的特点

1）氢键具有方向性

由于在形成的氢键中，有两个电负性较大，带有部分负电荷的原子 X、Y，这两个原子之间将产生相互排斥作用，使得氢键的方向与 X—H 键的键轴的方向一致，即 X—H…Y 应在同一直线上，这种状态最稳定，氢键的强度最大，系统的能量最低，所以氢键具有方向性。

2）氢键具有饱和性

形成氢键时，在 H 原子的两侧各有一个电负性较大，并带有部分负电荷的原子 X、Y，因 H 原子的半径比 X 和 Y 原子的半径小得多，当 X—H 与 Y 原子形成氢键后，若有第三个极性分子中的 Y 原子接近 H 原子，首先碰到的原子不是带有部分正电荷的 H 原子，而是带有部分负电荷的 X 和 Y 原子。因此，第三个极性分子中的 Y 原子中的电子云受到已形成氢键的 X 和 Y 原子的电子云的排斥作用，将大于它所受到的 H 原子的吸引作用。所以在 H 原子形成氢键后，将不能再与其他电负性大的原子形成第二个氢键，氢键因而具有饱和性。

3）氢键的强度

氢键的牢固程度或氢键的强度也可以用氢键的键能来表示。氢键的键能与 X、Y 原子的电负性及其原子半径有关。X、Y 原子的电负性越大，半径越小，它们与氢原子所形成的氢键的键能越大。Cl 原子虽有较大的电负性，但因为其半径较大，因而与氢形成的氢键很弱。而 C 原子的电负性较小，不能形成氢键。在周期表中，只有 F、O、N 3 个元素的原子可以和氢原子形成较强的氢键。F 原子的电负性最大，与氢原子形成的氢键最强。分子间形成的氢键，都有一定的强度，表 10.16 列出了部分氢键的键能。

氢键的本质是静电作用力，但又不完全是静电作用力。它具有方向性和饱和性的特点，与一般的静电作用力是不同的。

表 10.16　氢键的键能和键长

氢键类型	键能/($kJ \cdot mol^{-1}$)	键长/pm	化合物
F—H…F	42.0	255	$(HF)_n$
O—H…O	18.8	276	$(H_2O)_n$
N—H…F	20.9	266	NH_4F
N—H…O	—	286	CH_3CONH_2
N—H…N	5.4	358	$(NH_3)_n$

注：氢键的键长是指在 X—H…Y 中，从 X 原子的中心到 Y 原子的中心的距离。

3. 氢键对化合物性质的影响

氢键通常是物质在液态时形成的，但有时在气态时也能存在，如 HF 分子在气态时就存在由氢键缔合的分子。能够形成氢键的物质很多,只要分子中存在 H—F 键、H—O 键、H—N 键,分子间就能存在氢键。氢键的存在,使物质的某些性质如熔点、沸点、黏度、溶解度等发生很大的变化。

分子间存在氢键,使分子间的结合力增强。要使这些物质熔化、气化就必须附加额外的能量去破坏分子间的氢键。图 10.26 表示了氢键的生成对氢化物熔、沸点的影响。此外,一般来说同分异构体的范德华力是相同的。但如果分子中含有能生成氢键的结构,则其熔点、沸点等性质将相差很大。例如,二甲醚($CH_3—O—CH_3$)和乙醇($CH_3CH_2—O—H$)是同分异构体,但在乙醇分子中,含有 O—H 键,分子间可形成氢键,常温下为液体。而二甲醚分子内没有能形成氢键的结构,分子间的作用力小,沸点很低。

又如,NH_3 分子与 H_2O 分子间能形成氢键,因此氨气在水中有很大的溶解度。而 PH_3 不能与水分子形成氢键,所以在水中的溶解度很小。

此外,当一个分子可以在分子内形成氢键时,由于氢键具有饱和性,分子内氢键的形成将阻碍分子间氢键的形成,因此能形成分子内氢键的物质的熔点、沸点降低,在水中的溶解度下降。例如,对硝基苯酚分子中硝基与羟基之间距离远,不能形成分子内氢键,但可以形成分子间氢键,且可以形成较大的缔合分子,而邻硝基苯酚中硝基与羟基能形成分子内氢键,间硝基苯酚不能形成分子内氢键,且由于空间位阻作用,只能形成较小的缔合分子。所以,对硝基苯酚比间硝基苯酚及邻硝基苯酚的熔点高,其熔点分别为 114℃、96℃和 45℃(图 10.28)。

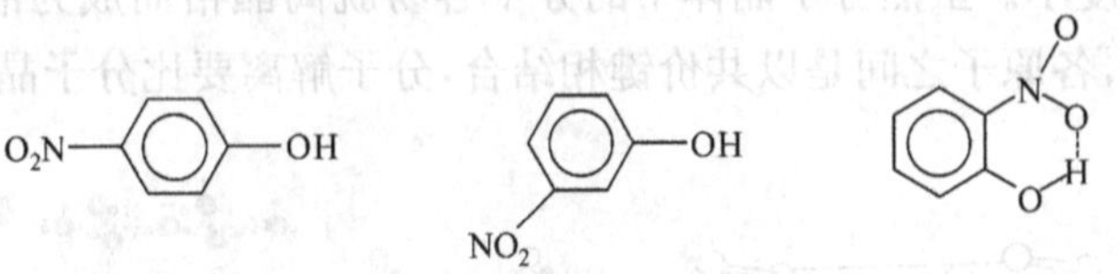

图 10.28 硝基苯酚的异构体

10.4.5 原子晶体和分子晶体

在共价化合物和部分单质形成的晶态物体中,若晶格结点上排列的是原子或分子,它们组成的晶体分别称为原子晶体和分子晶体。

1. 原子晶体

原子晶体的晶格结点上排列的是原子,原子之间通过共价键相互结合,因此原子晶体又称**共价晶体**。原子晶体中不存在独立的小分子,因此可以把整个晶体看成是由无数多个原子组成的巨大分子。所以,原子晶体化合物也没有确定的相对分子质量。因为共价键的结合力很强,要破坏这些共价键需要提供很大的能量,所以原子晶体的特点是熔点很高,硬度很大。原子晶体通常情况下导电、导热性差,熔融状态下也不能导电,在大多数溶剂中不溶解。例如,金刚石就是原子晶体,熔点高达 3750℃,是自然界中硬度最大的晶体。

在金刚石晶体中,每个碳原子都以 sp^3 杂化形式与相邻的 4 个碳原子形成共价键,形成正四面体的结构,如图 10.29 所示。

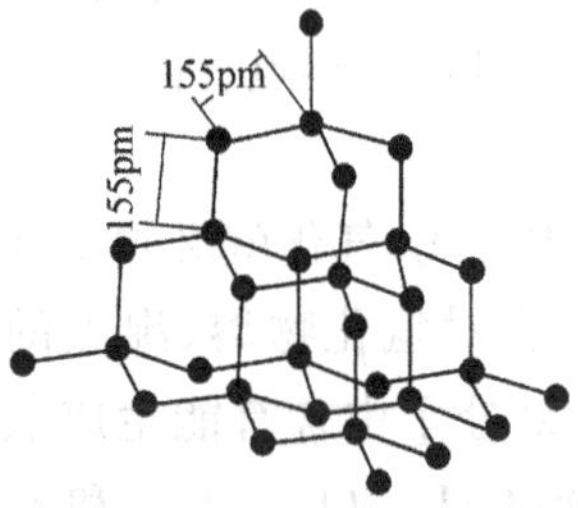

图 10.29 金刚石结构

除以上原子晶体外,碳化硅(SiC)、石英(SiO_2)、氮化铝(AlN)等固体也是原子晶体。原子晶体具有良好的隔热、耐高温性能,常被作为绝热、保温、耐热材料等,因其具有很高的硬度,也常被用作耐磨材料等。

2. 分子晶体

在分子晶体中,晶格结点上排列的是分子,分子之间通过分子间力相互吸引在一起。例如,氯、溴、碘、干冰(固态的二氧化碳)、冰等晶体都属于分子晶体。图 10.30(a)、(b)、(c)分别为氯(溴、碘)、干冰、冰晶体的结构。在干冰晶格的结点上,排列的是 CO_2 分子,分子之间以分子间力相结合。在晶格中,CO_2 分子以密堆积的形式组成了立方面心晶胞。因为分子间力比共价键弱得多,所以分子晶体通常熔点低、硬度小、易挥发。例如,在常温、常压下,CO_2 为气体,水是液体,硫磺的熔点为 112.8℃,某些分子晶体物质可以不经熔化而直接升华,如碘、萘等。因为分子晶体中没有带电荷的粒子,所以在固态和熔化时都不导电,只有部分极性很强的分子晶体,如 HCl、磷酸等在极性溶剂中溶解时,可以发生电离而导电。因为原子的范德华半径比原子的共价半径大得多,所以分子晶体占据的空间大,晶体的密度小。虽然分子晶体中的分子容易脱离晶格而成为液态物质或气态物质,但在分子内部,各原子之间是以共价键相结合,分子解离要比分子晶体熔化困难得多。

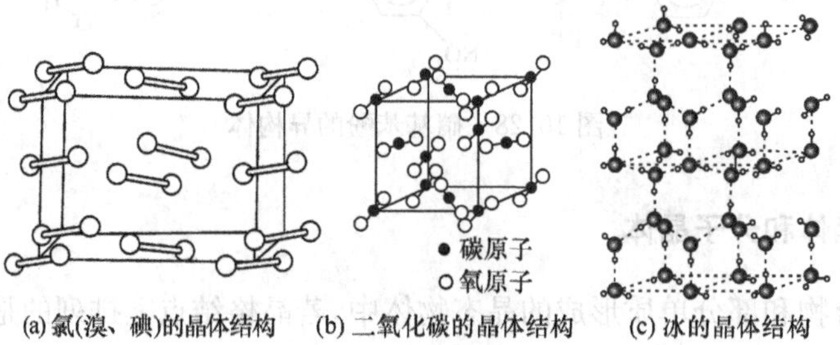

图 10.30 分子晶体的结构示意图

稀有气体、大多数非金属单质以及非金属元素之间所形成的化合物和绝大多数有机化合物在固态时都是分子晶体。在一些分子晶体中,分子间除了范德华力外,还存在氢键,如冰[图 10.30(c)]、各种无机酸及有机酸等。分子中若存在氢键,则所形成的分子晶体的熔点、硬度、溶解度等性质都将发生较大的变化。

3. 混合型晶体

在一些晶体中,晶格结点上的粒子之间有时并不只有一种类型的相互作用力。这种晶体就称为**混合型晶体**，又称其为**过渡型晶体**。混合型晶体因其结构的特点，同时具有若干不同晶体的性质，如石墨晶体就是一种典型的混合型晶体。

石墨晶体具有层状结构，如图10.31所示，处于同一层中的C原子以sp^2杂化轨道与同层相邻的三个C原子形成σ键，键角为120°，C原子在层内形成了一个巨大的六角形蜂巢状的层状结构。因同一层内晶体中的原子之间是共价键相联结的，所以石墨晶体具有原子晶体的高熔点的性质。C原子sp^2杂化后还剩下含有一个电子的2p轨道，这个p轨道的空间伸展方向与石墨的层状结构垂直。因此，同一层中C原子的2p轨道相互重叠形成了一个巨大的π键（又称离域π键），这个π键组成相当于金属能带中的导带（半充满），组成大π键的电子可以在整个C原子层自由运动。因此，石墨晶体又具有金属晶体的特征，在沿晶体层平面方向上具有良好的导电、导热性。石墨晶体中，层与层之间是以分子间的范德华力相吸引的，因原子的范德华半径较大，所以层与层的间距要大于同一层内C原子的间距。因分子间作用力较弱，所以石墨的层与层之间容易滑动。但电子在层与层之间不能自由运动，在垂直于C原子层方向，石墨的导电、导热性均很差。石墨晶体在这个方向上的性质又类似于分子晶体。由此可见，石墨晶体兼有原子晶体、金属晶体和分子晶体的特征，因此称为混合型晶体。

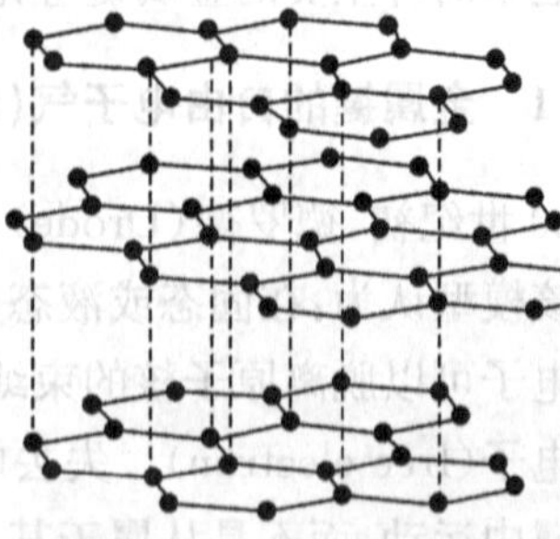

图10.31　石墨的结构示意图

另外，还有许多晶体属于混合型晶体。例如，天然云母也是一个层状混合晶体，同一层内的原子以共价键相联结，层与层之间的作用力为范德华力。又如，石棉是一种线状硅酸盐晶体，晶体中的硅以sp^3杂化轨道与氧形成σ键，形成硅氧四面体形的链状结构（图10.32），这个硅氧四面体结构可以用$(SiO_3)_n^{2n-}$表示。硅氧负离子的链之间填充了金属离子，这些金属离子通过静电作用力把链结合在一起。因静电作用力比共价键作用小，所以石棉容易被裂解成纤维。

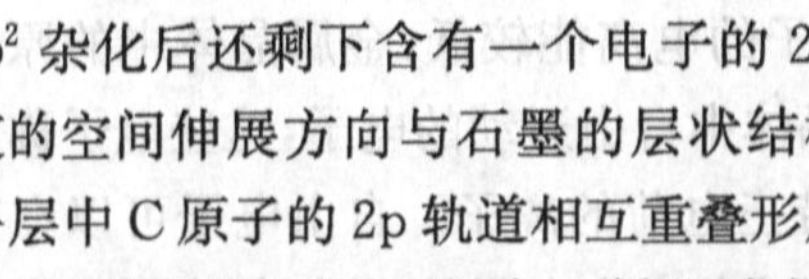

图10.32　链状硅酸盐晶体示意图

10.5　金属键及金属晶体

在目前发现的110多种元素中，金属约占80%以上。常温下除汞以外，其他金属都是晶体，金属单质或合金都具有光泽，具有良好的导电性、导热性及延展性。这些共有的性质表明金属有类似的内部结构。按照共价键理论，元素的原子都有通过共用电子对来使每个原子周围形成具有稀有气体的电子构型的倾向。例如，非金属元素的原子中卤素、氧、氮等通过共用1～3对电子，使每个原子周围都达到了稀有气体的稳定电子构型。硫、磷等也是通过共用电子对形成每个原子都具有稀有气体稳定电子构型的有限分子，分子之间通过分子间作用力可在适当的温度下凝聚成液体或固体。碳、硅等则以共价键把整个晶体中的原子结合成一个巨大的分子，且每个原子周围也都达到稀有气体的构型。但在金属元素中，其原子的外电子层中电子数都少于 4 个，且在金属晶体中每个原子周围都有多个原子。这些原子是如何结合在一起的呢？为了说明金属原子之间的作用，目前已发展起来两种主要的金属键理论。

10.5.1 金属键的自由电子气(或电子海)模型

20 世纪初，德罗德(Drode)和洛伦兹(Lorentz)首先提出了金属键的自由电子气模型。该模型认为：在固态或液态金属中，由于金属原子的电离能较低，金属晶体中的原子的价电子可以脱离原子核的束缚，成为能够在整个晶体中自由运动的电子，这些电子称为自由电子(free electron)。失去电子的原子则形成带正电荷的离子。自由电子可以在整块金属中运动，而不是从属于某一个原子。正是由于这些自由电子的运动，把金属正离子牢牢地粘在一起，形成了所谓的金属键，即金属中自由电子与金属正离子间的作用力将金属原子胶合在一起形成的晶体称为金属晶体，这种作用力称为金属键。这种键也是通过共用电子而形成的。因此，可以认为金属键是一种改性的共价键，其特点是整个金属晶体中的所有原子共用自由电子，就像金属正离子存在于由自由电子形成的“海洋”中，或者说在金属晶格中充满了由自由电子组成的“气”[图 10.33(a)]。

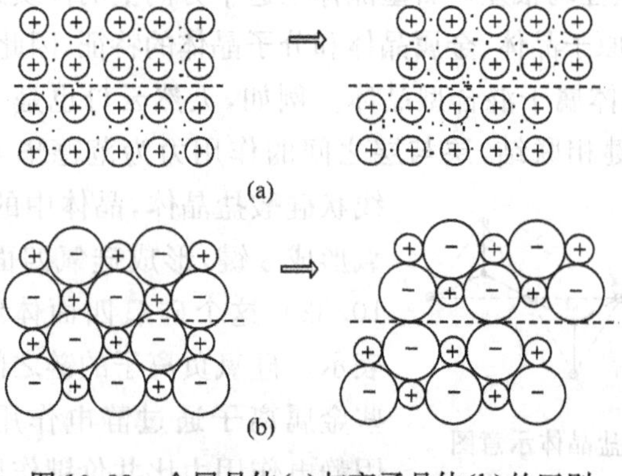

图 10.33 金属晶体(a)与离子晶体(b)的区别

正是由于金属晶体的结构特性，使得金属晶体具有密度大、有光泽，且有良好的导电、导热及机械加工性能。

金属中的自由电子可以吸收各种波长的光能而被激发，受激电子在跃迁回到较低能级时，将所吸收的大部分能量以光的形式重新释放出来，同样，释放出的光的波长也不是单一波长，而是混合光。因此，金属一般呈银白色光泽。由于金属晶体中含有可自由运动的电子，在外加电场的作用下，这些电子可以做定向运动而形成电流。因此，金属晶体具有导电性。当金属晶体的某一部分吸收外加能量而温度升高时，自由电子的运动加速，晶体中的原子和离子的振动加剧，通过振动和碰撞将热能迅速传递给其他自由电子，即热能通过自由电子迅速传递到整个晶体中，所以金属是热的良导体。金属中的原子和离子是通过自由电子的运动结合在一起的，相邻的金属原子之间没有固定的化学键，因此金属晶体中如某一层原子在受到外力作用时，可在相邻的原子层上滑动而不破坏整个晶体，且此过程也不需要太高的能量，这就是金属晶体具有良好机械加工性能的原因，这与离子晶体如 NaCl 是不同的[图 10.33(b)]。

金属键的自由电子气模型能定性地解释金属的许多特性，但此模型不能定量解决金属键的能量问题，也不能说明电的导体、绝缘体、半导体等类物质性质的差别。但利用分子轨道理论处理金属晶体中的问题，得到了很好的结论，发展出了金属键的能带理论。

10.5.2　金属键的能带理论

当用分子轨道理论来处理金属原子之间的相互作用力时，能很好地解释金属晶体的各种性质，金属键的能带理论就是在分子轨道理论的基础上发展起来的现代金属键理论，其基本要点如下：

由于金属原子的价层电子数较少，而在金属晶体中，金属原子的配位数却很高(8 或 12)，因此在形成金属键时，金属原子的价电子不再从属于某一特定的原子，而是由整个金属晶体所共有，这种价电子称为**离域电子**。

由分子轨道理论可知，两个原子的相同原子轨道组成分子轨道时，可形成两个分子轨道，并发生能级分裂，即成键轨道的能量低于反键轨道的能量。在金属晶体中，所有金属原子的轨道组成了大量的分子轨道，并且由于能级分裂，这些轨道之间的能量差别随组成金属晶体的原子数目的增加而减小。因晶体中的原子数目多，使得这些分子轨道的能量差别极小，近似于连续状态，因此称为**能带**。图 10.34、图 10.35 说明锂原子组成双原子分子和金属晶体时分子轨道的能量差别情况。锂晶体的 2s 轨道中有一半能量较低的轨道被电子充满，而另一半能量较高的分子轨道是空的。同时，由于相邻轨道之间的能级差别很小，电子从低能级跃迁到高能级时并不需要太多的能量，因此，在外加电场的作用下，电子可以获得能量进入较高能级，并能自由移动。

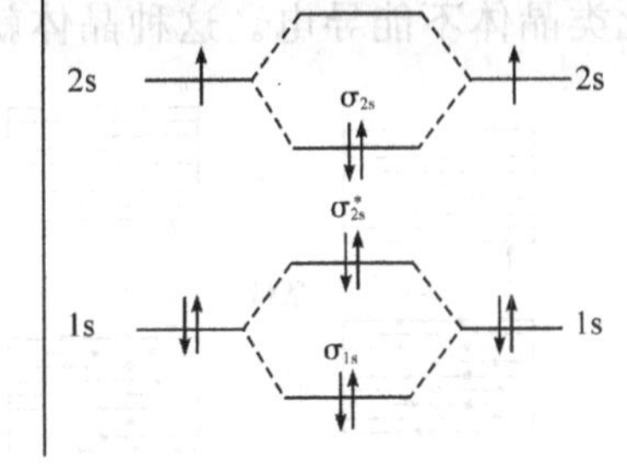

图 10.34　Li_2 分子轨道的形成示意图

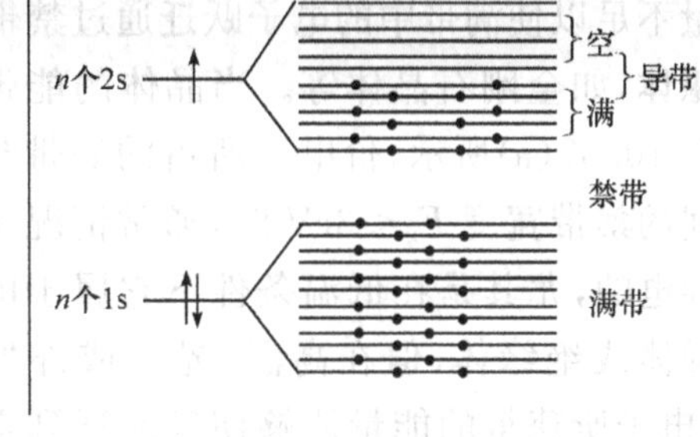

图 10.35　Li 晶体中分子轨道形成能带示意图

金属能带有以下不同的类型：

(1) **满带**，即组成能带的分子轨道全部被电子充满，如金属锂晶体中的 1s 能带。

(2) **导带**，能带中的分子轨道只填充了一半电子，因能带中空轨道与填充电子的轨道能级相差极小，电子可在能带内的不同能级之间自由运动，在外电场的作用下，这种未充满的能带中的电子可做定向运动，形成电流。金属的导电性正是金属晶体中存在着导带的结果。

(3) **禁带**，不同原子轨道所组成的能带之间的能量间隔通常比较大，如 Li 晶体的 1s 和 2s 能带，以致低能带中的电子向高能带中的轨道跃迁的可能性极小。所以，两个能量相差较大的能带之间的能量间隔称为禁带。

(4) **空带**，如金属锂，它的 2p 或更高能级的原子轨道组合所形成的分子轨道能带中是没有电子的，这种没有电子填充的能带就称为空带。

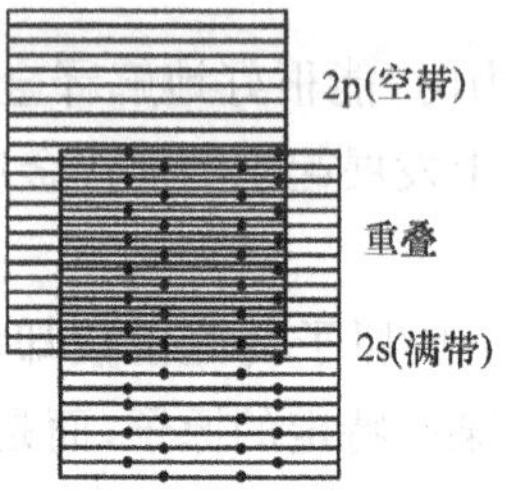

图 10.36　Be 的金属键能带重叠示意图

当组成能带的相邻原子轨道能量相差不大时，它们各自形成的能带有时可能发生互相重叠。例如，铍原子的电子构型为 $1s^22s^2$，金属铍的 2s 能带应是满带，似乎铍的晶体应该是一个非导体。从能量角度来看，铍原子的 2s 电子填入 2s 能带时，部分电子的能量升高，另一部分电子的能量降低，总的能量效应相互抵消，应当不能形成稳定的金属铍晶体。但实际上由于铍原子的 2s 能级和 2p 能级比较接近，它们在形成能带时，因原子的相互作用，形成的 2s 和 2p 能级发生分裂，形成的 2s、2p 能带有一部分发生重叠(图 10.36)，即 2p 能带的底部能量低于 2s 能带的顶部能量，中间没有禁带，电子由 2s 满带进入 2p 空带非常容易，所以金属铍能稳定存在，且其 2s、2p 能带重叠后形成的复合能带相当于一个导带，电子可以自由运动，因此金属铍能导电。其他碱土金属都有与铍类似的能带结构。

所以在金属导体中，其价电子能带要么是半满的，要么是价电子能带虽全满，但可与能量间隔不大的空带发生部分重叠，形成复合导带，在外电场作用下价电子可跃迁到邻近的空轨道中而导电。当某个晶体的价电子所处的能带是满带，且满带顶部与相邻空带底部之间的能量间隔(禁带宽度)较大，当 $E_g > 5eV$[图 10.37(b)]时，外电场的能量不足以使满带中的电子跃迁通过禁带，因而此类晶体不能导电。这种晶体就称为**绝缘体**，如金刚石晶体等。当晶体的能带结构如图 10.37(a)所示，价电子所占的满带与空带之间的禁带宽度 $E_g < 3eV$ 时，通常情况下是不能导电的，尤其是在低温条件下它属于电的不良导体或绝缘体，但在高温、光照或外加电场下，电子所获得的能量能够使其跃迁到空带中而成为可以自由运动的电子。同时，由于满带中的部分电子跃迁到空带中去后，留下空穴(正离子)，也可参与导电，所以此种晶体在上述条件下可以导电，且其导电性随温度的升高而增加，具有这种性质的晶体称为**半导体**，如硅、锗等元素的晶体。一般情况下，ns、np 轨道的能级差随着主量子数 n 的增加而减小，所以元素所在的周期越大，ns、np 轨道

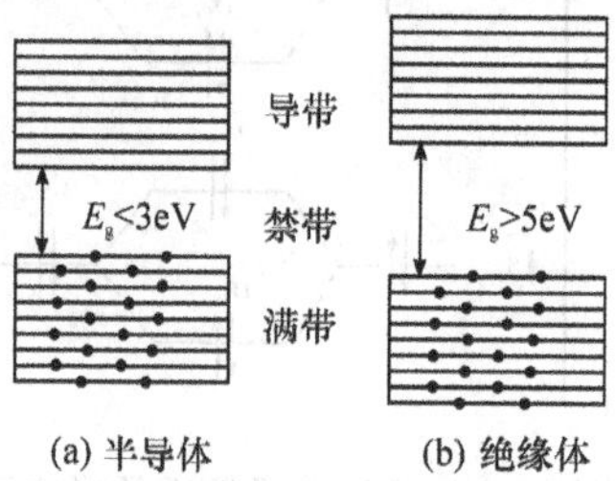

图 10.37　半导体和绝缘体中能带示意图

所形成的能带之间的间隔越小，碳族元素晶体的性质正好反映了这种情况，即碳的晶体为绝缘体，硅、锗的晶体是半导体，而锡、铅的晶体是导体。对于金属晶体，当其受热时，因晶体中的原子的振动加剧，电子运动受到阻碍，因此导电性能降低。对于半导体，当温度升高时，晶体中的电子可获得能量，能有更多的电子进入空带，因此导电性增强。金属能带理论对金属晶体的其他物理性质也能给出很好的解释。例如，金属与光的作用，在能带中各分子轨道的能量相差极小，几乎是连续的，所以能带中的电子可以吸收连续光谱，也能将所吸收的能量以近似连续光谱的形式发射出来，所以多数金属具有银白色的金属光泽。此外，因为金属中电子是"离域"的，不属于任何一个原子而属于整个金属晶体，所以金属键容易在部分区域被外力破坏并在另一区域重新建立，即金属有良好的机械加工性能。

金属原子价层中能形成金属键的电子数目越多，所形成的金属键越强，则金属的熔、沸点也越高，硬度越大。例如，碱金属的熔、沸点因其原子中只有一个价电子可以形成金属键，其晶体的熔、沸点低，硬度小，而铬族元素的原子中有 6 个电子可参与形成金属键，其熔、沸点高，硬度大。因此，金属键的能带理论反映了金属键的本质。

10.5.3 金属晶体

当晶格结点上排列的粒子是金属原子(金属中提供了公共化电子后的金属离子有时也统称为金属原子)时，所形成的晶体称为**金属晶体**。金属原子之间通过金属键相互结合。金属晶体中的原子可以看成是半径相等的圆球。金属原子在形成晶体时倾向于组成最为紧密的堆积结构，这样可以使每个原子能拥有尽可能多的相邻原子，通常是 8 或 12 个。在这种情况下，金属原子的价层电子轨道可以获得最大的重叠，形成的金属键最稳定。晶体中金属原子的这种堆积方式称为**最密堆积**。

金属晶体的 X 射线衍射实验证实了金属的密堆积方式。在讨论金属的堆积形式时，可以假设金属原子在晶体中是一层一层堆积起来的，通过每一层原子的重复情况来认识金属晶体。下面讨论最常见的三种金属晶体的晶格结构。

(1) 配位数为 8 的体心立方密堆积[图 10.38(a)]。在这种堆积形式中，同一层原子相互靠紧，但互相不接触。第二层原子放在第一层原子的空隙上，每个原子与第一层中的 4 个原子紧密接触。第三层原子放在第二层之上，其位置与第一层相同。原子层以这种形式不断重复，从而形成图 10.38(a)所示的体心立方格子。在体心立方格子中，原子的空间占有率为 68.02%。

(2) 配位数为 12 的六方密堆积[图 10.38(b)]。在这种堆积形式中，把第一层金属原子记为 A 层，第二层原子记为 B 层，每一个 A 层原子与 6 个相邻原子接触时可形成 6 个空隙。B 层原子在 A 层下部的空隙中，每个 B 层的原子与 3 个 A 层的原子相互接触。第三层与第一层相同，第四层与第二层相同，以 ABAB…形式重复，形成六方晶格。在六方晶格中，金属元素的配位数为 12，同一层中有 6 个，另外 6 个分布在上、下两层，3 个在上，3 个在下。这种密堆积形式的空间占有率为 74.05%，为等径圆球堆积时空间占有率的最大值。

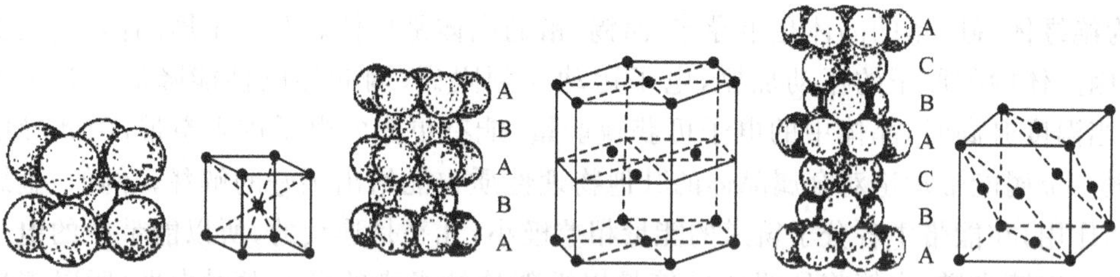

(a) 体心立方紧密堆积 (b) 六方紧密堆积 (c) 面心立方紧密堆积

图 10.38 金属的三种紧密堆积方式示意图

(3) 配位数为 12 的面心立方密堆积[图 10.38(c)]。在这种堆积形式中，每一层的原子都紧密排列，互相接触。同样，把第一层金属原子记为 A 层，第二层原子记为 B 层，第三层原子记为 C 层。A 层与 B 层中原子的结合方式与上述堆积方式一样，C 层原子位置处于 B 层原子上部形成的空隙中并与第二层原子接触，但这个空隙与 A 层原子所处的位置正好错开。第四层原子与第一层原子的位置相同，所以也可称为 A 层。原子层以 ABCABC…的形式不断重复，形成原子配位数为 12 的面心立方晶格。面心立方晶格的空间占有率也为 74.05%。

一些金属所属的晶格类型如表 10.17 所示。

表 10.17 一些金属单质的晶格类型

晶格类型	配位数	金属单质
体心立方	8	Ba, Ti, Cr, Mo, W, α-Fe, 碱金属等
面心立方	12	Ca, Al, Cu, Au, Ag, γ-Fe 等
六 方	12	Mg, Ca, Sr, Co, Zn, Pb, Ni 等

不少金属具有多种结构，这与温度压力有关。例如，铁在室温下是体心立方堆积，称为α-Fe，在 906～1400℃时为面心立方密堆积，称为 γ-Fe，但在 1400～1535℃(熔点)时又变为体心立方堆积的 α-Fe 结构。β-Fe 是在高压下形成的。这就是金属的多晶现象。

研究金属的结构类型，有利于了解它们的性质，并在实践中加以应用。例如，Fe、Co、Ni 等金属是常用的催化剂，催化作用除了与其轨道有关外，也和其晶体结构有关。又如，对于某些加氢反应，面心立方的 β-Ni 具有较高的催化活性，而立方堆积的 α-Ni 则没有这种活性。再如，结构相同的两种金属容易互溶而形成合金等。

*10.6 分子结构的表征方法

10.6.1 紫外-可见分光光度法

当一个分子吸收辐射能时，获得了一定数量的能量，该能量将与分子内部的某种运动形式相对应，这些运动形式包括电子从一个能级到另一个能级的跃迁、分子的振动和转动、电子的自旋或核的自旋等。紫外-可见光谱反映的是电子的能级跃迁，波长范围为 200～800nm，这种相对较高的能量足以使一个处于 π 轨道上的电子从它的基态轨道跃迁至能量较高的反键 π^* 轨道上，即产生 $\pi\rightarrow\pi^*$ 跃迁。而处于 σ 轨道上的电子往往因为结合得非常牢固，一般不能在 200～800nm 产生 $\sigma\rightarrow\sigma^*$ 跃迁，但在能量较高的近紫外区也能发生 $\sigma\rightarrow\sigma^*$、n(非键电子)$\rightarrow\sigma^*$ 跃迁。紫外-可见光谱又称为电子光谱。

紫外-可见分光光度法是一种应用广泛的仪器分析方法，既可以根据特征吸收峰的位置(波长)进行定性分析，又可以进行定量分析。其优点是灵敏度高、选择性好、准确度高、通用性强，且仪器简单，价格低廉。此类仪器的工作原理如图 10.39 所示。

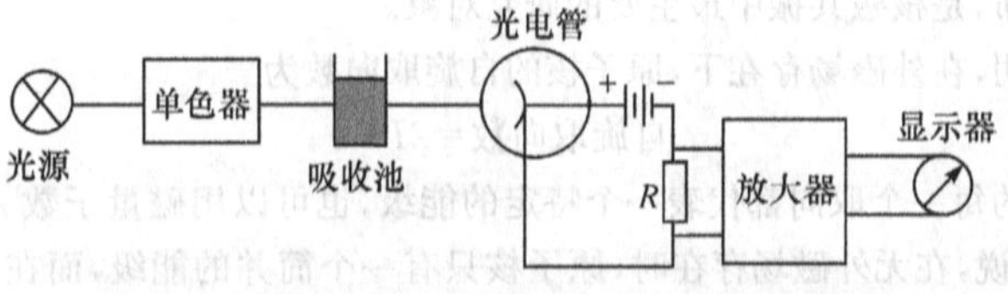

图 10.39　单光束分光光度计的工作原理

不同的分子结构单元具有不同的特征电子光谱。例如，甲烷只有 $\sigma\rightarrow\sigma^*$ 跃迁，跃迁范围为 125～135nm，而碘甲烷的 $\sigma\rightarrow\sigma^*$ 跃迁范围为 150～210nm，n$\rightarrow\sigma^*$ 跃迁在 259nm，氯甲烷的 $\sigma\rightarrow\sigma^*$ 跃迁范围为 154～161nm，n$\rightarrow\sigma^*$ 跃迁在 173nm。再如，在 210～250nm 如出现强的吸收带，表明分子结构中含有共轭双键，在 250～300nm 如出现弱吸收带，表明分子结构中含有羰基等。图 10.40 为一种钴配合物的电子吸收光谱，其特征吸收峰在 425nm 处。

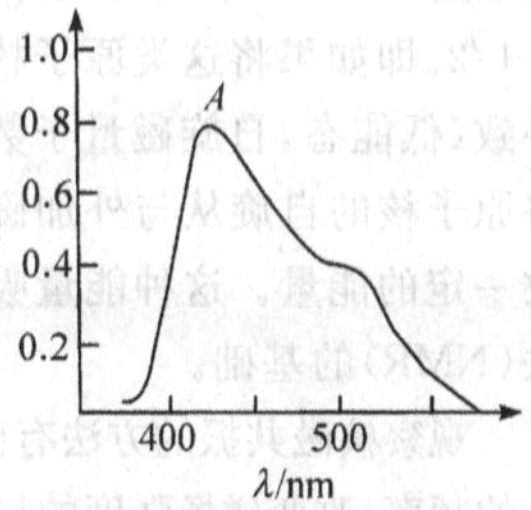

图 10.40　钴配合物的电子光谱

紫外-可见光谱可用于无机化合物结构分析，尤其在配位化合物结构的研究中发挥了重要的作用。

光度法定量分析的依据是朗伯-比尔定律：当用一适当波长的单色光照射吸收物质的溶液时，其吸光度与溶液中吸光物质的浓度和透光液层厚度成正比，即

$$A=\varepsilon bc \tag{10.9}$$

式中，b 为透光液层厚度，单位 cm；c 为吸光物质的浓度，单位为 $\text{mol}\cdot\text{L}^{-1}$；比例常数 ε 为摩尔吸光系数，单位为 $\text{L}\cdot\text{mol}^{-1}\cdot\text{cm}^{-1}$；$A$ 为吸光度，定义为

$$A=\lg\frac{I_0}{I_t}=-\lg T \tag{10.10}$$

式中，I_0 和 I_t 分别为入射光和透射光的强度；T 为透光率。

测定吸光度值 A，即可求得吸光物质的浓度 c。

摩尔吸光系数 ε 是吸光物质在特定波长下和一定溶剂中的一个特征常数，在数值上等于 $1\text{mol}\cdot\text{L}^{-1}$ 吸光物质在 1cm 光程中的吸光度，是吸光物质吸光能力的量度。ε 值越大，测定灵敏度越高。

10.6.2　核磁共振分析

电子的自旋运动将会在自旋轴方向产生一个磁矩，因此每个电子相当于一个微小的磁棒。电子的自旋量子数为 $\pm\frac{1}{2}$，在磁场中有两种不同的排列方式。同样，原子核也是具有一定质量的带电粒子，实验证明，大多数的原子核也都围绕着某一轴做自旋运动，其自旋量子数用 I 表示。实验证明，核的自旋量子数 I 与原子的质子数 Z 和中子数 N 有如下的关系：

(1) 当质子数 Z 和中子数 N 都是偶数时，$I=0$。这种核没有自旋现象，如${}^{12}C_6$、${}^{16}O_8$、${}^{32}S_{16}$、${}^{28}Si_{14}$等。

(2) 当质子数 Z 和中子数 N 都是奇数时，$I=$整数(0,1,2,3,…)。这种核有自旋现象，如${}^{2}H_1$、${}^{14}N_7$、${}^{6}Li_3$、${}^{10}B_5$ 等。

(3) 当 Z 和 N 中有一个是奇数，另一个为偶数时，$I=$半整数(1/2,3/2,…)。这种核有自旋现象，如${}^{1}H_1$、${}^{19}F_9$、${}^{31}P_{15}$、${}^{79}Br_{35}$、${}^{13}C_6$、${}^{17}O_8$ 等。

$I=0$ 的原子核没有自旋运动，它们在磁场中没有核磁共振现象。$I>1/2$ 的原子核，电荷在这类原子核表面呈非均匀的椭球形分布，其核磁共振谱线较宽，不适于核磁共振研究。只有 $I=1/2$ 的原子核，电荷呈均匀的球形分布，是核磁共振中最主要的研究对象。

量子力学理论表明，在外磁场存在下，原子核的自旋取向数为

$$\text{自旋取向数}=2I+1 \tag{10.11}$$

原子核在磁场中的每一个取向都代表一个特定的能级，也可以用磁量子数 m 表示，m 的取值为 I，$I-1$，…，$-I$。也就是说，在无外磁场存在时，原子核只有一个简并的能级，而在外磁场存在时，这一简并的能级将发生分裂，分裂为 $2I+1$ 个能量不同的能级。

当 $I=1/2$ 时，原子核在外磁场中的自旋取向数为 2，分别相当于自旋磁量子数为 $+1/2$ 和 $-1/2$。即如果将这类原子核放入磁场中，也会像电子在外磁场中那样，排列方式要么与磁场方向一致(低能态，自旋磁量子数为 $+1/2$)，要么与磁场方向相反(高能态，自旋磁量子数为 $-1/2$)。要将原子核的自旋从与外加磁场方向一致的低能态改变为与外加磁场方向相反的高能态，就需要吸收一定的能量。这种能量吸收将在核磁共振谱仪中产生一个核磁共振信号，这就是核磁共振分析法(NMR)的基础。

观察核磁共振的方法有两种：一种是固定磁场强度，改变电磁波频率的扫频法；另一种是固定电磁波的频率，改变磁场强度的扫场法。这两种方法都称为扫描法，也称连续波法。

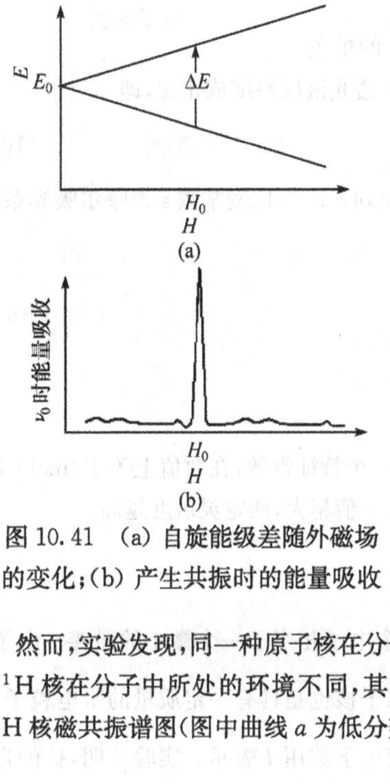

图 10.41　(a) 自旋能级差随外磁场的变化；(b) 产生共振时的能量吸收

要实现核由低能级到高能级的跃迁，必须吸收一定的能量。即需要吸收频率为 ν 的射频电磁辐射能，才能产生核磁共振[图 10.41(a)是随外加磁场强度的变化原子核自旋能级分裂的情况示意图，(b)为产生核磁共振时能量吸收情况]。

根据带电粒子在磁场中的受力情况，不难得出核磁共振产生的条件为

$$\nu=\frac{1}{2\pi}\gamma H_0 \tag{10.12}$$

式中，ν 为电磁波的频率；H_0 为外加磁场的强度；γ 为磁旋比，定义为

$$\gamma=\mu/P \tag{10.13}$$

式中，μ 为原子核的磁矩；P 为原子核的自旋角动量。磁旋比是原子核的一个特征参数，不同原子核的磁旋比是不同的。所以，不同原子核产生核磁共振的条件不同，或产生核磁共振的位置不同。

然而，实验发现，同一种原子核在分子中所处的环境不同，其发生核磁共振的位置也有所不同。例如，${}^{1}H$ 核在分子中所处的环境不同，其核磁共振吸收峰的位置也不同。图 10.42 是 $Cl_2CH—CH_2Cl$ 的${}^{1}H$ 核磁共振谱图(图中曲线 a 为低分辨率图谱，曲线 b 为高分辨率图谱)。

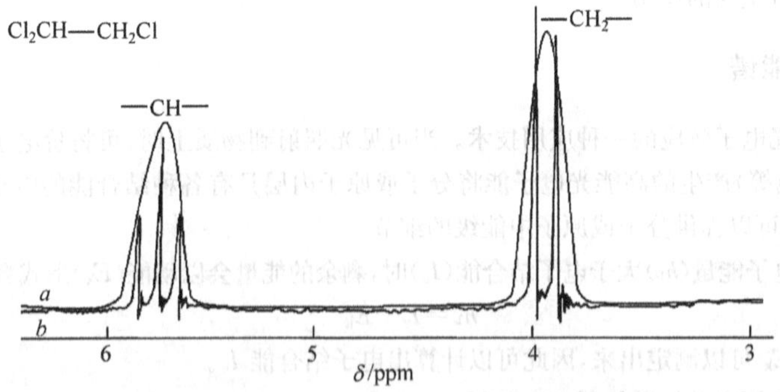

图 10.42　1,1,2-三氯乙烷的^{1}H 核磁共振谱图

显然，分子中两种不同环境的^{1}H 核的共振位置具有明显差别。其原因在于分子中的磁性核都不是裸核，它们都被不断运动着的电子云所包围。由于核的自旋，导致核外电子云产生环形电流，这种环形电流将感应出一个抵抗外磁场的次级磁场(图 10.43)，这种对抗外磁场的作用称为屏蔽效应。由于屏蔽效应的存在，使原子核实际受到外磁场的作用减小。屏蔽作用的大小可以用屏蔽常数 σ 来表示，则原子核实际受外磁场强度为

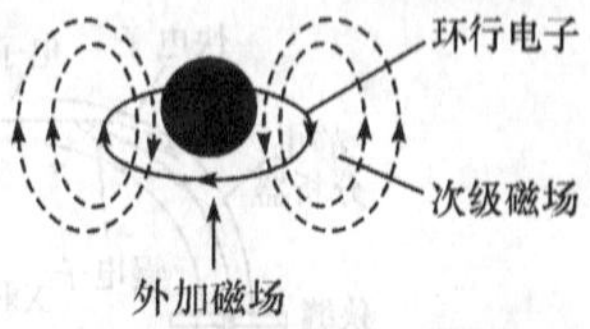

图 10.43　核外电子产生的抗磁屏蔽

$$H_{实}=H_0-\sigma H_0=H_0(1-\sigma) \tag{10.14}$$

式(10.14)表明，屏蔽常数越大，产生共振所需要的外磁场强度越高。屏蔽常数 σ 的大小是由核外电子云的密度决定的，而电子云的密度与核在分子中所处的化学环境有关，即与化学结构密切相关。同一种核由于在分子中所处的化学环境不同，其屏蔽常数也不同，共振峰将分别出现在不同的磁场强度区域(或不同的频率区域)。这种由于所处的化学环境不同，而在不同磁场下显示吸收峰的现象称为化学位移，常用 δ 表示。图 10.42 核磁共振谱的横坐标是相对于标准物质四甲基硅烷(TMS)的^{1}H 的化学位移。不同核的化学位移可以在有关手册中查得。

在低分辨率^{1}H 核磁共振谱图中，各峰的面积比正好等于对应于相应的氢原子个数比。例如，$Cl_2CH—CH_2Cl$ 分子的^{1}H 核磁共振谱的两个峰(曲线 *a*)面积比为 1∶2，即两组氢原子个数比 1∶2。在高分辨率的核磁共振分析仪上，^{1}H 核磁共振谱峰将会发生分裂，如图 10.42(曲线 *b*)$Cl_2CH—CH_2Cl$ 分子谱图的两组峰分别变成了三重峰和两重峰。这是由分子内部相邻近的氢核自旋的相互干扰引起的。这种邻近氢核自旋的相互干扰作用称为自旋耦合，由此引起的谱峰分裂现象称为自旋裂分。谱峰分裂的重数等于邻近等效氢原子数加 1。例如，$Cl_2CH—CH_2Cl$ 分子中，—CH—上氢原子的邻近 H 原子数为 2，其对应的核磁共振峰为三重峰，而与—CH_2—上 H 原子邻近的 H 原子数为 1，其对应的核磁共振峰为 2 重峰。如果邻近的氢原子有非等效氢原子，则峰的重数为$(n+1)(n'+1)$个，n 和 n'分别是两组等效的 H 原子个数。例如，丙醇$^1CH_3—^2CH_2—^3CH_2—^4OH$，1 位上的 H 有 2 个邻近的等效 H，2 位上的 H 有两组邻近的等效 H(分别在 1 位上 3 个，3 位上 2 个)；同样，3 位上的 H 也有两组邻近的等效 H(分别在 2 位上 2 个，4 位上 1 个)，4 位上的 H 有 2 个邻近的等效 H 在 3 位上。可以推断，在丙醇的^{1}H 核磁共振精细谱图上将会出现四组峰，重数分别为 3、12、6 和 3，分别对应$^1CH_3$—、$^2CH_2$—、$^3CH_2$—及—^{4}OH 上的 H。这里要说明的是，由于—OH、—NH 等上氧、氮原子的电负性较大，对其所连的 H 原子的屏蔽作用较强，因此这些氢原子谱峰的化学位移一般较大，而且一般不发生裂分，一般不使邻近氢原子的谱峰产生自旋裂分。

可以看出，根据谱峰重数即可以判断出邻近氢原子的个数，这在分子结构的分析中非常重要。

目前，核磁共振分析除了使用^{1}H 谱外，还发展了^{13}C、^{15}N、^{19}F、^{31}P、^{119}Sn 谱等，在无机物及有机物分

子结构的分析中起着重要的作用。

10.6.3 光电子能谱

光电子能谱是光电子效应的一种应用技术。当可见光照射到物质上时，可将价电子射出；短波光源（如紫外光或X射线等）产生的高能光电子能将分子或原子内层具有各种结合能的电子射出，通过测定这些结合能的大小，可以提供分子或原子中能级的细节。

当短波光源光电子能量($h\nu$)大于电子结合能(I_e)时，剩余的能量会以动能(E_k)形式释放出来，因此有

$$h\nu = I_e + E_k \tag{10.15}$$

式中，$h\nu$ 是已知的，E_k 可以测定出来，因此可以计算出电子结合能 I_e。

光电子能谱实验原理及能谱如图10.44所示。

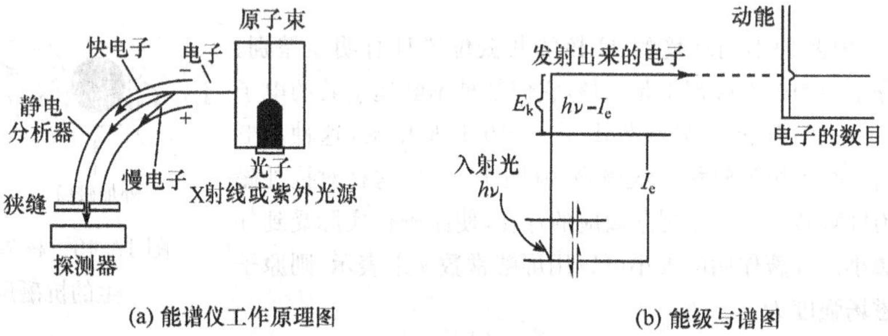

图 10.44 光电子能谱工作原理及能谱示意图

光电子能谱图是具有一定动能的电子数与动能的关系图。图10.45是 N_2 分子的光电子能谱图。图10.45中的4个峰分别对应于 N_2 的 σ_{2s}、σ_{2s}^*、π_{2p}和 σ_{2p}分子轨道，由光电子能谱可以计算出分子轨道的能量。σ_{2s}^*、π_{2p}、σ_{2p}轨道的能量分别为-3.00×10^{-18} J、-2.74×10^{-18} J和-2.50×10^{-18} J。这一实验结果与解薛定谔方程得到的结果是一致的。光电子能谱也可以用于原子轨道能量的测定，进而可推测原子中电子的排布情况。

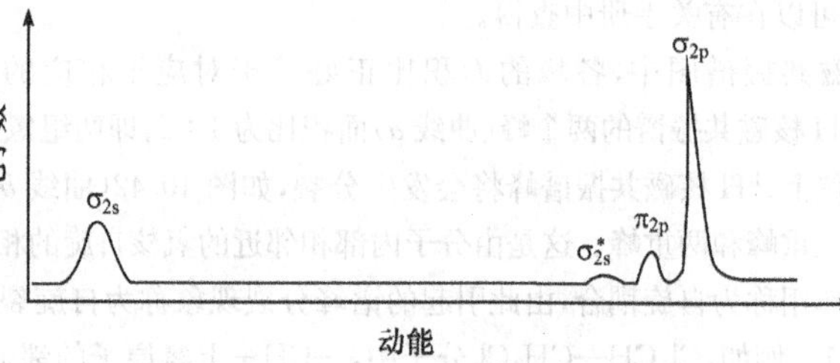

图 10.45 N_2 分子的光电子能谱图

分子结构的分析是一项较为复杂的工作，多数情况下需要多种手段共同使用，相互补充、相互佐证，综合分析。

10.7 超分子化学

超分子(supermolecule)是由两种或两种以上的分子以各种分子作用力结合在一起所形成的、具有复杂结构的有规律的分子组装体，这种分子间的作用力主要有配位、氢键、静电引力、范德华力、π-π 堆积作用等。这些作用力相当于分子中的共价键，将分子相互

吸引缔合成超分子。螯合效应、空间匹配、力场互补、主体分子的大环效应、互不亲和效应以及疏水亲脂作用等都有利于超分子的形成。超分子具有特定的相行为和较为明确的微观结构和宏观特征。

超分子的概念可以追溯到19世纪30年代有关超级分子的理论，但20世纪60年代才引起人们的普遍关注，奠定了超分子化学的里程碑。1978年，法国化学家莱恩(Lehn)教授首次提出超分子化学的概念，拉开了超分子化学研究的序幕，从此超分子化学便成了化学研究中最活跃的研究领域。

超分子化学是“超越分子概念的化学”，意为分子之间以分子间力高层次组装的化学，就是分子识别和分子组装的化学。超分子化学研究的对象是比分子本身更复杂的分子组装体—— 超分子。因此，可以说超分子化学是高于分子层次的化学，或称之为分子之外的化学。莱恩在1987年诺贝尔化学奖颁奖报告中给出了分子化学和超分子化学以及分子器件科学之间的关系图(图 10.46)。他将共价键合的分子称为受体(主体)，与受体以分子间力配位的另一部分称为底物(客体)，因此，可以说超分子是由具有选择性的受体与被选择的底物之间自组装而成的、具有特定功能的复杂物种。这种选择与被选择现象就称为分子识别(molecular recognition)。

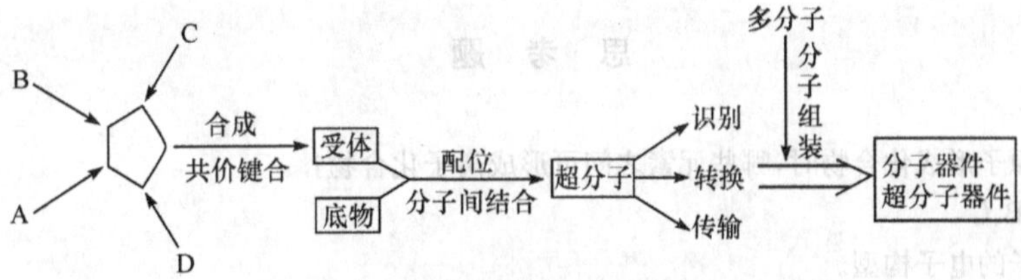

图 10.46 从分子化学到超分子化学示意图

超分子化学不仅处于化学学科的前沿领域，也是化学学科与物理学、生物学相互交叉的前沿学科。超分子化学的涉及范围很广，包括冠醚、穴醚、环糊精、环芳烃、富勒烯、双分子膜、胶束、DNA双螺旋结构、酶的生物活动过程、抗体与抗原、激素和受体及胺的简单超分子等。图 10.47 给出了几种超分子体系示意图。

分子识别是超分子的基本功能之一。在生物界，某些雄蛾仅凭一个雌蛾发出的特殊气味分子就能判别出几千米外雌蛾存在的信息，这种功能主要就是靠分子识别来实现的。目前，现有的分析仪器还远未达到分子识别这样的分辨率。分子识别技术在生物制药，痕量组分的定性、定量分析等领域具有很好的应用前景。

分子识别也为分子组装提供了基础。基于分子识别的选择性，可以通过模板效应、自组装、自组织来实现分子的组装。通过分子的组装，可以仿效自然去开发与创造新的、功能可与天然体系相媲美，甚至优于天然体系的人工超分子功能系统，也可以研究开发超分子功能材料及智能分子器件与分子机器、DNA芯片、靶向药物、程控药物释放、高选择性催化剂等。可以预见，超分子化学必将成为最具应用前景的一门科学。

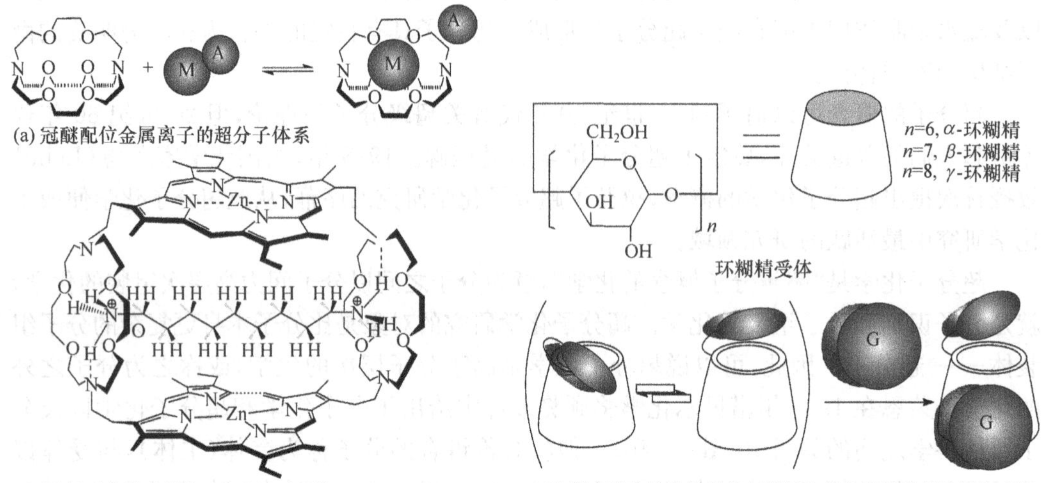

(a) 冠醚配位金属离子的超分子体系

(b) 冠醚侨联的含卟啉大环分子同时配位两个Zn^{2+}的超分子体系

(c) 具有疏水性取代基的环糊精与较大客体分子的超分子体系

图 10.47 几种超分子体系示意图

思 考 题

1. 下列元素的原子形成化合物时,哪些元素之间可形成离子化合物?

   Na、K、Cl、F、B、C

2. 指出下列离子的电子构型。

   Be^{2+}、Ca^{2+}、Fe^{3+}、Cu^{+}、Sn^{2+}、Pb^{4+}、O^{2-}

3. 将下列离子的半径按由小到大的次序排列。

   K^{+}、Na^{+}、S^{2-}、Mg^{2+}

4. 比较下列各离子极化力的相对大小。

   Fe^{2+}、Sn^{2+}、Sn^{4+}、Sr^{2+}、Ba^{2+}

5. 比较下列各离子变形性的相对大小。

   O^{2-}、F^{-}、S^{2-}、Cu^{+}、Na^{+}

6. 下列叙述是否正确?如有错误,试予以改正。

   (1) 晶格能、半径比规则都用来衡量离子键的强弱;

   (2) 离子极化的结果使化学键的键长增长;

   (3) 具有 18 电子构型的离子极化力和变形性都较强。

7. 形成共价键的条件是什么?为什么共价键具有饱和性和方向性?

8. 试阐述下列各组概念:

   (1) σ 键和 π 键 (2) 单键和单电子键 (3) 等性杂化与非等性杂化

9. 比较下列各组分子的键角的大小。

   (1) BF_3、PF_3 (2) NH_3、PH_3 (3) NH_3、NCl_3

10. 下列分子或离子中的共价键中哪些是由成键原子的未成对电子直接配对成键?哪些是由电子激发后配对成键?哪些是配位键?所形成的共价键是 σ 键还是 π 键?

    CO_2、BBr_3、$HgCl_2$、NH_4^{+}

11. 实验测定 BF_3 分子是平面三角形的几何构型，而 NF_3 分子的几何构型却是三角锥形，试用杂化轨道理论的概念说明其原因。
12. 根据分子结构知识，判断下列分子的几何构型，哪些是极性分子？哪些是非极性分子？
    CS_2、$SiCl_4$、$CHCl_3$、H_2S、NO_2、BCl_3、NF_3
13. 比较下列各对分子的极性大小。
    (1) HF、HCl (2) FO_2、CS_2 (3) CCl_4、$SiBr_4$ (4) BF_3、NF_3
14. B_2 分子的热稳定性和化学稳定性的大小如何？是否具有磁性？
15. 以分子的键能、键长、键级说明分子的稳定性。
16. 试判断下列各组物质的分子间存在哪些分子间作用力。
    (1) 氖气和四氯化碳 (2) 碘化氢和水 (3) 过氧化氢和氟化氢 (4) 二氧化碳和二氧化硫
    (5) 甲醇和水
17. 对于下列物质，指出分子凝聚成稳定固相的吸引力和种类及其主要作用力的类型。
    (1) NaCl (2) Ne (3) HCl (4) C_6H_6
18. 将一根烧热的玻璃棒插入一瓶碘化氢气体中，可以看到有紫色的碘蒸气生成。在相同条件下，用氯化氢实验却没有黄绿色的氯气生成。试回答：
    (1) 从上述实验中可以得到什么结论？
    (2) 应该用什么键参数解释上述实验现象？如何解释？
    (3) 如果用氟化氢代替氯化氢进行实验，现象将如何？
19. 分别给出下列物质分子间力的类型。若分子间力不止一种类型，请指出其中最主要的作用力类型，并联系各物质的聚集状态加以说明。
    (1) $I_2(s)$ (2) $SO_2(g)$ (3) $H_2O(l)$ (4) 溴水(aq) (5) 干冰
20. 乙醇(C_2H_5OH)和二甲醚(CH_3OCH_3)这两个同分异构的物质中，哪个有较大的沸点？沸点差别的原因是什么？
21. 分子间氢键和分子内氢键对物质的物理性质有何影响？说明邻硝基苯酚与对硝基苯酚的熔点、沸点及在水中溶解度的差别。
22. 试用金属能带理论说明 Ag 和 Mg 为什么是导体。金属导体、半导体、绝缘体的能带结构有何不同？
23. 判断下列叙述是否正确：
    (1) 金属晶体可以看作由金属原子以等径圆球相互紧密堆积而成，通常有面心立方密堆积、六方密堆积和体心立方密堆积三种排列方式；
    (2) 金属晶体中体心立方堆积方式属最紧密堆积，其配位数最大；
    (3) 每个 NaCl 晶胞中含有 4 个 Na^+ 和 4 个 Cl^-。
24. 紫外-可见光谱、红外光谱、核磁共振谱是如何产生的？它们对分子结构的鉴定具有什么作用？
25. 分子化学与超分子化学有何区别？查阅有关文献，总结说明超分子化学的应用。
26. Give the electron-domain and molecular geometries for:
    (1) PBr_3 (2) CH_3^+ (3) BH_4^- (4) SO_3 (5) $AsCl_5$ (6) BeF_5 (7) CO_3^{2-} (8) TeF_4
27. What is the difference between the electron-domain geometry and the molecular geometry of a molecular? Use the ammonia molecular as an example in your discussion.
28. Give the ground-state electron configuration and the bond order of the H_2 molecular、H_2^+ and He_2^+ molecular ion.
29. How does an amorphous solid differ from a crystlline one?
30. Amorphous silica has a density of about 2.2g · cm^{-3}, whereas the density of crystalline quartz is 2.65g · cm^{-3}. Account for this difference in densities.

31. Indicate the type of crystal (molecular, metallic, covalent-network or ionic) each of the following would form upon solidification:

(1) Zr (2) N_2O_4 (3) Si (4) Ne (5) $Ni(ClO_3)_2$ (6) para-dichlorobenzene(moth balls)

32. For each of the following pairs of substances, predict which will have the higher melting point and indicate why:

(1) Ar, Xe (2) SiO_2, CO_2 (3) KBr, Br_2 (4) C_6Cl_6, C_6H_6

习 题

1. 已知各离子的半径数据如下：

离子	Na^+	Rb^+	Ag^+	Ca^{2+}	Cl^-	I^-	O^{2-}
离子半径/pm	95	148	126	99	181	216	140

根据半径比定则，试推算 RbCl、AgCl、NaI、CaO 的晶体构型。

2. 下列各对离子中，哪一个具有较强的极化能力？

(1) K^+ 与 Ag^+ (2) K^+ 与 Li^+ (3) Li^+ 与 Be^{2+} (4) Cu^+ 与 K^+ (5) Fe^{3+} 与 Fe^{2+}

3. 已知下列两类晶体的熔点为

NaF(993℃) NaCl(801℃) NaBr(747℃) NaI(661℃)

SiF_4(−90.2℃) $SiCl_4$(−70℃) $SiBr_4$(5.4℃) SiI_4(120.5℃)

试回答：

(1) 为什么钠的卤化物的熔点比硅的卤化物熔点高？

(2) 为什么钠的卤化物熔点递变规律和硅的卤化物熔点递变规律不一致？

4. Nickel oxide, NiO, crystallizes in the NaCl type of crystal structure. The length of an edge of the unit cell of NiO is 4.18Å. Calculate the density of NiO.

5. Chromium crystallizes in a body-centered cubic unit cell whose edge length is 2.884Å. If the atoms touch along the body diagonal of the unit cell, calculate the atomic radius of a Cr atom.

6. 用离子极化的观点说明为什么 Na_2S 易溶于水而 ZnS 难溶于水。

7. 根据价键理论画出下列分子的电子结构式(用短线表示共用电子对)。

H_2O、BCl_3、PCl_5、SF_6、PH_3、HCN、CO_2

8. 试用价层电子对互斥理论判断下列分子或离子的几何构型。

CS_2、CH_2O、CBr_4、H_3O^+、NO_2^-、NO_3^-、SO_4^{2-}、PF_5、PO_4^{3-}、AlF_6^{3-}、SO_3、SO_3^{2-}、XeF_4、BBr_3、PH_3、H_2S、CCl_4、NH_4^+

9. 按照八隅体规则画出 SO_2、O_3、SO_3 各分子的点电子式。

10. 用分子轨道式说明物质 O_2^+、O_2、O_2^-、O_2^{2-} 的结构的稳定性和磁性。

11. 实验测定 O_2 的键长比 O_2^+ 的键长大，而 N_2 的键长比 N_2^+ 的键长短。除 N_2 分子外，其他三种均为顺磁性。请解释这种现象。

12. 用分子轨道表示式写出 He_2^+、O_2^-、N_2^+、B_2、Be_2 并指出它们的键级和稳定性。

13. 已知 H—F、H—Cl、H—Br 及 H—I 键的键能分别为 $569kJ\cdot mol^{-1}$、$431kJ\cdot mol^{-1}$、$366kJ\cdot mol^{-1}$ 及 $299kJ\cdot mol^{-1}$。比较 HF、HCl、HBr 及 HI 气体分子的热稳定性。

14. C—C、N—N、N—Cl 键的键长分别为 154pm、145pm、175pm，请估算 C—Cl 键的键长。

15. Give the approximate values for the indicated bond angles in the following molecules.

(1) 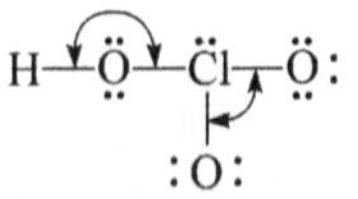 (2) 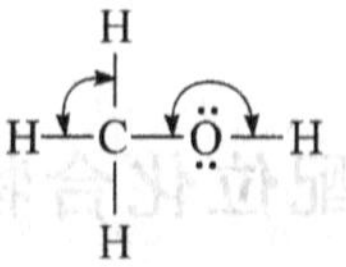

(3) 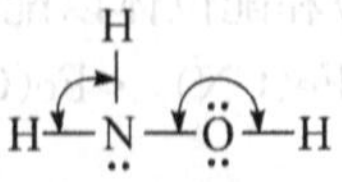 (4) 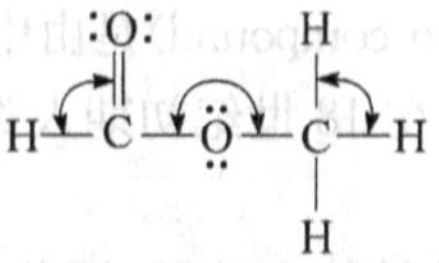

16. Consider the Lewis structure for glycine, the simplest amino acid:

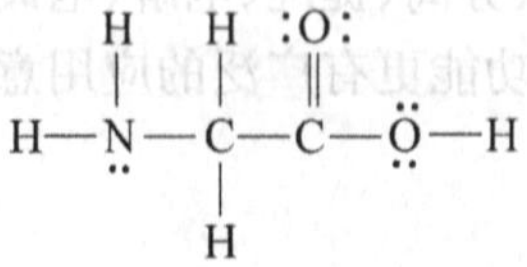

(1) What are the approximate bond angles about each of the two carbon atoms, and what are hybridizations of the orbitals on each of them? (2) What are the hybridizations of the orbitals on the two oxygenes and the nitrogen atom, and what are the approximate bond angles at the nitrogen? (3) What is the total number of σ bonds in the entire molecule, and what is the total number of π bonds?

17. Aluminum metal crystallizes in a cubic close-packed structure (face-centered cubic cell). (1) How many aluminum atoms are in a unit cell? (2) What is the coordination number of each aluminum atom? (3) Assume that the aluminum atoms can be represented as spheres. If each Al atom has a radius of 1.43Å, what is the length of a side of the unit cell? (4) Calculate the density of aluminum metal.

18. Use a reference source such as the Handbook of Chemistry and Physics to compare the melting and boiling points of the following pairs of inorganic substances: (1) W and WF_6; (2) SiO_2 and SiF_4; (3) SiO_2 and $SiCl_4$. Account for the major differences observed in terms of likely structures and bonding.

19. 将下列晶体的熔点由高到低进行排列。

(1) NaF、NaCl、NaBr、NaI

(2) NaCl、KCl、RbCl

(3) MgO、CaO、BaO

20. 下列晶体熔化，推测何者熔点最低，何者最高。

(1) NaCl、KBr、KCl、CaO (2) O_2、Fe、SiC、HF

21. 已知 AgBr 为 NaCl 型晶体结构，在 AgBr 晶体中，相邻的 Ag^+ 和 Br^- 的间距为 289pm，在 25℃时的密度为 6.473g · cm^{-3}。求阿伏伽德罗常量。

22. CsCl 的晶胞边长为 412.1pm，计算其晶体的密度。

11　配位化合物及配位平衡

配位化合物(coordination compound)是由中心金属离子(或原子)和配位体以配位键结合组成的一类复杂化合物。在 18 世纪初期人类就已制备出 KCN · $Fe(CN)_2$ · $Fe(CN)_3$ 配合物。

配位化合物具有独特的结构和性质,因此它的应用范围很广泛,并且渗透到了各个新兴的领域。除了传统的金属分析、分离、提纯、电解、电镀、药物和印染等方面的应用外,其光、电、磁、超导、信息存储等特殊功能更有广泛的应用意义。配位化合物成为新增化合物中数目最多的种类。

11.1　配合物的组成与命名

配位化合物简称配合物(complex)。给配合物下一个严格的定义是比较困难的,但可以概括为配合物是由中心原子(或离子)和配位体(阴离子或分子)以配位键形式结合而成的复杂离子(或分子),这种复杂离子(或分子)称为配离子(complex ion),含有配离子的化合物统称为配合物。

例如,$[Ag(NH_3)_2]Cl$、$[Cu(NH_3)_4]SO_4$、$K_4[PtCl_6]$、$Ni(CO)_4$ 等均为配合物。其中配离子既可以是阳离子,如 $[Ag(NH_3)_2]^+$、$[Cu(NH_3)_4]^{2+}$,也可以是阴离子,如 $[PtCl_6]^{4-}$,还可以是中性分子,如 $Ni(CO)_4$。它们的共同特点如下:

(1) 都有配位单元,如 $[Cu(NH_3)_4]^{2+}$、$[Ag(CN)_2]^-$ 等,这种配位单元是由简单离子或原子(中心离子或原子)与一定数目的中性分子或负离子(配位体)结合而成的,具有一定的稳定性,在水溶液中解离程度一般很小。

(2) 作为配位单元核心的简单离子或原子的价电子层有空轨道,而围绕其周围的中性分子或负离子含有孤电子对,两者以配位键相结合。实际上,在酸碱电子理论中,中心原子或离子是路易斯酸,而配位体则是路易斯碱。配合物就是路易斯酸与路易斯碱形成的化合物,其形成及稳定性也可以用软、硬酸碱理论加以解释。

11.1.1　配合物的一般组成

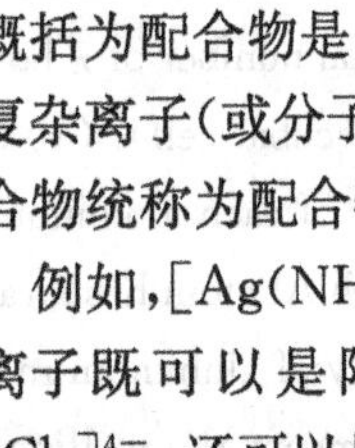

图 11.1　配合物的组成

研究表明,由配离子形成的配合物,有内界(inner sphere)和外界(outer sphere)两部分组成(图 11.1)。配离子称内界,是配合物的特征部分,是由中心离子(central ion)和配位体(ligand)结合而成的一个相对稳定的整体,一般用方括号标明。不在内界的其他离子,构成外界。由于配合物是电中性的,因此配离子与外界离子所带电荷数量相同、符号相反。但中性分子配合物如 $Ni(CO)_4$、$[PtCl_4(NH_3)_2]$ 等没有外界。

1. 中心离子(或原子)

中心离子(或原子),也称配合物的形成体。在配合物中,能接受配位体孤电子对的离子或原子统称为形成体。形成体必须具有空轨道,以接受配位体给予的孤电子对。作为配合物的核心部分,形成体一般多为带正电的阳离子。常见的配合物形成体多为过渡元素的离子或原子,如$[Ag(NH_3)_2]^+$中的Ag^+、$[Cu(NH_3)_4]^{2+}$中的Cu^{2+}、$K_4[PtCl_6]$中的Pt^{2+}等。

2. 配位体和配位原子

在配合物中,提供孤电子对的离子或分子称为配位体,简称配体,如OH^-、CN^-、X^-(卤离子)等离子以及H_2O、NH_3、$H_2NCH_2CH_2NH_2$(简记为 en)等分子。配体中与中心离子(或原子)直接相连的原子称为**配位原子**,配位原子是含有孤电子对的原子,常见的配位原子有 X(卤素)、O、S、C、N、P 等。

按配体中配位原子数目的多少,将配体分为**单齿配体**(monodentate ligand)和**多齿配体**(multidentate ligand)。含有一个配位原子的配体称单齿配体,如NH_3、H_2O、OH^-、Cl^-,其配位原子分别为 N、O、O、Cl,在这些配位原子中,有的虽有一对以上的孤电子对(如 O、Cl),但每一个原子只能与中心离子形成一个配位键;含有两个及两个以上配位原子的配体称为多齿配体,如乙二胺(en)、乙二胺四乙酸(EDTA),分别为二齿和六齿配体,其结构如下:

$H_2N—(CH_2)_2—NH_2$

乙二胺(en)

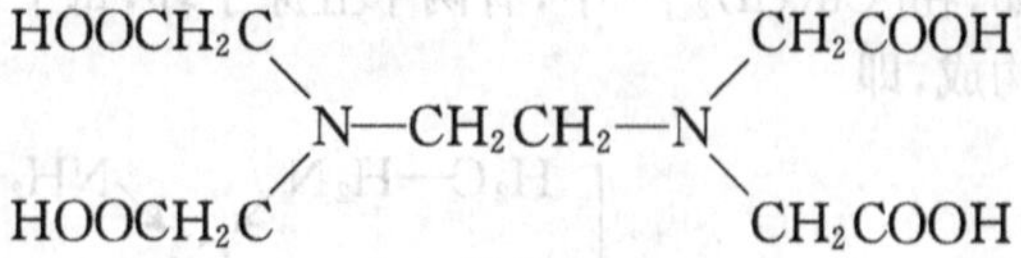

乙二胺四乙酸(EDTA)

3. 配位数

配合物中直接与中心离子相连的配位原子的数目称为配位数(coordination number),是中心离子与配体形成配位键的数目。例如,$[Ag(NH_3)_2]^+$中Ag^+的配位数是 2,$[Cu(en)_2]^{2+}$和$[Cu(NH_3)_4]^{2+}$中Cu^{2+}的配位数是 4,在$K_4[PtCl_6]$、$[Fe(CN)_6]^{4-}$中Pt^{2+}、Fe^{2+}的配位数是 6。在配合物中,中心离子的配位数可以从 1 到 12,而最常见的配位数是 4 和 6。

4. 配离子的电荷

配离子的电荷等于中心离子与配体总电荷的代数和。例如,$[Co(NH_3)_4]^{2+}$、$[Cu(NH_3)_4]^{2+}$中,由于配体是中性分子,所以配离子的电荷都是2+。在$[CoCl_6]^{3-}$、$[Fe(CN)_6]^{4-}$中,由于中心离子和配体都带电荷,所以配离子的电荷分别为(3+)+(1−)×6=3−和(2+)+(1−)×6=4−。

如果配离子带正电荷或负电荷,为了保证配合物的电中性,其外界必带与配离子相反的电荷。因此，根据外界所带电荷，也可判断配离子的电荷，如 $K_4[PtCl_6]$ 中配离子电荷为 4－。

11.1.2　配合物的类型

配合物的种类很多，主要可以分为以下几类。

1. 简单配合物

简单配合物是由中心离子和单齿配体配位而成的配合物。这类配合物的配体通常较多，主要为无机物。配位数由 1～12，在溶液中可逐级解离成一系列配位数不同的配离子。例如

$$[Cu(NH_3)_4]^{2+} \rightleftharpoons [Cu(NH_3)_3]^{2+} + NH_3$$

$$[Cu(NH_3)_3]^{2+} \rightleftharpoons [Cu(NH_3)_2]^{2+} + NH_3$$

$$[Cu(NH_3)_2]^{2+} \rightleftharpoons [Cu(NH_3)]^{2+} + NH_3$$

$$[Cu(NH_3)]^{2+} \rightleftharpoons Cu^{2+} + NH_3$$

这种现象称为逐级解离(stepwise dissociation)现象。

2. 螯合物

螯合物(chelate compound)是由中心离子和多齿配体所形成的具有环状结构的配合物。例如，在 $[Cu(en)_2]^{2+}$ 中，有两个五原子环，每个环皆由两个 C 原子、两个 N 原子和中心离子构成，即

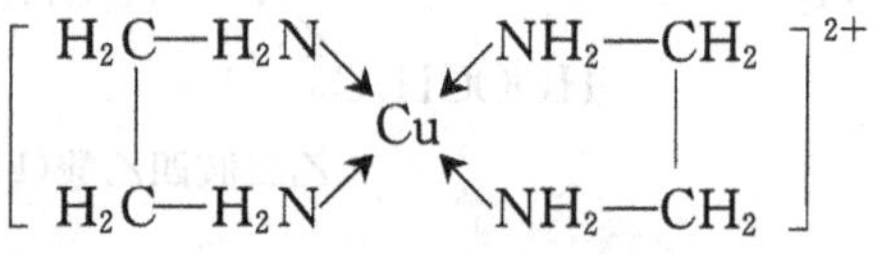

大多数螯合物具有五原子环或六原子环。螯合物中配体数目虽然少，但由于形成环状结构，稳定性较简单配合物高，而且成环数目越多螯合物越稳定。由于螯合物结构复杂，且多具有特殊颜色，常用于金属离子的鉴定、溶剂萃取、比色定量分析工作中。

3. 多核配合物

一个配位原子同时与两个中心离子结合形成的配合物称多核配合物(polynuclear complex)，也称为桥式配合物(bridged complex)。在这类多核配合物中，多中心金属原子可以相同，也可以不同。例如

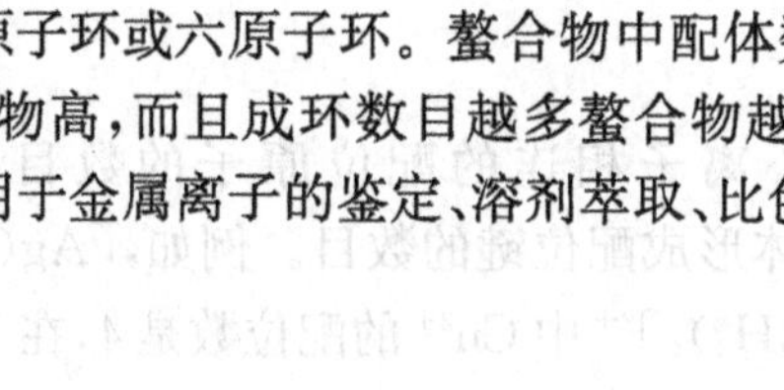

作为"桥"的配体一般为—OH、—NH_2、—O—、—O_2—、Cl^- 等，这类配合物数量很多。例如

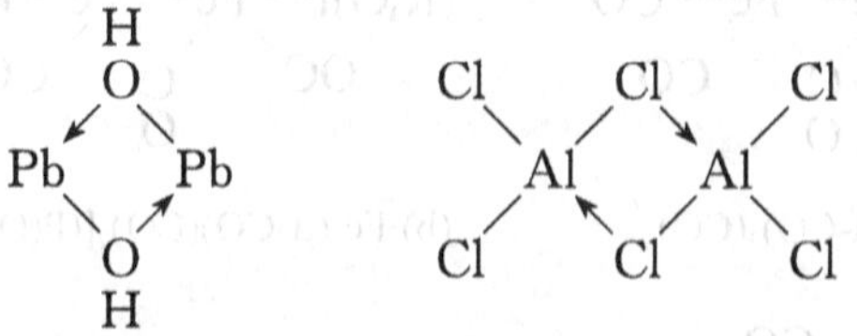

多酸型配合物是多核配合物的特例，是含氧酸根中的 O^{2-} 被另一个含氧酸根取代形成的结果。若两个含氧酸根相同，形成的酸为同多酸；若两个含氧酸根不同，则为杂多酸。例如，PO_4^{3-} 中的一个 O^{2-} 若被另一个 PO_4^{3-} 取代，则形成同多酸酸根 $P_2O_7^{4-}$；O^{2-} 若被 $Mo_3O_{10}^{2-}$ 取代则形成杂多酸酸根$[PO_3(Mo_3O_{10})]^{3-}$。

4. 原子簇化合物

原子簇化合物是簇原子以金属-金属键组成的多面体网络结构(图 11.2)。M—M 电子离域于整个簇骼，是存在于金属原子间的多中心键。

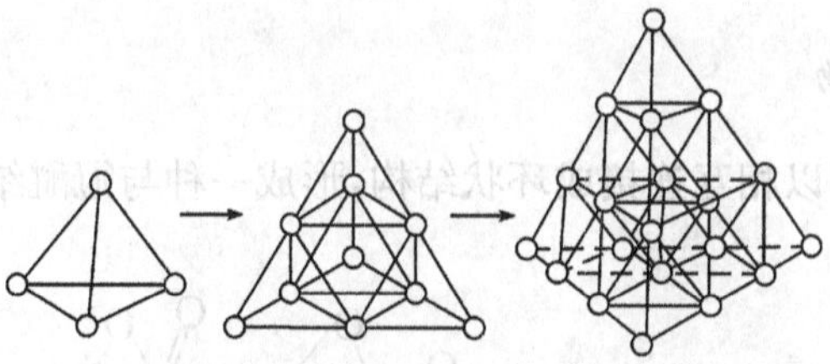

图 11.2　原子簇化合物的多面体网络结构示意图

金属原子簇的键合方式非常多，使得簇合物分子结构多种多样，常见的有四面体、八面体、立方烷结构、四方锥结构等。

这类配合物多为羰基原子簇配合物，配体为 CO。这种配合物结构中常含有下列结构单元，其中端羰基即"端连"的羰基，又简称"端基"；桥羰基即"桥连"的羰基，又称"桥基"(表示为 μ_2-，简记为 μ-)；面羰基即"面连"的羰基，又称"面基"(表示为 μ_n-，n 表示羰基直接面连的原子数，如 μ_3-、μ_4-分别表示面连的原子数为 3 和 4)。当然，"端连"、"桥连"及"面连"的还可以是其他的配体，如 S 原子等，也用 μ_2-和 μ_3-等表示。

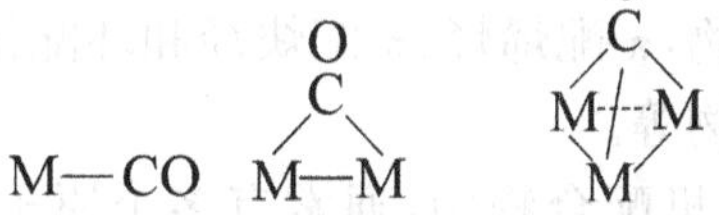

端羰基　　桥羰基　　面羰基

金属原子簇配合物种类繁多，结构一般较复杂，这里仅举几个例子以说明此类配合物的结构，不做过多讨论。

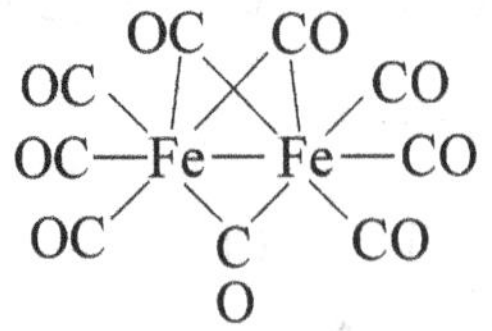

(a) $Fe_2(\mu\text{-}CO)_3(CO)_6$

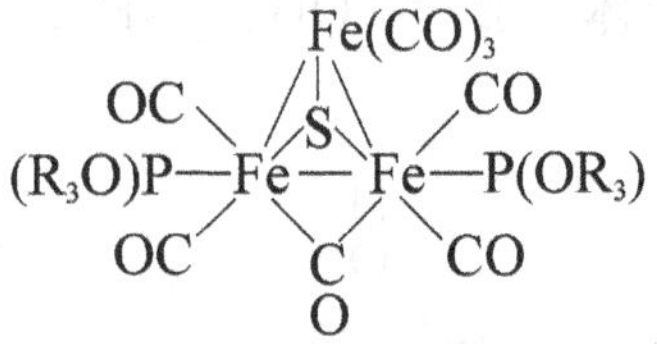

(b) $Fe_2(\mu\text{-}CO)(CO)_7[(P(OR_3)_2](\mu_3\text{-}S)$

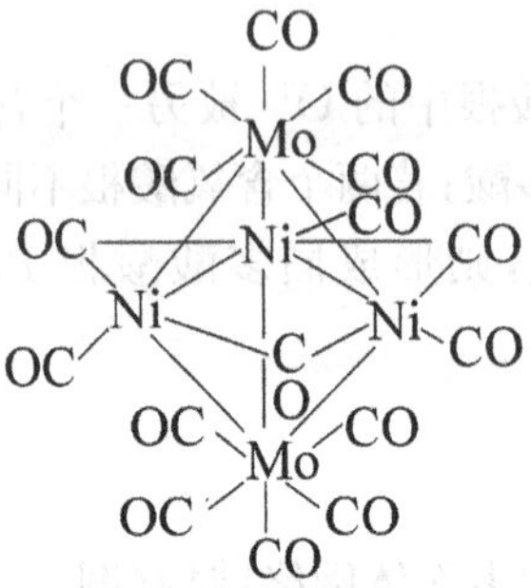

(c) $[Ni_3(\mu\text{-}CO)_3(CO)_3Mo_2(CO)_{10}]^{2-}$

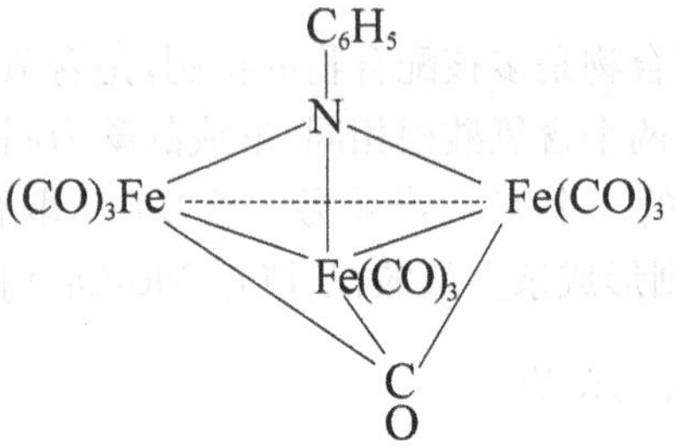

(d) $Fe_3(\mu_3\text{-}CO)(CO)_9(\mu_3\text{-}N\text{-}C_6H_5)$

5. 金属冠状配合物

过渡金属配合物可以相互连接成环状结构，形成一种与冠醚结构相似的化合物，如下所示：

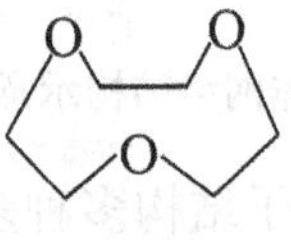

冠醚

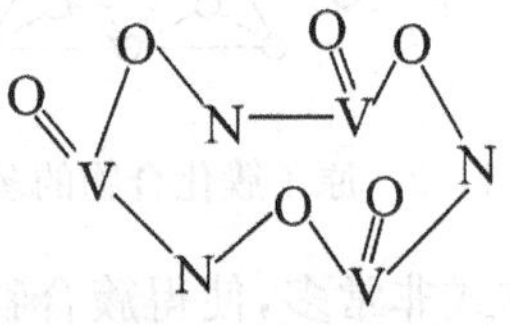

金属冠状配合物

这类化合物近年来发展非常迅速，是一种特殊的配合物。它是一类重要无机分子识别试剂，在液晶和磁性材料方面具有很好的应用前景。

6. 有机金属化合物

在有机配体配合物中，含有金属-碳键的化合物被称为有机金属化合物。从配体来看，研究较多的有 CO 做配体的羰基金属化合物，σ-烯、炔基金属配合物，σ-酰基金属配合物，金属卡宾，金属卡拜化合物，π 配烯烃，π 配炔烃和环配体金属化合物，以及由这些配体混合交叉配位生成的化合物等。

在含有多齿 π 配体的有机配合物中，通常有多个原子直接与金属原子键连，称为“齿合”，常用 η^n-表示齿合(hapticity of ligand)，n 是配体中直接与金属离子或原子键合的原子数，称为齿合度。这类配合物数量增长很快，已经开发出各种各样的功能材料。下面是几个有机金属配合物的结构。

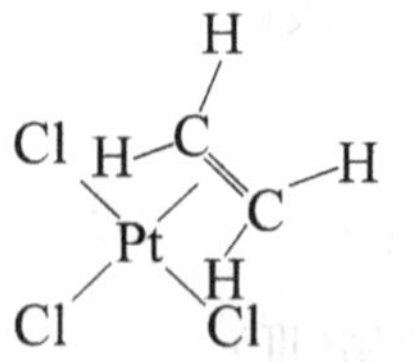
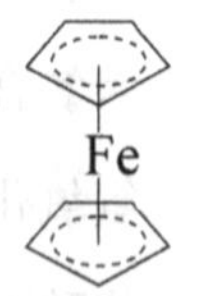
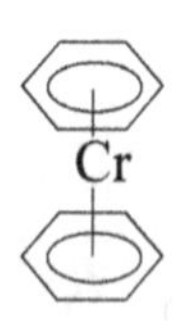
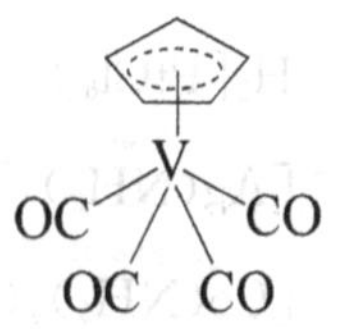

(a) $[PtCl_3(\eta^2\text{-}CH_2{=}CH_2)]$ (b) $Fe(\eta^5\text{-}C_5H_5)_2$ (c) $Cr(\eta^6\text{-}C_6H_6)_2$ (d) $V(CO)_4(\eta^5\text{-}C_5H_5)$

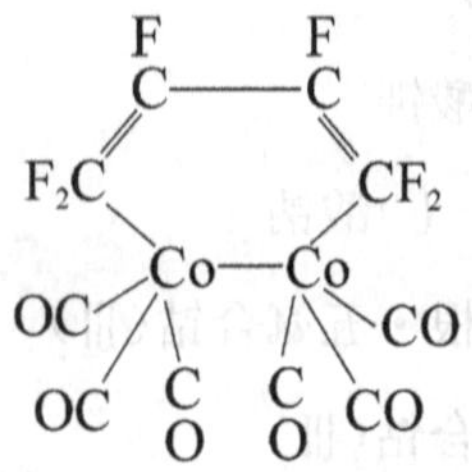
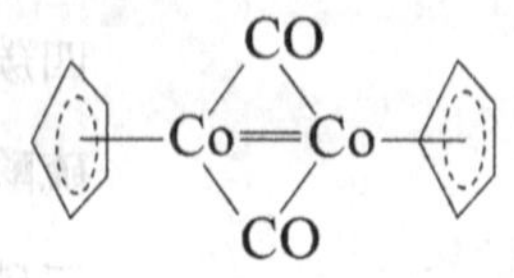
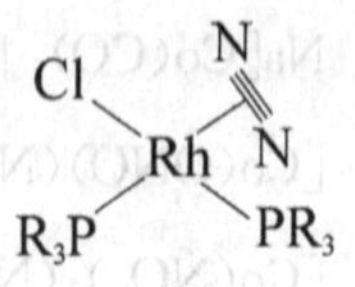

(e) $Co_2(CO)_6(\eta^2\text{-}CF_2{=}CF{-}CF{=}CF_2)$ (f) $Co_2(\mu\text{-}CO)_2(\eta^5\text{-}C_5H_5)_2$ (g) $Rh(PR_3)_2(\mu_2\text{-}N_2)Cl$

另外，还有其他一些类型的配合物，如分子氮配合物 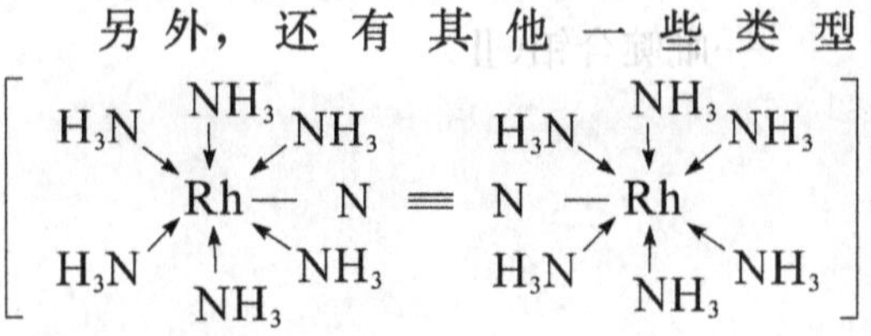 Cl_4 等，也是目前研究较多的一类配合物，在此不多介绍。

11.1.3 配位化合物的命名

配合物的命名原则(nomenclature)与一般无机化合物的命名原则相同，复杂之处在于配合物的内界。

(1) 若配合物的外界酸根是一个简单离子的酸根(如 Cl^-)，便称"某化某"；若外界酸根是一个复杂阴离子如 SO_4^{2-}、$[PtCl_6]^{2-}$，便称"某酸某"；若外界为 OH^-，则称"氢氧化某"。

(2) 在配离子中，配体名称列在形成体之前，配体的数目用一、二、三、四、……数字表示，不同配体名称之间用中圆点"·"分开，在最后一个配体之后缀以"合"字，后接中心离子并括以罗马数字表示其氧化数。

(3) 配体的命名次序为先无机配体，后有机配体；先负离子，后中性分子；若配体均为负离子或均为中性分子时，按配位原子元素符号的英文字母顺序排列。下面列举一些命名实例。

$[Co(NH_3)_6]^{3+}$	六氨合钴(Ⅲ)离子
$[Fe(en)_3]Cl_3$	氯化三乙二胺合铁(Ⅲ)
$K[Ag(SCN)_2]$	二硫氰酸根合银(Ⅰ)酸钾

$K[PtCl_3(NH_3)]$	三氯·一氨合铂(Ⅱ)酸钾
$H_2[PtCl_6]$	六氯合铂(Ⅳ)酸
$[Ag(NH_3)_2]OH$	氢氧化二氨合银(Ⅰ)
$[Co(NH_3)_5(H_2O)]_2(SO_4)_3$	硫酸五氨·一水合钴(Ⅲ)
$[Pt(Py)_4][PtCl_4]$	四氯合铂(Ⅱ)酸四吡啶合铂(Ⅱ)
$[Fe(CO)_5]$	五羰基合铁(0)
$K_2[SiF_6]$	六氟合硅(Ⅳ)酸钾
$Na[Co(CO)_4]$	四羰基合钴(－Ⅰ)酸钠
$[Co(ONO)(NH_3)_5]SO_4$	硫酸一亚硝酸根·五氨合钴(Ⅲ)
$[Co(NO_2)_3(NH_3)_3]$	三硝基·三氨合钴(Ⅲ)
$[Pt(NO_2)(NH_3)(NH_2OH)(Py)]Cl$	氯化一硝基·一氨·一羟胺基·一吡啶合铂(Ⅱ)

11.1.4 配合物的空间结构与几何异构

1. 配离子的空间结构

当配体与中心离子配位时，为了减少配体之间的静电斥力，配体之间要尽量远离，在中心离子周围采取对称分布的状态。配合离子的空间结构测定结果证实了这一点。例如，当配位数为 2 时，配离子为直线形；当配位数为 3 时，是平面三角形；当配位数为 6 时，是正八面体构型等。配位数大于 6 的配合物，其空间结构比较复杂且不常见。不同配位数的配离子的空间结构见表 11.1。

2. 配合物的几何异构现象

具有相同化学组成但结构不同的分子或离子称为异构体(isomer)。配合物表现出许多形式的异构现象，最重要的两种异构现象是顺-反异构(cis-trans isomerism)和旋光异构(optical isomerism)。

1) 顺-反异构

空间结构为平面正方形的$[MA_2B_2]$型配合物有顺式和反式两种异构体，如$[PtCl_2(NH_3)_2]$有如下两种异构体：

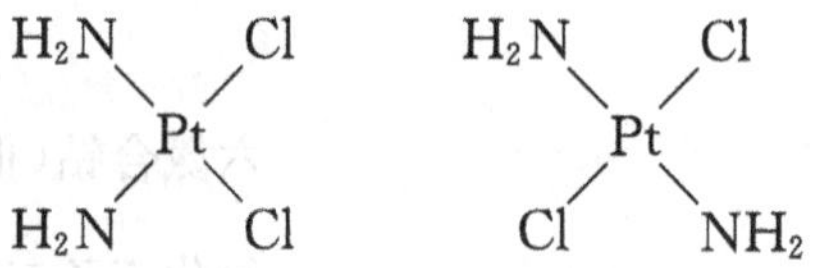

顺式　　　反式

表 11.1 不同配位数的配离子的空间结构

配位数	配合单元的空间结构		实　例
2	直线形	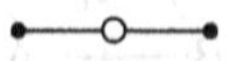	$[Cu(NH_3)_2]^+$，$[Ag(NH_3)_2]^+$，$[Ag(CN)_2]^-$
3	平面三角形		$[HgI_3]^-$，$[CuCl_3]^{2-}$（极少）
4	四面体形	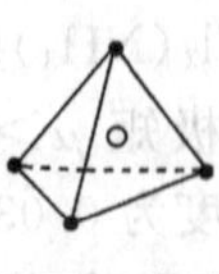	$[ZnCl_4]^{2-}$，$[Cd(NH_3)_4]^{2+}$，$[Cd(CN)_4]^{2-}$
	平面正方形	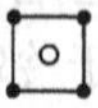	$[PtCl_4]^{2-}$，$[PdCl_4]^{2-}$，$[PtCl_2(NH_3)_2]$
5	三角双锥形	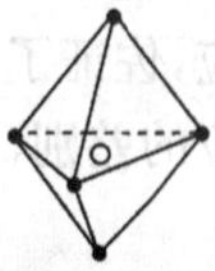	$[Fe(CO)_5]$，$[CuCl_5]^{3-}$，$[Ni(CN)_5]^{3-}$（较少）
	正方锥形	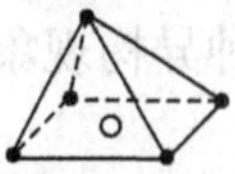	$[VO(AcAc)_2]$，$[Ni(PEt_3)_2Br_3]$（$Et=C_2H_5^-$）（很少）
6	正八面体形	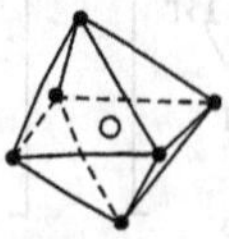	$[Co(NH_3)_6]^{2+}$，$[Cr(Cl_2)(NH_3)_4]^+$，$[AlF_6]^{3-}$
	三方棱柱	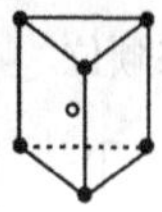	$[V(H_2O)_6]^{3+}$
7	五角双锥	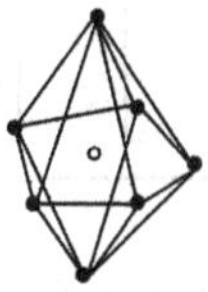	$[ZrF_7]^{3-}$，$[UF_7]^{3-}$，$[UO_2F_5]^{3-}$（较少）
8	正十二面体	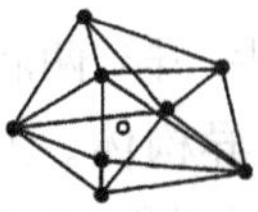	$[Mo(CN)_8]^{4-}$，$[W(CN)_8]^{4-}$

空间结构为八面体的 MA_4B_2 有如下的顺-反异构体：

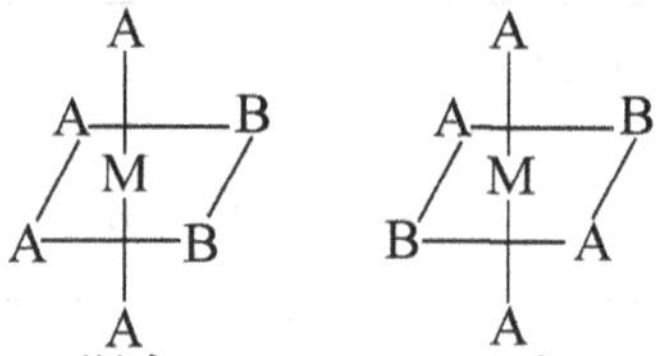

顺式　　反式

顺式是指同种配体处于相邻位置，反式是指同种配体处于对角位置，这种不同的结合方式使得配合物具有不同的性质。例如，$[PtCl_2(NH_3)_2]$的顺-反异构体均为平面正方形，但两者的性质不同。顺式为棕黄色，偶极矩 $\mu>0$，溶解度为 0.2523g/100g 水(298.15K)；反式为淡黄色，偶极矩 $\mu=0$，溶解度为 0.0366g/100g 水(298.15K)。另外，两者的反应性能也不相同。例如，顺式配合物经 Ag_2O 处理转变为顺式$[Pt(OH)_2(NH_3)_2]$后，由于两个氢氧根处于邻位位置，可被草酸根取代成$[Pt(NH_3)_2C_2O_4]$。而反式虽也能转变为$[Pt(OH)_2(NH_3)_2]$，由于两个氢氧根处于对角位置，故不能与草酸根作用。正是利用这一反应，佐证了两者是平面正方形结构而不是四面体结构。因为如果是四面体，就无邻位与对位的差别，也就没有与草酸根反应的差别。

2) 旋光异构现象

旋光异构(镜像异构)体的特点是当偏振光通过时，偏振光的偏振面就会旋转一定的角度，如$[CrBr_2(NH_3)_2(H_2O)_2]^+$具有如下几种异构现象：

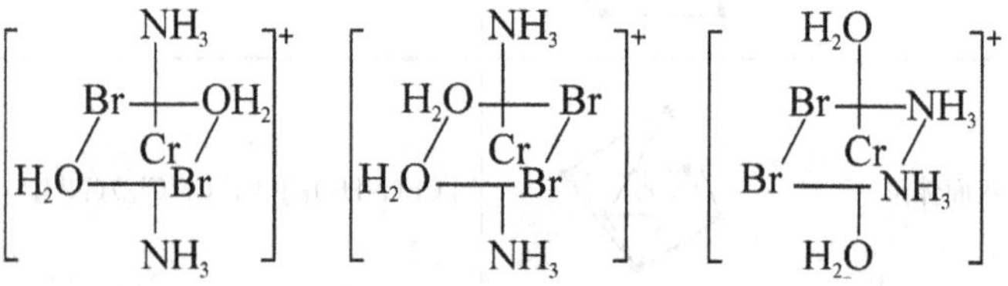

(a)　　(b)　　(c)

同种配体全在反位　NH_3在反位；H_2O,Br在顺位　H_2O在反位；NH_3,Br在顺位

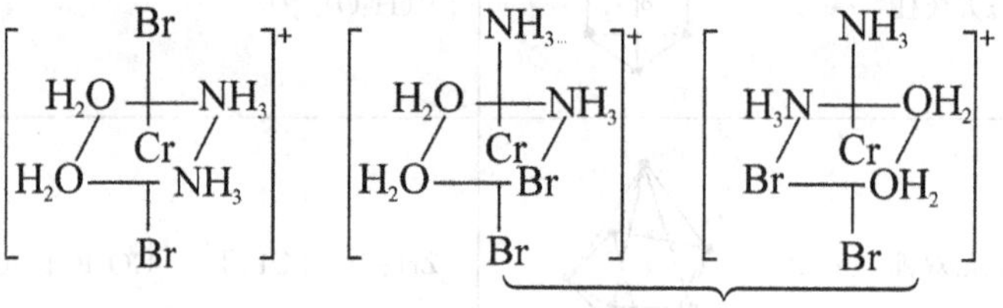

(d)　　(e)　　(f)

Br在反位；H_2O,NH_3在顺位　同种配体全在顺位，二者互成镜像

其中(e)与(f)互成镜像，就如同人的左右手一样，两者是不可能重合的。这二者对偏振光的旋转方向是相反的，它们彼此互为旋光异构体。对于反位配体的(b)→(d)，虽然每一个都有与其相对应的镜像图，但每一个与镜像图之间实际上是等同的(其中之一旋转180°后，二者重合)。因此，$[CrBr_2(NH_3)_2(H_2O)_2]^+$总共似应有六个异构体，但若考虑到(e)与(f)的化学性质一般相同(这类旋光异构体的生物化学活性则不一定相同)，而通常

只以外消旋混合物出现，故具有通式为 $MX_2Y_2Z_2$ 的配合物，其顺-反异构体的总数为 5 种，对映体只算成一种。表 11.2 列出了配离子组成与异构体数量的关系。

表 11.2 配合物内界组成与同分异构体数量的关系

配位单元类型	立体异构体数目	实 例
MX_4	1	$K_2[PtCl_4]$
MX_3Y	1	$[Pt(NH_3)_3Cl]Cl$
MX_2Y_2	2	$[PtCl_2(NH_3)_2]$
MX_2YZ	2	$[PtClNO_2(NH_3)_2]$
MXYZK	3	$[PtClBrNH_3Py]$
MX_6	1	$[Pt(NH_3)_6]Cl_4$
MX_5Y	1	$[PtCl(NH_3)_5]Cl_3$
MX_4Y_2	2	$[PtCl_2(NH_3)_4]Cl_2$
MX_3Y_3	2	$[PtCl_3(NH_3)_3]Cl$
MX_4YZ	2	$[PtClNO_2(NH_3)_4]Cl_2$
MX_3Y_2Z	3	$[PtCl_3(OH)(NH_3)_2]$
$MX_2Y_2Z_2$	5	$[PtCl_2(OH)_2(NH_3)_2]$

注：表中 X、Y、Z、K 分别代表中心离子 M 的单齿配体，且省去了电荷。

11.2 配合物的化学键理论

配合物的一些物理性质、化学性质取决于配合物的内界结构，特别是内界中配体与中心离子间的结合力。这种结合力的本质可用配合物的价键理论来阐明。

11.2.1 配合物的价键理论

价键理论是从电子配对法的共价键引申，并由鲍林将杂化轨道理论应用于配合物而形成的。

价键理论指出，当中心离子具有空的价电子轨道，配体有一对或多对孤电子对时，配体的孤电子对可以进入中心离子的空轨道，在中心离子和配体之间形成配位共价键（M←L），简称配位键。

中心离子的价电子轨道，是指中心原子的价电子所占据的轨道和与它能量相近的空轨道，如（n－1）d、ns、np、nd 轨道能量相近。在中心离子与配体成键的过程中，为了提高成键能力，中心离子所提供的空轨道先进行杂化，形成杂化轨道，然后配体中的孤电子对进入杂化轨道形成配位键。配离子的空间结构、配位数及稳定性主要取决于杂化轨道的数目和类型。表 11.3 列出了杂化轨道类型与配合单元的空间结构。

表 11.3 杂化轨道类型与配合单元的空间结构

配位数	杂化轨道	空间结构		实 例
2	sp	直线形	$[Cu(NH_3)_2]^+$	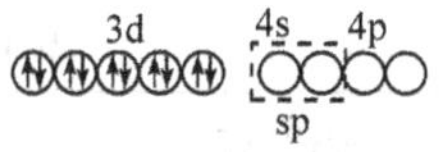
3	sp^2	平面三角形	$[HgI_3]^-$	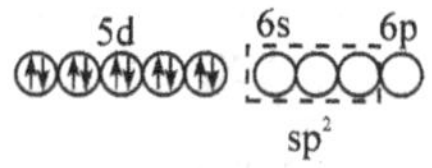
4	sp^3	四面体	$[Cd(SCN)_4]^{2-}$	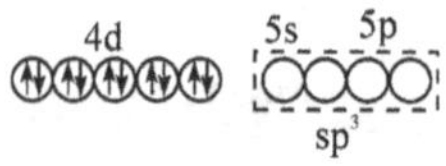
	dsp^2 或 sp^2d	正方形	$[Ni(CN)_4]^{2-}$	
5	dsp^3	三角双锥	$[Fe(CO)_5]$	
	d^4s	正方锥形	$[VO(AcAc)_2]$	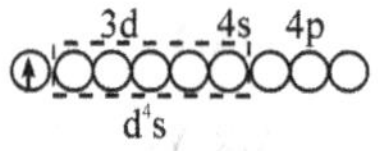
6	d^2sp^3 或 sp^3d^2	正八面体	$[Co(NH_3)_6]^{3+}$	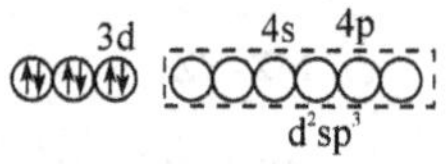

例如，经实验测得$[Zn(NH_3)_4]^{2+}$中 4 个 Zn←N 键的键能、键长都是相等的。Zn^{2+}的价电子构型为 $3d^{10}$，外层有一个 4s、3 个 4p 共 4 个空轨道。价键理论认为：Zn^{2+}与 NH_3 形成$[Zn(NH_3)_4]^{2+}$时，Zn^{2+}外层空的 4s 和 4p 轨道先进行 sp^3 杂化，形成 4 个等价的 sp^3 杂化轨道，4 个 NH_3 分子中的 N 原子各提供一对孤电子对进入杂化轨道，形成 4 个配位键，即

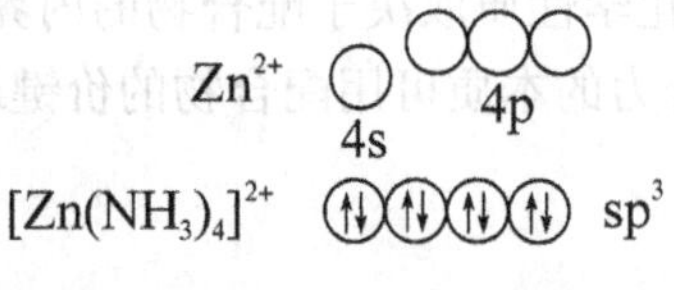

4 个相同的杂化轨道在空间的最小排斥是伸向正四面体的四个顶角，所以 Zn^{2+}-NH_3 的配位数是 4，空间构型为正四面体。

11.2.2 价键理论的应用

1. 解释配合物的结构及稳定性

中心离子运用哪些空轨道进行杂化，与中心离子的价电子层和配位原子的电负性有关，会出现两种不同杂化方式，如 Fe^{3+}的价电子结构是

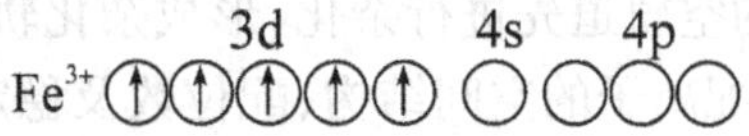

当形成$[FeF_6]^{3-}$配离子时，每个F^-各提供一个孤电子对进入到Fe^{3+}的 6 个sp^3d^2空轨道内，形成 6 个配位键，如下所示：

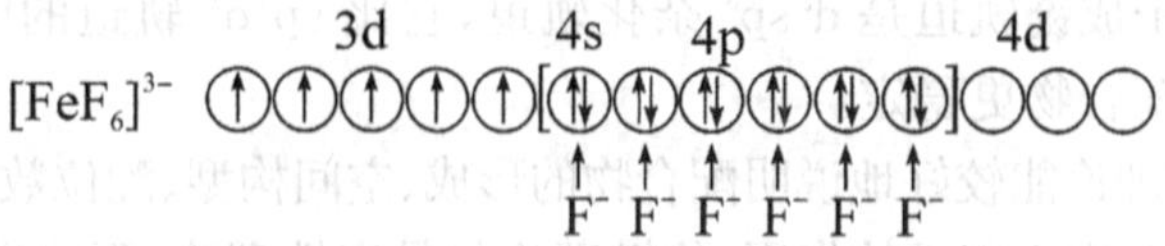

$[FeF_6]^{3-}$配离子形成正八面体构型。这种利用中心离子的外层空轨道与配体形成的配合物，称为**外轨型配合物**(outer-orbital coordination compound)。外轨型配合物的键能小，不稳定，在水中易解离。

当配位原子的电负性较小时(如CN^-中的 C、$—NO_2^-$中的 N)，较易给出孤电子对，中心离子在配体的影响下，d 轨道电子重新分布，未成对电子数减少，空出两个 3d 轨道，空出的这两个 3d 轨道和一个 4s、3 个 4p 轨道进行杂化，组成 6 个d^2sp^3杂化轨道，接受 6 个配体中的 6 个配位原子提供的 6 对孤电子对，形成 6 个配位键，空间构型为正八面体。这种中心离子经过重排，空出次外层轨道，与配体形成的配合物称为**内轨型配合物**(inner orbital coordination compound)，如$[Fe(CN)_6]^{3-}$就是一种内轨型配合物，其配位键成键情况为

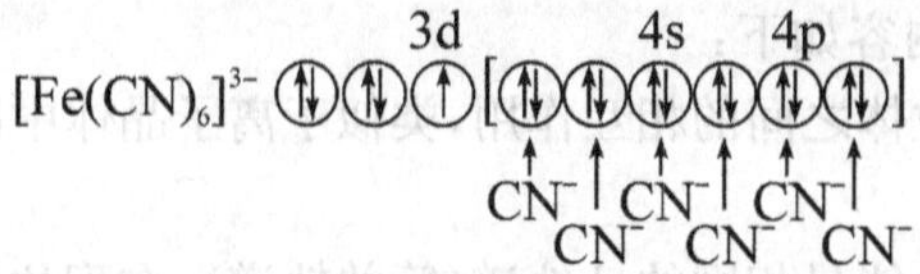

内轨型配合物的键能大，配合物稳定，且在水中不易解离。

可见，应用配合物的价键理论可以解释配合物的配位数、空间构型及配合物的稳定性。

2. 配合物的磁性

价键理论不仅成功地说明了配合物的空间构型和某些性质，而且能根据配合物中未成对电子的数目来解释配合物的磁性。在很多情况下，配合物是内轨型还是外轨型，可通过测定配合物的磁矩来判断。磁矩μ与配合物中未成对电子数n的关系为

$$\mu = \sqrt{n(n+2)} \tag{11.1}$$

式中，μ的单位为玻尔磁子(B. M.)。

配合物的磁矩可以用磁分析天平来测定(图 11.3)。将测得的磁矩代入式(11.1)，可求出未成对电子数n，由此可判断配合物中成键轨道的杂化类型和配合物的空间结构。例如，$[Fe(H_2O)_6]^{3+}$配离子磁矩的实验值为 5.90B. M.，由上式推断未成对电子数n接近于 5，说明$[Fe(H_2O)_6]^{3+}$中有 5 个未成对电子，中心离子Fe^{3+}只能采取sp^3d^2杂化轨道成键，故属外轨型配合物。而实验测得$[Fe(CN)_6]^{3-}$配离子的磁矩为 2.0B. M.，由式(11.1)

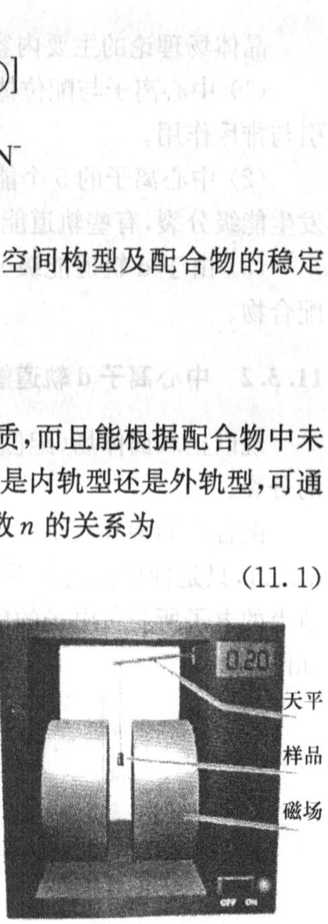

图 11.3　磁分析天平示意图

可得 $n\approx1$，表明在成键过程中，中心离子的未成对电子数减少(由 5 到 1)，3d 轨道上的电子重新排布，空出两个 3d 轨道，以 d^2sp^3 杂化方式与配位原子形成内轨型配合物。内轨型配合物的中心离子成键轨道是 d^2sp^3 杂化轨道，它比 sp^3d^2 轨道的能量低。因此，内轨型配合物比外轨型配合物更稳定。

由此可知，价键理论能较好地说明配合物的形成、空间构型、配位数、磁性和稳定性。但是，它忽略了配位体对中心离子的作用，价键理论只是定性理论，不能定量或半定量地说明配合物的性质，如配离子的吸收光谱和特征颜色。因此，价键理论具有一定的局限性。

11.3 晶体场理论

晶体场理论(crystal field theory，CFT)是 1929 年皮塞(Bethe)首先提出的。该理论将中心离子与配体之间的作用完全看作静电作用，这种作用是纯粹的静电排斥和吸引，不交换电子，即不形成任何共价键。金属离子的简并 d 轨道在周围配体产生的电场作用下发生分裂，产生配位效应。在解释配离子的光学、磁学等性质方面非常成功。

11.3.1 晶体场理论要点

晶体场理论的主要内容如下：

(1) 中心离子与配位体之间的相互作用，类似于离子晶体中阴、阳离子之间的静电吸引与排斥作用。

(2) 中心离子的 5 个能量相同的 d 轨道(简并轨道)，在配位体负电场的排斥作用下，发生能级分裂，有些轨道能量升高，有些轨道能量降低。

(3) 由于 d 轨道能级分裂，造成 d 轨道电子重新排布，体系能量降低，从而形成稳定配合物。

11.3.2 中心离子 d 轨道能级的分裂

现以正八面体场(配位数为 6)为例，讨论在配体静电场作用下，中心离子 d 轨道能级的分裂。

配合物的中心离子大多为过渡金属离子，它们的价电子层中有 5 个能量相同的简并 d 轨道，只是伸展方向各不相同。如果该中心离子处于一个带负电荷的球形场中心，则轨道上的电子所受负电场的斥力相同，能量虽都升高，但仍属同一能级，能级并不发生分裂，如图 11.4。

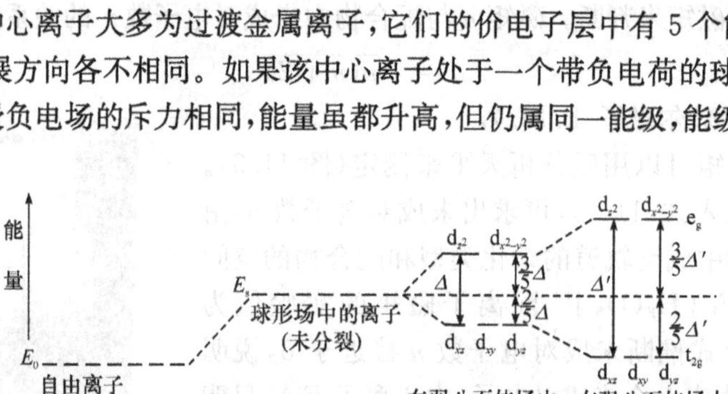

图 11.4 正八面体场中中心离子 d 轨道能级的分裂

如果 6 个相同的配体从正八面体的 6 个顶角(沿 x、y、z 轴)向中心离子靠近时,配体的 6 个负电场集中在正八面体的 6 个顶角,中心离子价电子的 5 个 d 轨道与配体的相对位置如图 11.5 所示。中心离子 d 轨道上的电子受到配体的排斥,5 个 d 轨道的能量都升高。由于 $d_{x^2-y^2}$ 和 d_{z^2} 轨道正好和配体迎头相碰,使这两个轨道的能量升高较多(与球形场相比);而 d_{xy}、d_{xz}、d_{yz} 轨道指向正八面体相邻两顶角之间,这 3 个轨道中的电子受配体负电场的排斥力较小,能量虽也升高,但比在球形场的低些。结果,中心离子轨道的能级分裂成两组:一组为高能量的 $d_{x^2-y^2}$ 和 d_{z^2} 轨道,称为 e_g 轨道;一组为低能量的 d_{xy}、d_{xz} 和 d_{yz} 轨道,称为 t_{2g} 轨道,如图 11.4 所示。

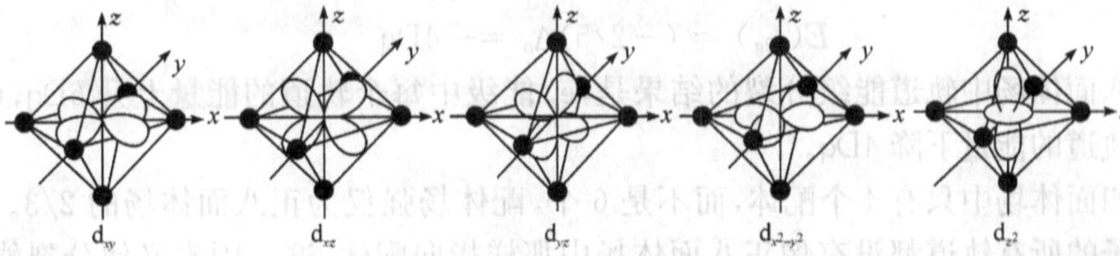

图 11.5　正八面体配合物中中心离子 d 轨道和配体的相对位置

在正四面体配合物中,4 个配体位于正四面体的 4 个顶角,配体与中心离子轨道的相对空间位置如图 11.6 所示。

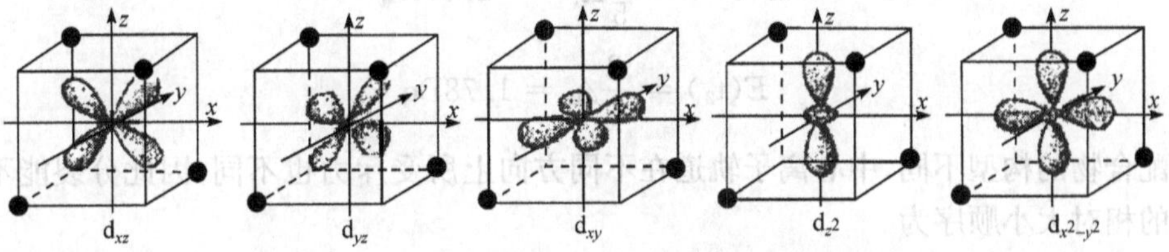

图 11.6　正四面体场中中心离子与配体的位置

图 11.6 中 $d_{x^2-y^2}$ 和 d_{z^2} 两个轨道指向立方体的面心,而 d_{xy}、d_{xz} 和 d_{yz} 三个轨道则指向立方体的棱边中点。前者离配体的位置较后者远,受配体电场的斥力小。所以,中心离子原来 5 个简并的轨道能级在正四面体场中分裂成两组:一组为能量较低的 $d_{x^2-y^2}$ 和 d_{z^2} 简并轨道 e;另一组为能量较高的 d_{xy}、d_{xz}、d_{yz} 简并轨道 t_2。正四面体与正八面体配合物中轨道能级的分裂正好相反,如图 11.7 所示。

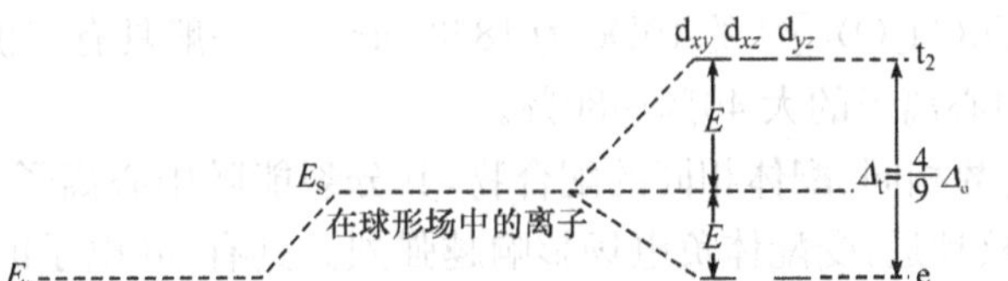

图 11.7　正四面体场中 d 轨道的能级分裂

11.3.3 晶体场的分裂能

在晶体场理论中，把轨道能级分裂后 e_g 与 t_{2g} 两能级之间的能量差，称为分裂能(splitting energy)，通常用Δ表示。若为八面体配合物，分裂能以 Δ_o 或 10Dq 表示。根据量子力学中的重心不变原理，分裂后 e_g 与 t_{2g} 总能量的代数和为零，即存在如下关系：

$$E(e_g) - E(t_{2g}) = \Delta_o (\Delta_o = 10Dq)$$

$$2E(e_g) + 3E(t_{2g}) = 0$$

由以上两式，得

$$E(e_g) = (3/5)\Delta_o = 6Dq \tag{11.2}$$

$$E(t_{2g}) = (-2/5)\Delta_o = -4Dq \tag{11.3}$$

可见正八面体场中轨道能级分裂的结果是，e_g 能级中每个轨道的能量上升 6Dq，t_{2g} 能级中每个轨道的能量下降 4Dq。

在四面体场中只有 4 个配体，而不是 6 个，配体场强仅为正八面体场的 2/3。另外，中心离子的所有轨道都没有像正八面体场中那样指向配体，这一因素又使分裂能降低。总的结果使正四面体场分裂能降低为正八面体场中分裂能的 4/9，即

$$\Delta_t = (4/9)\Delta_o = (4/9) \times 10Dq \tag{11.4}$$

同理可以求出四面体场中

$$E(e) = -\frac{3}{5}\Delta_t = -2.67Dq$$

$$E(t_2) = \frac{2}{5}\Delta_t = 1.78Dq$$

配合物的构型不同，中心离子轨道在不同方向上所受斥力也不同，因此分裂能不同。它们的相对大小顺序为

$$\Delta_{平面正方形} > \Delta_{直线形} > \Delta_{正八面体} > \Delta_{正四面体}$$

对于构型相同的不同配合物，分裂能的大小与配体的场强有关，场强越大，分裂能就越大。从八面体场的光谱实验得出的配体场强由弱到强的顺序如下：

$I^- < Br^- < Cl^- <$ —SCN$^-$ $< F^- \sim$ 尿素 $< OH^- \sim$ —O—N=O$^-$ $< C_2O_4^{2-} < H_2O <$ —NCS$^-$ $< EDTA^{4-} < Py < NH_3 < en < SO_3^{2-} <$ —NO_2^- $< CN^-$

这一序列称为**光谱化学序列**(spectrochemical series)。

在配体相同时，Δ 值随中心离子电荷数的增大而增大。例如，$[Co(H_2O)_6]^{2+}$ 的 10Dq 为 9300cm^{-1}，而$[Co(H_2O)_6]^{3+}$ 的 10Dq 为 18600cm^{-1}。一般具有三价中心离子的配合物的Δ值要比二价中心离子的大 40%～80%。

中心离子电荷数相同、配体相同的配合物，其分裂能随中心离子半径的增大而增大。半径越大，轨道离核越远，受配体负电场影响越强烈。具有 5d 电子的中心离子所形成的配合物的分裂能大于具有 4d 轨道电子的中心离子所形成的配合物的分裂能，具有 4d 电子的配合物的分裂能又大于具有 3d 电子配合物的分裂能。

总之，中心离子轨道在配体的影响下，因空间排布不同，分裂情况不同；配体场强弱不同，分裂程度也不同。除此之外，中心离子的电荷数、中心离子半径等因素，也对分裂能有

影响。

11.3.4 晶体场稳定化能

1) 高自旋和低自旋配合物

中心离子的 5 个 d 轨道在能级未分裂时是 5 个能量相等的简并轨道，根据洪德规则，d 轨道上的电子将尽可能分占不同的轨道且自旋平行，这时能量最低。要使两个电子合并到同一轨道，就必须给予能量，以克服电子之间的排斥作用，这种能量称为**电子成对能**(electron pairing energy)，用符号 P 表示。

在正八面体配合物中，中心离子 d 轨道分裂成 e_g 和 t_{2g} 两组，若从电子成对能考虑，d 电子应按洪德规则尽可能占据不同的轨道，减小电子成对能，使体系能量降低；若从分裂能考虑，d 电子应尽可能填充在能量较低的 t_{2g} 轨道，以符合电子排布的能量最低原理。综合上述两个方面，d 轨道上的电子排布应由电子成对能和分裂能的相对大小决定。当配体为强场时，$\Delta_o > P$，电子更易成对，将优先填充在低能量的能级，形成低自旋配合物(low-spin complex)；当配体为弱场时，$\Delta_o < P$，电子不易成对，则电子尽可能填充在较多的 d 轨道，形成高自旋配合物(high-spin complex)。

对于 d^1、d^2、d^3 型中心离子，按洪德规则，只有一种 d 电子的排布方式，即分占三个不同的简并 t_{2g} 低能轨道；对于 d^4、d^5、d^6、d^7 型中心离子，分别有如下两种排布方式：

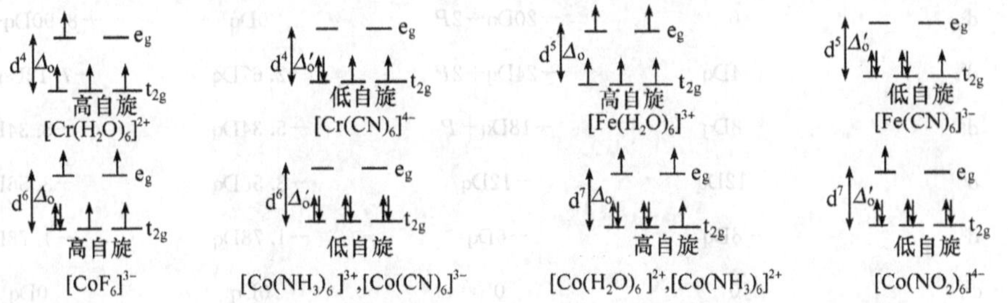

对于 d^8、d^9、d^{10} 型中心离子，也只能有一种排布，无高低自旋之分。总之，八面体配合物中，只有 d^4、d^5、d^6、d^7 4 种离子才有高、低自旋两种可能的排布。高自旋态($P > \Delta_o$)是较小的弱场排列，不够稳定，成单电子多而磁矩高；低自旋态($P < \Delta_o$)是较大的强场排列，较稳定，成单电子少而磁矩低。

对于正四面体配合物，由于 $\Delta_t = \frac{4}{9}\Delta_o$，一般 $\Delta_t < P$，所以尚未发现低自旋配合物。

表 11.4 列出了水溶液中的一些 $d^4 \rightarrow d^7$ 型八面体配合物的 Δ_o 和 P。可见这些离子的 6 配位水合物均为高自旋，而 $[Co(NH_3)_6]^{3+}$ 为低自旋配离子。

表 11.4 $d^4 \rightarrow d^7$ 型配离子的 $M(H_2O)_6^{2\sim3+}$ 的 Δ_o 和 P

d^n	离子	Δ_o/cm^{-1}	P/cm^{-1}	d^n	离子	Δ_o/cm^{-1}	P/cm^{-1}
d^4	Cr^{2+}	13900	23500	d^4	Mn^{3+}	21000	28000
d^5	Mn^{2+}	7800	25500	d^5	Fe^{3+}	13700	30000
d^6	Fe^{2+}	10400	17600	d^6	Co^{3+}	18000	21000
d^7	Co^{2+}	9300	22500	d^7		23000*	

* $Co(NH_3)_6^{3+}$ 的 Δ_o 值。

2）晶体场稳定化能

由于配体场的作用，电子进入能级分裂后的 d 轨道与未分裂时的 d 轨道相比所降低的总能量，称为**晶体场稳定化能**（crystal field stabilization energy，CFSE）。能量降低越多，晶体物稳定性能就越大，配合物越稳定。

正八面体配合物的稳定化能可按式(11.5)计算

$$\mathrm{CFSE} = xE(\mathrm{t_{2g}}) + yE(\mathrm{e_g}) + (n_1 - n_2)P \qquad (11.5)$$

式中，x 为 $\mathrm{t_{2g}}$ 能级上的电子数；y 为 $\mathrm{e_g}$ 能级上的电子数；n_1 为中心离子 d 轨道各能级上的电子对总数；n_2 为球形场中 d 轨道上的电子对总数。计算结果列于表 11.5 中。

表 11.5 过渡金属配离子的晶体场稳定化能(CFSE)

d^n	CFSE(八面体场)		CFSE(四面体场)	
	弱场	强场	弱场	强场
d^0	0	0	0Dq	0Dq
d^1	−4Dq	−4Dq	−2.67Dq	−2.67Dq
d^2	−8Dq	−8Dq	−5.34Dq	−5.34Dq
d^3	−12Dq	−12Dq	−3.56Dq	−8.01Dq+P
d^4	−6Dq	−16Dq+P	−1.78Dq	−10.68Dq+2P
d^5	0	−20Dq+2P	0Dq	−8.90Dq+2P
d^6	−4Dq	−24Dq+2P	−2.67Dq	−7.12Dq+P
d^7	−8Dq	−18Dq+P	−5.34Dq	−5.34Dq
d^8	−12Dq	−12Dq	−3.56Dq	−3.56Dq
d^9	−6Dq	−6Dq	−1.78Dq	−1.78Dq
d^{10}	0	0	0Dq	0Dq

【例题 11.1】 分别计算 Co^{3+} 形成的弱场和强场正八面体配合物的 CFSE，并比较两种配合物的稳定性。

解 Co^{3+} 有 6 个 d 电子($3d^6$)，其电子分布情况为

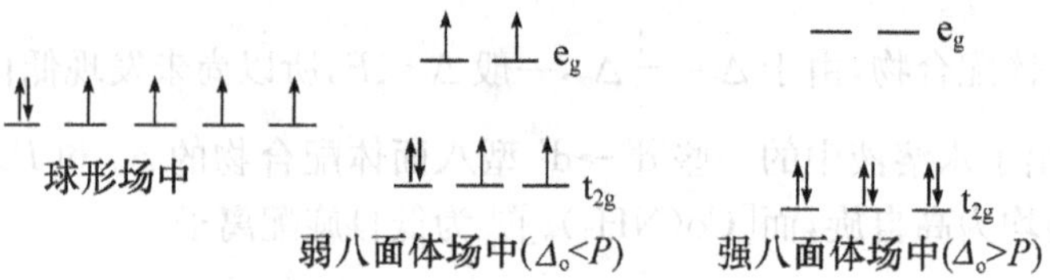

$$\mathrm{CFSE} = xE(\mathrm{t_{2g}}) + yE(\mathrm{e_g}) + (n_1 - n_2)P$$

弱场 $\mathrm{CFSE} = 4E(\mathrm{t_{2g}}) + 2E(\mathrm{e_g}) + (1-1)P$

$= 4\times(-0.4\Delta_o) + 2\times(+0.6\Delta_o) = -0.4\Delta_o$

强场 $\mathrm{CFSE} = 6E(\mathrm{t_{2g}}) + 0E(\mathrm{e_g}) + (3-1)P$

$= 6\times(-0.4\Delta_o) + 2P$

$= (-2.4\Delta_o + 2P) < -0.4\Delta_o$ （因 $\Delta_o > P$）

计算结果表明，Co^{3+} 与弱场配体或强场配体所形成的配合物的能量，均比能级未分裂时的低；强场配体形成的配合物能量更低，故强场配体形成的配合物更稳定。

11.3.5 晶体场理论的应用

前已述及，晶体场理论能解释配合物的自旋状态、磁性及稳定性，除此之外，还能解释配合物的特征颜色等。

1. *解释配合物的颜色*

日光是各种波长光的混合光，物质在日光照射下呈现的颜色，是由物质对混合光的选择吸收引起的。若吸收日光中的红色光，物质便呈现蓝绿色；若吸收蓝绿光，物质便显红色。物质吸收的颜色与物质呈现的颜色**互为补色**。表 11.6 为物质吸收颜色与物质呈现颜色的互补关系。

表 11.6 物质颜色与吸收光颜色的互补关系

物质颜色	吸收光	
	颜色	波长/nm
黄绿	紫	400～450
黄	蓝	450～480
橙	绿蓝	480～490
红	蓝绿	490～500
紫红	绿	500～560
紫	黄绿	560～580
蓝	黄	580～600
绿蓝	橙	600～650
蓝绿	红	650～780

含 d^1～d^9 的过渡金属配离子，由于 d 轨道没有充满，电子能吸收光能，并在 e_g 和 t_{2g} 轨道之间发生跃迁，这种跃迁称为 d-d 跃迁。d-d 跃迁的能量为

$$E(e_g) - E(t_{2g}) = \Delta = h\nu = h \times \frac{c}{\lambda} \tag{11.6}$$

式中，$h\nu$ 为光能；c 为光速；h 为普朗克常量；λ 为波长。因 h 与 c 均为常数，故光能与 $\frac{1}{\lambda}$（波数，单位 cm^{-1}）成正比。

配离子吸收光的能量一般为 10000～30000cm^{-1}，包括了全部可见光区（14285～25000cm^{-1}），因而配离子一般都有颜色。例如，$Ti(H_2O)_6^{3+}$ 的最大吸收峰约在 20400cm^{-1} 处（蓝色区），最小吸收的光区在紫区和红区，故显紫红色。晶体场理论认为这是由于 $Ti(H_2O)_6^{3+}$ 中的 d 电子在吸收光能后，由 t_{2g} 轨道跃迁到 e_g 轨道，这种 $t_{2g} \rightarrow e_g$ 跃迁所吸收

的能量恰好等于轨道之间的分裂能 Δ_o。

分裂能的大小不同，配合物选择吸收的光的波长就不同，配合物就呈现不同的颜色；配体的场强越强，分裂能越大，d-d 跃迁时吸收的光的能量就越大，即波长越短。例如

d^1	d^2	d^3	d^4	d^5
$Ti(H_2O)_6^{3+}$	$V(H_2O)_6^{3+}$	$Cr(H_2O)_6^{3+}$	$Cr(H_2O)_6^{2+}$	$Mn(H_2O)_6^{2+}$
紫红	绿	紫	天蓝	肉红
d^6	d^7	d^8	d^9	
$Fe(H_2O)_6^{2+}$	$Co(H_2O)_6^{2+}$	$Ni(H_2O)_6^{2+}$	$Cu(H_2O)_4^{2+}$	
淡绿	粉红	绿	蓝	

电子构型为 d^{10} 的中心离子（如 Zn^{2+}、Ag^+），因 d 轨道上电子全充满，它们的配合物不可能产生 d-d 跃迁，因而没有颜色。

2. 解释第一过度系元素 M^{2+} 的水合热

离子的水合热是指气态离子与液态水反应生成水合离子过程的焓变，用 $\Delta_h H_m^\ominus$ 表示。对于第一过度系 M^{2+} 的六水合反应的热反应如下：

$$M^{2+}(g) + 6H_2O(l) \longrightarrow [M(H_2O)_6]^{2+}(aq) \qquad \Delta_h H_m^\ominus$$

第一过度系 M^{2+} 从 Ca^{2+} 到 Zn^{2+} 核电荷数依次增大，离子半径逐渐减小，其六水合物 $[M(H_2O)_6]^{2+}$ 的中心离子与 H_2O 分子的结合应该依次增强。因此，其水合热应该依次增大，如图 11.8 中虚线所示。然而实际情况并非如此，其变化趋势如图 11.8 中的"双峰"实线所示。这种现象可以用配合物的晶体场稳定化能来解释。H_2O 是弱场配体，M^{2+} 的六水合物都是高自旋的弱场八面体配合物。从表 11.5 可知，金属离子的 d 电子结构从 d^0 到 d^5，从 d^5 到 d^{10}，其晶体场稳定化能呈现两个周期性的变化，正好近似对应于图中"双峰"。$[Ca(H_2O)_6]^{2+}$ (d^0)、$[Mn(H_2O)_6]^{2+}$ (d^5)、$Zn(H_2O)_6]^{2+}$ (d^{10}) 的晶体场稳定化能为"0"，所以 Ca^{2+}、Mn^{2+}、Zn^{2+} 的水合热几乎在同一直线上。如果从水合热的实验值（图中实线"■"所示）中扣除每个离子的晶体场稳定化能，正好得到图中虚线（图中"☆"所

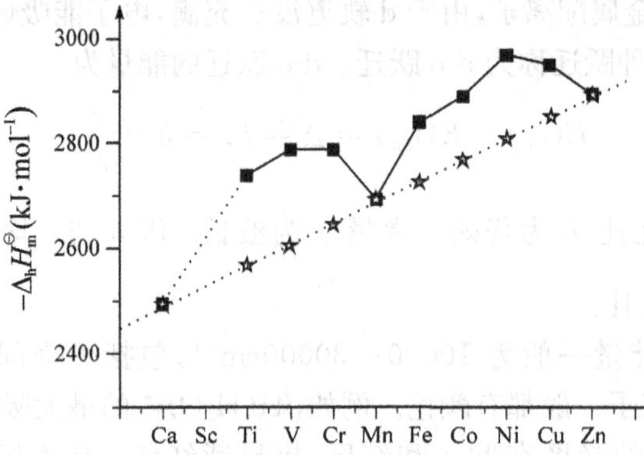

图 11.8　第一过度系金属 2+离子的六水合热

示)，这条虚线近似一条直线。因此，用晶体场稳定化能可以很好地解释第一过度系金属离子 M^{2+} 的水合热变化规律。

3. 姜-泰勒效应

按照配合物的价键理论，若 $Cu(NH_3)_4^{2+}$ 为正方形结构，则中心 Cu^{2+} 应为 dsp^2 杂化，其杂化过程应为

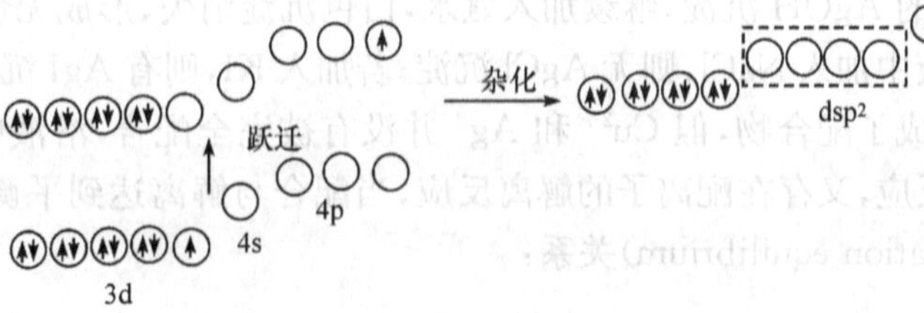

即如果 Cu^{2+} 采取 dsp^2 杂化，必有一个电子先跃迁至 4p 轨道上。这样必然会导致这个电子易于失去，即 $Cu(NH_3)_4^{2+}$ 应该极易被氧化。而实际上，$Cu(NH_3)_4^{2+}$ 是很稳定的。因此不能用价键理论解释 $Cu(NH_3)_4^{2+}$ 的几何构型。

按照晶体场理论，Cu^{2+} 为 d^9 电子构型，在八面体场中，最后一个电子有两种排布方式：一种是排在 $d_{x^2-y^2}$ 轨道上，则 xy 平面上的 4 个配体受到的斥力较大，距核较远，形成压扁的八面体。

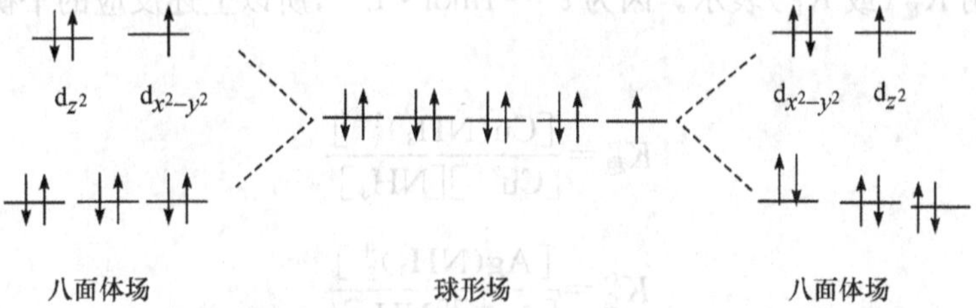

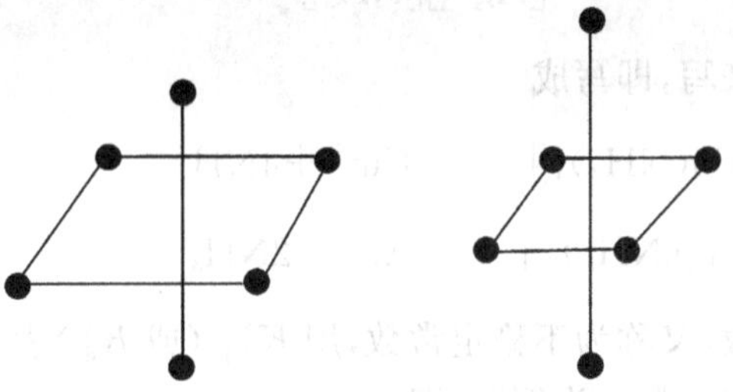
压扁八面体　　　　　　拉长八面体

若最后一个电子排入 d_{z^2} 轨道上，则 d_{z^2} 轴向上的两个配体将受到较大的斥力，距核较远，形成拉长的八面体。若轴向的两个配体拉的太远，则这两个配体将会失去，剩余的 4 个配体正好处于正方形结构上。相当于$[Cu(NH_3)_4(H_2O)_2]^{2+}$失去 2 个 H_2O 分子变成了$[Cu(NH_3)_4]^{2+}$正方形结构。这就是姜-泰勒(Jahn-Teller)效应。利用姜-泰勒效应同样可以解释 $PtCl_4^{2-}$ 的正方形结构，而不是四面体结构。

11.4 配位平衡及配合物的稳定常数

11.4.1 配位-解离平衡

向$[Cu(NH_3)_4]^{2+}$溶液中加入少量 NaOH 溶液,并不出现蓝色 $Cu(OH)_2$ 沉淀,但向该溶液中加入少量 Na_2S 溶液时,立即有黑色 CuS 沉淀生成;当向硝酸银溶液中加入氨水时,首先出现白色的 AgOH 沉淀,继续加入氨水,白色沉淀消失,形成无色 $Ag(NH_3)_2^+$ 溶液。此时若向溶液中加入 NaCl,则无 AgCl 沉淀;若加入 KI,则有 AgI 沉淀生成。这两个例子说明,尽管形成了配合物,但 Cu^{2+} 和 Ag^+ 并没有被完全配合,溶液中既存在中心离子与配体的配位反应,又存在配离子的解离反应,当配合与解离达到平衡时,即存在如下配合平衡(coordination equilibrium)关系:

$$Cu^{2+} + 4NH_3 \rightleftharpoons [Cu(NH_3)_4]^{2+}$$

$$Ag^+ + 2NH_3 \rightleftharpoons [Ag(NH_3)_2]^+$$

这种平衡关系称为配位-解离平衡。

11.4.2 配离子的稳定常数与不稳定常数

对应于上述反应的平衡常数称为配合物的形成常数,也称为**稳定常数**(stability constants),用 $K^{\ominus}_{稳}$(或 $K^{\ominus}_{f}$)表示。因为 $c^{\ominus} = 1\text{mol} \cdot \text{L}^{-1}$,所以上述反应的平衡常数可简单表示为

$$K^{\ominus}_{稳} = \frac{[Cu(NH_3)_4^{2+}]}{[Cu^{2+}][NH_3]^4}$$

$$K^{\ominus}_{稳} = \frac{[Ag(NH_3)_2^{+}]}{[Ag^{+}][NH_3]^2}$$

如果将上述方程式反过来写,即写成

$$[Cu(NH_3)_4]^{2+} \rightleftharpoons Cu^{2+} + 4NH_3$$

$$[Ag(NH_3)_2]^+ \rightleftharpoons Ag^+ + 2NH_3$$

对应的平衡常数称为解离常数,又称为不稳定常数,用 $K^{\ominus}_{不稳}$(或 $K^{\ominus}_{d}$)表示。显然任何一个配离子的稳定常数与其不稳定常数互为倒数,即

$$K^{\ominus}_{稳定} = \frac{1}{K^{\ominus}_{不稳}} \tag{11.7}$$

附录 9 中列出了常见配合物的稳定常数。由于配合物的稳定常数一般很大,为简便书写,常用其对数值来表示。

11.4.3 累积稳定常数及配合物各物种的分布

当金属离子 M 与配位体 L 形成 ML_n 型配合物时,该配合物是逐级形成的,其形成过

程和相应的形成常数为

$$M+L \rightleftharpoons ML \qquad \text{第一级稳定常数} \qquad K_1^{\ominus}=\frac{[ML]}{[M][L]}$$

$$ML+L \rightleftharpoons ML_2 \qquad \text{第二级稳定常数} \qquad K_2^{\ominus}=\frac{[ML_2]}{[ML][L]}$$

$$\cdots$$

$$ML_{n-1}+L \rightleftharpoons ML_n \qquad \text{第}\,n\,\text{级稳定常数} \qquad K_n^{\ominus}=\frac{[ML_n]}{[ML_{n-1}][L]}$$

$K_1^{\ominus},K_2^{\ominus},\cdots,K_n^{\ominus}$ 称为逐级稳定常数。

以上配合物的形成反应平衡及平衡常数也可表示为

$$M+L \rightleftharpoons ML \qquad \beta_1=K_1^{\ominus}=\frac{[ML]}{[M][L]}$$

$$M+2L \rightleftharpoons ML_2 \qquad \beta_2=K_1^{\ominus}K_2^{\ominus}=\frac{[ML]}{[M][L]}\frac{[ML_2]}{[ML][L]}=\frac{[ML_2]}{[M][L]^2}$$

$$\cdots$$

$$M+nL \rightleftharpoons ML_n \qquad \beta_n=K_1^{\ominus}K_2^{\ominus}\cdots K_n^{\ominus}=\frac{[ML_n]}{[M][L]^n}=K_{\text{稳定}}^{\ominus} \tag{11.8}$$

$\beta_1,\beta_2,\cdots,\beta_n$ 称为累积稳定常数。累积稳定常数等于相应的逐级稳定常数的乘积。

一些常见配离子的稳定常数见附录 10。

利用类似于酸碱分布系数的推导方法，可以求得配合物体系中各物种的分布系数与游离配体浓度[L]的函数关系。金属离子的总浓度与各型体平衡浓度之间的关系为

$$c_M=[M]+[ML]+[ML_2]+\cdots+[ML_n]$$

所以

$$\delta_M=\frac{[M]}{c_M}=\frac{[M]}{[M]+[ML]+[ML_2]+\cdots+[ML_n]}$$

$$=\frac{1}{1+\beta_1[L]+\beta_2[L]^2+\cdots+\beta_n[L]^n}$$

$$\delta_{ML}=\frac{\beta_1[L]}{1+\beta_1[L]+\beta_2[L]^2+\cdots+\beta_n[L]^n}$$

$$\cdots$$

$$\delta_{ML_n}=\frac{\beta_n[L]^n}{1+\beta_1[L]+\beta_2[L]^2+\cdots+\beta_n[L]^n} \tag{11.9}$$

可见，各型体的分布系数只与溶液中游离的配体浓度有关，与多元酸一样，可以得到其分布曲线。例如，Zn^{2+} 与 NH_3 的配位体系中各型体配离子的分布曲线如图 11.9。

由图 11.9 可见，当$[NH_3]<10^{-3}\,mol\cdot L^{-1}$时，主要存在形式是 Zn^{2+}，当$[NH_3]>10^{-1.5}\,mol\cdot L^{-1}$ 时，主要存在形式为 $[Zn(NH_3)_4]^{2+}$，而当 $[NH_3]$ 为 10^{-3} ～

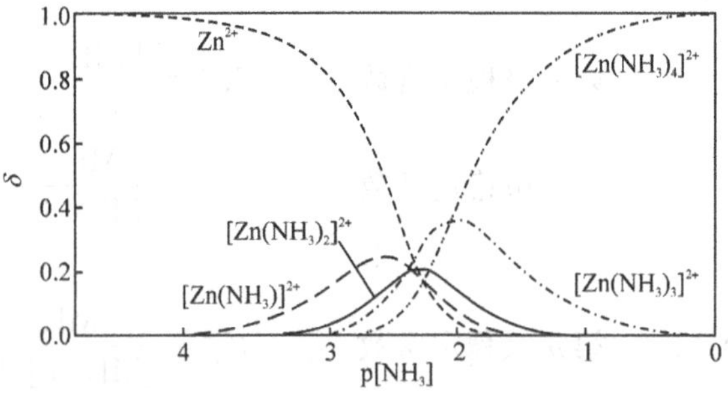

图 11.9 Zn^{2+}和锌氨配离子各种存在型体的分布与$[NH_3]$的关系示意图

$10^{-1.5}mol \cdot L^{-1}$时，$Zn^{2+}$的 5 种型体的分布系数相差不大。

与多元酸、碱一样，有了分布曲线，同样可以求得各型体的平衡浓度。

11.5 螯合物

11.5.1 螯合效应

前面已经介绍，螯合物是由中心离子与多齿配体形成的具有环状结构的化合物。由于形成螯合物而使配合物稳定性大大提高的效应称为螯合效应(chelating effect)。能与中心离子形成螯合物的多齿配体称为螯合剂(chelating agent)。

金属离子在水溶液中实际上是以水合离子形式存在的，产生螯合效应的原因主要是单齿配体取代水合配离子中的水分子时，溶液中的总质点数不变，但螯合剂取代水分子时，每个螯合剂分子可取代出两个或多个水分子，取代后总质点数增加，使体系的混乱度增加，熵值增大。例如，$[Zn(H_2O)_4]^{2+}$，当中心离子 Zn^{2+} 与 NH_3 形成非螯合配离子时，每个配体只能取代出 1 个 H_2O，反应前后微粒数相等，熵值改变不大。例如

$$[Zn(H_2O)_4]^{2+} + 2NH_3 \rightleftharpoons [Zn(NH_3)_2(H_2O)_2]^{2+} + 2H_2O$$

而在与乙二胺(en)配体形成螯合物时，1 个配位体可取代出两个 H_2O，即

$$[Zn(H_2O)_4]^{2+} + en \rightleftharpoons [Zn(en)(H_2O)_2]^{2+} + 2H_2O$$

反应后溶液中微粒数增加，混乱度增大，即熵增大。

螯合物的稳定性可用螯合反应的平衡常数 $\lg K_c^\ominus$ 表示，根据热力学公式

$$\lg K_c^\ominus = -\frac{\Delta G_m^\ominus}{2.303RT}$$

$$\Delta G_m^\ominus = \Delta H_m^\ominus - T\Delta S_m^\ominus$$

$[Zn(en)_2]^{2+}$与$[Zn(NH_3)_4]^{2+}$相比，两者的 $\Delta H_m^\ominus$基本相等，所以熵增加有利于 $\lg K_c^\ominus$增大，即螯合物的稳定性增加。

螯合物的稳定性，随着螯合物中环数的增多而增强。这是因为环的数目越多，则动用的配位原子数越多，配合后与中心离子脱开的概率越小，因而越稳定。这种影响由表

11.7 可以看出。

表 11.7　环的数目对螯合物稳定性的影响

配位体	Cu^{2+} 的配合物	$\lg K^{\ominus}_{稳}$
氨　(NH_3)	$[Cu(NH_3)_4]^{2+}$	12.67
乙二胺 (en) 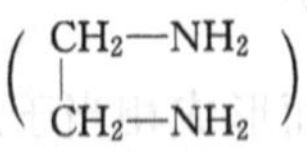	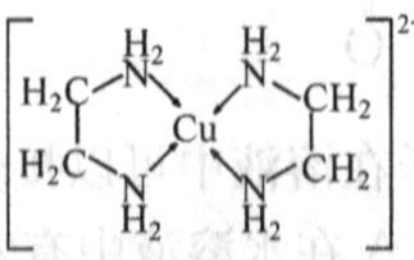	19.6
三亚乙基四胺 (trien) 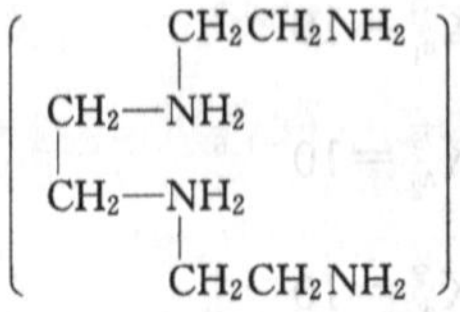	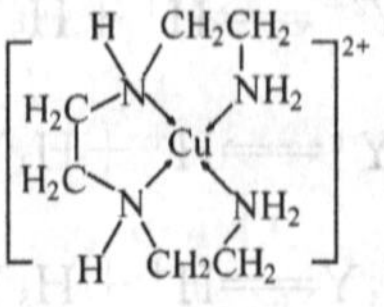	20.4

除了环的数目外，螯环的大小也是影响稳定性的一个重要因素。大多数情况下，五元环、六元环最稳定，因为此时环的张力最小。

11.5.2　EDTA 及其与金属离子形成的螯合物特点

常见的螯合剂是含有 N、O、S 等配位原子的有机化合物，其中最具有代表性的是乙二胺四乙酸(简写为 H_4Y)及其二钠盐(Na_2H_2Y)，二者通常都用 EDTA 表示。

1. EDTA 的结构与性质

EDTA 是一种白色晶状固体，相对分子质量 292.1，在水中溶解度很小(22℃时，每 100mL 水中仅能溶解 0.02g)，难溶于酸和有机溶剂，易溶于碱。它的二钠盐($Na_2H_2Y \cdot 2H_2O$，相对分子质量 372.10)是含 2 个结晶水的白色晶状化合物，易溶于水(22℃时，每 100mL 水中能溶解 11.1g)。EDTA 的结构式为

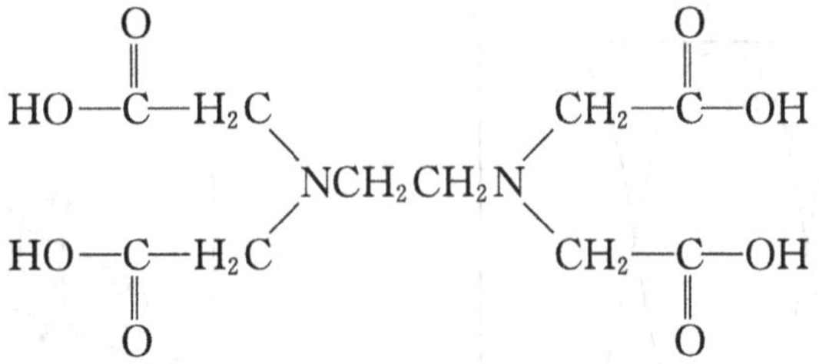

由于两个胺氮上都有一对孤电子对，且电负性较大，因此 EDTA 在固态时易形成如下的双偶极结构：

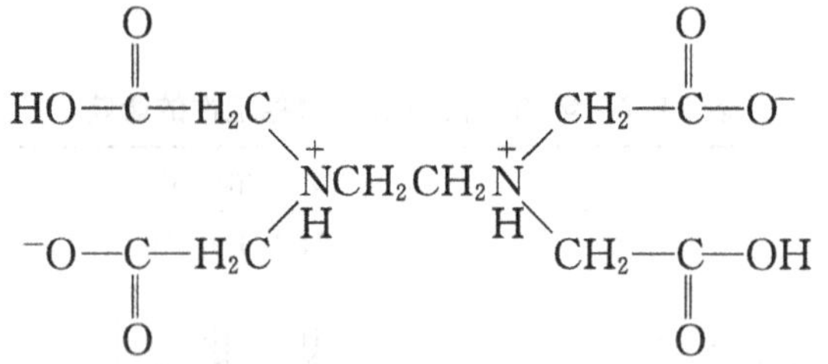

这种双偶极结构的分子在溶液中可以接受两个质子，从而形成相当于六元酸的离子，表示为 H_6Y^{2+}。因此，EDTA 在水溶液中有六级解离平衡

$$H_6Y^{2+} \rightleftharpoons H^+ + H_5Y^+ \qquad K_{a_1}^{\ominus} = 10^{-0.9}$$

$$H_5Y^+ \rightleftharpoons H^+ + H_4Y \qquad K_{a_2}^{\ominus} = 10^{-1.6}$$

$$H_4Y \rightleftharpoons H^+ + H_3Y^- \qquad K_{a_3}^{\ominus} = 10^{-2.0}$$

$$H_3Y^- \rightleftharpoons H^+ + H_2Y^{2-} \qquad K_{a_4}^{\ominus} = 10^{-2.67}$$

$$H_2Y^{2-} \rightleftharpoons H^+ + HY^{3-} \qquad K_{a_5}^{\ominus} = 10^{-6.16}$$

$$HY^{3-} \rightleftharpoons H^+ + Y^{4-} \qquad K_{a_6}^{\ominus} = 10^{-10.26}$$

从平衡常数的数值可以看出：前四级解离常数相差不大，可以认为是羧基上质子的解离，而后两级的解离常数较小，解离困难，对应于胺氮结合的两个 H^+。EDTA在水溶液中 7 种存在形式的分布曲线见图 11.10。可见，pH 越高，其配位能力越强，原因是 pH 越高，在配位时取代排除 H^+ 就越容易。

2. EDTA 与金属离子形成的螯合物特点

(1) 具有广泛配位性。在 EDTA 分子中，有 4 个羧 O 和 2 个胺 N 都可以与金属离子配位，因此它是一个六齿配体，具有很强的配位能力，能同绝大多数金属离子形成配合物。Ca^{2+} 与EDTA反应，形成配合物的立体结构见图 11.11。

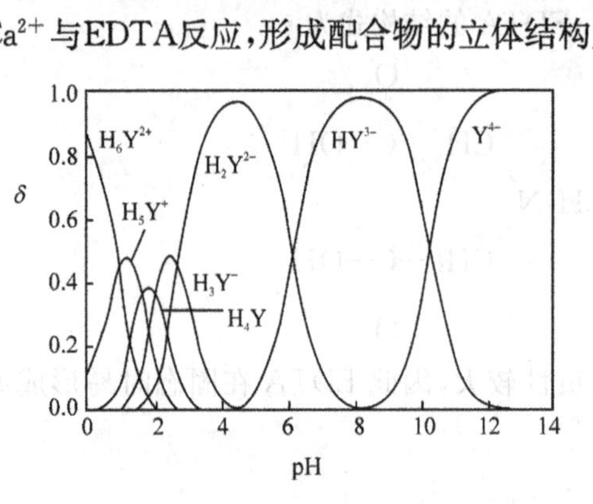

图 11.10　EDTA 各种形式的分布示意图

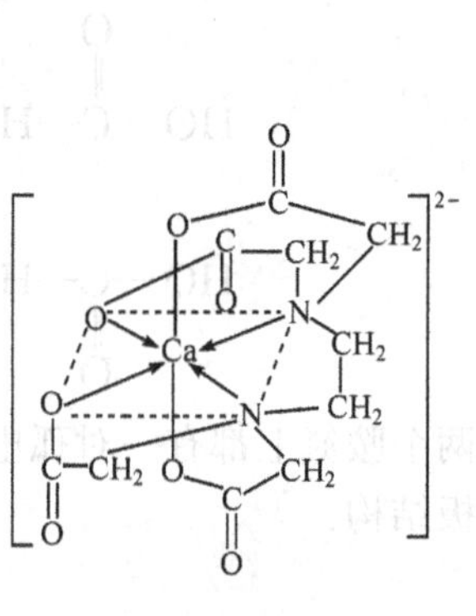

图11.11　EDTA 与 Ca^{2+} 的配合物的结构示意图

(2) 配合比简单。绝大多数金属离子与 EDTA 形成的配合物的配合比都是 1∶1。这是因为 EDTA 分子中具有 6 个配位原子,可同时与金属离子配位,因此可以满足绝大多数金属离子配位数的要求。这里需说明:配合比与配位数是两个不同的概念,配位数是与金属原子或离子直接相连的配位原子个数,而配合比则是金属原子或离子与配体的个数比。

(3) 稳定性高。EDTA 分子有 6 个配位原子,能与金属离子形成具有多个五原子环结构的螯合物。螯合物分子具有特殊的稳定性,其稳定常数很大。

(4) 螯合物的颜色。EDTA 与无色金属离子形成无色螯合物,而与有色金属离子形成具有更深颜色的螯合物。例如,Ni(Ⅱ)配合物呈蓝色,Cu(Ⅱ)配合物呈深玫瑰红色,与 Cr(Ⅲ)、Mn(Ⅲ)、Co(Ⅲ)的配合物呈深紫到宝石红色等。利用这些颜色可进行金属离子的比色测定。

(5) 易溶于水。EDTA 与金属离子形成的螯合物多数易溶于水。

正是由于这些特点,EDTA 具有很重要用途。尤其是在分析测定中,具有重要的意义,可以用于滴定分析多种金属离子。

11.6 EDTA 配位反应的副反应系数及条件稳定常数

配位反应尽管比较复杂,但仍可用副反应系数定量处理各种因素对配位反应平衡的影响。

11.6.1 配位反应的副反应及副反应系数

金属离子与 EDTA 发生配位反应生成 MY 的同时,还有许多副反应发生,反应物 M、Y 发生的副反应不利于主反应的进行,而产物 MY 发生的副反应则有利于主反应进行。因为酸式、碱式配合物一般不太稳定,所以在一般的计算中 MY 的副反应可忽略不计。

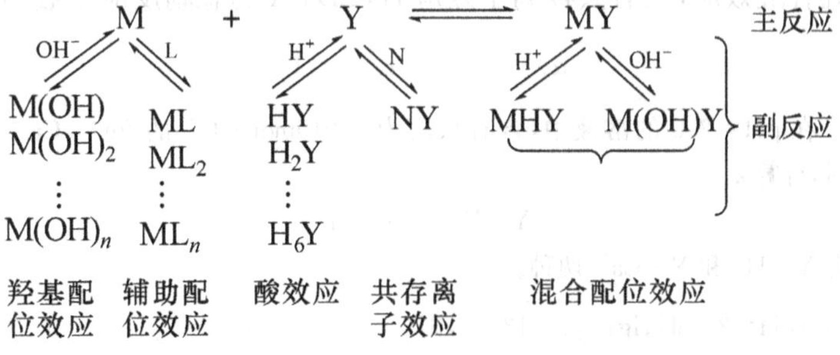

各副反应对主反应的影响程度,可用其副反应系数 α 表示。下面分别讨论 M 和 Y 的几种重要的副反应及副反应系数。

1. Y 的副反应及副反应系数

1）酸效应及酸效应系数 $\alpha_{Y(H)}$

由于氢离子与 Y 之间发生副反应，使 EDTA 参与主反应的能力下降，这种效应称为酸效应。酸效应的大小用酸效应系数 $\alpha_{Y(H)}$ 来衡量。酸效应系数表示在一定 pH 下，除 MY 之外，EDTA 的各种存在形式的总浓度[Y′]与 Y^{4-} 的平衡浓度[Y]之比，即

$$\alpha_{Y(H)}=\frac{[Y']}{[Y]}=\frac{[Y^{4-}]+[HY^{3-}]+[H_2Y^{2-}]+[H_3Y^-]+[H_4Y]+[H_5Y^+]+[H_6Y^{2+}]}{[Y^{4-}]}$$

$$=1+\beta_1[H^+]+\beta_2[H^+]^2+\beta_3[H^+]^3+\beta_4[H^+]^4+\beta_5[H^+]^5+\beta_6[H^+]^6 \qquad (11.10)$$

式中，β_1、β_2、…、β_6 分别为 HY^{3-}、H_2Y^{2-}、…、H_6Y^{2+} 的累积形成常数。

可见，酸效应系数随溶液中 H^+ 浓度增加而增大。$\alpha_{Y(H)}$ 值越大，表示酸效应引起的副反应越严重。如果氢离子与 Y 之间没有发生副反应，则 $\alpha_{Y(H)}=1$。

不同 pH 时的 $\lg\alpha_{Y(H)}$ 值列于表 11.8。

2）共存离子效应

因其他金属离子存在，使 EDTA 参加主反应能力下降的现象称为**共存离子效应**。在分析测试中，共存离子效应又称**干扰离子效应**，其影响程度用干扰效应系数表示

$$\alpha_{Y(N)}=\frac{[NY]+[Y]}{[Y]}=1+K^{\ominus}_{NY}[N] \qquad (11.11)$$

若有多种共存离子 N_1、N_2、…、N_n 存在，则

$$\alpha_{Y(N)}=\frac{[Y]+[N_1Y]+[N_2Y]+\cdots+[N_nY]}{[Y]}$$

$$=1+\alpha_{Y(N_1)}+\alpha_{Y(N_2)}+\cdots+\alpha_{Y(N_n)}-n$$

$$=\alpha_{Y(N_1)}+\alpha_{Y(N_2)}+\cdots+\alpha_{Y(N_n)}-(n-1) \qquad (11.12)$$

当体系中既有酸效应，又有共存离子效应时，EDTA 的总副反应系数为

$$\alpha_Y=\alpha_{Y(H)}+\alpha_{Y(N)}-1 \qquad (11.13)$$

【例题 11.2】 在 pH＝2.0 的溶液中，含有浓度为 0.010mol·L^{-1} 的 Fe^{3+}、Ca^{2+}，当用同浓度的 EDTA滴定 Fe^{3+} 时，计算 α_Y。

解 主反应 $Y+Fe^{3+}$ ══ FeY

Y 的副反应有 Y—H^+ 和 Y—Ca^{2+} 两种。

已知 $\lg K^{\ominus}_{CaY}=10.69$；pH＝2.0 时，$\lg\alpha_{Y(H)}=13.51$，则

$$\alpha_{Y(Ca)}=1+K^{\ominus}_{CaY}[Ca^{2+}]=1+10^{10.69}\times0.010=10^{8.69}$$

$$\alpha_Y=\alpha_{Y(H)}+\alpha_{Y(Ca)}-1=10^{13.51}+10^{8.69}\approx10^{13.51}$$

表 11.8　不同 pH 时的 $\lg\alpha_{Y(H)}$

pH	$\lg\alpha_{Y(H)}$	pH	$\lg\alpha_{Y(H)}$	pH	$\lg\alpha_{Y(H)}$	pH	$\lg\alpha_{Y(H)}$	pH	$\lg\alpha_{Y(H)}$
0.0	23.64	2.5	11.90	5.0	6.45	7.5	2.78	10.0	0.45
0.1	23.06	2.6	11.62	5.1	6.26	7.6	2.68	10.1	0.39
0.2	22.47	2.7	11.35	5.2	6.07	7.7	2.57	10.2	0.33
0.3	21.89	2.8	11.09	5.3	5.88	7.8	2.47	10.3	0.28
0.4	21.32	2.9	10.84	5.4	5.69	7.9	2.37	10.4	0.24
0.5	20.75	3.0	10.60	5.5	5.51	8.0	2.27	10.5	0.20
0.6	20.18	3.1	10.37	5.6	5.33	8.1	2.17	10.6	0.16
0.7	19.62	3.2	10.14	5.7	5.15	8.2	2.07	10.7	0.13
0.8	19.08	3.3	9.92	5.8	4.98	8.3	1.97	10.8	0.11
0.9	18.54	3.4	9.70	5.9	4.81	8.4	1.87	10.9	0.09
1.0	18.01	3.5	9.48	6.0	4.65	8.5	1.77	11.0	0.07
1.1	17.49	3.6	9.27	6.1	4.49	8.6	1.67	11.1	0.06
1.2	16.98	3.7	9.06	6.2	4.34	8.7	1.57	11.2	0.05
1.3	16.49	3.8	8.85	6.3	4.20	8.8	1.48	11.3	0.04
1.4	16.02	3.9	8.65	6.4	4.06	8.9	1.38	11.4	0.03
1.5	15.55	4.0	8.44	6.5	3.92	9.0	1.28	11.5	0.02
1.6	15.11	4.1	8.24	6.6	3.79	9.1	1.19	11.6	0.02
1.7	14.68	4.2	8.04	6.7	3.67	9.2	1.10	11.7	0.02
1.8	14.27	4.3	7.84	6.8	3.55	9.3	1.01	11.8	0.01
1.9	13.88	4.4	7.64	6.9	3.43	9.4	0.92	11.9	0.01
2.0	13.51	4.5	7.44	7.0	3.32	9.5	0.83	12.0	0.01
2.1	13.16	4.6	7.24	7.1	3.21	9.6	0.75	12.1	0.01
2.2	12.82	4.7	7.04	7.2	3.10	9.7	0.67	12.2	0.005
2.3	12.50	4.8	6.84	7.3	2.99	9.8	0.59	13.0	0.0008
2.4	12.19	4.9	6.65	7.4	2.88	9.9	0.52	13.9	0.0001

2. M 的副反应及副反应系数

由于其他配体的存在，使金属离子参与主反应能力降低的现象称为辅助配位效应。辅助配位效应的大小用辅助配位效应系数 $\alpha_{M(L)}$ 来表示

$$\alpha_{M(L)}=\frac{[M']}{[M]}=\frac{[M]+[ML]+[ML_2]+\cdots+[ML_n]}{M}$$

$$=1+\beta_1[L]+\beta_2[L]^2+\cdots+\beta_n[L]^n \tag{11.14}$$

式中，β_1、β_2、…、β_n 分别为 ML、ML_2、…、ML_n 的累积形成常数。

当 L 为 OH^- 时，金属离子 M 与 OH^- 所引起的副反应称为金属离子的水解效应，其

副反应系数用 $\alpha_{M(OH)}$ 表示，则有

$$\alpha_{M(OH)}=1+\beta_1[OH^-]+\beta_2[OH^-]^2+\cdots+\beta_n[OH^-]^n$$

式中，$\alpha_{M(OH)}$ 称为**水解效应系数**。不同 pH 时金属离子的 $\lg\alpha_{M(OH)}$ 见表 11.9。

表 11.9　金属离子的 $\lg\alpha_{M(OH)}$

金属离子	I	pH													
		1	2	3	4	5	6	7	8	9	10	11	12	13	14
Ag(Ⅰ)	0.1											0.1	0.5	2.3	5.1
Al(Ⅲ)	2					0.4	1.3	5.3	9.3	13.3	17.3	21.3	25.3	29.3	33.3
Be(Ⅱ)	0.1													0.1	0.5
Bi(Ⅲ)	3	0.1	0.5	1.4	2.4	3.4	4.4	5.4							
Ca(Ⅱ)	0.1													0.3	1.0
Cd(Ⅳ)	3									0.1	0.5	2.0	4.5	8.1	12.0
Ce(Ⅱ)	1～2	1.2	3.1	5.1	7.1	9.1	11.1	13.1							
Cu(Ⅱ)	0.1								0.2	0.8	1.7	2.7	3.7	4.7	5.7
Fe(Ⅱ)	1									0.1	0.6	1.5	2.5	3.5	4.5
Fe(Ⅲ)	3			0.4	1.8	3.7	5.7	7.7	9.7	11.7	13.7	15.7	17.7	19.7	21.7
Hg(Ⅱ)	0.1			0.5	1.9	3.9	5.9	7.9	9.9	11.9	13.9	15.9	17.9	19.9	21.9
La(Ⅲ)	3										0.3	1.0	1.9	2.9	3.9
Mg(Ⅱ)	0.1											0.1	0.5	1.3	2.3
Ni(Ⅱ)	0.1									0.1	0.7	1.6			
Pb(Ⅱ)	0.1							0.1	0.5	1.4	2.7	4.7	7.4	10.4	13.4
Th(Ⅳ)	1				0.2	0.8	1.7	2.7	3.7	4.7	5.7	6.7	7.7	8.7	9.7
Zn(Ⅱ)	0.1									0.2	2.4	5.4	8.5	11.8	15.5

若溶液中有多种配体 L_1、L_2、…、L_n，同时与金属离子产生副反应，其影响可用 M 的总副反应系数 α_M 表示

$$\alpha_M=\alpha_{M(L_1)}+\alpha_{M(L_2)}+\cdots+\alpha_{M(L_n)}-(n-1) \tag{11.15}$$

11.6.2　条件稳定常数

配合物的稳定常数 $K^{\ominus}_{MY}=\dfrac{[MY]}{[M][Y]}$ 是在不考虑副反应的情况下配位反应进行程度的一种度量。当存在副反应时，$K^{\ominus}_{MY}$ 的大小就不能直接反映主反应进行的程度。此时主反应进行的程度应用**条件稳定常数** K'_{MY} 来度量，定义为

$$K'_{MY}=\frac{[MY]}{[M'][Y']} \tag{11.16}$$

由于$[M']=\alpha_M[M]$，$[Y']=\alpha_Y[Y]$，将它们代入式(11.16)，得

$$K'_{MY}=\frac{[MY]}{\alpha_M[M]\alpha_Y[Y]}=\frac{1}{\alpha_M\alpha_Y}K^\ominus_{MY} \tag{11.17}$$

可见，在一定条件下，K'_{MY}是一个常数，常用对数形式表示为

$$\lg K'_{MY}=\lg K^\ominus_{MY}-\lg\alpha_M-\lg\alpha_Y \tag{11.18}$$

【例题 11.3】 pH=9.00 时，计算在(1)$[NH_3]=0.10mol\cdot L^{-1}$；(2)$[NH_4^+]+[NH_3]=0.10mol\cdot L^{-1}$溶液中的$\lg K'_{ZnY}$值。

解 查表得 $\lg K^\ominus_{ZnY}=16.50$，pH=9.00 时，$\lg\alpha_{Y(H)}=1.28$，$\lg\alpha_{Zn(OH)}=0.20$

Zn-NH$_3$ 的 $\lg\beta_1\sim\lg\beta_4$ 分别为 2.27，4.61，7.01，9.06。

溶液中的平衡关系为

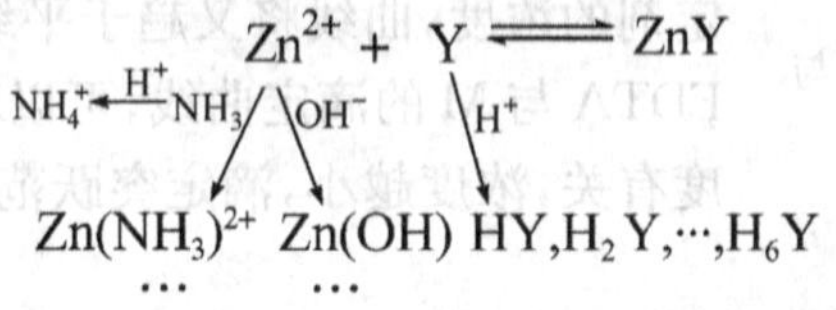

(1)
$$\alpha_{Zn(NH_3)}=1+\beta_1[NH_3]+\beta_2[NH_3]^2+\beta_3[NH_3]^3+\beta_4[NH_3]^4$$
$$=1+10^{2.27-1.00}+10^{4.61-2.00}+10^{7.01-3.00}+10^{9.06-4.00}\approx10^{5.10}$$
$$\alpha_{Zn}=\alpha_{Zn(OH)}+\alpha_{Zn(NH_3)}-1=10^{0.20}+10^{5.10}-1\approx10^{5.10}$$
$$\lg K'_{ZnY}=\lg K^\ominus_{ZnY}-\lg\alpha_{Zn}-\lg\alpha_Y=16.50-5.10-1.28=10.12$$

(2)
$$[NH_3]=c\delta_{NH_3}=c\frac{K^\ominus_{a,NH_4^+}}{K^\ominus_{a,NH_4^+}+[H^+]}=0.10\times\frac{5.7\times10^{-10}}{5.7\times10^{-10}+10^{-9.00}}$$
$$=0.036=10^{-1.44}(mol\cdot L^{-1})$$
$$\alpha_{Zn(NH_3)}=1+\beta_1[NH_3]+\beta_2[NH_3]^2+\beta_3[NH_3]^3+\beta_4[NH_3]^4$$
$$=1+10^{2.27-1.44}+10^{4.61-2.88}+10^{7.01-4.32}+10^{9.06-5.76}=10^{3.41}$$
$$\alpha_{Zn}=\alpha_{Zn(NH_3)}+\alpha_{Zn(OH)}-1=10^{3.41}+10^{0.20}-1=10^{3.41}$$
$$\lg K'_{ZnY}=\lg K^\ominus_{ZnY}-\lg\alpha_Y-\lg\alpha_{Zn}=16.50-1.28-3.41=11.81$$

11.7 配位滴定分析法

配位滴定分析法是以配位反应为基础的一种滴定分析方法。在配位滴定中，随着配体的不断加入，被滴定的金属离子浓度不断减小，其改变的情况和酸碱滴定类似。配位滴定的滴定剂多用 EDTA 标准溶液。在化学计量点附近 pM (−lgM)发生突变。配位滴定过程中，pM 的变化规律可以用 pM-EDTA 加入量绘制出的滴定曲线来表示。

11.7.1 滴定曲线

在用 EDTA 滴定金属离子 M^{2+} 时，反应为

$$H_2Y^{2-}+M^{2+}=\!=\!=MY^{2-}+2H^+$$

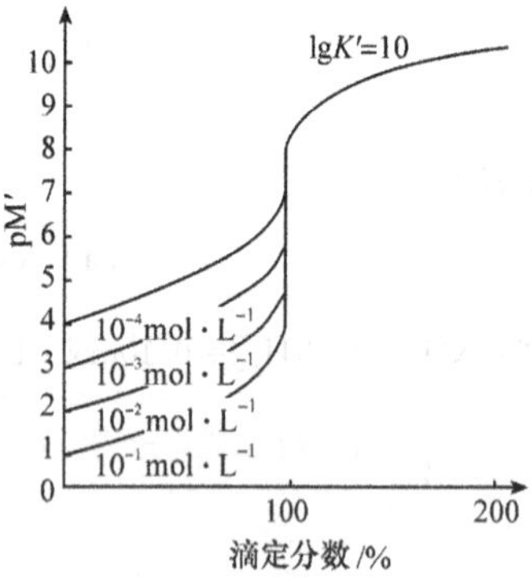

图 11.12　不同浓度 EDTA 与 M 的滴定曲线

在滴定过程中不断释放出 H^+，且金属指示剂都要求在一定的 pH 范围内使用，所以必须用缓冲溶液维持一定的酸度。若只考虑 EDTA 的酸效应，则在整个滴定过程中，EDTA的酸效应系数是一个定值。如果考虑金属离子的辅助配位效应，则因其他配位体的总浓度会随滴定剂的不断加入而被稀释，$a_{M(L)}$不断降低，因此EDTA配合物的条件稳定常数将不断增大，但这种影响一般很小，可以忽略。继续加入滴定剂至化学计量点附近，溶液的 pM 值将发生突变；计量点后，溶液的 pM 取决于滴定剂的浓度，曲线将又趋于平缓。图 11.12 是不同浓度 EDTA 与 M 的滴定曲线，可以看出滴定突跃的大小与浓度有关，浓度越小，滴定突跃范围越小；反之滴定突跃范围越大。

【例题 11.4】　用 $0.0100mol\cdot L^{-1}$ EDTA 标准溶液滴定 20.00mL 同浓度的 Ca^{2+} 溶液，计算在 pH＝12.00时化学计量点附近(±0.1%误差)的 pCa。

解　查表得 $K^{\ominus}_{CaY}=10^{10.69}$；pH＝12.00 时，$\lg\alpha_{Y(H)}=0.01$，即 $\alpha_{Y(H)}=1.02\approx1$。所以 $K'_{CaY}\approx K^{\ominus}_{CaY}=10^{10.69}$，此时反应可以进行很完全。

设已加入 EDTA 溶液 19.98mL(－0.1%误差)，此时溶液中剩余 Ca^{2+} 浓度为

$$[Ca^{2+}]=\frac{0.0100\times0.02}{20.00+19.98}=5\times10^{-6}(mol\cdot L^{-1})\qquad pCa=5.30$$

化学计量点时，Ca^{2+} 与 EDTA 几乎全部配合形成 CaY^{2-} 配离子，有

$$[CaY^{2-}]=0.0100\times\frac{20.00}{20.00+20.00}=5\times10^{-3}(mol\cdot L^{-1})$$

因为 $\lg\alpha_{Y(H)}=0.01\approx0$，$[Y]=[Y']$，所以$[Ca^{2+}]=[Y]=x\,mol\cdot L^{-1}$，则

$$K'_{MY}=\frac{[CaY]}{[Ca^{2+}][Y']}=\frac{5\times10^{-3}}{x^2}=10^{10.69}$$

$$[Ca^{2+}]=x=3.2\times10^{-7}(mol\cdot L^{-1})\qquad pCa=6.49$$

化学计量点后，设加入 20.02mL EDTA 溶液(＋0.1%误差)，此时 EDTA 溶液过量 0.02mL，所以

$$[Y]=\frac{0.0100\times0.02}{20.00+20.02}=5\times10^{-6}(mol\cdot L^{-1})$$

$$K'_{CaY}=\frac{[CaY]}{[Ca^{2+}][Y']}=\frac{5\times10^{-3}}{[Ca^{2+}]\times5\times10^{-6}}=10^{10.69}$$

$$[Ca^{2+}]=10^{-7.69}(mol\cdot L^{-1})\qquad pCa=7.69$$

同样可以求得其他 pH 下各点的 pCa。以 pCa 对 EDTA 加入量作图可得到滴定曲线(图 11.13)。可以看出，滴定突跃的大小与 pH 有关，pH 越大，滴定突跃越大，反之滴定突跃越小。

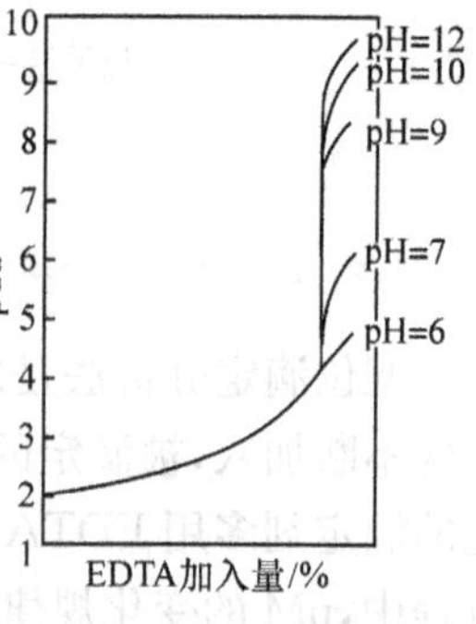

图 11.13　$0.01mol\cdot L^{-1}$ EDTA 滴定 $0.01mol\cdot L^{-1}$ Ca^{2+} 的滴定曲线

11.7.2 影响配位滴定突跃的因素

影响滴定分析的因素很多，如浓度、pH、辅助配位效应、共存离子效应、水解效应等，这些影响可归结为浓度和条件稳定常数的影响，凡是影响 K'_{MY} 的因素都会影响滴定突跃的大小。从图 11.12 和 11.13 可以看出，浓度越大，滴定突跃范围越大，pH 越大，滴定突跃范围越大。

用 EDTA 溶液滴定某一金属离子时，滴定曲线受 pH 的影响很大，pH 越小，突跃越小，甚至看不出突跃。因此，溶液 pH 的选择在 EDTA 配位滴定中是非常重要的。

如果被滴定的金属离子是易与其他配位体配合的离子，或是易水解的离子，则溶液 pH 变化会使化学计量点前金属离子浓度发生变化，即影响化学计量点前曲线位置的高低。例如，在氨缓冲溶液中滴定 Ni^{2+}、Zn^{2+} 等时，这些离子将与氨形成配合物。在一定浓度的氨缓冲溶液中，NH_3 的浓度取决于溶液的 pH。pH 越大，氨的浓度越大，NH_3 越易与金属离子配合，游离的金属离子浓度就越小，即溶液的 pH 增大，被滴定的金属离子初浓度减小，因而滴定曲线在化学计量点前的位置升高。图 11.14 是 0.01mol·L^{-1} Ni^{2+} 溶液在氨缓冲溶液中用 EDTA滴定的滴定曲线，说明了这种变化情况。

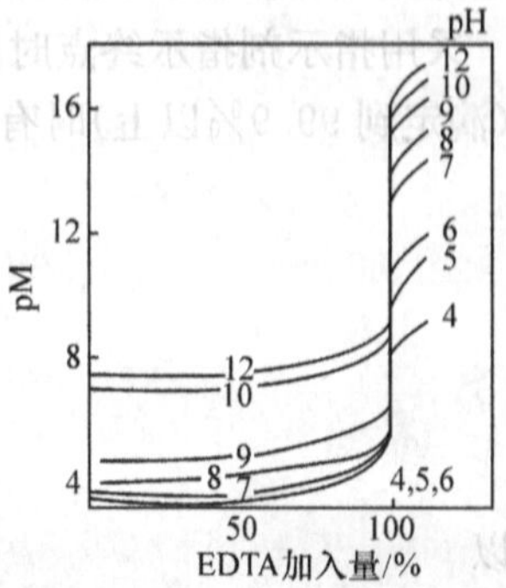

图 11.14 EDTA 滴定 0.01 mol·L^{-1} Ni^{2+} 溶液的滴定曲线

【例题 11.5】 用 0.01000mol·L^{-1} EDTA 滴定 20.00mL 0.01000mol·L^{-1} Ni^{2+}，在 pH=10.00 的氨缓冲溶液中，使溶液中游离的氨的浓度为 0.10 mol·L^{-1}。计算 $\lg K'_{NiY}$ 及化学计量点时溶液中 pNi′ 和 pNi。

解 查表得 Ni-NH_3 的 $\beta_1=10^{2.75}$，$\beta_2=10^{4.95}$，$\beta_3=10^{6.64}$，$\beta_4=10^{7.79}$，$\beta_5=10^{8.50}$，$\beta_6=10^{8.49}$

$$\alpha_{Ni(NH_3)}=1+\beta_1[NH_3]+\beta_2[NH_3]^2+\beta_3[NH_3]^3+\beta_4[NH_3]^4+\beta_5[NH_3]^5+\beta_6[NH_3]^6$$
$$=1+10^{2.75-1}+10^{4.95-2}+10^{6.64-3}+10^{7.79-4}+10^{8.50-5}+10^{8.49-6}=10^{4.17}$$

查表得，pH=10 时，$\alpha_{Ni(OH)}=10^{0.7}\ll\alpha_{Ni(NH_3)}\approx\alpha_{Ni}$，$\lg\alpha_{Y(H)}=0.45$

$$\lg K'_{NiY}=\lg K^{\ominus}_{NiY}-\lg\alpha_{Ni}-\lg\alpha_{Y(H)}=18.60-4.17-0.45=13.98$$

可见，EDTA 滴定到化学计量点时，Ni^{2+} 几乎全部配合为 NiY^{2-} 配离子，即

$$[NiY]=0.010\times\frac{20.00}{40.00}=5.0\times10^{-3}(mol\cdot L^{-1})$$

设化学计量点时，$[Ni']=[Y']=x$，则

$$K'_{MY}=\frac{[NiY]}{[Ni'][Y']}=\frac{5.0\times10^{-3}}{x^2}=10^{13.98}$$

$$x=7.2\times10^{-9}(mol\cdot L^{-1})$$

$$pNi'=-\lg[Ni']=8.14$$

$$[Ni]=\frac{[Ni']}{\alpha_{Ni}}=\frac{7.2\times10^{-9}}{10^{4.17}}=4.9\times10^{-13}(mol\cdot L^{-1})$$

$$pNi=-lg[Ni]=12.31$$

如此可以求出其他各滴定点的 pNi。这里要说明：在绘制滴定曲线时，可以用 pM，也可以用 pM′，这是因为在滴定条件允许的情况下，二者仅相差一个常数，曲线的变化趋势及形状完全一致。

11.7.3 单离子及混合离子的滴定条件

1. 单离子准确滴定的条件

配位滴定突跃范围的大小取决于 c_M 及 K'_{MY}的大小，一般 $c_M K'_{MY}$越大，滴定反应进行得越完全，滴定突跃就越大；反之滴定突跃就越小。

采用指示剂指示终点时，一般要求 $\Delta pM \geqslant 0.2pM$，终点误差 TE≤0.1%。在滴定终点(滴定到 99.9%以上)时有

$$[(MY)'] \geqslant 0.999c_M$$

$$[M'] = [Y'] \leqslant 0.001c_M$$

$$K'_{MY} \geqslant \frac{0.999c_M}{(0.001c_M)^2} \approx 10^6/c_M$$

所以

$$\lg c_M K'_{MY} \geqslant 6 \tag{11.19}$$

一般情况下，c_M 不小于 $0.01mol \cdot L^{-1}$，则

$$\lg K'_{MY} \geqslant 8 \tag{11.20}$$

这就是判断某一金属离子能否用 EDTA 直接滴定的条件，即 $\lg K'_{MY} \geqslant 8$ 时，才可以用 EDTA直接滴定。

若仅考虑酸效应 $\alpha_{Y(H)}$，则应有

$$\lg K'_{MY} = \lg K^{\ominus}_{MY} - \lg\alpha_{Y(H)} \geqslant 8$$

$$\lg\alpha_{Y(H)} \leqslant \lg K^{\ominus}_{MY} - 8$$

所以 $\lg\alpha_{Y(H)}$ 的最大值为

$$\lg\alpha_{Y(H)} = \lg K^{\ominus}_{MY} - 8 \tag{11.21}$$

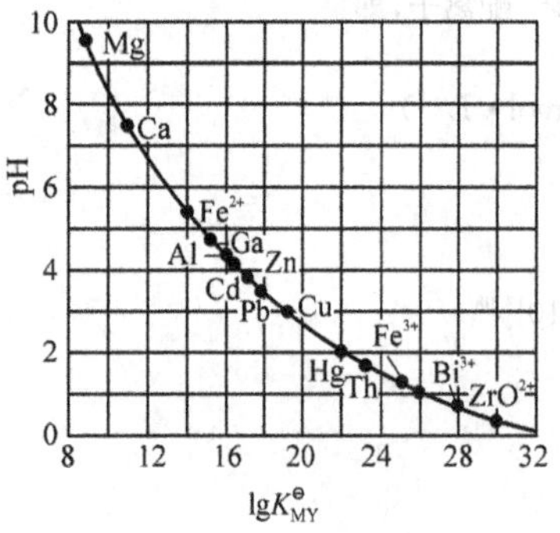

图 11.15 林傍曲线

由此可以求出金属离子能够滴定的最高酸度，即最低 pH。一些离子滴定的最高酸度见图 11.15。图 11.15 也称为 EDTA 滴定的酸效应曲线，是林傍(Ringbom)首先绘制出来的，所以又称为林傍曲线。由此可以查得一些金属离子能够滴定的最高酸度。

如果溶液酸度过低，金属离子可能发生水解生成 $M(OH)_n$ 沉淀，这将影响配位反应速率，并难以确定终点，且影响反应计量关系。将金属离子发生水解时的

酸度定为滴定的最低酸度，并由 $M(OH)_n$ 的溶度积确定。最低与最高酸度之间的范围（pH_{min}～pH_{max}），称为适宜的酸度范围。

【例题 11.6】 用 0.0200mol · L^{-1} EDTA 标准溶液滴定同浓度 Zn^{2+} 溶液，若无其他配体的影响，为获得准确结果（$\Delta pM=\pm 0.2$，TE≤0.1%），滴定所允许的适宜酸度范围是多少？

解　滴定的最高酸度可用式(11.21)求得

$$\lg\alpha_{Y(H)}=\lg K^{\ominus}_{ZnY}-8=16.5-8=8.5$$

查表 11.8，可用内插法求得对应的 pH。$\lg\alpha_{Y(H)}=8.5$ 在表 11.8 中处于 8.65 与 8.44 之间，对应的 pH 分别为 3.90 和 4.00。则由内插公式得

$$\frac{8.65-8.44}{3.90-4.00}=\frac{8.50-8.44}{pH-4.00}$$

解得 pH=3.97，即 $pH_{min}=3.97$。

滴定的最低酸度，即最高 pH 可用溶度积求得

$$K^{\ominus}_{sp,Zn(OH)_2}=1.2\times10^{-17}=[Zn^{2+}][OH^-]^2$$

$$[OH^-]=\sqrt{\frac{K^{\ominus}_{sp}}{[Zn^{2+}]}}=\sqrt{1.2\times10^{-17}/0.020}=10^{-7.61}(mol\cdot L^{-1})$$

$$pH_{max}=6.39$$

所以，滴定的适宜酸度范围为 3.97～6.39，一般用六次甲基四胺缓冲溶液控制 pH 为 4～6。

2. 混合离子的选择性滴定

由于 EDTA 能和多种金属离子形成稳定的配合物，而实际分析对象往往比较复杂，在滴定时很可能相互干扰。因此，如何消除干扰是混合离子测定的一个十分重要的问题。

若溶液中含有金属离子 M 和 N，它们均可与 EDTA 形成配合物，此时干扰离子 N 引起的副反应系数为 $\alpha_{Y(N)}$。若不考虑 M 离子的副反应，则

$$\lg K'_{MY}=\lg K^{\ominus}_{MY}-\lg\alpha_Y$$

其中

$$\alpha_Y=\alpha_{Y(H)}+\alpha_{Y(N)}-1\approx\alpha_{Y(H)}+\alpha_{Y(N)} \tag{11.22}$$

1）控制酸度进行分别滴定

若 $\alpha_{Y(H)}\gg\alpha_{Y(N)}$，则有

$$\alpha_Y\approx\alpha_{Y(H)}$$

此时共存离子 N 的干扰可以忽略不计，与单一离子滴定的情况一样。只要 $\lg K'_{MY}=\lg K^{\ominus}_{MY}-\lg\alpha_{Y(H)}\geqslant 8$，即可直接进行滴定。

若 $\alpha_{Y(N)}\gg\alpha_{Y(H)}$，则有

$$\alpha_Y\approx\alpha_{Y(N)}=1+K^{\ominus}_{NY}[N]\approx c_N K^{\ominus}_{NY}$$

$$\lg c_M K'_{MY}=\lg c_M K^{\ominus}_{MY}-\lg\alpha_Y=\lg c_M K^{\ominus}_{MY}-\lg c_N K^{\ominus}_{NY}=\lg\frac{c_M K^{\ominus}_{MY}}{c_N K^{\ominus}_{NY}}$$

$$\lg c_M K'_{MY} = \Delta \lg K^\ominus + \lg\left(\frac{c_M}{c_N}\right)$$

若要求滴定误差不大于±0.1%，则有 $\lg c_M K'_{MY} \geqslant 6$，即

$$\Delta \lg K^\ominus + \lg\left(\frac{c_M}{c_N}\right) \geqslant 6 \tag{11.23}$$

此时可滴定 M 离子，N 离子不干扰，如 $c_M = c_N$，式(11.23)可以变为 $\Delta \lg K^\ominus \geqslant 6$。一般以 $\Delta \lg K^\ominus \geqslant 6$ 作为能否利用控制酸度进行选择性滴定的判断依据。

2) 利用掩蔽剂进行选择性滴定

对于 $\Delta \lg K^\ominus < 6$ 的混合离子溶液，利用控制酸度的方法不能进行分别滴定。此时可向溶液中加入一种试剂，使其与干扰离子发生反应，从而降低干扰离子的浓度，消除干扰。这种方法称为掩蔽法，所加入的试剂称为掩蔽剂。根据加入的掩蔽剂不同，掩蔽方法可分为以下几种：

(1) 配位掩蔽法。利用配体作为掩蔽剂，掩蔽剂与干扰离子形成稳定配合物。当金属离子 M 和 N 共存时，加入配位掩蔽剂 L，N 与 L 形成稳定配合物，从而将 N 离子掩蔽，以滴定 M 离子。加入的掩蔽剂应满足 $K'_{NL} \gg K'_{NY}$，$K'_{NL} \gg K'_{ML}$（或不形成 ML），而且掩蔽剂应用的 pH 范围，要符合测定要求的 pH 范围。表 11.10 列出了常用的金属离子配位掩蔽剂。

表 11.10　常用的金属离子配位掩蔽剂

名　称	使用条件	可掩蔽的离子
KCN	pH>8	Co^{2+}，Ni^{2+}，Cu^{2+}，Zn^{2+}，Hg^{2+}，Cd^{2+}，Ag^{+}等
NH_4F	pH=4～6	Al^{3+}，Ti^{4+}，Sn^{4+}，Zr^{4+}，W^{6+}
	pH=10	Al^{3+}，Mg^{2+}，Ca^{2+}，Sr^{2+}，Ba^{2+}及稀土离子
三乙醇胺	pH=10	Al^{3+}，Sn^{4+}，Ti^{4+}，Fe^{3+}
	pH=11～12	Fe^{3+}，Al^{3+}及少量的 Mn^{2+}
酒石酸	pH=1.2	Sb^{3+}，Fe^{3+}，Sn^{4+}，5mg 以下 Cu^{2+}
	pH=2	Fe^{3+}，Sn^{4+}，Mn^{2+}
	pH=5.5	Fe^{3+}，Sn^{4+}，Al^{3+}，Ca^{2+}
	pH=6～7.5	Mg^{2+}，Cu^{2+}，Fe^{3+}，Al^{3+}，Mo^{4+}，Sb^{3+}，W^{6+}
	pH=10	Al^{3+}，Sn^{4+}
草酸	pH=2	Sn^{2+}，Cu^{2+}，稀土
	pH=5.5	Zr^{4+}，Ti^{4+}，Fe^{3+}，Fe^{2+}，Al^{3+}
邻二氮菲	pH=6～7.5	Cu^{2+}，Ni^{2+}
	pH=10	Cu^{2+}，Ni^{2+}，Zn^{2+}，Cd^{2+}，Co^{2+}，Hg^{2+}，Mn^{2+}，毫克量的 Fe^{3+}
乙酰丙酮	pH=2	Al^{3+}，Fe^{3+}
硫脲	pH=5.5	Hg^{2+}，Cu^{2+}

掩蔽剂的掩蔽效果可通过计算说明，如在 M、N 溶液中加入掩蔽剂 L 来掩蔽 N 离子，溶液中的平衡为

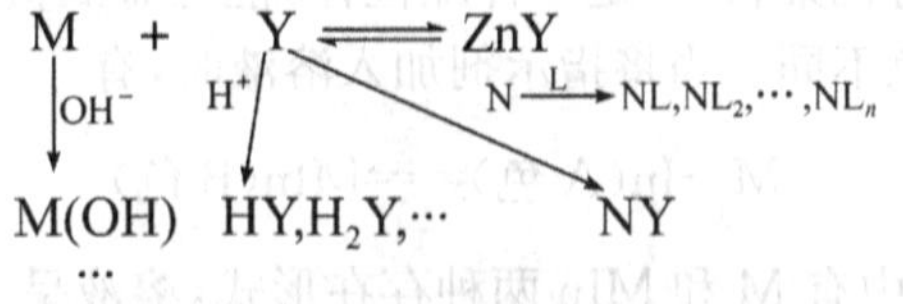

可见，掩蔽剂的作用原理实质上就是利用副反应中的副反应，来降低干扰离子的浓度。

【例题 11.7】 用 0.02000mol · L^{-1} 的 EDTA 滴定 0.02000mol · L^{-1} Zn^{2+} 和 0.02000mol · L^{-1} Cd^{2+} 溶液中的 Zn^{2+}，加入过量的 KI 以掩蔽 Cd^{2+}，终点时$[I^-]$=1.00mol · L^{-1}。能否准确滴定溶液中的 Zn^{2+}？

解 查表得 Cd^{2+}-I^- 的 $\lg\beta_1$～$\lg\beta_4$ 分别为 2.40，3.40，5.00，6.15，故

$$\alpha_{Cd(I)}=1+\beta_1[I^-]+\beta_2[I^-]^2+\beta_3[I^-]^3+\beta_4[I^-]^4$$
$$=1+10^{2.40}+10^{3.40}+10^{5.00}+10^{6.15}=10^{6.18}$$

$$[Cd^{2+}]=\frac{c_{eq}}{\alpha_{Cd(I)}}=\frac{0.010}{10^{6.18}}=10^{-8.18}(mol\cdot L^{-1})$$

$$\alpha_{Y(Cd)}=1+K^{\ominus}_{CdY}[Cd^{2+}]=1+10^{16.46}\times10^{-8.18}=10^{8.28}$$

在适宜的酸度范围内，有 $\alpha_{Y(Cd)}\gg\alpha_{Y(H)}$，此时可得到

$$\lg K'_{ZnY}=\lg K^{\ominus}_{ZnY}-\lg\alpha_{Y(Cd)}=16.50-8.28=8.22$$

$$\lg c_{Zn}K'_{ZnY}=\lg(0.010\times10^{8.22})=6.22>6$$

因此，可准确滴定 Zn^{2+}。

(2) 沉淀掩蔽法。加入具有选择性的沉淀剂作掩蔽剂，使干扰离子生成沉淀，在不分离沉淀的基础上直接进行滴定，这种方法称为沉淀掩蔽法。作为沉淀掩蔽剂，生成的沉淀溶解度要小，颜色应为无色或浅色，且吸附作用小。例如，可用 NH_4F 作掩蔽剂，掩蔽 Ba^{2+}、Sr^{2+}、Ca^{2+}、Mg^{2+} 等。

(3) 氧化还原掩蔽法。利用氧化还原反应，变更干扰离子价态，以消除其干扰。常用的氧化还原掩蔽剂有抗坏血酸、盐酸羟胺、联胺、硫脲、$Na_2S_2O_3$、KCN 等还原剂和 H_2O_2、$(NH_4)_2S_2O_8$ 等氧化剂。这类掩蔽剂称为氧化还原掩蔽剂。例如，$\lg K^{\ominus}_{Fe(III)Y}=25.1$，$\lg K^{\ominus}_{Fe(II)Y}=14.33$，根据这一特性，在一些与 Fe^{3+} 的 $\lg K^{\ominus}_{Fe(III)Y}$ 相似的 $\lg K^{\ominus}_{MY}$ 的离子（如 ZrO^{2+}、Bi^{3+}、Th^{4+}、Sc^{3+}、In^{3+}、Sn^{4+} 和 Hg^{2+} 等）共存时，可将溶液中的 Fe^{3+} 还原为 Fe^{2+}，从而增大 $\Delta\lg K^{\ominus}$ 值，达到选择性滴定上述离子的目的。

11.7.4 配位滴定的指示剂

配位滴定与其他滴定方法一样，滴定终点的判断有多种，其中最常用的是采用金属指示剂指示终点。

1. 金属指示剂作用原理

金属指示剂是一种有机染料，也是一种配位体，能与金属离子形成有色配合物，其颜色与游离的指示剂的颜色不同。当将指示剂加入溶液时，有

$$M+In(A色) \rightleftharpoons MIn(B色)$$

在化学计量点之前，溶液中有 M 和 MIn 两种存在形式，溶液呈二者的混合色。由于金属离子的颜色一般很浅，溶液一般只呈现 MIn 的颜色(B 色)。滴定时，在化学计量点前，滴入的 EDTA 首先与游离的金属离子 M 配合，溶液颜色不变。当游离的金属离子 M 与加入的滴定剂完全反应后，再加入的滴定剂将会争夺 MIn 中的金属离子 M，从而释放出 In，溶液变为 A 色，指示终点的到达，即滴定终点时，有

$$MIn(B色)+Y \rightleftharpoons MY+In(A色)$$

与酸碱指示剂原理不同的是，金属指示剂是在化学计量点时本身被还原出来，产生颜色的变化，而酸碱指示剂则是由于 pH 变化到某一范围内时，结构发生了变化，从而导致颜色的变化，要注意区别。

许多金属指示剂不仅具有配位体的性质，而且本身常常是多元弱酸或多元弱碱。因此，使用金属指示剂，必须注意选择合适的 pH 范围。

2. 金属指示剂应具备的条件

根据金属指示剂的作用原理，可以得到金属指示剂应具备的条件。

(1) 在滴定的 pH 范围内，In 的颜色与 MIn 的颜色应有显著的区别，这样才能使终点颜色变化明显。例如，铬黑 T(EBT)，当 pH<6.3 时呈紫红色，pH>11.6 时呈橙色，pH 为 6.3～11.6 时显蓝色，而铬黑 T 与二价金属离子形成的 MIn 为红色或紫红色。一般在 pH 为 8～10 可以使用 EBT 作为指示剂。

(2) MIn 要有适当的稳定性，而且 MIn 的稳定性要小于 MY 的稳定性，通常要求 $\frac{K'_{MY}}{K'_{MIn}} \geqslant 10^2$，这样在滴定到达化学计量点时，指示剂才能被 EDTA 置换出来，显示出终点颜色变化。但如果 MIn 太不稳定，指示剂在终点之前就可能被游离出来，使终点变色不敏锐，从而引入较大的误差，所以一般要求 $K'_{MIn} \geqslant 10^4$。另外，如果 MIn 的稳定性大于 MY 的稳定性，则 EDTA 不能将指示剂置换出来，滴定到化学计量点时也不能发生颜色的变化，这种现象称为**指示剂的封闭现象**。共有离子也可能产生指示剂的封闭问题，因此在选择指示剂时，不仅要考虑待滴定离子，同时还要分析共存离子对指示剂的影响。例如，铬黑 T 可以被 Fe^{3+}、Al^{3+}、Cu^{2+} 和 Ni^{2+} 等封闭；Fe^{3+}、Co^{3+}、Ni^{2+}、Cu^{2+}、Al^{3+} 对钙指示剂有封闭作用；Fe^{3+}、Ni^{2+}、Al^{3+}、Ti^{4+} 对二甲酚橙有封闭作用。

如果封闭现象是由共存离子引起的，可加入掩蔽剂消除这种干扰。例如，加入 F^- 可掩蔽 Al^{3+}，三乙醇胺可掩蔽 Fe^{3+}、Al^{3+} 等。

如果封闭现象是由被测离子引起的，则可采用回滴法加以避免，如 Al^{3+} 对二甲酚橙有封闭作用，就可以采用回滴法予以消除。

(3) MIn 应易溶于水，如果生成胶体溶液或沉淀，滴定时 In 与 EDTA 的置换作用将进行缓慢而使终点拖长，这种现象称为**指示剂的僵化**。为了避免指示剂的僵化，可以加入有机溶剂或将溶液加热，以增大其溶解度。加热还可以加快反应速率，如用 PAN 作指示剂测定 Cu^{2+}、Bi^{3+}、Pb^{2+}、Cd^{2+}、Hg^{2+}、Sn^{2+} 等时，必须加入有机试剂，并适当加热，才能加快变色过程。

(4) In 要稳定，便于储存、使用。在常用的几种金属指示剂中，铬黑 T 的水溶液易发生分子聚合而变质，需加入三乙醇胺防止其聚合，或与 NaCl 制成固体混合物使用。钙指示剂的水溶液及乙醇溶液均不稳定，也必须与 NaCl 制成固体混合物。

3. 常用的金属指示剂

一些常用金属指示剂见表 11.11。在实际工作中，可根据需要加以选择。

表 11.11　常用金属指示剂及其应用

指示剂	适用的适宜 pH 范围	颜色变化		直接滴定的离子	指示剂配制	注意事项
		In	MIn			
铬黑 T (EBT)	8～10	蓝	红	pH = 10, Mg^{2+}, Zn^{2+}, Cd^{2+}, Pb^{2+}, Mn^{2+}, 稀土元素离子	1∶100 NaCl (固体)	Fe^{3+}, Al^{3+}, Cu^{2+}, Ni^{2+} 等封闭 EBT
酸性铬蓝 K	8～13	蓝	红	pH=10, Mg^{2+}, Zn^{2+}, Mn^{2+} pH=13, Ca^{2+}	1∶100 NaCl (固体)	
二甲酚橙 (XO)	<6	亮黄	红	pH<1, ZrO^{2+} pH=1～3.5, Bi^{3+}, Th^{4+} pH = 5～6, Tl^{3+}, Zn^{2+}, Pb^{2+}, Cd^{2+}, Hg^{2+}, 稀土离子	0.5%水溶液	Fe^{3+}, Al^{3+}, Ni^{2+} 等封闭 XO
磺基水杨酸	1.5～2.5	无色	紫红	pH=1.5～2.5, Fe^{3+}	0.5%水溶液	Ssal 本身无色 FeY 呈黄色
钙指示剂 (NN)	12～13	蓝	红	pH=12～13, Ca^{2+}	1∶100 NaCl (固体)	Ti(Ⅳ), Fe^{3+}, Al^{3+}, Cu^{2+}, Ni^{2+}, Co^{2+}, Mn^{2+} 等封闭 NN
PAN	2～12	黄	紫红	pH=2～3, Bi^{3+}, Th^{4+} pH=4～5, Cu^{2+}, Ni^{2+}, Tl^{3+}, Zn^{2+}, Cd^{2+}, Pb^{2+}, Mn^{2+}, Fe^{3+}	0.1%乙醇液	MIn 溶解度小，滴定时需加热

11.7.5 配位滴定的应用示例

1. 水总硬度的测定

硬度是水质的重要指标，水的硬度是指溶解于水中钙盐和镁盐的总量。水中钙、镁的酸式碳酸盐引起的硬度称为暂时硬度；钙、镁的其他盐类（如硫酸盐、氯化物等）导致的硬度称为永久硬度，两种硬度的总和称为总硬度。硬度的单位常用下列表示方法：①（以 CaO 计）$mg \cdot L^{-1}$ 或（以 $CaCO_3$ 计）$mg \cdot L^{-1}$；②硬度度数，规定 1L 水中含 10mg CaO 为 1 度。

在测定硬度时，用 NH_3-NH_4Cl 缓冲溶液调节 pH，以铬黑 T 为指示剂，用EDTA标准溶液滴至溶液由酒红色变为蓝色为终点。金属离子（如 Fe^{3+}、Co^{2+}、Ni^{2+}、Cu^{2+}、Al^{3+} 及高价锰）的存在会因封闭现象使指示剂褪色或终点拖长，可用 Na_2S 或 KCN 作为掩蔽剂掩蔽重金属离子的干扰，可用盐酸羟胺使高价铁离子和高价锰离子还原成低价离子而消除其干扰。计算式为

$$\text{总硬度}=\frac{c_{\text{EDTA}}V_{\text{EDTA}}M_{\text{CaCO}_3}}{V_{\text{水样}}}\times 1000 \qquad (\text{以 CaCO}_3\text{ 计 mg}\cdot\text{L}^{-1})$$

2. $Al(OH)_3$ 溶胶中 Al_2O_3 含量的测定

Al^{3+} 与 EDTA 的反应速率很慢，不能直接滴定，必须用返滴定法，即向被测溶液中加入一定量过量的 EDTA 标准溶液，加热煮沸使反应完全，然后调节 pH=5，以二甲酚橙作指示剂，用 Zn^{2+} 标准溶液滴定剩余的 EDTA。

滴定前 $Al^{3+}+Y = AlY$

终点前 $Zn^{2+}+Y = ZnY$

剩余量

终点时 $Zn^{2+}+In = ZnIn$

黄色 紫红

计算式

$$\text{Al}_2\text{O}_3\text{ 含量}(\%)=\frac{(c_{\text{EDTA}}V_{\text{EDTA}}-c_{\text{Zn}^{2+}}V_{\text{Zn}^{2+}})\times\frac{M_{\text{Al}_2\text{O}_3}}{2000}}{m_{\text{样品}}}\times 100$$

11.8 配位化合物的一些应用

配位化合物除可用于滴定分析外，还有很多其他的用途。

11.8.1 贵金属的湿法冶金

将含有金、银等单质的矿石放在 NaCN（或 KCN）的溶液中，经搅拌，借助于空气中氧的作用，使 Au 和 Ag 分别形成配合物 $[Au(CN)_2]^-$ 和 $[Ag(CN)_2]^-$ 而溶解。以 Au 为例，

其溶解反应为

$$4Au+8CN^-+2H_2O+O_2 \rightleftharpoons 4[Au(CN)_2]^-+4OH^-$$

然后在溶液中加 Zn 还原，即可得到 Au。还原反应式为

$$2[Au(CN)_2]^-+Zn \rightleftharpoons [Zn(CN)_4]^{2-}+2Au$$

我国铜矿的品位一般较低，通常是采用一种配位剂（或螯合剂，如 2-羟基-5-仲辛基二苯甲酮肟等）使铜富集起来。20 世纪 70 年代以来，应用溶剂萃取法回收铜是湿法冶金的一个较为突出的成就。

11.8.2　无机离子的分离和提纯

稀土金属元素的离子半径几乎相等，其化学性质也非常相似，难以用一般的化学方法使之分离。可利用它们和某种螯合物如二苯基-18-冠-6[$C_{20}H_{24}O_6$，简称冠醚(crown ether)]对稀土进行萃取分离。较大、较轻的稀土离子可以和冠醚生成螯合物，易溶于有机溶剂，而重稀土离子则不能形成稳定的配合物。经冠醚萃取后，重稀土留在水相，而轻金属则在有机相中。又如，对含镍矿粉在一定条件下通入 CO 气，可得剧毒的液态[$Ni(CO)_4$]（四羰基镍配合物），然后再加热使之分解为高纯度的金属镍。钴不能与 CO 发生上述反应，故可利用这种方法分离镍和钴。

11.8.3　配位催化作用

过渡金属化合物如 $PdCl_2$ 可以和乙烯分子配位，在形成的配合物中，乙烯分子中的 C═C键增长，导致活化，经过这个中间体，乙烯转变为乙醛。反应过程较为复杂，可简单写为

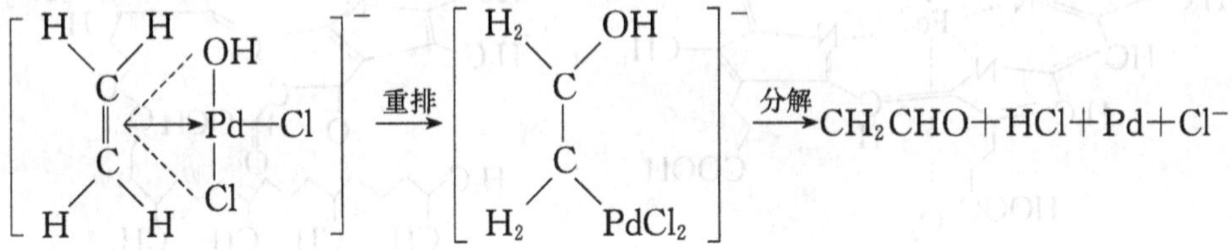

配位催化反应在石油化学工业、合成橡胶等工业常被使用。

11.8.4　电镀与电镀液的处理

为获得光滑、均匀、附着力强的金属镀层，需要降低电镀液中被镀金属离子的浓度。通常是使金属离子形成配合物，常用的配位体是 KCN、酒石酸、柠檬酸等。

用过的电镀液中含有的 CN^- 是剧毒物质，可在电镀废液中加入 $FeSO_4$，使与 CN^- 配位，形成无毒的[$Fe(CN)_6$]$^{4-}$，而后排放。电镀废液对水源的污染是非常严重的问题。当前电镀大都尽量采用无毒电镀液，只在特殊的不得已的情况下才使用氰化物。

11.8.5　生物化学中的配位化合物

金属配合物在生物化学中的应用非常广泛而且极为重要。在人体中存在的许多酶，

所起的作用与其结构中含有金属配位离子有关。生物体中能量的转换、传递或电荷转移、化学键的断裂或生成等，很多是通过金属离子与有机体生成的复杂配合物而起着重要的作用。例如，与生物体的呼吸作用有密切关系的血红蛋白就是铁和球蛋白（一种有机大分子物质）以及水所形成的配合物，该物质中的配位水分子可被氧气所置换。反应可写成

$$血红蛋白 \cdot H_2O(aq) + O_2 \Longrightarrow 血红蛋白 \cdot O_2(aq) + H_2O(l)$$

血红蛋白在肺里和 O_2 结合，然后随着血液循环再将氧释放给人体的其他需要氧的器官。血红蛋白是生物体在呼吸过程中传送氧的物质，所以又称为氧的载体。当有 CO 气体存在时，血红蛋白中的氧很快被 CO 置换（这可能是因为 CO 与血红蛋白中的 Fe^{2+} 能生成更稳定的配合物）

$$血红蛋白 \cdot O_2(aq) + CO(g) \Longrightarrow 血红蛋白 \cdot CO(aq) + O_2(g)$$

从而失去输送氧的功能。在约 37℃时（人体的体温），上述置换反应的平衡常数约为 200，这意味着当空气中的 CO 浓度达到 O_2 浓度的 0.5%时，血红蛋白中的氧就可能被 CO 取代，生物体就会因为得不到氧而窒息。人们就是根据血红蛋白的配位结构及其作用机理来研究仿制人造血液的。

例如，植物中的叶绿素是以镁原子为中心的配合物，它能进行光合作用，把太阳能转变成化学能，同时它既是人体的营养物质，又具有某种抗菌作用。

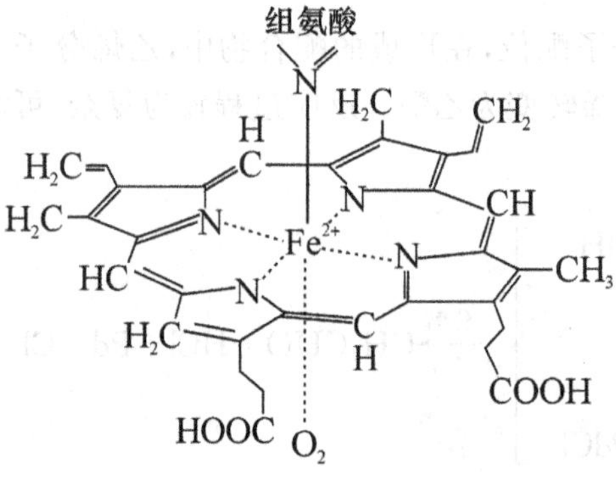

血红蛋白

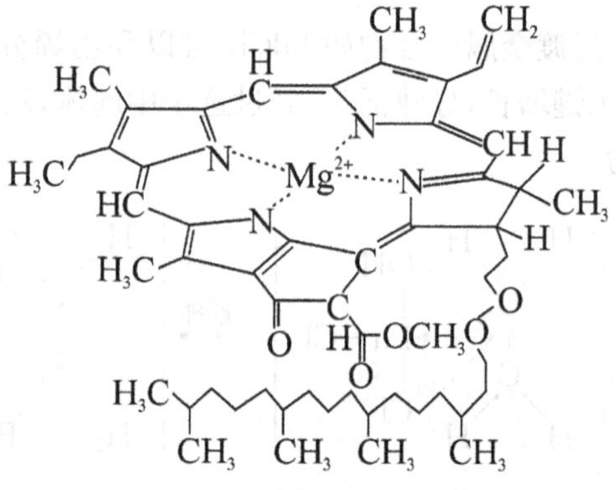

叶绿素

在人体中许多生物酶其本身就是金属离子的配合物。它需要少量某种金属离子（如 Fe、Zn、Cu 的离子等）的存在才能起催化作用，这些金属就是人体中不能缺少的有益元素。但也有些元素（如 Pb、Hg、Cd 等）能抑制酶的作用，这些元素就是有毒元素。在医药上许多有毒金属元素的解毒药物也与配位作用有关。例如，Pb 中毒就可在肌肉中直接注射一定量的 EDTA 溶液。EDTA 也是排除人体内 U、Th、Pu 等放射性元素的高效解毒剂。类似的砷、汞中毒也都是通过配位化学反应来解毒。医疗上也用配合物作为药物来治疗各种病症。例如，治疗糖尿病的胰岛素就是 Zn^{2+} 的一种配合物，具有抗癌作用的顺式二氯・二氨合铂也是一种配合物等。

思 考 题

1. 配位化合物的组成及结构有哪些特征？
2. 配合物的种类繁多，请查阅有关文献，总结这些配合物的组成及结构特点，查阅这一领域最新的研究成果。
3. 请用软、硬酸碱理论分析配合物的稳定性。
4. 阐述 EDTA 及其配合物的特点。
5. 请用晶体场稳定化能分析解释第一过渡系金属离子 M^{2+} 6 水合离子半径的变化规律。
6. 已知 $CoCl_3 \cdot 6NH_3$（橙黄色）和 $CoCl_3 \cdot 3NH_3$（绿色）两种配合物的结构分别为$[Co(NH_3)_6]Cl_3$ 和 $[CoCl_3(NH_3)_3]$，请设计一个实验方案来验证这一事实。实验证实$[Co(NH_3)_6]^{3+}$有反磁性。说明(1)它属于什么空间构型？写出其中心离子的杂化轨道类型。(2)分析 Co^{3+} d 轨道的分裂情况，并给出相应的晶体场稳定化能。
7. $[FeCl_6]^{3-}$ 和$[Fe(H_2O)_6]^{3+}$的颜色很浅，甚至无色，而$[Fe(CN)_6]^{3-}$ 及$[Fe(SCN)_6]^{3-}$ 的颜色很深，为什么？
8. 分析 d 轨道在正方形配位场中的分裂情况，并画出分裂后的轨道能级高低示意图。
9. Determine the oxidation state of the metal in each of the following coordination complex:
(1) $Mn_2(CO)_{10}$ (2) $[Re_3Br_{12}]^{3-}$ (3) $[Fe(OH)_2(H_2O)_4]^+$ (4) $[CoCl_2(NH_3)_4]^+$
(5) $Co(CO)_6(\mu\text{-}CO)_2$
10. Suppose 0.010mol of each of the following compounds is dissolved(separately) in 1.0L of water: KNO_3, $[Co(NH_3)_6]Cl_3$, $Na_2[PtCl_6]$ and $[CuCl_2(NH_3)_2]$. Rank the resulting four solutions in order of conductivity from lowest to highest.
11. Explain why octahedral coordination complexes with three and eight d electrons on the central metal atom are particularly stable. Under what circumstances would you expect complexes with five or six d electrons on the central metal atom to be particularly stable?
12. Estimate the wavelength of maximum absorption for the octahedral ion hexacyanoferrate (Ⅲ) from the fact that light transmitted by a solution of it is red. Estimate the crystal field splitting energy Δ。(in $kJ \cdot mol^{-1}$).
13. Draw the structures of the isomeric forms of $[CrClBrI(NH_3)_3]$. Which isomers are chiral?
14. Determin the type of structural isomerism that exists in the following pairs of compounds or complex ions:
   (1) $[Cr(en)_3][Co(ox)_3]$ and $[Co(en)_3][Cr(ox)_3]$; (ox—$C_2O_4^{2-}$)
   (2) $[CoCl_2(NH_3)_4]Cl \cdot H_2O$ and $[CoCl(NH_3)_4(H_2O)]Cl_2$
   (3) $[Co(CN)_5(NCS)]^{3-}$ and $[Co(CN)_5(SCN)]^{3-}$
   (4) $[Pt(NH_3)_4][PtCl_6]$ and $[PtCl_2(NH_3)_4][PtCl_4]$
15. 判断下列叙述是否正确。
   (1) 磁矩大的配合物，其稳定性强；
   (2) 所有 Ni^{2+} 的八面体配合物都属于外轨型配合物；
   (3) 所有 Fe^{3+} 的八面体配合物都属于外轨型配合物；
   (4) 已知 $K_2[Ni(CN)_4]$与 $Ni(CO)_4$ 均呈反磁性，所以这两种配合物的空间构型均为平面正方形；
   (5) 金属离子 A^{3+}、B^{2+}可分别形成$[A(NH_3)_6]^{3+}$和$[B(NH_3)_6]^{2+}$，它们的稳定常数依次为4×10^5

和 2×10^{10}，则相同浓度的$[A(NH_3)_6]^{3+}$和$[B(NH_3)_6]^{2+}$溶液中，A^{3+}和B^{2+}的浓度关系是$[A^{3+}]>[B^{2+}]$；

(6) 已知$[HgCl_4]^{2-}$的$K_d^{\ominus}=1.0\times10^{-16}$，当溶液中$[Cl^-]=0.10mol\cdot L^{-1}$时，$[Hg^{2+}]/[HgCl_4^{2-}]$的比值为$1.0\times10^{-12}$。

16. 已知$[PdCl_4]^{2-}$为平面正四边形结构，$[Cd(CN)_4]^{2-}$为四面体结构，根据配合物的价键理论分析它们的杂化轨道类型，并指出配离子的磁性。

17. 什么是姜-泰勒效应？请用姜-泰勒效应解释$Cu(NH_3)_4^{2+}$及$PtCl_4^{2-}$为什么是正方形结构而不是正四面体结构。

习　题

1. 命名下列各配合物和配离子，并指出中心离子、配位体、配位原子和配位数。

(1) $[CoOH(NH_3)_4(H_2O)]^{2+}$　(2) $[Co(NO_2)_3(NH_3)_3]$　(3) $[Pt(NH_3)_4][PtCl_6]$

(4) $Ag_2[HgI_4]$　(5) $[Co(en)_3]Cl_3$　(6) $[Fe(CN)_5(Py)]^{3-}$

(7) $Cu[SiF_6]$　(8) $[CoBr(NH_3)_5]SO_4$

2. 写出下列各配合物的化学式。

(1) 四氰合镍(Ⅱ)离子　(2) 五氯·一氨合铂(Ⅳ)酸钾

(3) 二氯化二乙二胺合铜(Ⅱ)　(4) 氯化二氯·四氨合钴(Ⅲ)

(5) 二氯·二氨合铂(Ⅱ)

3. 根据配合物的价键理论，指出下列配离子的配位情况(价层电子排布、杂化轨道、空间构型)。

(1) $[Cd(NH_3)_4]^{2+}$　(2) $[Co(NH_3)_6]^{3+}$(已知磁矩为零)

(3) $[CoF_6]^{3-}$(未成对电子数为4)　(4) $[MnBr_4]^{2-}$(未成对电子数为5)

4. 根据实际测得的有效磁矩，判断下列配离子中哪些是高自旋的？哪些是低自旋的？哪些是内轨型的？哪些是外轨型的？

(1) $Fe(en)_2^{2+}$　5.5B.M.　(2) $Mn(CN)_6^{4-}$　1.8B.M.

(3) $K_3[Fe(CN)_6]$　2.4B.M.　(4) $Pt(CN)_4^{2-}$　0B.M.

5. 已知配离子$[Fe(H_2O)_6]^{2+}$和$[Fe(CN)_6]^{2-}$的Δ_o分别为$124kJ\cdot mol^{-1}$、$395kJ\cdot mol^{-1}$，电子成对能均为$210kJ\cdot mol^{-1}$，写出中心离子的d电子在t_{2g}和e_g能级的轨道上的排布；估计它们的磁矩(μ)约为多少；并指出高低自旋情况。

6. 在$0.10mol\cdot L^{-1}$ $Ag(NH_3)_2^+$溶液中，含有$0.10mol\cdot L^{-1}$氨，求溶液中的$[Ag^+]$。

7. 通过计算说明，当溶液中$[CN^-]=[Ag(CN)_2^-]=0.1mol\cdot L^{-1}$时，加入固体KI使$[I^-]=0.1mol\cdot L^{-1}$，能否产生AgI沉淀。

8. 一个铜电极浸在一种含有$1.00mol\cdot L^{-1}$氨和$1.00mol\cdot L^{-1}$ $[Cu(NH_3)_4]^{2+}$配离子的溶液中，若用标准氢电极作正极，经实验测得它和铜电极之间的电势差为0.0300V。试计算$[Cu(NH_3)_4]^{2+}$配离子的稳定常数。

9. 已知$Au^{3+}+3e^-$══Au，$E^{\ominus}_{Au^{3+}/Au}=1.498V$。求$AuCl_4^-+3e^-$══$Au+4Cl^-$的$E^{\ominus}_{AuCl_4^-/Au}$。

10. 在$c_{Al^{3+}}=0.010mol\cdot L^{-1}$的溶液中，加入NaF固体，使溶液中游离的$F^-$浓度为$0.10mol\cdot L^{-1}$。计算溶液中$[Al^{3+}]$，$[AlF_4^-]$，$[AlF_5^{2-}]$和$[AlF_6^{3-}]$。

11. (1) 混合等体积的$c_{H_2Y^{2-}}=0.20mol\cdot L^{-1}$的EDTA和$c_{Mg^{2+}}=0.20mol\cdot L^{-1}$的$Mg(NO_3)_2$溶液。假定混合溶液pH=9.00，计算未配位的镁离子的浓度；

(2) 如$c_{Mg^{2+}}=0.10mol\cdot L^{-1}$，其他条件均相同，计算混合溶液中未配位的镁离子的浓度。

12. 计算 pH=4.00 时 EDTA 的酸效应系数 $\alpha_{Y(H)}$。若此时 EDTA 各种存在形式的总浓度为 0.0200 mol · L^{-1}，则$[Y^{4-}]$为多少？

13. pH=5.00 时，锌和 EDTA 配合物的条件稳定常数是多少？假设 Zn^{2+} 和 EDTA 的浓度均为 0.0100mol · L^{-1}(不考虑羟基配位等副反应)，此时能否用 EDTA 标准溶液滴定 Zn^{2+}？

14. 通过计算说明在 pH=10.00 的 $NH_3 \cdot H_2O$-NH_4Cl 缓冲溶液中($c_{NH_3+NH_4^+}=0.20mol \cdot L^{-1}$)，能否用 0.0200mol · L^{-1} EDTA 溶液准确滴定 0.0200mol · L^{-1} Zn^{2+}。

15. 计算 pH=10.00，0.10mol · L^{-1} $NH_3 \cdot H_2O$-NH_4Cl 缓冲溶液中 CuY 的 $\lg K'_{CuY}$。此时可否用 EDTA 准确滴定 0.010mol · L^{-1}的 Cu^{2+}(忽略羟基配位效应的影响)？

16. 假设 Mg^{2+} 和 EDTA 的浓度均为 0.0100mol · L^{-1}，在 pH=6.00 时，镁与 EDTA 配合物的条件稳定常数是多少(不考虑羟基配位等副反应)？并说明在此 pH 下能否用 EDTA 标准溶液滴定 Mg^{2+}。如不能滴定，求其允许滴定的最小 pH。

17. 含有 Zn^{2+}、Ca^{2+} 浓度均为 2.0×10^{-2} mol · L^{-1}的溶液。通过计算说明：
(1) 有无可能用 EDTA 分别滴定 Zn^{2+}、Ca^{2+}；
(2) 滴定 Zn^{2+} 适宜的 pH 范围[$\lg K'_{ZnY}$最大，且 $Zn(OH)_2$ 不沉淀]。

18. 已知 pH=10.00 的 NH_3-NH_4Cl 溶液中，游离 NH_3 浓度为 0.10mol · L^{-1}，且其中含有$c_{H_2Y^{2-}}=$ 0.020mol · L^{-1}的 EDTA 和 $c_{Zn^{2+}}=0.10mol \cdot L^{-1}$的 $Zn(NO_3)_2$。计算：(1)$\lg\alpha_{Zn}$；(2)$\lg K_{Zn'Y'}$；(3)未配合的 Zn^{2+} 的浓度。

19. 用 0.01060mol · L^{-1} EDTA 标准溶液滴定水中钙和镁的含量，取 100.0mL 水样，以铬黑 T 为指示剂，在 pH=10.00 时滴定，消耗 EDTA 31.30mL。另取 100.0mL 水样，加 NaOH 使呈强碱性，使 Mg^{2+} 成 $Mg(OH)_2$ 沉淀，用钙指示剂指示终点，再用 EDTA 滴定，消耗 19.20mL。计算(1)水的总硬度(以 $CaCO_3$ 计，单位为 mg · L^{-1})；(2)水中钙和镁的含量(以 $CaCO_3$ 计，单位为 mg · L^{-1} 和以 $MgCO_3$ 计，单位为 mg · L^{-1})。

20. Three different compounds are known to have the empirical formula $CrCl_3 \cdot 6H_2O$. When exposed to a dehydrating agent, compound 1 (which is dark green) loses 2mol of water per mole of compound, compound 2 (light green) loses 1mol of water, and compound 3 (violet) loses no water. What are the probable structures of these compounds? If an excess of silver nitrate solution is added to 100.0g of each of these compounds, what mass of silver chloride will precipitate in each case?

21. Which of the following complexes can have cis and trans isomers? If such isomerism exists, draw the two structures and name the compound. (1) $[Fe(OH)(H_2O)_5]^{2+}$; (2) $[RuBr_2(NH_3)_4]^+$; (3) $[Co(NH_3)_4(H_2O)_2]^{3+}$.

22. Draw the structure of the cis-diamine-cis-diaqua-cis-dichlorochromium (Ⅲ) ion and comment on its isomerism. What kind of isomerism is possible for the trans-diamine isomer?

23. Of the two complexes (1) $[CoF_6]^{3-}$ and (2) $[Co(en)_3]^{3+}$, one appears yellow in an aqueous solution and the other appears blue. Match the complex to the color and explain your choice.

24. A concentrated solution of copper (Ⅱ) bromide in the presence of potassium bromide in deep violet due to the presence of tetrabromocuprate (Ⅱ) ions. However, the solution becomes light blue upon dilution with water, as water molecules replace bromide ions in the coordination sphere and form hexaaquacopper (Ⅱ) ions. (1) Write the formulas of the two complex ions of copper (Ⅱ). (2) Is the difference in color of the two complexes expected? Explain your reasoning.

12 主族元素及其化合物概述

迄今为止人们已经发现了110多种元素，其中的90多种为天然元素，20多种人工合成元素。自然界中千变万化的物质就是由这些元素组成的。了解这些元素及其性质，对于认识自然、改造自然具有重要的意义。研究元素及其化合物的化学，通常称为元素化学，有时又称为叙述化学或描述化学。

各种元素在地球上的含量相差极为悬殊。一般情况是较轻的元素含量较少，较重的元素含量较多，原子序数为奇数的元素含量较少。地球表面以下16km厚的岩石层称为地壳，化学元素在地壳中的含量称为丰度。一些元素在地壳中的丰度见图12.1。在地壳中，O、Si、Al、Fe、Ca、Na、K、Mg八种元素的总质量占地壳的99%以上。

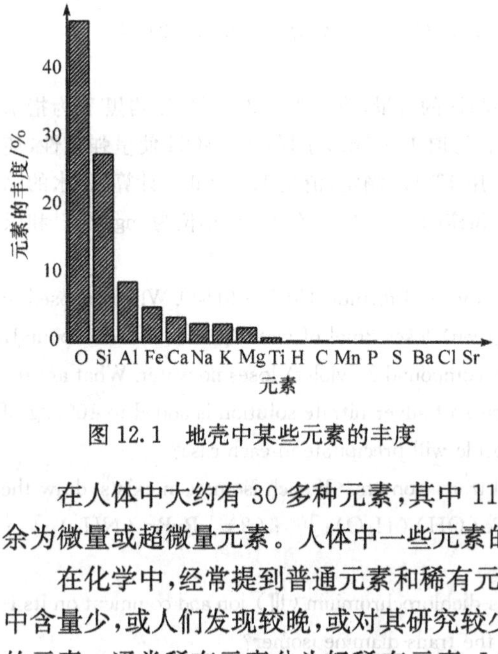

图12.1 地壳中某些元素的丰度

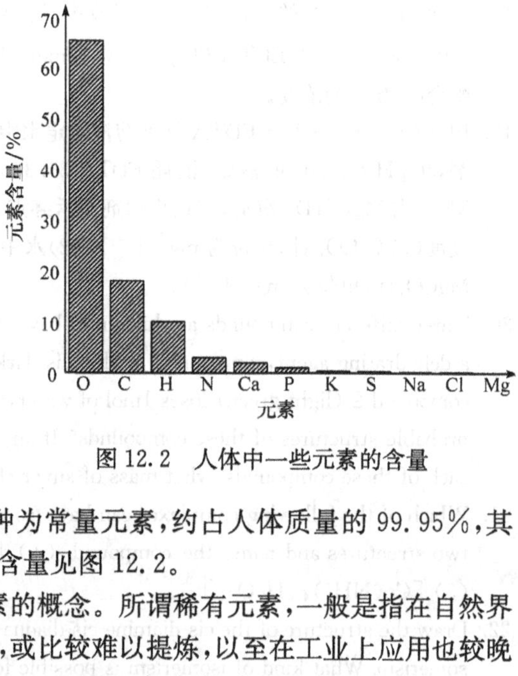

图12.2 人体中一些元素的含量

在人体中大约有30多种元素，其中11种为常量元素，约占人体质量的99.95%，其余为微量或超微量元素。人体中一些元素的含量见图12.2。

在化学中，经常提到普通元素和稀有元素的概念。所谓稀有元素，一般是指在自然界中含量少，或人们发现较晚，或对其研究较少，或比较难以提炼，以至在工业上应用也较晚的元素。通常稀有元素分为轻稀有元素：Li、Rb、Cs、Be；高熔点稀有元素：Ti、Zr、Hf、V、Nb、Ta、Mo、W、Re；分散稀有元素：Ga、In、Tl、Ge、Se、Te；稀有气体：He、Ne、Ar、Kr、Xe、Rn；稀有金属：Sc、Y、Lu、镧系元素，也称为稀土元素，常用符号RE表示；铂系金属：Ru、Rh、Pd、Os、Ir、Pt；放射性稀有元素：Fr、Ra、Te、Po、At、Lr、锕系元素。

在自然界中绝大多数元素都是以氧化物、硫化物、卤化物和含氧酸盐等化合物形式存在，只有稀有气体、O_2、N_2、S、C、Au、Pt等少数几种元素以单质的形式存在。

我国矿产资源丰富，W、Zn、Sb、Li、稀土元素等含量占世界首位，尤其是稀土元素。由于稀土元素具有特殊的电子结构，具有很多功能性，在磁性材料、催化剂材料、发光材料、荧光材料、储能材料等方面具有很好的应用前景。

本章主要介绍主族元素的单质及其化合物的性质，力求探究常见元素单质及其化合物性质的规律性。在学习过程中，读者可查阅相关文献资料及书籍，以了解各种元素的性质及用途。

12.1 主族元素的单质

主族元素包括周期表中 s 区和 p 区的元素。

s 区元素包括 Ⅰ A 族的碱金属元素和 Ⅱ A 族的金属元素。由于钙、锶、钡的氧化物在性质上介于"碱性的"碱金属氧化物和"土性的"难溶的氧化物 Al_2O_3 等之间，故称碱土金属。习惯上把铍和镁也包括在碱土金属之中，即 Ⅱ A 族的金属又称为碱土金属。

s 区元素原子的电子排布最后填入的是 ns 电子。电子排布最后填入 ns 电子的还有氦(He)，但考虑到氦是稀有元素，故周期表中将其放在 p 区的零族。

s 区元素在同一族自上而下原子半径逐渐增大，失电子能力逐渐增强，元素的金属性及还原性逐渐增强，非金属性逐渐减弱。

p 区元素包括 Ⅲ A～Ⅶ A5 个主族和 1 个零族，它们分别称为硼族(Ⅲ A)、碳族(Ⅳ A)、氮族(Ⅴ A)、氧族(Ⅵ A)、卤素(Ⅶ A)和稀有气体(零族)。p 区现有 31 种元素，其中有 10 种金属元素，金属和非金属元素沿"对角线"B—Si—As—Te—At 分界。

与 s 区元素相似，p 区元素在同一族自上而下原子半径逐渐增大，失电子能力逐渐增强，元素的金属性逐渐增强，非金属性逐渐减弱。

p 区元素(零族除外)价层电子构型为 $ns^2np^{1\sim5}$，元素中的 ns、np 电子均可参加成键，因此 p 区元素除氟外一般具有多种氧化值，且氧化值差数常为 2。这一点与 s 区不同。p 区元素电负性较 s 区元素的电负性大，在许多化合物中以共价键结合。

在现有元素中只有 22 种非金属，除氢元素外均位于 p 区，而 p 区也以非金属元素为主。非金属元素不到元素总数的五分之一，但所涉及的面很广。例如，无机的单质、酸、碱、盐、氧化物、配合物等都与非金属有关，整个有机物世界也主要是由非金属元素所组成。因此，非金属元素非常重要。

12.1.1 单质的组成

一般情况下，主族元素金属的单质均是以金属键结合形成的金属晶体，而非金属元素的单质除 H_2、F_2、Cl_2、O_2、N_2 等气体、稀有气体和 Br_2 液体外，其他都是固体。

n 族非金属的每个原子可以提供 $8-n$ 个价电子，所以它一般可以与相邻的 $8-n$ 个原子形成 $8-n$ 个共价单键，形成多原子分子，称为 $8-n$ 规则(氢元素为 $2-n$ 个)。"$8-n$ 规则"决定了非金属原子形成的单质分子的大小和结构。例如

稀有气体 $n=8$：$8-n=0$，其单质为单原子分子，原子间可以以范德华力形成分子晶体；

Ⅶ A 族元素 $n=7$：$8-n=1$，其单质一般为双原子分子，如 F_2、Cl_2、Br_2、I_2，分子间可以以范德华力形成分子晶体；

Ⅵ A 族 $n=6$：$8-n=2$，它们可以形成链状或环状多原子分子单质，如弹性硫、S_8

等，其结构可表示为

弹性硫的结构 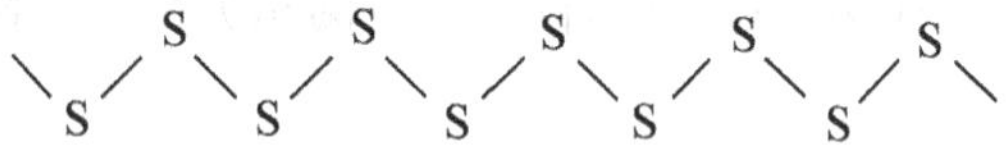

S_8的结构 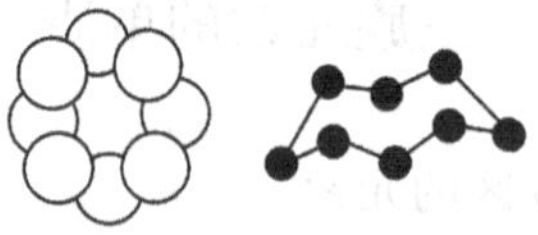

(a) (b)

因为ⅥA族的 O_2 不是以单键键合，所以 O_2 分子例外；

ⅤA族 $n=5$： $8-n=3$，它们可以形成具有立体结构的多原子分子单质，如 P_4、As_4 等，每个原子均与相邻的3个原子键连，形成正四面体形结构分子，可表示为 。同样，ⅤA族的 N_2 不是以单键键合，所以 N_2 分子例外；

ⅣA族 $n=4$： $8-n=4$，每个原子均可与相邻的4个原子键连，可以形成具有多种结构的多原子分子单质，如金刚石、石墨、C_{60}、碳纳米管等，结构如图12.3所示。

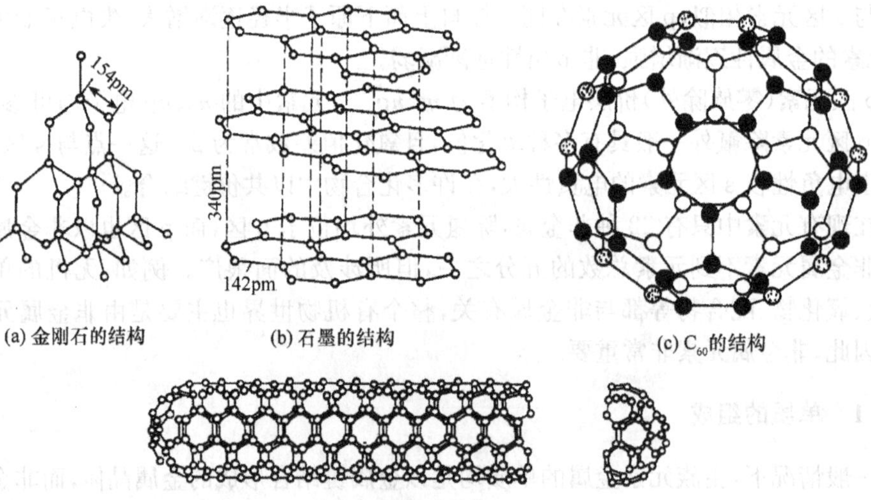

(a) 金刚石的结构 (b) 石墨的结构 (c) C_{60}的结构

(d) 单壁碳纳米管的结构

图12.3 金刚石、石墨、C_{60}、碳纳米管的结构

稀有气体、X_2（卤素）、H_2、O_2、N_2 等称为小分子物质；S_8、P_4、As_4 等称为多原子分子物质；而金刚石、石墨、C_{60}等称为巨型分子物质。

除了 O_2、N_2 不是以单键键合以外，其他单质分子均符合 $8-n$ 规则。

12.1.2 单质的化学性质

1. 单质的氧化还原性

s 区元素单质均为活泼金属，具有很强的还原性，易形成阳离子盐，阳离子的氧化数等于其族数。

p 区元素多为非金属元素，非金属元素既具有氧化性，又具有还原性。与金属作用时一般表现出氧化性，形成负氧化值，如氧化物、硫化物、氮化物、碳化物、卤化物、硅化物、硼化物、含氧酸盐等。而与活泼非金属（比其电负性更小的元素）反应时一般表现出还原性，形成正氧化值，如氧化物、卤化物、氢化物、含氧酸等。（请读者举例）

2. 与水的反应

s 区金属可以置换水中的氢，放出 H_2，而 p 区的金属一般不与 H_2O 直接作用（但铝汞齐可以与 H_2O 直接作用）。在非金属单质中，一般只有卤素可以与水反应。

碱金属与水的反应：

$$2M+2H_2O \longrightarrow 2MOH+H_2\uparrow \qquad (M=Li、Na、K、Rb、Cs)$$

Li 反应缓慢，K 发生爆炸，两者与酸作用时都发生爆炸。

碱土金属与水的反应：

$$M+H_2O \longrightarrow M(OH)_2(s)+H_2\uparrow \qquad (M=Be、Mg、Ca、Sr、Ba)$$

Be 反应缓慢，其余反应较快。

将汞齐化的铝投入水中，即可放出 H_2，反应很剧烈。反应式为

$$2Al(Hg)+6H_2O = 2Al(OH)_3+3H_2\uparrow+2(Hg)$$

F_2、Cl_2、Br_2 与水的作用可以置换出水中的氧：

$$2X_2+2H_2O = 4HX+O_2\uparrow \qquad (氧化水的反应)$$

Cl_2、Br_2、I_2 可以发生水解反应：

$$X_2+H_2O = H^++X^-+HXO \qquad (歧化反应)$$

3. 与酸的反应

大部分主族金属元素都可以与酸反应，置换出氢气。例如

$$2Al+6HCl = 2AlCl_3+3H_2\uparrow$$

非金属单质一般不和稀酸反应。I_2、S、P、C、B 等可与浓 HNO_3 或热浓 H_2SO_4 反应，其反应方程式如下：

$$S+2HNO_3 = H_2SO_4+2NO\uparrow$$

$$3P+2H_2O+5HNO_3 = 3H_3PO_4+5NO\uparrow$$

$$3C+4HNO_3 = 3CO_2\uparrow+4NO\uparrow+2H_2O$$

$$3I_2+10HNO_3 = 6HIO_3+10NO\uparrow+2H_2O$$

$$B+3HNO_3 = B(OH)_3+3NO_2\uparrow$$

$$2B+3H_2SO_4(热浓) = 2B(OH)_3+3SO_2\uparrow$$

$$C+2H_2SO_4(浓)\xrightarrow{\triangle}CO_2\uparrow+2SO_2\uparrow+2H_2O$$

4. 与碱的反应

Be、Al、Ge、Sn 等两性金属与碱的反应为置换反应：

$$2Al+2NaOH+6H_2O = 2Na[Al(OH)_4]+3H_2\uparrow$$
$$Sn+2NaOH+4H_2O = Na_2[Sn(OH)_6]+2H_2\uparrow$$
$$Be+NaOH+2H_2O = Na[Be(OH)_3]+H_2\uparrow$$
$$Ge+2NaOH+4H_2O = Na_2[Ge(OH)_6]+2H_2\uparrow$$

B、Si 等与碱也发生置换反应：

$$Si+2NaOH+H_2O = Na_2SiO_3+2H_2\uparrow$$
$$2B+2NaOH(热浓)+2H_2O = 3H_2\uparrow+2NaBO_2(偏硼酸钠)$$

Cl_2、Br_2、I_2、S、P 等与碱可发生歧化反应。在常温下的反应为

$$Cl_2+2OH^- = Cl^-+ClO^-+H_2O$$
$$3Br_2+6OH^- = 5Br^-+BrO_3^-+3H_2O$$
$$3I_2+6OH^- = 5I^-+IO_3^-+3H_2O$$

在加热条件下的反应为

$$3Cl_2+6OH^- = 5Cl^-+ClO_3^-+3H_2O$$
$$3S+6OH^- = 2S^{2-}+SO_3^{2-}+3H_2O$$
$$4P+3OH^-+3H_2O = 3H_2PO_2^-+PH_3\uparrow$$

5. 单质硫与可溶性硫化物的作用

可溶性硫化物主要是指碱金属、碱土金属(除 Be 外)、NH_4^+ 等的硫化物。将硫粉加入可溶性硫化物的浓溶液中，硫将溶解而生成相应的多硫化物，这是硫的特性之一。例如

$$Na_2S+(x-1)S = Na_2S_x$$
$$(NH_4)_2S+(x-1)S = (NH_4)_2S_x$$

这里 $x=2\sim6$，个别 x 可以达到 9。当 $x=2$ 时，也可称为过硫化物。多硫化物溶液的颜色随溶解硫的增多而加深，逐渐由无色变为黄色、橙黄色、甚至红色。例如，Na_2S 溶液在放置时颜色会越来越深，其原因就是部分 S^{2-} 被空气中的 O_2 氧化生成的单质 S 与 Na_2S 形成了 Na_2S_x。

多硫化物具有链状结构，例如

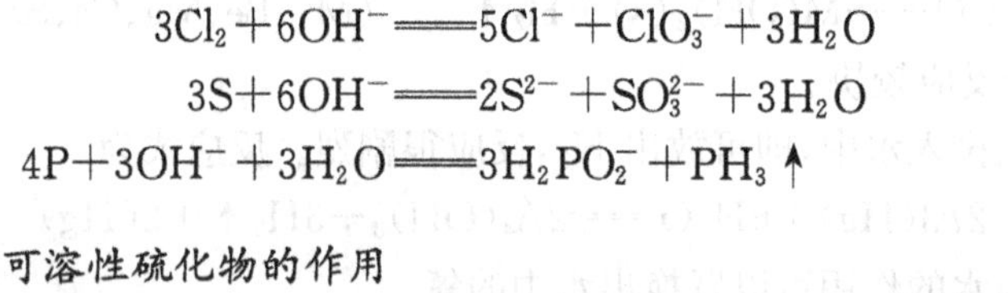

过硫化物或多硫化物具有氧化性，但氧化性比过氧化物弱。

12.1.3　元素性质的对角线规则

1. 锂与镁的相似性

锂及其化合物的性质有不同于其本族元素的特殊性，但其大部分性质却与镁相似。主要表现如下：

(1) 单质在过量的氧气中燃烧时，并不形成过氧化物，而是生成正常的氧化物。

(2) 氢氧化物均为中强碱，而且在水中的溶解度都不大。

(3) 氟化物、碳酸盐、磷酸盐等均难溶于水。

(4) 氯化物均能溶于有机溶剂(如乙醇)中。

(5) 碳酸盐在受热时，均能分解成相应的氧化物(Li_2O、MgO)。

2. 铍和铝的相似性

与Li、Mg的相似性一样，Be和Al两元素也有如下的相似性：

(1) 标准电极电势相近：$E^{\ominus}_{Be^{2+}/Be}=-1.7V$，$E^{\ominus}_{Al^{3+}/Al}=-1.67V$，均具有强还原性。

(2) 均为两性金属，既溶于酸又溶于碱，都能被浓硝酸钝化。

(3) BeO和Al_2O_3都具有高熔点、高硬度，其熔点分别为2803K和2288K，硬度大于8.8。

(4) 氢氧化物均呈两性。

(5) BeO和Al_2O_3都是缺电子的共价型化合物，在蒸气中以缔合分子的状态存在。

(6) 它们的盐都水解，且高价阴离子的盐难溶于水。

(7) 氯化物均为双聚物，并显示共价性，可以升华，且溶于有机溶剂。

(8) 碳化物属于同一类型，水解后产生甲烷。

$$Be_2C+4H_2O \xlongequal{} 2Be(OH)_2\downarrow+CH_4\uparrow$$

$$Al_4C_3+12H_2O \xlongequal{} 4Al(OH)_3\downarrow+3CH_4\uparrow$$

3. 硼和硅的相似性

硼和硅也是处在“对角关系”的位置上，因此硼和硅有如下的相似性：

(1) 两者在单质状态下都显某些金属性。

(2) 在自然界都不以单质存在，而是以氧化物(B_2O_3、SiO_2)存在。

(3) B—O键和Si—O键都有很高的稳定性。

(4) 氢化物均多种多样，都具有挥发性，且可自燃，并能水解。

(5) 它们的卤化物可彻底水解，都是路易斯酸。

(6) 都能生成多酸和多酸盐，有类似的结构特征，正硼酸H_3BO_3和正硅酸H_2SiO_3都是弱酸。

(7) 氧化物与某些金属氧化物共熔，可生成含氧酸盐。

4. 对角线规则

在周期表中，主族元素的性质一般呈现出周期性的变化规律。这种周期性的变化规律就决定了像锂和镁、铍和铝、硼和硅等元素性质的相似性，即在s区和p区元素中，左上

方和右下方元素的性质呈现出相似性，这种相似性就称“对角线规则”。例如

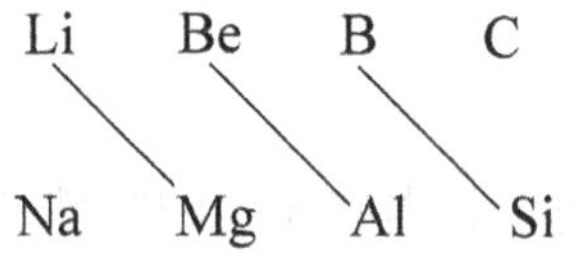

对角线规则是从有关元素及其化合物的许多性质中总结出来的经验规律。对此可以用离子极化的观点加以粗略地说明。例如，锂和镁的相似性用离子极化的观点可粗略地解释如下：Li^+ 和 Na^+ 虽属同一族，离子电荷相同，但因为 Li^+ 的半径小，且具有 2 电子构型，所以 Li^+ 的极化力较同族的 Na^+ 强得多，因此使锂和钠的化合物在性质上产生较大的差异。但是由于 Mg^{2+} 电荷较高，半径又小于 Na^+，导致它与 Li^+ 的极化力很接近，因此 Li^+ 与其右下方的 Mg^{2+} 在性质上显示出某些相似性。

处于周期表中左上右下对角线位置上的邻近两个元素，由于电荷和半径的影响恰好相反，它们的离子极化作用比较相近，从而使它们的化学性质比较相似。这也反映出物质的结构与性质的内在联系。

12.2　氢及氢化物

12.2.1　氢

氢(hydrogen)有三种同位素：^1_1H(氕，符号 H)占其总量的 99.98%，^2_1H(氘，符号 D)占其总量的 0.016%，^3_1H(氚，符号 T)占其总量的 0.004%。这三种同位素的化学性质完全一样。

由第 9 章中氢的电离能、电负性以及电子亲和能等可以看出，氢既能与金属结合，也可以与非金属结合。氢原子的成键方式有以下三种情况：

(1) 失去价电子。氢原子失去它唯一的 1s 电子而成为 H^+，H^+ 实际上是氢原子的核，即质子。由于质子的半径(～1.5×10^{-3}pm)为氢原子半径(约 40pm)的几万分之一，因此质子周围能产生很强的电场，能使邻近的原子或分子的电子云强烈的变形。H^+ 在水溶液中与 H_2O 结合生成水合氢离子(H_3O^+)存在。

(2) 结合一个电子。氢原子可以结合一个电子而形成具有氦原子 $1s^2$ 结构的 H^-，这是氢和活泼金属相结合形成离子型氢化物时的价键特征，如 NaH、LiH、CaH_2 等中的 H^-。

(3) 形成共价化合物。氢原子同其他非金属原子(除了稀有气体外)结合，共用电子而形成共价型氢化物，这样氢原子也取得了 He 原子的 $1s^2$ 结构。这种键可以是非极性的，如 H_2；但大多数情况是形成极性共价键，如 HCl。

除上述三种成键方式外，氢原子还有以下三种特殊的键型：

(1) 形成非整比化合物。氢原子可以间充到许多过渡金属晶格的空隙中形成一类非整比化合物，如 $PdH_{0.8}$、$LaH_{2.87}$等。

(2) 氢桥键。在硼氢化合物和某些过渡金属配合物中均存在这种氢桥键(图 12.4)。

(3) 氢键。在含有强极性键的共价氢化物中，近乎裸露的氢原子核可以定向吸引邻

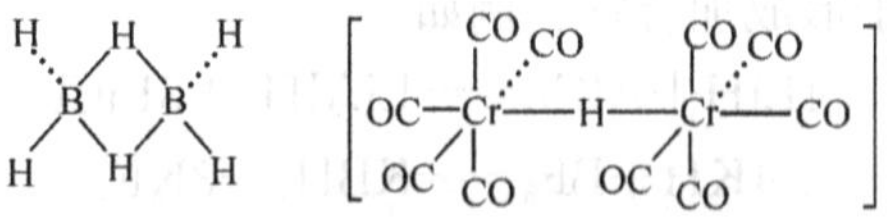

图 12.4 B_2H_6 和 $H[Cr(CO)_5]_{12}$的结构图

近电负性高的原子(F、O、N)上的孤电子对而形成分子间或分子内氢键。

氢的用途很广,在石油化工、冶金、制药、燃料、电池等领域具有重要的应用。

12.2.2 氢化物

氢几乎能与除稀有气体外的所有元素结合,生成不同类型的二元化合物统称氢化物。根据元素电负性的不同或氢化物结构和性质的差异,通常将氢化物分为离子型氢化物、共价型氢化物和金属型氢化物三类。各类氢化物在周期表中的分布见表 12.1。

表 12.1 氢化物在周期表中的分布

Li	Be											B	C	N	O	F
Na	Mg											Al	Si	P	S	Cl
K	Ca	Sc	Ti	V	Cr	Mn	Fe	Co	Ni	Cu	Zn	Ga	Ge	As	Se	Br
Rb	Sr	Y	Zr	Nb	Mo	Tc	Ru	Rh	Pd	Ag	Cd	In	Sn	Sb	Te	I
Cs	Ba	La～Lu	Hf	Ta	W	Re	Os	Ir	Pt	Au	Hg	Tl	Pb	Bi	Po	At
Fr	Ra	Ac～Lr	Rf	Db	Sg	Bh	Hs	Mt								

离子型氢化物　　金属型氢化物(过渡型氢化物)　　共价型氢化物

1. 离子型氢化物

1) 离子型氢化物的形成

氢可以与碱金属及除 Be、Mg 之外的碱土金属在高温下直接化合生成离子型氢化物,如 MH(M=K、Na、Li)和 MH_2(M=Ca、Sr、Ba)。

2) 离子型氢化物的性质

(1) 离子型氢化物均为白色晶体,热稳定性差。由这些氢化物的 $\Delta_r H_m^\ominus(kJ\cdot mol^{-1})$可以判断。

氢化物	LiH	NaH	KH	RbH	CsH	NaCl*
$\Delta_r H_m^\ominus/(kJ\cdot mol^{-1})$	−90.4	−57.3	−57.7	−54.3	−49.3	−441

离子型氢化物远不如其他离子型化合物(如 NaCl)稳定。

(2) 强还原性。其还原性主要来自 H^-,其标准电极电势为 $E^\ominus_{H_2/H^-}=-2.23V$,是极强的还原剂。例如

$$TiCl_4+4NaH = Ti+4NaCl+2H_2\uparrow$$
$$NaH+ROH = NaOR+H_2\uparrow$$

(3) 强烈水解,放出氢气。例如

$$MH+H_2O = MOH+H_2\uparrow \quad (M=K、Na、Li)$$
$$MH_2+2H_2O = M(OH)_2+2H_2\uparrow \quad (M=Ca、Sr、Ba)$$

(4)离子型氢化物易于形成加合物。例如

$$4LiH+AlCl_3 = LiAlH_4+3LiCl$$

$$4KH+BF_3 = KBH_4+3KF$$

2. 共价型氢化物

少数金属元素和非金属元素与氢的化合物为共价型氢化物，主要是ⅣA～ⅦA族元素的氢化物。共价型氢化物性质的变化趋势大致如下：

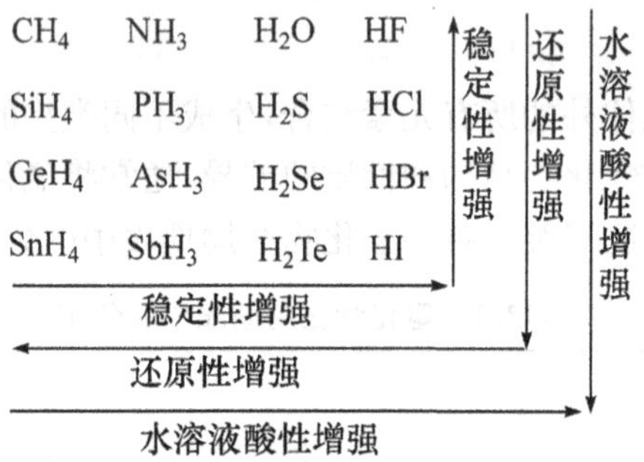

1) 共价型氢化物的稳定性

共价型氢化物 H_nR 的稳定性主要取决于H与R电负性的差值，其电负性差值越大，氢化物 H_nR 就越稳定，最稳定的是HF。

2) 共价型氢化物的还原性

共价型氢化物 H_nR 中氢的氧化值已为其最高氧化值+1，所以其还原性来自于 R^{n-}。R^{n-} 失去电子的能力与元素R的电负性及离子半径有关。总的变化趋势为

同一周期：从左至右半径减小，电负性增大，R^{n-} 的还原性减弱，如 $H_2S>HCl$。

同一主族：从上到下半径增大，电负性减小，R^{n-} 的还原性增强，如 $HCl<HBr<HI$。

共价型氢化物的还原性主要表现在以下几个方面。

(1) 与 O_2 的反应。例如，PH_3 在空气中可以自燃，H_2S 是一种可燃气体，而HCl只能在有催化剂并加热条件下才可与 O_2 作用，HBr和HI易与 O_2 反应。

$$4NH_3+5O_2 = 4NO+6H_2O \quad \text{(Pt催化剂)}$$

$$2PH_3+4O_2 = P_2O_5+3H_2O \quad \text{(自燃)}$$

$$2H_2S+3O_2 = 2SO_2+2H_2O \quad \text{(点燃)}$$

$$4HBr+O_2 = 2Br_2+2H_2O$$

$$4HI+O_2 = 2I_2+2H_2O$$

H_2S 和HI均为重要的还原剂。

(2) 与 Cl_2 的反应，例如

$$8NH_3+3Cl_2 = 6NH_4Cl+N_2$$

$$PH_3+4Cl_2 = PCl_5+3HCl$$

$$H_2O+Cl_2 = HClO+HCl$$

$$H_2S+Cl_2 = 2HCl+S$$

$$2HBr + Cl_2 = Br_2 + 2HCl$$
$$2HI + Cl_2 = I_2 + 2HCl$$

(3) 与金属离子 M^{n+} 的反应，例如

$$2AsH_3 + 12Ag^+ + 3H_2O = As_2O_3 + 12Ag\downarrow + 12H^+$$
$$H_2S + 2Fe^{3+} = S\downarrow + 2Fe^{2+} + 2H^+$$
$$2HI + 2Fe^{3+} = I_2 + 2Fe^{2+} + 2H^+$$

(4) 与氧化性含氧酸盐的反应，例如

$$5H_2S + 2MnO_4^- + 6H^+ = 2Mn^{2+} + 5S\downarrow + 8H_2O$$
$$6HI + Cr_2O_7^{2-} + 8H^+ = 3I_2 + 2Cr^{3+} + 7H_2O$$
$$6HI + ClO_3^- = 3I_2 + Cl^- + 3H_2O$$

3) 共价型氢化物水溶液的酸碱性

共价型氢化物与水的作用大致有表 12.2 所列的几种情况。

表 12.2 共价型氢化物与水的反应情况

族	元素	与水作用的情况	反应实例
ⅢA、ⅣA	B、Al、Ga、Si	分解水，放出 H_2	$SiH_4 + (n+2)H_2O = SiO_2 \cdot nH_2O + 4H_2\uparrow$
ⅣA、ⅤA	C、Ge、Sn、P、As、Sb	不反应	—
ⅤA	N	形成弱碱	$NH_3 + H_2O \rightleftharpoons NH_3 \cdot H_2O$
ⅥA	O	不反应，中性	—
ⅥA、ⅦA	S、Se、Te、F	形成弱酸	$H_2S + H_2O \rightleftharpoons H_3O^+ + HS^-$
ⅦA	Cl、Br、I	形成强酸	$HCl + H_2O = H_3O^+ + Cl^-$

可见，B、C、N 族元素的氢化物(除 NH_3 外)均无酸、碱性，O 族元素的氢化物(除 H_2O 外)均呈弱酸性，而卤素的氢化物除 HF 为弱酸外，其他均呈强酸性。影响共价型氢化物水溶液酸性的主要因素有 R—H 的键能和非金属元素 R 的电子亲和能。例如，氢卤酸

	HF	HCl	HBr	HI
H—X 键能/($kJ \cdot mol^{-1}$)	565	427	362	295
酸强度	弱	⟶	⟶	强

再如，氧族元素的氢化物

	H_2O	H_2S	H_2Se	H_2Te
R 的电子亲和能/($kJ \cdot mol^{-1}$)	−141.1	−200.4	−195.0	−190.2
酸强度(都是弱酸)	弱	⟶	⟶	强

3. 金属型氢化物

金属型氢化物又称过渡型氢化物，也称间充型氢化物。氢与周期系中 d 区和 ds 区元素几乎都能形成金属型氢化物。此类氢化物的最大特点是组成不定，含氢量随外界条件(温度、压力)而变，因此这些氢化物没有确定的化学式，一般采用一种特殊的化学式来表示金属和氢两种原子间的比例。例如，$PdH_{0.8}$(表示钯与氢的原子数比为 10∶8)、$LaH_{2.76}$

(La 与 H 的原子数比为 100 : 276)，均为非整比化合物。

这类氢化物基本上保留着金属的一些物理性质，如金属光泽、导电性等；其密度值小于相应的金属。被金属吸收的氢，在减压加热时又可释放出来，因此，根据需要能可逆地加氢(储氢)和析氢(放氢)，反应可表示为

$$M+\frac{x}{2}H_2 \underset{\text{吸热}}{\overset{\text{放热}}{\rightleftharpoons}} MH_x \qquad (\text{M——金属})$$

所以过渡金属或其合金可作为储氢的材料。

在这类氢化物中，有人认为氢原子钻到金属晶体的空隙中形成化合物。还有人认为氢与金属组成固溶体，氢原子在晶体中占据与金属原子相似的位置。不同金属氢化物中，它与金属的键合作用可能不同，而这种作用是化合还是吸收是难以区别的。

4. 几种重要的共价氢化物

1) 过氧化氢

过氧化氢的纯品为无色黏稠液体，其水溶液称为双氧水，商品浓度有 30% 和 3% 两种。

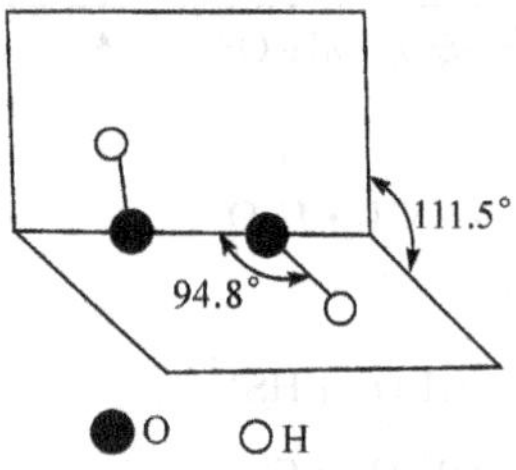

图 12.5　H_2O_2 分子的空间结构示意图

过氧化氢分子中有过氧基(—O—O—)，每个氧原子各连着一个氢原子。过氧化氢的空间结构好像展开的一本书，如图 12.5 所示，两个氧原子近似于在展开这本书的夹缝里，而两个氢原子在两页纸的平面上，两面的夹角为 111.5°，键角为 94.8°，O—O 和 O—H 的键长分别为 148pm 和 95pm。凝聚态过氧化氢分子间有氢键，所以其沸点(423K)远比水高。

过氧化氢对热不稳定，具有强氧化性、弱还原性和极弱的酸性。高纯度的 H_2O_2 在低温和避光下是比较稳定的，常温下的分解作用比较平稳。当受热到 423K 以上，便发生强烈的爆炸性分解：

$$2H_2O_2 = 2H_2O + O_2\uparrow \qquad \Delta_r H_m^{\ominus} = -198\text{kJ}\cdot\text{mol}^{-1}$$

H_2O_2 在碱性介质中的分解速率远比在酸性介质中大，少量 Fe^{2+}、Mn^{2+}、Cu^{2+}、Cr^{3+} 等金属离子的存在可加速分解，光照也可使分解速率加快。为了防止 H_2O_2 的分解，常将 H_2O_2 装在光滑塑料瓶中，并放置暗处。有时加入一些稳定剂，如微量的锡酸钠 Na_2SnO_3、焦磷酸钠 $Na_4P_2O_7$ 或 8-羟基喹啉等抑制剂来抑制所含杂质的催化作用。

H_2O_2 具有极弱的酸性：

298.15K 时　$$H_2O_2 = H^+ + HO_2^- \qquad K_{a_1}^{\ominus} = 2.2\times10^{-12}$$

$$HO_2^- = H^+ + O_2^{2-} \qquad K_{a_2}^{\ominus} \approx 10^{-25}$$

H_2O_2 可与碱反应。例如

$$Ba(OH)_2 + H_2O_2 = 2H_2O + BaO_2(\text{过氧化钡})$$

过氧化钡可视为 H_2O_2 的盐。

过氧化氢中氧的氧化值为 −1，处于中间(0 和 −2 之间)价态，所以既有氧化性又有还原性。H_2O_2 的电势图如下：

$$E_A^\ominus/V \quad O_2 \xrightarrow{+0.682V} H_2O_2 \xrightarrow{+1.77V} H_2O$$

$$E_B^\ominus/V \quad O_2 \xrightarrow{-0.076V} HO_2^- \xrightarrow{+0.88V} OH^-$$

由标准电极电势可知，H_2O_2 无论在碱性介质还是在酸性介质均有氧化性，尤其在酸性介质中氧化性更为突出。例如，在酸性介质中：

$$\underset{(黑色)}{PbS}+4H_2O_2 = \underset{(白色)}{PbSO_4}\downarrow +4H_2O$$

这一反应可用于油画的漂白。在碱性介质中：

$$2[Cr(OH)_4]^- +3H_2O_2+2OH^- = 2CrO_4^{2-}+8H_2O$$

这一反应可用于 Cr^{3+} 的鉴定。

过氧化氢还原性较弱，只有遇到比它更强的氧化剂时才表现出还原性。例如

$$2MnO_4^- +5H_2O_2+6H^+ = 2Mn^{2+}+5O_2\uparrow +8H_2O$$

$$Cl_2+H_2O_2 = 2HCl+O_2\uparrow$$

前一反应用于测定 H_2O_2 的含量，后一反应在工业上用于除氯。

过氧化氢的主要用途是作氧化剂使用，其优点是产物为 H_2O，不给反应系统引入其他杂质。工业上使用 H_2O_2 作漂白剂，可漂白毛、丝织物和油画；医药上使用稀 H_2O_2 作为消毒杀菌剂；纯 H_2O_2 可作火箭燃料的氧化剂。浓度高于 30% 的 H_2O_2 水溶液会灼伤皮肤，使用时应格外注意。

工业上制备过氧化氢主要有两种方法：电解法和蒽醌法。

电解法：用金属铂作电极，电解硫酸氢铵饱和溶液，先制得过二硫酸铵溶液：

$$2NH_4HSO_4 \xrightarrow{电解} \underset{(阳极)}{(NH_4)_2S_2O_8} + \underset{(阴极)}{H_2}\uparrow$$

然后加入适量硫酸使过二硫酸铵水解生成 H_2O_2。

$$(NH_4)_2S_2O_8+2H_2O \xrightarrow{H_2SO_4} 2NH_4HSO_4+H_2O_2$$

蒽醌法：先将 2-乙基蒽醌溶解在苯溶剂中，然后在钯的催化作用下用氢气还原，得到 2-乙基蒽醇；最后鼓入富氧空气（O_2+空气），2-乙基蒽醇被氧化为 2-乙基蒽醌，同时生成 H_2O_2。总反应为

$$H_2+O_2 \xrightarrow[Pd\ 催化]{2-乙基蒽醌} H_2O_2$$

用水将过氧化氢提取出来，经减压蒸馏可得到高浓度的 H_2O_2 溶液。与电解法相比，蒽醌法能耗低，用氧取之于空气，2-乙基蒽醌可循环使用。

2）氨和联氨

（1）氨。氨（NH_3）是氮的重要化合物之一。在工业上通过氮气和氢气在高温高压下的直接催化合成而产生。在实验室中利用铵盐和碱的反应来制备少量氨气：

$$(NH_4)_2SO_4+CaO \longrightarrow CaSO_4+2H_2O+2NH_3\uparrow$$

液氨与水类似，也是一种良好的溶剂，有微弱的解离作用：

$$2NH_3(l) \rightleftharpoons NH_4^+ + NH_2^- \qquad K^\ominus(NH_3, l)=1.9\times 10^{-30}\ (223K)$$

液氨作为溶剂的一个特点是能溶解碱金属，形成深蓝色的金属液氨溶液，这种溶液能导

电。一般认为在此溶液中生成了电子的氨合物和金属离子：

$$Na + xNH_3(l) \longrightarrow Na^+ + e(NH_3)_x^-$$

将此溶液蒸干，又可得到原来的碱金属。液氨气化时吸热，可作为制冷剂。

氨在一般的情况下很稳定，它能参加的化学反应可以归纳成三类。

(i) 加合反应：氨分子的孤电子对倾向于和别的分子或离子形成配位键，结果形成了各种形式的氨合物。氨能和许多金属离子形成氨配合物，如$[Ag(NH_3)_2]^+$、$[Cu(NH_3)_4]^{2+}$、$[Cr(NH_3)_6]^{3+}$、$[Pt(NH_3)_4]^{2+}$等，使一些水中不溶的化合物能溶解在氨水溶液中。

氨分子也容易和分子中有空原子轨道的化合物直接化合，形成加成化合物。例如

$$BF_3 + :NH_3 \xlongequal{} F_3B \leftarrow NH_3$$

$$H^+ + :NH_3 \xlongequal{} NH_4^+$$

(ii) 取代反应：在一定条件下，液氨分子中的氢原子可依次被取代，生成一系列氨的衍生物。例如

$$2Na + 2NH_3 \xrightarrow{623K} 2NaNH_2 + H_2\uparrow \quad \text{(生成氨基化钠的反应)}$$

$$Ca + NH_3 \xlongequal{} CaNH + H_2\uparrow$$

$$2Al + 2NH_3 \xlongequal{} 2AlN + 3H_2\uparrow \quad \text{(生成氮化锂的反应)}$$

因这类反应类似于水解反应，所以这类反应称为加氨分解反应，简称氨解反应。

(iii) 氧化反应：在 NH_3 中氮原子处于最低氧化值(−3)，在一定条件下能被氧化剂氧化成氮气或氧化值比较高的氮的化合物。

氨在空气中不能燃烧，但在纯氧中以黄色火焰而燃烧，生成氮气和水：

$$4NH_3 + 3O_2 \xrightarrow{\triangle} 2N_2\uparrow + 6H_2O$$

在催化剂(铂网)的作用下氨可被氧化为一氧化氮：

$$4NH_3 + 5O_2 \xrightarrow{Pt,1073K} 4NO\uparrow + 6H_2O$$

这个反应是工业合成硝酸的基础。

氯和溴也能在气态或溶液中把氨氧化成单质 N_2：

$$2NH_3 + 3Cl_2 \xlongequal{} 6HCl + N_2\uparrow$$

产生的 HCl 与剩余的 NH_3 进一步作用，产生 NH_4Cl 白烟：

$$HCl + NH_3 \xlongequal{} NH_4Cl$$

工业上用来检查 Cl_2 管道是否漏气。

高温下 NH_3 能被某些金属氧化物氧化。例如

$$3CuO + 2NH_3 \xrightarrow{\triangle} 3Cu + N_2\uparrow + 3H_2O$$

铵盐是氨和酸进行加合反应的产物。铵盐在晶型、颜色、溶解度等方面都与相应的钾盐相似，为此在化合物的分类上往往把铵盐和碱金属盐列在一起。

铵盐一般为无色晶体，易溶于水。在铵盐溶液中加入强碱，并加热，就会释放出氨来：

$$NH_4^+ + OH^- \xlongequal{} NH_3\uparrow + H_2O$$

这是鉴定铵盐的常用方法。

固态铵盐加热易分解，其分解产物因酸根性质不同而异。例如，挥发性酸组成的铵

盐，分解产物一般为氨和相应酸：

$$NH_4HCO_3 \xrightarrow{\text{常温}} NH_3\uparrow + H_2CO_3 \to CO_2 + H_2O$$

$$NH_4Cl \xrightarrow{\triangle} NH_3\uparrow + HCl\uparrow \quad (\text{遇冷又结成 } NH_4Cl)$$

难挥发性酸组成的铵盐，则只有氨逸出：

$$(NH_4)_2SO_4 \xrightarrow{\triangle} NH_3\uparrow + NH_4HSO_4$$

$$(NH_4)_3PO_4 \xrightarrow{\triangle} 3NH_3\uparrow + H_3PO_4$$

氧化性酸组成的铵盐，分解出的氨会进一步被氧化：

$$NH_4NO_2 \xrightarrow{\triangle} N_2\uparrow + 2H_2O$$

$$(NH_4)_2Cr_2O_7 \xrightarrow{\triangle} N_2\uparrow + Cr_2O_3 + 4H_2O$$

硝酸铵的热分解产物与温度有关：

$$NH_4NO_3(s) \xrightarrow{\sim 483K} N_2O(g) + 2H_2O(g)$$

$$2NH_4NO_3(s) \xrightarrow{>573K} 2N_2(g) + O_2(g) + 4H_2O(g) \qquad \Delta_rH_m^{\ominus} = -236kJ \cdot mol^{-1}$$

由于反应产生大量的气体和热量，气体受热体积又急聚膨胀，反应在密闭容器中进行，就会发生爆炸，因此硝酸铵用于制造炸药(称硝铵炸药)，矿山爆破、开山劈岭用的多为这种炸药。

硝酸铵、硫酸铵和碳酸氢铵是最重要的铵盐，它们都是化学肥料。氯化铵常用于染料工业、焊接以及干电池的制造。

(2) 联氨。联氨又称肼，其组成为 NH_2-NH_2，它可以用次氯酸钠溶液处理过量的氨水来制备，反应为

$$NH_3 + ClO^- = NH_2Cl + OH^- \text{(快)}$$

$$NH_3 + NH_2Cl + OH^- = N_2H_4 + Cl^- + H_2O \text{(慢)}$$

联氨的分子结构为

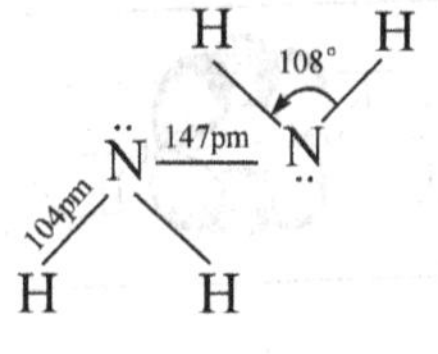

纯联氨为无色液体，熔点 275K，沸点 386.5K。当相对密度为 1.0144 时(288K)，具有较高的介电常数，是较好的极性溶剂，许多盐都可溶于其中，溶液导电性好。联氨可与水互溶，是一种二元弱碱，其解离常数为

$$N_2H_4 + H_2O \rightleftharpoons N_2H_5^+ + OH^- \qquad K_{b_1}^{\ominus} = 1.7\times10^{-6}$$

$$N_2H_5^+ + H_2O \rightleftharpoons N_2H_6^{2+} + OH^- \qquad K_{b_2}^{\ominus} = 7.6\times10^{-15}$$

联氨是一种强还原剂，在碱性溶液中有关电对的电极电势为

$$N_2 + 4H_2O + 4e^- = N_2H_4 + 4OH^- \qquad E_B^{\ominus} = -1.16V$$

联氨在空气中可以燃烧，放出大量的热

$$N_2H_4(l)+O_2(g)=\!=\!=N_2(g)+2H_2O(l)\qquad \Delta_rH_m^{\ominus}=-622kJ\cdot mol^{-1}$$

联氨及其衍生物可作为火箭的燃料。联氨的热稳定性较差，在 523K 时分解为 NH_3、N_2 和 H_2。

3）硼烷及其结构

与碳和硅相似，硼也可以形成一系列共价型氢化物，称为硼烷。目前已知的硼烷有 20 多种，其组成通式可表示为 B_nH_{n+m}（其中 $m=2,4,6$），如 B_2H_6、B_4H_{10}、B_5H_9、B_5H_{11}、B_6H_{10}等。

最简单的硼烷是乙硼烷（B_2H_6）。在 B_2H_6 分子中，共有 14 个价层轨道（两个 B 原子共有 8 个价层轨道，6 个 H 原子共有 6 个价层轨道），而只有 12 个电子（2 个 B 原子提供 6 个价电子，6 个 H 原子共有 6 个价电子），所以 B_2H_6 是缺电子化合物。结构实验表明：在 B_2H_6 分子中有一种桥状结构，如图 12.6(a)所示。在 B_2H_6 分子中，B 原子采取不等性 sp^3 杂化，每个 B 的 4 个 sp^3 杂化轨道中有 2 个用于与氢原子的 s 轨道形成正常的 σ 键，位于两侧的这 4 个氢原子和 2 个硼原子处在同一平面上；2 个硼原子之间利用每个硼原子的另外 2 个 sp^3 杂化轨道（一个有电子，另一个没有电子）同另外的 2 个氢原子的 s 轨道形成两个 $\mathrm{B}\overset{\mathrm{H}}{\frown}\mathrm{B}$ 键，犹如 2 个硼原子通过氢原子作为桥梁联结，故 $\mathrm{B}\overset{\mathrm{H}}{\frown}\mathrm{B}$ 也称“氢桥键”。2 个氢桥键位于平面上、下两侧，并垂直于平面，如图 12.6(b)所示。由于氢桥键是由 2 个电子把 3 个原子键合起来的，所以又称为“三中心二电子键”，简写为 3c2e。在多硼烷分子结构中，除氢桥键外，还常含有 3c2e 硼桥键（表示为 $\mathrm{B}\overset{\mathrm{B}}{\frown}\mathrm{B}$）及 3c2e 闭合式硼键（表示为 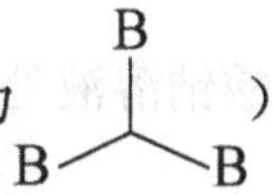），闭合式硼键与硼桥键不同，其 3 个 B 原子是等价的，没有属于“桥”上的 B 原子。它们都是每个 B 原子提供 1 个 sp^3 杂化轨道重叠形成，如图 12.6(c)所示。缺电子化合物一般不稳定，具有较强的化学反应活性。硼烷多数有毒，有令人不适的特殊气味。

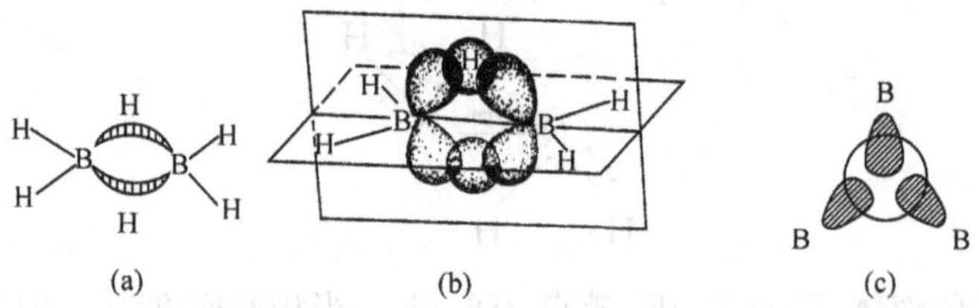

图 12.6　B_2H_6 的分子结构及闭合式硼键示意图

乙硼烷在常温下是气体，毒性很强，具有较高的化学活性，是一种非常活泼的物质，能与多种单质和化合物进行化学反应。例如，B_2H_6 暴露于空气中，易燃烧和爆炸，并放出大量的热：

$$B_2H_6+3O_2=\!=\!=B_2O_3+3H_2O\qquad \Delta_rH_m^{\ominus}=-2166kJ\cdot mol^{-1}$$

B_2H_6 是一种还原剂，能与强氧化剂反应。例如，与卤素反应生成卤化硼：

$$B_2H_6 + 6X_2 \xlongequal{\quad} 2BX_3 + 6HX\uparrow$$

B_2H_6 易水解，释放出氢气，生成硼酸，并放出大量热：

$$B_2H_6 + 6H_2O \xlongequal{\quad} 2H_3BO_3 + 6H_2\uparrow$$

因此 B_2H_6 适用于作水底火箭燃料。

B_2H_6 在低于 373K 时稳定，高于此温度则分解放出氢气，转变为高元硼烷。例如

$$2B_2H_6 \xrightarrow{\text{加压}} B_4H_{10} + H_2\uparrow$$

B_2H_6 与 LiH 的反应，能生成一种比 B_2H_6 的还原性更强的还原剂硼氢化锂 $LiBH_4$：

$$B_2H_6 + 2LiH \xlongequal{\quad} 2LiBH_4$$

$LiBH_4$ 为白色盐型氢化物，能溶于水或乙醇，无毒，化学性质稳定，广泛用于有机合成中。

氨、一氧化碳是具有孤对电子的分子，它们能与硼烷发生加合作用。例如

$$B_2H_6 + 2NH_3 \xlongequal{\quad} 2[H_3B\leftarrow NH_3]$$

$$B_2H_6 + 2CO \xlongequal{\quad} 2[H_3B\leftarrow CO]$$

乙硼烷双桥键骨架也可以发生裂解反应：

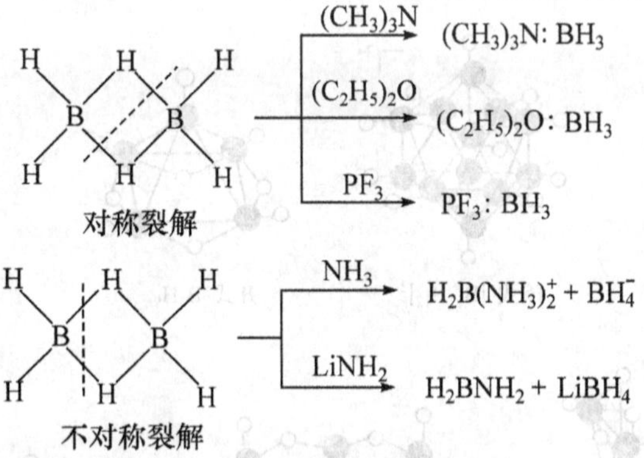

它也可以发生氢桥骨架不变的反应。例如，B_2H_6 与 HX、BCl_3 等反应时，3c2e 的 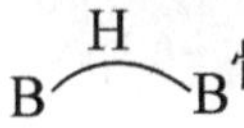 骨架基本保持不变，生成端部氢原子被取代的各种乙硼烷衍生物。

$$B_2H_6 + HI \longrightarrow B_2H_5I$$

$$B_2H_6 + BBr_3 \longrightarrow B_2H_5Br$$

$$B_2H_6 + BCl_3 \longrightarrow B_2H_5Cl$$

乙硼烷与不饱和烃生成烃基硼烷的反应称为硼氢化反应。硼氢化反应在有机合成中有重要作用。

乙硼烷不能通过硼和氢直接化合制得，而要通过间接的途径。例如

$$2BMn + 6H^+ \xlongequal{\quad} B_2H_6 + 2Mn^{3+}$$

$$2BCl_3 + 6H_2 \xlongequal{\quad} B_2H_6 + 6HCl$$

$$3LiAlH_4 + 4BF_3 \xrightarrow{\text{乙醚}} 2B_2H_6 + 3LiF + 3AlF_3$$

$$3NaBH_4 + 4BF_3 \xrightarrow{\text{乙醚}} 2B_2H_6 + 3NaBF_4$$

将乙硼烷加热至高于 373K 以上时，乙硼烷可转变为高硼烷。B_2H_6 的分解产物很复

杂，有 B_4H_{10}、B_5H_9、B_5H_{11}、$B_{10}H_{14}$ 等，控制不同的条件可得到不同的产物。常见硼烷的性质见表 12.3。

表 12.3　常见硼烷的性质

通式	化合物	名称	溶点/K	沸点/K	性质
B_nH_{n+4}	B_2H_6	乙硼烷	108.3	180.56	气体，易溶于乙醚，室温下水解很快，373K 以下稳定
	B_5H_9	戊硼烷-9	226.7	333.15	液体，易溶于苯，363.15K 时 3d 尚未水解完全，很稳定
	B_6H_{10}	已硼烷	227.35	381.15	液体，易溶于苯，363.15K 时 16h 尚未水解完全，室温缓慢水解
B_nH_{n+6}	$B_{10}H_{16}$	癸硼烷	372.65	486.15	固体，易溶于苯，室温水解较慢加热较快，极稳定
	B_4H_{10}	丁硼烷	153.15	291.15	气体，易溶于苯，室温下水解缓慢，不稳定
	B_5H_{11}	戊硼烷-11	151.15	338.15	液体，室温分解

注：纯硼烷的毒性很大，远远超过通常已知的毒物如氰化氢、光气（$COCl_2$）等，因此现有的硼烷燃料不是纯硼烷而是硼烷的衍生物。例如，$(C_2H_5)_3B_5H_6$ 是液体高能燃料，$(C_2H_5)_2B_{10}H_{12}$ 和 $(C_4H_9)_2B_{10}H_{12}$ 等是固体高能燃料等。

硼烷的结构较复杂，一般由闭合式结构（$m=2$）、开式（也称巢式）结构（$m=4$）和蛛网式结构（$m=6$）三种。几种硼烷的结构如下：

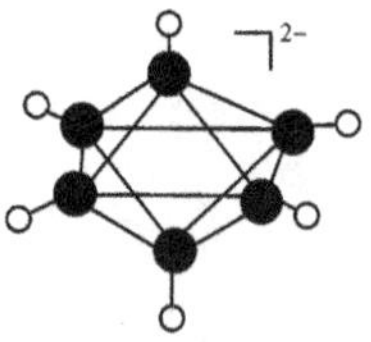

闭式-$[B_6H_6]^{2-}$

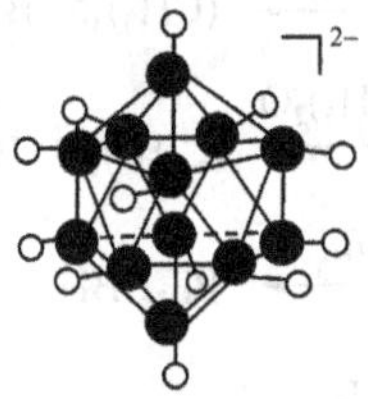

闭式-$[B_{12}H_{12}]^{2-}$

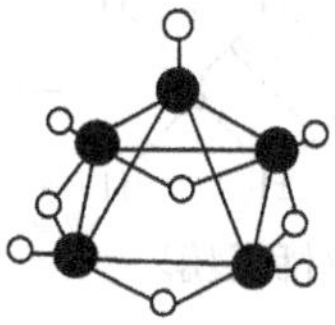

开式-B_5H_9

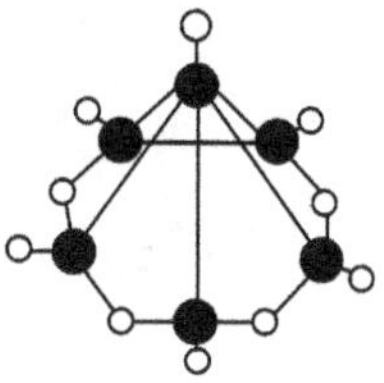

开式-B_6H_{10}

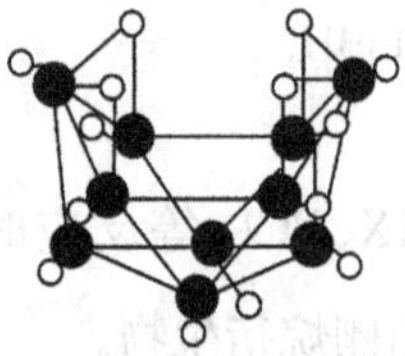

开式-$B_{10}H_{14}$

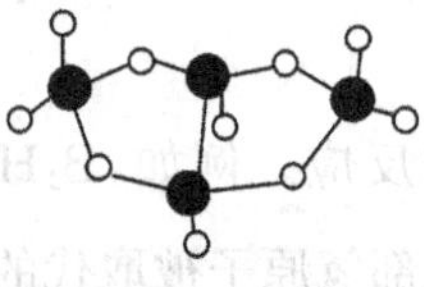

蛛网式-B_4H_{10}

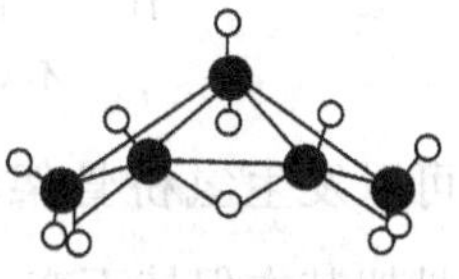

蛛网式-B_5H_{11}

12.3 卤　化　物

12.3.1　卤化物性质变化规律

s 区的金属元素（Li、Be 除外）与卤素形成的化合物为离子型卤化物，具有高的熔、沸点和较低的挥发性，熔融时可以导电。p 区非金属元素及个别金属元素（如 Al 等）与卤素形成的化合物为共价型卤化物，其熔、沸点较低，一般具有挥发性，熔融时不导电。

与 p 区同族元素形成的卤化物键型从上到下由共价型逐步过渡到离子型。例如

卤化物	NF_3	PF_3	AsF_3	SbF_3	BiF_3
键型	共价型	共价型	共价型	过渡型	离子型
熔点/℃	−206.6	−151.5	−85	292	727

同一金属不同卤化物的键型变化，例如

卤化物	AlF_3	$AlCl_3$	$AlBr_3$	AlI_3
键型	离子型	共价型	共价型	共价型
熔点/℃	1260	178(升华)	263.3	360

同一金属不同氧化值卤化物的键型变化，例如

卤化物	$SnCl_2$	$SnCl_4$	$PbCl_2$	$PbCl_4$
键型	离子型	共价型	离子型	共价型
熔点/℃	652	114	950	105

大多数的卤化物易溶于水。常见卤化物中只有 AgX、PbX_2、Hg_2X_2、CuX(X=Cl、Br、I)难溶于水。AgF 和 CaX_2(X=Cl、Br、I)易溶于水，但 CaF_2 难溶于水。虽然它们都是离子型卤化物，但 F^- 半径很小，与 Ca^{2+} 吸引力强，晶格能大，致使其难溶于水。

重金属的卤化物水溶性大小顺序一般为 $MF_n > MCl_n > MBr_n > MI_n$。

另外，金属卤化物的溶解度常因生成配离子而增大，例如

$$AgCl(s) + Cl^- \longrightarrow AgCl_2^-$$

12.3.2 卤化物的水解性

活泼金属的卤化物大多在水中电离而不水解，唯有氟化物在水中水解：

$$F^- + H_2O \rightleftharpoons HF + OH^-$$

活泼性较差的金属元素卤化物在水中部分水解，例如

$$SbCl_3 + H_2O \longrightarrow 2HCl + SbOCl\downarrow (白色)$$

$$BiCl_3 + H_2O \longrightarrow 2HCl + BiOCl\downarrow (白色)$$

$$SnCl_2 + H_2O \longrightarrow HCl + Sn(OH)Cl\downarrow (白色)$$

非金属元素卤化物在水中完全水解，例如

$$PCl_5 + 4H_2O \longrightarrow H_3PO_4 + 5HCl$$

$$PCl_3 + 3H_2O \longrightarrow H_3PO_3 + 3HCl$$

$$BCl_3 + 3H_2O \longrightarrow B(OH)_3 + 3HCl$$

$$BBr_3 + 3H_2O \longrightarrow B(OH)_3 + 3HBr$$

12.3.3 互卤化物及多碘化物

1. 互卤化物

卤素元素之间常可以互相结合形成互卤化物。例如

$$Cl_2 + F_2 \longrightarrow 2ClF \qquad (225℃)$$
$$I_2 + 5F_2 \longrightarrow 2IF_5 \qquad (室温)$$
$$I_2 + 3XeF_2 \longrightarrow 2IF_3 + 3Xe \qquad (<30℃)$$
$$I_2 + AgF \longrightarrow IF + AgI \qquad (0℃)$$
$$ClF + F_2 \longrightarrow ClF_3$$
$$ClF + F_2 \longrightarrow ClF_3$$
$$ClF_3 + F_2 \longrightarrow ClF_5$$
$$\cdots$$

这些互卤化物常用作非水溶剂。

互卤化物绝大多数不稳定，许多性质与卤素单质相似，都是强氧化剂，化学活性强，可与大多数金属及非金属反应生成相应的卤化物。互卤化物极易水解，例如

$$ClF + H_2O = HF + HClO$$
$$3BrF_3 + 5H_2O = HBrO + Br_2 + 9HF + 2O_2\uparrow$$
$$2ICl_3 + 3H_2O = HIO_3 + ICl + 5HCl$$
$$IF_5 + 3H_2O = HIO_3 + 5HF$$

2. 多碘化物

碘有一个特性，单质碘能溶解在碘化钾水溶液中，这是由于在溶液中生成了 I_3^-（I—I—I⁻ 是一个直线形离子）的缘故。多碘化物的形成是碘的一个重要性质，其主要形式及结构如下：

$$I_2 + I^- \rightleftharpoons I_3^- \qquad K^{\ominus} = 698$$

除 I_3^- 外，还可以形成 I_5^-、I_4^{2-}、I_8^{2-} 等，其结构分别为（——上的数据为键长，pm）

I_3^-: $I \overset{290}{—} I — I$　　I_5^-:

I_4^{2-}: $I \overset{334}{---} I \overset{280}{—} I --- I$　　I_8^{2-}:

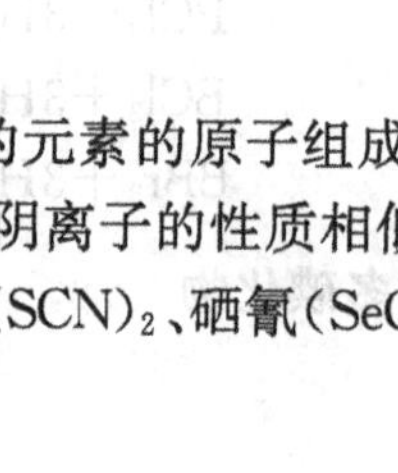

12.3.4　拟卤素

拟卤素是指有两个或两个以上的电负性较大的元素的原子组成的原子团，它们在分子状态时与卤素的性质相似，它们的阴离子与卤素阴离子的性质相似，它们的－1 价化合物称为拟卤化物。重要的拟卤素有氰 $(CN)_2$、硫氰 $(SCN)_2$、硒氰 $(SeCN)_2$ 和氧氰 $(OCN)_2$ 等。拟卤素与卤素的对比见表 12.4。

表 12.4 拟卤素与卤素

卤素		分子组成及其结构式		酸及其结构式		常见盐
		X_2	X—X	HX	H—X	KX
拟卤素	氰	$(CN)_2$	:N≡C—C≡N:	HCN	H—C≡N:	KCN
	氧氰	$(OCN)_2$	:N≡C—O—O—C≡N:	HOCN	H—O—C≡N:	KOCN
	硫氰	$(SCN)_2$	:N≡C—S—S—C≡N:	HSCN	H—S—C≡N:	KSCN
	硒氰	$(SeCN)_2$	:N≡C—Se—Se—C≡N:	HSeCN	H—Se—C≡N:	KSeCN

拟卤素与卤素的性质相似，主要原因可能是它们具有相似的外层电子结构。若将拟卤素中所有元素价层电子数总数进行排布，每层排8个电子（CN例外，其第1层排2个电子），则最外层剩余的价电子数为7个，正好符合卤素的外层电子构型特征。例如，(CN)、(OCN)、(SCN)、(SeCN)的价电子总数分别为(2+7)、(8+7)、(8+7)、(8+7)。

1. 拟卤素与卤素的性质对比

(1) 拟卤素在游离态时皆为二聚体，相当于卤素的双原子分子，通常具有挥发性，具有特殊的刺激性气味。但二聚体拟卤素不稳定，许多二聚体都会发生聚合作用。例如

$$x(SCN)_2 = 2(SCN)_x \quad \text{(室温)}$$

$$x(CN)_2 = 2(CN)_x \quad \text{(673K)}$$

(2) 拟卤素都可与金属反应生成盐。例如

$$2Fe + 3(SCN)_2 = 2Fe(SCN)_3$$

$$2Fe + 3Cl_2 = 2FeCl_3$$

它们的Ag(Ⅰ)、Hg(Ⅰ)、Pb(Ⅱ)盐皆不溶于水，拟卤素形成的盐常与卤化物共晶。

(3) 它们都与氢形成氢酸，但拟卤素所形成的酸一般比氢卤酸弱，其中以氢氰酸最弱，如 $K^{\ominus}_{HCN}=6.2\times10^{-10}$、$K^{\ominus}_{HOCN}=3.3\times10^{-4}$、$K^{\ominus}_{HSCN}=0.13$。

(4) 彼此也可以互相化合，生成相当于互卤化物的化合物，如CNSCN、CNBr等化合物。

(5) 形成多卤化物及拟多卤化物，如KI_3、$NH_4(SCN)_3$等。

(6) 都可作为配体形成配合物，例如

$$3CN^- + CuCN = [Cu(CN)_4]^{3-}$$

$$3I^- + CuI = [CuI_4]^{3-}$$

(7) 遇碱发生歧化反应，例如

$$(CN)_2 + 2OH^- = CN^- + CNO^- + H_2O$$

$$Cl_2 + 2OH^- = Cl^- + ClO^- + H_2O$$

(8) 可与不饱和烃发生加成反应，例如

$$(SCN)_2 + C_2H_4 = NCSCH_2CH_2SCN$$

$$Cl_2^+ + C_2H_4 = ClCH_2CH_2Cl$$

(9) 拟卤素与卤素均可通过氧化或电解方法制得。例如

$$Cl_2 + 2SCN^- = 2Cl^- + (SCN)_2$$

$$Cl_2 + 2Br^- \longrightarrow 2Cl^- + Br_2$$

$$MnO_2 + 4H^+ + 2SCN^- \longrightarrow Mn^{2+} + 2H_2O + (SCN)_2$$

$$MnO_2 + 4H^+ + 2Cl^- \longrightarrow Mn^{2+} + 2H_2O + Cl_2$$

$$PbCl_4 \longrightarrow PbCl_2 + Cl_2$$

$$Pb(SCN)_4 \longrightarrow Pb(SCN)_2 + (SCN)_2$$

2. 氰和氰化物

氰为无色可燃气体，剧毒，有苦杏仁味，熔点 245K，沸点 253K。氰的制备方法如下：

$$4HCN(g) + O_2 \longrightarrow 2(CN)_2 + 2H_2O \quad (Ag\ 催化剂)$$

$$2HCN + NO_2 \longrightarrow (CN)_2 + NO + H_2O$$

在水中，氰慢慢发生水解，生成多种物质，其中有乙二酰二胺和草酸铵等。

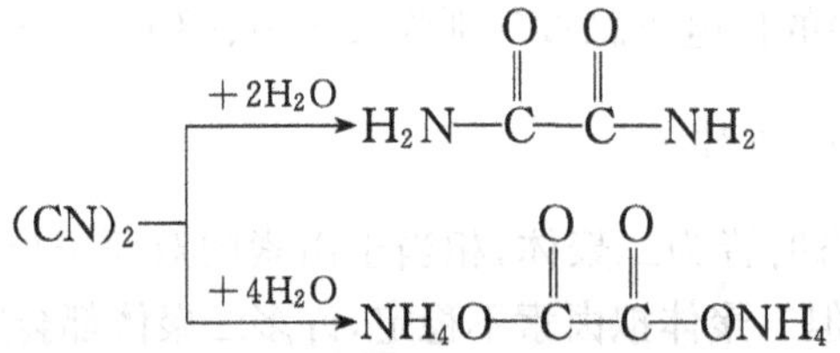

从氰的水解产物也可以推测氰分子中原子的排列方式为 NCCN，与其结构的研究结果一致。在碱性介质中，氰的水解产物为氢氰酸盐（CN^-）和氰酸盐（OCN^-）。

氢氰酸（HCN）为无色液体，有剧毒，沸点为 298.8K，凝固点为 259.8K。HCN 能与水、醇、醚互溶，水溶液为极弱的酸。实验室可用氰化物与稀硫酸作用得到 HCN，工业上生产 HCN 是在催化剂作用下，用 CH_4 和 NH_3 反应而得：

$$2CH_4 + 2NH_3 + 3O_2 \xrightarrow[>1073K]{催化剂} 2HCN + 6H_2O$$

CN^- 与 CO、NO^+ 为等电子体，都能作为配体形成多种配合物。

氰化物是指氢氰酸的盐。常见的有 NaCN、KCN，它们均易溶于水，并发生水解。氰化物也有剧毒，它能使中枢神经系统瘫痪，并可以使呼吸酶及血红蛋白中毒，且中毒作用非常迅速，使用时必须注意安全。氢氰酸和氰化钠的致死量为 0.05g，HCN 在空气中的允许量为 10ppm，而在水中的量不得超过 0.01ppm。

氰化物中毒的途径可以是从皮肤吸收、从伤口侵入、误食或从呼吸系统进入人体，因此使用时要特别小心。因使用氰化物所造成的环境问题也必须处理。处理方法可以利用 CN^- 的强配位性和还原性进行。例如

$$FeSO_4 + 6CN^- \longrightarrow [Fe(CN)_6]^{4-} + SO_4^{2-}$$

$$NaClO + CN^- \longrightarrow Na^+ + CNO^- + Cl^-$$

$$5Cl_2 + 10OH^- + 2CN^- \longrightarrow 2HCO_3^- + N_2\uparrow + 10Cl^- + 4H_2O$$

$[Fe(CN)_6]^{4-}$ 和 CNO^- 无毒。

3. 硫氰和硫氰酸盐

硫氰可用电解 SCN^- 法制备：

阳极反应： $2SCN^- - 2e^- \longrightarrow (SCN)_2$

$(SCN)_2$ 易被水分解，因此最好用 AgSCN 悬浮在醚中与溴或碘作用制得

$$2AgSCN + Br_2 \longrightarrow 2AgBr + (SCN)_2$$

在常温下，硫氰为黄色油状液体，凝固点为 271～276K。它不稳定，逐渐聚合成不溶性的、砖红色固体聚合物 $(SCN)_x$，但其在 CCl_4 或 HAc 中很稳定。

硫氰酸盐易于制备，硫与碱金属氰化物共熔即得

$$KCN + S \longrightarrow KSCN$$

工业上制备硫氰酸铵是用氨水和 CS_2 反应进行的

$$4NH_3 + CS_2 \longrightarrow NH_4SCN + (NH_4)_2S$$

大多数的金属硫氰酸盐易溶于水，而 Cu(Ⅰ)、Au(Ⅲ)、Hg(Ⅱ)的硫氰酸盐则不溶于水。SCN^- 是一个很好的两可配体，与第一过渡系元素一般是以 N 原子一端配位，而与第二、第三过渡系元素配位时一般是以 S 原子一端配位。KSCN 是检验 Fe^{3+} 的灵敏试剂，二者形成血红色的配离子：

$$Fe^{3+} + xSCN^- \longrightarrow [Fe(NCS)_x]^{3-x} \qquad 血红色(x=1\sim6)$$

4. 氧氰及氰酸盐

电解氰酸钾(KOCN)时，在阳极上可得到氧氰 $(OCN)_2$：

$$2OCN^- - 2e^- \longrightarrow (OCN)_2$$

游离的氧氰尚未得到，它只存在于水溶液中。

氰酸(HOCN)是无色液体，在水溶液中迅速水解为 NH_3 和 CO_2。HOCN 的同分异构体 HNCO 称为异氰酸，其结构式为 H—N═C═O。

氰酸盐较稳定，但在溶液中 OCN^- 易水解。氰酸盐可用下列反应制备：

$$KCN + PbO \longrightarrow KOCN + Pb$$

用酒精萃取即可得到无色的 KOCN。

12.4 简单含氧酸的结构及酸性强弱

12.4.1 简单含氧酸的结构

1. 只含简单 σ 单键的含氧酸结构

氧原子数与氢原子数相等的含氧酸，如 HClO、H_3AsO_3、H_4SiO_4 等一般只含有简单的 σ 单键。例如，HClO 的结构为 Cl—O—H。H_3AsO_3 的结构为

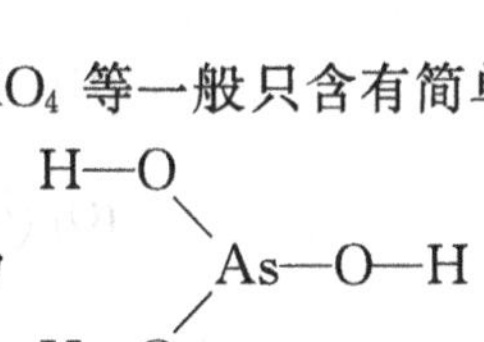

，其中 As 原子采取不等性 sp^3 杂化成键，为三角锥形结构。H_4SiO_4 的结构为

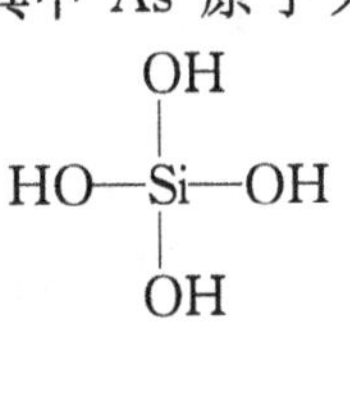

，其中 Si 原子采取 sp^3 杂化成键，为正四面体结构。

2. 含一般双键(σ键和π键)的含氧酸结构

一般是第二周期元素的含氧酸,氧原子数多于氢原子数,如 HNO_2、H_2CO_3 等。

HNO_2 的结构为 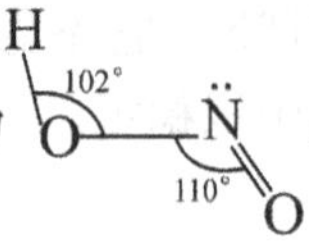,中心原子 N 采取 sp^2 杂化。

H_2CO_3 的结构为 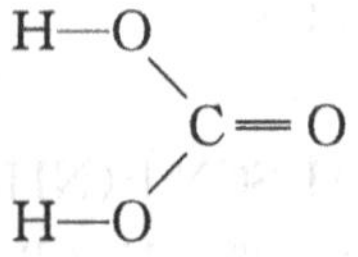,中心原子 C 采取 sp^2 杂化,其分子中的π键只是一般的π键。但两个 H^+ 解离后,生成的 CO_3^{2-} 的结构为 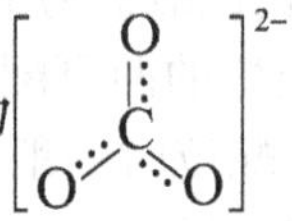,形成了 Π_4^6 离域大π键。

3. 含离域大π键的含氧酸结构

具有这种结构的含氧酸不多,常见的有 HNO_3,其性质较为特殊。

HNO_3 的结构为 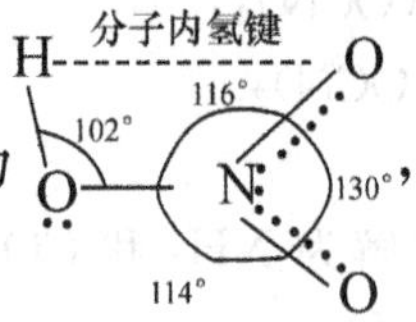

,中心原子 N 采取 sp^2 杂化,并形成了 Π_3^4 离域大π键。因为形成了分子内氢键,所以硝酸易于挥发。H^+ 解离后,生成的 NO_3^- 的结构为 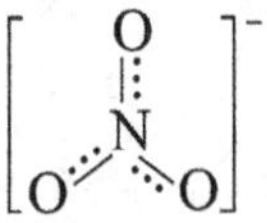,形成了 Π_4^6 离域大π键。酸根中具有离域大π键的酸一般热稳定性较差,受热易分解,如 HNO_3、H_2CO_3 等。

4. 含(p-d)π键的含氧酸结构

在第三周期以后的大多数元素的含氧酸中氧原子数多于氢原子数,一般都具有(p-d)π键。例如,H_2SO_4 分子的成键情况可示意为

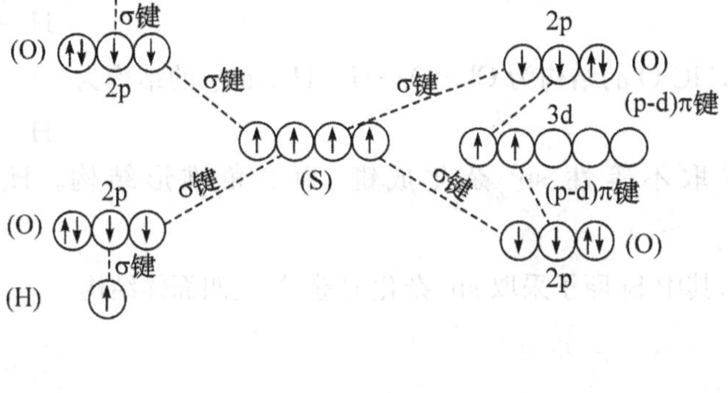

在这些含氧酸(如 H_2SO_4)分子中，中心原子除了以 sp^3 杂化轨道与四个氧原子的单电子 p 轨道形成 σ 键以外，非羟基氧原子上的另外一个单电子 p 轨道与激发后含有单电子的 d 轨道对称性相同，二者重叠形成(p-d)π 键。在 H_3PO_4、$HClO_4$ 等分子结构中均具有(p-d)π 键。例如，H_2SO_4、$H_2S_2O_7$（焦硫酸）、H_3PO_4、H_3PO_2（次磷酸）、H_3PO_3（亚磷酸）和 $HClO_4$ 的结构可分别表示为

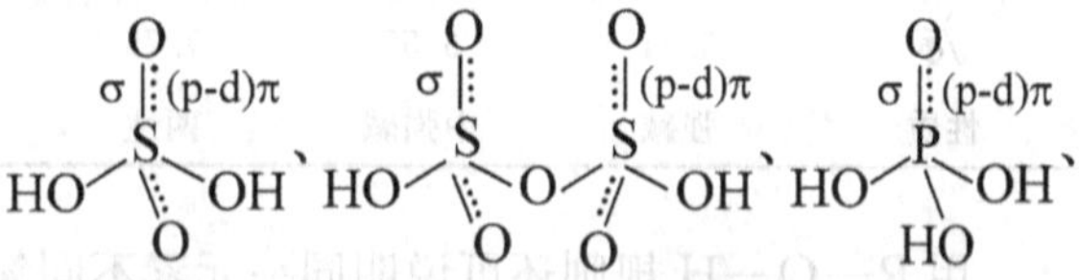

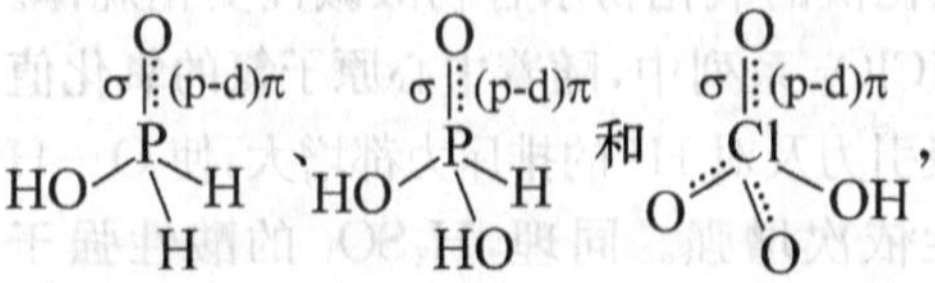

，p-d 轨道重叠可示意为

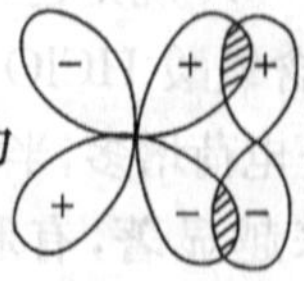

，(p-d)π 键是第三周期以后元素的含氧酸分子(或含氧酸根)结构中较为普遍的现象。具有(p-d)π 键的酸及其盐一般热稳定性较好。这种酸一般具有较强的吸水性及较强的酸性。例如，浓 H_2SO_4、$H_2S_2O_7$、$HClO_4$ 均为强酸，浓 H_2SO_4、浓 H_3PO_4 均具有吸水性等。H_3PO_2 和 H_3PO_3 分别为一元酸和二元酸，因为其分子中含有 P—H 结构，因而具有一定的还原性，次磷酸(H_3PO_2)是一种常用的还原剂。

12.4.2　元素含氧酸强弱的定性判断规则

根据主族元素含氧酸的组成及分子结构可以定性判断其酸碱性的强弱。判断酸碱性强弱一般有两种方法：一种是 R—O—H 规则，另一种是鲍林规则。

1. R—O—H 规则

一般氧化物的水合物可以用通式 H_nRO_m 或 $RO_{m-n}(OH)_n$ 表示，其中 R 代表成碱或成酸元素的离子。R—O—H 在水中有两种可能的解离方式，可表示为

$$\underset{\text{酸式解离}}{RO^- + H^+} \longleftarrow R{-}O{-}H \longrightarrow \underset{\text{碱式解离}}{R^{z+} + OH^-}$$

以何种方式为主，或者二者兼而有之，这取决于阳离子 R^{z+} 的极化作用大小，即与阳离子的电荷 z 及半径 r 比的大小有关。其比值大小可用 Φ 表示，称为离子势，定义为

$$\Phi = \frac{\text{阳离子电荷}(z)}{\text{阳离子半径}(r)}$$

在 R—O—H 中，若 R 的 Φ 值大，极化作用强，氧原子的电子云将偏向 R，使 O—H 键极性增强，则 R—O—H 按酸式解离；若 R 的 Φ 值小，R—O 的键极性强，则 R—O—H 按碱式解离。有人据此提出了用 $\sqrt{\Phi}$ 值作为判断 R—O—H 酸、碱性的依据，具体判断规则为

$\sqrt{\Phi}$	<7	7~10	>10
R—O—H 酸碱性	碱性	两性	酸性

第三周期元素氧化物的水合物的 $\sqrt{\Phi}$ 值与其酸碱性关系见表 12.5。

表 12.5 第三周期元素氧化物的水合物酸碱性

元素	Na	Mg	Al	Si	P	S	Cl
R—O—H	NaOH	$Mg(OH)_2$	$Al(OH)_3$	H_2SiO_3	H_3PO_4	H_2SO_4	$HClO_4$
r/nm	0.095	0.065	0.05	0.041	0.034	0.029	0.026
$\sqrt{\Phi}$	3.24	5.55	7.75	9.88	12.1	14.4	16.4
性质	强碱	中强碱	两性	弱酸	中强酸	强酸	很强酸

用 R—O—H 规则还可说明同一元素不同氧化值的氧化物水合物酸碱性变化规律。例如，在氯的含氧酸 $HClO$—$HClO_2$—$HClO_3$—$HClO_4$ 系列中，随着中心原子氯的氧化值的增高，R^{z+} 正电荷增多，半径减小，R^{z+} 对 O^{2-} 的吸引力及对 H^+ 的排斥力都增大，使 O—H 键的极性越来越显著，有利于酸式解离，故酸性依次增强。同理，H_2SO_4 的酸性强于 H_2SO_3，HNO_3 的酸性强于 HNO_2 等。注意：这种方法判断酸碱性及其强弱只是一个经验规律，有时例外。

2. 鲍林规则

元素的氢氧化物或含氧酸通式为 $RO_{m-n}(OH)_n$，鲍林提出可以根据 $m-n$ 的值，即非羟基氧原子的个数来定性判断含氧酸的强弱。非羟基氧的个数越多，一般酸性越强，如 $H_4SiO_4<H_3PO_4<H_2SO_4<HClO_4$。这就是判断元素含氧酸强弱的鲍林规则。据此可推论：含氧酸缩合程度越大，一般酸性就越强，如 $H_4P_2O_7>H_3PO_4$、$H_2S_2O_7>H_2SO_4$。

$m-n$ 值与 $K_a^\ominus$ 一般有如下半定量关系：

$m-n=0$	弱酸	$K_a^\ominus=10^{-11}\sim10^{-5}$
$m-n=1$	中强酸	$K_a^\ominus=10^{-4}\sim10^{-2}$
$m-n=2$	强酸	$K_a^\ominus=10^{-1}\sim10^{3}$
$m-n=3$	极强酸	$K_a^\ominus>10^{8}$

例如

$m-n=0$	$HClO$	$HBrO$	HIO	H_4SiO_4	H_3BO_3	H_3AsO_3	弱酸
$K_a^\ominus$	10^{-8}	10^{-9}	10^{-11}	10^{-10}	10^{-10}	10^{-10}	
$m-n=1$	H_3PO_2	H_2SO_3	HNO_2	H_3PO_4	H_3AsO_4	$HClO_2$	中强酸
$K_a^\ominus$	10^{-2}	10^{-2}	10^{-4}	10^{-3}	10^{-3}	10^{-2}	
$m-n=2$	$HClO_3$	$HBrO_3$	HIO_3	H_2SO_4	HNO_3	$HClO_4$	强酸
$K_a^\ominus$	10^{3}	1	10^{-1}	10^{3}	21	10^{8} $(m-n=3)$	

12.4.3 非金属含氧酸盐的一般性质

1. 非金属含氧酸盐的溶解性

含氧酸盐均属于离子型化合物，绝大多数钾、钠、铵盐及酸式盐都溶于水。具有以下溶解性规律：①硝酸盐和氯酸盐几乎都溶于水，溶解度随温度升高迅速增大；②多数硫酸盐易溶于水，但 Pb^{2+}、Ba^{2+}、Sr^{2+} 的硫酸盐难溶于水，Ca^{2+}、Ag^{+}、Hg^{2+}、Hg_2^{2+} 的硫酸盐微溶于水；③大多数碳酸盐（除 Na^{+}、K^{+}、Rb^{+}、Cs^{+}、NH_4^{+} 外）难溶于水，以 Ca^{2+}、Sr^{2+}、Ba^{2+}、Pb^{2+} 的碳酸盐溶解度最小。

2. 非金属含氧酸盐的热稳定性

非金属含氧酸盐的热稳定性具有以下规律：①同种金属离子与同种含氧酸根组成的含氧酸盐的热稳定性顺序一般为正盐＞酸式盐，如 Na_2CO_3＞$NaHCO_3$；②不同金属离子与相同含氧酸根组成的盐热稳定性顺序一般为碱金属盐＞碱土金属盐＞过渡金属盐＞铵盐；③相同金属离子与不同酸根组成的盐热稳定性顺序一般为结构对称性越好，盐越稳定，四面体结构＞三角形＞三角锥形，如四面体结构的 SO_4^{2-}、PO_4^{3-} 盐中的 S、P 处于 4 个 O 的包围中心，完全被屏蔽起来，相对于三角锥形或三角形的 ClO_3^{-}、NO_3^{-}、CO_3^{2-} 盐，热稳定性更好些，如 K_2SO_4 很稳定、K_2CO_3 稳定、KNO_3 及 $KClO_3$ 易爆炸；④同一成酸元素高氧化值的含氧酸盐更稳定，如 $KClO_4$＞$KClO_3$＞$KClO$，Na_2SO_4＞Na_2SO_3。这与结构对称性越好，盐就越稳定的结论是一致的。

3. 非金属含氧酸及其盐的氧化还原性

非金属含氧酸及其盐的氧化还原性主要取决于成酸元素的性质及氧化值。

非金属性强的成酸元素，其酸及盐往往具有氧化性，如 HNO_3、KNO_3、$HClO$ 等。非金属性较弱的含氧酸及其盐一般无氧化性，如 H_3PO_4、Na_2CO_3 等。

处于高氧化值的非金属成酸元素，有获得电子的可能性，一般具有氧化性；处于中间氧化值的非金属成酸元素，一般既有氧化性又有还原性，如 HNO_2 及 H_2SO_3 等。但高氧化值的含氧酸盐不一定在任何情况下都显示出氧化性。例如，硝酸盐在高温或酸性介质中是强氧化剂，而在中性及碱性介质中几乎不显示氧化性。非金属含氧酸及其盐的氧化还原性的变化规律如下：

（1）同一周期的非金属元素，各元素最高氧化值含氧酸的氧化性从左至右增强。例如

H_2SiO_3	H_3PO_4	H_2SO_4（浓热）	$HClO_4$
无	无	有	强

同类型低氧化值含氧酸的氧化性从左至右增强，如

$$H_2SO_3 < HClO_3 \qquad H_2SeO_3 < HBrO_3$$

（2）同一族的非金属元素，最高氧化值的含氧酸多数从上至下氧化性增强。例如

$$HClO_4 < HBrO_4 \qquad H_2SO_4 < H_2SeO_4 \qquad H_3PO_4 < H_3AsO_4$$

次卤酸氧化性从上至下依次递减，即 $HClO$＞$HBrO$＞HIO。

同类型中间氧化态的含氧酸中，第四周期元素的含氧酸氧化性最强。例如

$$H_2SO_3 < H_2SeO_3 > H_2TeO_3 \qquad HClO_3 < HBrO_3 > HIO_3$$

（3）同一成酸元素不同氧化值的含氧酸，在浓度相同且被还原为同一氧化值时，低氧化值的氧化性比高氧化值的强。这是因为价态越高，还原时需要断开的 R—O 键数多，困

难大，表现出氧化性降低。例如(1.0mol · L^{-1})

$$HClO > HClO_3 > HClO_4 \qquad HNO_2 > HNO_3 \qquad H_2SO_3 > H_2SO_4$$

(4) 一般浓酸比稀酸氧化性强，酸比其盐的氧化性强。例如，浓 H_2SO_4 具有强氧化性，而稀 H_2SO_4 无强氧化性，HNO_3 具有强氧化性，而 $NaNO_3$ 只在酸性条件下才具有氧化性。

另外，一般同一种含氧酸或含氧酸盐在酸性介质中的氧化性比在碱性介质中的氧化性要强。

4. 非金属含氧酸及其盐的缩聚现象

易于形成多原子分子的非金属单质元素的热稳定含氧酸及其盐，在受热时经常会发生聚合或缩聚反应，形成多酸或多酸盐。如果是同种酸或盐的缩聚，则生成同多酸或同多酸盐，如 $H_2S_2O_7$、$Na_4P_2O_7$ 等；如果是不同元素的含氧酸或盐缩聚，则生成杂多酸或杂多酸盐，如$(NH_4)_3PMo_{12}O_{40}$等。常见的多酸主要有多硫酸、多磷酸及钼和钨的磷、硅杂多酸等。例如[→表示含(p-d)π 键的双键]

焦硫酸 $H_2S_2O_7$ 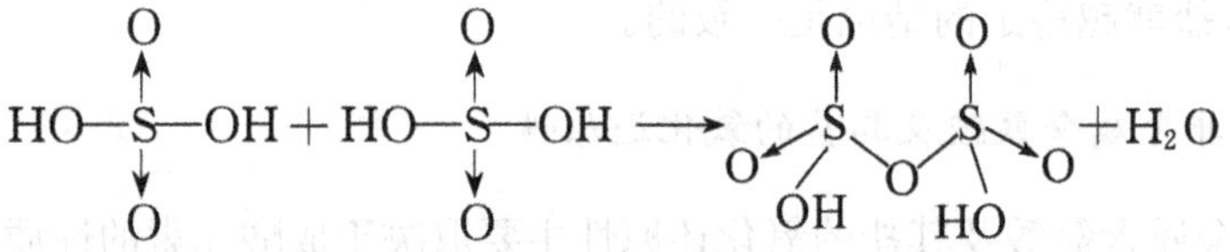

焦磷酸 $H_4P_2O_7$ 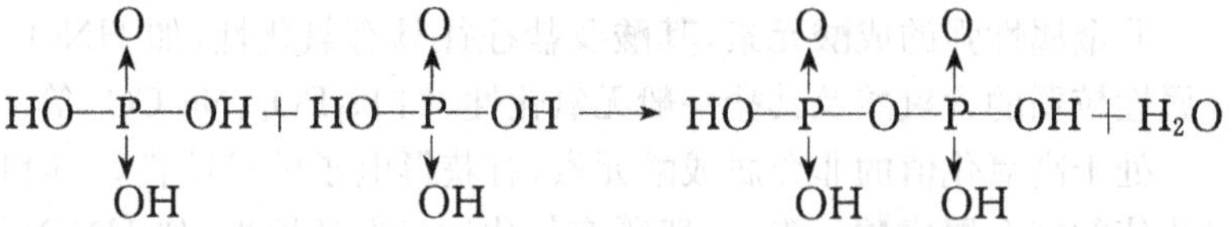

三聚磷酸 $H_5P_3O_{10}$ 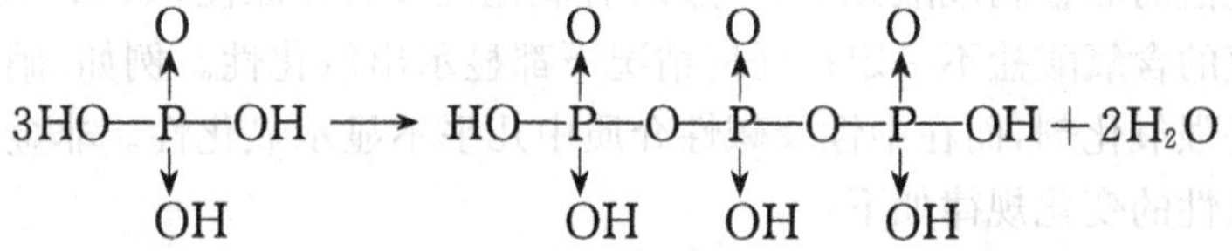

四聚偏磷酸 $H_4P_4O_{12}$

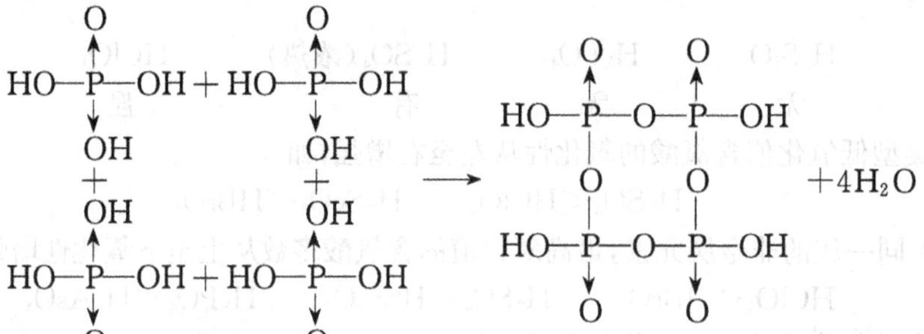

磷酸盐在酸性条件下与饱和钼酸铵溶液混合后加热，可生成黄色的磷钼酸铵[$(NH_4)_3PMo_{12}O_{40}$]杂多酸盐沉淀，这一反应的灵敏度很高，可用于富集稀溶液中的磷酸盐以进行定量分析。H_2CO_3 及其盐、HNO_3 及其盐等，由于其热稳定性差，不能形成多酸。

多酸及杂多酸等研究较多，尤其是杂多酸及其盐，由于具有一定的结构特征，常用于制备一些功能分子及功能材料。

12.5 稀有气体元素

周期系零族元素包括氦、氖、氩、氪、氙、氡六种元素，统称氦族元素。由于它们在自然界中的含量极微，因此又称为稀有气体。

12.5.1 稀有气体的存在、性质和用途

1. 稀有气体的存在

稀有气体在自然界是以单质状态存在的，除氡以外，它们主要存在于空气中，空气中各种稀有气体的含量列于表 12.6 中。

表 12.6 空气中各种稀有气体的含量

含量	氦(He)	氖(Ne)	氩(Ar)	氪(Kr)	氙(Xe)
体积/%	5.239×10^{-4}	1.818×10^{-3}	0.934	1.14×10^{-4}	8.6×10^{-5}
质量/%	7.42×10^{-5}	1.267×10^{-3}	1.288	3.29×10^{-4}	3.9×10^{-5}

氦也存在于天然气中，含量约为 1%，另外某些放射性物质中常含有氦。氡存在于放射性矿物中，是镭、钍的放射性产物，在某些地方的地下水中也可以测到微量的氡。

2. 稀有气体的性质

稀有气体中除了氦的外层电子构型为 $1s^2$，其余原子的外层电子构型均为 ns^2np^6 的稳定 8 电子构型，因此稀有气体的化学性质很不活泼(1962 年以前一直将稀有气体称为“惰性气体”)，这些气体在自然界中以单原子的形式存在。

稀有气体原子之间仅存在着微弱的色散力，因此它们的熔点、沸点以及临界温度都很低，它们的蒸发热和在水中的溶解度也都很小，这些性质随着原子序数的增加而逐渐升高。

3. 稀有气体的用途

由于稀有气体的不活泼、易发光放电等性质使其在光学、冶炼、医学以及一些尖端工业部门中获得了广泛的应用。

除氢以外，氦是最轻的气体，常用它代替氢气充填气球和气艇。氦在血液中的溶解度比氮小得多，利用氦和氧的混合物制成“人造空气”，防止潜水员出水时由于压力骤降而使溶解的氮气突然从血液里逸出而造成的潜水病(昏晕以至死亡)。将氦混在塑料、人造丝、合成纤维中可制成很轻盈的泡沫塑料、泡沫纤维。由于氦是现在已知物质中沸点最低的气体，因此氦常被应用于超低温技术上，可以获得 0.001K 的低温。大量的氦用于火箭压力系统、惰性气氛焊接和核反应堆热交换器等。

在电场的激发下，氩能发蓝光、氖能发红光，因此氩灯和氖灯可用做霓虹灯、航标灯、信号灯等。液氖可用做冷冻剂(致冷温度 25～40K)。氩也可做金属焊接的保护气体。

氙在电场的激发下能放出强烈的白光，高压长弧氙灯有“人造小太阳”之称，主要用于电影摄影、舞台照明等。氪、氙和氡还能用于医疗，氙等能放出紫外线，氪和氙的同位素在医学上被用于测量脑血流量等。氡在医学上用于恶性肿瘤的放射性治疗。但人若吸入含有氡的粉尘，则可能引起肺癌。

12.5.2 稀有气体的化合物

稀有气体由于具有稳定的电子构型，过去很长时间人们一直认为这些气体的化学性质是惰性的，不会发生化学反应，直到 1962 年以后，稀有气体的某些化合物被合成出来，从此“惰性气体”的名称才被“稀有气体”所代替。

现已合成出来的稀有气体化合物仅限于稀有气体中电离能较大的元素氪、氙、氡，其中以氙的含氟化合物和含氧化合物为主。

1. 氙的氟化物

在镍制的密闭容器内，将氙和氟混合并加热到高于 523K 时，依氟的用量不同，可得到三种氟化氙产物：

$$Xe+F_2 = XeF_2$$
$$Xe+2F_2 = XeF_4$$
$$Xe+3F_2 = XeF_6$$

XeF_2、XeF_4 和 XeF_6 均为稳定的白色结晶状的共价化合物，其熔点和热稳定性依次降低。而且均能与水反应，都是强氧化剂，都是优良且温和的氟化剂：

$$2XeF_2+2H_2O = 2Xe+4HF+O_2\uparrow$$
$$6XeF_4+12H_2O = 2XeO_3+4Xe+24HF+3O_2\uparrow$$
$$XeF_6+3H_2O = XeO_3+6HF$$
$$XeF_2+2HCl = Xe+Cl_2\uparrow+2HF$$
$$XeF_4+4KI = Xe+2I_2+4KF$$
$$XeF_6+3H_2 = Xe+6HF$$
$$XeF_2+C_6H_6 = Xe+C_6H_5F+HF$$
$$XeF_4+2SF_4 = Xe+2SF_6$$
$$XeF_6+SiO_2 = 2XeOF_4+SiF_4$$

2. 含氧化合物

已知氙的含氧化合物主要有三氧化氙(XeO_3)和氙酸(H_2XeO_4)及四氧化氙(XeO_4)和高氙酸(H_2XeO_6)。在酸性介质中 Xe(Ⅵ)的化合物较稳定，在碱性介质中 Xe(Ⅷ)的化合物较稳定。

XeO_3 可由 XeF_4 和 XeF_6 的水解反应来制取。XeO_3 是一种无色、无味的晶体，并且易潮解和易爆炸。在酸性溶液中具有较强的氧化能力，可将 Cl^-、Br^-、Mn^{2+} 分别氧化为

Cl_2、BrO_3^- 和 MnO_4^-。还能使醇和羧酸氧化为水和二氧化碳。

XeF_6 和 $Ba(OH)_2$ 反应，可生成高氙酸钡，即

$$4XeF_6 + 18Ba(OH)_2 \xlongequal{} 3Ba_2XeO_6 + Xe + 12BaF_2 + 18H_2O$$

酸性介质中 XeO_6^{2-} 的氧化能力强于 MnO_4^-、F_2。

用浓硫酸与高氙酸钡一起加热，可制得很不稳定的具有爆炸性的 XeO_4 气体，即

$$Ba_2XeO_6 + 2H_2SO_4 \xlongequal{\triangle} 2BaSO_4\downarrow + XeO_4\uparrow + 2H_2O$$

常温下 XeO_4 还会缓慢分解为 Xe、XeO_3 和 O_2。

近年来，化学家又合成了多种新的稀有气体元素化合物，如 HArF、[XeF][Pt_2F_{11}]、[XeF][RuF_6]、[$AuKe_2$][Sb_2F_{11}]、KrF_2、$Kr(OTeF_5)_2$ 及[FKrN≡CH]AsF_6 等。

由于稀有气体化合物具有非常强的氧化能力，并且在多数反应中被还原为单质，不会给反应系统引进额外的杂质，特别是氙的化合物容易制备，因此氙的氧化物是一个值得重视的工业氧化剂和分析试剂。

本章对主族元素及其化合物的组成及性质进行了一些概括，有的规律性较强，如氢化物的酸碱性、还原性和热稳定性以及含氧酸的酸性等。但有些性质，如盐类的溶解性、热稳定性和含氧酸及其盐的氧化还原性等比较复杂，影响因素多，有待进一步研究和探讨。读者在学习中应查阅相关文献资料，逐步了解和掌握各种元素的性质及其变化规律，善于比较和总结，培养和提高自己的学习能力。（本章的部分思考题及习题也需查阅资料完成）

思 考 题

1. 试用简便方法分别鉴定下列各组中的物质。

   (1) 金属钾和金属钠　(2) 大苏打和小苏打　(3) 纯碱、烧碱和泡花碱

2. 指出碱土金属中：

   (1) 能被浓硝酸钝化的金属单质　(2) 熔点最高的氧化物

   (3) 具有两性的氢氧化物和碱性最强的氢氧化物　(4) 溶解度最大的碳酸盐

3. 以 $Ca(OH)_2$ 为原料，如何制备下列物质？

   (1) 漂白粉　(2) 氢氧化物　(3) 氨水　(4) 氢氧化镁

4. 说明 I_2 易溶于 CCl_4，KI 溶液的原因。

5. 如何鉴别 S^{2-}、SO_3^{2-}、$S_2O_3^{2-}$ 的溶液？为什么 S^{2-} 会干扰 $S_2O_3^{2-}$、SO_3^{2-} 的检出？而 $S_2O_3^{2-}$ 又会干扰 SO_3^{2-} 的检出？

6. 为什么不能长期保存硫化氢水溶液？为什么长期放置的 Na_2S 或 $(NH_4)_2S$ 颜色变深？

7. 什么叫同素异形体？氧、硫、碳各有哪些同素异形体？

8. 设法分离下列两对离子。

   (1) Sb^{3+} 和 Bi^{3+}　(2) PO_4^{3-} 和 SO_4^{2-}

9. H_3PO_2、H_3PO_3、$H_4P_2O_7$ 各为几元酸？试从结构上加以说明。

10. 铵盐和钾盐的晶型相同、溶解度相近，而哪些性质不同？

11. 怎样分离 Sn^{2+} 和 Pb^{2+}？又如何分离 SnS 和 PbS？

12. 举例说明缺电子化合物的特性及用途。

13. 简述铝和各种酸的作用，并写出有关的反应方程式。

14. NO和$FeSO_4$反应生成$Fe(NO)SO_4$(棕色环反应)可用来鉴定NO_2^-和NO_3^-。为什么鉴定NO_3^-要用浓H_2SO_4,而鉴定NO_2^-可用CH_3COOH?
15. 为什么Sn与HCl(aq)作用生成$SnCl_2$,而Sn与Cl_2作用,即使Sn过量也生成$SnCl_4$?
16. Sb_2S_3能溶于Na_2S或Na_2S_2,Bi_2S_3不能溶于Na_2S或Na_2S_2。请根据以上实验事实比较Sb_2S_3、Bi_2S_3的酸碱性和还原性。
17. 下列各对物质在酸性溶液中能否共存?为什么?

(1) $FeCl_3$与溴水　(2) $FeCl_3$和KI溶液　(3) NaBr与$NaBrO_3$溶液　(4) KI与KIO_3溶液

18. 根据鲍林规则,分别比较下列各组化合物酸性的相对强弱。

(1) HClO、$HClO_2$、$HClO_3$、$HClO_4$　(2) H_3PO_4、H_2SO_4、$HClO_4$

习　题

1. 用镁试剂鉴定Mg^{2+}时,Na^+、K^+、NH_4^+、Ca^{2+}、Ba^{2+}中哪几种离子可能有干扰?如何消除这些干扰?
2. 将1滴(0.050mL)0.50mol·L^{-1}的K_2CrO_4溶液加到3.00mL pH=6.00的缓冲溶液中,(1) CrO_4^{2-}的浓度是多少?(2)若要得到$BaCrO_4$沉淀($K_{sp}^{\ominus}=1.2\times10^{-10}$),所需$Ba^{2+}$的最低浓度是多少?
3. 将白色固体A加强热,得到白色固体B和无色气体,将气体通入$Ca(OH)_2$饱和溶液中得到白色固体C。如果将少量B加入水中,所得B溶液能使红色石蕊试纸变蓝。B的水溶液被盐酸中和后,经蒸发干燥得白色固体D。用D做焰色反应,火焰颜色为绿色。B的水溶液与H_2SO_4反应后,得白色沉淀E,E不溶于盐酸。试确定A、B、C、D、E各是什么物质,并写出相关反应方程式。
4. 有一份白色固体混合物,其中可能含有KCl、$MgSO_4$、$BaCl_2$、$CaCO_3$,根据下列实验现象,判断混合物中有哪几种化合物。

(1) 混合物溶于水,得透明澄清溶液;

(2) 对溶液做焰色反应,通过钴玻璃观察到紫色;

(3) 向溶液中加入碱,产生白色胶状沉淀。

5. 某金属A与水反应激烈,生成的产物之一B呈碱性。B与某氢卤酸溶液C反应得到溶液D,D在无色火焰中燃烧呈黄色火焰。在D中加入$AgNO_3$溶液有白色沉淀E生成,E可溶于氨水溶液。含A的黄色粉末状物质F与A反应生成G,G溶于水得到B。F溶于水则得到B和H的混合溶液,H的溶液可使酸化的高锰酸钾溶液褪色,并放出气体I。试确定各字母所代表的物质,并写出有关的反应方程式。
6. 把氯水滴加到Br^-、I^-混合液中的现象是先生成I_2,I_2被氧化成IO_3^-,最后生成Br_2。(1) 写出有关的反应方程式;(2) 有人说:电动势大的化学反应一定先发生。你认为如何?
7. 写出以下物质受热分解的反应方程式。

(1) HClO　(2) $HClO_3$　(3) $KClO_3$　(4) NH_4Cl　(5) $(NH_4)_2CO_3$　(6) NH_4NO_2

(7) NH_4NO_3　(8) $(NH_4)_2SO_4$　(9) $(NH_4)_2Cr_2O_7$

8. 已知$CaCO_3$、CaC_2O_4和$BaSO_4$的溶度积相近。哪种物质能溶于HAc?哪种物质能溶于稀的强酸?哪种不溶于酸?
9. (1) 少量$Na_2S_2O_3$溶液和$AgNO_3$溶液反应生成白色沉淀,沉淀随即变成棕色,最后变成黑色,写出反应的方程式;(2) 写出过量$Na_2S_2O_3$溶液和$AgNO_3$溶液反应的方程式。
10. 请用实验事实证明Na_2O、BaO、Al_2O_3、SiO_2、SO_2分别是酸性、碱性或两性化合物。
11. 某化工厂以芒硝($Na_2SO_4\cdot10H_2O$)、生石灰、碳酸氢铵为原料生产纯碱和烧碱。试按照$Na_2SO_4\rightarrow NaHCO_3\rightarrow Na_2CO_3\rightarrow NaOH$的转变次序写出反应方程式。为了充分利用原料,是否可以根据溶解度的不同,在分离出$NaHCO_3$后的滤液中加入NaCl生产化肥NH_4Cl。

12. 有一瓶白色固体,可能含有 $SnCl_2$、$SnCl_4$、$PbCl_2$、$PbSO_4$ 等化合物,根据以下实验现象判断哪几种物质确实存在,并用反应式表示实验现象。(1)白色固体用水处理得到一乳浊液 A 和不溶固体 B;(2)乳浊液 A 加入少量 HCl 则澄清,滴加碘-淀粉溶液可以褪色;(3)固体 B 易溶于 HCl,通 H_2S 得黑色沉淀,此沉淀与 H_2O_2 反应后又生成白色沉淀。

13. (1) 在酸性溶液中 PbO_2、$NaBiO_3$ 是强氧化剂,都能把 Cl^- 氧化成 Cl_2,写出反应方程式;

(2) 应在什么介质中制备 PbO_2、$NaBiO_3$?写出反应方程式。

14. 写出下列物质发生化学反应的反应方程式。

(1) $SnCl_2$ 和 $FeCl_3$ 作用　　(2) $SnCl_4$ 与 H_2O 作用

(3) PbO_2 与 H_2O_2 在酸性条件下反应　　(4) PbS溶解在 HNO_3 中

15. 写出 Si 和 NaOH 作用的反应方程式。用方程式表示 Na_2SiO_3 分别同 NH_4Cl、HCl、CO_2 的反应。

16. $AgNO_3$ 溶液中加入少量 $Na_2S_2O_3$,与 $Na_2S_2O_3$ 溶液中加入少量 $AgNO_3$,反应有何不同?分别写出有关反应式。

17. 用一简便方法将下列五种固体加以区别,并写出有关反应式。

Na_2S、Na_2S_2、Na_2SO_3、Na_2SO_4、$Na_2S_2O_3$

18. 完成并配平下列反应方程式(尽可能写出离子反应方程式):

(1) $H_2O_2+KI+H_2SO_4 \longrightarrow$

(2) $H_2O_2+KMnO_4+H_2SO_4 \longrightarrow$

(3) $H_2S+FeCl_3 \longrightarrow$

(4) $Na_2S_2O_3+I_2 \longrightarrow$

(5) $Na_2S_2O_3+Cl_2+H_2O \longrightarrow$

(6) $AgBr+Na_2S_2O_3 \longrightarrow$

(7) $S+HNO_3$(浓)$\longrightarrow$

(8) $AsO_4^{3-}+H_2S+H^+ \longrightarrow$

(9) $NaBiO_3+Mn^{2+}+H^+ \longrightarrow$

(10) $Zn+HNO_3$(极稀)$\longrightarrow$

(11) $PCl_5+H_2O \longrightarrow$

(12) $AsO_4^{3-}+H^++I^- \longrightarrow$

19. 有三种干燥剂 P_2O_5、无水 $CaCl_2$ 和 NaOH 及五种气体 H_2S、H_2、CO_2、NH_3 和 HCl,哪种气体可以被哪种干燥剂所干燥,为什么?

20. 比较下列各组物质的热稳定性强弱,并写出热分解反应式。

(1) $Mg(HCO_3)_2$、$MgCO_3$、H_2CO_3

(2) $(NH_4)_2CO_3$、$CaCO_3$、NH_4HCO_3、K_2CO_3、$ZnCO_3$

(3) $MgCO_3$、$MgSO_4$、$Mg(ClO_3)_2$

21. 试比较下列两组盐的水溶液的酸碱性,按碱性从大到小的顺序排列起来,并予以说明。

(1) NaClO、$NaClO_2$、$NaClO_3$、$NaClO_4$　(2) NaClO、NaBrO、NaIO

22. 根据 R—O—H 规则,分别比较下列各组化合物酸性的相对强弱。

(1) HClO、$HClO_2$、$HClO_3$、$HClO_4$

(2) H_3PO_4、H_2SO_4、$HClO_4$

(3) HClO、HBrO、HIO

23. 下列各对物质能否共存于溶液中?写出不能共存者的反应方程式。

(1) Sn^{2+} 和 Fe^{2+}　(2) Sn^{2+} 和 Fe^{3+}　(3) Pb^{2+} 和 Fe^{3+}

(4) SiO_3^{2-} 和 NH_4^+　(5) Pb^{2+} 和 $[Pb(OH)_4]^{2-}$　(6) $[PbCl_4]^{2-}$ 和 $[SnCl_6]^{2-}$

24. The species of He_2^+ and HeH^+ have been observed spectroscopically. Prepare molecular orbital diagrams for these two ions. What would you predict for the bond order of each?

25. The bond angles for the hybrides of the Group(ⅤA) elements are as follows: NH_3 107. 3°; PH_3, 93. 6°; AsH_3, 91. 8°; and SbH_3, 91. 3°. Account for this trend.

26. The sulfur-sulfur distance in S_2, the major component of sulfur vapor above ~720℃, is 189pm, significantly shorter than the sulfur-sulfur distance of 206pm in S_8. Suggest an explanation for the shorter distance in S_2. (Reference: Liao C L and Ng C Y. J Chem Phys, 1986, 84, 778)

27. (1) What is the point group of C_{70}?

(2) Remarkably, the fullerene C_{70} can be dimerized simply by grinding C_{70} with K_2CO_3 by hand with a mortar and pestle. Two isomers are formed from [2+2] cycloaddition reactions involving C—C bonds between a "Capping" pentagon (through which a C_5 axis passes) and one of the closest pentagons on each molecule. What point groups are possible for such determination? (Reference: Forman G S, Tagmatarchis N and Shinohara H. J Am Chem Soc, 2002, 124, 178)

13 过渡元素

过渡元素可定义为具有部分填充 d 或 f 壳层电子的元素，包括 d 区元素、ds 区元素和 f 区元素。这些元素都是金属元素，也称为过渡金属。

过渡元素根据电子构型的特点可分为外过渡元素（d 区、ds 区元素）和内过渡元素（f 区元素）两大组。外过渡元素是指除镧系、锕系以外的其他过渡元素。在这些元素的中性原子中，d 轨道没有全部填满电子，f 轨道为全空（第四、五周期）。内过渡元素是指镧系和锕系元素，它们的中性原子或呈某些氧化值时，电子陆续填充在 f 轨道。

ⅢB 族的钪（Sc）、钇（Y）、镥（Lu）和镧系元素在性质上非常相似，常将它们称为稀土元素。

本章将讨论 d 区元素、ds 区元素和 f 区元素，介绍比较重要的金属及其化合物的性质。

13.1 d 区元素

d 区元素都是金属，包括ⅢB～Ⅷ族元素，属外过渡元素。按金属的密度，习惯上把第四周期的 d 区元素称第一过渡系元素或轻过渡元素，第五、六周期的 d 区元素称重过渡元素，或第二、三过渡系元素。由于第一过渡系元素及其化合物应用较广，并且有一定的代表性，所以本节主要讨论过渡元素的通性，并重点介绍第一过渡系元素的单质及其化合物的性质。

13.1.1 d 区元素的通性

1. *原子的电子层结构和原子半径*

d 区元素原子的价层电子构型是 $(n-1)d^{1\sim9}ns^{1\sim2}$，但其中有个别例外，如 Pd 的价层电子构型为 $4d^{10}5s^0$。对第四周期而言，随着原子序数的增大，有效核电荷增大，原子半径缓慢减小；第五、六周期从左到右元素的原子半径仅略有减小。同族元素从上往下，原子半径增大，但第五、六周期（ⅢB 除外）由于镧系收缩的影响，几乎抵消了同族元素由上往下周期数增加的影响，使这两周期同族元素原子半径十分接近，导致第二和第三过渡系同族元素在性质上的差异比第一和第二过渡系相应的元素要小。

d 区元素与同周期主族元素相比，有较小的原子半径，因此单质有较大的密度。另外，d 区元素的 d 轨道参与成键使金属键具有部分共价性，因此 d 区元素一般熔点、沸点较高，硬度较大。在所有元素中熔点、沸点最高的是钨（熔点 3683K，沸点 5933K），硬度最大的是铬（仅次于金刚石）。

2. *金属活泼性*

d 区第一过渡系金属的 $E^{\ominus}_{M^{2+}/M}$ 均为负值（表 13.1），其金属单质可从非氧化性酸中置换出氢。同一周期元素 $E^{\ominus}_{M^{2+}/M}$ 的代数值从左至右逐渐变大,其活泼性逐渐减弱。第二、三过渡系金属活泼性一般都较差。

表 13.1 第一过渡系金属的标准电极电势

性 质	Sc	Ti	V	Cr	Mn
$E^{\ominus}_{M^{2+}/M}$/V	—	−1.63	−1.2(估计值)	−0.91	−1.19
可溶该金属的酸	各种酸	热 HCl, HF	HNO_3, HF 浓 H_2SO_4	稀 HCl, H_2SO_4	稀 HCl, H_2SO_4 等
性 质	Fe	Co	Ni	Cu	Zn
$E^{\ominus}_{M^{2+}/M}$/V	−0.44	−0.28	−0.25	+0.34	−0.763
可溶该金属的酸	稀 HCl, H_2SO_4	缓慢溶解在稀 HCl 等酸中	HCl, H_2SO_4 等	HNO_3, 热浓 H_2SO_4	稀 HCl, H_2SO_4

同族过渡元素ⅢB 除外,其他各族从上往下活泼性均减弱。造成这种现象的原因是同族元素的原子半径从上往下依次增加不大,而核电荷依次增加较多。

d 区元素与酸作用时分为两类:①与酸作用产生氢气,这类元素有第一过渡系元素和第二、三过渡系的钇、镧;②不与酸发生置换反应,包括第二、三过渡系元素,如 Ta 即使在水溶液中也不被腐蚀,Nb 可受到轻微腐蚀。但许多第二、三过渡系金属能和浓碱或熔碱发生反应。

3. 氧化值

过渡元素最显著的特征之一是它们有多种氧化值(表 13.2)。

表 13.2 过渡元素的氧化值

第一过渡系元素	Sc	Ti	V	Cr	Mn	Fe	Co	Ni
价层电子构型	$3d^14s^2$	$3d^24s^2$	$3d^34s^2$	$3d^54s^1$	$3d^54s^2$	$3d^64s^2$	$3d^74s^2$	$3d^84s^2$
氧化值	+3	−1,0,+2 +3,+4	−1,0,+1, +2,+3, +4,$\underline{+5}$	−2,−1,0 +1,+2, $\underline{+3}$,+4, +5,$\underline{+6}$	−3,−2, −1,0,+1, $\underline{+2}$,+3, $\underline{+4}$,+5, $\underline{+6}$,$\underline{+7}$	−2,0,+1, $\underline{+2}$,$\underline{+3}$, +4,+6	−1,0,+1, $\underline{+2}$,$\underline{+3}$, +4,+5	−1,0, +1,$\underline{+2}$, +3,+4
第二过渡系元素	Y	Zr	Nb	Mo	Tc	Ru	Rh	Pd
价层电子构型	$4d^15s^2$	$4d^25s^2$	$4d^45s^1$	$4d^55s^1$	$4d^65s^1$	$4d^75s^1$	$4d^85s^1$	$4d^{10}5s^0$
氧化值	+3	0,+1,+2, +3,$\underline{+4}$	−1,+1, +2,+3 +4,$\underline{+5}$	−2,0,+1, +2,+3, +4,+5, $\underline{+6}$	−1,0,+1, +2,+3, +4,+5, +6,$\underline{+7}$	−2,0,+1, +2,+3, $\underline{+4}$,+5, +6,+7, +8	−1,0,+1, +2,$\underline{+3}$, +4,+6	0,$\underline{+2}$, +4

续表

第三过渡系元素	Lu	Hf	Ta	W	Re	Os	Ir	Pt
价层电子构型	$5d^1 6s^2$	$5d^2 6s^2$	$5d^3 6s^2$	$5d^4 6s^2$	$5d^5 6s^2$	$5d^6 6s^2$	$5d^7 6s^2$	$5d^9 6s^1$
氧化值	+3	+1,+2,+3	−1,+1,+2,+3,+4,$\underline{+5}$	−2,0,+1,+2,+3,+4,+5,$\underline{+6}$	−1,0,+1,+2,+3,+4,+5,+6,$\underline{+7}$	0,+2,+3,+4,+5,+6,+7,$\underline{+8}$	−1,0,+1,$\underline{+3}$,$\underline{+4}$,+5,+6	0,$\underline{+2}$,$\underline{+4}$,+5,+6

注：氧化值下划“_”表示稳定的氧化值。

第一过渡系元素随着原子序数的增加，最高氧化值逐渐升高，3d 轨道中电子数超过 5 时，最高氧化值又逐渐降低。第二、三过渡系元素从左向右过渡，其氧化值变化趋势与第一过渡系元素一致，不同之处是这些元素的最高氧化值化合物稳定，而低氧化值的化合物不常见。

在同族中从上至下，高氧化值的化合物趋向稳定，这一点与 p 区的ⅢA、ⅣA、ⅤA 族元素恰好相反。

此外，许多过渡元素还能形成氧化值为 0、−1、−2、−3 的配合物。例如

配合物	$[Ni(CO)_4]$	$[Co(CO)_4]^-$	$[Cr(CO)_5]^{2-}$	$[Mn(CO)_4]^{3-}$
形成体氧化值	0	−1	−2	−3

4. 离子的颜色

过渡元素的另一特征是它们所形成的配离子大都显色，主要原因是这些元素离子的 d 轨道未填满电子，在形成配离子时受配体场的影响，原本等价的 d 轨道分裂成能量不同的 e_g 轨道和 t_{2g} 轨道，由于晶体场分裂能不同，d-d 跃迁所需能量不同，因此吸收光的波长不同，离子所显的颜色也不同。表 13.3 列出了第一过渡系元素低氧化值水合离子的颜色。

表 13.3 第一过渡系元素低氧化值水合离子的颜色

项　目	Sc	Ti	V	Cr	Mn	Fe	Co	Ni
M^{2+} 中 d 电子数	—	2	3	4	5	6	7	8
$[M(H_2O)_6]^{2+}$ 颜色	—	褐	紫	天蓝	浅桃红	浅绿	粉红	绿
M^{3+} 中 d 电子数	0	1	2	3	4	5	6	7
$[M(H_2O)_6]^{3+}$ 颜色	无	紫	绿	蓝紫	红	浅紫	绿	粉红

5. 配位性

过渡元素易形成配合物。这是因为过渡元素的原子或离子具有能级相近的价电子轨道[$(n-1)$d、ns、np]接受配体的孤电子对，过渡元素的离子半径较小，最外电子层一般为未填满的 d^x 构型，具有较高的核电荷，对配体有较强的吸引力和较强的极化作用。所以它们有较强的形成配合物的倾向，甚至一些过渡元素的原子也能形成配合物，如 $[Ni(CO)_4]$、$[Fe(CO)_5]$、$[Mn_2(CO)_{10}]$ 和 $[Co_2(CO)_8]$。

6. 磁性和催化性

多数过渡元素的原子和离子存在未成对的电子，所以具有顺磁性。未成对的 d 电子数越多，磁矩 μ 也越大，如表 13.4 所示。

表 13.4 未成对 d 电子与物质磁性的关系

中心离子	Ti^{+}	V^{3+}	Cr^{3+}	Mn^{2+}	Fe^{2+}	Co^{2+}	Ni^{2+}
d 电子数	1	2	3	5	6	7	8
未成对 d 电子数	1	2	3	5	4	3	2
磁矩 μ/B. M.	1.73	2.83	3.87	5.92	4.90	3.87	2.83

许多过渡元素及其化合物具有独特的催化性能。例如，氧化 SO_2 制备 SO_3 所用的催化剂是 V_2O_5，烯烃的加氢反应常用 Pd 作催化剂等。其原因是反应过程中，过渡元素可形成不稳定的配合物，这些配合物作为中间产物可起到配位催化的作用。

13.1.2 钛

钛(Ti)是ⅣB 族的第一个元素，因其在自然界存在的分散性和金属钛提炼困难，一直被人们认为是稀有金属，但实际上它在地壳中的含量是比较丰富的。钛的重要矿石有金红石(TiO_2)、钛铁矿($FeTiO_3$)和矾钛铁矿。我国的钛储量约占世界的一半。

1. 钛的性质和用途

金属钛呈银白色，有光泽，熔点高，密度小，耐磨、耐低温，无磁性，延展性好，并具有优越的抗腐蚀性(尤其是对海水)。钛元素的基本性质见表 13.5。

表 13.5 钛元素的基本性质

元 素	价电子层结构	主要氧化值	共价半径/pm	M^{4+} 离子半径/pm	第一电离能/(kJ · mol^{-1})	电负性	$E^{\ominus}_{A(M^{3+}/M)}$/V
钛	$3d^24s^2$	+3,+4	145	68	658	1.54	−1.21

常温下钛较稳定，但受热时可与许多非金属反应，如红热时，钛和氧生成 TiO_2，约 1073K 时和氮生成 Ti_3N，573K 时和氯生成 $TiCl_4$。钛在室温下与水和稀酸不反应，但可溶于浓盐酸和热的稀盐酸中形成 $TiCl_3$，即

$$2Ti+6HCl \xlongequal{} 2TiCl_3+3H_2(g)$$

钛与硝酸反应时，因在其表面形成一层偏钛酸(H_2TiO_3)而使钛钝化，不能进一步反应。

钛也可溶于氢氟酸，形成配合物，即

$$Ti+6HF \xlongequal{} 2H^++[TiF_6]^{2-}+2H_2(g)$$

近四五十年来，钛已成为工业上重要的金属之一，被用来制造超音速飞机和海军舰艇及海洋化工设备等。此外，由于钛与生物体组织相容性好，结合牢固，可用来代替损坏的骨头，被称为“亲生物金属”。继铁、铝之后，预计钛将成为应用广泛的第三金属。

2. 钛的重要化合物

钛原子价电子构型为$3d^2 4s^2$，由于 d 轨道在全空(d^0)的情况下，原子结构比较稳定，除了最外层的两个 s 电子参与成键以外，次外层的两个 d 电子也容易参加成键，因此钛可以形成氧化值为+2、+3、+4 的化合物，其中氧化值为+4 的化合物最重要。

1) 二氧化钛

二氧化钛(TiO_2)在自然界中有三种晶型。天然的 TiO_2 称为金红石，由于含有少量的杂质而呈现红色或橙色。纯的 TiO_2 为白色难溶固体，俗称"钛白"。

钛白是世界上最白的东西，兼有锌白(ZnO)的持久性和铅白{$[Pb(OH)]_2CO_3$}的遮盖性，是一种宝贵的白色颜料。钛白不仅雪白，而且黏附性很强，不易起化学变化，特别可贵的是钛白无毒，因此广泛应用于制作白色的油漆、搪瓷、橡胶、塑料制品及化妆品。

生产 TiO_2 的方法主要有氯化法和硫酸法两种。氯化法是利用 $TiCl_4$ 与空气在高温下反应而制得 TiO_2，即

$$TiCl_4 + O_2 \xrightarrow[\triangle]{1273K} TiO_2 + 2Cl_2(g)$$

硫酸法是目前我国生产 TiO_2 的主要方法，其主要反应如下：

$$\underset{\text{钛铁矿}}{FeTiO_3} + 2H_2SO_4(\text{浓}) \xrightarrow[\text{煮沸}]{\text{分解}} FeSO_4 + \underset{\text{硫酸氧钛}}{TiOSO_4} + 2H_2O$$

$$TiOSO_4 + 2H_2O \xrightarrow[\text{煮沸}]{\text{水解}} H_2TiO_3(s) + H_2SO_4$$

$$H_2TiO_3 \xrightarrow[\text{焙烧}]{\text{烘干}} TiO_2 + H_2O$$

TiO_2 不溶于水，也不溶于稀酸，能溶于热的浓硫酸及浓氢氧化钠溶液，分别生成硫酸氧钛和钛酸钠，即

$$TiO_2 + H_2SO_4 \longrightarrow TiOSO_4 + H_2O$$

$$TiO_2 + 2NaOH \longrightarrow Na_2TiO_3 + H_2O$$

这表明 TiO_2 为两性偏碱的氧化物。TiO_2 可溶于 HF 溶液中，反应为

$$TiO_2 + 6HF \longrightarrow [TiF_6]^{2-} + 2H^+ + 2H_2O$$

2) 四氯化钛

四氯化钛($TiCl_4$)是钛的重要卤化物，通常由 TiO_2、氯气和炭在高温下反应制得，即

$$TiO_2 + 2Cl_2 + 2C \xrightarrow{\triangle} TiCl_4 + 2CO(g)$$

四氯化钛是分子晶体，在常温下是无色液体，熔点为 250K，沸点为 409K，具有刺激性的臭味，在水中或在潮湿的空气中都极易水解，暴露在空气中会发烟，反应为

$$TiCl_4 + 3H_2O \longrightarrow H_2TiO_3 + 4HCl$$

利用此反应可以制造烟幕。

锌处理四氯化钛的盐酸溶液，也可制得三氯化钛，反应为

$$2TiCl_4 + Zn \longrightarrow 2TiCl_3 + ZnCl_2$$

从溶液中可以析出六水合三氯化钛($TiCl_3 \cdot 6H_2O$)的紫色晶体。

从灼热的管式电炉中,可用过量氢气还原四氯化钛,得到紫色粉末状 $TiCl_3$,反应为

$$2TiCl_4+H_2 = 2TiCl_3+2HCl$$

在氩气氛中,$TiCl_4$ 可被熔融镁还原,反应为

$$TiCl_4+2Mg = Ti+2MgCl_2$$

3) 钛酸盐和钛氧盐

TiO_2 具有两性,可形成两个系列盐:钛酸盐和钛氧盐。

钛酸盐大都难溶于水,如 $BaTiO_3$ 为难溶的白色固体。用 TiO_2 和 $BaCO_3$ 及助熔剂($BaCl_2$ 或 Na_2CO_3)一起熔融可制得 $BaTiO_3$,反应为

$$TiO_2+BaCO_3 \xrightarrow[\triangle]{熔融} BaTiO_3+CO_2(g)$$

$BaTiO_3$ 是制造超声波发生器的材料。

硫酸氧钛($TiOSO_4$)为白色粉末,可溶于冷水。在溶液或晶体内实际上不存在简单的 TiO^{2+},而是以 TiO^{2+} 聚合形成的锯齿状长链$(TiO)_n^{2n+}$ 形式存在,即

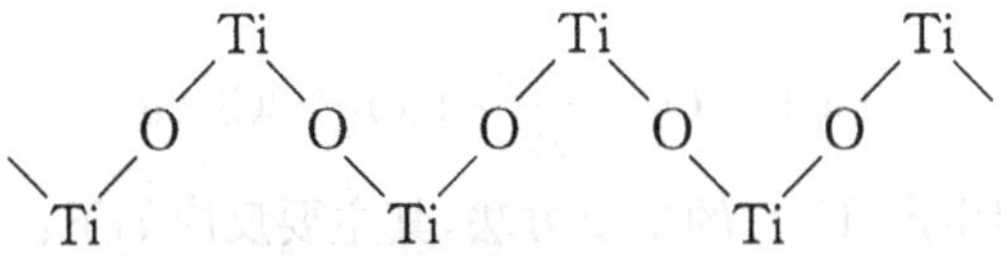

在晶体中这些长链彼此之间由 SO_4^{2-} 连接起来。

钛酸盐和钛氧盐均易水解,形成白色偏钛酸(H_2TiO_3)沉淀,即

$$Na_2TiO_3+2H_2O = H_2TiO_3(s)+2NaOH$$

$$TiOSO_4+2H_2O \xrightarrow{\triangle} H_2TiO_3(s)+H_2SO_4$$

在 Ti(Ⅳ)盐的酸性溶液中加入 H_2O_2,则生成较稳定的橙色配合物$[TiO(H_2O_2)]^{2+}$,即

$$TiO^{2+}+H_2O_2 = [TiO(H_2O_2)]^{2+}$$

可利用此反应测定钛。

13.1.3 钒

钒(vanadium)是VB族第一个元素,在自然界中的含量比锌、铜、铅等普通元素还要多,但分布很分散,提取和分离比较困难,因而被列为稀有元素。钒主要以+3 和+5 氧化值存在于矿石中。比较重要的钒矿有钒酸钾铀矿$K(UO_2)VO_4 \cdot \frac{3}{2}H_2O$和钒铅矿 $Pb_5(VO_4)_3Cl$。

1. 钒的性质和用途

金属钒呈银白色、有光泽,熔点高,易呈钝态,硬度比钢大。钒元素的基本性质见表13.6。

表 13.6 钒元素的基本性质

元 素	价电子层构型	主要氧化值	共价半径/pm	M^{5+}离子半径/pm	第一电离能/($kJ \cdot mol^{-1}$)	电负性	$E_A^{\ominus}(MO_2^+/M)/V$
钒	$3d^34s^2$	+2,+3,+4,+5	131	59	650	1.63	−0.25

从电极电势看，钒是强还原剂，但由于呈钝态，因此室温下钒的化学活泼性较低。钒不与空气、水、苛性碱作用，也不与非氧化性的酸作用，但可溶于氢氟酸、浓硫酸、硝酸和王水中，即

$$2V+6HF \xlongequal{} 2VF_3+3H_2(g)$$

在高温时，钒能和大多数非金属化合，并可与熔融的苛性碱发生作用，如

$$4V+5O_2 \xrightarrow{\geqslant 933K} 2V_2O_5$$

钒与氯在加热时生成四氯化钒，即

$$V+2Cl_2 \xlongequal{\triangle} VCl_4$$

钒主要用来制造钒钢。钒钢具有强度大、弹性好、抗磨损、抗冲击等优点，因此是汽车和飞机制造业中特别重要的材料。

2. 钒的重要化合物

钒的价层电子构型为 $3d^3 4s^2$，可形成氧化值为＋2、＋3、＋4 和＋5 的化合物，其中以氧化值为＋5 的化合物为最重要。

1) 五氧化二钒

加热偏钒酸铵可获得纯的五氧化二钒(V_2O_5)，即

$$2NH_4VO_3 \xrightarrow{\triangle} V_2O_5+2NH_3(g)+H_2O$$

五氧化二钒是钒的重要化合物之一。它呈橙黄色或砖红色粉末状，无臭、无味、有毒、微溶于水。

V_2O_5 为两性偏酸性的氧化物，既能溶于强碱生成偏钒酸盐或钒酸盐，反应为

$$V_2O_5+2NaOH \xlongequal{} 2NaVO_3+H_2O$$

也能溶于强酸中，在 $pH<1$ 的酸性溶液中，能生成淡黄色的钒二氧基 VO_2^+，即

$$V_2O_5+2H^+ \xlongequal{} 2VO_2^+ +H_2O$$

V_2O_5 是较强的氧化剂，溶于浓盐酸时，钒(Ⅴ)能被还原成钒(Ⅳ)，并且放出氯气，即

$$V_2O_5+6HCl \xlongequal{} 2VOCl_2+Cl_2(g)+3H_2O$$

V_2O_5 是一种重要的催化剂，常用在接触法合成硫酸和一些有机合成中。把 V_2O_5 加入玻璃中还可以防止紫外线透过。

2) 钒酸盐

钒酸盐有偏钒酸盐 M^IVO_3 和正钒酸盐 $M_3^IVO_4$。正钒酸根离子(VO_4^{3-})的基本构型同 ClO_4^-、SO_4^{2-} 和 PO_4^{3-} 等含氧酸根离子一样，都是四面体构型。简单的正钒酸根离子只存在于强碱性溶液中，向正钒酸盐中加酸，使 pH 逐渐下降，单钒酸根离子逐渐脱水缩合为多钒酸根离子，随着 H^+ 浓度的增加，多钒酸中的氧逐渐被 H^+ 夺走而使钒与氧的比值依次下降。到 $pH<1$ 时，溶液中主要是淡黄色的 VO_2^+。变化过程如下：

pH	≥13	≥8.48	～3	～2.2	～2	<1
主要离子	VO_4^{3-}	$V_2O_7^{4-}$	$V_3O_9^{3-}$	$V_{10}O_{28}^{6-}$	$V_2O_5 \cdot xH_2O$	VO_2^+
V∶O	1∶4	1∶3.5	1∶3	1∶2.8	1∶2.5	1∶2

钒酸根离子在溶液中的缩合平衡，除了与 pH 有关外，还与钒酸根离子的浓度有关。

在酸性溶液中，钒酸盐是一个强氧化剂，它的标准电极电势如下：

$$VO_2^+ + 2H^+ + e^- \rightleftharpoons VO^{2+} + H_2O \qquad E^\ominus_{VO_2^+/VO^{2+}} = 1.0V$$

VO_2^+ 可以被 Fe^{2+}、草酸、酒石酸和乙醇等还原剂还原为 VO^{2+}，反应如下：

$$\underset{钒酰离子}{VO_2^+} + Fe^{2+} + 2H^+ \rightleftharpoons \underset{亚钒酰离子}{VO^{2+}} + Fe^{3+} + H_2O$$

$$2VO_2^+ + H_2C_2O_4 + 2H^+ \xrightarrow{\triangle} 2VO^{2+} + 2CO_2(g) + 2H_2O$$

上述反应可用于氧化还原容量法测定钒。

13.1.4 铬、钼、钨

铬(chromium)、钼(molybdenum)、钨(tungsten)为ⅥB族元素，又称为铬族元素。其中钼、钨为稀有元素，但我国的蕴藏量极为丰富，江西大庾岭的钨锰铁矿[主要成分为(Fe、Mn)WO_4]，辽宁扬家杖子的辉钼矿（主要成分是 MoS_2）堪称大矿，我国钨占世界储量的一半以上，居世界第一，钼的储量居世界第二。

铬、钼的价层电子构型为 $(n-1)d^5ns^1$，钨的价层电子构型为 $5d^46s^2$。铬族元素原子中的 6 个价电子都可以参加成键，因此它们的最高氧化值都是 +6，并按铬、钼、钨的顺序稳定性增强。在酸性溶液中，铬(Ⅵ)具有强氧化性；钼(Ⅵ)的氧化性很弱；钨(Ⅵ)的氧化性更弱。钼(Ⅵ)和钨(Ⅵ)只有与强还原剂反应时才能被还原。在酸性溶液中，铬以 +3 氧化值最稳定，钨则以 +6 氧化值最稳定。铬(Ⅵ)、钼(Ⅵ)、钨(Ⅵ)在碱性介质中比在酸性介质中稳定。

1. 铬、钼、钨的性质和用途

铬是银白色、有光泽的金属。粉末状的钼和钨是深灰色的，致密块状的钼和钨也是银白色、有金属光泽的金属。铬族元素的基本性质列于表 13.7。

表 13.7 铬族元素的基本性质

元素	价电子层结构	主要氧化值	共价半径/pm	离子半径/pm		第一电离能/(kJ·mol⁻¹)	电负性
				M^{3+}	M^{6+}		
铬(Cr)	$3d^54s^1$	+2,+3,+6	125	64	52	652.8	1.66
钼(Mo)	$4d^55s^1$	+3,+5,+6	136	—	62	685	2.16
钨(W)	$5d^46s^2$	+5,+6	137	—	62	770	2.36

由于铬族元素的原子可以提供 6 个价电子形成较强的金属键，因此它们的熔点、沸点是同周期中最高的一族。钨的熔点和沸点是所有金属中最高的。另外，铬族元素的硬度也都很大。

铬族元素的金属活泼性在族中自上而下逐渐降低，表现在以下几个方面：①从铬族元素的 $E^\ominus$ 看，铬比较活泼，还原性比较强，而钼和钨比较稳定；②铬能溶于稀酸，但不溶于浓硝酸，因为其表面生成了一层致密的氧化膜而呈钝态，钼只能溶于浓硝酸和王水中，钨只能溶于王水中；③铬在加热时能与氯、溴、碘反应，钼在同样条件下只能与氯和溴反应，钨则只能与氯化合，不能与溴和碘发生反应。

铬具有良好的光泽，抗蚀性强，常用作金属表面的镀层（如自行车、汽车、精密仪器的零件常为镀铬制件）。大量铬用于制造合金，如铬钢、不锈钢。钼和钨也大量用于制造耐高温、耐腐蚀的合金钢，以满足刀具、钻头、常规武器以及导弹、火箭等生产的需要。此外，钨丝还用于制作灯丝、高温电炉的发热元件等。

2. 铬的重要化合物

铬的化合物很多，其中以氧化值为+3和+6的化合物较常见，也较重要。

1）氧化铬及其水合物

高温下，金属铬与氧直接化合，重铬酸铵或三氧化铬的热分解，均可生成三氧化二铬（Cr_2O_3），即

$$4Cr + 3O_2 \xrightarrow{\triangle} 2Cr_2O_3$$

$$(NH_4)_2Cr_2O_7 \xrightarrow{\triangle} Cr_2O_3 + N_2(g) + 4H_2O$$

$$4CrO_3 \xrightarrow{\triangle} 2Cr_2O_3 + 3O_2(g)$$

三氧化二铬是一种绿色的固体，熔点很高（2263K），是冶炼铬的原料。由于它呈绿色，因此常用作绿色颜料（俗称铬绿），广泛用于陶瓷、玻璃制品着色等。Cr_2O_3 微溶于水，与 Al_2O_3 同晶，具有两性。Cr_2O_3 溶于 H_2SO_4 生成紫色的硫酸铬$Cr_2(SO_4)_3$，即

$$Cr_2O_3 + 3H_2SO_4 = Cr_2(SO_4)_3 + 3H_2O$$

溶于浓的强碱 NaOH 中生成绿色的亚铬酸钠 $Na[Cr(OH)_4]$或 $NaCrO_2$，反应如下：

$$Cr_2O_3 + 2NaOH + 3H_2O = 2Na[Cr(OH)_4]$$

或写成

$$Cr_2O_3 + 2NaOH = 2NaCrO_2 + H_2O$$

向 Cr(Ⅲ)盐溶液中加碱或将亚铬酸钠加热水解，都可以得到灰蓝色的氢氧化铬[$Cr(OH)_3$]胶状沉淀，或称为水合三氧化二铬（$Cr_2O_3 \cdot 3H_2O$），反应如下：

$$Cr^{3+} + 3OH^- = Cr(OH)_3(s)$$

$$NaCrO_2 + 2H_2O \xrightarrow{\triangle} Cr(OH)_3(s) + NaOH$$

氢氧化铬难溶于水，具有两性，既可溶于酸生成蓝紫色的$[Cr(H_2O)_6]^{3+}$，也可溶于碱生成亮绿色的$[Cr(OH)_4]^-$｛或为$[Cr(OH)_6]^{3-}$｝，反应如下：

$$Cr(OH)_3 + 3H^+ \rightleftharpoons Cr^{3+} + 3H_2O$$

$$Cr(OH)_3 + OH^- \rightleftharpoons Cr(OH)_4^-$$

$Cr(OH)_3$ 在溶液中存在如下平衡：

$$Cr^{3+}(\text{紫色}) + 3OH^- \rightleftharpoons Cr(OH)_3(\text{灰绿色}) \rightleftharpoons H^+ + CrO_2^-(\text{绿色}) + H_2O$$

三氧化铬（CrO_3）为暗红色晶体，有毒，对热不稳定，有强氧化性，遇有机物激烈反应，甚至燃烧、爆炸，溶于水主要生成铬酸（H_2CrO_4），故又称铬酐。

2）铬酸、铬酸盐和重铬酸盐

三氧化铬溶于水生成铬酸，溶液呈黄色。铬酸是中强酸，存在于水溶液中。CrO_4^{2-} 中

的 Cr—O 键较强，所以它不像 VO_4^{3-} 那样容易形成各种多酸，但在酸性溶液中也能形成比较简单的多酸根离子，最重要的是重铬酸根离子（$Cr_2O_7^{2-}$）。在溶液中，CrO_4^{2-} 同 $Cr_2O_7^{2-}$ 存在下列平衡：

$$2CrO_4^{2-}(\text{黄色})+2H^+ \underset{OH^-}{\overset{H^+}{\rightleftharpoons}} Cr_2O_7^{2-}(\text{橙色})+H_2O$$

实验证明：在碱性溶液中，CrO_4^{2-} 占优势，当 pH＝11 时，Cr(Ⅵ)几乎 100％以 CrO_4^{2-} 形式存在；在酸性溶液中，$Cr_2O_7^{2-}$ 占优势，当 pH＝1.2 时，Cr(Ⅵ)几乎 100％以 $Cr_2O_7^{2-}$ 形式存在。由此可见，CrO_4^{2-} 和 $Cr_2O_7^{2-}$ 的互相转化取决于溶液的 pH。

重铬酸盐大部分易溶于水，而铬酸盐除 K^+、Na^+ 和 NH_4^+ 盐外，一般都难溶于水。向重铬酸盐溶液中加入 Ba^{2+}、Pb^{2+} 和 Ag^+ 时，可使上述平衡向生成 CrO_4^{2-} 的方向移动，生成相应的铬酸盐沉淀，即

$$Cr_2O_7^{2-}+2Ba^{2+}+H_2O = 2BaCrO_4(\text{s，柠檬黄})+2H^+$$

$$Cr_2O_7^{2-}+2Pb^{2+}+H_2O = 2PbCrO_4(\text{s，铬黄})+2H^+$$

$$Cr_2O_7^{2-}+4Ag^++H_2O = 2Ag_2CrO_4(\text{s，砖红色})+2H^+$$

上述反应可用于鉴定 CrO_4^{2-}。柠檬黄、铬黄可作为颜料。

由于 Ba^{2+}、Pb^{2+} 和 Ag^+ 的铬酸盐有较小的溶度积，因此不论是向铬酸盐中加入这些离子，还是向重铬酸盐溶液中加入这些离子，生成的都是这些离子的铬酸盐沉淀，而不是重铬酸盐沉淀。

在酸性溶液中，$Cr_2O_7^{2-}$ 是强氧化剂，能氧化 H_2S、H_2SO_3、KI、$FeSO_4$ 等许多物质，其本身被还原为 Cr^{3+}。例如

$$Cr_2O_7^{2-}+3H_2S+8H^+ = 2Cr^{3+}+3S(s)+7H_2O$$

$$Cr_2O_7^{2-}+3SO_3^{2-}+8H^+ = 2Cr^{3+}+3SO_4^{2-}+4H_2O$$

$$Cr_2O_7^{2-}+6I^-+14H^+ = 2Cr^{3+}+3I_2+7H_2O$$

$$Cr_2O_7^{2-}+6Fe^{2+}+14H^+ = 2Cr^{3+}+6Fe^{3+}+7H_2O$$

在分析测试中常用最后一个反应测定铁的含量。实验室中用于洗涤玻璃器皿的“洗液”，是由重铬酸钾的饱和溶液与浓硫酸配制的混合物，称铬酸洗液。

在酸性溶液中，$Cr_2O_7^{2-}$ 还能氧化 H_2O_2

$$Cr_2O_7^{2-}+3H_2O_2+8H^+ = 2Cr^{3+}+3O_2(g)+7H_2O$$

在反应过程中，先生成蓝色的过氧化铬

$$Cr_2O_7^{2-}+4H_2O_2+2H^+ = 2CrO_5+5H_2O$$

这是检验铬(Ⅵ)和过氧化氢的灵敏反应。CrO_5 含有两个过氧基，不稳定，会逐渐分解成 Cr^{3+}，并放出 O_2。CrO_5 在乙醚或戊醇中较为稳定。

3）铬(Ⅲ)的配合物

在铬的配合物中，以 Cr^{3+} 的配合物为最多。Cr^{3+} 配合物的配位数几乎都是 6，有人认为 Cr^{3+} 的配合物是以 d^2sp^3 杂化轨道成键的，其配合物的电子分布情况如下：

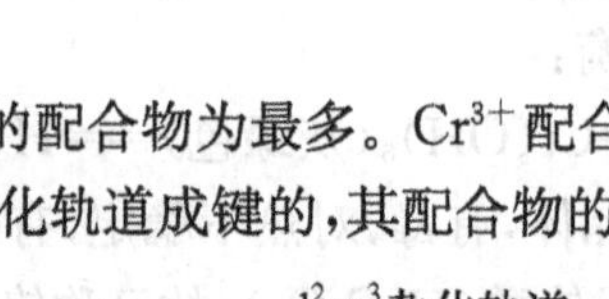

Cr^{3+}的配合物稳定性较高，在水溶液中不易发生解离反应或解离程度较小。Cr^{3+}的配合物有一特点，就是某一配合物生成后，当其他配体与之发生交换(或取代)反应时，速率很小，因此往往同一组成的配合物，可有多种异构体存在，如组成为$CrCl_3 \cdot 6H_2O$的配合物有三种异构体，即$[Cr(H_2O)_6]Cl_3$(紫色)、$[CrCl(H_2O)_5]Cl_2 \cdot H_2O$(蓝绿色)、$[CrCl_2(H_2O)_4]Cl \cdot H_2O$(绿色)。这样的异构体称水合异构体。

Cr^{3+}的配合物中，还因配体在空间的排布不同而有异构体。这种异构体称几何异构体。例如，组成为$[CrCl_2(NH_3)_4]^+$的配离子，有两种几何异构体，即

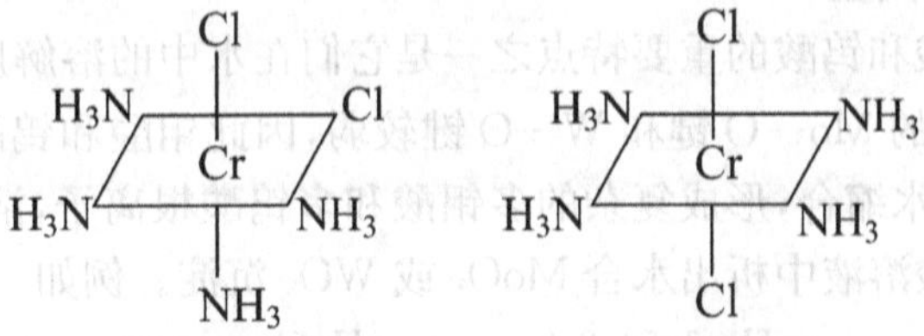

顺式(红紫色)　　反式(绿色)

3. 钼、钨的化合物

钼和钨在化合物中的氧化值可以表现为+2～+6，其中最稳定的氧化值为+6。

1) 三氧化钼和三氧化钨

三氧化钼MoO_3是白色粉末，加热可转变为黄色，熔点1068K，熔融时呈深蓝色液体，沸点1428K，即使在低于熔点的情况下，也具有显著的升华现象。

往钼酸铵溶液中加入盐酸，会沉淀析出钼酸，即

$$(NH_4)_2MoO_4 + 2HCl = H_2MoO_4(s) + 2NH_4Cl$$

将钼酸加热焙烧，即分解为MoO_3，反应为

$$H_2MoO_4 \xlongequal{\triangle} MoO_3 + H_2O$$

三氧化钨是深黄色粉末，在加热时变为橙黄色，熔点1746K，沸点2023K。

三氧化钨的制备：一般是往钨酸钠溶液中加入盐酸，得到黄色的钨酸沉淀，将钨酸加热脱水变成WO_3，反应为

$$Na_2WO_4 + 2HCl = H_2WO_4(s) + 2NaCl$$

$$H_2WO_4 \xrightarrow{773K} H_2O + WO_3$$

三氧化钼和三氧化钨都是酸性氧化物，都难溶于水。与三氧化铬不同，作为酸酐，不能通过与水反应来制备相应的酸。钼和钨的氧化物溶于氨水和强碱溶液，生成相应的盐。例如

$$WO_3 + 2NaOH = Na_2WO_4 + H_2O$$

$$MoO_3 + 2NH_3 \cdot H_2O = (NH_4)_2MoO_4 + H_2O$$

三氧化钼可在高温下被铝还原为金属钼，这种钼可用于制造钼合金，即

$$MoO_3 + 2Al \xrightarrow{灼烧} Mo + Al_2O_3$$

高纯度的钼则是利用氢还原来制备。还原反应分为两个阶段，即

$$MoO_3 + H_2 \xrightarrow{723\sim923K} MoO_2 + H_2O$$

$$MoO_2 + 2H_2 \xrightarrow{1223\sim1373K} Mo + 2H_2O$$

三氧化钨用氢气还原得到黑色的金属钨粉，即

$$WO_3 + H_2 \xrightarrow{923\sim1043K} WO_2 + H_2O$$

$$WO_2 + 2H_2 \xrightarrow{1023\sim1093K} W + 2H_2O$$

WO_3 主要用于制备金属钨和钨酸盐，也可用于处理防火织品，它同二硫化钼结合可形成高硬度抗磨损的自身润滑涂料。

2）钼酸和钨酸及其盐

和铬酸不同，钼酸和钨酸的重要特点之一是它们在水中的溶解度较小。同 CrO_4^{2-} 相比，MoO_4^{2-} 和 WO_4^{2-} 的 Mo—O 键和 W—O 键较弱，因此钼酸和钨酸的另一个重要特征是在酸性溶液中易脱水缩合，形成复杂的多钼酸和多钨酸根离子，溶液的酸性越强，缩合程度越大，最后从强酸溶液中析出水合 MoO_3 或 WO_3 沉淀。例如

$$[MoO_4]^{2-} \xrightarrow{pH=6} [Mo_7O_{24}]^{6-} \xrightarrow{pH=1.5\sim2.9} [Mo_8O_{26}]^{4-} \xrightarrow{pH<1} MoO_3 \cdot 2H_2O$$

钼酸根离子　　七钼酸根离子　　八钼酸根离子　　水合三氧化钼

在含有 WO_4^{2-} 的溶液中加入酸，随着溶液 pH 的减小，可形成 $HW_6O_{21}^{5-}$、$W_{12}O_{39}^{6-}$ 等，最后析出水合氧化钨。

最常见的多钼酸盐为四水合七钼酸铵$\{(NH_4)_6[Mo_7O_{24}] \cdot 4H_2O\}$，它是无色晶体，是实验室中常用的鉴定 PO_4^{3-} 试剂。

钼酸盐和钨酸盐的第三个特性：同 Na_2CrO_4 不同，它们的氧化性很弱。在酸性溶液中，只能用强还原剂才能将 H_2MoO_4 还原到 Mo^{3+}。例如，向钼酸铵溶液中加入浓盐酸，再用金属锌还原，溶液最初显蓝色，然后还原为绿色的 $MoCl_5$，最后生成棕色的 $MoCl_3$，即

$$2(NH_4)_2MoO_4 + 3Zn + 16HCl \xlongequal{\quad} 2MoCl_3 + 3ZnCl_2 + 4NH_4Cl + 8H_2O$$

WO_4^{2-} 与 MoO_4^{2-} 有类似的反应。

13.1.5 锰

锰(manganese)是ⅦB 族第一个元素，在自然界中的储量位于过渡元素的第三位，仅次于铁和钛，主要以软锰矿($MnO_2 \cdot xH_2O$)形式存在。

1. 锰的性质和用途

锰的外形与铁相似，块状锰是白色金属，质硬而脆。锰元素的基本性质列于表 13.8 中。

表 13.8　锰元素的基本性质

元　素	价电子层构型	主要氧化值	共价半径/pm	离子半径/pm M^{2+}	离子半径/pm M^{7+}	第一电离能/($kJ \cdot mol^{-1}$)	电负性
锰(Mn)	$3d^54s^2$	+2，+3，+4，+6，+7	137	80	46	717	1.55

锰是活泼金属，容易溶解在稀的、非氧化性酸中生成 Mn^{2+} 盐，即

$$Mn + 2H^+ \xlongequal{\quad} Mn^{2+} + H_2(g)$$

高温下锰与卤素、S、C、N、Si、B等非金属反应生成相应的化合物，如

$$3Mn + N_2 \xrightarrow{>1473K} Mn_3N_2$$

锰不能与氧直接化合。

纯锰用途不大，常以锰铁的形式制造各种合金钢。锰可以代替镍制造不锈钢。锰还是人体必需的微量元素。

2. 锰的重要化合物

锰的标准电极电势图如下：

$$E_A^\ominus/V \quad MnO_4^- \xrightarrow{+0.564} MnO_4^{2-} \xrightarrow{+2.26} MnO_2 \xrightarrow{+0.95} Mn^{3+} \xrightarrow{+1.51} Mn^{2+} \xrightarrow{-1.18} Mn$$

$$MnO_4^- \xrightarrow{+1.68} MnO_2 \qquad MnO_2 \xrightarrow{+1.23} Mn^{2+} \qquad MnO_4^- \xrightarrow{+1.51} Mn^{2+}$$

$$E_B^\ominus/V \quad MnO_4^- \xrightarrow{+0.564} MnO_4^{2-} \xrightarrow{+0.60} MnO_2 \xrightarrow{-0.20} Mn(OH)_3 \xrightarrow{+0.10} Mn(OH)_2 \xrightarrow{-1.55} Mn$$

$$MnO_4^- \xrightarrow{+0.588} MnO_2 \qquad MnO_2 \xrightarrow{-0.050} Mn(OH)_2$$

由此可以看出，在酸性溶液中 Mn^{3+} 和 MnO_4^{2-} 均易发生歧化反应，即

$$2Mn^{3+} + 2H_2O = Mn^{2+} + MnO_2(s) + 4H^+$$

$$3MnO_4^{2-} + 4H^+ = 2MnO_4^- + MnO_2(s) + 2H_2O$$

Mn^{2+} 较稳定，不易被氧化，也不易被还原。MnO_4^- 和 MnO_4^{2-} 有强氧化性。在碱性介质中，$Mn(OH)_2$ 不稳定，易被空气中的氧气氧化为 MnO_2；MnO_4^{2-} 也能发生歧化反应，但反应不如在酸性溶液中进行完全。

1）氧化物和氢氧化物

锰能生成各种氧化物，其氧化物及其水合物酸碱性的递变规律是过渡元素中最典型的，锰能生成的各种氧化物见表 13.9。

表 13.9 锰的各种氧化物

氧化值	Ⅱ	Ⅲ	Ⅳ	Ⅵ	Ⅶ
氧化物	氧化锰	三氧化二锰	二氧化锰	锰酸酐	高锰酸酐
分子式	MnO	Mn_2O_3	MnO_2	MnO_3	Mn_2O_7
酸碱性	碱性	弱碱性	两性	酸性	酸性
氧化物水合物	$Mn(OH)_2$	$Mn(OH)_3$	$Mn(OH)_4$	H_2MnO_4	$HMnO_4$

由表 13.9 可知，随着锰的氧化值升高，对应氧化物及氢氧化物的酸性增强。除 Mn_2O_7 外，锰的氧化物均难溶于水，与酸反应时只有 MnO 生成锰盐。

$Mn(OH)_2$ 在碱性介质中不稳定，易被空气氧化为 $MnO(OH)$，进而氧化为 $MnO(OH)_2$，总反应式为

$$2Mn(OH)_2(s) + O_2 = 2MnO(OH)_2(s)$$

在用 NaOH 等沉淀 Mn^{2+} 时，常需加入 H_2O_2，以得到 $MnO(OH)_2$ 沉淀。$MnO(OH)_2$ 是碱性物质，在 H_2O_2 存在下可与酸反应，即

$$MnO(OH)_2+H_2O_2+2H^+ = Mn^{2+}+O_2(g)+3H_2O$$

MnO_2 是锰的最稳定的氧化物，MnO_2 在酸性介质中有强的氧化性。例如

$$MnO_2+4HCl \xrightarrow{\triangle} MnCl_2+Cl_2(g)+2H_2O$$

MnO_2 还可与浓硫酸反应放出氧气，即

$$2MnO_2+2H_2SO_4(浓) \xrightarrow{\triangle} 2MnSO_4+O_2(g)+2H_2O$$

MnO_2 在碱性介质中，能被强氧化剂氧化成 Mn(Ⅵ)化合物，即

$$3MnO_2+6KOH+KClO_3 \xrightarrow{熔融} 3K_2MnO_4(绿)+KCl+3H_2O$$

Mn_2O_7 极不稳定，在 273K 时即分解放出氧气，即

$$2Mn_2O_7 = 4MnO_2+3O_2(g)$$

Mn_2O_7 有强氧化性，遇有机物（如乙醇、乙醚等）立即燃烧。Mn_2O_7 溶于大量冷水生成紫色的高锰酸（$HMnO_4$）。

2) 锰(Ⅱ)盐

锰(Ⅱ)的强酸盐均溶于水，只有少数弱酸盐（如 $MnCO_3$、MnS 等）难溶于水，其中 $MnCO_3$可作为白色颜料。

从水溶液中结晶出来的锰(Ⅱ)盐，均为带有结晶水的粉红色晶体。在酸性介质中，Mn^{2+} 的还原性极弱，只有在高酸度的热溶液中，利用强氧化剂[如 H_5IO_6、$NaBiO_3(s)$、$(NH_4)_2S_2O_8$、PbO_2 等]才能将 Mn^{2+} 氧化为 Mn(Ⅶ)，反应如下：

$$5H_5IO_6+2Mn^{2+} = 2MnO_4^-+5HIO_3+6H^++7H_2O$$

$$2Mn^{2+}+14H^++5NaBiO_3(s) = 2MnO_4^-+5Bi^{3+}+5Na^++7H_2O$$

$$2Mn^{2+}+5S_2O_8^{2-}+8H_2O \xrightarrow{Ag^+} 2MnO_4^-+10SO_4^{2-}+16H^+$$

$$2Mn^{2+}+4H^++5PbO_2 = 2MnO_4^-+5Pb^{2+}+2H_2O$$

这些反应的灵敏度很高，在反应时不可有 H_2O_2 等还原剂存在，因为这些还原剂可与加入的强氧化剂反应。

由于 MnO_4^- 的紫红色很深，在很稀溶液中仍可观察到，因此可利用上述反应来鉴定溶液中的 Mn^{2+}。值得注意的是，Mn^{2+} 浓度不易太大，且量不易过多，否则会发生下列反应：

$$3Mn^{2+}+2MnO_4^-+2H_2O = 5MnO_2(s)+4H^+$$

Mn^{2+} 与 SCN^-、CN^- 可形成相应的配离子$[Mn(SCN)_6]^{4-}$和$[Mn(CN)_6]^{4-}$。

3) 锰酸盐和高锰酸盐

氧化值为+6 的锰的化合物，仅以深绿色的锰酸根（MnO_4^{2-}）形式存在于强碱溶液中。

锰酸盐在酸性溶液中易发生歧化反应，在中性或弱碱性溶液中也发生歧化反应，但趋势及反应速率慢。

锰酸盐在酸性溶液中有强氧化性，但由于它不稳定，因此不用作氧化剂。

$HMnO_4$ 不稳定，常见的和应用较多的是高锰酸盐。高锰酸盐中最重要的是高锰酸钾（$KMnO_4$，俗称灰锰氧）。

$KMnO_4$ 是深紫色晶体，能溶于水，是一种强氧化剂。在酸性溶液及光的作用下，会

缓慢分解而析出 MnO_2，即

$$4MnO_4^- + 4H^+ \xlongequal{} 4MnO_2(s) + 3O_2(g) + 2H_2O$$

光对此分解有催化作用，因此 $KMnO_4$ 必须保存在棕色瓶中。

$KMnO_4$ 的氧化能力随介质的酸性减弱而减弱，其还原产物也因介质的酸性不同而变化。这可从有关的电极电势看出

$$MnO_4^- + e^- \xlongequal{} MnO_4^{2-} \qquad E^\ominus = 0.564V$$

$$MnO_4^- + 2H_2O + 3e^- \xlongequal{} MnO_2 + 4OH^- \qquad E^\ominus = 0.588V$$

$$MnO_4^- + 8H^+ + 5e^- \xlongequal{} Mn^{2+} + 4H_2O \qquad E^\ominus = 1.51V$$

在酸性、中性(或微碱性)、强碱性介质中的还原产物分别为 Mn^{2+}、MnO_2 及 MnO_4^{2-}。例如，在酸性溶液中，用过量还原剂如 SO_3^{2-} 可将 MnO_4^- 还原为 Mn^{2+}，即

$$2MnO_4^- + 5SO_3^{2-} + 6H^+ \xlongequal{} 2Mn^{2+} + 5SO_4^{2-} + 3H_2O$$

如果 MnO_4^- 过量，它可与 Mn^{2+} 发生如下反应：

$$2MnO_4^- + 3Mn^{2+} + 2H_2O \xlongequal{} 5MnO_2(s) + 4H^+$$

在中性或弱碱性溶液中，MnO_4^- 可被 SO_3^{2-} 还原为 MnO_2，即

$$2MnO_4^- + 3SO_3^{2-} + H_2O \xlongequal{} 2MnO_2(s) + 3SO_4^{2-} + 2OH^-$$

在强碱性溶液中，MnO_4^- 过量时，可被 SO_3^{2-} 还原为 MnO_4^{2-}，即

$$2MnO_4^- + 2OH^- + SO_3^{2-} \xlongequal{} 2MnO_4^{2-} + SO_4^{2-} + H_2O$$

如果 MnO_4^- 量不足，则过剩的还原剂 SO_3^{2-} 可使 MnO_4^{2-} 还原，最后产物为 MnO_2，即

$$MnO_4^{2-} + SO_3^{2-} + H_2O \xlongequal{} MnO_2(s) + SO_4^{2-} + 2OH^-$$

$KMnO_4$ 在化学工业中用于生产维生素 C、糖精等，在轻化工业中用作纤维、油脂的漂白和脱色，在医疗上用作杀菌消毒剂，在日常生活中可用于饮食用具、器皿、蔬菜、水果等消毒。

13.1.6 铁、钴、镍

铁(iron)、钴(cobalt)、镍(nickel)属于第一过渡系Ⅷ族元素，Ⅷ族元素包括铁、钴、镍、钌、铑、钯、锇、铱、铂。第一过渡系的铁、钴、镍与其余 6 种元素性质差别较大，通常这三种元素称为铁系元素，其余 6 种元素称为铂系元素。

1. 铁、钴、镍的性质和用途

铁、钴、镍元素的基本性质列于表 13.10 中。

表 13.10 铁系元素的基本性质

元　素	原子序数	价电子层构型	主要氧化值	金属原子半径/pm	离子半径/pm		电负性(Ⅱ)
					M^{2+}	M^{3+}	
铁	26	$3d^64s^2$	+2,+3,+6	124	75	60	1.90
钴	27	$3d^74s^2$	+2,+3,+6	125	72	—	1.88
镍	28	$3d^84s^2$	+2,+4	125	70	—	1.91

铁、钴、镍的单质都是具有光泽的银白色金属，钴略带灰色，密度大，熔点高。铁和镍的延展性好，而钴则硬而脆。它们都表现有铁磁性，其合金是很好的磁性材料。铁、钴、镍为中等活泼的金属。在高温下它们分别和氧、硫、氯等非金属作用生成相应的氧化物、硫化物和氯化物。铁溶于盐酸和稀硫酸生成 Fe^{2+} 和 H_2；冷的浓硫酸、浓硝酸使其钝化。钴、镍在盐酸和稀硫酸中比铁溶解慢。浓碱缓慢侵蚀铁，而钴、镍在浓碱中比较稳定。铁、钴、镍均能形成金属型氢化物，如 FeH_2、CoH_2 等。

铁是钢铁工业最重要的原材料。通常钢和铸铁都称为铁碳合金，一般含碳 0.02%～2.0%的称为钢，含碳大于 2%的称为铸铁。

钴和镍主要用于制造各种用途的合金。

2. 铁、钴、镍的化合物

铁系元素能形成＋2、＋3 两种氧化值的化合物，其中铁以＋3，而钴、镍以＋2 的化合物较为稳定。这是因为 $Fe^{2+}(3d^6)$、$Co^{2+}(3d^7)$和 $Ni^{2+}(3d^8)$丢失 3d 电子成为半充满的稳定结构的能力逐渐减弱，因此相应的易得到 Fe(Ⅲ)的化合物，而不易得到 Ni(Ⅲ)的化合物。

1) 铁系的氧化物和氢氧化物

铁系元素可形成以下两类氧化物，其颜色也各不相同。

FeO(黑)	CoO(灰绿)	NiO(暗绿)
Fe_2O_3(砖红)	Co_2O_3(黑)	Ni_2O_3(黑)

FeO、CoO 和 NiO 均为碱性氧化物，难溶于水和碱，易溶于酸，并形成相应的盐。

纯净 Fe、Co、Ni 的氧化物常用热分解它们的碳酸盐、硝酸盐或草酸盐的方法制备，即

$$MCO_3 \xrightarrow[\triangle]{\text{隔绝空气}} MO + CO_2(g) \qquad (M = Co, Ni)$$

$$FeC_2O_4 \xrightarrow[\triangle]{\text{隔绝空气}} FeO + CO_2(g) + CO(g)$$

Fe_2O_3 为难溶于水的两性氧化物，但以碱性为主，与酸反应生成相应的盐，与碱金属氧化物、氢氧化物或碳酸盐共熔生成铁酸盐，反应如下：

$$Fe_2O_3 + 6HCl = 2FeCl_3 + 3H_2O$$

$$Fe_2O_3 + Na_2CO_3 \xrightarrow{\text{熔融}} 2NaFeO_2 + CO_2(g)$$

Fe_2O_3 可用作红色颜料(俗称铁红)，主要用作防锈底漆，也可用作媒染剂、磨光粉以及某些反应的催化剂。

Co_2O_3 和 Ni_2O_3 有强氧化性，与盐酸反应得不到相应的 Co(Ⅲ)盐和 Ni(Ⅲ)盐，而是被还原为 Co(Ⅱ)和 Ni(Ⅱ)盐。例如

$$Ni_2O_3 + 6H^+ + 2Cl^- = 2Ni^{2+} + Cl_2(g) + 3H_2O$$

铁和镍还可以形成 Fe_3O_4 和 Ni_3O_4。Fe_3O_4 具有强磁性和良好的导电性。铁系元素的氢氧化物均难溶于水，它们的氧化还原性及其变化规律与其氧化物相似

	还原性增强 ←	
$Fe(OH)_2$	$Co(OH)_2$	$Ni(OH)_2$
(白色)	(粉红色)	(浅绿色)
$Fe(OH)_3$	$CoO(OH)$	$NiO(OH)$
(红棕色)	(棕色)	(黑色)
	氧化性增强 →	

其中 $Fe(OH)_2$ 很不稳定，容易被空气中的氧气氧化，使沉淀变为绿色，最后成为红棕色的水合氧化铁 $Fe_2O_3 \cdot xH_2O$

$$4Fe(OH)_2+O_2+2H_2O \xlongequal{} 4Fe(OH)_3(s)$$

$Co(OH)_2$ 比较稳定，在空气中能缓慢地被氧化成棕色 $CoO(OH)$。$Ni(OH)_2$ 则更稳定，不能被空气中的氧所氧化，只能在强碱溶液中用强氧化剂($NaOCl$、Br_2、Cl_2 等)才能被氧化为黑色的 $NiO(OH)$，反应为

$$2Ni(OH)_2+Br_2+2OH^- \xlongequal{} 2NiO(OH)(s)+2Br^-+2H_2O$$

由此可见，$M(OH)_2$($M=Fe$、Co、Ni)的还原能力按铁→钴→镍依次减弱，而稳定性则依次增强。

$Fe(OH)_2$ 和 $Co(OH)_2$ 略显两性，在浓的强碱溶液中可分别形成$[Fe(OH)_6]^{4-}$和$[Co(OH)_4]^{2-}$。$Co(OH)_2$和$Ni(OH)_2$可溶于氨水，生成土黄色的$[Co(NH_3)_6]^{2+}$和紫蓝色的$[Ni(NH_3)_6]^{2+}$。

新沉淀出来的 $Fe(OH)_3$ 也显两性，易溶于酸，生成相应的 Fe(Ⅲ)盐；溶于热浓强碱溶液生成$[Fe(OH)_6]^{3-}$，反应为

$$Fe(OH)_3+3OH^- \xrightarrow{\triangle} [Fe(OH)_6]^{3-}$$

$CoO(OH)$和 $NiO(OH)$与酸反应，得不到相应的 Co(Ⅲ)和 Ni(Ⅲ)盐，反应为

$$2CoO(OH)+6H^++2Cl^- \xlongequal{} 2Co^{2+}+Cl_2(g)+4H_2O$$

$NiO(OH)$的氧化能力比 $CoO(OH)$更强。总之，氧化值为+3 的铁系元素水合氧化物的氧化能力，按铁、钴、镍顺序依次增强。

2) 铁系的盐类

(1) M(Ⅱ)盐。氧化值为+2 的铁、钴、镍盐，在性质上有许多相似之处，表现在：①与强酸形成的盐易溶于水，并有微弱水解使溶液显酸性，从溶液中结晶出来时常带有结晶水，一般硫酸盐含 7 个结晶水、硝酸盐含 6 个结晶水；②水合离子都带有颜色，如$[Fe(H_2O)_6]^{2+}$为绿色，$[Co(H_2O)_6]^{2+}$为粉红色，而$[Ni(H_2O)_6]^{2+}$为苹果绿色；③硫酸盐均能与碱金属或铵的硫酸盐形成复盐，如浅绿色的硫酸亚铁铵$(NH_4)_2SO_4 \cdot FeSO_4 \cdot 6H_2O$ 称为莫尔盐，它是分析测试中常用的还原剂，用于标定 $K_2Cr_2O_7$ 或 $KMnO_4$ 溶液。

铁系元素的 Fe^{2+}、Co^{2+}、Ni^{2+} 依顺序还原性减弱，稳定性增强。

$CoCl_2 \cdot 6H_2O$ 是常用的钴盐，它在受热脱水过程中伴有颜色的变化，即

$$\underset{(粉红色)}{CoCl_2 \cdot 6H_2O} \xrightleftharpoons{325.4K} \underset{(紫红色)}{CoCl_2 \cdot 2H_2O} \xrightleftharpoons{363K} \underset{(蓝紫色)}{CoCl_2 \cdot H_2O} \xrightleftharpoons{393K} \underset{(蓝色)}{CoCl_2}$$

无水 $CoCl_2$ 是蓝色的，在潮湿空气中由于水合作用会转变为粉红色的 $CoCl_2 \cdot 6H_2O$。$CoCl_2$ 因有吸水变色这一性质而被用作变色硅胶干燥剂中的干湿指示剂。当它由蓝色变为粉红色时，表明吸水已达饱和，将粉红色硅胶在 393K 烘干，待恢复蓝色后仍可继续使用。

(2) M(Ⅲ)盐。在铁系元素中，只有铁能形成氧化值为+3 的简单盐；Co(Ⅲ)盐只能以固体形式存在；Ni(Ⅲ)的简单盐仅能制得黑色的极不稳定的 NiF_3。

在酸性介质中，Co(Ⅲ)的氧化性强于 Fe(Ⅲ)，Fe^{3+} 在水溶液中是最稳定的，Co^{3+} 不稳定，易被还原成 Co^{2+}，Ni^{3+} 在水溶液中不存在。

Fe(Ⅲ)的重要性质主要有氧化性和水解性。

(i) 氧化性。Fe^{3+} 可被 H_2S、I^-、Sn^{2+} 等还原剂还原成 Fe^{2+}，反应为

$$2Fe^{3+} + H_2S = 2Fe^{2+} + S(s) + 2H^+$$

$$2Fe^{3+} + 2I^- = 2Fe^{2+} + I_2$$

$$2Fe^{3+} + Sn^{2+} = 2Fe^{2+} + Sn^{4+}$$

(ii) 水解性。Fe^{3+} 盐溶于水后容易水解，其水解程度比 Fe^{2+} 盐大，由于水解使溶液显酸性，反应为

$$[Fe(H_2O)_6]^{3+} + H_2O = [Fe(OH)(H_2O)_5]^{2+} + H_3O^+$$

$$[Fe(OH)(H_2O)_5]^{2+} + H_2O = [Fe(OH)_2(H_2O)_4]^+ + H_3O^+$$

一般说来，当溶液的 pH=0 左右时，以 $[Fe(H_2O)_6]^{3+}$ 形式存在，当溶液的pH=2～3时，开始水解，pH 升高，水解加强，当 pH=4～5 时，即形成水合三氧化二铁沉淀。加热可促进水解使溶液颜色加深。

三氯化铁是重要的 Fe(Ⅲ)盐。通氯气于加热的铁，可得棕黑色的无水盐。它是共价键占优势的化合物，可以升华。在蒸气中三氯化铁以双聚分子 Fe_2Cl_6 存在，结构与 Al_2Cl_6 相似，即

无水三氯化铁在空气中易潮解，受热则变为 Fe_2O_3，即

$$4FeCl_3 + 3O_2 = 2Fe_2O_3 + 6Cl_2(g)$$

三氯化铁用作水的净化剂、有机合成的催化剂以及印刷电路印花滚筒的蚀刻剂等。

3) 铁、钴、镍的配合物

铁、钴、镍均易形成配合物。Fe^{2+}、Fe^{3+} 易形成配位数为 6 的配合物，Co^{3+}、Co^{2+}、Ni^{2+} 等可形成配位数为 6 或 4 的配合物。

在 Fe^{2+} 的溶液中，加入过量的 KCN 溶液，则可生成 $[Fe(CN)_6]^{4-}$，即

$$Fe^{2+} + 6CN^- = [Fe(CN)_6]^{4-}$$

用氯气氧化 $[Fe(CN)_6]^{4-}$ 时，生成 $[Fe(CN)_6]^{3-}$，即

$$2[Fe(CN)_6]^{4-} + Cl_2 = 2[Fe(CN)_6]^{3-} + 2Cl^-$$

利用上述反应，可分别得到黄血盐 $\{K_4[Fe(CN)_6]\}$ 和赤血盐 $\{K_3[Fe(CN)_6]\}$。

在 Fe^{2+}、Fe^{3+} 的溶液中，分别加入 $K_3[Fe(CN)_6]$、$K_4[Fe(CN)_6]$ 的溶液，都能生成蓝色沉淀，反应如下：

$$xFe^{2+}+xK^{+}+x[Fe(CN)_6]^{3-} = [KFe(CN)_6Fe]_x(\text{s,滕士蓝})$$

$$xFe^{3+}+xK^{+}+x[Fe(CN)_6]^{4-} = [KFe(CN)_6Fe]_x(\text{s,普鲁士蓝})$$

这两个反应分别用来鉴定 Fe^{2+} 和 Fe^{3+}。近年来，实验证明滕士蓝和普鲁士蓝的组成都是 $[KFe(CN)_6Fe]_x$。

在放有 Fe^{2+}（如 $FeSO_4$）的硝酸盐的混合溶液的试管中，小心地加入浓 H_2SO_4，在浓 H_2SO_4 与溶液的界面上出现"棕色环"，这是生成的配合物 $[Fe(NO)(H_2O)_5]^{2+}$ 呈现的颜色，反应如下：

$$3Fe^{2+}+NO_3^-+4H^+ = 3Fe^{3+}+NO(g)+2H_2O$$

$$[Fe(H_2O)_6]^{2+}+NO = [Fe(NO)(H_2O)_5]^{2+}(\text{棕色})+H_2O$$

这一反应用来鉴定 NO_3^- 和 NO_2^- 的存在（鉴定 NO_3^- 时用浓 H_2SO_4，而鉴定 NO_2^- 时则用乙酸）。此配合物是不稳定的，微热或振摇它的溶液，"棕色环"立即消失。

当 HNO_3 与 $[Fe(CN)_6]^{4-}$ 的溶液作用时，有红色的 $[Fe(CN)_5(NO)]^{2-}$ 生成，即

$$[Fe(CN)_6]^{4-}+4H^++NO_3^- = [Fe(CN)_5(NO)]^{2-}+CO_2(g)+NH_4^+$$

在溶液中 S^{2-} 与 $[Fe(CN)_5(NO)]^{2-}$ 作用时，生成红紫色的 $[Fe(CN)_5(NO)S]^{4-}$

$$[Fe(CN)_5(NO)]^{2-}+S^{2-} = [Fe(CN)_5(NO)S]^{4-}$$

这一反应用来鉴定 S^{2-}。

Co^{3+} 形成配合物后，在溶液中是稳定的；Ni^{3+} 的配合物比较少见，且不稳定。

Co^{3+} 在水溶液中不能稳定存在，难以与配体直接形成配合物，通常把 Co(Ⅱ)盐溶在有配合剂的溶液中，借氧化剂把 Co(Ⅱ)氧化，从而制得 Co(Ⅲ)的配合物。例如，$[Co(NH_3)_6]Cl_3$ 的制法如下：

$$4CoCl_2+4NH_4Cl+20NH_3+O_2 \xrightarrow{\text{催化剂(木炭)}} 4[Co(NH_3)_6]Cl_3+2H_2O$$

Co(Ⅲ)配合物的配位数均为 6，$[CoF_6]^{3-}$ 是高自旋的，其他配合物几乎都是低自旋的。低自旋 Co(Ⅲ)的配合物在溶液中或固态时，不容易发生变化，十分稳定。

把 $Na_3[Co(NO_2)_6]$ 溶液加到含有 K^+ 的溶液中，析出难溶于水的黄色晶体 $K_3[Co(NO_2)_6]$

$$3K^++[Co(NO_2)_6]^{3-} = K_3[Co(NO_2)_6](s)$$

这一反应用来鉴定 K^+ 的存在。

Co(Ⅱ)的配合物（特别是螯合物）也很多。它们可分为两大类：一类是以粉红色或红色为基础的八面体配合物；另一类是以深蓝色为基础的四面体配合物。在水溶液中有下述平衡存在：

$$\underset{\text{粉红色(八面体)}}{[Co(H_2O)_6]^{2+}} \underset{H_2O}{\overset{Cl^-}{\rightleftharpoons}} \underset{\text{蓝色(四面体)}}{[CoCl_4]^{2-}}$$

在 Co(Ⅱ)的八面体配合物中，大都是高自旋的，低自旋是少见的。Co(Ⅱ)配合物在水溶液中稳定性差。

Ni(Ⅱ)的配合物主要是八面体构型，其次是平面正方形和四面体构型。Ni(Ⅱ)的八

面体配合物一般认为是以 sp^3d^2 杂化轨道成键。

Ni^{2+} 与丁二肟在弱碱性条件下，生成难溶于水的鲜红色螯合物二丁二肟合镍(Ⅱ)沉淀，即

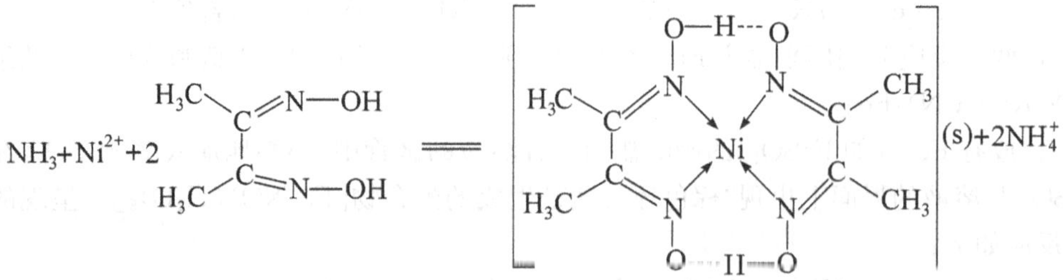

这一反应可用于鉴定 Ni^{2+}。

13.1.7 铂系元素

铂系包括钌(ruthenium)、铑(rhodium)、钯(palladium)、锇(osmium)、铱(iridium)、铂(platinum)六种元素。根据它们的密度，把钌、铑、钯称为轻金属，而把锇、铱、铂称为重金属，它们都是稀有金属。它们几乎完全以单质状态存在，高度分散于各种矿石中，并共生在一起。这里重点讨论钯和铂的性质及其重要的化合物。

1. 铂系单质的性质和用途

铂系元素除锇呈蓝灰色外，其余都是银白色。在每一个三元素组中，它们都是难溶金属，金属的熔点、沸点都是从左到右逐渐降低。这六种元素中最难熔的是锇，最易熔的是钯，其熔点、沸点的这种变化趋势与铁系金属相似。

钌和锇，铑和铱，不仅不溶于普通强酸，甚至不溶于王水，钯和铂都能溶于王水中，钯还能溶于硝酸和热硫酸中。例如

$$3Pt+4HNO_3+18HCl \longequal 3H_2PtCl_6+4NO(g)+8H_2O$$

这表明铂系金属对酸的化学稳定性特别高，事实上铂系金属对酸的稳定性比其他各族金属都高。

所有铂系金属在有氧化剂存在时与碱一起熔融，都会变成可溶性化合物。铂系金属在常温下对于空气和氧是稳定的。只有粉状锇在室温下的空气中会慢慢地被氧化，生成挥发性四氧化锇 OsO_4。OsO_4 的蒸气没有颜色，对呼吸道有剧毒，尤其有害于眼睛，会造成暂时失明。

钌在空气中加热时形成 RuO_2。铑和钯只在炽热高温时才逐渐氧化成 Rh_2O_3 和 PdO，温度再上升，氧化物又将分解。铱在高温时氧化生成的是氧化物的混合物。铂对氧的作用比铂系其他金属稳定，在氧气中加热，金属表面生成 PtO，高温时又分解。

所有的铂系金属都有一个特性，即催化活性很高。铂系金属与铁系金属一样都容易形成配位化合物。铂是铂系金属中最软的，其硬度随着铂中铱含量的增加而增加。铂具有很好的延展性和可煅性，它的延展性接近于银和金，但随着铂中杂质含量的增加而延展性减小。

铂有很高的化学稳定性。铂不溶于一般强酸及氢氟酸，但能溶于王水，形成淡黄橙色的氯铂酸溶液。除王水外，铂也溶于 $HCl\text{-}H_2O_2$、$HCl\text{-}HClO_4$ 的混合溶液中。热的浓硫酸能很慢地溶解铂生成 $Pt(OH)_2(HSO_4)_2$。熔融的苛性碱或 Na_2O_2 对 Pt 的腐蚀性很强。硫或金属硫化物在加热时能与铂作用。但更容易与铂作用的是硒和碲，特别是磷或还原气氛中的磷化物和磷酸盐都很容易与铂化合。

铂具有很高的催化性能，在多种化学工业中用作催化剂。

2. 铂和钯的重要化合物

1）氯铂酸及其盐

用王水溶解铂，即生成氯铂酸 $H_2[PtCl_6]$。四氯化铂溶于盐酸也生成氯铂酸，将溶液蒸发浓缩，可得橙红色晶体 $H_2[PtCl_6]$，即

$$PtCl_4 + 2HCl \xlongequal{} H_2[PtCl_6]$$

在铂(Ⅳ)化合物中加碱，可以得到两性的氢氧化铂 $Pt(OH)_4$，它溶于盐酸得氯铂酸，溶于碱得铂酸盐，即

$$Pt(OH)_4 + 6HCl \xlongequal{} H_2[PtCl_6] + 4H_2O$$

$$Pt(OH)_4 + 2NaOH \xlongequal{} Na_2[Pt(OH)_6]$$

将 NH_4Cl 或 KCl 加入 $PtCl_4$ 中，可制得相应的氯铂酸铵 $(NH_4)_2[PtCl_6]$ 或氯铂酸钾 $K_2[PtCl_6]$，即

$$PtCl_4 + 2NH_4Cl \xlongequal{} (NH_4)_2[PtCl_6]$$

$$PtCl_4 + 2KCl \xlongequal{} K_2[PtCl_6]$$

$(NH_4)_2[PtCl_6]$ 和 $K_2[PtCl_6]$ 都是难溶于水的黄色晶体，在分析测试中利用难溶氯铂酸盐的生成可以检验 NH_4^+ 和 K^+ 的存在。氯铂酸溶液可用作镀铂的电镀液。

用草酸钾、二氧化硫等还原剂和氯铂酸盐反应，可生成氯亚铂酸盐 $M_2[PtCl_4]$。例如

$$K_2[PtCl_6] + K_2C_2O_4 \xlongequal{} K_2[PtCl_4] + 2KCl + 2CO_2(g)$$

2）铂(Ⅱ)-乙烯配合物

$[Pt(C_2H_4)Cl_2]_2$ 是人们制得的第一个不饱和烃与金属的配合物。这个配合物是由氯亚铂酸盐 $[PtCl_4]^{2-}$ 和乙烯在水溶液中反应制得，可以被乙醚萃取，反应如下：

$$[PtCl_4]^{2-} + C_2H_4 \xlongequal{} [PtCl_3(C_2H_4)]^- + Cl^-$$

$$2[PtCl_3(C_2H_4)]^- \xlongequal{} [Pt(C_2H_4)Cl_2]_2 + 2Cl^-$$

中性 $[Pt(C_2H_4)Cl_2]_2$ 是一个具有桥式结构的二聚物，两个乙烯分子的排布是反式的，如

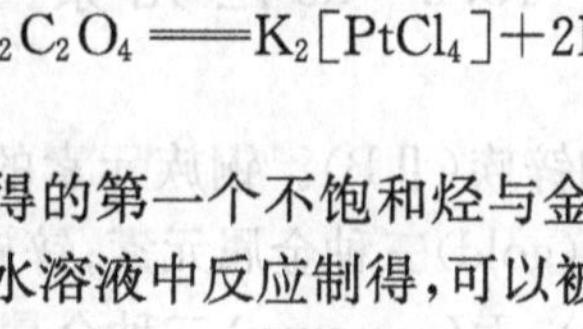

配离子 $[PtCl_3(C_2H_4)]^-$ 的构型是平面四方形，即

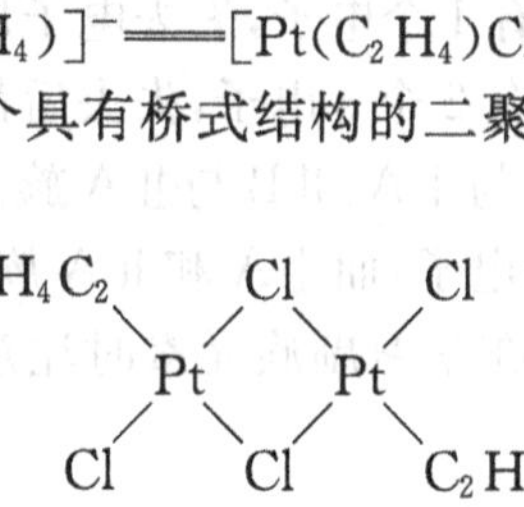

3) 二氯化钯

在红热的条件下，把金属钯直接氯化可制得二氯化钯($PdCl_2$)，823K 以上得不稳定的 α-$PdCl_2$，823K 以下转变为 β-$PdCl_2$。α-$PdCl_2$ 的结构呈扁平的链状(图 13.1)，β-$PdCl_2$ 的分子结构以 Pd_6Cl_{12} 为单元(图 13.2)。在 α-$PdCl_2$ 和 β-$PdCl_2$ 这两种结构中，钯(Ⅱ)都具有正方形配位的特征。

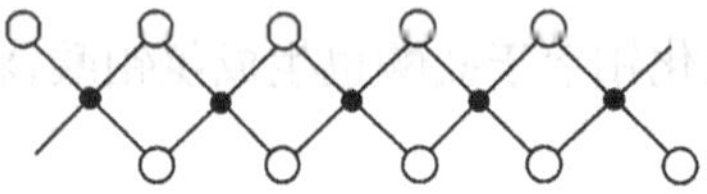

图 13.1 α-$PdCl_2$ 的扁平链状结构图

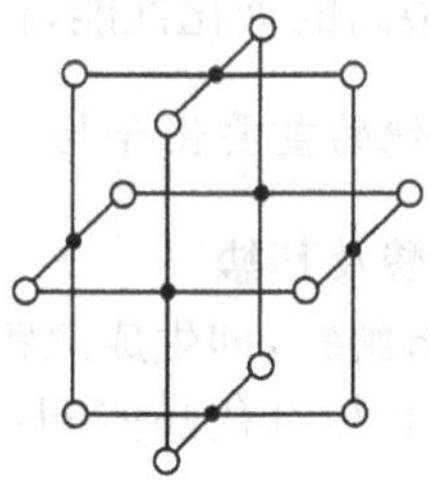

图 13.2 β-$PdCl_2$ 的 Pd_6Cl_{12} 结构单元

$PdCl_2$ 水溶液遇 CO 即被还原成金属钯，即

$$PdCl_2 + CO + H_2O \xlongequal{} Pd(s) + CO_2(g) + 2HCl$$

析出的金属钯尽管量很少，但是很容易从它显示的黑色分辨出来，因此，可利用这一反应鉴定 CO 的存在。

乙烯于常温、常压下可用二氯化钯作催化剂氧化成乙醛，这是一个重要的配位催化反应，是生产乙醛的好方法。

13.2 ds 区元素

ds 区元素包括铜族(ⅠB)和锌族(ⅡB)。铜族元素的外层电子构型为$(n-1)d^{10}ns^1$，包括铜(copper)、银(silver)和金(gold)三种金属元素；锌族元素的外层电子构型为$(n-1)d^{10}ns^2$，包括锌(zinc)、镉(cadium)、汞(mercury)三种金属元素。铜族三元素和ⅠA 族的碱金属元素的最外电子层中都只有 1 个电子，失去电子后都呈现+1 氧化值；锌族和ⅡA 族碱土金属元素的最外电子层都有 2 个 s 电子，失去后都呈现+2 氧化值。因此，在氧化值和某些化合物的性质方面，ⅠB 与ⅠA、ⅡB 与ⅡA 族元素有一些相似之处，但因为ⅠB 族和ⅡB 族原子的次外层为 18 个电子，而ⅠA 和ⅡA 族原子的次外层为 8 个电子，所以又有一些显著的差异。这就需要在学习副族元素时注意和对应的主族元素的性质相比较，从而加深理解。

13.2.1 ds 区元素单质的性质

ds 区元素的基本性质列于表 13.11 中。

表 13.11 ds区元素的基本性质

性质		铜(Cu)	银(Ag)	金(Au)	锌(Zn)	镉(Cd)	汞(Hg)
价层电子构型		$3d^{10}4s^1$	$4d^{10}5s^1$	$5d^{10}6s^1$	$3d^{10}4s^2$	$4d^{10}5s^2$	$5d^{10}6s^2$
常见氧化值		+1,+2	+1	+1,+3	+2	+2	+1,+2
原子半径/pm		128	144	144	134	149	150
离子半径	M^+	96	126	137			
/pm	M^{2+}	72	89	85(M^{3+})	74	97	110
电离能	第一	745	731	890	906	868	1007
/(kJ·mol⁻¹)	第二	1958	2074	1980	1733	1631	1810
水合能	M^+	−582	−485	−644			
/(kJ·mol⁻¹)	M^{2+}	−2121	—	—	−2060.6	−1824.2	−1849.7
升华热/(kJ·mol⁻¹)		331	284	385	131	112	61.9
电负性		1.90	1.93	2.54	1.65	1.69	2.00

在常温下，铜、银、金都是晶体，具有密度大、熔点和沸点高，良好的延展性和优良的导电、传热等共同特性。铜族元素的导电性和导热性在所有金属中都是最好的，银占首位，铜次之，而且常温下这两种金属都是稳定的，所以铜在电器工业中广泛应用。

铜族元素的化学活性远较碱金属低，并按铜、银、金的顺序递减。铜在干燥空气中比较稳定，在水中几乎看不出反应，与含有二氧化碳的潮湿空气接触时，在铜的表面慢慢生成一层铜锈，反应为

$$2Cu+O_2+H_2O+CO_2 \longrightarrow Cu(OH)_2 \cdot CuCO_3$$

铜和银易溶于硝酸或热的浓硫酸，而金只能溶于王水。与卤素作用时，活泼性按铜、银、金的顺序递减，铜在常温下与卤素作用，银作用慢，金则需要加热才能与干燥的卤素作用。铜和银在加热时能与硫直接化合生成 CuS 和 Ag_2S，而金不能化合。铜在有氧化性的酸性溶液(如 $HClO_3$)中容易溶解，即

$$3Cu+6H^++ClO_3^- \longrightarrow 3Cu^{2+}+Cl^-+3H_2O$$

铜与强配体(如 CN^-)作用，放出 H_2，即

$$2Cu+8CN^-+2H_2O \longrightarrow 2[Cu(CN)_4]^{3-}+2OH^-+H_2(g)$$

铜与配位能力不够强的配体(如 NH_3)作用时，需在有氧气存在下才能进行，反应为

$$2Cu+8NH_3+O_2+2H_2O \longrightarrow 2[Cu(NH_3)_4]^{2+}+4OH^-$$

锌族金属的熔点和沸点不仅低于碱土金属，而且低于铜族金属，并按锌、镉、汞的顺序下降。

汞是银白色的液态金属，有“水银”之称。汞受热均匀膨胀且不润湿玻璃，故用于制造温度计。室内空气中即使含有微量的汞蒸气，也有害于人体的健康。若不慎将汞洒落，可用锡箔把它“沾起”(形成锡汞齐)，再在可能有残汞的地方撒上硫粉以形成无毒 HgS。

锌、镉的化学性质相似，而汞的化学活性要比锌、镉差得多，并且有些独特的地方，汞不仅形成氧化值为+2 的化合物，而且还有氧化值为+1 的化合物。

在锌族元素中，着重介绍锌和汞两个元素。

锌在加热的条件下可以与绝大多数的非金属发生化学反应。在 273K 时，锌在空气中燃烧生成氧化锌，汞需加热至沸才缓慢与氧作用生成氧化汞，反应如下：

$$2Zn+O_2 \xrightarrow{273K} 2ZnO$$

$$2Hg+O_2 \xrightarrow{\text{加热至沸}} 2HgO$$

锌与含有 CO_2 的潮湿空气接触，可生成碱式碳酸盐，反应如下：

$$4Zn+2O_2+3H_2O+CO_2 = ZnCO_3 \cdot 3Zn(OH)_2$$

在普通条件下，锌与卤素作用缓慢，把锌粉与硫磺共热可形成硫化锌。汞与硫粉研磨即能形成硫化汞。

汞的金属活泼性差，只能在热的浓硫酸或硝酸中溶解，反应如下：

$$Hg+2H_2SO_4(\text{浓}) \xrightarrow{\triangle} HgSO_4+SO_2(g)+2H_2O$$

$$3Hg+8HNO_3 \xrightarrow{\triangle} 3Hg(NO_3)_2+2NO(g)+4H_2O$$

锌是两性金属，这一点与铝相似。锌不但能溶于酸，而且还能溶解在碱中形成锌酸盐，反应如下：

$$Zn+2NaOH+2H_2O = Na_2[Zn(OH)_4]+H_2(g)$$

与铝不同之处是锌与氨水形成配离子，反应如下：

$$Zn+4NH_3+2H_2O = [Zn(NH_3)_4](OH)_2+H_2(g)$$

13.2.2　ds 区元素的重要化合物

1. 铜族元素的重要化合物

铜的特征氧化值是+1、+2，银是+1，而金是+3。此处重点介绍应用较广的 Cu(Ⅰ)、Ag(Ⅰ)和 Cu(Ⅱ)的化合物。

1) 氧化物和氢氧化物

铜和银可形成以下几种氧化物和氢氧化物：

Cu_2O	Ag_2O	CuO	AgO
(黄或红)	(暗棕)	(黑)	(黑)
$CuOH$	$AgOH$	$Cu(OH)_2$	
(黄)	(白)	(浅蓝)	

Cu_2O 和 Ag_2O 都是共价型化合物，基本不溶于水。Cu_2O 呈弱碱性，而潮湿的 Ag_2O 表现为中强碱。Ag_2O 在 573K 即分解为银和氧；Cu_2O 对热是稳定的，在 1508K 熔化而不分解。

Cu_2O 溶于稀酸，并立即歧化为 Cu 和 Cu^{2+}，反应如下：

$$Cu_2O+2H^+ = Cu+Cu^{2+}+H_2O$$

而 Ag_2O 与 HNO_3 反应形成相应的盐，反应如下：

$$Ag_2O+2HNO_3 = 2AgNO_3+H_2O$$

Cu_2O 和 Ag_2O 分别与 HCl 反应均形成难溶的氯化物沉淀，反应如下：

$$Cu_2O+2HCl = 2CuCl+H_2O$$

$$Ag_2O+2HCl = 2AgCl+H_2O$$

Cu_2O 和 Ag_2O 溶于氨水，分别形成$[Cu(NH_3)_2]^+$和$[Ag(NH_3)_2]^+$无色的配离子，反应如下：

$$Cu_2O+4NH_3+H_2O = 2[Cu(NH_3)_2]^+ +2OH^-$$

$$Ag_2O+4NH_3+H_2O = 2[Ag(NH_3)_2]^+ +2OH^-$$

但$[Cu(NH_3)_2]^+$遇到空气即被氧化为深蓝色的$[Cu(NH_3)_4]^{2+}$，反应如下：

$$4[Cu(NH_3)_2]^+ +O_2+8NH_3+2H_2O = 4[Cu(NH_3)_4]^{2+}+4OH^-$$

Cu_2O 在实验室内可由 CuO 热分解得到，即

$$4CuO(黑)\xrightarrow{>1273K}2Cu_2O(红)+O_2(g)$$

Cu^{2+} 盐的碱性溶液用还原剂联氨还原可得到 Cu_2O，即

$$4Cu^{2+}+8OH^-+N_2H_4 = 2Cu_2O(s,黄)+N_2(g)+6H_2O$$

由于制备 Cu_2O 时条件不同，晶粒大小各异，使 Cu_2O 呈现黄、橙、红等不同的颜色。

Ag_2O 可由可溶性的银盐与强碱反应而形成，反应如下：

$$2Ag^+ +2OH^- = 2AgOH(s,白)$$

$$\longrightarrow Ag_2O(s,棕色)+H_2O$$

Cu_2O 主要用作玻璃、搪瓷工业的红色颜料。此外，Cu_2O 具有半导体性质，可用它和铜制造亚铜整流器。Ag_2O 可作为催化剂，也可作为防腐剂、电子器件材料。

CuOH 为黄色固体，AgOH 为白色固体，它们均不稳定，易脱水变为相应的氧化物。当用 NaOH 处理 CuCl 在盐酸中的冷溶液时，生成黄色 CuOH 沉淀，但沉淀很快由黄色变为橙色，最后变为红色 Cu_2O，而 AgOH 只有用强碱与可溶性银盐的乙醇溶液，在低于 228K 时才能生成。

CuO 可由 $CuCO_3$、$Cu(NO_3)_2$ 加热分解或在氧气中加热铜粉而制得，反应如下：

$$CuCO_3\xrightarrow{\triangle}CuO+CO_2(g)$$

$$2Cu+O_2\xrightarrow{\triangle}2CuO$$

CuO 难溶于水，而易溶于酸，反应如下：

$$CuO+2H^+ = Cu^{2+}+H_2O$$

CuO 对热稳定，加热到 1273K 分解为 Cu_2O 和 O_2。CuO 具有氧化性，在高温下可作氧化剂。

CuO 可作为玻璃、陶瓷的着色剂，也可用于制造染料、催化剂及其他铜的化合物。

由盐和碱作用可制得 $Cu(OH)_2$，反应如下：

$$Cu^{2+}+2OH^- = Cu(OH)_2(s,浅蓝)$$

$Cu(OH)_2$ 受热易脱水变为 CuO，反应如下：

$$Cu(OH)_2(浅蓝色)\xrightarrow{\triangle}CuO(黑色)+H_2O$$

$Cu(OH)_2$ 显两性，可溶于酸和过量的强碱中，反应如下：

$$Cu(OH)_2+2H^+ = Cu^{2+}+2H_2O$$

$$Cu(OH)_2+2OH^- = [Cu(OH)_4]^{2-}$$

$[Cu(OH)_4]^{2-}$配离子可被葡萄糖还原为暗红色的 Cu_2O,反应如下:

$$2[Cu(OH)_4]^{2-}+C_6H_{12}O_6 = Cu_2O(s)+C_6H_{12}O_7+4OH^-+2H_2O$$

医学上用此反应鉴定糖尿病。

$Cu(OH)_2$ 可溶于氨水形成配合物,反应如下:

$$Cu(OH)_2+4NH_3 = [Cu(NH_3)_4]^{2+}+2OH^-$$

2) 卤化物

在热的浓硫酸溶液中,用铜粉还原氯化铜,首先生成$[CuCl_2]^-$;用水稀释即可得到难溶于水的白色 CuCl 沉淀,反应如下:

$$Cu^{2+}+Cu+4Cl^- = 2[CuCl_2]^-\text{(土黄色)}$$

$$2[CuCl_2]^- \xrightarrow{\text{稀释}} 2CuCl(s)+2Cl^-$$

总反应为

$$Cu^{2+}+Cu+2Cl^- = 2CuCl(s,\text{白色})$$

用还原剂 $SnCl_2$ 还原 $CuCl_2$,也可得到 CuCl,反应如下:

$$2CuCl_2+SnCl_2 = 2CuCl(s)+SnCl_4$$

CuCl 不溶于硫酸、稀硝酸,但可溶于氨水、浓盐酸及碱金属的氯化物溶液中,形成配离子$[Cu(NH_3)_2]^+$、$[CuCl_2]^-$、$[CuCl_3]^{2-}$和$[CuCl_4]^{3-}$。CuCl 的盐酸溶液能吸收 CO,形成氯化羰基亚铜 $CuClCO \cdot H_2O$,此反应在气体分析中可用于测定混合气体中 CO 的含量。CuCl 在工业中可作催化剂、还原剂、脱色剂、凝胶剂、杀虫剂和防腐剂。

无水 $CuCl_2$ 为棕黄色固体,可由单质直接化合而成,它是共价化合物,其结构为

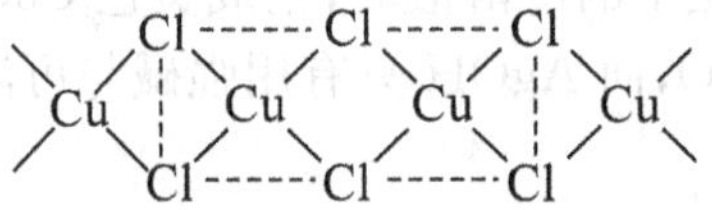

即由 $CuCl_4$ 平面组成的长链。

$CuCl_2$ 不但易溶于水,而且易溶于一些有机溶剂乙醇和丙酮中。在 $CuCl_2$ 很浓的水溶液中,可形成黄色的$[CuCl_4]^{2-}$,反应为

$$Cu^{2+}+4Cl^- = [CuCl_4]^{2-}$$

而 $CuCl_2$ 的稀溶液为浅蓝色,这是因为形成了$[Cu(H_2O)_4]^{2+}$,反应为

$$[CuCl_4]^{2-}\text{(黄色)}+4H_2O = [Cu(H_2O)_4]^{2+}\text{(浅蓝色)}+4Cl^-$$

$CuCl_2$ 的浓溶液中由于同时含有$[CuCl_4]^{2-}$和$[Cu(H_2O)_4]^{2+}$,通常为黄绿色或绿色。氯化铜用于制造玻璃、陶瓷用颜料、消毒剂、媒染剂和催化剂。

卤化银中只有 AgF 易溶于水,其余的卤化银均难溶于水。溶解度依 AgCl、AgBr、AgI 顺序降低,颜色也依此顺序加深。

卤化银有感光性,常用于照相技术,反应为

$$AgBr \xrightarrow{\text{光子}} Ag+Br$$

然后用显影剂(如氢醌、邻苯二酚等)处理,使含有银核的 AgBr 粒子被还原为金属银而显黑色。最后用定影液(主要含有 $Na_2S_2O_3$)使未感光的 AgBr 溶解,反应为

$$AgBr+2S_2O_3^{2-} = [Ag(S_2O_3)_2]^{3-}+Br^-$$

难溶 AgX 能与 X^- 形成溶解度稍大的配离子，反应为

$$AgX+(n-1)X^- \longrightarrow [AgX_n]^{(n-1)-} \qquad (X=Cl、Br、I, n=2、3、4)$$

因此在用卤离子沉淀 Ag^+ 时，必须注意“适量”，否则会使 Ag^+ 沉淀不完全。

硝酸银与可溶性卤化物反应即可生成不同颜色的卤化银沉淀。AgF 是将 Ag_2O 溶于氢氟酸后蒸发至有黄色晶体而制得。AgI 在人工降雨中用作冰核形成剂，也可用作某些反应的催化剂。

3) 硝酸银

绝大多数简单银盐都是难溶化合物，只有 $AgNO_3$ 和 AgF 是易溶盐。$AgNO_3$ 是一种常见的重要试剂。$AgNO_3$ 易溶于水，对热不稳定，加热到 713K 时按下式分解：

$$2AgNO_3 \xrightarrow{\triangle} 2Ag+2NO_2(g)+O_2(g)$$

在光照下，$AgNO_3$ 也会按上式分解，微量的有机物可促进 $AgNO_3$ 见光分解。因此，$AgNO_3$ 常保存在棕色瓶内。皮肤上沾有 $AgNO_3$ 溶液，也会因见光分解为单质银而形成墨斑。

$AgNO_3$ 主要用于制造照相底片所需的 AgBr 乳剂，它还是一种重要的分析试剂。医药上常用作消毒剂和防腐剂。

4) 硫酸铜

用热的浓硫酸溶解铜屑，经蒸发浓缩可制得蓝色晶体 $CuSO_4 \cdot 5H_2O$，俗称胆矾。

无水 $CuSO_4$ 为白色粉末，易溶于水，吸水性强，吸水后即显出特征的蓝色，常用这一性质检验乙醇和乙醚中是否含有水，并可借此除去微量的水。

硫酸铜是制备其他铜化合物的重要原料，在电解或电镀中用作电解液或电镀液，纺织工业中用作媒染剂。由于 $CuSO_4$ 具有杀菌能力，用于蓄水池、游泳池中可防止藻类生长。硫酸铜和石灰乳混合配制的波尔多液，在农业上用于消灭植物病虫害。

5) 铜和银的配合物

Cu^+ 和 Ag^+ 均可与单齿配体形成配位数为 2、3、4 的配合物，其中以配位数为 2 的直线形配离子最常见。例如

配离子	$[CuCl_2]^-$	$[Cu(SCN)_2]^-$	$[Cu(NH_3)_2]^+$	$[Cu(S_2O_3)_2]^{3-}$	$[Cu(CN)_2]^-$
$K_f^\ominus$	$10^{4.84}$	$10^{11.0}$	$10^{10.86}$	$10^{12.22}$	10^{24}
配离子	$[AgCl_2]^-$	$[Ag(SCN)_2]^-$	$[Ag(NH_3)_2]^+$	$[Ag(S_2O_3)_2]^{3-}$	$[Ag(CN)_2]^-$
$K_f^\ominus$	$10^{4.70}$	$10^{9.10}$	$10^{7.40}$	$10^{13.5}$	$10^{21.1}$

较为重要的配合物有 $[Cu(NH_3)_2]^+$、$[Ag(NH_3)_2]^+$，$[Ag(S_2O_3)_2]^{3-}$ 和 $[Ag(CN)_2]^-$ 等。

由于 Cu^+ 和 Ag^+ 价层电子构型为 $3d^{10}$，d 轨道全部充满，不存在 d-d 跃迁，因此它们的配合物通常是无色的。

$[Cu(NH_3)_2]^+$ 能吸收可使催化剂中毒的 CO 气体，生成 $[Cu(CO)(NH_3)_2]^+$，其乙酸盐溶液常用于合成氨工业。$[Ag(NH_3)_2]^+$ 可用于制造保温瓶瓶胆和镜子镀银，其反应为

$$2[Ag(NH_3)_2]^+ + \underset{(甲醛或葡萄糖)}{RCHO} + 3OH^- \longrightarrow 2Ag + RCOO^- + 4NH_3 + 2H_2O$$

$[Ag(CN)_2]^-$作为镀银电解液的主要成分，在阴极被还原为Ag，即

$$[Ag(CN)_2]^- + e^- \xlongequal{} Ag + 2CN^-$$

但因氰化物有剧毒，近年来逐渐由无毒镀银液$[Ag(SCN)_2]^-$等代替。

Cu^{2+}与单齿配体一般形成配位数为4的正方形配合物，如$[CuCl_4]^{2-}$、$[Cu(H_2O)_4]^{2+}$、$[Cu(NH_3)_4]^{2+}$等。深蓝色的$[Cu(NH_3)_4]^{2+}$是由过量氨水与Cu(Ⅱ)盐溶液反应而形成，即

$$[Cu(H_2O)_4]^{2+}(\text{浅蓝}) + 4NH_3 \xlongequal{} [Cu(NH_3)_4]^{2+}(\text{深蓝}) + 4H_2O$$

溶液中Cu^{2+}的浓度越小，所形成的蓝色$[Cu(NH_3)_4]^{2+}$的颜色越浅，根据溶液颜色的深浅，用光度分析法可测定铜的含量。此外，Cu^{2+}还可和一些有机配合剂(如乙二胺等)形成稳定的螯合物。$[Cu(NH_3)_4]^{2+}$溶液有溶解纤维的能力，在所得的纤维素溶液中加酸或水时，纤维又可析出，工业上利用这种性质制备人造丝。

2. 铜(Ⅰ)和铜(Ⅱ)的互相转化

从Cu^+和Cu^{2+}的价电子构型看，$Cu^+(3d^{10})$应比$Cu^{2+}(3d^9)$更稳定。在气态时Cu^+的化合物较稳定，但在水溶液中，Cu^+易发生歧化反应生成Cu和Cu^{2+}，即

$$2Cu^+ \rightleftharpoons Cu + Cu^{2+}$$

$$E_A^\ominus/V \quad Cu^{2+} \xrightarrow{0.15} Cu^+ \xrightarrow{0.52} Cu$$

$$\lg K^\ominus = \frac{n(E_+^\ominus - E_-^\ominus)}{0.0592} = \frac{0.52 - 0.15}{0.0592} = 6.25$$

$$K^\ominus = 1.8 \times 10^6$$

此反应的平衡常数较大，反应进行得很彻底。例如

$$Cu_2O + H_2SO_4(\text{稀}) \xlongequal{} Cu(s) + CuSO_4 + H_2O$$

与Cu^+相比，Cu^{2+}的电荷高，半径小，水合热大，因此溶液中Cu^{2+}更稳定。若使Cu^+不发生歧化反应，必须有还原剂存在，使Cu^{2+}转变为Cu^+，同时降低溶液中Cu^+的浓度，使之成为难溶物或难解离的配合物。例如

$$Cu^{2+} + Cu + 2Cl^- \xlongequal{} 2CuCl(s)$$

由于CuCl的形成，使溶液中Cu^+的浓度大大降低，使反应向生成Cu^+的方向移动，Cu^+浓度的降低，使$E^\ominus_{Cu^+/Cu}$值下降，而使$E^\ominus_{Cu^{2+}/Cu^+}$值升高，其电极电势图为

$$E_A^\ominus/V \qquad Cu^{2+} \xrightarrow{0.50} CuCl(s) \xrightarrow{0.17} Cu$$

可见$E^\ominus_{Cu^{2+}/CuCl} > E^\ominus_{CuCl/Cu}$，故$Cu^{2+}$可将Cu氧化为CuCl。

同理，在热的Cu(Ⅱ)盐溶液中加入KCN，可得到白色CuCN沉淀，即

$$2Cu^{2+} + 4CN^- \xlongequal{} 2CuCN(s) + (CN)_2(g)$$

若继续加入过量的KCN，则CuCN因形成$[Cu(CN)_x]^{1-x}$而溶解，即

$$CuCN + (x-1)CN^- \xlongequal{} [Cu(CN)_x]^{1-x} \qquad (x = 2 \sim 4)$$

3. 锌族元素的重要化合物

锌、镉、汞都生成氧化值为+2的化合物。锌、镉、汞的离子都是无色的，所以它们的

化合物一般是无色的。但由于Zn^{2+}、Cd^{2+}、Hg^{2+}具有18电子构型，依Zn^{2+}、Cd^{2+}、Hg^{2+}的顺序，离子的极化性和变形性逐渐增强，以致Cd^{2+}特别是Hg^{2+}与易变形阴离子形成的化合物往往有很深的颜色和较低的溶解度。

1）氧化物和氢氧化物

锌、镉、汞均能形成难溶于水的MO型氧化物：ZnO（白色），CdO（棕黄），HgO（红或黄）。

ZnO、CdO可由金属在空气中燃烧制得，也可由相应的碳酸盐、硝酸盐热分解制得。$Hg(NO_3)_2$中加入强碱可制得黄色HgO沉淀，$Hg(NO_3)_2$晶体加热分解可得红色HgO。

ZnO、CdO和HgO的热稳定性按顺序依次递减，ZnO、CdO较稳定。氧化物的碱性按ZnO、CdO、HgO依次递增。ZnO属两性，CdO、HgO则显碱性。

氧化锌（俗称锌白）大量用作橡胶及油漆颜料，也用作有机合成工业中的催化剂及医药上制造药膏。CdO主要用作有机反应的催化剂，还用于制电池及镀镉等。HgO是制备许多汞盐的原料，还用作医药制剂、分析试剂、陶瓷颜料等。

由盐和碱可制得$Zn(OH)_2$、$Cd(OH)_2$，但得不到$Hg(OH)_2$，这是因为$Hg(OH)_2$不稳定。反应如下：

$$Zn^{2+}+2OH^- = Zn(OH)_2(s,白)$$

$$Cd^{2+}+2OH^- = Cd(OH)_2(s,黄)$$

$Zn(OH)_2$显两性，可溶于酸和过量的强碱中，反应为

$$Zn(OH)_2+2H^+ = Zn^{2+}+2H_2O$$

$$Zn(OH)_2+2OH^- = [Zn(OH)_4]^{2-}$$

$Cd(OH)_2$也显两性，但偏碱性，其酸性很弱，只能溶于热而浓的强碱中，并结晶出$Na_2[Cd(OH)_4]$。

$Zn(OH)_2$、$Cd(OH)_2$均能溶于氨水中，形成配合物，反应为

$$M(OH)_2+4NH_3 = [M(NH_3)_4]^{2+}+2OH^-$$

氢氧化物的热稳定性为$Zn(OH)_2>Cd(OH)_2$，反应为

$$Zn(OH)_2 \xrightarrow{1050K} ZnO+H_2O$$

$$Cd(OH)_2 \xrightarrow{470K} CdO+H_2O$$

2）氯化物

由于锌族元素M^{2+}为18电子构型，极化能力强，离子的变形性按Zn→Cd→Hg依次递增，因而锌族元素的氯化物具有相当程度的共价性，其熔点均较低，熔融状态下导电能力差（$HgCl_2$熔融状态下不导电）。

(1) 无水氯化锌为白色固体，可由锌与氯气反应，或在973K时，用干燥的氯化氢通过金属锌而制得。

$ZnCl_2$吸水性很强，极易溶于水，其水溶液由于Zn^{2+}的水解而显酸性，反应为

$$Zn^{2+}+H_2O \rightleftharpoons [Zn(OH)]^+ + H^+$$

因此水合氯化锌晶体加热不会完全脱水，而是形成碱式盐，反应为

$$ZnCl_2 \cdot H_2O \xrightarrow{\triangle} Zn(OH)Cl+HCl$$

为了得到无水$ZnCl_2$，可将含水$ZnCl_2$和$SOCl_2$（氯化亚砜）一起加热，反应为

$$ZnCl_2 \cdot xH_2O + xSOCl_2 = ZnCl_2 + 2xHCl(g) + xSO_2(g)$$

$ZnCl_2$ 浓溶液由于形成配合酸{$H[ZnCl_2(OH)]$}而使溶液具有显著酸性，它可用于清除金属表面的氧化物，反应为

$$ZnCl_2(浓) + H_2O = H[ZnCl_2(OH)]$$

$$Fe_2O_3 + 6H[ZnCl_2(OH)] = 2Fe[ZnCl_2(OH)]_3 + 3H_2O$$

因此，在用锡焊接金属之前，常用 $ZnCl_2$ 清除金属表面的氧化物。

$ZnCl_2$ 主要用于有机合成工业的脱水剂、缩合剂及催化剂，以及染料工业的媒染剂，也用作石油净化剂和活性炭活化剂。此外，$ZnCl_2$ 还用于电池、电镀、医药、木材防腐和农药等方面。

(2) 氯化汞和氯化亚汞。氯化汞($HgCl_2$)可在过量的氯气中加热金属汞而制得。

氯化汞($HgCl_2$)为直线形分子(Cl—Hg—Cl)的共价型化合物，熔点较低，易升华，俗称升汞，略溶于水，有剧毒，其稀溶液有杀菌作用，外科上用作消毒剂。氯化汞也用作有机反应的催化剂，此外还用于农药等。氯化汞在水中的解离度很小，主要以分子形式存在，所以氯化汞有假盐之称。

$HgCl_2$ 在水中微水解，即

$$HgCl_2 + 2H_2O \rightleftharpoons Hg(OH)Cl + Cl^- + H_3O^+$$

若在 $HgCl_2$ 溶液中加入稀氨水，则生成氨基氯化汞白色沉淀，反应为

$$HgCl_2 + 2NH_3 = Hg(NH_2)Cl(s,白) + NH_4Cl$$

$HgCl_2$ 在 NH_4Cl 的浓溶液中与 NH_3 反应，生成二氯·二氨合汞(Ⅱ)沉淀，反应为

$$HgCl_2 + 2NH_3 \xrightarrow{NH_4Cl} [HgCl_2(NH_3)_2](s,白)$$

在 NH_4Cl 存在下，与过量氨反应可生成氨的配合物，反应为

$$[HgCl_2(NH_3)_2] + 2NH_3 \xrightarrow{NH_4Cl} [Hg(NH_3)_4]Cl_2$$

在酸性溶液中，$HgCl_2$ 是一种较强的氧化剂($E^{\ominus}_{HgCl_2/Hg_2Cl_2} = 0.63V$)，适量的 $SnCl_2$($E^{\ominus}_{Sn^{4+}/Sn^{2+}} = 0.154V$)可将其还原为难溶于水的白色氯化亚汞($Hg_2Cl_2$)沉淀；如果 $SnCl_2$ 过量，生成的 Hg_2Cl_2 可进一步被 $SnCl_2$ 还原为金属汞($E^{\ominus}_{Hg_2Cl_2/Hg} = 0.268V$)，使沉淀变黑，反应如下：

$$2HgCl_2 + Sn^{2+} + 4Cl^- = Hg_2Cl_2 + [SnCl_6]^{2-}$$

$$Hg_2Cl_2 + Sn^{2+} + 4Cl^- = 2Hg(s) + [SnCl_6]^{2-}$$

在分析测试中利用此反应鉴定 Hg(Ⅱ)或 Sn(Ⅱ)。

$HgCl_2$ 还可以与金属氯化物反应形成四氯合汞(Ⅱ)配离子$[HgCl_4]^{2-}$，使$HgCl_2$的溶解度增大，反应如下：

$$HgCl_2 + 2Cl^- = [HgCl_4]^{2-}$$

向 $HgCl_2$ 溶液中通入 H_2S，虽然溶液中 Hg^{2+} 的浓度很小，但由于 HgS 极难溶于水，故仍能有 HgS 析出，反应如下：

$$HgCl_2 + H_2S = HgS(s,黑) + 2H^+ + 2Cl^-$$

金属汞与氯化汞固体一起研磨，可制得氯化亚汞(Hg_2Cl_2)，反应如下：

$$HgCl_2 + Hg = Hg_2Cl_2$$

Hg_2Cl_2 分子结构为直线形(Cl—Hg—Hg—Cl)。Hg_2Cl_2 为白色固体,难溶于水。少量的 Hg_2Cl_2 无毒,因味略甜,俗称甘汞。在医药上用作泻剂和利尿剂,也常用于制作甘汞电极。Hg_2Cl_2 见光易分解,即

$$Hg_2Cl_2 \xrightarrow{光} HgCl_2 + Hg$$

因此,应保存在棕色瓶中。

Hg_2Cl_2 与氨水反应可生成氨基氯化汞和汞,而使沉淀显灰色,反应如下:

$$Hg_2Cl_2 + 2NH_3 \longrightarrow Hg(NH_2)Cl(s) + Hg(s) + NH_4Cl$$

此反应用于鉴定 Hg(Ⅰ)。

3) 硝酸汞和硝酸亚汞

$Hg(NO_3)_2$ 和 $Hg_2(NO_3)_2$ 都溶于水,并水解生成碱式盐沉淀,反应如下:

$$2Hg(NO_3)_2 + H_2O \longrightarrow HgO \cdot Hg(NO_3)_2(s) + 2HNO_3$$

$$Hg_2(NO_3)_2 + H_2O \longrightarrow Hg_2(OH)NO_3(s) + HNO_3$$

在配制 $Hg(NO_3)_2$ 和 $Hg_2(NO_3)_2$ 溶液时,应溶于稀硝酸中。

$Hg(NO_3)_2$ 和 $Hg_2(NO_3)_2$ 受热都分解为红色的氧化汞,反应如下:

$$2Hg(NO_3)_2 \xrightarrow{\triangle} 2HgO + 4NO_2(g) + O_2(g)$$

$$Hg_2(NO_3)_2 \xrightarrow{\triangle} 2HgO + 2NO_2(g)$$

在 $Hg(NO_3)_2$ 溶液中,加入 KI 可产生橘红色 HgI_2 沉淀,该沉淀可溶于过量 KI 中,形成无色$[HgI_4]^{2-}$,反应如下:

$$Hg^{2+} + 2I^- \longrightarrow HgI_2(s,橘红色)$$

$$HgI_2 + 2I^- \longrightarrow [HgI_4]^{2-}$$

在 $Hg_2(NO_3)_2$ 溶液中加入KI,先生成浅绿色 Hg_2I_2 沉淀,继续加入KI溶液,则形成$[HgI_4]^{2-}$,同时有汞析出,反应如下:

$$Hg_2^{2+} + 2I^- \longrightarrow Hg_2I_2(s,浅绿色)$$

$$Hg_2I_2 + 2I^- \longrightarrow [HgI_4]^{2-} + Hg$$

在 $Hg(NO_3)_2$ 溶液中加入氨水,可得碱式氨基硝酸汞白色沉淀,反应如下:

$$2Hg(NO_3)_2 + 4NH_3 + H_2O \longrightarrow HgO \cdot NH_2 \cdot HgNO_3(s,白色) + 3NH_4NO_3$$

在 $Hg_2(NO_3)_2$ 溶液中加入氨水,不仅有上述白色沉淀产生,同时有黑色汞析出,反应如下:

$$2Hg_2(NO_3)_2 + 4NH_3 + H_2O \longrightarrow \underset{白色}{HgO \cdot NH_2 \cdot HgNO_3(s)} + \underset{黑色}{2Hg(s)} + 3NH_4NO_3$$

因而使整个沉淀显灰色。

$Hg(NO_3)_2$ 可由 HgO 溶于硝酸或 Hg 溶于过量的硝酸而制得,反应如下:

$$HgO + 2HNO_3 \longrightarrow Hg(NO_3)_2 + H_2O$$

$$Hg + 4HNO_3 \longrightarrow Hg(NO_3)_2 + 2NO_2(g) + 2H_2O$$

$Hg_2(NO_3)_2$ 可由过量 Hg 与硝酸反应或 $Hg(NO_3)_2$ 溶液与金属汞一起摇荡而得,反应如下:

$$6Hg + 8HNO_3(稀) = 3Hg_2(NO_3)_2 + 2NO(g) + 4H_2O$$

$$Hg(NO_3)_2 + Hg = Hg_2(NO_3)_2$$

4) 锌、镉、汞的配合物

Hg_2^{2+} 形成配合物的倾向较小，Zn^{2+}、Cd^{2+}、Hg^{2+} 均易形成配合物。Zn^{2+}、Cd^{2+} 的配位数可为 4 或 6，Hg^{2+} 的配位数一般为 2 或 4，配位数为 4 的配合物为四面体构型。表 13.12 列出锌族元素某些 ML_4 型配合物的稳定常数。

表 13.12 锌族元素某些 ML_4 型配合物的稳定常数

L	$K^{\ominus}_{稳}$		
	Zn^{2+}	Cd^{2+}	Hg^{2+}
Cl^-	$10^{0.2}$	$10^{2.8}$	$10^{15.07}$
I^-	—	$10^{6.15}$	$10^{29.83}$
NH_3	$10^{9.06}$	$10^{6.92}$	$10^{19.40}$
CN^-	$10^{16.7}$	$10^{18.78}$	$10^{41.40}$

锌族元素所形成的配合物一般为无色，反应如下：

$$M^{2+} + 4NH_3 = [M(NH_3)_4]^{2+} \quad (M = Zn、Cd)$$

$$HgCl_2 + 4NH_3(过量) \xrightarrow{NH_4Cl} [Hg(NH_3)_4]^{2+} + 2Cl^-$$

$$M^{2+} + 4CN^- = [M(CN)_4]^{2-} \quad (M = Zn、Cd、Hg)$$

$$Hg^{2+} + 4Cl^-(过量) = [HgCl_4]^{2-}$$

$$Hg^{2+} + 4SCN^- = [Hg(SCN)_4]^{2-}$$

$$Hg^{2+} + 4I^-(过量) = [HgI_4]^{2-}$$

$[HgI_4]^{2-}$ 的碱性溶液称为奈斯勒(Nessler)试剂，又称奈氏试剂。如果溶液中有微量的 NH_4^+ 存在，滴加奈氏试剂，会立即生成红色沉淀，即

$2[HgI_4]^{2-} + 4OH^- + NH_4^+ \longrightarrow$ 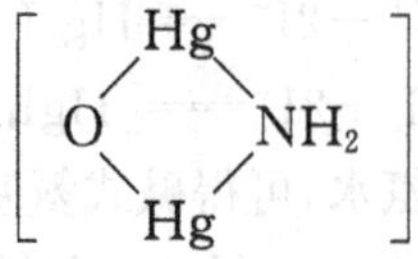 $I(s,红色) + 7I^- + 3H_2O$

这个反应常用来鉴定 NH_4^+。

4. 汞(Ⅰ)和汞(Ⅱ)的相互转化

酸性溶液中 Hg 的电势图为

$E_A^{\ominus}/V$ $\quad Hg^{2+} \xrightarrow{+0.905} Hg_2^{2+} \xrightarrow{+0.792} Hg$；$Hg^{2+}$ —— Hg：+0.851

由此电势图可知，Hg_2^{2+} 在酸性溶液中不能发生歧化反应，而能发生逆歧化反应，即 Hg^{2+} 可氧化 Hg 而生成 Hg_2^{2+}，即

$$Hg^{2+} + Hg = Hg_2^{2+}$$

$$\lg K^{\ominus} = \frac{n(E_+^{\ominus} - E_-^{\ominus})}{0.0592} = \frac{0.905 - 0.792}{0.0592} = 1.91$$

Hg^{2+}基本上都能转化为Hg_2^{2+},因此Hg(Ⅱ)化合物用金属还原,即可得到Hg(Ⅰ)化合物,要想使Hg_2^{2+}发生歧化反应,必须使之生成难溶物或难解离的配合物,例如

$$Hg_2^{2+} + S^{2-} = HgS(s) + Hg(s)$$

$$Hg_2Cl_2 + 2NH_3 = Hg(NH_2)Cl(s) + Hg(s) + NH_4Cl$$

$$Hg_2^{2+} + 2CN^- = Hg(CN)_2(s) + Hg(s)$$

$$Hg_2^{2+} + 4I^- = [HgI_4]^{2-} + Hg(s)$$

$$Hg_2^{2+} + 2OH^- = HgO(s) + Hg(s) + H_2O$$

13.2.3 ds区元素与s区元素的对比

1. ⅠB族元素与ⅠA族元素的对比

ⅠB族元素与ⅠA族元素的性质差异简述如下:

ⅠA族单质金属的熔点和沸点都较低,硬度也较小;ⅠB族金属则具有较高的熔点和沸点,并且有良好的延展性、导热性和导电性。

ⅠA族元素是极活泼的轻金属,在空气中极易被氧化,能与水激烈反应,族内元素的活泼性随原子序数增大而增加;ⅠB族元素都是不活泼的重金属,在空气中比较稳定,与水几乎不反应,族内元素的活泼性随原子序数增大而减小。这些都与它们的标准电极电势有关,ⅠA族金属的$E^\ominus$值很负,是很强的还原剂,能从水中置换出氢气;ⅠB族金属的$E^\ominus$值较大,不能从水中置换出氢气。

ⅠA族元素所形成的化合物大多是无色的离子型化合物,而ⅠB族元素的化合物有相当程度的共价性,大多数具有颜色。ⅠA族元素的氢氧化物都是极强的碱,且非常稳定;ⅠB族元素的氢氧化物碱性较弱,且不稳定,易脱水形成氧化物。ⅠA族元素的离子一般很难成为配合物的形成体,而ⅠB族元素的离子则具有很强的配位能力。

上述单质和化合物在性质上的差别,都与ⅠB族元素的次外层d电子也能参加成键,它们的离子具有d^{10}、d^9、d^8等结构特点有关。

2. ⅡB族元素与ⅡA族元素的对比

ⅡB族元素与ⅡA族元素的性质差异简述如下:

ⅡB族金属的熔点、沸点都比ⅡA族元素的低,汞在室温下是液体。ⅡA族和ⅡB族金属的导电性、导热性、延展性都较差(只有镉具有延展性)。

ⅡA族元素比较活泼,尤其是钙、锶、钡在空气中易被氧化,ⅡB族元素的活泼性比ⅡA族元素差,常温下它们在干燥的空气中不起变化。ⅡA族元素不但能从稀酸中置换出氢气,而且也能从水中置换出氢气(但铍和镁与冷水的作用较慢);ⅡB族元素都不能从水中置换出氢气,在稀的盐酸或硫酸溶液中,锌易于溶解,镉溶解较难,汞则完全不溶。这一点可从它们的$E^\ominus$值得到说明。

ⅡB和ⅡA两族的M^{2+}都是无色的。由于ⅡB族元素的离子具有18电子构型,极化力较强,因而它们的化合物比ⅡA族元素的化合物具有更多的共价性,而且易变形的阴离子(如S^{2-}、I^-等)与镉和汞形成的化合物常有颜色。此外,ⅡB族金属离子形成配合物的

倾向比ⅡA族金属离子强得多。

ⅡB族元素的氢氧化物是弱碱性的，且易脱水分解；钙、锶和钡的氢氧化物则是强碱性的，不易脱水分解。$Be(OH)_2$ 和 $Zn(OH)_2$ 都是两性氢氧化物。

ⅡB和ⅡA两族元素的硝酸盐都易溶于水。ⅡB族元素的硫酸盐是易溶的，而钙、锶、钡的硫酸盐则是微溶的。这两族元素的碳酸盐又都难溶于水。

ⅡB族元素的盐在溶液中都有一定程度的水解，而钙、锶和钡的盐则不水解。

ⅡB族元素的金属活泼性自上而下减弱，但它们氢氧化物的碱性则自上而下增强；ⅡA族元素的金属活泼性及其氢氧化物的碱性则自上而下一致增强。

13.3 f区元素

f区元素包括周期系中的镧系元素和锕系元素。随着科学技术和生产的发展，人们对镧系、锕系元素有了进一步的认识。

周期表中从原子序数为57号的镧到原子序数为70号的镱共14种元素，它们的化学性质十分相似，都位于周期表中第六周期、ⅢB族的同一格内，称为镧系元素，用Ln(lanthanoid的缩写)表示。它们组成了第一内过渡元素。镧系元素中只有钷为人工合成元素，具有放射性。镧系元素以及与镧系元素在化学性质上相近的、在镧系格子上方的钇和钪，共17种元素，总称为稀土(rareearth)元素，用RE表示。按照稀土元素的电子层结构及物理、化学性质，把钆以前的7个元素La、Ce、Pr、Nb、Pm、Sm和Eu称为轻稀土元素或铈组稀土元素；钆和钆以后的7个元素Gd、Tb、Dy、Ho、Er、Tm、Yb，再加上Sc、Y、Lu共10个元素，称为重稀土元素或钇组稀土元素。

在周期表中，从第89号元素锕到102号元素锘共14种元素，它们位于镧系元素的下面，即第七周期、ⅢB族的同一格内，称为锕系元素，用An表示。锕系元素又称为第二内过渡元素或5f过渡系元素。锕系元素均有放射性，铀后面的元素为人工合成元素，称为超铀元素。锕系元素在很多方面与镧系元素相似。

13.3.1 镧系元素

1. 镧系元素的通性

1) 价层电子结构

镧系元素的价层电子结构见表13.13。由表13.13可见，镧系元素的价层电子构型有一个特点，即处于固态单质时原子的价层电子构型与气态时有所不同。在气态时的价电子构型多为$(n-2)f^x(n-1)d^0ns^2$，固态时多为$(n-2)f^{x-1}(n-1)d^1ns^2$，即Ln原子从气态转变为固态单质时，有1个f电子从4f轨道跃迁到5d轨道，显然这和体系状态变化的能量(激发能、成键能)有关。Eu和Yb两元素原子与其他Ln原子不同，即固态时电子排布和气态时一样，这是因为它们的4f轨道分别处于半充满和全充满的稳定状态。但对于Ce元素，无论在气态还是固态时均有一个电子进入5d轨道，这种情况目前还得不到圆满的解释。

镧系元素的电子层结构在气态时最外层和次外层基本相同，只是4f轨道上的电子数不同，因而它们的性质非常相似。

表 13.13 镧系元素的价层电子结构

元素	符号	原子序数	电子构型				
			固态 Ln	气态 Ln	M^{2+}	M^{3+}	M^{4+}
镧	La	57	$5d^16s^2$	$5d^16s^2$	—	[Xe]	—
铈	Ce	58	$4f^15d^16s^2$	$4f^15d^16s^2$	—	$4f^1$	[Xe]
镨	Pr	59	$4f^25d^16s^2$	$3f^36s^2$	—	$4f^2$	$4f^1$
钕	Nd	60	$4f^35d^16s^2$	$4f^46s^2$	—	$4f^3$	—
钷	Pm	61	$4f^45d^16s^2$	$4f^56s^2$	—	$4f^4$	—
钐	Sm	62	$4f^55d^16s^2$	$4f^66s^2$	$4f^6$	$4f^5$	—
铕	Eu	63	$4f^76s^2$	$4f^76s^2$	$4f^7$	$4f^6$	—
钆	Gd	64	$4f^75d^16s^2$	$4f^75d^16s^2$	—	$4f^7$	—
铽	Tb	65	$4f^85d^16s^2$	$4f^96s^2$	—	$4f^8$	$4f^7$
镝	Dy	66	$4f^95d^16s^2$	$4f^{10}6s^2$	—	$4f^9$	—
钬	Ho	67	$4f^{10}5d^16s^2$	$4f^{11}6s^2$	—	$4f^{10}$	—
铒	Er	68	$4f^{11}5d^16s^2$	$4f^{12}6s^2$	—	$4f^{11}$	—
铥	Tm	69	$4f^{12}5d^16s^2$	$4f^{13}6s^2$	—	$4f^{12}$	—
镱	Yb	70	$4f^{14}6s^2$	$4f^{14}6s^2$	$4f^{14}$	$4f^{13}$	—
镥*	Lu	71	$4f^{14}5d^16s^2$	$4f^{14}5d^16s^2$	—	$4f^{14}$	—

* 这里为便于比较，将镥一并列入。

2）氧化值

表 13.14 列出了镧系元素原子的第一、第二、第三电离能的总和及镧系元素的特征氧化值。

表 13.14 镧系元素原子的第一至第三电离能的总和和其特征氧化值

元　素	La	Ce	Pr	Nd	Pm	Sm	Eu	Gd
$\sum I/(kJ\cdot mol^{-1})$	3493	3512	3623	3705	—	3898	4033	3744
氧化值	+3	+3，+4	+3，+4	+3	+3	+2，+3	+2，+3	+3

元　素	Tb	Dy	Ho	Er	Tm	Yb	Lu
$\sum I/(kJ\cdot mol^{-1})$	3792	3898	3937	3908	4038	4197	3898
氧化值	+3，+4	+3，+4	+3	+3	+2，+3	+2，+3	+3

由表 13.14 可知，镧系元素的特征氧化值为＋3，有些元素还呈现＋2 和＋4 氧化值。

镧系元素氧化值变化情况可用图 13.3 表示。图 13.3 中以小黑圆点的大小表示具有这种氧化值的化合物的稳定性，大者稳定，小者不稳定。

由图 13.3 可见，从 La 到 Gd，从 Gd 到 Lu，氧化值的变化是先升到＋4，然后降到＋2，再回到＋3，可见镧系元素氧化值的变化形成了两个周期。

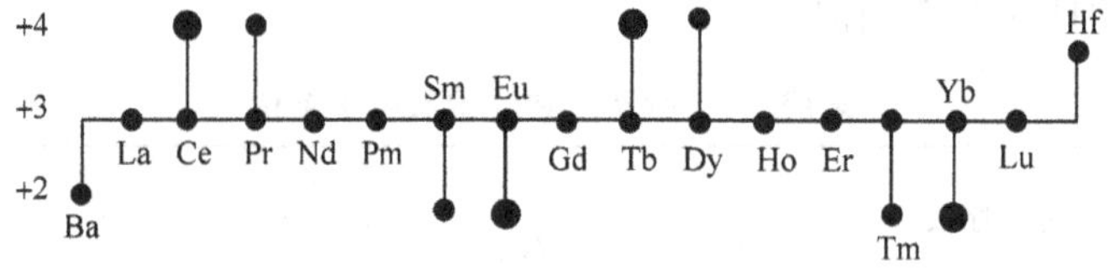

图 13.3 镧系元素氧化值变化情况

近 30 年，对稀土元素化合物的研究发现，除上面讨论的氧化值变化情况外，Nd 也可形成氧化值为＋4 的化合物。La、Ce、Nd、Pm、Dy、Er、Lu 也可形成氧化值为＋2 的化合物。

3）原子半径和离子半径

镧系元素的原子半径和离子半径（相同氧化值）总的趋势是随原子序数的增加依次缩小，这一现象称为镧系收缩。镧系元素的原子半径和离子半径见表 13.15。

表 13.15 镧系元素的原子半径和离子半径（单位：pm）

元 素	La	Ce	Pr	Nd	Pm	Sm	Eu	Gd
原子半径/pm	187	182	182	181	181	180	200	179
离子半径/pm	106.1	103.4	101.3	99.5	97.9	96.2	95.0	93.8
元 素	Tb	Dy	Ho	Er	Tm	Yb	Lu	
原子半径/pm	176	175	174	173	172	194	172	
离子半径/pm	92.3	90.8	89.4	88.1	86.9	85.8	84.8	

镧系收缩的原因是，在镧系元素中随着原子序数的增加，新增的电子相继填充在 4f 亚层，由于 f 轨道电子对原子核的屏蔽作用较弱（f 电子层比较分散），因而随着原子序数的增加，有效核电荷逐渐增大，结果使原子半径逐渐减小。

由表 13.15 中所列数据可以看出，镧系元素的原子半径与离子半径的收缩趋势是不同的，见图 13.4 和图 13.5。

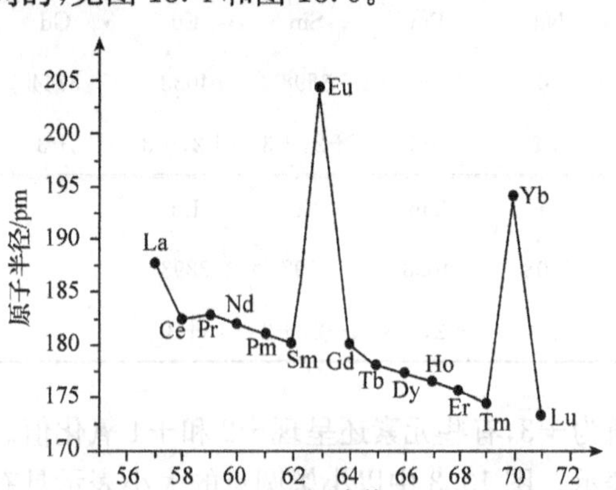

图 13.4 镧系元素的原子半径与原子序数的关系

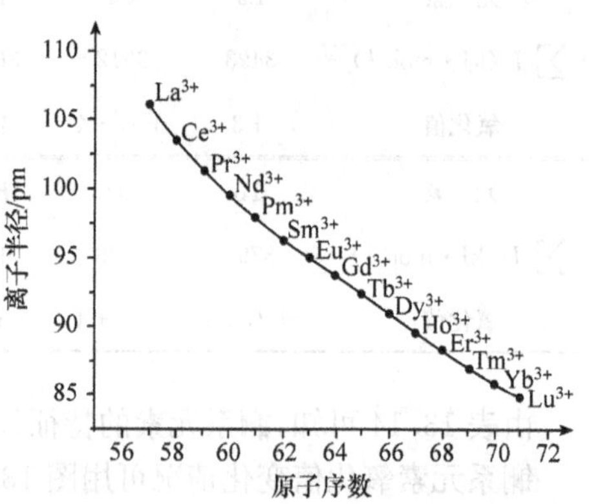

图 13.5 三价镧系离子半径与原子序数的关系

图 13.4 中给出了稀土金属元素的原子半径与原子序数关系。从图 13.4 中可以看到，在镧系收缩中，Eu 和 Yb 原子半径比相邻元素原子半径大，而 Ce 的原子半径偏小的反常现象，这与它们的电子排布是有关的。

Eu 的 4f 轨道为半充满($4f^7$)，Yb 的 4f 轨道为全充满($4f^{14}$)，与 4f 轨道的其他状态比较，这种构型对原子核有较大的屏蔽作用，因而导致原子半径明显增大，这种变化称为“双峰变化”(或双峰性质、双峰效应)。大量的实验资料表明，镧系元素的许多性质都呈现这种变化趋势。Ce 的价电子构型为 $4f^1 5d^1 6s^2$，4f 和 5d 轨道上各 1 个电子，对原子核的屏蔽作用较小，造成它的半径偏小。

图 13.5 是镧系元素离子半径随原子序数的变化趋势。显然，与镧系原子半径的双峰变化是不同的。镧系元素离子半径随原子序数的变化基本上是呈现一种连续性递减变化。只是在 Gd^{3+} 的半径处出现了微小的，但可以观察到的变化。这种变化因为出现在 Gd^{3+} 处，故称为“钆断效应”。由于这种变化总的趋势是呈现连续性的递减规律，故常把这种变化称为“连续性变化”。

镧系收缩的结果使第二、三过渡系元素性质差别比第一、二过渡系元素性质差别小。

4) 离子的颜色

镧系元素主要形成+3 氧化值的化合物。大多数镧系离子晶体或其水溶液均有颜色，见表 13.16。

表 13.16 镧系离子的颜色

离子	La^{3+}	Ce^{3+}	Pr^{3+}	Nd^{3+}	Pm^{3+}	Sm^{3+}	Eu^{3+}	Gd^{3+}
未成对电子数	0($4f^0$)	1($4f^1$)	2($4f^2$)	3($4f^3$)	4($4f^4$)	5($4f^5$)	6($4f^6$)	7($4f^7$)
颜色	无色	无色	绿色	淡紫色	粉红、黄	黄色	浅粉	无色
离子	Lu^{3+}	Yb^{3+}	Tm^{3+}	Er^{3+}	Ho^{3+}	Dy^{3+}	Tb^{3+}	Gd^{3+}
未成对电子数	0($4f^{14}$)	1($4f^{13}$)	2($4f^{12}$)	3($4f^{11}$)	4($4f^{10}$)	5($4f^9$)	6($4f^8$)	7($4f^7$)
颜色	无色	无色	绿色	淡紫色	粉红、黄	黄色	浅粉	无色

镧系离子呈现独特的颜色是由于它们多数含有成单的 f 电子，这同 d 区元素低氧化值离子有成单 d 电子一样。另外，在镧系离子中，具有 f^x 和 f^{14-x}($x=1,2,\cdots,7$)构型的镧系离子，因为成单电子的数目相等，所以呈现的颜色相同或相近。

5) 金属活泼性

镧系元素都是典型的金属，比较软，有延展性。镧系元素都是活泼的金属，活泼性仅次于碱金属和碱土金属，它们都是强还原剂。反应性可与铝相比。金属活泼顺序由 Sc、Y、La 递增，由 La～Lu 递减，即镧最活泼。镧系元素的典型化学反应见表 13.17。

表 13.17 镧系元素的典型化学反应

反应物	产物	反应条件
X_2	LnX_3	室温反应慢，573K 以上燃烧
O_2	Ln_2O_3	室温反应慢，423～453K 燃烧，Ce、Pr、Tb 生成 LnO_x，($x=1.5\sim2.0$)

续表

反应物	产物	反应条件
O_2+H_2O	$Ln_2O_3\cdot xH_2O$	室温轻稀土反应快，重稀土生成 Ln_2O_3，Eu 生成 $Eu(OH)_2\cdot H_2O$
S_8	Ln_2S_3（某些元素还生成 LnS、LnS_2 等）	在硫的沸点
N_2	LnN	1273K 以上
C	LnC_2、Ln_2C_3	高温
H_2	LnH_2、LnH_3	573K 以上反应快
H^+（稀 HCl、H_2SO_4、$HClO_4$、HAc 等）	Ln^{3+}（$+H_2$）	室温下反应快
H_2O	Ln_2O_3 或 $Ln_2O_3\cdot xH_2O$（$+H_2$）	室温下慢，较高温度时反应发生很快

2. 镧系元素的重要化合物

Ln^{3+} 与相同氧化值的其他金属离子相比，体积较大，对阴离子吸引力小，而且 4f 电子被外层的 5s、5p 电子所遮蔽，使 4f 轨道不易与其他原子的轨道发生重叠形成 σ 键或 π 键，因此，镧系元素化合物绝大部分是离子型的。

1) 氧化物和氢氧化物

对所有镧系元素来说，+3 是其特征氧化值，它们形成的氧化物为 Ln_2O_3。Ln_2O_3 都具有碱性，且碱性随原子序数的增加而递减。Ln_2O_3 难溶于水，易溶于酸，颜色基本上和 Ln^{3+} 的颜色一致，且均为离子型化合物，熔点很高（皆在 2773K 以上），因此它们都是很好的耐火材料。

氢氧化物不仅是水合氧化物，而且有确定的分子式 $Ln(OH)_3$，见表 13.18。

表 13.18　$Ln(OH)_3$ 的溶度积（298.15K）

氢氧化物	溶度积	颜色	氢氧化物	溶度积	颜色
$La(OH)_3$	1.0×10^{-19}	白色	$Tb(OH)_3$	2.0×10^{-22}	白色
$Ce(OH)_3$	1.5×10^{-20}	白色	$Dy(OH)_3$	1.4×10^{-22}	黄色
$Pr(OH)_3$	2.7×10^{-22}	浅绿	$Ho(OH)_3$	5.0×10^{-23}	黄色
$Nb(OH)_3$	1.9×10^{-21}	紫红	$Er(OH)_3$	1.3×10^{-23}	浅红
$Sm(OH)_3$	6.8×10^{-22}	黄色	$Tm(OH)_3$	1.3×10^{-24}	绿色
$Eu(OH)_3$	3.4×10^{-22}	白色	$Yb(OH)_3$	2.9×10^{-24}	白色
$Cd(OH)_3$	2.1×10^{-22}	白色	$Lu(OH)_3$	2.5×10^{-24}	白色

从它们的溶度积总的变化趋势来看，碱性是依次减弱的。氢氧化物的碱性从 $La(OH)_3$ 到 $Lu(OH)_3$ 逐渐减弱，这是由于 Ln^{3+} 半径逐渐减小的缘故。总的说来，$Ln(OH)_3$ 的碱性比 $Ca(OH)_2$ 弱，但比 $Al(OH)_3$ 强，$Yb(OH)_3$ 和 $Lu(OH)_3$ 略显两性。$Ln(OH)_3$ 的溶解度随温度的升高而降低。$Ln(OH)_3$ 的热稳定性也随着 Ln^{3+} 半径从 La^{3+} 到 Lu^{3+} 逐渐

减小而降低。

2) 盐类

镧系元素的盐类多数含有结晶水。轻镧系元素和重镧系元素的很多盐类在溶解度上存在很大差别(表 13.19)，为镧系元素的分组(铈组和钇组)提供了依据。

表 13.19 某些盐在水中的溶解情况(Ln^{3+})

阴离子	铈组(Z=57～62)	钇组(Z=39,62～71)
F^-	不溶	不溶
Cl^-,Br^-,I^-,ClO_4^-	易溶	易溶
BrO_3^-,NO_3^-,Ac^-	易溶	易溶
OH^-	不溶	不溶
SO_4^{2-}(M^I复盐)	不溶于 M_2SO_4 溶液	溶于 M_2SO_4 溶液
NO_3^-(碱式)	中等溶解	微溶
PO_4^{3-}	不溶	不溶
CO_3^{2-}	不溶于水或 CO_3^{2-} 溶液	不溶于水,但溶于 CO_3^{2-} 溶液
$C_2O_4^{2-}$	不溶于水或 $C_2O_4^{2-}$ 溶液	不溶于水,但溶于 $C_2O_4^{2-}$ 溶液

从表 13.19 中可以看出，钇组与铈组的区别是，钇组元素：①复硫酸盐易溶于 $M_2^I SO_4$ 溶液；②草酸盐可溶于过量的 $C_2O_4^{2-}$ 溶液；③碳酸盐可溶于过量的 CO_3^{2-} 溶液；④碱式硝酸盐是微溶盐。

常利用硫酸复盐溶解性的差异，进行稀土元素的粗分离(分组分离)。

镧系元素的硝酸盐极易溶于水，也能溶于乙醇、乙醚、丙酮等许多有机溶剂中。在用溶剂萃取分离法分离稀土时，通常用稀土的硝酸盐。

镧系元素草酸盐不仅难溶于水，也难溶于稀的无机酸中，利用这些性质可把镧系元素和其他元素分开。化工生产上提取镧系元素化合物，多是先把镧系元素沉淀为草酸盐，然后经烘干，灼烧得其氧化物。

与 d 区过渡元素相比，Ln^{3+} 形成配合物的能力并不很强，除水合离子外，Ln^{3+} 形成的配合物为数不多，只有与某些强场配体或螯合剂所形成的配合物才是稳定的。虽然镧系元素配合物不多，但其配合物在镧系元素的分离和分析中起着重要的作用。

3. 稀土元素的分离

我国是富有稀土的国家，估计储量达 1×10^8 吨之多，占世界首位。我国稀土资源具有储量大、分布广、类型多、矿种全和品位高五大特点。稀土元素具有很好的应用前景，在许多高科技领域，稀土元素具有不可替代的作用，已成为一种战略资源。

分离是稀土研究和应用的前提。多年来，许多单位在稀土分离领域进行了大量的研究，建立了多种独具特色的生产流程，提高了我国的稀土工艺水平。具体方法有分级结晶法：利用稀土盐类溶解度的差异，通过多次溶解、蒸发结晶而达到分离目的；分级沉淀法：选择合适的沉淀剂，利用稀土化合物溶解度差异而达到分离目的；选择性氧化-还原法：对易被氧化和易被还原的+3 氧化值稀土离子如铈、铕，用氧化剂或还原剂改变其价态，使其形成性质与其他+3 氧化值离子有明显区别的化合物，从而达到分离的目的；离子交换法和溶剂萃取法是非常有效的分离手段，是目前最常用的两种分离方法。

1）离子交换法

离子交换法是分离稀土元素、制备单一稀土化合物的重要方法之一。它主要包括树脂的吸附和淋洗两个过程。

（1）树脂吸附。把离子交换树脂放在交换柱中作为固定相，以含有混合稀土元素离子的溶液为流动相。使溶液以适当的流速通过树脂柱，在树脂与溶液之间发生异相离子交换反应，如聚苯乙烯磺酸铵型阳离子交换树脂中的 NH_4^+ 可与溶液中的 RE^{3+} 交换，即

$$3RSO_3NH_4 + RE^{3+} \xlongequal{} (RSO_3)_3RE + 3NH_4^+$$

反应使得 RE^{3+} 被吸附在树脂上。

（2）淋洗。淋洗剂通常是含有配体的溶液，当淋洗剂以适当的流速流过树脂层时，配体与被吸附在树脂上的 RE^{3+} 配位，使生成的配离子解吸而扩散到溶液中。由于配体对各种 RE^{3+} 的配位能力不同，可以使它们陆续解吸从而达到有效的分离。

2）溶剂萃取法

溶剂萃取法就是利用一种溶剂（常用有机溶剂）去提取另一种溶剂（常用水）中某一溶质的方法。提取稀土离子可用的萃取剂有二（2-乙基己基）磷酸（P204，国外的商品名为 D2EHPA 或 HDEHP）、甲基磷酸二甲庚酯（P350）、2-乙基己基磷酸（P507）、氯化三烷甲基铵（N263，国外称 MTC）、甲基异丁基酮（mibk）、环烷酸（naphthenic acid）、磷酸三丁酯（tbp）及 2-噻吩甲酰三氟丙酮（tta）等。

要使分离效果好，被分离的元素在萃取剂中的溶解度应有明显的差别。近年来，稀土元素的萃取分离常用二（2-乙基己基）磷酸（在我国商品名为 P204）为萃取剂，萃取过程中稀土离子与萃取剂生成螯合物而进入有机相，但不同元素的萃取效果是不同的，经过多次的萃取及反萃取过程，可以达到有效的分离目的。

此外，应用大环化合物（王冠醚、大环多胺或含氧及氮等多种配位原子的大环配体）作萃取剂或用液膜分离技术来分离稀土的研究也有许多报道，其前景令人关注。

13.3.2 锕系元素

1. 锕系元素的通性

锕系元素的结构要素列于表 13.20。

表 13.20 锕系元素的结构要素

名称	符号	原子序数	价层电子构型	原子半径/pm	离子半径/pm M^{3+}	离子半径/pm M^{4+}	氧化值
锕	Ac	89	$6d^17s^2$	188	126	—	+3
钍	Th	90	$6d^27s^2$	180	—	108	+3，<u>+4</u>
镤	Pa	91	$5f^26d^17s^2$	161	118	104	+3，+4，<u>+5</u>
铀	U	92	$5f^36d^17s^2$	138	116.5	103	+3，+4，+5，<u>+6</u>
镎	Np	93	$5f^46d^17s^2$	130	115	101	+3，+4，<u>+5</u>，+6，+7

续表

名称	符号	原子序数	价层电子构型	原子半径/pm	离子半径/pm		氧化值
					M^{3+}	M^{4+}	
钚	Pu	94	$5f^6 7s^2$	173	114	100	+3,+4,+5,+6,+7
镅	Am	95	$5f^7 7s^2$	173	111.5	99	+3,+4
锔	Cm	96	$5f^7 6d^1 7s^2$	174	111	99	+2,+3
锫	Bk	97	$5f^9 7s^2$	170.4	110	97	+2,+3
锎	Cf	98	$5f^{10} 7s^2$	169.4	109	96.1	+2,+3
锿	Es	99	$5f^{11} 7s^2$	(169)			+2,+3
镄	Fm	100	$5f^{12} 7s^2$	(194)			+2,+3
钔	Md	101	$5f^{13} 7s^2$	(194)			+2,+3
锘	No	102	$5f^{14} 7s^2$	(194)			+2,+3
铹*	Lr	103	$5f^{14} 6d^1 7s^2$	(171)			+3

* 为便于比较，将铹一并列入。

锕系元素和镧系元素的价层电子构型大同小异。系列前一半是 $5f^{x-1}6d^1 7s^2$，后一半是 $5f^x 6d^0 7s^2$，即 Ac～Np 具有保持 d 电子的强烈倾向，这是因为在系列的前一半 5f 和 6d 轨道的能量比 4f 和 5d 轨道更为接近，随着 5f 轨道上电子的不断填入，5f 轨道趋向于稳定。

和镧系元素相比，锕系元素呈现多种氧化值，但随着原子序数的增加，+3 氧化值逐渐趋于稳定，氧化值变化也随之减少。呈现多种氧化值是锕系元素和镧系元素的主要区别，这与锕系元素的价层电子构型有密切的关系。锕系前半部的几种元素，它们原子中的电子刚填入 5f 轨道时，5f 能量比较高，仅需较小的能量就能跃迁到 6d 轨道上，这样 7s、6d、5f 轨道上的电子都可以参加成键。但当 5f 轨道上不断填入电子以后，5f 轨道也趋于稳定，就较难参与成键，使从 Am 开始+3 氧化值变得更稳定，这一点与 d 区元素有相似之处。

由于 5f 电子对原子核的屏蔽作用比较弱，随着原子序数的递增，有效核电荷的增加，锕系元素的离子半径也呈现与镧系收缩类似的“锕系收缩”现象。只是 An^{3+} 和 An^{4+} 半径比相应的镧系元素的离子半径略大。

锕系元素离子的颜色与成单 f 电子有关。通常情况下，有成单 f 电子的离子大多有颜色，如表 13.21 所示。

表 13.21 锕系元素离子的颜色与成单 f 电子的关系

锕系元素离子	Ac	Th	Pa	U	Np	Pu	Am	Cm
An^{3+}	无色	—	—	浅红	紫色	蓝色	粉红	无色
An^{4+}	—	无色	无色	绿色	黄绿	黄褐	粉红	—
AnO^{2+}	—	—	无色	—	绿色	红紫	黄色	—
AnO_2^{2+}	—	—	—	黄色	粉红	黄橙	浅棕	—

与镧系元素一样，锕系元素单质都是很活泼的金属，易与氧、卤素、酸等反应，因而只能用电解其熔盐或用碱金属还原相应氟化物的方法来制取。

与镧系元素相比，最大的差异是锕系元素都具有放射性。

2. 锕系元素的重要化合物

在锕系元素中,最常见的是钍和铀的化合物。在溶液中,钍只有+4氧化值的化合物,而铀的重要化合物是+6氧化值的化合物。现将一些重要的钍和铀的化合物分述如下:

1) 钍的重要化合物

(1) 二氧化钍。二氧化钍(ThO_2)为白色粉末,强烈灼烧过的 ThO_2 几乎不溶于酸,但在773～873K灼烧得到的 ThO_2 比较疏松,可在稀酸中形成溶胶。ThO_2 在有机合成工业中可作为催化剂、汽灯的纱罩等。

(2) 硝酸钍。$Th(NO_3)_4$ 为易溶于水的重要钍盐。它能溶于许多含有氧的有机化合物(如醇类、酮类、脂类等)中。硝酸钍是制备其他钍化合物的原料。

当 pH>3 时,Th^{4+} 盐溶液会发生强烈水解,水解产物一般为复杂的聚合物。由于 Th^{4+} 正电荷多,故易形成配合物,如$[Th(NO_3)_6]^{2-}$、$[ThF_6]^{2-}$ 等。Th^{4+} 也易形成螯合物。

2) 铀的重要化合物

铀的化合物以+6氧化值最稳定,其次是+4氧化值的化合物。

(1) 氧化物。主要的氧化物有三氧化铀(UO_3)、八氧化三铀(U_3O_8)和二氧化铀(UO_2)。

UO_3 常以水合物形式存在于铀矿中。UO_3 为橙黄色固体,常温下在空气中稳定,高温下分解为 U_3O_8

$$6UO_3 \xrightarrow{973K} 2U_3O_8 + O_2(g)$$

U_3O_8 存在于沥青铀矿中,为暗绿色固体,难溶于水。

UO_2 存在于晶质铀矿中,为棕黑色固体,573K以上能被空气中的氧气氧化为 U_3O_8。UO_2 难溶于水,也难溶于稀酸。

(2) 六氟化铀。室温下六氟化铀(UF_6)为无色挥发性雪状固体。100kPa,838K即升华。它是唯一具有挥发性的铀化合物。天然氟只有一种同位素,因此可利用 $^{235}UF_6$ 和 $^{238}UF_6$ 蒸气扩散速率的差别分离 ^{235}U 和 ^{238}U,以达到富集核燃料 ^{235}U 的目的。

UF_6 在空气中稳定,但有吸水性,遇水或水蒸气即水解,即

$$UF_6 + 2H_2O \Longrightarrow UO_2F_2 + 4HF$$

(3) 硝酸氧铀。铀的氧化物可溶于硝酸,经蒸发结晶可得到黄绿色具有荧光的六水合硝酸氧铀晶体 $UO_2(NO_3)_2 6H_2O$。$UO_2(NO_3)_2$ 易溶于水、乙醚、丙酮中。$UO_2(NO_3)_2$ 可用于溶剂萃取法分离提纯铀。

UO_2^{2+} 容易发生水解,298.15K时其水解产物为$[UO_2(OH)]^+$、$[(UO_2)_2(OH)_2]^{2+}$ 和 $[(UO_2)_3(OH)_5]^+$ 等。UO_2^{2+} 还可与 NO_3^- 形成配合物,如$[UO_2(NO_3)]^+$、$[UO_2(NO_3)_3]^-$ 等。

(4) 重铀酸盐。铀氧基盐水溶液和碱反应,可生成黄色重铀酸盐沉淀。例如

$$2UO_2^{2+} + 6NH_3 + 3H_2O \Longrightarrow (NH_4)_2U_2O_7(s) + 4NH_4^+$$

$(NH_4)_2U_2O_7$ 是制备核纯铀的原料。

思考题

1. 解释下列现象和问题，并写出相应的反应方程式。

(1) 新沉淀的 $Mn(OH)_2$ 是白色的，但在空气中慢慢变成棕黑色；

(2) 为什么 $KMnO_4$ 在酸性溶液中氧化性增强；

(3) 利用酸性条件下 $K_2Cr_2O_7$ 的强氧化性，使乙醇氧化，反应颜色由橙红变为绿色，据此来监测司机酒后驾车的情况；

(4) 制备 $Fe(OH)_2$ 时，如果试剂不除去氧，则得到的产物不是白色的；

(5) 在 Fe^{3+} 的溶液中加入 KCNS 时出现血红色，若加入少许 NH_4F 固体则血红色消失；

(6) Co^{3+} 盐不如 Co^{2+} 盐稳定，它们的氨合物的稳定性则相反；

(7) $[Co(NH_3)_6]^{3+}$ 和 Cl^- 能共存于同一溶液中，而 Co^{3+} 和 Cl^- 不能共存于同一溶液中；

(8) Fe^{3+} 盐是稳定的，而 Ni^{3+} 盐在溶液中尚未制得；

(9) 制印刷电路时，用 $FeCl_3$ 溶液腐蚀铜；

(10) 在水溶液中，可溶性的简单亚铜化合物不能稳定存在；

(11) 铜在含 CO_2 的潮湿空气中，表面会逐渐生成绿色的铜锈；

(12) 有空气存在时，铜能溶于氨水；

(13) HNO_3 与过量汞反应的产物是 $Hg_2(NO_3)_2$；

(14) Zn 能溶于氨水和 NaOH 溶液中；

(15) 焊接金属时，常用 $ZnCl_2$ 浓溶液处理金属表面；

(16) 从废的定影液中回收银常用 Na_2S 作沉淀剂，而不能用 NaCl 作沉淀剂；

(17) Hg_2Cl_2 是利尿剂，为什么有时服含 Hg_2Cl_2 的药剂后反而中毒；

(18) 为什么要用棕色瓶储存 $AgNO_3$（固体或溶液）；

(19) Cu^{2+} 可以被 I^- 还原成 Cu^+，但不会被 Cl^- 还原；

(20) 金可以耐普通酸的腐蚀，却能溶解在王水中。

2. 用实验事实说明 $KMnO_4$ 的氧化能力比 $K_2Cr_2O_7$ 强，写出有关反应方程式。

3. 在配制的 $FeSO_4$ 溶液中常加一些金属铁。(1)加铁起什么作用？(2)放置过程中，且在金属铁未消耗完之前，如果溶液中 $c_{Fe^{2+}}=0.10mol\cdot L^{-1}$，则 $c_{Fe^{3+}}$ 是多少？(3)经长时间放置，$FeSO_4$ 溶液会出现 $Fe(OH)_3$ 沉淀，为什么？

4. Co^{3+} 能氧化 Cl^-，但$[Co(NH_3)_6]^{3+}$却不能，由此推断$[Co(NH_3)_6]^{3+}$和$[Co(NH_3)_6]^{2+}$的 $K_f^\ominus$ 值哪一个大。（不考虑动力学因素）

5. 实验测得 $K_4[Fe(CN)_6]$和$[Co(NH_3)_6]Cl_3$ 具有反磁性，请推断这两个配合物中心离子以何种杂化轨道与配体成键。

6. 在分离 Fe^{3+}、Co^{2+}、Ni^{2+}、Mn^{2+} 和 Al^{3+}、Cr^{3+}、Zn^{2+} 时，为什么要加过量的 NaOH，同时还加 H_2O_2？

7. 分离 $Al(OH)_4^-$、CrO_4^{2-}、$Zn(OH)_4^{2-}$ 时，加入 NH_4Cl 的作用是什么？

8. 铁能使 Cu^{2+} 还原，而铜能使 Fe^{3+} 还原，这两种实验事实是否矛盾？为什么？

9. 用浓盐酸分别处理 $Fe(OH)_3$、CoO(OH) 和 NiO(OH) 沉淀时，会发生什么结果？请写出反应的离子方程式。

10. 分别在 $FeCl_2$、$CoCl_2$ 和 $NiCl_2$ 溶液中加入过量的氨水，然后将溶液放置在无 CO_2 的空气中。三种溶液中将会产生什么结果？写出有关反应的离子方程式。

11. 分析下列四种酸性未知溶液的定性分析报告是否合理。为什么？

(1) K^+，NO_2^-，MnO_4^-，CrO_4^{2-}　　(2) Fe^{2+}，Mn^{2+}，SO_4^{2-}，Cl^-

(3) $Cr_2O_7^{2-}$，Ba^{2+}，NO_3^-，Br^-　　(4) Fe^{3+}，Co^{3+}，I^-，Cl^-

12. 试从价层电子构型、原子半径、电离能、化学活泼性、氢氧化物的酸碱性、形成配合物的能力等方面比较ⅠA族和ⅠB族元素的性质。

13. 从本章所学内容设计一种检查糖尿病的方法。

14. 利尿剂所含有效成分为 Hg_2Cl_2。请分析该类药品的保存条件。

习　题

1. 举出三种能将 Mn^{2+} 氧化为 MnO_4^- 的氧化剂，写出有关反应的条件和方程式。

2. 用反应方程式表示 $KMnO_4$ 在碱性溶液中的分解反应以及 K_2MnO_4 在弱碱性(中性或酸性)介质中的自氧化还原反应。

3. 完成并配平下列反应方程式。

(1) $TiCl_4 + H_2O \longrightarrow$

(2) $V_2O_5 + HCl(浓) \longrightarrow$

(3) $V_2O_5 + NaOH \longrightarrow$

(4) $Cr_2O_7^{2-} + H^+ + I^- \longrightarrow$

(5) $K_2Cr_2O_7 + HCl(浓) \longrightarrow$

(6) $MnO_4^- + HCl(浓) \longrightarrow$

(7) $Mn^{2+} + NaBiO_3 + H^+ \longrightarrow$

(8) $MnO_4^- + Mn^{2+} + H^+ \longrightarrow$

(9) $TiO_2 + H_2SO_4(浓) \xrightarrow{\triangle}$

(10) $NH_4VO_3 \xrightarrow{\triangle}$

4. Na_2S 溶液与 $(NH_4)_2MoO_4$ 溶液作用得棕褐色 MoS_4^{2-}(硫代钼酸根)，写出反应方程式。如向此溶液加酸将发生什么现象？写出反应方程式。

5. 在使 $Fe(OH)_3$、$Co(OH)_3$、$Ni(OH)_2$、$MnO(OH)_2$ 等沉淀溶解时，除加 H_2SO_4 外，为什么还要加 H_2O_2？

6. 用 $Pb(Ac)_2$ 溶液检出 Cr(Ⅵ)时，为什么要用 HAc 酸化溶液？

7. 下列离子中哪些可以形成有色配离子？

(1) Ag^+　(2) Fe^{3+}　(3) V^{2+}

8. 以下哪些离子会与 $NH_3 \cdot H_2O$ 反应生成氢氧化物沉淀。写出反应方程式。

$Cr^{3+}(aq)$、$Ni^{2+}(aq)$、$Fe^{3+}(aq)$、$Ag^+(aq)$

9. 解释为什么 Cu(Ⅱ)配离子都是有色的，而 Cd(Ⅱ)配离子都是无色的。

10. 用什么试剂区别以下各组物质？

(1) $HgCl_2$ 和 Hg_2Cl_2　(2) $Zn(OH)_2$ 和 $Cd(OH)_2$　(3) AgCl 和 $HgCl_2$

11. f 区包括哪些元素？稀土是指哪些元素？

12. 在将稀土元素从其他金属元素中分离出来时，为什么要用 $H_2C_2O_4$？

13. 某黑色固体 A 不溶于水，但可溶于硫酸生成蓝色溶液 B。在 B 中加入适量氨水生成浅蓝色沉淀 C，C 溶于过量氨水生成深蓝色溶液 D。在 D 中通入 H_2S 的饱和溶液，生成黑色沉淀 E。E 可溶于浓硝酸。试确定各字母所代表的物质，并写出有关的离子方程式。

14. 配平下列反应方程式

(1) $AgBr + Na_2S_2O_3$(过量)$\longrightarrow$

(2) $Ag_2CrO_4 + NH_3 \longrightarrow$

(3) $AgNO_3 + NaOH \longrightarrow$

(4) $Cr^{3+} + OH^- + H_2O_2 \longrightarrow$

(5) $Au + CN^- + O_2 + H_2O \longrightarrow$

(6) $Cd^{2+} + HCO_3^- \longrightarrow$

(7) $Hg^{2+} + I^-$(过量)$\longrightarrow$

(8) $Hg(NO_3)_2 + NH_3 \longrightarrow$

(9) $HgNH_2Cl + NH_3 \xrightarrow{NH_4Cl}$

15. 将少量某钾盐溶液 A 加到硝酸盐溶液 B 中，生成黄绿色沉淀 C。将少量 B 加到 A 中则生成无色溶液 D 和灰黑色沉淀 E。将 D 和 E 分离后，在 D 中加入无色硝酸盐 F，可生成金红色沉淀 G。F 与过量的 A 反应则生成 D。F 与 E 反应又生成 B。试确定 A、B、C、D、E、F、G 各代表的物质或离子，写出有关反应方程式。

16. 完成并配平下列方程式

(1) $HgCl_2 + SnCl_2 \longrightarrow$

(2) $Cu(OH)_2 + C_6H_{12}O_6 \longrightarrow$

(3) $HgS + HCl + HNO_3 \longrightarrow$

(4) $Hg_2Cl_2 + H_2S \longrightarrow$

(5) $Cu_2O + H_2SO_4 \longrightarrow$

(6) $(NH_4)_2Cr_2O_7 \xrightarrow{\triangle}$

(7) $Co_2O_3 + HCl \longrightarrow$

(8) $TiCl_4 + O_2 \xrightarrow{1000℃}$

(9) $V_2O_5 + HCl$(浓)$\longrightarrow$

(10) $Cr_2O_7^{2-} + Ba^{2+} \longrightarrow$

(11) $MoO_3 + NH_3 \cdot H_2O \longrightarrow$

(12) $MnO(OH)_2 + H_2O_2 + H^+ \longrightarrow$

(13) $MnO_2 + H_2SO_4$(浓)$\longrightarrow$

(14) $Ni_2O_3 + HCl \longrightarrow$

(15) $Ni_2O_3 + H_2SO_4 \longrightarrow$

(16) $CuCl_2 + SnCl_2 \longrightarrow$

(17) $Cu^{2+} + CN^-$(适量)$\longrightarrow$

(18) $ClO_2^{2+} + NH_3 + H_2O \longrightarrow$

主要参考文献

布里斯罗 R. 2001. 化学的今天和明天——化学是一门中心的、实用的和创造性的科学. 华彤文,宋心琦等译. 北京:科学出版社

陈庄初,李武容,詹正坤. 2004. 社会化学简明教程. 北京:高等教育出版社

《大学化学》编辑部. 2001. 今日化学. 北京:高等教育出版社

大连理工大学无机化学教研室. 2006. 无机化学. 5 版. 北京:高等教育出版社

傅献彩. 1999. 大学化学(上、下). 北京:高等教育出版社

华彤文,杨骏英,陈景祖等. 1993. 普通化学原理. 2 版. 北京:北京大学出版社

梦庆珍,胡鼎文,程泉寿等. 1988. 无机化学(上、下). 北京:北京师范大学出版社

南京大学《无机及分析化学》编写组. 2006. 无机及分析化学. 4 版. 北京:高等教育出版社

曲保中,朱炳林,周伟红. 2007. 新大学化学. 2 版. 北京:科学出版社

申泮文. 2002. 无机化学. 北京:化学工业出版社

申泮文等. 2002. 近代化学导论(上、下). 北京:高等教育出版社

四川大学分析测试中心. 2001. 分析化学. 北京:科学出版社

四川大学工科基础化学教学中心. 2002. 近代化学基础(上、下). 北京:高等教育出版社

王东冬. 2000. 化学与环保. 北京:中国农业大学出版社

王世华等. 2000. 无机化学教程. 北京:科学出版社

翁端. 2001. 环境材料学. 北京:清华大学出版社

武汉大学. 1982. 分析化学. 2 版. 北京:高等教育出版社

朱裕贞等. 1993. 工科无机化学. 上海:华东理工大学出版社

Cox P A. 2000. 无机化学. 北京:科学出版社

Catherine E H, Sharpe A G. 2001. Inorganic Chemistry. London: Pearson Education Limited

Ebbing D D, et al. 1993. General Chemistry. 4th ed. New York: Houghton Mifflin Company

Gary L M, et al. 2004. Inorganic Chemistry. 3rd ed. London: Pearson Education Limited

附　　录

附录 1　一些基本常数

名　称	符号及数值
玻尔半径	$a_0=52.9177249(24)\mathrm{pm}$
电子电荷(基本电荷)	$e=1.60217733(49)\times10^{-19}\mathrm{C}$
法拉第常量	$F=9.6485309(29)\times10^{4}\mathrm{C\cdot mol^{-1}}$
普朗克常量	$h=6.6260755(40)\times10^{-34}\mathrm{J\cdot s}$
电子静止质量	$m_e=9.1093897(54)\times10^{-28}\mathrm{g}$
质子静止质量	$m_p=1.672623(08)\times10^{-24}\mathrm{g}$
原子的质量单位	u 或 amu$=1.6605402(10)\times10^{-24}\mathrm{g}={}^{12}\mathrm{C}$原子质量/12
阿伏伽德罗常量	$N_A=6.022169\times10^{23}\mathrm{mol^{-1}}$
里德堡常数	$R=2.1787\times10^{-18}\mathrm{J}$
光速(真空中)	$c=2.99792458\times10^{8}\mathrm{m\cdot s^{-1}}$
摩尔气体常量	$R=8.314\mathrm{J\cdot mol^{-1}\cdot K^{-1}}$
理想气体标准摩尔体积	$V_m=2.241\times10^{-2}\mathrm{m^3\cdot mol^{-1}}$
自然对数的底数	$\mathrm{e}=2.71828$，$\ln x=2.3026\lg x$

附录 2　常用国际单位制

1. 国际单位制(SI)的基本单位

量		单　位	
名　称	符　号	名　称	符　号
长度	l	米	m
质量	m	千克(公斤)	kg
时间	t	秒	s
电流	I	安[培]	A
热力学温度	T	开[尔文]	K
物质的量	n	摩[尔]	mol
发光强度	I_v	坎[德拉]	cd

2. 常用的 SI 导出单位

量		单位		
名称	符号	名称	符号	SI单位
频率	ν	赫[兹]	Hz	s^{-1}
能量	E	焦[耳]	J	$kg \cdot m^2 \cdot s^{-2}$
力	F	牛[顿]	N	$kg \cdot m \cdot s^{-2} = J \cdot m^{-1}$
压力	p	帕[斯卡]	Pa	$kg \cdot m^{-1} \cdot s^{-2} = N \cdot m^{-2}$
功率	P	瓦[特]	W	$kg \cdot m^2 \cdot s^{-2} = J \cdot s^{-1}$
电荷量	Q	库[仑]	C	$A \cdot s$
电位，电势，电动势	U	伏[特]	V	$kg \cdot m^2 \cdot s^{-3} \cdot A^{-1} = J \cdot A^{-1} \cdot s^{-1}$
电阻	R	欧[姆]	Ω	$kg \cdot m^2 \cdot s^3 \cdot A^{-2} = V \cdot A^{-1}$
电导	G	西[门子]	S	$kg^{-1} \cdot m^{-2} \cdot s^3 \cdot A^2 = \Omega^{-1}$
电容	C	法[拉]	F	$A^2 \cdot s^4 \cdot kg^{-1} \cdot m^{-2} = A \cdot s \cdot V^{-1}$
摄氏温度	t	摄氏度	℃	℃=K

附录 3 希腊字母及读音

大写字母	小写字母	英文名称	读音
Α	α	alpha	[ˈælfə]
Β	β	beta	[ˈbeitə]
Γ	γ	gamma	[ˈga：mə]
Δ	δ	delta	[ˈdeltə]
Ε	ε	epsilon	[ˈepsilən]
Ζ	ζ	zeta	[ˈzeitə]
Η	η	eta	[ˈi：tə]
Θ	θ	theta	[ˈθi：tə]
Ι	ι	iota	[aiˈoutə]
Κ	κ	kappa	[ˈkæpə]
Λ	λ	lambda	[ˈlæmdə]
Μ	μ	mu	[mjuː]
Ν	ν	nu	[njuː]
Ξ	ξ	xi	[ksai]
Ο	ο	omicron	[ouˈmaikrən]
Π	π	pi	[pai]
Ρ	ρ	rho	[rou]
Σ	σ	sigma	[ˈsigmə]
Τ	τ	tau	[tau]

续表

大写字母	小写字母	英文名称	读 音
Υ	υ	upsilon	[ˊjuːpsilɔn]
Φ	φ	phi	[fai]
Χ	χ	chi	[kai]
Ψ	ψ	psi	[psiː]
Ω	ω	omega	[oumiːgə]

附录 4 水溶液中离子的活度系数(25℃)

表中所列数据由德拜-休克尔(Debye-Hückel)公式 $-\lg\gamma_i = 0.509z^2\left(\frac{\sqrt{I}}{1+Ba^0\sqrt{I}}\right)$ 计算得到。其中,$B=0.328$;z 为离子电荷;I 为离子强度,$I=\frac{1}{2}\sum c_i z_i^2$;$a^0$ 为离子的大小参数[其数据见离子的大小参数(a^0)表],单位为 10^{-10}m。

	离子强度(I)						
a^0	0.001	0.0025	0.005	0.01	0.025	0.05	0.1
一价							
9	0.967	0.950	0.933	0.914	0.88	0.86	0.83
8	0.966	0.949	0.931	0.912	0.88	0.85	0.82
7	0.965	0.948	0.930	0.909	0.875	0.845	0.81
6	0.965	0.948	0.929	0.907	0.87	0.835	0.80
5	0.964	0.947	0.928	0.904	0.865	0.83	0.79
4	0.964	0.947	0.927	0.901	0.855	0.815	0.77
3	0.964	0.945	0.925	0.899	0.85	0.805	0.755
二价							
8	0.872	0.818	0.755	0.69	0.595	0.52	0.45
7	0.872	0.812	0.753	0.685	0.58	0.50	0.425
6	0.870	0.808	0.749	0.675	0.57	0.485	0.405
5	0.868	0.805	0.744	0.67	0.555	0.465	0.38
4	0.867	0.803	0.740	0.660	0.545	0.445	0.355
三价							
9	0.738	0.632	0.54	0.445	0.325	0.245	0.18
6	0.731	0.620	0.52	0.415	0.28	0.195	0.13
5	0.728	0.616	0.51	0.405	0.27	0.18	0.115
4	0.725	0.612	0.505	0.395	0.25	0.16	0.095
四价							
11	0.588	0.455	0.35	0.255	0.155	0.10	0.055
6	0.575	0.43	0.315	0.21	0.105	0.055	0.027
5	0.57	0.425	0.31	0.20	0.10	0.048	0.021

离子的大小参数(a^0)表

	一　价
9	H^+
8	$(C_6H_5)_2CHCOO^-$，$(C_3H_7)_4N^+$
7	$OC_6H_2(NO_3)_3^-$，$(C_3H_7)_3NH^+$，$CH_3OC_6H_4COO^-$
6	Li^+，$C_6H_5COO^-$，$C_6H_4OHCOO^-$，$C_6N_4ClCOO^-$，$C_6H_5CH_2COO^-$，$(CH_3)_2CCHCOO^-$
5	$CHCl_2COO^-$，CCl_3COO^-，$(C_2H_5)_3NH^+$，$(C_3H_7)NH_3^+$
4	Na^+，$CdCl^+$，ClO_2^-，IO_3^-，HCO_3^-，$H_2PO_4^-$，HSO_4^-，$H_2AsO_4^-$，CH_3COO^-，CH_2ClCOO^-
3	OH^-，F^-，CNS^-，CNO^-，HS^-，ClO_3^-，ClO_4^-，BrO_3^-，IO_4^-，MnO_4^-，K^+，Cl^-，Br^-，I^-，CN^-，NO_2^-，NO_3^-，Rb^+，Cs^+，NH_4^+，Tl^+，Ag^+，$HCOO^-$
	二　价
8	Mg^{2+}，Be^{2+}
7	$(CH_2)_5(COO)_2^{2-}$，$(CH_2)_5(COO)_2^{2-}$，(刚果红)$^{2-}$
6	Ca^{2+}，Cu^{2+}，Zn^{2+}，Sn^{2+}，Mn^{2+}，Fe^{2+}，Ni^{2+}，Co^{2+}，$C_6H_4(COO)_2^{2-}$，$H_2C(CH_2COO)_2^{2-}$
5	Sr^{2+}，Ba^{2+}，Ra^{2+}，Cd^{2+}，Hg^{2+}，S^{2-}，$S_2O_4^{2-}$，WO_4^{2-}，Pb^{2+}，CO_3^{2-}，SO_3^{2-}，MoO_4^{2-}，$Co(NH_3)_3Cl^{2+}$，$Fe(CN)_5NO^{2-}$，$H_2C(COO)_2^{2-}$，$(CH_2COO)_2^{2-}$，$(CHOHCOO)_2^{2-}$，$(COO)_2^{2-}$，H(柠檬酸根)$^{2-}$
4	Hg_2^{2+}，SO_4^{2-}，$S_2O_3^{2-}$，$S_2O_4^{2-}$，SeO_4^{2-}，CrO_4^{2-}，HPO_4^{2-}，$S_2O_6^{2-}$
	三　价
9	Al^{3+}，Fe^{3+}，Cr^{3+}，Sc^{3+}，Y^{3+}，La^{3+}，In^{3+}，Ce^{3+}，Pr^{3+}，Nd^{3+}，Sm^{3+}
6	$Co(en)_3^{3+}$(en=乙二胺)
5	(柠檬酸根)$^{3-}$
4	PO_4^{3-}，$[Fe(CN)_6]^{3-}$，$[Cr(NH_3)_6]^{3+}$，$[Co(NH_3)_6]^{3+}$，$[Co(NH_3)_5H_2O]^{3+}$
	四　价
11	Th^{4+}，Zr^{4+}，Ce^{4+}，Sn^{4+}
6	$[Co(S_2O_3)(CN)_5]^{4-}$
5	$[Fe(CN)_6]^{4-}$
	五　价
9	$[Co(S_2O_3)_2(CN)_4]^{5-}$

附录 5　酸碱解离常数

一些质子酸的解离常数(I=0,25℃)

化学式	名　称	$K_a^\ominus$	$pK_a^\ominus$
H_3AsO_3	亚砷酸	5.1×10^{-10}	9.29
H_3AsO_4	砷酸	6.2×10^{-3}	2.21
		1.2×10^{-7}	6.93
		3.1×10^{-12}	11.51

续表

化学式	名 称	$K_a^\ominus$	$pK_a^\ominus$
H_3BO_3	硼酸	5.8×10^{-10}	9.24
HBrO	次溴酸	2.3×10^{-9}	8.63
HCN	氢氰酸	6.2×10^{-10}	9.21
HCNO	氰酸	3.3×10^{-4}	3.48
H_2CO_3	碳酸	4.45×10^{-7}	6.352
		5.6×10^{-11}	10.25
HClO	次氯酸	3×10^{-8}	7.53
H_2CrO_4	铬酸	$3.3\times10^{-7}(K_{a_2}^\ominus)$	6.48
$HClO_2$	亚氯酸	1.1×10^{-2}	1.95
HF	氢氟酸	6.8×10^{-4}	3.17
HIO	次碘酸	2.3×10^{-11}	10.64
HIO_3	碘酸	0.49	0.31
HNO_2	亚硝酸	7.1×10^{-4}	3.15
H_2O_2	过氧化氢	2.2×10^{-12}	11.65
H_3PO_2	次磷酸	5.9×10^{-2}	1.23
H_3PO_3	亚磷酸	3.7×10^{-2}	1.43
		2.9×10^{-7}	6.54
H_3PO_4	磷酸	7.11×10^{-3}	2.15
		6.23×10^{-8}	7.199
		4.50×10^{-13}	12.35
HSCN	硫氰酸	0.13	0.9
$H_4P_2O_7$	焦磷酸	0.2	0.7
		6.5×10^{-3}	2.19
		1.6×10^{-7}	6.8
		2.6×10^{-10}	9.59
H_2S	氢硫酸	9.5×10^{-8}	7.02
		1.3×10^{-13}	12.89
H_2SO_3	亚硫酸	1.23×10^{-2}	1.91
		5.6×10^{-8}	7.18
H_2SO_4	硫酸	$1.02\times10^{-2}(K_{a_2}^\ominus)$	1.99
$H_2S_2O_3$	硫代硫酸	0.25	0.6
		1.9×10^{-2}	1.72
NH_3	氨*	5.7×10^{-10}	9.24
NH_2OH	羟胺*	1.1×10^{-6}	5.96
NH_2NH_2	肼*	8.5×10^{-9}	8.07

续表

化学式	名　称	$K_a^{\ominus}$	$pK_a^{\ominus}$
CH_2O_2	甲酸	1.8×10^{-4}	3.745
$C_2H_2O_4$	草酸	5.6×10^{-2}	1.252
		5.42×10^{-5}	4.266
$C_2H_4O_2$	乙酸(醋酸)	1.75×10^{-5}	4.757
$C_2H_4O_3$	羟基乙酸	1.48×10^{-4}	3.831
$C_2HO_2Cl_3$	三氯乙酸	0.6	0.22
$C_2H_2O_2Cl_2$	二氯乙酸	5.5×10^{-2}	1.26
$C_2H_3O_2Cl$	一氯乙酸	1.36×10^{-3}	2.865
$C_2H_3O_2Br$	一溴乙酸	1.25×10^{-3}	2.092
$C_3H_3O_2I$	一碘乙酸	6.68×10^{-4}	3.175
$C_3H_4O_2$	烯丙酸	5.52×10^{-5}	4.258
$C_3H_4O_4$	丙二酸	1.42×10^{-3}	2.847
		2.01×10^{-10}	5.696
$C_3H_6O_2$	丙酸	1.34×10^{-5}	4.874
$C_3H_6O_3$	D-2-羟基丙酸(乳酸)	1.38×10^{-4}	3.86
C_6H_6O	苯酚	1×10^{-10}	9.98
$C_4H_6O_4$	琥珀酸(丁二酸)	6.21×10^{-5}	4.207
		2.31×10^{-6}	5.636
$C_4H_6O_5$	L-羟基丁二酸(苹果酸)	3.84×10^{-4}	3.459
		8×10^{-6}	5.097
$C_4H_6O_6$	D-2,3-二羟基丁二酸(酒石酸)	9.2×10^{-4}	3.036
		4.31×10^{-5}	4.366
$C_4H_8O_2N_2$	丁二酮肟	2.2×10^{-11}	10.66
		1×10^{-12}	12
$C_5H_8O_2$	乙酰丙酮	1×10^{-9}	8.99
$C_6H_6O_2$	1,2-二羟基苯(邻苯二酚,儿茶酚)	4×10^{-10}	9.4
		1.6×10^{-13}	12.8
$C_6H_6O_2$	1,3-二羟基苯(间苯二酚,雷琐辛)	5×10^{-10}	9.3
		8.7×10^{-12}	11.06
		1.1×10^{-9}	8.94
$C_6H_6O_3$	1,2,3-三羟基苯(连苯三酚)	8.3×10^{-12}	11.08
		1×10^{-14}(20℃)	14
		7.44×10^{-4}	3.128

续表

化学式	名　称	$K_a^\ominus$	$pK_a^\ominus$
$C_6H_8O_7$	柠檬酸(2-羟基丙烷-1,2,3-三羧酸)	1.73×10^{-5}	4.761
		4.02×10^{-7}	6.396
$C_7H_6O_2$	苯甲酸	6.28×10^{-5}	4.202
$C_7H_6O_3$	2-羟基苯甲酸(水杨酸)	$1\times10^{-3}(CO_2H)$	2.98
		$2.2\times10^{-14}(OH)$	13.66
$C_8H_6O_4$	邻苯二甲酸	1.12×10^{-3}	2.95
		3.91×10^{-6}	5.408
$C_8H_8O_2$	苯乙酸	4.9×10^{-10}	4.31
$C_{10}H_8O$	1-萘酚(α-萘酚)	3.84×10^{-10}	9.416
C_2H_7N	乙胺*	2.31×10^{-11}	10.636
CH_5N	甲胺*	2.3×10^{-11}	10.64
C_3H_9N	三甲胺*	1.58×10^{-10}	9.8
C_3H_9N	丙胺*	2.72×10^{-11}	10.566
$C_4H_{11}N$	二乙胺*	1.17×10^{-11}	10.933
C_5H_5N	吡啶*	5.9×10^{-6}	5.229
C_6H_7N	氨基苯(苯胺)*	2.51×10^{-5}	4.601
$C_6H_{12}N_4$	六亚甲基四胺(乌洛托品)*	7.4×10^{-6}	5.13
$C_{10}H_8N_2$	2,2′-联吡啶*	4.5×10^{-5}	4.35
$C_{12}H_8N_2$	1,10-二氮菲*	1.4×10^{-5}	4.86
$C_{10}H_{16}O_8N_2$	乙二胺四乙酸(EDTA)	$1.26\times10^{-1}(CO_2H)$	0.9
		$2.6\times10^{-2}(CO_2H)$	1.6
		$1\times10^{-2}(CO_2H)$	2
		$2.1\times10^{-3}(CO_2H)$	2.68
		$6.9\times10^{-7}(NH)$	6.16
		$5.5\times10^{-11}(NH)$	10.26

注：带“*”号的物质为其共轭酸的 $K_a^\ominus$。

本表资料摘引自：

(1) Sillen L G and Maretell A E. Stability Constants of Metal-Ion Complexes. The Chemical Society, Publication No. 17, London, (1964), No. 25, (1971), Supplement No. 1, (1971).

(2) Hogfeldt E. 1982. Stability Constants of Metal-Ion Complexes, Part A: Inorganic Ligands, IUPAC Chemical, Data Series, No. 21. Oxford: Pergamon Press.

(3) Perrin D D. 1979. Stability Constants of Metal-Ion Complexes, Part B: Organic Ligands, IUPAC Chemical, Data Series, No. 22. Oxford: Pergamon Press.

附录 6　一些物质的热力学函数(298.15K 和 100kPa)

物质	状态	$\Delta_f H_m^{\ominus}/(kJ \cdot mol^{-1})$	$\Delta_f G_m^{\ominus}/(kJ \cdot mol^{-1})$	$S_m^{\ominus}/(J \cdot mol^{-1} \cdot K^{-1})$
Ag	cr	0	0	42.55
Ag^+	ao	105.579	77.107	72.68
AgBr	cr	−100.37	−96.9	107.1
AgCl	cr	−127.068	−109.789	96.2
AgF	cr	−204.6	—	—
AgI	cr	−61.84	−66.19	115.5
$AgNO_3$	cr	−124.39	−33.41	140.92
Ag_2O	cr	−31.05	−11.20	121.3
Al	cr	0	0	28.83
Al^{3+}	ao	−531.0	−485.0	−321.7
Al_2O_3	cr	−1675.7	−1582.3	50.92
$Al(OH)_3$	am	−1276.0	—	—
$AlCl_3$	cr	−704.2	−628.8	110.67
$Al_2(SO_4)_3$	cr	−3440.84	−3099.94	239.3
Au	cr	0	0	47.40
$AuCl_3$	cr	−117.6	—	—
B	cr	0	0	5.86
Ba	cr	0	0	62.8
Ba^{2+}	ao	−537.64	−560.77	9.6
$BaCl_2$	cr	−858.6	−810.4	123.68
$BaCO_3$	cr	−1216.3	−1137.6	112.1
BaO	cr	−553.5	−525.1	70.42
$Ba(OH)_2$	cr	−944.7	—	—
$BaSO_4$	cr	−1473.2	−1362.2	132.2
BBr_3	g	−205.64	−232.50	324.24
BCl_3	g	−403.76	−388.72	290.10
BF_3	g	−1137.00	−1120.33	254.12
BH_3	g	100.0	—	—
B_2H_6	g	35.6	86.7	232.11
B_2O_3	cr	−1272.77	−1193.65	53.97
Br_2	l	0	0	152.231
C(石墨)	cr	0	0	5.740
C(金刚石)	cr	1.895	2.900	2.377

续表

物　质	状　态	$\Delta_f H_m^\ominus/(kJ \cdot mol^{-1})$	$\Delta_f G_m^\ominus/(kJ \cdot mol^{-1})$	$S_m^\ominus/(J \cdot mol^{-1} \cdot K^{-1})$
Ca	cr	0	0	41.42
Ca^{2+}	ao	−542.83	−553.58	−53.1
$CaCl_2$	cr	−795.8	−748.1	104.6
CaC_2	cr	−59.8	−64.9	69.96
$CaCO_3$	cr	−1207.1	−1128.76	92.88
CaC_2O_4	cr	−1360.6	—	—
CaF_2	cr	−1219.6	−1167.3	68.87
CaO	cr	−635.09	−604.03	39.75
$Ca(OH)_2$	cr	−986.09	−898.49	83.39
$CaSO_4$	cr	−1434.1	−1321.9	107
$CaSO_4 \cdot 2H_2O$	cr	−2022.63	−1797.28	194.1
Cd	cr	0	0	51.76
Cd^{2+}	ao	−75.90	−77.612	−73.2
CdO	cr	−258.2	−228.4	54.8
$Cd(OH)_2$	cr	−560.7	−473.6	96.0
CdS	cr	−161.9	−156.5	64.9
CH_4	g	−74.81	−50.72	186.264
C_2H_2	g	226.73	209.20	200.94
C_2H_4	g	52.26	68.15	219.56
C_2H_6	g	−84.68	−32.82	229.60
C_3H_8	g	−130.85	−23.47	269.9
C_4H_6	g	165.5	201.7	293.0
C_4H_8	g	1.17	72.04	307.4
C_4H_{10}	g	−124.73	−15.71	310.0
CH_3CH_2OH	g	−235.10	−168.49	282.70
CH_3OCH_3	g	−184.05	−112.59	266.38
CH_3CHO	g	−166.19	−128.86	250.3
CH_3COOH	ao	−485.76	−396.46	178.7
Cl_2	g	0	0	223.066
Cl^-	ao	−167.159	−131.228	56.5
CO	g	−110.525	−137.168	197.674
CO_2	g	−393.509	−394.359	213.74
CO_3^{2-}	ao	−677.14	−527.81	−56.9
Co	cr	0	0	30.04
Co^{2+}	ao	−58.2	−54.4	−113.0

续表

物质	状态	$\Delta_f H_m^\ominus/(kJ \cdot mol^{-1})$	$\Delta_f G_m^\ominus/(kJ \cdot mol^{-1})$	$S_m^\ominus/(J \cdot mol^{-1} \cdot K^{-1})$
$CoCl_2$	cr	−312.5	−269.8	109.16
Cr	cr	0	0	23.77
CrO_3	cr	−589.5	—	—
CrO_4^{2-}	ao	−881.15	−727.75	50.21
$Cr_2O_7^{2-}$	ao	−1490.3	−1301.1	261.9
Cs	cr	0	0	85.23
CsCl	cr	−443.04	−414.53	101.17
CS_2	l	89.70	65.27	151.34
Cu	cr	0	0	33.150
CuO	cr	−157.3	−129.7	42.63
Cu_2O	cr	−168.6	−146.0	93.14
$Cu(OH)_2$	cr	−449.8	—	—
F_2	g	0	0	202.78
F^-	ao	−332.63	−278.79	−13.8
Fe	cr	0	0	27.28
Fe^{2+}	ao	−89.1	−78.90	−137.7
Fe_2O_3	cr	−824.2	−742.2	87.40
FeO	cr	−271.9	−255.2	60.75
Fe_3O_4	cr	−1118.4	−1015.4	146.4
$Fe(OH)_2$	cr	−569.0	−486.5	88.0
$Fe(OH)_3$	cr	−823.0	−696.5	106.7
H_2	g	0	0	130.684
H^+	ao	0	0	0
HBr	g	−36.40	−53.45	198.695
HCl	g	−92.307	−95.299	186.908
HClO	ao	−120.9	−79.9	142.0
Hg	l	0	0	76.02
$HgCl_2$	cr	−224.3	−178.6	146.0
Hg_2Cl_2	cr	−265.22	−210.745	192.6
HI	g	26.48	1.70	206.594
H_2O	l	−285.830	−237.129	69.91
H_2O	g	−241.818	−228.572	188.825
H_2O_2	l	−187.78	−120.35	109.6
H_2S	g	−20.63	−33.56	205.79
I_2	cr	0	0	116.135

续表

物　质	状　态	$\Delta_f H_m^\ominus/(kJ \cdot mol^{-1})$	$\Delta_f G_m^\ominus/(kJ \cdot mol^{-1})$	$S_m^\ominus/(J \cdot mol^{-1} \cdot K^{-1})$
I^-	ao	−55.19	−51.57	111.3
K	cr	0	0	64.18
K^+	ao	−252.38	−283.27	102.5
K_2O	cr	−361.5	—	—
KOH	cr	−424.764	−379.08	78.9
KCl	cr	−436.747	−409.14	82.59
Li	cr	0	0	29.12
Li^+	ao	−278.49	−293.31	13.4
Li_2O	cr	−597.94	−561.18	37.57
LiOH	cr	−484.93	−438.95	42.80
Mg	cr	0	0	32.68
Mg^{2+}	ao	−466.85	−454.8	−138.1
$MgCl_2$	cr	−641.32	−591.79	89.63
$Mg(OH)_2$	cr	−924.54	−833.51	63.18
N_2	g	0	0	191.61
Na	cr	0	0	51.21
Na^+	ao	−240.12	−261.905	59.0
NaCl	cr	−411.153	−384.138	72.13
Na_2O	cr	−414.22	−375.46	75.06
Na_2O_2	cr	−510.87	−447.7	95.0
NaOH	cr	−425.609	−379.494	64.455
NH_3	g	−46.11	−16.45	192.45
NO	g	90.25	86.55	210.761
NO_2	g	33.18	51.31	240.06
N_2O	g	81.6	103.59	220.0
N_2O_4	g	9.16	97.89	304.29
N_2O_5	g	11.3	115.1	355.7
O_2	g	0	0	205.138
O_3	g	142.7	163.2	238.93
P(白色)	cr	0	0	41.09
P(红色)	cr	−17.6	−12.1	22.80
PCl_3	l	−319.7	−272.3	217.1
PCl_5	g	−374.9	−305.0	364.58
PH_3	g	5.4	13.4	210.23
PO_4^{3-}	ao	−1277.4	−1018.7	−222.0

续表

物质	状态	$\Delta_f H_m^\ominus/(kJ \cdot mol^{-1})$	$\Delta_f G_m^\ominus/(kJ \cdot mol^{-1})$	$S_m^\ominus/(J \cdot mol^{-1} \cdot K^{-1})$
Pb	cr	0	0	64.81
$PbBr_2$	cr	−278.7	−261.92	161.5
$PbCl_2$	cr	−359.41	−314.10	136.0
PbI_2	cr	−175.48	−173.64	174.85
PbO(黄色)	cr	−217.32	−187.89	68.70
PbO_2	cr	−277.4	−217.33	68.6
$Pb(OH)_2$	cr	−515.9	—	—
PbS	cr	−100.4	−98.7	91.2
S(正交晶)	cr	0	0	31.80
S(单斜晶)	cr	0.33	—	—
Si	cr	0	0	18.83
SiH_4	g	34.3	56.9	204.62
SiO_2	cr	−910.94	−856.64	41.84
Sn(白色)	cr	0	0	51.55
SnO_2	cr	−580.7	−519.6	52.3
SO_2	g	−296.830	−300.194	248.22
SO_3	g	−395.72	−371.06	256.76
Ti	cr	0	0	30.63
TiO_2(锐钛矿)	cr	−939.7	−884.5	49.92
$TiCl_4$	l	−804.2	−737.2	252.34
V	cr	0	0	28.91
V_2O_5	cr	−1550.6	−1419.5	131.0
W	cr	0	0	32.64
WO_3	cr	−842.87	−764.03	75.90
Zn	cr	0	0	41.63
Zn^{2+}	ao	−153.89	−147.06	−112.1
ZnO	cr	−348.28	−318.30	43.64
$ZnCl_2$	cr	−415.05	−369.398	111.46
ZnS(闪锌矿)	cr	−205.98	−201.29	57.7

注：cr(结晶固体)；l(液体)；g(气体)；am(非晶态固体)；aq(水溶液，未指明组成)；ao(水溶液，非电离物质，标准状态，$b=1mol \cdot kg^{-1}$)；ai(水溶液，电离物质，标准状态，$b=1mol \cdot kg^{-1}$)。

附录 7　一些电对的标准电极电势(25℃)

还原半反应	$E^\ominus$/V
$Li^+(aq)+e^- \longrightarrow Li(s)$	−3.04
$Cs^+(aq)+e^- \longrightarrow Cs(s)$	−3.03
$Rb^+(aq)+e^- \longrightarrow Rb(s)$	−2.98
$K^+(aq)+e^- \longrightarrow K(s)$	−2.93
$Ca^{2+}(aq)+e^- \longrightarrow Ca(s)$	−2.87
$Na^+(aq)+e^- \longrightarrow Na(s)$	−2.71
$La^{3+}(aq)+3e^- \longrightarrow La(s)$	−2.38
$Mg^{2+}(aq)+2e^- \longrightarrow Mg(s)$	−2.37
$Y^{3+}(aq)+3e^- \longrightarrow Y(s)$	−2.37
$Sc^{3+}(aq)+3e^- \longrightarrow Sc(s)$	−2.03
$Al^{3+}(aq)+3e^- \longrightarrow Al(s)$	−1.66
$HPO_3^{2-}+2H_2O+2e^- \longrightarrow H_2PO_2^-+3OH^-$	−1.65
$Ti^{2+}(aq)+2e^- \longrightarrow Ti(s)$	−1.63
$Mn^{2+}(aq)+2e^- \longrightarrow Mn(s)$	−1.19
$V^{2+}(aq)+2e^- \longrightarrow V(s)$	−1.18
$Te(s)+2e^- \longrightarrow Te^{2-}(aq)$	−1.14
$2SO_3^{2-}+2H_2O+2e^- \longrightarrow 4OH^-+S_2O_4^{2-}$	−1.12
$SO_4^{2-}(aq)+H_2O(l)+2e^- \longrightarrow SO_3^{2-}(aq)+2OH^-(aq)$	−0.93
$Se(s)+2e^- \longrightarrow Se^{2-}(aq)$	−0.92
$Cr^{2+}(aq)+2e^- \longrightarrow Cr(s)$	−0.91
$2NO_3^-(aq)+2H_2O(l)+2e^- \longrightarrow N_2O_4(g)+4OH^-(aq)$	−0.85
$2H_2O(l)+2e^- \longrightarrow H_2(g)+2OH^-(aq)$	−0.82
$Zn^{2+}(aq)+2e^- \longrightarrow Zn(s)$	−0.76
$Cr^{3+}(aq)+3e^- \longrightarrow Cr(s)$	−0.74
$S(s)+2e^- \longrightarrow S^{2-}(aq)$	−0.48
$NO_2^-(aq)+H_2O(l)+e^- \longrightarrow NO(g)+2OH^-(aq)$	−0.46
$Fe^{2+}(aq)+2e^- \longrightarrow Fe(s)$	−0.44
$Cr^{3+}(aq)+e^- \longrightarrow Cr^{2+}(aq)$	−0.41
$Ti^{3+}(aq)+e^- \longrightarrow Ti^{2+}(aq)$	−0.37
$PbSO_4+2e^- \longrightarrow Pb(s)+SO_4^{2-}(aq)$	−0.36
$Tl^+(aq)+e^- \longrightarrow Tl(s)$	−0.34
$Co^{2+}(aq)+2e^- \longrightarrow Co(s)$	−0.28
$H_3PO_4(aq)+2H^+(aq)+2e^- \longrightarrow H_3PO_3(aq)+H_2O(l)$	−0.28

续表

还原半反应	$E^{\ominus}/V$
$V^{3+}(aq)+e^- \longrightarrow V^{2+}(aq)$	−0.26
$Ni^{2+}(aq)+2e^- \longrightarrow Ni(s)$	−0.25
$2SO_4^{2-}+4H^++2e^- \longrightarrow S_2O_6^{2-}+2H_2O(l)$	−0.22
$O_2+2H_2O+2e^- \longrightarrow H_2O_2+2OH^-$	−0.15
$Sn^{2+}(aq)+2e^- \longrightarrow Sn(s)$	−0.14
$Pb^{2+}(aq)+2e^- \longrightarrow Pb(s)$	−0.13
$Fe^{3+}(aq)+3e^- \longrightarrow Fe(s)$	−0.04
$2H^+(aq, 1mol \cdot L^{-1})+2e^- \longrightarrow H_2(g, 100kPa)$	0
$NO_3^-(aq)+H_2O(l)+2e^- \longrightarrow NO_2^-(aq)+2OH^-(aq)$	+0.01
$S_4O_6^{2-}(aq)+2e^- \longrightarrow 2S_2O_3^{2-}(aq)$	+0.08
$S(s)+2H^+(aq)+2e^- \longrightarrow H_2S(aq)$	+0.14
$2NO_2^-(aq)+3H_2O(l)+4e^- \longrightarrow N_2O(g)+6OH^-(aq)$	+0.15
$Cu^{2+}(aq)+e^- \longrightarrow Cu^+(aq)$	+0.15
$Sn^{4+}(aq)+2e^- \longrightarrow Sn^{2+}(aq)$	+0.15
$SO_4^{2-}(aq)+4H^+(aq)+2e^- \longrightarrow H_2SO_3(aq)+H_2O(l)$	+0.17
$AgCl(s)+e^- \longrightarrow Ag(s)+Cl^-(aq)$	+0.22
$Cu^{2+}(aq)+2e^- \longrightarrow Cu(s)$	+0.34
$VO^{2+}(aq)+2H^+(aq)+e^- \longrightarrow V^{3+}(aq)+H_2O(l)$	+0.34
$ClO_4^-(aq)+H_2O(l)+2e^- \longrightarrow ClO_3(aq)^-+2OH^-(aq)$	+0.36
$Fe(CN)_6^{3-}(aq)+e^- \longrightarrow Fe(CN)_6^{4-}(aq)$	+0.36
$O_2(g)+2H_2O(l)+4e^- \longrightarrow 4OH^-(aq)$	+0.40
$Cu^+(aq)+e^- \longrightarrow Cu(s)$	+0.52
$I_2(aq)+2e^- \longrightarrow 2I^-(aq)$	+0.54
$H_3AsO_4(aq)+2H^+(aq)+2e^- \longrightarrow H_3AsO_3(aq)+H_2O(l)$	+0.56
$MnO_4^-(aq)+e^- \longrightarrow MnO_4^{2-}(aq)$	+0.56
$MnO_4^-(aq)+2H_2O(aq)+3e^- \longrightarrow MnO_2+4OH^-(aq)$	+0.59
$BrO_3^-(aq)+3H_2O(l)+6e^- \longrightarrow Br^-(aq)+6OH^-(aq)$	+0.61
$O_2(g)+2H^+(aq)+2e^- \longrightarrow H_2O_2(aq)$	+0.70
$BrO^-(aq)+H_2O(l)+2e^- \longrightarrow Br^-(aq)+2OH^-(aq)$	+0.76
$Fe^{3+}(aq)+e^- \longrightarrow Fe^{2+}(aq)$	+0.77
$Ag^+(aq)+e^- \longrightarrow Ag(s)$	+0.80
$ClO^-(aq)+H_2O(l)+2e^- \longrightarrow Cl^-(aq)+2OH^-(aq)$	+0.84
$2HNO_2(aq)+4H^+(aq)+4e^- \longrightarrow H_2N_2O_2(aq)+2H_2O(l)$	+0.86
$NO_3^-(aq)+3H^+(aq)+2e^- \longrightarrow HNO_2(aq)+H_2O(l)$	+0.93
$Pd^{2+}(aq)+2e^- \longrightarrow Pd$	+0.95

续表

还原半反应	$E^{\ominus}$/V
$NO_3^-(aq)+4H^+(aq)+3e^- \longrightarrow NO(g)+2H_2O(l)$	+0.96
$HNO_2(aq)+H^+(aq)+e^- \longrightarrow NO(g)+H_2O(l)$	+0.98
$VO_2^+(aq)+2H^+(aq)+e^- \longrightarrow VO^{2+}(aq)+H_2O(l)$	+0.99
$Fe(bpy)^{3+}(aq)+e^- \longrightarrow Fe(bpy)^{2+}(aq)$	+1.03
$IO_3^-(aq)+6H^+(aq)+6e^- \longrightarrow I^-(aq)+3H_2O(l)$	+1.09
$Br_2(aq)+2e^- \longrightarrow 2Br^-(aq)$	+1.09
$Fe(phen)_3^{3+}(aq)+e^- \longrightarrow Fe(phen)_3^{2+}(aq)$	+1.12
$Pt^{2+}+2e^- \longrightarrow Pt$	+1.18
$2IO_3^-(aq)+12H^+(aq)+10e^- \longrightarrow I_2(aq)+6H_2O(l)$	+1.20
$O_2+4H^+(aq)+4e^- \longrightarrow 2H_2O(l)$	+1.23
$MnO_2+4H^+(aq)+2e^- \longrightarrow Mn^{2+}(aq)+2H_2O(l)$	+1.23
$Tl^{3+}(aq)+2e^- \longrightarrow Tl^+(aq)$	+1.25
$2HNO_2(aq)+4H^+(aq)+4e^- \longrightarrow N_2O(g)+3H_2O(l)$	+1.30
$Cr_2O_7^{2-}(aq)+14H^+(aq)+6e^- \longrightarrow 2Cr^{3+}(aq)+7H_2O(l)$	+1.33
$Cl_2(aq)+2e^- \longrightarrow 2Cl^-(aq)$	+1.36
$2ClO_4^-(aq)+16H^+(aq)+14e^- \longrightarrow Cl_2(aq)+8H_2O(l)$	+1.39
$ClO_4^-(aq)+8H^+(aq)+8e^- \longrightarrow Cl^-(aq)+4H_2O(l)$	+1.39
$BrO_3^-(aq)+6H^+(aq)+6e^- \longrightarrow Br^-(aq)+3H_2O(l)$	+1.42
$ClO_3^-(aq)+6H^+(aq)+6e^- \longrightarrow Cl^-(aq)+3H_2O(l)$	+1.45
$2ClO_3^-(aq)+12H^+(aq)+10e^- \longrightarrow Cl_2(aq)+6H_2O(l)$	+1.47
$2BrO_3^-(aq)+12H^+(aq)+12e^- \longrightarrow Br_2(aq)+6H_2O(l)$	+1.48
$HOCl(aq)+H^+(aq)+2e^- \longrightarrow Cl^-(aq)+H_2O(l)$	+1.48
$MnO_4^-(aq)+8H^+(aq)+5e^- \longrightarrow Mn^{2+}(aq)+4H_2O(l)$	+1.51
$Mn^{3+}(aq)+e^- \longrightarrow Mn^{2+}(aq)$	+1.54
$2HOCl(aq)+2H^+(aq)+2e^- \longrightarrow Cl_2(aq)+2H_2O(l)$	+1.61
$MnO_4^-(aq)+4H^+(aq)+3e^- \longrightarrow MnO_2(s)+2H_2O(l)$	+1.69
$PbO_2(s)+4H^+(aq)+SO_4^{2-}(aq)+2e^- \longrightarrow PbSO_4(s)+2H_2O(l)$	+1.69
$Ce^{4+}(aq)+e^- \longrightarrow Ce^{3+}(aq)$	+1.72
$H_2O_2(aq)+2H^+(aq)+2e^- \longrightarrow 2H_2O(l)$	+1.78
$Co^{3+}(aq)+e^- \longrightarrow Co^{2+}(aq)$	+1.92
$S_2O_8^{2-}(aq)+2e^- \longrightarrow 2SO_4^{2-}(aq)$	+2.01
$XeO_3(aq)+6H^+(aq)+6e^- \longrightarrow Xe(g)+3H_2O(l)$	+2.10
$FeO_4^{2-}+8H^++3e^- \longrightarrow Fe^{3+}+4H_2O$	+2.20
$H_4XeO_6(aq)+2H^+(aq)+2e^- \longrightarrow XeO_3(aq)+3H_2O(l)$	+2.42
$F_2(aq)+2e^- \longrightarrow 2F^-(aq)$	+2.87

附录8　条件电极电势 $E^{\ominus\prime}_{Ox/Red}$(25℃)

氧化还原电对	$E^{\ominus\prime}$/V	介　质
Ag(Ⅱ)$+e^- \longrightarrow$Ag(Ⅰ)	1.927	$4mol \cdot L^{-1} HNO_3$
Ce(Ⅳ)$+e^- \longrightarrow$Ce(Ⅲ)	1.70	$1mol \cdot L^{-1} HClO_4$
	1.61	$1mol \cdot L^{-1} HNO_3$
	1.44	$0.5mol \cdot L^{-1} H_2SO_4$
	1.28	$1mol \cdot L^{-1} HCl$
$Co^{3+}+e^- \longrightarrow Co^{2+}$	1.85	$4mol \cdot L^{-1} HNO_3$
$[Co(en)_3]^{3+}+e^- \longrightarrow [Co(en)_3]^{2+}$	−0.2	$0.1mol \cdot L^{-1} KNO_3 + 0.1mol \cdot L^{-1}$ en
Cr(Ⅲ)$+e^- \longrightarrow$Cr(Ⅱ)	−0.4	$5mol \cdot L^{-1} HCl$
$Cr_2O_7^{2-}+14H^+ +6e^- \longrightarrow 2Cr^{3+}+7H_2O$	1.00	$1mol \cdot L^{-1} HCl$
	1.025	$1mol \cdot L^{-1} HClO_4$
	1.05	$2mol \cdot L^{-1} HCl$
	1.08	$3mol \cdot L^{-1} HCl$
	1.15	$4mol \cdot L^{-1} H_2SO_4$
$CrO_4^{2-}+H_2O+3e^- \longrightarrow CrO_2^- +4OH^-$	−0.12	$1mol \cdot L^{-1} NaOH$
Fe(Ⅲ)$+e^- \longrightarrow$Fe(Ⅱ)	0.73	$1mol \cdot L^{-1} HClO_4$
	0.71	$0.5mol \cdot L^{-1} HCl$
	0.68	$1mol \cdot L^{-1} H_2SO_4$
	0.68	$1mol \cdot L^{-1} HCl$
	0.46	$1mol \cdot L^{-1} H_3PO_4$
	0.51	$1mol \cdot L^{-1} HCl + 0.25mol \cdot L^{-1} H_3PO_4$
$H_3AsO_4+2H^+ +2e^- \longrightarrow H_3AsO_3+H_2O$	0.557	$1mol \cdot L^{-1} HCl$
	0.557	$1mol \cdot L^{-1} HClO_4$
$Fe(EDTA)^- +e^- \longrightarrow Fe(EDTA)^{2-}$	0.12	$0.1mol \cdot L^{-1}$ EDTA, pH4～6
$Fe(CN)_6^{3-}+e^- \longrightarrow Fe(CN)_6^{4-}$	0.48	$0.01mol \cdot L^{-1} HCl$
	0.56	$0.1mol \cdot L^{-1} HCl$
	0.71	$1mol \cdot L^{-1} HCl$
	0.72	$1mol \cdot L^{-1} HClO_4$
I_2(水)$+2e^- \longrightarrow 2I^-$	0.628	$1mol \cdot L^{-1} H^+$
I_3^-(水)$+3e^- \longrightarrow 3I^-$	0.545	$1mol \cdot L^{-1} H^+$
$MnO_4^- +8H^+ +5e^- \longrightarrow Mn^{2+}+4H_2O$	1.45	$1mol \cdot L^{-1} HClO_4$
	1.27	$8mol \cdot L^{-1} H_3PO_4$
Os(Ⅷ)$+4e^- \longrightarrow$Os(Ⅳ)	0.79	$5mol \cdot L^{-1} HCl$
$SnCl_6^{2-}+2e^- \longrightarrow SnCl_4^{2-}+2Cl^-$	0.14	$1mol \cdot L^{-1} HCl$

续表

氧化还原电对	$E^{\ominus\prime}$/V	介 质
$Sn^{2+}+2e^- \longrightarrow Sn$	−0.16	$1mol \cdot L^{-1} HClO_4$
$Sb(V)+2e^- \longrightarrow Sb(III)$	0.75	$3.5mol \cdot L^{-1} HCl$
$Sb(OH)_6^- +2e^- \longrightarrow SbO_2^- +2OH^- +2H_2O$	−0.428	$3mol \cdot L^{-1} NaOH$
$SbO_2^- +2H_2O+3e^- \longrightarrow Sb+4OH^-$	−0.675	$10mol \cdot L^{-1} KOH$
$Ti(IV)+e^- \longrightarrow Ti(III)$	−0.01	$0.2mol \cdot L^{-1} H_2SO_4$
	0.12	$2mol \cdot L^{-1} H_2SO_4$
	−0.04	$1mol \cdot L^{-1} HCl$
	−0.05	$1mol \cdot L^{-1} H_3PO_4$
$Pb(II)+2e^- \longrightarrow Pb$	−0.32	$1mol \cdot L^{-1} NaAc$
	−0.14	$1mol \cdot L^{-1} HClO_4$
$UO_2^{2+}+4H^+ +2e^- \longrightarrow U(IV)+2H_2O$	0.41	$0.5mol \cdot L^{-1} H_2SO_4$

附录 9 一些氨羧配位剂与金属离子配合物的稳定常数 $\lg K_{ML}^{\ominus}$

金属离子	EDTA	CyDTA	EGTA	DTPA	HEDTA
Ag^+	7.32	9.03	6.88	8.61	6.71
Al^{3+}	16.30	19.50	13.90	18.60	14.30
Ba^{2+}	7.86	8.69	8.41	8.87	6.30
Be^{2+}	8.68	11.51			
Bi^{3+}	27.80	32.30		35.60	22.30
Ca^{2+}	10.69	13.15	10.97	10.84	8.3
Cd^{2+}	16.46	19.93	16.70	19.20	13.02
Ce^{3+}	15.98			40.50	
Co^{2+}	16.31	19.62	12.30	19.27	14.42
Co^{3+}	41.10			40.50	43.20
Cr^{3+}	12.80			15.36	
Cu^{2+}	18.83	22.00	17.71	21.00	17.42
Fe^{2+}	14.19	19.00	11.87	16.50	11.63
Fe^{3+}	25.42	29.15	20.38	28.00	19.80
Ga^{2+}	21.70	22.29	19.02	22.46	19.40
Hg^{2+}	22.02	25.00	23.86	26.70	19.97
In^{3+}	25.00	28.80		29.60	20.20
La^{3+}	15.25	16.96	15.84	19.23	13.61
Li^+	2.43			3.10	

续表

金属离子	EDTA	CyDTA	EGTA	DTPA	HEDTA
Mg^{2+}	8.70	11.02	5.21	9.30	7.00
Mn^{2+}	14.05	17.48	12.28	15.60	10.75
Na^{+}	1.43		1.38		
Ni^{2+}	18.66	20.30	13.55	20.32	16.66
Pb^{2+}	18.04	21.20	14.84	20.56	15.99
Pd^{2+}	18.50			24.60	
Se^{3+}	21.84	26.10	18.20	26.28	17.30
Sn^{2+}	22.10	18.70	18.70	20.70	
Sr^{2+}	8.73	10.50	8.50	9.77	6.90
Th^{4+}	23.20	25.60		26.64	18.50
Ti^{3+}	21.30				
TiO^{2+}	17.50	18.23		23.36	
Tl^{+}	6.11	3.85	4.00	5.97	
Tl^{3+}	35.30	38.30		46.00	
UO_2^{2+}	19.70		9.41		
VO^{2+}	18.80	20.10			
VO_2^{+}	15.55				
Y^{3+}	18.09	19.85	17.16	21.95	
Zn^{2+}	16.50	19.37	12.70	18.40	14.78
Zr^{4+}	27.90	29.90		35.80	14.70

附录 10　一些金属离子配合物的稳定常数 $\lg\beta_i$（25℃）

金属离子	离子强度	$\lg\beta_1$	$\lg\beta_2$	$\lg\beta_3$	$\lg\beta_4$	$\lg\beta_5$	$\lg\beta_6$
$L=Br^-$							
Ag^{+}	0.1	4.15	7.1	7.95	8.9		
						$\lg\frac{[Ag_2Br]}{[Ag]^2[Br]}=9.7$（$I$ 不定）	
Bi^{3+}	2.0	2.3	4.45	6.3	7.7	9.3	9.4
Cd^{2+}	0.75	1.56	2.1	2.16	2.53		
Hg^{2+}	0.5	9.05	17.3	19.7	21		
Pb^{2+}	1.0	1.1	1.4	2.2			
Tl^{3+}	1.2	8.9	16.4	22.1	26.1	29.2	31.6
$L=Cl^-$							

续表

金属离子	离子强度	lgβ1	lgβ2	lgβ3	lgβ4	lgβ5	lgβ6
Ag^{+}	0.2	2.9	4.7	5	5.9		
						$\lg\frac{[Ag_2Cl]}{[Ag]^2[Cl]}=6.7$（$I$ 不定）	
Hg^{2+}	0.5	6.7	13.2	14.1	15.1		
$L=CN^{-}$							
Ag^{+}	0～0.3		21.1	21.8	20.7		
Au^{3+}	不定		38.3				
Cd^{2+}	3.0	5.5	10.6	15.3	18.9		
Cu^{+}			24	28.6	30.3		
Cu^{2+}	不详				25		
Fe^{2+}	0.0						35.4
Fe^{3+}	0.0						43.6
Hg^{2+}	0.1	18	34.7	38.5	41.5		
Ni^{2+}	0.1				31.3		
Pb^{2+}	1.0				10		
Zn^{2+}	0.1				16.7		
$L=F^{-}$							
Al^{3+}	0.53	6.1	11.15	15	17.7	19.4	19.7
Be^{2+}	0.5	5.1	8.8	11.8			
Cr^{3+}	0.5	4.4	7.7	10.2			
Fe^{3+}	0.5	5.2	9.2	11.9			
In^{3+}	1.0	3.7	6.3	8.6	9.7		
Se^{3+}	0.5	6.2	11.5	15.5			
Sn^{4+}	不定						25
Th^{4+}	0.5	7.7	13.5	18			
TiO_2^{2+}	3.0	5.4	9.8	13.7	17.4		
UO^{2+}	1.0	4.5	7.9	10.5	11.8		
Zr^{4+}	2.0	8.8	16.1	21.9			
$L=I^{-}$							
Ag^{+}	1.6	13.85	13.7			$\lg\frac{[Ag_2I]}{[Ag]^2[I]}=14.15$（$I$ 不定）	
Bi^{3+}	2.0			15	16.8	18.8	
Cd^{2+}	不定	2.4	3.4	5	6.15		
Hg^{2+}	0.5	12.9	23.8	27.6	29.8		
Pb^{2+}	1.0	1.3	2.8	3.4	3.9		
$L=NH_3$							

续表

金属离子	离子强度	$\lg\beta_1$	$\lg\beta_2$	$\lg\beta_3$	$\lg\beta_4$	$\lg\beta_5$	$\lg\beta_6$
Ag^+	0.1	3.4	7.4				
Cd^{2+}	0.1	2.6	4.65	6.04	6.92	6.6	4.9
Co^{2+}	0.1	2.05	3.62	4.61	5.31	5.43	4.75
Co^{3+}	0.1	7.3	14	20.1	25.7	30.8	35.2
Cu^{2+}	0.1	4.13	7.61	10.48	12.59		
Hg^{2+}	2.0	8.8	17.5	18.5	19.4		
Ni^{2+}	0.1	2.75	4.95	6.64	7.79	8.5	8.49
Zn^{2+}	0.1	2.27	4.61	7.01	9.06		
$L=HPO_4^{2-}$							
Mn^{2+}	0.2	2.6					
Fe^{3+}	0.66	9.35					
$L=SCN^-$							
Ag^+	2.2	7.6	9.1	10.1			
Au^+	不定		25				
Au^{3+}	不定		42				
Bi^{3+}	0.4	0.8	1.9	2.7	3.4		
Cu^+	5.0		11				3.2
Cu^{2+}	0.5	1.7	2.5	2.7	3		
Fe^{3+}	不定	2.3	4.2	5.6	6.4	6.4	
Hg^{2+}	1.0		16.1	19	20.9		
$L=S_2O_3^{2-}$							
Ag^+	0.0	8.82	13.5				
Cd^{2+}	0.0	3.94					
Cu^+	2.0	10.3	12.2	13.8			
Hg^{2+}	0.0	29.86	32.26				
Pb^{2+}	不定	5.1		6.4			
$L=OH^-$						$\lg K_{M_m(OH)_n}$	
Al^{3+}	2.0				33.3	163(m=6, n=15)	
Bi^{3+}	3.0		12.4			168.3(m=6,n=12)	
Cd^{2+}	3.0	4.3	7.7	10.3	12		
Co^{2+}	0.1	5.1		10.2			
Cr^{3+}	0.1	10.2	18.3			26(m=2,n=2)	
						69.9(m=6,n=12)	
Cu^{2+}	0.0	6				17.1(m=2,n=2)	
Fe^{2+}	1.0	4.5					

续表

金属离子	离子强度	$\lg\beta_1$	$\lg\beta_2$	$\lg\beta_3$	$\lg\beta_4$	$\lg\beta_5$	$\lg\beta_6$
Fe^{3+}	3.0	11	21.7			25.10(m=2, n=2)	
Ga^{3+}	0.5	11.1					
Hg^{2+}	0.5	10.3	21.7				
In^{3+}	3.0	7				17.90(m=2, n=2)	
La^{3+}	3.0	3.9				4.10(m=5, n=1)	
Mg^{2+}	0.0	2.6				54.60(m=5, n=9)	
Mn^{2+}	0.1	3.4					
Pb^{2+}	0.3	6.2	10.3	13.3		7.60(m=2, n=1)	
						36.1(m=4, n=4)	
Sn^{2+}	3.0	10.1				69.3(m=6, n=8)	
						23.5(m=2, n=2)	
Th^{4+}	1.0	9.7				11.1(m=2, n=1)	
Ti^{3+}	0.5	11.8				22.9(m=2, n=2)	
TiO^{2+}	1.0	13.7					
Tl^{3+}	3.0	12.9	25.4				
VO^{2+}	3.0	8				21.1(m=2, n=2)	
Zn^{2+}	0.0	4.4		14.4	15.5	189.2(m=10, n=14)	
Zr^{4+}	4.0	13.8	27.2	40.2	53		
L=$H_2C_2O_4$(草酸)							
Al^{3+}	0.5		11	14.6			
Cd^{2+}	0.5	2.9	4.7				
Ce^{3+}	0.5	5.1	8.6	9.6			
Co^{2+}	0.5	3.5	5.8	$\lg K_{CoH_2L_2}$=10.6, $\lg K_{CoHL}$=5.5			
Cu^{2+}	0.5	4.5	8.9	$\lg K_{CuHL}$=6.25			
Fe^{3+}	0.5	8	14.3	18.5			
Mg^{2+}	0.5	2.4					
Mn^{2+}	0.5	2.7	4.1				
Mn^{3+}	2.0	10	16.6	19.4			
Ni^{2+}	1.0	4.1	7.2	8.5			
Th^{4+}	0.1				24.5		
TiO^{2+}	2	6.6	9.9				
Zn^{2+}	0.5	3.7	6	$\lg K_{ZnH_2L_2}$=10.8, $\lg K_{ZnHL}$=5.6			
L=$C_2H_4O_2$(乙酸)							
Pb^{2+}	0.5	1.9	3.3				
L=$C_2H_8N_2$(乙二胺)							

续表

金属离子	离子强度	$\lg\beta_1$	$\lg\beta_2$	$\lg\beta_3$	$\lg\beta_4$	$\lg\beta_5$	$\lg\beta_6$
Ag^{+}	0.1	4.7	7.7				
Cd^{2+}	0.1	5.47	10.02	12.09			
Co^{2+}	0.1	5.89	10.72	13.82			
Co^{3+}	0.1			46.84			
Cu^{2+}	0.1	10.55	19.6				
Fe^{2+}	0.1	4.28	7.53	9.52			
Hg^{2+}	0.1		23.42				
Mn^{2+}	0.1	2.73	4.79	5.67			
Ni^{2+}	0.1	7.66	14.06	18.59			
Zn^{2+}	0.1	5.71	10.37	12.08			
$L=C_4H_6O_6$(D-酒石酸)							
Al^{3+}	0.1	4.33	11.92				
Cu^{2+}	0.1	2.52	6.66				
Fe^{3+}	0.1	6.66	12.3				
In^{3+}	0.1	4.94	9.77				
La^{3+}	0.1	4.39	7.4				
Pb^{2+}	0.1	3.59	8.77				
$L=C_5H_8O_2$(乙酰丙酮)							
Al^{3+}	0.1	8.1	15.7	21.2			
Be^{2+}	0.1	7.4	13.9				
Co^{2+}	0.1	5	8.9				
Fe^{2+}	0.1	4.7	8				
Fe^{3+}	0.1	9.3	17.9	25.1			
Ga^{3+}	0.1	9	17	22.5			
Mn^{2+}	0.1	3.8	6.6				
Ni^{2+}	0.1	5.5	9.8	11.9			
Th^{4+}	0.1	8.3	15.3	21.2	25.1		
Zn^{2+}	0.1	4.6	8.2				
Zr^{4+}	稀	8.4	16	23.2	30.1		
$L=C_5H_8O_7$(柠檬酸)							
Al^{3+}	0.5	20	$\lg K_{Al(HL)}=7.0$, $\lg K_{Al(OH)L}=30.6$				
Ca^{2+}	0.5	$\lg K_{CaH_2L}=10.9$, $\lg K_{CaH_2(HL)}=8.4$, $\lg K_{CaHL}=3.5$					
Cd^{2+}	0.5	11.3	$\lg K_{CdH(HL)}=7.9$, $\lg K_{Cd(HL)}=4.0$				
Co^{2+}	0.5	12.5	$\lg K_{CoH(HL)}=8.9$, $\lg K_{Co(HL)}=4.4$				
Cu^{2+}	0.5	18	$\lg K_{CuH_2(HL)}=12.0$, $\lg K_{CuHL}=6.1$				
Fe^{3+}	0.5	25	$\lg K_{FeH(HL)}=12.2$, $\lg K_{Fe(HL)}=10.9$				
Mg^{2+}	0.5		$\lg K_{MgH(HL)}=7.1$, $\lg K_{Mg(HL)}=2.8$				
Mn^{2+}	0.5		$\lg K_{MnH(HL)}=8.0$, $\lg K_{Mn(HL)}=3.4$				

续表

金属离子	离子强度	lgβ_1	lgβ_2	lgβ_3	lgβ_4	lgβ_5	lgβ_6
Ni^{2+}	0.5	14.3		lg$K_{NiH(HL)}$=9.0, lg$K_{Ni(HL)}$=4.8			
Pb^{2+}	0.5	12.3		lg$K_{PbH(HL)}$=11.2, lg$K_{Pb(HL)}$=5.2			
Zn^{2+}	0.5	11.4		lg$K_{ZnH(HL)}$=8.7, lg$K_{Zn(HL)}$=4.5			

引自：Ringbom A. 1963. Complexation in Analytical Chemisty. New York: Interscience Publishers.

附录 11 微溶化合物的溶度积（18～25℃，I=0）

微溶化合物	$K_{sp}^{\ominus}$	p$K_{sp}^{\ominus}$	微溶化合物	$K_{sp}^{\ominus}$	p$K_{sp}^{\ominus}$
Ag_3AsO_4	1×10^{-22}	22	CaF_2	2.7×10^{-11}	10.57
AgBr	5×10^{-13}	12.3	$CaC_2O_4\cdot H_2O$	2×10^{-9}	8.7
Ag_2CO_3	8.1×10^{-12}	11.09	$CaWO_4$	8.7×10^{-9}	8.06
AgCl	1.8×10^{-10}	9.75	$CdCO_3$	5.2×10^{-12}	11.28
Ag_2CrO_4	2×10^{-12}	11.71	$Cd_2[Fe(CN)_6]$	3.2×10^{-17}	16.49
AgCN	1.2×10^{-16}	15.92	$Cd(OH)_2$ 新析出	2.5×10^{-14}	13.6
AgOH	2×10^{-8}	7.71	$CdC_2O_4\cdot 3H_2O$	9.1×10^{-8}	7.04
AgI	9.3×10^{-17}	16.03	CdS	8×10^{-27}	26.1
$Ag_2C_2O_4$	3.5×10^{-11}	10.46	$CoCO_3$	1.4×10^{-13}	12.84
Ag_3PO_4	1.4×10^{-16}	15.84	$Co_2[Fe(CN)_6]$	1.8×10^{-15}	14.74
Ag_3SO_4	1.4×10^{-5}	4.84	$Co(OH)_2$ 新析出	2×10^{-15}	14.7
Ag_2S	2×10^{-49}	48.7	$Co(OH)_3$	2×10^{-44}	43.7
AgSCN	1×10^{-12}	12	$Co[Hg(SCN)_4]$	1.5×10^{-6}	5.82
$Al(OH)_3$ 无定形	1.3×10^{-33}	32.9	α-CoS	4×10^{-21}	20.4
As_2S_3[1)]	2.1×10^{-22}	21.68	β-CoS	2×10^{-25}	24.7
$BaCO_3$	5.1×10^{-9}	8.29	$Co_3(PO_4)_2$	2×10^{-35}	34.7
$BaCrO_4$	1.2×10^{-10}	9.93	$Cr(OH)_3$	6×10^{-31}	30.2
BaF_2	1×10^{-6}	6	CuBr	5.2×10^{-9}	8.28
$BaC_2O_4\cdot H_2O$	2.3×10^{-8}	7.64	CuCl	1.2×10^{-6}	5.92
$BaSO_4$	1.1×10^{-10}	9.96	CuCN	3.2×10^{-20}	19.49
$Bi(OH)_3$	4×10^{-31}	30.4	CuI	1.1×10^{-12}	11.96
BiOOH[2)]	4×10^{-10}	9.4	CuOH	1×10^{-14}	14
BiI_3	8.1×10^{-19}	18.09	Cu_2S	2×10^{-48}	47.7
BiOCl	1.8×10^{-31}	30.75	CuSCN	4.8×10^{-15}	14.32
$BiPO_4$	1.3×10^{-23}	22.89	$CuCO_3$	1.4×10^{-10}	9.86
Bi_2S_3	1×10^{-97}	97	$Cu(OH)_2$	2.2×10^{-20}	19.66
$Ca_3(PO_4)_2$	2×10^{-29}	28.7	CuS	6×10^{-36}	35.2
$CaSO_4$	9.1×10^{-6}	5.04	FeS	6×10^{-18}	17.2
$CaCO_3$	2.9×10^{-9}	8.54	$Fe(OH)_3$	4×10^{-38}	37.4

续表

微溶化合物	$K_{sp}^{\ominus}$	$pK_{sp}^{\ominus}$	微溶化合物	$K_{sp}^{\ominus}$	$pK_{sp}^{\ominus}$
$FeCO_3$	3.2×10^{-11}	10.5	$PbCO_3$	7.4×10^{-14}	13.13
$Fe(OH)_2$	8×10^{-16}	15.1	$PbCl_2$	1.6×10^{-5}	4.79
$FePO_4$	1.3×10^{-22}	21.89	PbF_2	2.7×10^{-8}	7.57
Hg_2Br_2 3)	5.8×10^{-23}	22.24	$Pb(OH)_2$	1.2×10^{-15}	14.93
Hg_2CO_3	8.9×10^{-17}	16.05	PbI_2	7.1×10^{-9}	8.15
Hg_2Cl_2	1.3×10^{-18}	17.88	$PbMoO_4$	1×10^{-13}	13.0
$Hg_2(OH)_2$	2×10^{-24}	23.7	$Pb_3(PO_4)_2$	8×10^{-40}	42.1
Hg_2I_2	4.5×10^{-29}	28.35	$PbSO_4$	1.6×10^{-8}	7.79
Hg_2SO_4	7.4×10^{-7}	6.13	PbS	8×10^{-28}	27.1
Hg_2S	1×10^{-47}	47	$Pb(OH)_4$	3×10^{-66}	65.5
$Hg(OH)_2$	3×10^{-26}	25.52	$Sb(OH)_3$	4×10^{-42}	41.4
HgS 红色	4×10^{-53}	52.4	Sb_2S_3	2×10^{-93}	92.8
黑色	2×10^{-52}	51.7	$Sn(OH)_2$	1.4×10^{-28}	27.85
$MgNH_4PO_4$	2×10^{-13}	12.7	SnS	1×10^{-25}	25.0
$MgCO_3$	3.5×10^{-8}	7.46	$Sn(OH)_4$	1×10^{-56}	56.0
MgF_2	6.4×10^{-9}	8.19	SnS_2	2×10^{-27}	26.70
$Mg(OH)_2$	1.8×10^{-11}	10.74	$SrCO_3$	1.1×10^{-10}	9.960
$MnCO_3$	1.8×10^{-11}	10.74	$SrCrO_4$	2.2×10^{-5}	4.650
$Mn(OH)_2$	1.9×10^{-13}	12.72	SrF_2	2.4×10^{-9}	8.61
MnS 无定形	2×10^{-10}	9.7	$SrC_2O_4\cdot H_2O$	1.6×10^{-7}	6.80
MnS 晶形	2×10^{-13}	12.7	$Sr_3(PO_4)_2$	4.1×10^{-28}	27.39
$NiCO_3$	6.6×10^{-9}	8.18	$SrSO_4$	3.2×10^{-7}	6.49
$Ni(OH)_2$ 新析出	2×10^{-15}	14.7	$Ti(OH)_2$	1×10^{-40}	40.0
$Ni_3(PO_4)_2$	5×10^{-31}	30.3	$TiO(OH)_2$ 4)	1×10^{-29}	29.0
α-NiS	3×10^{-19}	18.5	$ZnCO_3$	1.4×10^{-11}	10.84
β-NiS	1×10^{-24}	24	$Zn_2[Fe(CN)_6]$	4.1×10^{-16}	15.39
γ-NiS	2×10^{-26}	25.7	$Zn(OH)_2$	1.2×10^{-17}	16.92
$PbClF$	2.4×10^{-9}	8.62	$Zn_3(PO_4)_2$	9.1×10^{-33}	32.04
$PbCrO_4$	2.8×10^{-13}	12.55	ZnS	2×10^{-22}	21.7

1）为下列平衡的平衡常数：　$As_2S_3+4H_2O=\!=\!=2HAsO_2+3H_2S$。

2）BiOOH　　$K_{sp}=[BiO\cdot][OH\cdot]$。

3）$(Hg_2)_mX_n$　　$K_{sp}=[Hg_2^{2+}]^m[X^{-2m/n}]^n$。

4）$TiO(OH)_2$　　$K_{sp}=[TiO^{2+}][OH^-]^2$。

附录 12　某些物质的商品名或俗名

商品名称或俗名	学　名	化学式(或主要成分)
钢精	铝	Al
铝粉	铝	Al
刚玉	三氧化二铝	Al_2O_3
矾土	三氧化二铝	Al_2O_3
砒霜,白霜	三氧化二砷	As_2O_3
重土	氧化钡	BaO
重晶石	硫酸钡	$BaSO_4$
电石	碳化钙	CaC
方解石,大理石	碳酸钙	$CaCO_3$
萤石,氟石	氟化钙	CaF_2
干冰	二氧化碳	CO_2
熟石灰,消石灰	氢氧化钙	$Ca(OH)_2$
漂白粉		$Ca(ClO)_2+CaCl_2 \cdot Ca(OH)_2 \cdot H_2O$
石膏	硫酸钙	$CaSO_4 \cdot 2H_2O$
胆矾,蓝矾	硫酸铜	$CuSO_4 \cdot 5H_2O$
绿矾,青矾	硫酸亚铁	$FeSO_4 \cdot 7H_2O$
双氧水	过氧化氢	H_2O_2
水银	汞	Hg
升汞	氯化汞	$HgCl_2$
甘汞	氯化亚汞	Hg_2Cl_2
三仙丹	氧化汞	HgO
朱砂,辰砂	硫化汞	HgS
钾碱	碳酸钾	K_2CO_3
红矾钾	重铬酸钾	$K_2Cr_2O_7$
赤血盐	(高)铁氰化钾	$K_3[Fe(CN)_6]$
黄血盐	亚铁氰化钾	$K_4[Fe(CN)_6]$
灰锰氧	高锰酸钾	$KMnO_4$
火硝,土硝	硝酸钾	KNO_3
苛性钾	氢氧化钾	KOH
明矾,钾明矾	硫酸钾铝	$K_2SO_4 \cdot Al_2(SO_4)_3 \cdot 24H_2O$

续表

商品名称或俗名	学　名	化学式(或主要成分)
苦土	氧化镁	MgO
泻盐	硫酸镁	$MgSO_4$
硼砂	四硼酸钠	$Na_2B_4O_7 \cdot 10H_2O$
苏打,纯碱	碳酸钠	Na_2CO_3
小苏打	碳酸氢钠	$NaHCO_3$
红矾钠	重铬酸钠	$Na_2Cr_2O_7$
烧碱、火碱、苛性钠	氢氧化钠	$NaOH$
水玻璃,泡花碱	硅酸钠	$xNa_2 \cdot ySiO_2$
硫化碱	硫化钠	$Na_2S \cdot 9H_2O$
海波,大苏打	硫代硫酸钠	$Na_2S_2O_3 \cdot 5H_2O$
保险粉	连二硫酸钠	$Na_2S_2O_4 \cdot 2H_2O$
芒硝、皮硝、元明粉	硫酸钠	$Na_2SO_4 \cdot 10H_2O$
铬钠矾	硫酸铬钠	$Na_2S_2O_4 \cdot Cr_2(SO_4)_3 \cdot 24H_2O$
硫铵	硫酸铵	$(NH_4)_2SO_4$
硇砂	氯化铵	NH_4Cl
铁铵矾	硫酸铁铵	$(NH_4)_2S_2O_4 \cdot Fe_2(SO_4)_3 \cdot 24H_2O$
铬铵矾	硫酸铬铵	$(NH_4)_2S_2O_4 \cdot Cr_2(SO_4)_3 \cdot 24H_2O$
铝铵矾	硫酸铝铵	$(NH_4)_2S_2O_4 \cdot Al_2(SO_4)_3 \cdot 24H_2O$
铅丹,红丹	四氧化三铅	Pb_3O_4
铬黄,铅铬黄	铬酸铅	$PbCrO_4$
铅白,白铅粉	碱式碳酸铅	$2PbCO_3 \cdot Pb(OH)_2$
锑白	三氧化二锑	Sb_2O_3
天青石	硫酸锶	$SrSO_4$
石英	二氧化硅	SiO_2
金刚砂	碳化硅	SiC
钛白	二氧化钛	TiO_2
锌白,锌氧粉	氧化锌	ZnO
皓矾	硫酸锌	$ZnSO_4 \cdot 7H_2O$